Dieses Werk wurde erarbeitet auf Grundlagen von Martina Biermann, Ralf Dettinger, Gabriele Harff-König, Elisabeth Hennemann, Dr. Manfred Hilke, Julia Kirchen, Petra Pascher, Thomas Rahner (Hrsg.), Marianne Rock, Christoph Scheele (Hrsg.), Martina Schulz-Hamann, Helmut van Züren (Hrsg.).

Projektleitung:	Uta Kural
Redaktion:	der springende punkt/Eva Hauck und Claudia Lüdtke, Berlin
Bildrecherche:	der springende punkt/Eva Hauck, Berlin
Gesamtgestaltung und technische Umsetzung:	EYES-OPEN – Agentur für Kommunikation, Berlin

www.cornelsen.de

Die Webseiten Dritter, deren Internetadressen in diesem Lehrwerk angegeben sind, wurden vor Drucklegung sorgfältig geprüft. Der Verlag übernimmt keine Gewähr für die Aktualität und den Inhalt dieser Seiten oder solcher, die mit ihnen verlinkt sind.

Dieses Werk berücksichtigt die Regeln der reformierten Rechtschreibung und Zeichensetzung.
Bei den mit Ⓡ gekennzeichneten Texten haben die Rechteinhaber einer Anpassung widersprochen.

1. Auflage, 1. Druck 2016

Alle Drucke dieser Auflage sind inhaltlich unverändert
und können im Unterricht nebeneinander verwendet werden.

© 2016 Cornelsen Verlag, Berlin

Das Werk und seine Teile sind urheberrechtlich geschützt.
Jede Nutzung in anderen als den gesetzlich zugelassenen Fällen bedarf
der vorherigen schriftlichen Einwilligung des Verlages.
Hinweis zu den §§ 46, 52 a UrhG: Weder das Werk noch seine Teile dürfen ohne eine solche Einwilligung eingescannt und in ein Netzwerk eingestellt oder sonst öffentlich zugänglich gemacht werden.
Dies gilt auch für Intranets von Schulen und sonstigen Bildungseinrichtungen.

Druck: Firmengruppe APPL, aprinta Druck, Wemding

ISBN 978-3-06-451164-4

PEFC zertifiziert
Dieses Produkt stammt aus nachhaltig bewirtschafteten Wäldern und kontrollierten Quellen
PEFC/04-32-0928   www.pefc.de

Das Deutschbuch
für die Fachhochschulreife

> Dieses Schulbuch ist Eigentum des Landes Sachsen-Anhalt.
> Es wird an die Schülerinnen und Schüler der
> BbS ... für Gesundheit, Körperpflege und Sozialpädagogik
> ausgeliehen.
>
> Beschaffungsjahr: 2017
>
> 1. Ausgabe am 19/20 an Jette Zipel
> 2. Ausgabe am 20/21 an Robert Vollmer
> 3. Ausgabe am 21/22 an H. A...
> 4. Ausgabe am 22/23 an Geisler
> 5. Ausgabe am .... an ....

Herausgegeben von
Martina Schulz-Hamann

Erarbeitet von
Kerstin Ansel-Röhrleef, Juliane Becker, Pamela Kretschmer, Thomas Rahner,
Petra Schappert, Martina Schulz-Hamann, Nicole Winkler, Helmut van Züren

Dieses Buch gibt es auch auf
www.scook.de

Es kann dort nach Bestätigung der
Allgemeinen Geschäftsbedingungen
genutzt werden.

Buchcode: w4s32-toq42

Vorwort

Liebe Schülerinnen, liebe Schüler,

Sie möchten die Fachhochschulreife erwerben. Das Fach Deutsch bildet dafür eine wichtige Grundlage: In Schule, Studium und Beruf wird es immer wichtiger, kommunikative Situationen richtig zu deuten und sie angemessen zu gestalten. Das erfordert Kompetenzen im Sprechen, im Schreiben und im Umgang mit Texten aller Medien.
Dieses Buch bietet Ihnen dafür Hilfestellungen.

„Das Deutschbuch" ist nach folgenden Bausteinen gegliedert:

Basisbaustein
Die Kapitel im Basisbaustein bilden das Fundament. Hier finden Sie Grundlagenwissen zum Üben und Festigen, je nach Ihrem Leistungsstand.

An jedes Kapitel dieses Bausteins schließen sich einige Seiten *EXTRA* an, die Ihnen die Möglichkeit geben, ergänzendes Wissen zu den jeweiligen Themen selbstständig zu erarbeiten.

Training
Hier können Sie die zuvor erworbenen Lerninhalte wiederholen, um die Grundlage für die anschließenden Kapitel zu legen.

Lernbaustein 1 und **Lernbaustein 2**
Die Kapitel in diesen Bausteinen bauen aufeinander auf und führen Sie gezielt zu den notwendigen Qualifikationen für die Fachhochschulreife.

An jedes Kapitel schließt sich eine *Prüfungsvorbereitung* an, in der Themen des Kapitels prüfungsrelevant aufbereitet werden. Hier können Sie exemplarische Aufgaben, wie sie in einer Prüfung gestellt werden können, bearbeiten.

Alle drei Bausteine sind nach Kompetenzbereichen gegliedert, die in jedem Baustein bzw. in den Teilen *Informationen*, *Material*, *Methoden* sowie *Zusatzmaterial* wiederkehren. Sie erkennen an der Farbe, in welchem Bereich Sie sich befinden:

- Sprechen und Zuhören
- Sachtexte lesen, analysieren und schreiben
- Literarische Texte lesen und interpretieren
- Grundlagenwissen wie Rechtschreibung, Lerntechniken, Methoden
- Zusatzkapitel Bewerbungstraining

Je nach Aufgabenstellung arbeiten Sie allein, mit Partnern oder in Gruppen.

Zusatzaufgaben zur Differenzierung sind mit einem Stern gekennzeichnet.

Viel Freude und Erfolg im Unterricht sowie auf Ihrem weiteren Ausbildungsweg wünschen Ihnen die Herausgeberin, die Autorinnen und Autoren sowie die Verlagsredaktion.

Inhaltsübersicht

Basisbaustein

1 Kommunikation in Theorie und Praxis — 11
- 1.1 Kommunikation höflich gestalten — 12
- 1.2 Kommunikationsanalyse nach Watzlawick — 16
- 1.3 Kommunikationsmodelle nach Schulz von Thun — 21
- 1.4 **EXTRA:** Konflikte erkennen und lösen — 26

2 Sachtextanalysen schreiben — 33
- 2.1 Analyse informativer und expressiver Sachtexte — 34
- 2.2 Analyse appellativer Sachtexte (Werbebrief und Werbeanzeige) — 44
- 2.3 **EXTRA:** Informationsrecherche — 53

3 Schaubildanalysen schreiben — 59
- 3.1 Schaubilder und Diagramme analysieren — 60
- 3.2 Eine Schaubildanalyse schreiben — 66
- 3.3 **EXTRA:** Informationen visualisieren – Diagramme gestalten — 73

4 Literarische Texte interpretieren — 75
- 4.1 Den Aufbau beschreiben — 76
- 4.2 Figuren charakterisieren — 78
- 4.3 Die Bedeutung erschließen – Transfer — 80
- 4.4 Erzähltechnik und Sprache analysieren — 82
- 4.5 Einen Text beurteilen – die Interpretation schreiben — 88
- 4.6 **EXTRA:** Erzähltechnik, Sprache, Zitiertechnik — 94

5 Grammatik, Zeichensetzung und Rechtschreibung — 101
- 5.1 Fehlerquelle: Grammatik — 102
- 5.2 Fehlerquelle: Zeichensetzung — 119
- 5.3 Fehlerquelle: Rechtschreibung — 121

■ Sprechen und Zuhören ■ Sachtexte ■ Literarische Texte ■ Grundlagenwissen ■ Bewerbungstraining

Inhaltsübersicht

Training

6 Kommunikation ist mehr als Sprechen — 126

7 Informationen gliedern und strukturieren — 131
- 7.1 Die Inhaltsangabe eines Sachtextes schreiben — 131
- 7.2 Den Inhalt eines Sachtextes exzerpieren — 133
- 7.3 Den Inhalt eines Sachtextes visualisieren — 134

8 Literarische Texte interpretieren — 137
- 8.1 Die Inhaltsangabe — 137
- 8.2 Die Figurencharakteristik — 139
- 8.3 Literarische Gattungen – ein Überblick — 141

9 Grammatik und Rechtschreibung — 143
- 9.1 Grammatik: Wortarten — 143
- 9.2 Grammatik: Satzglieder — 149
- 9.3 Rechtschreibung — 151

10 Bewerbungstraining — 155
- 10.1 Ein Persönlichkeitsprofil erstellen — 155
- 10.2 Anforderungsprofile für Ausbildungsberufe ermitteln — 156
- 10.3 Sich bewerben — 157
- 10.4 Sich in einem Unternehmen präsentieren — 160

■ Sprechen und Zuhören   ■ Sachtexte   ■ Literarische Texte   ■ Grundlagenwissen   ■ Bewerbungstraining

Inhaltsübersicht

Lernbaustein 1

11 Sprechen als kommunikatives Handeln — **163**
11.1 Verschiedene Sprachvarietäten erkennen — 164
11.2 Kommunikative Kompetenz entwickeln — 173
11.3 Sprache als System von Symbolen betrachten — 177
11.4 **Prüfungsvorbereitung mit Checkliste** — 181

12 Freie Erörterung — **183**
12.1 Erörterungsart bestimmen und Stoffsammlung anlegen — 184
12.2 Lineare Erörterung — 188
12.3 Dialektische Erörterung — 192
12.4 Von der Erörterung zur Stellungnahme — 195
12.5 Ein literarisches Thema erörtern — 197
12.6 **Prüfungsvorbereitung mit Checkliste** — 199

13 Reden analysieren — **201**
13.1 Eine Rede analysieren — 202
13.2 Eine Redeanalyse schreiben — 210
13.3 **Prüfungsvorbereitung mit Checkliste** — 215

14 Die literarischen Gattungen und ihre Wirkungsmittel — **217**
14.1 Die Darstellungsformen epischer Texte — 218
14.2 Die Besonderheiten lyrischer Texte — 227
14.3 Vom „klassischen Drama" zum „absurden Theater" — 233
14.4 **Prüfungsvorbereitung mit Checkliste** — 244

■ Sprechen und Zuhören   ■ Sachtexte   ■ Literarische Texte   ■ Grundlagenwissen   ■ Bewerbungstraining

Inhaltsübersicht

Lernbaustein 2

15 Konflikte bewältigen – Motivation schaffen — 249
- 15.1 Konfliktsituationen beschreiben und analysieren — 250
- 15.2 Konfliktmanagement — 254
- 15.3 Grundlagen der Motivation im Beruf — 259
- 15.4 Motivationstheorien kennen und anwenden — 262
- 15.5 **Prüfungsvorbereitung mit Checkliste** — 266

16 Textgebundene Erörterung — 269
- 16.1 Einen Text analysieren und eine strukturierte Textwiedergabe verfassen — 270
- 16.2 Die Argumentation des Autors prüfen und bewerten — 275
- 16.3 Eine eigene Sicht zum Textproblem entwickeln — 279
- 16.4 Eine Gliederung erstellen — 282
- 16.5 Eine textgebundene Erörterung schreiben — 286
- 16.6 **Prüfungsvorbereitung mit Checkliste** — 290

17 Eine Textinterpretation schreiben — 295
- 17.1 Drama — 296
- **Prüfungsvorbereitung mit Checkliste** — 306
- 17.2 Epik (am Beispiel Roman) — 308
- **Prüfungsvorbereitung mit Checkliste** — 316
- 17.3 Lyrik — 318
- **Prüfungsvorbereitung mit Checkliste** — 322

■ Sprechen und Zuhören   ■ Sachtexte   ■ Literarische Texte   ■ Grundlagenwissen   ■ Bewerbungstraining

Inhaltsübersicht

Informationen – Material – Methoden

18 Texte überarbeiten — 323
18.1 In zwei Schritten zur Textüberarbeitung — 324
18.2 Einen Aufsatz gezielt nach verschiedenen Kriterien überarbeiten — 327

19 Arbeiten in Projekten — 331
19.1 Projektmanagement — 332
19.2 Entscheidungen treffen — 334
19.3 Projektergebnisse präsentieren — 337
19.4 Projektabschlussbericht und Projektbewertung — 342

20 Methoden und Arbeitstechniken — 343

21 Operatoren kennen – Arbeitsanweisungen verstehen — 353

■ Sprechen und Zuhören ■ Sachtexte ■ Literarische Texte ■ Grundlagenwissen ■ Bewerbungstraining

Inhaltsübersicht

Zusatzmaterial

22 Literaturgeschichte – Literarische Texte – Sachtexte 357

22.1 Einblicke in Epochen der Literaturgeschichte 358

Barock (1600–1700) 358
- Andreas Gryphius: *Es ist alles eitel* 359
- Hans Jakob Christoffel von Grimmelshausen: *Der abenteuerliche Simplicissimus Teutsch* (Auszug) 359

Aufklärung (1685–1781) 360
- Immanuel Kant: *Beantwortung der Frage: Was ist Aufklärung?* (Auszug) 360
- Gotthold Ephraim Lessing: *Emilia Galotti* (Auszug) 361

Sturm und Drang (1770–1780) 362
- Johann Wolfgang Goethe: *Die Leiden des jungen Werthers* (Auszüge) 362

Weimarer Klassik (1786–1805) 364
- Johann Wolfgang Goethe: *Iphigenie auf Tauris* (Auszug) 364
- Friedrich Schiller: *Das Glück und die Weisheit* 365

Romantik (1795–1835) 366
- Ernst Theodor Amadeus Hoffmann: *Der Sandmann* (Auszug) 366
- Joseph von Eichendorff: *Der wandernde Student* 367

Junges Deutschland/Vormärz (1815–1848) 368
- Heinrich Heine: *Nachtgedanken* 368

Bürgerlicher Realismus (1848–1890) 369
- Theodor Fontane: *Effi Briest* (Auszug) 369

Naturalismus (ca. 1880–1900) 371
- Gerhart Hauptmann: *Der Biberpelz* (Auszug) 371

Expressionismus (ca. 1910–1925) 373
- Alfred Döblin: *Berlin Alexanderplatz* (Auszug) 373
- Gottfried Benn: *Karyatide* 374

Exilliteratur (1933–1945) 375
- Rose Ausländer: *Ein Tag im Exil* 376
- Hilde Domin: *Ziehende Landschaft* 376

Gegenwartsliteratur seit 1945 377
- Günter Grass: *Die Blechtrommel* (Auszug) 377
- Christa Wolf: *Der geteilte Himmel* (Auszug) 379
- Martin Walser: *Ein fliehendes Pferd* (Auszug) 380
- Joachim Zelter: *Schule der Arbeitslosen* (Auszug) 382

■ Sprechen und Zuhören   ■ Sachtexte   ■ Literarische Texte   ■ Grundlagenwissen   ■ Bewerbungstraining

Inhaltsübersicht

Zusatzmaterial

22.2	Literarische Texte und Sachtexte der Gegenwart	383
	Literarische Texte zu den Themen Lebensansichten und Erwachsenwerden	383
	Franz Hohler: *Die ungleichen Regenwürmer*	383
	Julia Engelmann: *One Day/Reckoning Text* (Auszug)	383
	Literarische Texte zu den Themen Beziehungen und Kommunikation	385
	Marlene Schulz: *Kompromisse*	385
	Franz Hohler: *Kosovo Ja*	388
	Karen Köhler: *Familienporträts #2*	389
	Michael Guery: *Ich habe keine Vorurteile, aber ...*	390
	Ernest Hemingway: *Ein Tag Warten*	391
	Sachtexte zu den Themen Bildung und Beruf	394
	Roland Preuß: *Grüßen statt Mathe*	394
	Malte Buhse: *Kleine Gangster*	395
	Morten Freidel: *Und, was machen Sie so?*	396
	Alexandra Borchardt: *Was der Chef wert ist*	397
	Anna Sabina Sommer: *„In Deutschland fehlt eine Kultur der Kritik"*	399
	Sachtexte zum Thema Vernetzung	401
	Hakan Tanriverdi: *Über das verlogene Ideal der Meinungsfreiheit im Netz*	401
	Axel Hacke: *Das Beste aus aller Welt*	402
	Sachtexte zu den Themen Umwelt und Gesellschaft	403
	Carsten Knop: *Der Kampf ums Wasser*	403
	Ulrike Heidenreich: *Taub. Blind. Alt*	403

Text- und Bildquellenverzeichnis	406
Textsortenverzeichnis	411
Sachwortverzeichnis	414

■ Sprechen und Zuhören ■ Sachtexte ■ Literarische Texte ■ Grundlagenwissen ■ Bewerbungstraining

Basisbaustein

Kapitel 1

Kommunikation in Theorie und Praxis

1.1 Kommunikation höflich gestalten

1.2 Kommunikationsanalyse nach Watzlawick

1.3 Kommunikationsmodelle nach Schulz von Thun

1.4 EXTRA: Konflikte erkennen und lösen

Kommunikation kann als der Austausch von Informationen auf der Basis von Zeichen definiert werden. Bei dieser Definition handelt es sich allerdings um eine sehr vereinfachte Erklärung. Sie lernen in diesem Kapitel verschiedene Kommunikationsmodelle kennen, die dabei helfen, Kommunikationssituationen zu beurteilen und situationsgerecht zu kommunizieren.

Kompetenzen

- Kommunikationssituationen erkennen
- Den situativen Kontext beachten
- Die Regeln der höflichen Kommunikation anwenden
- Unterschwellige Kommunikationsprozesse berücksichtigen
- Verständnisprobleme analysieren
- Mögliche Konfliktursachen erkennen
- Lösungsansätze für Kommunikationsprobleme entwickeln

Methoden und Arbeitstechniken

- Metaplantechnik
- Schreibgespräch
- Szenische Lesung

Kommunikation höflich gestalten
Kommunikationsprozesse

Wir kommunizieren jeden Tag auf vielfältige Weise.

1 Beschreiben Sie, warum es sich bei den Bildern oben um Kommunikationssituationen handelt. Arbeiten Sie mit einer Lernpartnerin/einem Lernpartner zusammen.
a) Notieren Sie die Kriterien, die Sie gefunden haben.
b) Diskutieren Sie, wie sich die auf den Fotos dargestellten Kommunikationssituationen von einer Nachrichtensendung im Fernsehen unterscheiden, bei der eine Sprecherin die Nachrichten verliest.
c) Ist es erforderlich, miteinander zu sprechen, damit Kommunikation stattfindet? Begründen Sie.
d) Stellen Sie den Kommunikationsprozess in Form einer kleinen Skizze dar. Formulieren Sie auf der Basis dieser Skizze eine schriftliche Antwort auf die Frage „Was ist Kommunikation?" und stellen Sie Ihr Ergebnis im Plenum vor.

Kommunikationsprozesse

2 Beschreiben Sie drei unterschiedliche Kommunikationssituationen, die Sie heute bereits erlebt haben (zu Hause, auf dem Schulweg, in der Schule). Dabei kann es sich um ganz kurze Zusammentreffen handeln.
 a) Notieren Sie, mit wem Sie in diesen Situationen kommuniziert haben.
 b) Sortieren Sie diese Situationen danach, wie anstrengend die jeweilige Situation nach Ihrem Empfinden gewesen ist.
 c) Stellen Sie in der Lerngruppe die einfachste und die anstrengendste Kommunikationssituation vor und begründen Sie Ihre Einschätzung.

3 Stellen Sie dar, welche Schwierigkeiten es bei der Kommunikation geben kann.
 a) Formulieren Sie in der Lerngruppe vier allgemeine Kriterien dafür, was eine Kommunikationssituation schwierig machen kann.
 b) Notieren Sie die Kriterien auf Metaplankarten. Clustern Sie die Metaplankarten aller Lerngruppen an der Tafel. Bilden Sie dafür drei Kategorien:
   - Schwierigkeiten, die mit der Person des Senders zusammenhängen
   - Schwierigkeiten, die durch die Person des Empfängers entstehen
   - Schwierigkeiten durch die Rahmenbedingungen, unter denen ein Gespräch geführt wird
 c) Welche Schwierigkeiten werden am häufigsten genannt? Diskutieren Sie das Ergebnis.

4 Während eines Gesprächs kommunizieren wir gleichzeitig verbal und nonverbal; dabei wirkt der nonverbale Anteil (die Körpersprache) stärker auf den Empfänger als das, was wir sagen. Erläutern Sie, welchen Rat man deshalb Menschen geben kann, die ein schwieriges Gespräch vor sich haben.

BASISWISSEN — Situativer Kontext

Neben dem Verhalten von Sender und Empfänger spielt auch der situative Kontext eine wichtige Rolle für erfolgreiche Kommunikation. Zum situativen Kontext gehören z. B. die Umgebung, in der das Gespräch stattfindet, oder die Verfassung, in der sich die Gesprächspartner während des Kommunikationsprozesses befinden.

5 Bei schwierigen Gesprächen empfiehlt es sich, den situativen Kontext bewusst zu wählen bzw. ihn mitzugestalten. Legen Sie dar, wie der situative Kontext bei den folgenden Kommunikationssituationen aussehen sollte.
 a) Sie möchten Ihre Eltern über einen neuen Berufswunsch informieren und befürchten, dass sie wenig begeistert sein werden. Beschreiben Sie möglichst konkret den situativen Kontext, den Sie sich für solch ein schwieriges Gespräch wünschen würden.
 b) Sie planen eine weite Reise und benötigen dafür vier Wochen Urlaub am Stück. Beschreiben Sie, welchen Zeitpunkt und Ort Sie für ein Gespräch mit Ihrem Chef als günstig erachten. Begründen Sie Ihre Entscheidung.

Höflich kommunizieren

In dem folgenden Textauszug aus dem Roman „Becks letzter Sommer" von Benedict Wells wird die erste Begegnung zwischen Robert Beck und seiner späteren Geliebten Lara geschildert.

Benedict Wells: Becks letzter Sommer (Auszug)

Nachdem Beck das Haus verlassen hatte – typische Aufmachung: Jeans, dunkles Hemd, schwarze Lederjacke –, sah er nach wenigen Schritten eine Frau, die wild gestikulierend auf der Straße stand und etwas
5 brüllte. Im ersten Moment vermutete Beck, es wäre vielleicht eine Verrückte, dann sah er, dass sie in ein Handy sprach.

„Verpiss dich, du Wichser, verpiss dich einfach … Nein, du hörst mir jetzt zu. Es ist aus, okay?! Ich hab
10 das ein für alle Mal satt, du kannst mich mal!"

Beck stand inzwischen vor ihr und lauschte. Er schätzte sie auf Mitte, Ende zwanzig. Sie war ziemlich groß, schlank, hatte hellbraune Haare und ein feines, elfenhaftes Gesicht. Nur die Nase war etwas zu groß.
15 Sie trug einen Secondhand-Rock und ein buntes Hippie-Sweatshirt und schien auf irgendeinem „Rettet die Welt"-Ökotrip zu sein. Beck entschied spontan: hübsch, aber nicht sein Typ.

„Du kannst mich mal!", schrie sie wieder. „Ich hab
20 das so satt mit dir. Du hast dich überhaupt nicht verändert … Ach … Nein, vergiss es. Ich hol nachher mein Zeugs, und dann tschüss, dann kannst du mit dieser Tussi zusammenziehen!"

Als sie aufgelegt hatte, sagte sie noch einmal leise
25 und mit geschlossenen Augen: „Scheiße!" Dann erst bemerkte sie Beck, der noch immer, mit leicht offenem Mund, direkt vor ihr stand. „Was sind Sie denn für einer? Lauschen Sie öfter?"

Beck fiel auf, dass sie eine schwarze Schürze trug, auf
30 der in roten Buchstaben „Macchiato" stand. Sie schien in dem Café, vor dem sie stand, zu arbeiten. „Ich hab nicht gelauscht", sagte er.

„Natürlich haben Sie gelauscht."

Beck dachte einen Moment nach. „Na schön, ich hab
35 gelauscht", gab er zu. „Und wenn schon. Sie haben es mir ja schließlich auch sehr schwer gemacht, nicht zu lauschen."

„Was?"

„Jessas, Sie stehen hier mitten auf der Straße und brüllen rum: *Wichser, Tussi*. Soll ich da einfach vorbei-
40 gehen, als ob nichts wäre? Wenn Sie Privatsphäre wollen, dann müssen Sie woanders telefonieren. Wahrscheinlich wollten Sie unbewusst sogar, dass Ihnen jemand zuhört."

Christian Ulmen als Lehrer Robert Beck im Unterricht

1 Geben Sie den Inhalt des Telefonats wieder, soweit er sich aus der Textstelle erschließen lässt.

2 Benennen Sie die Regeln der höflichen Kommunikation, gegen die bei diesem Telefonat verstoßen wird.

3 Berücksichtigen Sie den situativen Kontext und beurteilen Sie, ob man Lara als unhöfliche Person bezeichnen kann.

4 Beschreiben und beurteilen Sie das Verhalten von Robert Beck.

5 Stellen Sie dar, wie sich ein höflicher Mensch nach Ihrer persönlichen Auffassung im Alltag und im Arbeitsleben verhält. Begründen Sie, ob dabei unterschiedliche Regeln gelten.

Höflich kommunizieren

Menschen kommunizieren verbal, d. h., sie tauschen sich durch die Verwendung von Sprache aus. Gleichzeitig verwenden sie auch nonverbale Signale, um sich mitzuteilen. Der folgende Textauszug ist dem Roman „Der Trafikant" von Robert Seethaler entnommen. Franz Huchel macht eine Ausbildung in einer „Trafik" (einem Zeitungs- und Tabakwarengeschäft) in Wien. Gerade hat der berühmte Professor Sigmund Freud eine Zeitung und Zigarren gekauft und Franz sieht ihm durch das Schaufenster nach.

Robert Seethaler: Der Trafikant (Auszug)

Vorne war der Professor gerade dabei, in die Berggasse einzubiegen. Eine Windböe fuhr ihm in die Haare und bauschte sie zu einem federleichten Gebilde auf, das für ein paar Sekunden über seinem Kopf wehte.
„Der Hut! Wo hat er denn seinen Hut!", rief Franz erschrocken. Sein Blick fiel auf die Theke,
5　wo immer noch die graue Kopfbedeckung des Professors lag. Er machte einen Satz, nahm den Hut und lief damit hinaus auf die Straße.
„Halt, stehen bleiben, wenn der Herr erlauben!", schrie er laut und schlitterte mit rudernden Armen um die Ecke in die Berggasse hinein, wo er den Professor schon nach wenigen Schritten eingeholt hatte und ihm atemlos den Hut entgegenhielt. Sigmund Freud betrachtete für einen
10　Moment seine etwas verbeulte Kopfbedeckung, nahm sie schließlich entgegen und zog im Gegenzug seine Brieftasche aus der Jacketttasche.
„Aber ich bitte Sie, Herr Professor, das war doch eine Selbstverständlichkeit!", versicherte Franz mit einer abwehrenden Handbewegung, die ihm für seine Begriffe schon während der Ausführung zu ausladend geriet.
15　„Eine Selbstverständlichkeit ist heutzutage gar nichts mehr!", sagte Freud und drückte mit dem Daumen eine tiefe Delle aus der Hutkrempe. Wie zuvor sprach er mit kaum geöffnetem Kiefer, leise und gepresst. Franz musste seinen Kopf ein wenig nach vorne neigen, um alles genau zu verstehen. Auf gar keinen Fall wollte er auch nur ein einziges Wort des berühmten Mannes überhört haben.
20　„Darf ich Ihnen behilflich sein?", fragte er, und obwohl Freud sich Mühe gab, konnte er doch nicht schnell genug zurückzucken und somit verhindern, dass Franz ihm Paket und Zeitung unterm Arm hervorziehen und entschlossen an seine Brust drücken konnte.
„Meinetwegen", murmelte er, setzte sich den Hut auf den Kopf und ging los.

6 Interpretieren Sie die verbalen und nonverbalen Signale der beiden Gesprächspartner.

7 Gestalten Sie je eine Denkblase für Sigmund Freud und Franz Huchel mit den Gedanken, die jeder der beiden während der Begegnung haben könnte.

8 Die Szene spielt im Oktober 1937. Benennen Sie die Verhaltensweisen der beiden Gesprächspartner, die Ihnen altmodisch erscheinen.

9 Beurteilen Sie, ob Franz sich höflich verhält. Beachten Sie dabei auch Freuds Reaktionen.

10 Auf den Kommunikationswissenschaftler Paul Watzlawick geht die Formulierung „Man kann nicht nicht kommunizieren" zurück. Erklären Sie, was er damit ausdrücken will.

11 Beziehen Sie Ihre Erkenntnis aus Aufgabe 10 auf den Romanauszug.

Kommunikationsanalyse nach Watzlawick
Wahrnehmungen einordnen

Paul Watzlawick hat das auf Sigmund Freud zurückgehende Eisbergmodell aufgegriffen, um Kommunikationsprozesse darzustellen.

BASISWISSEN — Eisbergtheorie

Die Eisbergtheorie besagt, dass die Bewertung einer Kommunikationssituation nur zu einem sehr geringen Teil von den Faktoren abhängig ist, die oberflächlich bemerkbar sind und die aktuelle kommunikative Handlung beeinflussen.

Nicht wahrnehmbare Faktoren sind beispielsweise:

- Stimmungen und Befindlichkeiten
- die persönlichen Erfahrungen der Gesprächsteilnehmer, welche in diese Situation hineingetragen werden
- das Weltwissen, über das die Beteiligten verfügen
- die Vorgeschichte dieser Kommunikationssituation
- das Selbstkonzept der Kommunikationspartner

Paul Watzlawick: Geschichte mit dem Hammer

Ein Mann will ein Bild aufhängen. Den Nagel hat er, nicht aber den Hammer. Der Nachbar hat einen. Also beschließt unser Mann, hinüberzugehen und ihn auszuborgen. Doch da kommt ihm ein Zweifel: Was, wenn der Nachbar mir den Hammer nicht leihen will? Gestern schon grüßte er mich nur so flüchtig. Vielleicht war er in Eile. Aber vielleicht war die Eile nur vorgeschützt, und er
5 hat etwas gegen mich. Und was? Ich habe ihm nichts angetan; der bildet sich da etwas ein. Wenn jemand von mir ein Werkzeug borgen wollte, *ich* gäbe es ihm sofort. Und warum er nicht? Wie kann man einem Mitmenschen einen so einfachen Gefallen abschlagen? Leute wie dieser Kerl vergiften einem das Leben. Und dann bildet er sich noch ein, ich sei auf ihn angewiesen. Bloß weil er einen Hammer hat. Jetzt reicht's mir wirklich. – Und so stürmt er hinüber, läutet, der Nachbar
10 öffnet, doch noch bevor er „Guten Tag" sagen kann, schreit ihn unser Mann an: „Behalten Sie sich Ihren Hammer, Sie Rüpel!"

1 Beschreiben Sie, welchen Eindruck der Nachbar nach diesem Zwischenfall hat.

2 Deuten Sie die Geschichte.
  a) Erläutern Sie, wie der Autor das Verhalten des Mannes erklärt.
  b) Beurteilen Sie das Verhalten des Mannes. Nehmen Sie dazu auch Bezug auf das Eisbergmodell.

3 Entwickeln Sie in Partnerarbeit eine Fortsetzung der Geschichte in Form einer szenischen Lesung. Entscheiden Sie, ob die Fortsetzung unmittelbar nach der Begegnung spielt oder am nächsten Tag. Präsentieren Sie dem Plenum das Ergebnis und begründen Sie Ihre Version.

Wahrnehmungen einordnen

Situation

Eine Versicherungsangestellte legt den Hörer auf. Sie ist zufrieden, hat sie doch gerade ein Kundenberatungsgespräch endgültig erfolgreich abgeschlossen. In diesem Augenblick betritt ein Kunde schnell das Büro und sagt mit erhobener Stimme: „Ich habe immer noch dieses Problem!" Es handelt sich um einen Kunden, mit dem die Angestellte schon vormittags telefoniert und der ihr seine Probleme geschildert hat. Die Kundenberaterin erinnert sich, dass sie eine Problemlösung in Aussicht gestellt und einen Rückruf versprochen hatte. Zuvor wollte sie aber noch die Akten sichten, wozu sie bisher nicht gekommen ist.

4 Untersuchen Sie die Kommunikationssituation mithilfe folgender Fragestellungen:
a) Welche verbalen und nonverbalen Signale nimmt die Versicherungsangestellte wahr?
b) Welche nicht wahrnehmbaren Faktoren („Eisberg") beeinflussen die Situation?
c) Wie könnte die Kundenberaterin in dieser Situation reagieren, um eine Eskalation des Konflikts zu vermeiden?

Muster

Aufgabe: Analysieren Sie die Kommunikationssituation zwischen dem Kunden und der Kundenberaterin.

Die Wahrnehmung der Kommunikationssituation durch die Versicherungsangestellte ist durch die verbalen und nonverbalen Signale des Kunden geprägt, außerdem spielt der situative Kontext eine Rolle. Die Äußerung des Kunden lässt keine unmittelbaren Rückschlüsse auf seine Sprechabsicht zu. Es handelt sich, oberflächlich betrachtet, um die Beschreibung eines Sachverhalts: „Ich habe immer
5 *noch dieses Problem." Allerdings betritt er schnell das Büro und spricht mit erhobener Stimme. Beides deutet auf eine gewisse Aufregung hin, möglicherweise eine Unzufriedenheit.*
Die Kundenberaterin kennt den Hintergrund der Situation: Sie gab dem Kunden eine Zusage, die sie nicht eingehalten hat. Ihre Erfahrung sagt ihr, dass Menschen in solchen Situationen gekränkt und verärgert reagieren. Ihr Wertesystem und ihr Berufsethos fordern von ihr, dass sie ein gegebenes
10 *Versprechen einzuhalten hat. Die Folge ist ein schlechtes Gewissen, das auf ihre Stimmung drückt. Die schlechte Stimmung wird durch die Tatsache verstärkt, dass die Kundenberaterin bis zum Erscheinen des Kunden aufgrund ihres vorigen erfolgreichen Kundengesprächs sehr gut gelaunt war. Die Rollenverteilung zwischen ihr und dem Kunden ist ihr ebenfalls bewusst: Sie ist verantwortlich. Der Kunde hat ein Problem, das sie als fachkompetente Beraterin lösen muss. Das ist eine aus dem*
15 *Rollenverhältnis „Kunde – Beraterin" resultierende Erwartungshaltung.*
Die Kundenberaterin könnte nun den drohenden Konflikt eindämmen, indem sie ihr eigenes Versäumnis thematisiert und sich dafür entschuldigt. Dabei sollte sie darauf vorbereitet sein, dass der Kunde spontan unzufrieden reagiert, schließlich handelt es sich um eine schlechte Nachricht. Entscheidend ist der weitere Verlauf des Gesprächs. Um dem Kunden deutlich zu machen, dass seine Anliegen wichtig für
20 *die Versicherungsangestellte sind, ist eine besonders schnelle und möglicherweise besonders umfassende Bearbeitung des Kundenproblems erforderlich. Erfährt der Kunde eine Sonderbehandlung, kann eine solche Panne dazu führen, dass sich die Kundenzufriedenheit anschließend erhöht, da ein überzeugendes Krisenmanagement starke Wirkung zeigt.*

5 Vergleichen Sie die Musterlösung mit Ihren eigenen Ergebnissen.

Symmetrische und komplementäre Kommunikation

Die Kommunikation zwischen zwei Gesprächspartnern kann man danach unterscheiden, ob die Beziehung zwischen beiden auf Gleichheit oder auf Unterschiedlichkeit beruht.

> **BASISWISSEN — Symmetrische und komplementäre Kommunikation**
>
> Eine symmetrische Kommunikation liegt vor, wenn beide Gesprächspartner das Gespräch in gleichem Maße lenken und sich als ebenbürtige Gesprächspartner wahrnehmen.
>
> **Symmetrische Kommunikation (z. B. Arbeitskollegen):**
>
> - gleichrangige Position der Partner
> - Streben nach Gleichheit, Partner sind ebenbürtig
> - das Verhältnis ist ausgewogen
>
> Komplementär ist eine Kommunikation dann, wenn zwei verschiedene Positionen vorliegen. Ein Partner besetzt dann die primäre Position, während der andere die sekundäre einnimmt. Das beinhaltet keine Wertung und ist keineswegs mit den Attributen „stark" oder „schwach" zu versehen. Es handelt sich um Beziehungsstrukturen, die in der beschriebenen Form auch akzeptiert werden.
>
> **Komplementäre Kommunikation (z. B. Mutter/Kind, Arzt/Patient, Lehrer/Schüler):**
>
> - Primär- und Sekundärposition
> - Akzeptanz der Verschiedenheit
> - Hierarchie (ungleiche Partner in Bezug auf Status, Wissen, Position etc.)
>
> Konflikte in symmetrisch strukturierten Kommunikationssituationen entstehen, wenn ein Partner die gleichrangige Position verlässt und in einem Bereich einen Vorsprung vor dem anderen erlangen und demonstrieren will. Da die Kommunikationssituation symmetrisch angelegt ist, wird der andere wiederum danach streben, diesen Vorsprung aufzuholen. Man spricht in diesem Zusammenhang von einer symmetrischen Eskalation.
>
> Auch in komplementär angelegten Kommunikationssituationen kann es zu Konflikten kommen. Ein Kommunikationsteilnehmer stellt die übergeordnete Position seines Gegenübers infrage. Der andere wird wiederum danach streben, seine primäre Position zu behaupten.

1 Nennen Sie Beispiele für Kommunikationssituationen, die symmetrisch angelegt sind.

2 Nennen Sie Beispiele für Kommunikationssituationen, die komplementär angelegt sind.

3 Formulieren Sie je einen symmetrisch und einen komplementär ausgerichteten Dialog auf der Basis des folgenden Sachverhalts:
Person A wünscht, dass Person B eine Übersetzung bis zum nächsten Tag anfertigt. Person B hat einen vollen Terminkalender und müsste Überstunden machen.

4 Vergleichen Sie die Ergebnisse aus Aufgabe 3. Wie unterscheiden sich die beiden Versionen hinsichtlich der verwendeten sprachlichen Mittel?

Konflikte in der symmetrischen und komplementären Kommunikation

In symmetrisch angelegten Kommunikationssituationen kann es zu Konflikten kommen, wenn die Gesprächsteilnehmer ihre gleichrangige Position infrage stellen.

Situation

Kollege A und Kollege B bekleiden die gleiche Position in einem großen Unternehmen. Sie arbeiten an einem gemeinsamen Projekt und sind gleichaltrig. Der neue Abteilungsleiter erkundigt sich nach dem Verlauf und den Fortschritten der Projektarbeit. Um seinen neuen Chef zu beeindrucken, möchte Kollege A die gleichrangige Position verlassen und einen Vorsprung vor Kollege B erlangen und demonstrieren. Dieser versucht, das Ungleichgewicht auszugleichen.

1 Formulieren Sie das Gespräch zwischen dem Abteilungsleiter und den beiden Kollegen.

2 Vergleichen Sie Ihre Ergebnisse hinsichtlich der Gesprächsstrategien, die die Kollegen anwenden, um eine übergeordnete Position einzunehmen.

Komplementäre Kommunikationen verlaufen dann konfliktfrei, wenn die am Kommunikationsprozess beteiligten Personen ihre Rollen akzeptieren. Werden diese nicht eingehalten, kommt es zu Spannungen.

Die folgende Szene ist dem Roman „Der Vater eines Mörders" von Alfred Andersch entnommen. In ihr wird der Dialog zwischen einem Lehrer (Kandlbinder) und einem Schüler (Konrad von Greiff) anlässlich einer Inspektion des Unterrichts durch den Schuldirektor dargestellt. Der Erzähler ist Greiffs Mitschüler Franz Kein. Es handelt sich um eine Unterrichtsstunde in einem Münchener Gymnasium in den 20er-Jahren des vorigen Jahrhunderts.

Alfred Andersch: Der Vater eines Mörders (Auszug)

Eins zu Null für Konrad, dachte Franz, das hat Kandlbinder davon, daß er ihn aufgerufen hat, bloß weil Konrad im Griechischen fast noch besser ist als Werner Schröter; Kandlbinder ist ein Depp, er hat sich wohl eingebildet, der Konrad hält sich zurück, während
5 der Rex* die Klasse inspiziert, aber da hat er sich geschnitten, gerade […], wie vor sechs Wochen, als Kandlbinder ihn zum erstenmal aufgerufen hat. „Greiff", hat er gesagt, nichtsahnend, und der Konrad ist aufgestanden, aber nicht so spöttisch wie heute, sondern hochfahrend, und er hat kalt und unverschämt zu Kandl-
10 binder gesagt: „Von Greiff, wenn ich bitten darf!", der Kandlbinder ist außer sich gewesen, er ist käseweiß geworden im Gesicht, dann hat er gesagt: „Aber das ist doch unerhört …" […]

* Rex = Direktor eines Gymnasiums

3 Beurteilen Sie auf der Grundlage des Basiswissens, ob es sich in der dargestellten Kommunikationssituation um eine symmetrische oder komplementäre Interaktion handelt.

4 Erläutern Sie, wie der Konflikt zwischen den Gesprächspartnern zustande kommt.

1.2 Konflikte in der symmetrischen und komplementären Kommunikation

Oft entstehen in Gesprächen Verständnisprobleme, weil der Empfänger einer Mitteilung die Absicht des Senders nicht einzuordnen vermag. Der folgende Textauszug aus dem Roman „Der Vorleser" von Bernhard Schlink thematisiert die Beziehung des Gymnasiasten Michael mit der 36-jährigen Hanna, die als Straßenbahnschaffnerin arbeitet. Michael gesteht Hanna, er werde in der Schule nicht versetzt.

Bernhard Schlink: Der Vorleser (Auszug)

„Wo bleibst du sitzen?" Sie richtete sich auf. Es war das erste richtige Gespräch, das wir miteinander hatten.

„In der Untersekunda. Ich hab zu viel versäumt in den letzten Monaten, als ich krank war. Wenn ich die Klasse noch schaffen wollte, müsste ich wie blöd arbeiten. Ich müsste auch jetzt in der Schule sein." Ich erzählte ihr von meinem Schwänzen.

„Raus." Sie schlug das Deckbett zurück. „Raus aus meinem Bett. Und komm nicht wieder, wenn du nicht deine Arbeit machst. Blöd ist deine Arbeit? Blöd? Was meinst du, was Fahrscheine verkaufen und lochen ist." Sie stand auf, stand nackt in der Küche und spielte Schaffnerin. Sie schlug mit der Linken die kleine Mappe mit den Fahrscheinblöcken auf, streifte mit dem Daumen derselben Hand, auf dem ein Gummifingerhut steckte, zwei Fahrscheine ab, schlenkerte mit der Rechten, sodass sie den Griff der am Handgelenk baumelnden Zange zu fassen bekam, und knipste zweimal. „Zweimal Rohrbach." Sie ließ die Zange los, streckte die Hand aus, nahm einen Geldschein, klappte vor ihrem Bauch die Geldtasche auf, steckte den Geldschein hinein, klappte die Geldtasche wieder zu und drückte aus den außen angebrachten Behältern für Münzen das Wechselgeld heraus. „Wer hat noch keinen Fahrschein?" Sie sah mich an. „Blöd? Du weißt nicht, was blöd ist."

Ich saß auf dem Bettrand. Ich war wie betäubt. „Es tut mir leid. Ich werde meine Arbeit machen. Ich weiß nicht, ob ich es schaffe, in sechs Wochen ist das Schuljahr vorbei. Ich werde es versuchen. Aber ich schaff's nicht, wenn ich dich nicht mehr sehen darf. Ich …" Zuerst wollte ich sagen: Ich liebe dich. Aber dann mochte ich nicht. Vielleicht hatte sie recht, gewiss hatte sie recht. Aber sie hatte kein Recht, von mir zu fordern, dass ich mehr für die Schule tue, und davon abhängig zu machen, ob wir uns sehen. „Ich kann dich nicht nicht sehen."

Die Uhr im Flur schlug halb zwei. „Du musst gehen." Sie zögerte. „Ab morgen hab ich Hauptschicht. Halb sechs – dann komme ich nach Hause und kannst du auch kommen. Wenn du davor arbeitest."

Wir standen uns nackt gegenüber, aber sie hätte mir in ihrer Uniform nicht abweisender vorkommen können. Ich begriff die Situation nicht. War es ihr um mich zu tun? Oder um sich? Wenn meine Arbeit blöd ist, dann ist ihre erst recht blöd – hatte sie das gekränkt? […] Oder wollte sie keinen Versager zum Geliebten? Aber war ich ihr Geliebter? […] Ich zog mich an, trödelte und hoffte, sie würde etwas sagen. Aber sie sagte nichts.

5 Erschließen Sie den Text mithilfe folgender Fragestellungen:
a) Was will Hanna Michael mitteilen? Warum bedient sie sich dazu nonverbaler Mittel?
b) Wie reagiert er auf ihre Demonstration?
c) Beurteilen Sie, ob es sich in diesem Fall um symmetrische oder komplementäre Kommunikation handelt und ob diese Gesprächskonstellation von beiden Gesprächspartnern akzeptiert wird.

Kommunikationsmodelle nach Schulz von Thun
Das Kommunikationsquadrat

Friedemann Schulz von Thun hat den Beziehungsaspekt von Watzlawick feiner unterteilt, um Kommunikationsprozesse detaillierter analysieren zu können. Im folgenden Interviewauszug erläutert er sein so entstandenes Kommunikationsquadrat, das 1981 zum ersten Mal veröffentlicht wurde und seitdem in Details weiterentwickelt wird.

PÖRKSEN: [...] Kommunikation scheint ganz einfach und ist doch gleichzeitig wahnsinnig schwer, missverständlich und komplex. Sie selbst haben diese Komplexität erklärt, indem Sie auf den *Simultancharakter von Kommunikation* hingewiesen haben. [...] Was ist damit gemeint?

SCHULZ VON THUN: Gemeint ist, dass sich Kommunikation als ein eigenartiges Spiel begreifen
5 lässt, das auf vier Spielfeldern gleichzeitig gespielt wird. Dieses Simultangeschehen – man hört eine Äußerung, womöglich nur einen einzigen Satz, und empfängt doch in ein und demselben Moment vier Botschaften – habe ich im Modell des Kommunikationsquadrats zusammengefasst [...]. Die eine Seite ist die Ebene des *Sachinhalts*, der Information über die Verhältnisse in der Welt. Hier geht es unter anderem um Wahrheit. Des Weiteren enthält jede Äußerung eine
10 *Beziehungsbotschaft*, die signalisiert, was ich von dem anderen halte, ob ich ihn schätze, ihn als gleichberechtigt akzeptiere oder ihn kritisch sehe, nicht ernst nehme usw. Hier geht es auch um Akzeptanz. Darüber hinaus findet sich in einer Äußerung stets auch eine kleine Kostprobe der eigenen Persönlichkeit; man gibt etwas von sich preis und lässt mehr oder weniger erkennen, wie es einem geht, was einen umtreibt, beseelt oder quält. Das ist die Ebene der *Selbstkundgabe*.
15 Hier stellt sich die Frage nach der Wahrhaftigkeit und Authentizität. Früher habe ich diese Dimension der Kommunikation als *Selbstoffenbarung* bezeichnet, aber das klingt ein wenig nach einem Seelenstriptease und löst unnötig Widerstand aus – insofern also die Rede von der Selbstkundgabe, die sich leichter vermitteln lässt. Und schließlich enthält eine Äußerung eine *appellative Seite*. Hier geht es um Wirksamkeit: Man möchte Einfluss nehmen, man spricht, um
20 etwas zu erreichen und auszulösen. [...]
Folgende Situation: Ein Mann und eine Frau sitzen im Auto, der Mann auf dem Beifahrersitz, die Frau fährt. Und er sagt: „Du, da vorne ist grün!" Auf der Ebene der Sachinhalte ist dies eine überprüfbare Information, die wahr oder falsch sein kann. Es ist eine Information über die Verhältnisse in der Welt. Gleichzeitig bzw. simultan gibt der Mann – Stichwort Selbstkundgabe –
25 auch etwas von sich selber preis, eventuell ist er ungeduldig oder in Eile. Man weiß es nicht so genau. Auf der Ebene der Beziehung lässt er vielleicht einen Kompetenzzweifel an ihrer Fahrtüchtigkeit erkennen. Und womöglich enthält seine Äußerung den Appell, etwas schneller zu fahren, um noch bei Grün über die Ampel zu kommen („Gib Gas!").

(Pörksen/Schulz von Thun, „Kommunikation als Lebenskunst", S. 19 f.)

1 Orientieren Sie sich an der Abbildung auf der folgenden Seite und gestalten Sie ein Kommunikationsquadrat für die Äußerung „Du, da vorne ist grün!". Schreiben Sie dafür in die Mitte des Quadrats die Äußerung. Notieren Sie anschließend an allen vier Seiten, um welche Ebene es sich handelt, und schreiben Sie darunter die entsprechende Botschaft in direkter Rede (auf die Seite der Appellebene z. B.: „Gib Gas!").

★ **2** Formulieren Sie zu jeder der vier Botschaften eine mögliche Antwort der Fahrerin.

Das Kommunikationsquadrat

BASISWISSEN — **Die vier Seiten einer Nachricht**

Jede Nachricht enthält vier Botschaften. Eine Botschaft dominiert und stellt das eigentliche Ziel der Sprechabsicht dar. Für den Empfänger der Mitteilung ist es allerdings oft schwierig, diese Seite zu erkennen, sodass es häufig zu Fehlinterpretationen kommen kann.

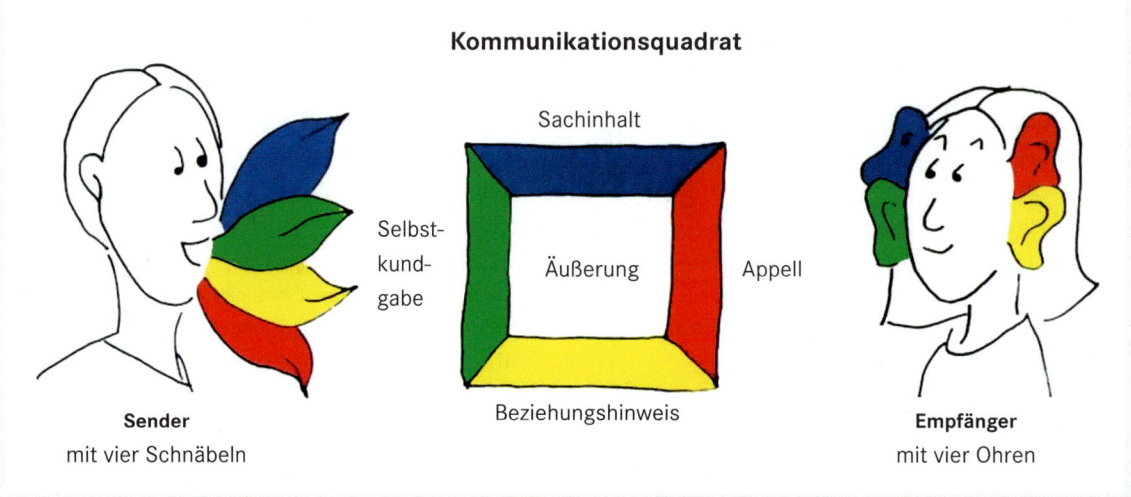

Die **Sachebene**
- Welche sachlichen Inhalte werden übermittelt?

Die **Selbstkundgabe**
- Was teile ich über mich selbst mit?

Die **Beziehungsebene**
- Was halte ich von meinem Kommunikationspartner und wie stehe ich zu ihm?

Die **Appellebene**
- Wozu möchte ich meinen Gesprächspartner veranlassen?

3 Arbeiten Sie mit einer Lernpartnerin/einem Lernpartner und beschreiben Sie die Situationen, in denen sich die folgenden Wortwechsel ereignen könnten:
- Kommst du noch mit, etwas trinken? – Ich schreibe morgen eine Arbeit.
- Die Akte „Schröder GmbH" gehört nicht hierher. – Das war bestimmt der neue Praktikant.

a) Gestalten Sie jeweils ein Kommunikationsquadrat zu den beiden ersten Äußerungen der Gesprächsausschnitte oben. Achten Sie darauf, dass sich die vier Botschaften, die Sie formulieren, ergänzen und nicht etwa widersprechen.

b) Vergleichen Sie Ihr Ergebnis zuerst mit dem Ihrer Lernpartnerin/Ihres Lernpartners und anschließend mit den Ergebnissen der anderen Lerngruppen. Prüfen Sie, ob verschiedene Versionen schlüssig sind.

Das Kommunikationsquadrat

Um die Rolle des Hörenden im Kommunikationsprozess geht es im folgenden Interviewausschnitt:

PÖRKSEN: Sie selbst haben ja in Ihrer Beschreibung des Kommunikationsquadrats deutlich gemacht, dass der Sprechende nicht nur vier Botschaften sendet und gewissermaßen – so Ihre Formulierung – „mit vier Schnäbeln spricht", sondern dass der Hörende auch mit vier Ohren empfängt und letztlich selbst darüber entscheidet, was ihm besonders zentral erscheint. Lässt sich nun auch für die Seite des Empfängers ein ähnlich schlagendes Beispiel finden?

SCHULZ VON THUN: Natürlich, ja. Da sagt eine Ehefrau zu ihrem Mann: „So selten, wie du zu Hause bist, da leiden die Kinder auch schon darunter!" Der Empfänger steht nun vor der Entscheidung, welches seiner vier Ohren er „anspringen" lässt bzw. auf welche der vier ankommenden Botschaften er reagieren will. […] Ein sachbetonter Mann würde zunächst einmal Folgendes heraushören: „Ich bin, erstens, selten zu Hause. Zweitens, die Kinder leiden. Das Leiden der Kinder wird, drittens, eben dadurch ausgelöst, dass sie mich kaum sehen." Er könnte dann – interessiert an der Sachebene – weiterfragen: „Woran machst du fest, dass die Kinder leiden? Erzähl mal!" […] Möglich, dass wir es mit einem therapeutisch vorerfahrenen Mann zu tun haben, der in der Lage ist, sensibel mit dem *Selbstkundgabe-Ohr* zuzuhören. Und eben dieser Mann würde dann die Enttäuschung und Verzweiflung der Frau aufnehmen. […] „Fühlst du dich sehr allein gelassen mit den Kindern und all den familiären Angelegenheiten?" […] Nun zu dem Vater, der das *Beziehungs-Ohr* gespitzt hätte! Ihn würde vor allem der Vorwurf erreichen „Du bist ein schlechter Vater, bist schuld am Leid und Elend unserer Familie!" […]

PÖRKSEN: Und schließlich zu dem Vater, der vor allem mit dem *Appell-Ohr* zuhört.

SCHULZ VON THUN: Ihn erreicht wahrscheinlich die Botschaft: „Kümmere dich mehr um uns! Tu was!" Und wenn er appellgemäß reagiert, schlägt er vielleicht eine Lösung vor: „Lass uns am Wochenende einmal zusammen eine große Fahrradtour machen!"

(Pörksen/Schulz von Thun, „Kommunikation als Lebenskunst", S. 21 f.)

4 Über den Hörenden sagt Schulz von Thun: „Ob er sich dieser ‚freien Auswahl' bewusst ist, steht auf einem anderen Blatt, aber er kann nicht nicht auswählen." Erläutern Sie diesen Satz.

5 Für eine der vier möglichen Botschaften oben gilt: „Denkbar, dass es nun zu einem Streit kommt. ‚Verdammt noch mal', so könnte er sagen, ‚meinst du, es macht mir Spaß, dauernd Überstunden zu schieben? Denkst du, das ist mein Hobby? Ja?'" Erläutern Sie, bei welcher Botschaft diese durch Schulz von Thun beschriebene Gefahr besteht.

Das Innere Team

In seinem Modell vom „Inneren Team" beschäftigt sich Schulz von Thun mit widerstreitenden Kommunikationseinflüssen:

Beginnen wir die Einführung mit einem kleinen Musterbeispiel.
„Könnte ich mal deine Mitschriften aus dem Seminar für mich kopieren? Und vielleicht hast du auch sonst noch gute Prüfungsunterlagen?", fragt ein Student eine Studentin. Er selbst war häufig nicht anwesend und weiß, dass sie verlässlich und fleißig studiert und umfangreiche Auf-
5 zeichnungen zu machen pflegt.
Vielleicht gehört die Angesprochene zu den Menschen, die, „wie aus der Pistole geschossen", positiv reagieren: „Na klar, kannst du haben!" – und es hinterher mit einer inneren Gegenstimme zu tun kriegen, die schimpft: „Warum kann dieser Schmarotzer sich nicht mal selbst auf den Hosenboden setzen!? *Mir* hat er noch nie geholfen! Dieser Schluffi macht sich ein feines Leben und überlässt mir
10 die Fleißarbeit. Und ich Blödfrau sag auch noch immer freundlich ‚Ja' dazu!"
Vielleicht reagiert sie auch spontan ablehnend: „Nein, also das sind persönliche Unterlagen, die geb ich ungern aus der Hand. Das bringt auch nicht viel, wenn man das nicht selbst erarbeitet hat" – und bekommt vielleicht am Abend einen moralischen Katzenjammer: „War das nicht ziemlich unfreundlich und unsolidarisch von mir? Ich komme mir vor wie eine Streberin, die den anderen
15 nicht abschreiben lässt, um selbst bessere Noten zu bekommen."
In beiden Fällen wohnen „zwei Seelen, ach!, in ihrer Brust" […], und in beiden Fällen werden sie *nacheinander* wirksam.
Sie werden in unterschiedlichem Tempo wach, und ihr „Auftritt" ist zeitversetzt. Genauso gut wäre es aber auch möglich, dass beide *gleichzeitig* wirksam werden: Vielleicht zögert die Studentin mit
20 der Antwort, legt ihre Stirn in Falten, blickt zu Boden und „druckst herum" mit Worten wie „njaa", „hm", „eventuell schon", „ich muss mal sehen, ob ich das alles noch habe", „das meiste war nur so hingeschmiert". Oder sie *sagt* das eine, und ihre Mimik und ihr Tonfall *bezeugen* das andere: Solche sogenannten „diskordanten" oder „inkongruenten" Äußerungen enthalten eine verwirrende Doppelbotschaft. Die Irritation löst sich aber auf, wenn wir uns klarmachen, dass „zwei Seelen" an
25 der Reaktion beteiligt sind und jede von ihnen danach strebt, sich zum Ausdruck oder zur Geltung zu bringen. Wenn die Studentin „Ja, o. k.!" sagt, aber in einem Tonfall, der jede Herzlichkeit vermissen lässt, und mit einem Gesichtsausdruck, der von abweisender Verdüsterung umwölkt ist, dann hat der eine Teil in ihr in der Sprechblase seine Verwirklichung gefunden, der andere Teil im Körper […].
30 Anstatt von „Seelen" werde ich im Folgenden von „Mitgliedern des Inneren Teams" sprechen, um die Träger dieser Stimmen zu bezeichnen.

(Schulz von Thun, „Miteinander reden: 3", S. 26–28)

1 Analysieren Sie die Lage der Studentin.
a) Beschreiben Sie das Problem der Studentin.
b) Nennen Sie die Handlungsmöglichkeiten, die die Studentin nach Schulz von Thun hat.

2 Formulieren Sie eine mögliche weitere innere Stimme, die sich bei der Studentin anlässlich dieses Gesprächs melden könnte.

3 Wie würden Sie an der Stelle der Studentin handeln? Begründen Sie Ihre Einstellung.

Das Innere Team

Das Modell des Inneren Teams zeigt eine Ursache für Kommunikationsprobleme. Gleichzeitig ermöglicht der bewusste Umgang mit den verschiedenen Mitgliedern des Inneren Teams eine Kommunikation, die „kraftvoller und angemessener sein wird, als wenn nur eine Stimme allein das Sagen hätte" (Schulz von Thun, „Miteinander reden: 3", S. 28).

 4 Führen Sie in der Kleingruppe ein Schreibgespräch durch: Wie könnte eine Äußerung lauten, bei der die Studentin beide inneren Stimmen berücksichtigt? Formulieren Sie mindestens eine Lösung.

Situation

Sie haben überraschend einen Ausbildungsplatz angeboten bekommen, für den Sie sich nicht beworben hatten, und überlegen jetzt, ob Sie diesen annehmen sollen oder besser weiter zur Schule gehen. Der Ausbildungsplatz scheint in Ordnung zu sein, in der Schule sind Ihre Leistungen durchschnittlich.

5 Fertigen Sie eine Skizze an, in der möglichst viele verschiedene Mitglieder des Inneren Teams berücksichtigt werden, die sich bei einer solchen Entscheidung zu Wort melden.

6 Entwickeln Sie einen Lösungsansatz: Wie könnten Sie sich nach einer Bedenkzeit gegenüber dem Ausbildungsbetrieb äußern?

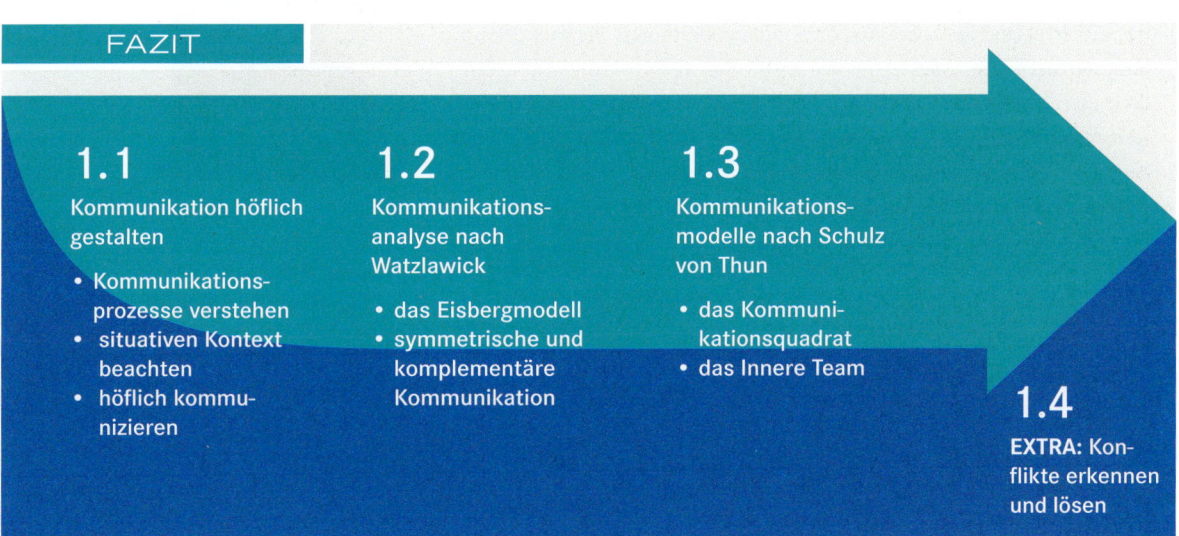

EXTRA: Konflikte erkennen und lösen
Verständnisprobleme in der Kommunikation

Oft entstehen in Gesprächen Verständnisprobleme, weil der Empfänger einer Mitteilung die Absicht des Senders nicht einzuordnen vermag.

1 Analysieren Sie den Cartoon.
a) Welche Verständnisprobleme liegen hier vor?
b) Wie wirken sich diese Verständnisprobleme aus?

Der Schweizer Autor Martin Suter hat – nach seiner Karriere als Leiter einer Werbeagentur – zahlreiche Kolumnen in Zeitungen veröffentlicht, in denen er sich häufig mit den beruflichen und privaten Problemen der Besserverdienenden auseinandersetzt. Er ist außerdem Autor sehr erfolgreicher Romane.

Martin Suter: Weidmanns Nachtgespräche

„Wie findest du mich eigentlich?"
Regula Weidmann liest beim Licht der Nachttischlampe *Ein leidenschaftliches Leben*, die Biografie von Frida Kahlo. Die Art der Lektüre verbietet ihr, sich schlafend zu stellen und die Frage zu überhören. Sie antwortet,
5 ohne aufzuschauen. „Hm?"
„Wie du mich findest."
Jetzt schaut Regula Weidmann von ihrem Buch auf. Kurt liegt mit offenen Augen auf dem Rücken, knapp außerhalb des Lichtkegels ihrer Lampe. Er sollte das Nasenhaarscherchen, das ich ihm geschenkt habe, öfter
10 benützen, denkt sie. Sie versucht Zeit zu gewinnen.
„Wie meinst du das?"
„So wie ich es sage. Wie findest du mich?"
Regula Weidmann lässt das Buch auf die Bettdecke sinken.
„Warum fragst du das?"
15 „Einfach so. Es interessiert mich halt. Also: Wie findest du mich?"
„Du bist mein Mann."
Einen Moment scheint er sich mit der Antwort zufriedenzugeben. Aber gerade als Regula ihr Buch wieder hochnimmt, sagt er: „Ich meine, objektiv."

Verständnisprobleme in der Kommunikation

„Wir sind seit achtzehn Jahren verheiratet, da ist es schwer, objektiv zu sein."
20 „Versuch es."
Sie lässt das Buch wieder sinken und überlegt.
„Musst du da so lange überlegen?", fragt Weidmann nach ein paar Sekunden. Er klingt etwas beleidigt.
„Du meinst so als Mensch? Ganz allgemein?"
25 „Nein, nicht als Mensch. Als Mann."
Regula Weidmann schließt das Buch, behält aber einen Finger als Buchzeichen zwischen den Seiten. „Du meinst, so vom Aussehen?"
„Auch, ja."
„Auch?"
30 „Und was so dazugehört: Ausstrahlung, Anziehungskraft, so Sachen."
Weidmann dreht den Kopf zur Seite und schaut seine Frau an. Sein Gesicht liegt jetzt knapp innerhalb des Lichtkegels. Keine günstige Beleuchtung.
Regula Weidmann legt Frida Kahlo aufs Nachttischchen und dreht sich zu Kurt. Vielleicht ist jetzt der Moment, das Gespräch zu führen, das sie schon so lange führen will. Über die letzten paar Jahre,
35 die letzten vier, fünf – ach, seien wir ehrlich: acht Jahre. Seit „Mitglied des Direktoriums", genau genommen. Als die Abende mit „Privatbewirtungen" zu Hause begannen. Stundenlang ovolactovegetarisch* kochen für Gattinnen von Männern mit Einfluss auf niedrige Entscheidungen. Und später Damenprogramme mit Zoo- und Museumsbesuchen in Gesellschaft von Gattinnen von Männern mit Einfluss auf höhere Entscheidungen. Kurt, dem die Karriere immer wichtiger
40 wurde, und sie immer gleichgültiger. Vielleicht ist jetzt der Moment, über all das zu reden.
„Ich bin froh, dass du das fragst", beginnt sie behutsam. „Ich wollte auch schon lange darüber reden."
„Die Frage lässt mich nicht mehr los", gesteht Weidmann erleichtert. „Seit neue Untersuchungen bewiesen haben, dass attraktive Männer bessere Karrierechancen besitzen. Sei bitte ganz ehrlich."
Regula Weidmann greift sich ihr Buch vom Nachttisch. „Du bist sehr attraktiv, Kurt. Ganz ehrlich."

* ovolactovegetarisch: So werden vegetarische Gerichte bezeichnet, für die auch Milchprodukte und Eier verwendet werden.

2 Analysieren Sie die Ausgangssituation des Gesprächs.
a) Welche Absicht verfolgt Kurt mit seiner Frage?
b) Was glaubt Regula, worüber Kurt sprechen möchte?

3 Analysieren Sie Regulas nonverbales Gesprächsverhalten. Welche Veränderungen gibt es und was lässt sich daraus über Regulas Einstellung ableiten?

4 Analysieren Sie die folgenden Sätze nach dem Modell der vier Seiten. Bestimmen Sie jeweils die Sach-, Appell-, Selbstkundgabe- und Beziehungsebene. Beurteilen Sie das Ergebnis.
- „Ich wollte auch schon lange darüber reden."
- „Du bist sehr attraktiv, Kurt. Ganz ehrlich."

5 Wenden Sie das Modell des Inneren Teams auf die widerstreitenden Gedanken an, die Regula Weidmann während des Gesprächs durch den Kopf gehen.
a) Welches Teammitglied behält schließlich die Oberhand?
b) Formulieren Sie einen Antwortsatz, in dem sich ein oder mehrere andere Teammitglieder durchsetzen.

Verständnisprobleme in der Kommunikation

Loriot hat immer wieder Szenen entworfen, in denen die Kommunikationsprobleme der Beteiligten auf Außenstehende komisch, manchmal auch absurd wirken.

Loriot: Feierabend

Bürgerliches Wohnzimmer. Der Hausherr sitzt im Sessel, hat das Jackett ausgezogen, trägt Hausschuhe und döst vor sich hin. Hinter ihm ist die Tür zur Küche einen Spalt breit geöffnet. Dort geht die Hausfrau emsiger Hausarbeit nach. Ihre Absätze verursachen ein lebhaftes Geräusch auf dem Fliesenboden.

5 | SIE | Hermann …
| ER | Ja …
| SIE | Was machst du da?
| ER | Nichts …
| SIE | Nichts? Wieso nichts?
10 | ER | Ich mache nichts …
| SIE | Gar nichts?
| ER | Nein …
| | *(Pause)*
| SIE | Überhaupt nichts?
15 | ER | Nein … ich *sitze* hier.
| SIE | Du *sitzt* da?
| ER | Ja …
| SIE | Aber irgendwas *machst* du doch?
| ER | Nein …
20 | | *(Pause)*
| SIE | *Denkst* du irgendwas?
| ER | Nichts Besonderes …
| SIE | Es könnte ja nichts schaden, wenn du mal etwas spazierengingest …
| ER | Nein-nein …
25 | SIE | Ich bringe dir deinen Mantel …
| ER | Nein danke …
| SIE | Aber es ist zu kalt ohne Mantel …
| ER | Ich gehe ja nicht spazieren …
| SIE | Aber eben wolltest du doch noch …
30 | ER | Nein, *du* wolltest, daß ich spazierengehe …
| SIE | Ich? *Mir* ist es doch völlig egal, ob *du spazierengehst* …
| ER | Gut …
| SIE | Ich meine nur, es könnte dir nicht schaden, wenn du mal spazierengehen würdest …
| ER | Nein, *schaden* könnte es nicht …
35 | SIE | Also was willst du denn nun?
| ER | Ich möchte hier sitzen …
| SIE | Du kannst einen ja wahnsinnig machen!
| ER | Ach …

Verständnisprobleme in der Kommunikation

40	Sie	Erst willst du spazierengehen … dann wieder nicht … dann soll ich deinen Mantel holen … dann wieder nicht … was denn nun?
	Er	Ich möchte hier sitzen …
	Sie	Und jetzt möchtest du plötzlich da sitzen …
	Er	Gar nicht plötzlich … ich wollte immer nur hier sitzen … und mich entspannen …
	Sie	Wenn du dich wirklich *entspannen* wolltest, würdest du nicht dauernd auf mich *einreden* …
45	Er	Ich sag ja nichts mehr …
		(Pause)
	Sie	Jetzt hättest du doch mal Zeit, irgendwas zu tun, was dir Spaß macht …
	Er	Ja …
	Sie	Liest du was?
50	Er	Im Moment nicht …
	Sie	Dann lies doch mal was …
	Er	Nachher, nachher vielleicht …
	Sie	Hol dir doch die Illustrierten …
	Er	Ich möchte erst noch etwas hier sitzen …
55	Sie	Soll *ich* sie dir holen?
	Er	Nein-nein, vielen Dank …
	Sie	Will der Herr sich auch noch bedienen lassen, was?
	Er	Nein, wirklich nicht …
	Sie	Ich renne den *ganzen* Tag hin und her … Du könntest doch wohl *einmal* aufstehen und dir die Illustrierten holen …
60	Er	Ich möchte jetzt nicht lesen …
	Sie	Dann quengle doch nicht so rum …
	Er	*(schweigt)*
	Sie	Hermann!
65	Er	*(schweigt)*
	Sie	Bist du taub?
	Er	Nein-nein …
	Sie	Du tust eben *nicht,* was dir Spaß macht … statt dessen *sitzt* du da!
	Er	Ich sitzt hier, *weil* es mir Spaß macht …
70	Sie	Sei doch nicht gleich so aggressiv!
	Er	Ich bin doch nicht aggressiv …
	Sie	Warum schreist du mich dann so an?
	Er	*(schreit)* … Ich schreie dich nicht an!!

6 Bestimmen Sie das Gesprächsziel der Ehefrau und das Gesprächsziel des Mannes.

7 Beurteilen Sie, wie das Gesprächsverhalten der Ehefrau auf den Mann wirkt. Begründen Sie, ob diese Wirkung von der Ehefrau beabsichtigt ist.

8 Der Ehemann antwortet durchgängig sehr knapp. Wählen Sie den Gesprächszeitpunkt, zu dem eine ausführlichere Äußerung des Ehemannes die Zuspitzung des Gesprächs verhindert hätte, und formulieren Sie eine solche Äußerung.

Lösungsansätze für Kommunikationsstörungen

Anhand der Kommunikationskette von Wolfgang Mentzel wird deutlich, wie vielen möglichen Störungen ein Kommunikationsprozess ausgesetzt ist.

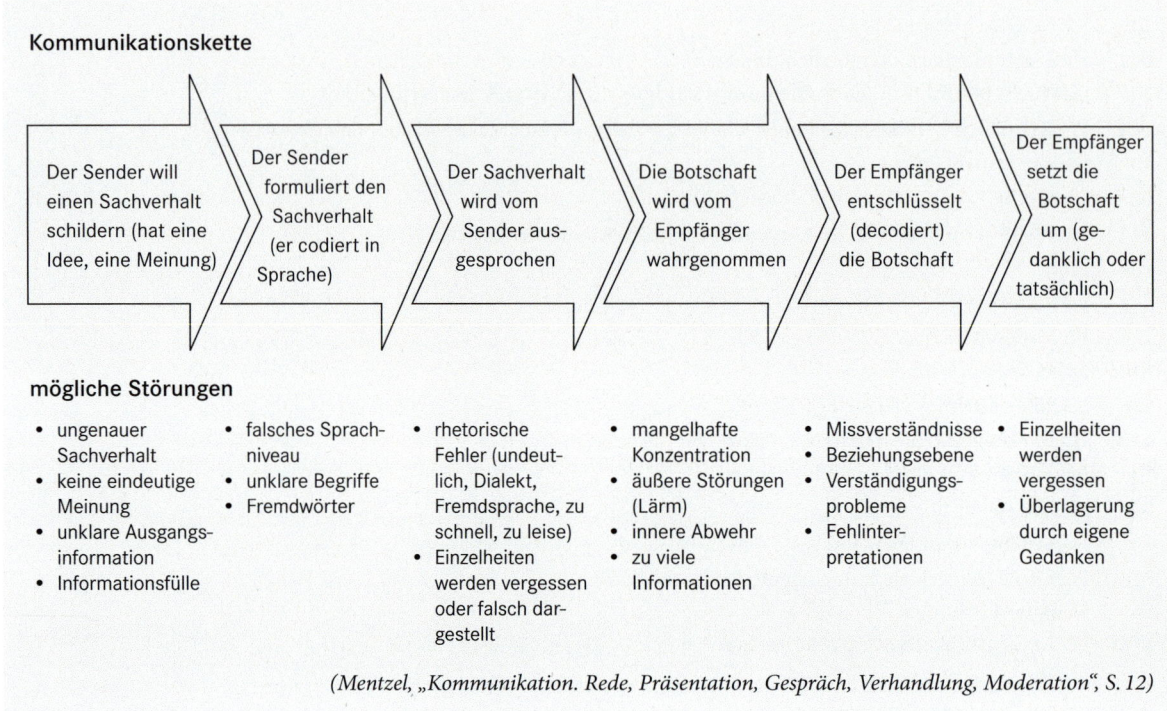

(Mentzel, „Kommunikation. Rede, Präsentation, Gespräch, Verhandlung, Moderation", S. 12)

1 Erläutern Sie die Aussage „Gemeint ist nicht gesagt und gesagt ist nicht verstanden" mithilfe der Kommunikationskette.

2 Wenden Sie die Kommunikationskette auf Ihr eigenes Kommunikationsverhalten an.
a) Welche der möglichen Störungen könnte Ihnen am ehesten unterlaufen? Lassen Sie sich zu Ihrer Auswahl auch ein Feedback von Ihrer Lernpartnerin/Ihrem Lernpartner geben.
b) Wählen Sie diejenigen Störungen beim Empfänger aus, die Sie durch Ihr Verhalten als Sender beeinflussen können. Formulieren Sie „Tipps für störungsarme Gespräche", in denen Sie darlegen, wie Sie solche Störungen beim Empfänger minimieren können.

3 Entwickeln Sie eigene Beispiele. Berücksichtigen Sie dabei die Kommunikationskette.
a) Formulieren Sie in Partnerarbeit kurze Dialoge, in denen eine oder mehrere Störungen deutlich werden.
b) Entwerfen Sie dann eine Fortsetzung des Dialogs, in der Sie versuchen, die Störungen zu beheben.
c) Präsentieren Sie den übrigen Lerngruppen die Problemsituation sowie den Lösungsvorschlag und geben Sie sich gegenseitig ein Feedback.

Lösungsansätze für Kommunikationsstörungen

In dem folgenden Ausschnitt aus dem Drama „Schöne Bescherungen" von Alan Ayckbourn geht es um ein Gespräch zwischen den jungen Eltern Pattie und Eddie. Sie haben drei kleine Kinder, Pattie ist mit dem vierten Kind schwanger.

Alan Ayckbourn: Schöne Bescherungen

Pattie kommt aus dem Küchengang. Sie trägt Hut, Mantel, Schal, Handschuhe und Stiefel.

PATTIE *ruft zurück:* Wartet da. Keinen Schritt weiter. Nicht mit den Stiefeln. […]
PATTIE Ja. *Ruft.* Eddie?
EDDIE *aus dem Esszimmer, ohne sich zu rühren:* Hallo.
5   PATTIE *wieder zu den Kindern:* Weil meine Stiefel sauber sind. Weil ich nicht durch Pfützen gesprungen bin, deshalb. Wartet da, ich bin gleich zurück. Ich hole nur schnell Vati. Warte da. Jetzt warte da, Zoe. Hast du mich verstanden? […]
PATTIE *betritt das Esszimmer:* Du sitzt immer noch hier?
EDDIE Ja.
10 PATTIE *zeigt auf das Buch:* Du machst das kaputt, noch bevor er es bekommen hat.
EDDIE Es ist gut.
PATTIE Kommst du jetzt?
EDDIE Wohin?
PATTIE Spazieren. Wir wollten doch spazieren gehen.
15 EDDIE Jetzt?
PATTIE Ja. Jetzt.
EDDIE Ich bin doch gerade erst aufgestanden.
PATTIE Das ist ja nicht meine Schuld. Die Kinder sind schon seit 6 Uhr auf. Und ich auch.
EDDIE Dann geh du doch spazieren.
20 PATTIE Hör mal, gestern Abend hast du gesagt, du würdest mitkommen.
EDDIE Ach ja?
PATTIE Also, Eddie, ehrlich! Ich habe ihnen gesagt, dass du jetzt mitkommst.
EDDIE Na schön, dann sag ihnen, dass ich nicht mitkomme.
PATTIE Das sagst du ihnen. Ich nicht. Das sagst du ihnen mal zur Abwechslung. Sag du ihnen,
25 dass du nicht damit belästigt werden willst, mit ihnen spazieren zu gehen. Weil du nämlich lieber sitzen bleibst, um Comics zu lesen.
EDDIE Pattie, mach deinen Spaziergang, wenn du spazieren gehen willst. Geh doch! Lass mich heute Morgen in Ruhe, bitte. *Pattie starrt ihn an.* Geh!!!
PATTIE *schnappt sich das Buch vom Tisch:* Und du hörst auf, da drin zu lesen! *Sie will das Buch*
30 *wieder in den Streifbandumschlag stecken, was sie nicht schafft.*
EDDIE Gib es her!
PATTIE Das soll ein Geschenk für Gary sein. Es gehört dir nicht. Ich habe es für Gary gekauft.
EDDIE Pattie, gib es bitte her.
PATTIE Nein, ich packe es jetzt für Gary ein.
35 EDDIE Pattie, du treibst mich noch so weit, dass ich etwas tue, was ich wirklich gleich bereue. Leg das verdammte Buch jetzt wieder auf den Tisch!
PATTIE Nein.

1.4 Lösungsansätze für Kommunikationsstörungen

EDDIE   Pattie, ich werde … ich werde wirklich … Gleich passiert was … gleich! Wirklich!
PATTIE   Das wäre ja nicht das erste Mal, oder?!
40 EDDIE   Ich tu es! Wirklich!! […]
Pattie legt das Buch still auf den Tisch und geht hinaus.

4 Beschreiben Sie den situativen Kontext des Gesprächs.

5 Beurteilen Sie, ob es sich um eine symmetrische oder eine komplementäre Gesprächssituation handelt.

6 Wenden Sie das Eisbergmodell auf Patties Frage „Du sitzt immer noch hier?" (Z. 8) an.
Formulieren Sie Patties Gedanken und Gefühle, die vermutlich in dieser Äußerung mitschwingen.

7 Ziemlich zu Beginn des Gesprächs (Z. 14) sagt Pattie: „Spazieren. Wir wollten doch spazieren gehen." Und Eddie antwortet: „Jetzt?"
Formulieren Sie mindestens vier innere Stimmen, die sich bei Eddie in diesem Moment zu Wort melden könnten.

8 Analysieren Sie Eddies Äußerung „Ich bin doch gerade erst aufgestanden" (Z. 17).
a) Erstellen Sie ein Kommunikationsquadrat.
b) Pattie erwidert Folgendes: „Die Kinder sind schon seit 6 Uhr auf. Und ich auch."
Auf welche der Ebenen von Eddies Äußerung reagiert sie damit? Erläutern Sie die Wirkung von Patties Antwort.

9 Arbeiten Sie mit einer Lernpartnerin/einem Lernpartner und entwerfen Sie einen Vorschlag zur Lösung dieses Konflikts.
a) Sammeln Sie Ideen, wie sich der Konflikt zwischen Pattie und Eddie lösen lässt.
b) Formulieren Sie einen günstiger verlaufenden Dialog und stellen Sie das Ergebnis dem Plenum in Form einer szenischen Lesung vor.

Basisbaustein

Kapitel 2

Sachtextanalysen schreiben

2.1
Analyse informativer und expressiver Sachtexte

2.2
Analyse appellativer Sachtexte (Werbebrief und Werbeanzeige)

2.3
EXTRA: Informationsrecherche

Texte werden mit unterschiedlichen Absichten erstellt. Autorinnen und Autoren wollen informieren, unterhalten oder zu einem Thema Stellung beziehen. Eine Textanalyse, die nach intensiver Auseinandersetzung mit dem Text verfasst wird, hilft Ihnen, die Absicht der Verfasserinnen und Verfasser zu erschließen.

Sie werden schrittweise an die Analyse herangeführt und erfahren, mit welchen sprachlichen Mitteln Texte gestaltet sind.

Kompetenzen

- ✓ Den Inhalt eines Textes erfassen
- ✓ Die Funktion eines Textes erkennen
- ✓ Aufbau und sprachliche Mittel analysieren
- ✓ Eine Sachtextanalyse verfassen
- ✓ Gestaltungsprinzipien und sprachliche Besonderheiten appellativer Texte ermitteln
- ✓ Arbeitstechniken zur Internetrecherche anwenden
- ✓ Öffentliche Bibliotheken zur Informationsrecherche nutzen

Methoden und Arbeitstechniken

- ✓ 5-Schritt-Lesetechnik
- ✓ Exzerpieren
- ✓ Wörterliste
- ✓ Mindmap
- ✓ Thesenpapier
- ✓ Brainstorming

2.1 Analyse informativer und expressiver Sachtexte
Den Inhalt eines Textes erfassen

Eine Inhaltsangabe zu einem Text ist notwendig, um die wichtigsten Informationen jederzeit abrufen zu können. Als Methode empfiehlt sich z. B. das Exzerpieren (» Training: Kapitel 7 bzw. 20). Dazu gehört, Begriffe zu klären, Inhalte knapp mit eigenen Worten zusammenzufassen und Fragen oder Ergänzungen zu notieren. In dem folgenden Text hat ein Schüler begonnen, ihm unbekannte Begriffe grün zu markieren, wichtige Informationen in wörtlicher Rede hat er gelb markiert.

Duales Studium
Drei Monate Uni, drei Monate Büro

Immer mehr Studenten absolvieren ein duales Studium. Sie schätzen Sicherheit und Gehalt. Gerade bei Kindern von Nicht-Akademikern ist das Angebot beliebt.
von Klaus Heimann

Seit Christian Schumann studiert, kann er kostenlos Bahn fahren. Er gehört zur kleinen, aber wachsenden Gruppe dual Studierender und kombiniert Betriebswirtschaftslehre mit einer Berufsausbildung bei der Deutschen Bahn. 2012 hat er mit dem Unternehmen einen Studienvertrag abgeschlossen. Drei Monate ist er im Betrieb, dann drei an der Hochschule. Die Hälfte des sechssemestrigen Studiums hat Schumann bereits hinter sich. Am Ende steht der Bachelorabschluss.

Duale Studiengänge sind begehrt. Laut Sabine Behrenbeck, Leiterin der Abteilung Tertiäre Bildung beim Wissenschaftsrat, würde ein Drittel der Studienanfänger gerne im Doppelpack studieren. Aktuell sind es gerade einmal 3,4 Prozent. Der Grund: Dual studieren kann nur, wer einen Betrieb gefunden hat, und die Plätze in den Unternehmen sind begrenzt. Aufgrund der hohen Nachfrage erwarten Experten, dass künftig mehr Betriebe dieses Studienformat anbieten werden.

910 duale Studiengänge gibt es an Fachhochschulen, dualen Hochschulen und Berufsakademien in Deutschland. Universitäten halten sich bei diesem Studienformat eher zurück. Schumann ist an der Dualen Hochschule Baden-Württemberg in Mannheim eingeschrieben: 6 600 Studierende gibt es dort, 1 900 Partner-Betriebe und 1 000 Lehrbeauftragte aus der Praxis.

Beim dualen Studium gibt es eine „große Vielfalt an Formaten und Strukturen", schreibt der Wissenschaftsrat in einem gerade verabschiedeten Positionspapier. Die Räte hätten gerne mehr Klarheit. Für Laura Gersch, die den Ausschuss beim Wissenschaftsrat betreut, ist die Herausforderung bei dualen Studiengängen die Qualitätssicherung: „Es geht um den Erhalt von Wissenschaftlichkeit, gelungenes Praxislernen, die inhaltliche Verzahnung der Lerninhalte und um eine vernünftige Betreuung der Studenten im Betrieb und an der Hochschule." Wissenschaftliche Standards sind dem Rat wichtig. Abteilungsleiterin Behrenbeck zufolge sollten duale Studiengänge so gestaltet werden, dass „nicht allein kurzfristige Unternehmensbedarfe bei der Curriculum-Gestaltung im Vordergrund stehen, sondern eine echte Doppelqualifikation entsteht".

[…]

Student Schumann schätzt besonders die Verzahnung von Theorie und Praxis: „Das läuft nicht einfach nebeneinanderher." Auch die Studienbedingungen bewertet er positiv. Gelehrt wird in Gruppen von 30 Studenten. „Wenn ich den Dozenten auf dem Flur treffe, begrüßen wir uns. Wir kennen uns." In den drei Monaten im Betrieb sammelt er Arbeitserfahrung, knüpft Netzwerke und informiert sich über Abläufe im Betrieb. Die Deutsche Bahn legt im Wettbewerb um die besten Köpfe zwei Extras drauf: Neben kostenlosen Bahnfahrten erhalten Studenten einmalig einen Studienbonus von 3 500 Euro.

Gerade Kinder aus Nicht-Akademikerfamilien interessieren sich für ein duales Studium. Das hat Sirikit Krone, Wissenschaftlerin am Institut für Arbeit und

Den Inhalt eines Textes erfassen

Qualifikation in Essen, in einer Untersuchung herausgefunden. Die Wissenschaftlerin hat auch nach Gründen für die Entscheidung zum duale Studium gefragt. Zwei Vorteile dominieren: die Beschäftigungssicherheit nach Studienende und das Gehalt während des Studiums.

Die Bezahlung variiert von Betrieb zu Betrieb. Laut Bernd Kaßebaum von der IG Metall sind die Vergütungen meist gestaffelt: „Im ersten Jahr werden im Schnitt 900 Euro gezahlt. Das steigert sich dann bis auf 1 200 Euro im dritten Jahr." Damit orientieren sich die Betriebe weitgehend an den Tarifverträgen für Ausbildungsvergütungen. „Eine einheitliche Festlegung gibt es allerdings nicht", sagt Kaßebaum. Allemal sind die Beträge höher als der Bafög-Satz. Ein Kostenfaktor für Studenten können allerdings die Studiengebühren der privaten Hochschulen sein. Die meisten Betriebe übernehmen sie, aber nicht alle.

Als Gegenleistung zum Gehalt verlangen die Betriebe, dass Bachelorabsolventen ihren ersten Arbeitsvertrag mit dem Ausbildungsunternehmen abschließen. Die Mindestdauer des Vertrages beträgt meist ein Drittel der Studienzeit, bei sechs Semestern Bachelorstudium also ein Jahr. Für Schumann ist das kein Nachteil. Er findet es gut, zu wissen, dass sein erster Arbeitsplatz in der Personalabteilung der Konzernleitung in Berlin sein wird.

www.zeit.de © ZEIT ONLINE (29.11.2013)

1 Erschließen Sie den Text mithilfe der 5-Schritt-Lesetechnik (» Kapitel 20) und exzerpieren Sie anschließend den Inhalt unter der Fragestellung: „Duale Studiengänge sind sehr beliebt. Worin liegt ihre Attraktivität?"

a) Schlagen Sie die grün markierten Begriffe nach und erstellen Sie damit eine Wörterliste (» Kapitel 20).
b) Ergänzen Sie die Wörterliste, indem Sie weitere unbekannte Wörter und Begriffe festhalten.

Wort/Begriff	Erklärung
Duales Studium	• In Anlehnung an das duale Ausbildungssystem • Hochschulstudium mit fest integrierten Praxisblöcken • Benötigter Schulabschluss: FHR oder allgemeine Hochschulreife

c) Schreiben Sie die gelb markierten Zitate aus dem Text heraus und ordnen Sie diese den im Text erwähnten Personen zu.
d) Geben Sie die wesentlichen Aussagen dieser Personen in indirekter Rede (» Kapitel 5) wieder.
e) Fassen Sie die wichtigsten Aussagen des Textes zur Beliebtheit dualer Studiengänge in eigenen Worten zusammen.

Den Aufbau eines Textes erkennen

Für das Erschließen eines Textes ist es wesentlich, dessen Aufbau zu erkennen. Hierbei können z. B. Teilschritte der 5-Schritt-Lesetechnik (» Kapitel 20) hilfreich sein: Abschnitte und ihre Funktion erkennen, Zwischenüberschriften analysieren oder selbst solche formulieren. Im folgenden Text wurden die Abschnitte nicht folgerichtig angeordnet.

Erst mal raus: Nach Schule oder Ausbildung ins Ausland

Bevor der Ernst des Lebens richtig losgeht, wollen viele Schul- oder Ausbildungsabsolventen erst einmal für einige Zeit ins Ausland.
von Barbara Erbe

Berlin. (dpa) Kurz nachdem Julia Söhnholz im vergangenen Sommer das lang ersehnte Abitur in der Tasche hatte, zog es sie fort – weit fort. Über den Freiwilligendienst Weltwärts des Bundesentwicklungsministeriums reiste die Hessin nach Nicaragua und arbeitete ein Jahr lang in einem Kinderhort. „Ich habe mit den Kids gespielt, gebacken, gebadet, ich habe ein faszinierendes Land kennengelernt und fließend Spanisch gelernt", sagt die 20-Jährige. Auch wenn sie nun in Rotterdam studiert und beruflich vielleicht nie mit Kindern arbeiten wird, ist sie überzeugt: „Dieses Jahr hat mich so bereichert, ich werde es nie vergessen."

ABSCHNITT A
Deutlich günstiger ist der Klassiker unter den Auslandsaufenthalten – das Au-pair-Jahr. Für die Vermittlung nehmen die einschlägigen Organisationen innerhalb Europas um die 200 Euro, nach Übersee mehr. Dazu kommen üblicherweise die Kosten für An- und Abreise – es sei denn, es geht in die USA. „US-amerikanische Gastfamilien übernehmen neben Kost und Logis die Reisekosten und zahlen mit circa 190 Dollar pro Woche (rund 170 Euro) auch ein relativ hohes Taschengeld", erklärt die Vorsitzende des Bundesverbands Au-pair Society, Judith Liehr. Dafür sei dort eine 40-Stunden-Woche für ein Au-pair keine Seltenheit. „Der Besuch eines Sprachkurses wird aber trotzdem immer ermöglicht, ebenso bleiben Wochenenden und Urlaubstage für Sightseeing und Reisen."

Egal in welches Land es gehen soll: Man muss einschlägige Erfahrungen in der Kinderbetreuung nachweisen – beispielsweise durch ein Praktikum, regelmäßiges Babysitting oder die Leitung einer Kinder-Turngruppe im örtlichen Sportverein. „Geschwisterhüten allein reicht nicht aus." Für die USA sollten Interessierte sich etwa ein halbes Jahr vor der geplanten Ausreise bewerben, für alle anderen Länder geht es auch kurzfristiger, wie Liehr erklärt. Kenntnisse der Landessprache seien längst nicht immer nötig, denn oft möchten die Gasteltern vor allem, dass ihre Kinder vom Au-pair Englisch lernen.

ABSCHNITT B
Geförderte Dienste wie etwa der Internationale Jugendfreiwilligendienst IJFD vom Bundesjugendministerium oder auch Weltwärts vermitteln in der Regel Langzeitaufenthalte von einem Jahr, haben feste Antrittszeiten und übernehmen einen großen Teil der Kosten. „Häufig erfolgt die Auswahl der Bewerber schon ein Jahr vorher, um dann im Frühjahr des Entsendejahres die Freiwilligen auf ihre Aufgabe am Einsatzort vorzubereiten", berichtet Ministeriums-Sprecherin Verena Herb. 2013 gingen 2 674 Freiwillige über den IJFD ins Ausland.

Nicht geförderte freie Dienste vermitteln je nach Wunsch Kurz- oder Langzeitaufenthalte, haben deutlich kürzere Bewerbungsfristen und bieten flexiblere Antrittszeiten. Sie nehmen laut Terbeck aber im Durchschnitt für einen vierteljährigen Aufenthalt für Reise und Unterkunft um die 3 000 Euro.

ABSCHNITT C
Wer bereits eine Ausbildung abgeschlossen hat, ist im Übrigen klar im Vorteil: Denn er oder sie kann qualifiziertere und damit besser bezahlte Jobs annehmen. Fest steht für Thomas Terbeck: „Je länger man eine Zeit in der Ferne verbringt, desto tiefer taucht man in Lebensweise, Kultur und Alltag der Menschen dort ein. Aber selbst ein relativ kurzer Auslandsaufenthalt ist eine Horizonterweiterung, von der man ein Leben lang profitiert."

Den Aufbau eines Textes erkennen

ABSCHNITT D

Internationale Freiwilligendienste bieten die Möglichkeit, in gemeinnützigen Projekten mitzuarbeiten und dabei Land und Leute kennenzulernen, erläutert Thomas Terbeck, Geschäftsführer des unabhängigen Bildungsberatungsdienstes und Verlages Weltweiser. Wie lange die Volunteers aktiv sind und was der Auslandsaufenthalt kostet, hängt vor allem davon ab, von welchem Freiwilligendienst sie sich vermitteln lassen.

ABSCHNITT E

Work and Travel bietet jungen Erwachsenen die Möglichkeit, ihr Gastland kreuz und quer zu bereisen. „Dafür haben sie aber oft mehr Kontakt zu anderen jungen Reisenden als zu den Einheimischen", sagt Terbeck. Außerdem erfordert Work and Travel mehr Eigenkapital, als viele meinen. Jobs als Erntehelfer, Tierhüter, Kellner oder Aushilfe im Supermarkt werden nicht gerade fürstlich bezahlt – und die Schlafstätte muss schließlich auch finanziert werden. „Wer da wirklich reisen will, muss schon einiges an Rücklagen von zu Hause mitbringen", erklärt der Berater. Zumal die einschlägigen Länder das nötige Visum nur erteilen, wenn Reisende ein bezahltes Rückflugticket und etwa 2 000 Euro in Form einer Kaution präsentieren können.

www.rnz.de (Rhein-Neckar-Zeitung, 22.05.2015)

1 Analysieren Sie den Aufbau des Textes.
a) Ordnen Sie die Textabschnitte. Notieren Sie die richtige Reihenfolge der Abschnitte A bis E (mit Ordnungszahlen 1. bis 5.) in Ihrem Heft.
b) Formulieren Sie Zwischenüberschriften für die einzelnen Textabschnitte.
c) Bestimmen Sie die Funktion der einzelnen Textabschnitte.

2 Visualisieren Sie die wichtigsten Aussagen des Textes. Strukturieren Sie den Text mithilfe einer Mindmap oder eines Strukturbildes (» Kapitel 7).

3 Recherchieren Sie im Internet nach weiteren Informationen über einen internationalen Freiwilligendienst, eine Au-pair-Organisation sowie ein Work-and-Travel-Programm. Ermitteln Sie auch Kontaktadressen. Erstellen Sie mithilfe dieser Informationen ein Thesenpapier für Ihre Mitschüler.

Sprachliche Mittel – Absicht und Wirkung erschließen

Sachtexte dienen nicht nur der Information. Sie können auch expressiv (ausdrucksvoll) unterhalten oder von einer Meinung überzeugen wollen. Um die Intention (die Aussageabsicht) eines Textes erfassen zu können, untersuchen Sie die Verwendung der sprachlichen Mittel genauer.

„Es ist, als ob jemand den Stecker herausgezogen hätte"	*Überschrift reizt zum Weiterlesen*
Über Jungs mit Abitur, aber ohne Energie	*überraschende Gegenüberstellung*
von Harald Martenstein	

Ich traf einen Kollegen, der einen Sohn hat. Sein Sohn ist im gleichen Alter wie mein Sohn. Der andere Sohn hat ebenfalls kürzlich Abitur gemacht. Der Kollege sagte, sein Sohn schlafe meist bis zum frühen Nachmittag. Danach dusche er und setze sich an den Computer. Dort spiele er und chatte. Manchmal gehe er aus. Aber meistens sei er
5 zu Hause. Er steht auf, er spielt, er isst, dann legt er sich wieder schlafen. Manchmal geht er arbeiten, das stimmt, er hat einen Job. Er arbeitet genau so viel, wie unbedingt erforderlich ist, keine Sekunde länger. Zukunftspläne sind vorhanden, werden aber mit extremer Gelassenheit und in aufreizend langsamem Tempo verfolgt. Sein Zimmer befinde sich in einem sehr, sehr traurigen Zustand. Ungeziefer gibt es dort nicht, dem
10 Ungeziefer ist das Zimmer offenbar nicht behaglich genug. Die Mitarbeit des Sohnes im elterlichen Haushalt aber sei ein Thema, das zu schmerzhaft ist, um überhaupt darüber reden zu können. Das hätte ich an seiner Stelle alles, Wort für Wort, ebenfalls berichtet.
Die Mädchen aus der Abi-Klasse, sagte der Kollege, studieren inzwischen alle. Die
15 sind alle auf der Autobahn Richtung Topjuristin, Chefärztin oder Konzernvorstand. Die Jungs dagegen, ach, es ist furchtbar, es ist traurig. Sie hängen rum. Eine *lost generation*. Ich sagte, dass mein Sohn sich eine neue Badehose kaufen möchte. Das Projekt, sich eine Badehose zu kaufen, verfolgt er seit nunmehr acht Wochen. Er hat keine Zeit. Nein, er hat keine Energie. Es ist, als ob jemand den Stecker herausgezogen hätte aus
20 dieser Generation von Jungs. Das wird sich alles auswachsen, sagte ich, das kann ja nicht ewig so weitergehen. Eines Tages wird er sich eine Badehose kaufen. Er wird morgens um neun vor mir stehen, frisch geduscht, und er wird sagen, dass er jetzt zu Karstadt geht und sich die Badehose kauft. Jeden Morgen warte ich darauf. Dann gehe ich ins Büro, er schläft noch, und wenn ich vom Büro heimkomme, ist er gerade

Anapher

Übertreibung, Pauschalisierung

38 ■ Basisbaustein

Sprachliche Mittel – Absicht und Wirkung erschließen

25 aufgestanden, die Cornflakes-Schüssel steht herum, und er macht sich fertig fürs Joggen. Eine Jogginghose hat er ja. Der Kollege sagte: „Es ist überall das Gleiche. Das tröstet dann doch irgendwie."
Wir haben durchgecheckt, woran es liegen könnte. Ich glaube nicht, dass es an der Erfindung des Computers liegt. Die Mädchen besitzen ebenfalls Computer. Ich glaube
30 auch nicht, dass der Feminismus schuld ist. Gewiss, diese Generation von Jungs wird sich vermutlich extrem schwer damit tun, Spitzenpositionen zu erobern, solche Jobs werden in den nächsten Jahrtausenden hauptsächlich mit Frauen besetzt sein. Aber das kümmert die Jungs nicht, nein, es ist ihnen sogar recht. Unsere Jungs sind begeisterte Feministen. Wenn jemand unseren Jungs die Position eines Bundeskanzlers oder
35 Bankchefs anbieten würde, dann würden unsere Jungs langsam aufstehen, ihre Chipstüte nehmen und in ihr Zimmer schlurfen, um dort in Ruhe Musik zu hören. Waren unsere Erziehungsmethoden zu lasch? Waren wir schlechte Vorbilder? Ist die Schule schuld, zu viel Gruppenarbeit, zu wenig Leistungsdenken, alle Lehrer immer krank?   *rhetorische Fragen*
„Es liegt an der Abschaffung der Wehrpflicht", sagte der Kollege. Das hat mir sofort
40 eingeleuchtet. Ich habe ja nach dem Abi Zivildienst gemacht, aber das bedeutete ebenfalls eineinhalb Jahre frühes Aufstehen, heftige Maloche, Hierarchie, Erwachsenenleben. Danach warst du eingenordet. Danach wusstest du Bescheid. Mein Gott. Wie ich rede. Trotzdem. Einer Bürgerinitiative „Väter von Jungs für die Wiedereinführung der Wehrpflicht" würde ich beitreten.

www.zeit.de (ZEITmagazin, 27.09.2012)

1 Geben Sie den Inhalt des Textes kurz in eigenen Worten wieder und beschreiben Sie Ihren ersten Leseeindruck.

2 Analysieren Sie die sprachliche Gestaltung des Textes.
a) Erläutern Sie die ersten Ergebnisse der Sprachanalyse in den Spalten neben dem Text.
b) Notieren Sie weitere sprachliche Gestaltungsmittel (» Kapitel 4, S. 96 f.) sowie damit verbundene Intentionen des Autors. Beschreiben Sie deren Wirkung.

3 Nennen Sie den möglichen Adressatenkreis dieses Textes.

4 Bestimmen Sie den Text nach seiner hauptsächlichen Funktion.
a) Übertragen Sie das Dreieck in Ihr Heft und zeichnen Sie ein Kreuz an der Stelle ein, an der Sie den Text „Es ist, als ob jemand den Stecker herausgezogen hätte" entsprechend seiner Intention und Wirkung einordnen.
b) Begründen Sie Ihre Meinung mithilfe Ihrer Arbeitsergebnisse aus den Aufgaben 1–3.

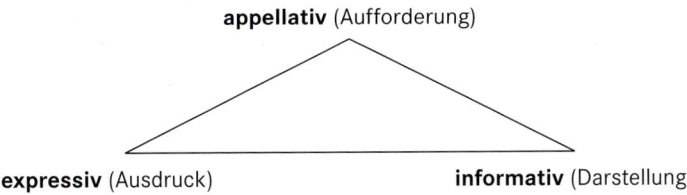

5 Erläutern Sie, um welche journalistische Textsorte es sich bei diesem Text handelt.

Eine vollständige Textanalyse verfassen

Um eine Sachtextanalyse zu verfassen, müssen Sie zunächst Inhalt, Sprache und Stil des Textes sowie die Intention des Autors bestimmen. Diese einzelnen Elemente müssen Sie genau untersuchen, um aus den Ergebnissen der Untersuchung Schlüsse ziehen zu können. Sachtexte sind oft erst dann richtig zu verstehen, wenn man die zeitgeschichtlichen Bedingungen ihrer Entstehung mit berücksichtigt. Es kann z. B. wichtig sein, ob ein Text Bezug auf ein konkretes Ereignis nimmt, das gerade im Zentrum öffentlicher Diskussionen steht. Tagespolitisches wie auch allgemeines Wissen sind dabei sehr hilfreich.

Studienfinanzierung
Auf mehrere Geldquellen setzen

Geld von den Eltern, BAföG und Nebenjob sind die gängigsten Bausteine der Studienfinanzierung. Bei den meisten Studierenden reicht eine Geldquelle allein nicht aus, um die Kosten für Miete, Mittagessen und Mobiltelefon zu stemmen. […]

Warmmiete: 298 Euro, Essen: 165 Euro, Fahrtkosten: 82 Euro, Kleidung: 52 Euro, Smartphone und Co.: 33 Euro, Lernmittel: 30 Euro, eigene Krankenversicherung: 66 Euro – und abends ausgehen möchte man ja auch noch (68 Euro). Im Sommersemester 2012 kamen für Studierende im Schnitt mal eben 794 Euro monatlich an Ausgaben zusammen. Die Angaben sind Durchschnittswerte aus der 20. Sozialerhebung des Deutschen Studentenwerks (DSW). Je nachdem, wo man studiert, fallen die Kosten unterschiedlich hoch aus. „Zum einen sind die Lebenshaltungskosten in den Ballungsräumen höher als andernorts, zum anderen gibt es ein West-Ost-Gefälle", erklärt Nicolai Preuße, Referent für Studienfinanzierung beim DSW. „Letztlich spielt auch der Lebenswandel jedes Einzelnen eine Rolle. Spielraum nach unten gibt es aber kaum."

Der größte Posten unter den monatlichen Ausgaben ist die Miete inklusive Nebenkosten. Über ein Drittel ihrer monatlichen Einnahmen müssen Studierende, die nicht mehr bei den Eltern wohnen, für ihre Unterkunft aufbringen. Die Wahl des Studien- und Wohnorts spielt dabei eine große Rolle: Während eine 30-Quadratmeter-Wohnung beispielsweise in Köln derzeit bei durchschnittlich gut 400 Euro monatlich liegt, zahlt man etwa in Chemnitz rund 160 Euro dafür. „Wenn man BAföG bekommt, ist der Mietkostenzuschuss jedoch bundesweit einheitlich, egal wie hoch die Miete tatsächlich ist", gibt Nicolai Preuße zu bedenken.

[…]

Auch die Wahl des Studiengangs wirkt sich auf die Ausgaben aus: Während etwa Studierende der Architektur Papier, Pappe und Kleber für ihre Modelle kaufen müssen, buchen angehende Juristen mitunter teure Repetitorien zur Vorbereitung aufs Staatsexamen bei privaten Anbietern. Das Thema Studiengebühren hingegen ist – bei den staatlichen Hochschulen – aktuell vom Tisch: In keinem Bundesland werden sie derzeit erhoben. Dennoch sind viele Hochschulen weiterhin an den Gebühren interessiert, weil sie eine wichtige Einnahmequelle darstellen. „Dies ist eine politische Diskussion, die sicher immer wieder aufflammen wird. Aber hier Prognosen zu wagen, wäre reine Spekulation", betont Nicolai Preuße.

Dennoch sind nicht alle Studienangebote kostenfrei: Abgesehen von kostenpflichtigen Studiengängen an privaten Hochschulen kann auch ein Zweitstudium Geld kosten. In Rheinland-Pfalz zum Beispiel ist ein zweites Studium nach erfolgreich abgeschlossenem Bachelor und konsekutivem Master nur gegen Gebühr zu haben. In vielen Bundesländern, unter anderem

Eine vollständige Textanalyse verfassen

Bremen und Niedersachsen, werden Langzeitstudierende zur Kasse gebeten. Ebenfalls mit teils hohen Kosten verbunden sind in der Regel weiterbildende Masterstudiengänge, die aber meist Berufserfahrung voraussetzen.

[…]

„Die wichtigsten Geldquellen, um ein Studium zu finanzieren, sind die Eltern, ein Nebenjob und das BAföG", gibt Nicolai Preuße einen Überblick. So griffen laut 20. Sozialerhebung rund 87 Prozent der Studierenden im Sommersemester 2012 auf Zuwendungen ihrer Eltern zurück, 63 Prozent auf einen eigenen Verdienst aus einem Nebenjob und 32 Prozent auf BAföG. „Kredite und Stipendien spielen eine untergeordnete Rolle. Leider bewerben sich viele erst gar nicht um ein Stipendium, weil sie sich kaum Chancen ausrechnen. Ein Fehler", bedauert der Experte.

Mit durchschnittlich 443 Euro monatlich wurden Studierende im Jahr 2012 nach dem BAföG gefördert. BAföG ist je zur Hälfte staatlicher Zuschuss und zinsloses Darlehen. Die Förderdauer deckt die jeweilige Regelstudienzeit ab. Der Höchstsatz liegt derzeit bei 670 Euro im Monat, zum Wintersemester 2016/17 wird er auf 735 Euro erhöht. Von diesem Zeitpunkt an werden auch die Freibeträge vom Einkommen der Eltern und Ehepartner um sieben Prozent angehoben, sodass künftig mehr Studierende von der Förderung profitieren dürften. Ebenfalls angehoben wird die Hinzuverdienstgrenze für jobbende Studierende: „Dadurch wird ein 450-Euro-Minijob möglich, ohne dass die BAföG-Förderung beeinträchtigt wird", erklärt Nicolai Preuße. […]

Wer kein BAföG mehr erhält, weil er einen Leistungsnachweis nicht erfüllen konnte oder über die Regelstudienzeit hinaus studiert, kann alternativ Wohngeld und Studienkredite beantragen […]. Was viele nicht wissen: „Die Studentenwerke halten für den Studienabschluss günstige, teilweise sogar zinsfreie Darlehen bereit. Diese Angebote richten sich an alle Studierenden, unabhängig vom BAföG", führt Nicolai Preuße aus. „Um nicht vom Hörsaal direkt in die Verschuldung zu tappen, sollte man auf jeden Fall erst einmal in die Beratung der Studentenwerke gehen."

Und dann ist da noch das Kindergeld: Das wird bis zum 25. Lebensjahr gezahlt, unabhängig davon, was man neben dem Studium verdient, solange man noch nicht über eine abgeschlossene Ausbildung verfügt.

[…]

Der aktuellen Sozialerhebung zufolge gingen 2012 rund 63 Prozent der Studierenden einem Nebenjob nach und verdienten im Schnitt 323 Euro im Monat. Eine Finanzierung des Studiums allein mithilfe von Nebenjobs ist aber schwierig: „Es bleibt weniger Zeit zum Lernen, was sich schnell rächen kann. Sinnvoll ist sicherlich, einen Nebenjob anzunehmen, der einen fachlichen Bezug zum Studium hat, etwa einen Job als studentische Hilfskraft am Lehrstuhl", rät Nicolai Preuße. […]

Bei Fragen zur Studienfinanzierung können sich Studieninteressierte und Studierende an die Studentenwerke sowie die Sozialreferate der studentischen Vertretungen wenden.

www.abi.de (22.06.2015)

1 Bearbeiten Sie den Text nach der 5-Schritt-Lesetechnik (» Kapitel 20).

2 Formulieren Sie Zwischenüberschriften für die einzelnen Sinnabschnitte.

Eine vollständige Textanalyse verfassen

3 Analysieren Sie den Text mithilfe folgender Aufgaben:
a) Bestimmen Sie den Anlass für den Artikel und die Intention des Autors.
b) Nennen und erläutern Sie die Aspekte, von denen die Höhe der monatlichen Ausgaben von Studierenden abhängt.
c) Notieren Sie die im Text genannten Möglichkeiten zur Finanzierung eines Studiums, wenn die Eltern nicht für die Kosten aufkommen.

4 Notieren Sie sprachliche Mittel, die Ihnen aufgefallen sind. Mit welcher Absicht wurden sie verwendet?

5 Halten Sie die beschlossene BAföG-Erhöhung (Z. 74) für sinnvoll? Nehmen Sie dazu Stellung.

6 Ordnen Sie Ihre Analyseergebnisse zum Text auf S. 40/41 den Elementen der Textanalyse (» Basiswissen) zu. Ergänzen Sie Ihre Analyse zu noch nicht berücksichtigten Aspekten.

BASISWISSEN — Elemente einer Textanalyse

Elemente	Fragestellungen/Analyseaspekte	Worauf ist zu achten?
Einleitung	1. Autor, Titel, Erscheinungsort, Erscheinungsdatum 2. Anlass, Textsorte, Thema, Autorenintention	• Titel kann Hinweise geben • Art des Mediums und Textsorte können auf Adressaten verweisen
Hauptteil 1. Inhalt und Aufbau	3. Welche Informationen/Aussagen sind enthalten? 4. Wie ist der gedankliche (logische) Aufbau? (Thesen, Argumente) 5. Welche Quellen und Belege werden genannt? 6. Kommen Personen direkt zu Wort?	• Schlüsselwörter finden • Absätze, Zwischenüberschriften • Übergänge zwischen Abschnitten • Hinweise auf Personen, Medien, Institutionen, Studien usw. • wörtliche Rede/indirekte Rede
2. Sprache u. a. Gestaltungsmittel	7. Welche sprachlichen Mittel werden eingesetzt? 8. Welche Sprachvarietäten werden verwendet? – (Fachsprache, Hochsprache, Umgangssprache) 9. Ergänzen Bilder, Diagramme u. a. den Text?	• Sprachbilder, rhetorische Figuren • Wortwahl (z. B. Fremdwörter, umgangssprachliche Ausdrücke) • Kombination von Text und Bild
3. Absicht und Wirkung	10. Was soll mit dem Text erreicht werden? (Information, Aufforderung zum Handeln, Kritik, Unterhaltung, Meinungsbildung, Manipulation) 11. Wie wirkt der Text auf Sie?	• Grundstimmung/sprachliche Gestaltung (z. B. sachlich-informativ, heiter-ironisch, provozierend, auffordernd)
Schluss	12. Fazit, Bewertung	• persönlicher Nutzen (z. B. Wissenszuwachs, Meinungsbildung)

Eine vollständige Textanalyse verfassen

Die folgende Schülerarbeit zu dem Text auf S. 40/41 hat viel Kritik erhalten:

Muster

Der Text „Auf mehrere Geldquellen setzen" ist am 22.06.2015 in der Zeitschrift „abi" der Bundesagentur für Arbeit erschienen. Der Autor thematisiert verschiedene Möglichkeiten zur Studienfinanzierung und erklärt, wie sich Ausgaben auf das Leben der Studenten auswirken. Anlass des Textes ist die Problematik, dass für viele Studierende eine Geldquelle nicht ausreicht, um die monatlich anfallenden Kosten zu decken.

Zu Beginn des Textes bezieht sich der Verfasser auf die 20. Sozialerhebung des Deutschen Studentenwerks (DSW) zu den monatlichen Ausgaben von Studenten. Die Ausgaben belaufen sich laut der Erhebung auf durchschnittlich 794 Euro pro Monat. Der Autor zitiert Äußerungen von Nicolai Preuße, Referent für Studienfinanzierung beim DSW. Durch die Zitate wird deutlich, dass die Miete den größten Posten der monatlichen finanziellen Belastungen darstellt. Deshalb spiele bei den Ausgaben auch die Wahl des Studienortes eine große Rolle, denn die Lebenshaltungskosten seien je nach Wohnort unterschiedlich, wobei generell ein Ost-West-Gefälle deutlich werde. Der Mietkostenzuschuss sei jedoch bei BAföG-Empfängern bundesweit einheitlich und orientiere sich nicht an der tatsächlichen Miete. Ein weiterer Kostenfaktor ist die Wahl des Studienfaches. Der Autor gibt zu bedenken, dass studienrelevante Utensilien und Gebrauchsgegenstände je nach Studiengang unterschiedlich teuer seien.

Die wichtigsten Geldquellen zur Finanzierung eines Studiums sind laut Preuße die Eltern, ein Nebenjob und das BAföG. Dies belegen die Ergebnisse der Sozialerhebung des DSW, nach welcher rund 87 % der Studenten im Sommersemester 2012 auf Zuwendungen ihrer Eltern zurückgriffen, 63 % einen eigenen Verdienst aus einem Nebenjob angaben und zudem 32 % BAföG erhielten. Kredite und Stipendien spielen bei der Studienfinanzierung eine untergeordnete Rolle, was Preuße bemängelt.

Im Jahr 2012 betrug die durchschnittliche monatliche Förderung der zu je einer Hälfte aus staatlichen Zuschüssen und zinslosen Darlehen bestehenden Sozialleistung BAföG laut Verfasser 443 €. Die Dauer der Förderung, deren Höchstsatz derzeit bei 670 € im Monat liege, decke die jeweilige Regelstudienzeit ab. Zum Wintersemester 2016/17 werde die Förderung nach BAföG auf 735 € pro Monat erhöht. Ab diesem Zeitpunkt gebe es außerdem sowohl eine Neuerung hinsichtlich der Freibeträge vom Einkommen der Eltern und Ehepartner, welche um 7 % angehoben werden sollen, als auch hinsichtlich der Hinzuverdienstgrenze, was Studierenden künftig das Ausüben eines 450-€-Jobs ermögliche, ohne dass dies die BAföG-Förderung beeinträchtige.

Der Autor verweist darauf, dass Nicht-BAföG-Berechtigte Studienkredite und Wohngeld beantragen könnten. Am Ende des Textes geht der Verfasser noch auf Kindergeld ein, auf das während der Erstausbildung ein Anrecht bis zum 25. Lebensjahr bestehe.

Der Text soll künftige Studenten und bereits Studierende über die finanziellen Belastungen während des Studiums aufklären. Es werden verschiedene Finanzierungsalternativen dargestellt und teilweise erklärt. Vor allem jungen Menschen, die die Schule erst vor Kurzem abgeschlossen haben, bietet dieser Text eine gute Orientierung in Sachen „Kosten im Studium". Nach dem Lesen des Textes entscheidet sich der eine oder andere vielleicht doch noch für eine Ausbildung.

7 Setzen Sie sich mit dem Muster auseinander und bewerten Sie es.
a) Stellen Sie fest, worin der inhaltliche Schwerpunkt dieser Textanalyse liegt und was unberücksichtigt bleibt.
b) Ordnen Sie die Elemente einer Textanalyse (» Basiswissen, S. 42) den Textabschnitten der Musteranalyse mithilfe von Zeilenangaben zu.
c) Prüfen Sie, ob die Fragen aus dem Basiswissen in der Musteranalyse beantwortet wurden.
d) Schließen Sie sich der Bewertung am Schluss an? Verfassen Sie eine eigene Bewertung.

Analyse appellativer Sachtexte (Werbebrief und Werbeanzeige)
Inhalt, Aufbau und Gestaltungsprinzipien

Zu appellativen Texten – also Texten, die eine vorwiegend auffordernde Funktion haben – zählen Werbetexte. Sie haben aber einen Sonderstatus. Denn sie nutzen ganz bewusst die Möglichkeiten von Bildern und Sprache, um Menschen zu beeinflussen. Bei der Beurteilung und Bewertung von Werbetexten geht es deshalb vor allem um die Frage, mit welchen gestalterischen Mitteln die Werber ihr Ziel zu erreichen versuchen.

FRONTAL Versicherung
------Briefkopf mit LOGO------
Erstversicherung

Klaus Mustermann
Musterstr. 325
50013 Köln

15. April 20..

Ihr Schritt in die Unabhängigkeit
Sparen Sie bis zu 75 % mit Ihrer Kfz-Erstversicherung

Lieber Klaus,

in wenigen Tagen werden Sie 18. **Volljährig!!!** Sicher ein Tag, auf den Sie schon lange gewartet haben. Ein Tag, der Ihnen neue Möglichkeiten eröffnet, Ihr Leben zu **genießen.** Ein Tag, der Sie noch ein wenig **unabhängiger** werden lässt.

Und wir von der FRONTAL Versicherung helfen Ihnen dabei: mit dem **Einstiegsangebot für Geburtstagskinder.** Bei uns **sparen** Sie bei Ihrer Kfz-Erstversicherung ab dem ersten Tag bares Geld. Denn wir versichern Ihr Erstfahrzeug für sensationelle 100 %. So können Sie sich schon von Anfang an fühlen wie ein alter Hase.

Deshalb: **Verschenken Sie kein Geld!!!** Rufen Sie noch heute die **0800 345 300** an und sprechen Sie mit unserem Beratungsteam. Denn die Zeit läuft. Das Angebot gilt nur für diejenigen, die spätestens im ersten Monat nach ihrem Geburtstag bei der FRONTAL abschließen. Alle anderen starten mit dem regulären Tarif von 175 %. Ist das nicht eine tolle Geburtstagsüberraschung?!

Wir wünschen Ihnen einen guten Start in die Freiheit und in Ihre Kfz-Versicherung. Herzlichst Ihre

FRONTAL Versicherung

PS: Wenn Sie an Ihrem Geburtstag bei uns anrufen, wartet eine **zusätzliche Geburtstagsüberraschung** auf Sie. Vertrauen Sie auf die beste unter den Versicherungen, vertrauen Sie auf FRONTAL.

Inhalt, Aufbau und Gestaltungsprinzipien

1 Beschreiben Sie Inhalt und Gestaltung des Werbebriefes auf S. 44.
a) Notieren Sie sich alles, was Ihnen beim ersten Überfliegen des Werbebriefes auffällt.
b) Formulieren Sie in einem Satz das Anliegen des Briefes.
c) Lesen Sie den Brief ein weiteres Mal und ergänzen Sie Ihre Beobachtungen. Achten Sie besonders auf sprachliche Besonderheiten.
d) Listen Sie auf, welche Elemente des Briefes Sie ansprechen und welche nicht.

Viele Werber beachten bei der Konzeption einer Werbemaßnahme Gestaltungsprinzipien.

BASISWISSEN — Gestaltungsprinzipien in der Werbung

Die von Werbern angewendeten Gestaltungsprinzipien basieren auf Erkenntnissen der Psychologie und der Kommunikationswissenschaften sowie auf Erfahrungen aus ca. 150 Jahren Werbung. Grundlegende Prinzipien sind z. B.:

AIDA-Formel:

A = ATTENTION – die Aufmerksamkeit des Lesers/Betrachters gewinnen

I = INTEREST – das Interesse des Lesers am Produkt wecken

D = DESIRE – den Wunsch nach dem Besitz des Produkts erzeugen

A = ACTION – aktiv werden, das Produkt kaufen

IF-THEN-SO-Technik:

IF – „Wenn etwas so oder so ist, …": Ein Problem wird aufgezeigt.

THEN – „… dann sollte das oder das passieren": Eine Lösung des Problems wird vorgestellt.

SO – „Deshalb sollten Sie sich so oder so verhalten": Eine Entscheidung wird nahegelegt.

Wichtig ist die genaue Kenntnis der **Zielgruppe**, d. h. Alter, Interessen, Verhaltensweisen, Kaufkraft der Personengruppe, die mit der Werbung angesprochen werden soll.

2 Erläutern Sie am Beispiel des Werbebriefes wichtige Gestaltungsprinzipien.
a) Mit welchen Mitteln wird die Aufmerksamkeit der Leserin/des Lesers geweckt?
b) Wie wird das Interesse der Leserin/des Lesers am Produkt gesteigert?
c) Warum könnte das Produkt für den Kunden wünschenswert sein?
d) An welchen Stellen des Briefes wird die Leserin/der Leser zum Handeln aufgefordert?

3 Setzen Sie sich mit der im Werbebrief angesprochenen Zielgruppe auseinander.
a) Nennen Sie Bedürfnisse von 18-jährigen Jugendlichen, die angesprochen werden.
b) Welche weiteren Bedürfnisse haben Jugendliche? Ergänzen Sie die Auflistung.
c) Formulieren Sie mit der IF-THEN-SO-Technik bezogen auf die Zielgruppe „18-jährige Jugendliche" einen zusammenhängenden Satz. Beginnen Sie mit: „Wenn der Jugendliche …"

★ **4** Formulieren Sie einen Werbebrief, in dem Sie ein Produkt Ihrer Wahl anbieten.

Sprachliche Besonderheiten in Werbebriefen

Die Umsetzung der Gestaltungsprinzipien in Werbebriefen erfordert den Einsatz besonders wirksamer sprachlicher Mittel. Im Folgenden werden einige wichtige Mittel vorgestellt.

Kundenwünsche, Werbetrends und Werbesprache

Der erste Satz (der Einstieg) eines Werbebriefes ist besonders wichtig. Häufig wird als Einstieg eine (rhetorische) Frage gestellt, z. B.: Wollten Sie sich nicht schon lange diesen Reisewunsch erfüllen?

Mit dem sogenannten Sie-Stil soll die Leserin/der Leser direkt angesprochen werden. Deshalb stehen Fügungen mit „ich", „wir" oder „unser" nicht im Zentrum eines Satzes, z. B.: Bestellen Sie die neuen Arbeitsmaterialien sofort, damit Sie von den Verbesserungen profitieren können; statt: Wir empfehlen Ihnen, die verbesserten Arbeitsmaterialien sofort zu bestellen.

Als Schlüsselbegriffe werden in Werbetexten besonders Wörter verwendet, die für die meisten Menschen eine positive Bedeutung haben, z. B. das Wort „Glück" oder „Genuss". Wenn es gelingt, dass Kunden ein Produkt „automatisch" mit einem Schlüsselbegriff in Verbindung bringen, dann „strahlt" das Positive dieses Begriffs auf das beworbene Produkt ab, z. B. „Reiseglück", „Fahrgenuss".

Doch gerade bei der Wahl geeigneter Schlüsselbegriffe gilt es, auf Änderungen von Verbraucherwünschen und gesellschaftlichen Trends zu achten: Nachdem etwa zehn Jahre lang das „Sparen" (Slogan: „Geiz ist geil") die dominierende Werbeaussage war, wird die Werbesprache seit 2007 dem Bedürfnis einer wachsenden Kundschaft nach hochwertigen Angeboten und dem zunehmenden „grünen Bewusstsein" (Studie des Hamburger Trendbüros 2007) der Verbraucher angepasst. Deshalb müssen die Werbetexter nach Schlüsselbegriffen suchen, die die Verbraucher mit ökonomischen oder ökologischen Vorteilen verbinden.

Eine besondere Bedeutung kommt in Werbebriefen gut gewählten Adjektiven zu, denn sie unterstreichen die Eigenschaft der beworbenen Ware oder Dienstleistung. Besonders aussagekräftig sind zusammengesetzte Adjektive, z. B. „vitaminreich", weil hier Zusammengehöriges verstärkt wird, aber auch scheinbare Widersprüche hervorgehoben werden können. Gelegentlich erfinden Werber Adjektive, um den Kunden von der Qualität einer Ware zu überzeugen. So entstand vor Jahren das Adjektiv „knackfrisch", um die Besonderheit bestimmter Chips möglichst anschaulich zu beschreiben.

---

1 Notieren Sie die wichtigsten Aussagen des Textes in Stichworten.

2 Erläutern Sie, weshalb der Einstieg in einen Werbebrief besonders wirkungsvoll sein muss. Formulieren Sie den Einstieg des Werbebriefes (S. 44) in Form einer Frage um.

3 Erstellen Sie eine Liste mit werbewirksamen Schlüsselbegriffen.
a) Notieren Sie werbewirksame Schlüsselbegriffe, die Ihnen spontan einfallen.
b) Finden Sie in aktuellen Werbekampagnen Beispiele, bei denen Schlüsselbegriffe mit einem bestimmten Produkt in Verbindung gebracht werden. Erläutern Sie die Verbindung.
c) Listen Sie in zwei Spalten Schlüsselbegriffe auf, die zu hochwertigen Produkten bzw. zu „grünem Bewusstsein" passen.

Sprachliche Besonderheiten in Werbebriefen

Sprache und Stil

4 Verändern Sie die folgenden Sätze für einen Werbebrief so, dass sie im Sie-Stil geschrieben sind. Orientieren Sie sich an dem Beispiel im Text auf S. 46.
- Wir bitten um rechtzeitige Nachricht.
- Wir haben für Sie ein Café in unser Geschäft integriert.
- Wir werden Ihre Wünsche in vollem Umfang erfüllen.
- Wir haben ein neues Produkt, das Sie überzeugen wird.
- Wir helfen Ihnen, mit unserem Produkt bares Geld zu sparen.

5 Nennen und erläutern Sie werbewirksame Adjektive.
a) Sammeln Sie Adjektive, mit denen sich die Eigenschaften eines hochwertigen oder eines umweltfreundlichen Produkts beschreiben lassen. Notieren Sie dazu das jeweilige Produkt.
Beispiel: *umweltverträgliche Energie*
b) Nennen oder erfinden Sie weitere Beispiele für zusammengesetzte und lautmalerische Adjektive (» Text S. 46) und notieren Sie ein Produkt dazu. Erläutern Sie die Wirkung.

6 Fassen Sie anhand Ihrer Arbeitsergebnisse (S. 45–47) zusammen, welche Aspekte bei der Analyse eines Werbebriefes unbedingt berücksichtigt werden sollen.

Die folgende Analyse wurde zu dem Werbebrief auf S. 44 verfasst.

Muster

Der Werbebrief der Frontal Versicherung vom 15. April 20.. ist an Klaus Mustermann adressiert. Anlass ist der bevorstehende 18. Geburtstag des Adressaten. Die Versicherung möchte Herrn Mustermann als Neukunden gewinnen, indem sie ihm einen Rabatt auf die üblichen Versicherungstarife anbietet. Der Werbebrief besteht aus einer Headline, gefolgt von dem eigentlichen Brieftext sowie einem PS.
Der Aufbau des Briefes folgt den Prinzipien der AIDA-Formel. Die fett gedruckte Headline „Ihr Schritt in die Unabhängigkeit" und die Aufforderung „Sparen Sie ..." sollen den Leser neugierig machen auf den eigentlichen Inhalt des Briefes. So wird verhindert, dass der Brief sofort weggeworfen wird.
Der eigentliche Brief beginnt mit einer sehr persönlichen Anrede („Lieber Klaus"), die Vertrauen schaffen soll. Der folgende Text ist in drei Abschnitte gegliedert. Zunächst wird der bevorstehende Geburtstag als Aufhänger benutzt, um den Leser auf die damit verbundenen Möglichkeiten einzustimmen. Ein neuer Lebensabschnitt beginnt mit ungeahnten Möglichkeiten. Das fett gedruckte Adjektiv „unabhängiger" verbinden viele Jugendliche automatisch mit einem Fahrzeug. In der Mitte des Briefes ist dann von dem Angebot der Versicherung die Rede. Das Unternehmen positioniert sich als Partner des Jugendlichen, der ihm helfen will. Das fett gedruckte Verb „sparen" spricht ein weiteres Bedürfnis eines Jugendlichen an. Da er in der Regel noch nicht viel Geld verdient, möchte er wenig Geld ausgeben. Im letzten Absatz folgt der Appell an den Jugendlichen, kein Geld zu verschenken und sich sofort bei der Versicherung zu melden. Der Brief endet mit der sehr persönlichen Grußformel „Herzlichst", die wiederum eine Vertrautheit mit dem Adressaten nahelegt. Sollte der Jugendliche noch immer zögern, lockt ihn das PS mit einer zusätzlichen Geburtstagsüberraschung.

Sprachliche Besonderheiten in Werbebriefen

20   Die Sprache des Briefes ist sehr einfach gehalten, die Sätze sind kurz, teilweise fehlt das Verb. Auffallend ist, dass der Leser meist direkt angesprochen wird (Sie-Stil). Die Anapher am Briefanfang wirkt darüber hinaus besonders eindringlich. Fett gedruckte Schlüsselwörter wie „genießen", „unabhängiger" oder „sparen" sprechen Wünsche und Bedürfnisse an, die die meisten Jugendlichen dieser Altersgruppe haben. Diese Wirkung wird verstärkt durch die optische Aufmachung des Briefes.

25   Der Werbebrief ist in meinen Augen geeignet, Jugendliche anzusprechen. Er greift die Bedürfnisse eines Jugendlichen auf, ohne durch übermäßige Verwendung der Jugendsprache unseriös zu wirken.

7 **Untersuchen Sie das Muster und leiten Sie Schlussfolgerungen für das Schreiben der Analyse eines Werbebriefes ab.**
a) Erläutern Sie anhand des Musters, aus welchen Elementen die Analyse besteht.
b) Vergleichen Sie den Inhalt des Musters mit Ihren Aufzeichnungen. Kennzeichnen Sie Übereinstimmungen und Unterschiede.
c) Beschreiben Sie den Aufbau der Textanalyse, notieren Sie zu jedem Absatz ein Stichwort.
d) Untersuchen Sie, welche sprachlichen Besonderheiten des Werbebriefes in dem Muster herausgearbeitet wurden.
e) Stellen Sie fest, welche Passage im Werbebrief als Anapher bezeichnet wird.
f) Finden Sie eine weitere Anapher im Brief.
g) Vergleichen Sie das Fazit der Textanalyse mit Ihrem eigenen Eindruck und formulieren Sie in zwei bis drei Sätzen Ihre eigene Bewertung des Werbebriefes.

BASISWISSEN — Elemente der Analyse eines Werbebriefes

Elemente	Analyseaspekte
Einleitung	Anlass, Adressaten und Ziel des Briefes
Hauptteil	• Aufbau des Briefes (z. B. Headline, Anrede, Brieftext, PS) • Sprachliche Mittel (z. B. Einstieg als Frage, Sie-Stil, werbewirksame Schlüsselbegriffe und Adjektive, Sprachbilder, rhetorische Figuren) • Anwendung von Gestaltungsprinzipien: Zusammenwirken von Text und anderen gestalterischen Mitteln
Schluss	Fazit und kritische Bewertung des Briefes

Eine (Werbe-)Anzeige analysieren

Gegenüber dem Werbebrief lebt die Anzeige besonders von der Aussagekraft der Bilder und Motive. Plakate sollen auf den ersten Blick oder im Vorbeigehen erfasst werden, Anzeigen in Printmedien beim Durchblättern auffallen. Dabei kommt es besonders auf das Zusammenspiel von Bild und Text an.

Werbeanzeigen können unterschiedliche Ziele verfolgen: Sie können ein neues Unternehmen oder ein neues Produkt bekannt machen, Kunden überzeugen, dass ein Produkt oder eine Dienstleistung begehrenswert ist. Auch wenn Unternehmen gute Mitarbeiter suchen, schalten sie Anzeigen. Sie werben damit gleichzeitig für ihr Unternehmen.

Eine Schülerin hat sich für die Analyse der folgenden Anzeige Notizen gemacht:

Layout:
bunte Anzeige, warme Farbtöne ...

IF-THEN-SO-Technik:
wenn > dann > deshalb

Direkte, persönliche Ansprache: „dein", „dich", „your"

Mann in Schifferkleidung lehnt mit weit geöffneten Armen am Bug des Schiffes
⟶ *Eyecatcher*

Hintergrund: Silhouette des Kölner Doms und Rheinbrücke in der Abenddämmerung

1 Untersuchen Sie Inhalt, Absicht, Sprache und Gestaltung der Werbeanzeige.
  a) Ergänzen Sie auf einem Blatt Papier die Beobachtungen der Schülerin.
  b) Erläutern Sie in Anlehnung an die im Vorspann (oben) genannten Möglichkeiten, welches Ziel die Werbeanzeige verfolgt und welche Zielgruppe mit der Werbeanzeige angesprochen werden soll.
  c) Formulieren Sie die Werbeaussage analog zur IF-THEN-SO-Technik.
  d) Beschreiben Sie, wodurch der Slogan „Wenn Freiheit für dich das Wichtigste ist" seine Wirkung erzielt.
  e) Notieren Sie sprachliche Auffälligkeiten der Anzeige.

Eine (Werbe-)Anzeige analysieren

BASISWISSEN	Fachbegriffe zur Analyse von Anzeigen
Headline	Schlagzeile, dient als Anreiz zum Weiterlesen
Slogan	Kürzeste Form der Werbung, soll im Gedächtnis hängen bleiben
Logo	Markenzeichen mit hohem Wiedererkennungswert
Eyecatcher	Blickfang, auffallendes Element einer Anzeige
Bildmotiv	Leitgedanke, Idee einer bildlichen Darstellung
Layout	Zusammenspiel von Text- und Bildgestaltung
Zielgruppe	Personenkreis mit vergleichbaren Merkmalen, auf den die Werbung abzielt
Werbebotschaft	Zentrale Aussage einer Werbeanzeige
Werbeträger	Medium (Zeitung, Fernsehen, Mailing), über das die Werbebotschaft verbreitet wird

2 Beschreiben Sie die Werbeanzeige mithilfe der Fachbegriffe aus dem Basiswissen.
a) Welche Hauptaussagen werden getroffen?
b) Welcher Zweck kann mit dieser Art der Darstellung verfolgt werden?

3 Gliedern Sie Ihre Ergebnisse aus Aufgabe 1 und 2. Orientieren Sie sich am Basiswissen (unten).

BASISWISSEN	Elemente der Analyse einer (Werbe-)Anzeige
Elemente	Analyseaspekte
Einleitung	Welches Produkt welcher Firma wird beworben? Werbeträger, Zeitpunkt?
Hauptteil	(Die Reihenfolge der Analyse von Text/Bild ist nicht festgelegt.)
I Layout	Anteile von Bild und Text, Vordergrund/Hintergrund
II Bild	Gesamtschau des Bildes
a) Beschreibung	a) Welche Gegenstände, Personen, Situationen sind zu sehen? Welche Farben dominieren?
b) Wirkung	b) Mit welchen Mitteln wird die Wirkung erzielt?
III Text	
a) Wiedergabe (Inhalt)	a) Welche Bedürfnisse des Kunden, welche Vorzüge des Produkts werden herausgestellt? Welche Aufgaben erfüllen Slogan und Headline?
b) Sprachliche Gestaltung	b) Ist die Sprache auf eine bestimmte Zielgruppe bezogen? Werden sprachliche Bilder verwendet? Welche rhetorischen Mittel fallen auf?
c) Wirkung	c) Mit welchen sprachlichen Mitteln wird welche Wirkung erzielt?
IV Text/Bild	Wie beeinflusst das Zusammenspiel von Text und Bild die Werbebotschaft?
Schluss	Fazit und kritische Bewertung der (Werbe-)Anzeige

Die Analyse einer (Werbe-)Anzeige schreiben

1 Schreiben Sie eine vollständige Analyse der Werbeanzeige zur Ausbildung als Binnenschiffer (S. 49).
  a) Formulieren Sie anhand Ihrer Gliederung einen zusammenhängenden Text. Sie können die Formulierungshilfen unter „Sprache und Stil" dazu nutzen.
  b) Benennen Sie in einer Randspalte die einzelnen Gliederungselemente Ihrer Werbeanalyse.

Sprache und Stil

Folgende Formulierungen können Ihnen beim Schreiben Ihrer Analyse helfen:

> *Die Anzeige ist der Homepage www.becaptain.eu entnommen. Der Bundesverband der Deutschen Binnenschifffahrt e. V. sucht darin ... Das Layout der Anzeige besteht aus ... Die Farbgestaltung und Schrift der Anzeige sind ... Die sprachliche Gestaltung ist ... Die verwendete direkte Ansprache wirkt ... Die Bildelemente der Anzeige unterstützen im Zusammenspiel mit dem verwendeten Text den Eindruck,*
> 5 *dass ... Ich halte die Anzeige für ..., weil ...*

Werbung spricht ihre eigene Sprache. Werbesprache ist witzig, pointiert, bildhaft und arbeitet häufig mit Wiederholungen. Auf diese Weise prägen sich Slogans oder einzelne Wörter besonders ein. Dies dient einem bestimmten Zweck: Die Sprache der Werbung soll das Konsumverhalten potenzieller Käufer beeinflussen.

Genussvoll genießen

von Marcus Rohwetter

Genuss ist Geschmackssache. Ich möchte selbst entscheiden, was ich genieße – und was ich lediglich esse. Leider arbeitet ein Großteil der Lebensmittelwirtschaft gegen mich und meinen Wunsch. Nahrungsmittel wie Saft, Käse oder Joghurt werden mir penetrant als Produkte für Genießer angepriesen. Das ist nervig und durchschaubar. So wird als hochwertig verkauft, was womöglich nicht
5 mal Durchschnitt ist. Schmeckt es mir nicht, liegt es nicht am Produkt, dann liegt es an mir. Dann bin ich einfach kein Genießer.
[...]
Der zwanghafte Rückgriff auf den Genussbegriff zeigt, dass man hohle Phrasen nur oft genug wiederholen muss, bis sie irgendwann niemand mehr hinterfragt. [...]
10 So ist das mit Worten: Mit der richtigen Bedeutung aufgeladen, vernebeln sie die Sinne. Wird mir lange genug eingeredet, dass ich den Käsekuchen genieße und nicht nur esse, glaube ich daran. Und weil ich weiß, dass Völlerei eine Sünde ist, Genuss aber nicht, darf ich danach seelenruhig ein zweites Stück vertilgen.

(Die Zeit, 13.08.2015)

2 Fassen Sie die Kritik des Autors an der Werbesprache in Ihren eigenen Worten zusammen.

3 Analysieren Sie die Sprache der Werbung.
  a) Diskutieren Sie, welcher sprachlichen Mittel und rhetorischen Figuren (» Kapitel 4, S. 96 f.) sich Werbesprache bedient, um Kunden fehlzuleiten.
  b) Recherchieren Sie im Internet oder in Zeitschriften nach aktuellen Werbeslogans und ordnen Sie diese rhetorischen Figuren zu.

2.2

Manipulation durch Werbung

Werbung knüpft an die Bedürfnisse der Menschen an und bedient sich dabei auch der Täuschung.

1 Setzen Sie sich mit aktuellen Beispielen von Werbeanzeigen auseinander.
a) Nennen Sie Beispiele, in denen mit einem der unten aufgeführten „Tricks" gearbeitet wird.
b) Beschreiben Sie, auf welche Bedürfnisse oder Wünsche eines Verbrauchers die von Ihnen genannte Anzeige eingeht und wie das beworbene Produkt diese Bedürfnisse befriedigen will.

BASISWISSEN | Manipulation durch Werbung

Mittel der Manipulation in Werbemaßnahmen können z. B. sein:

„Versteckte Kosten": Das Gerät/Angebot ist verlockend günstig, die notwendigen Zusatzartikel aber nicht. Und man braucht sie, solange man das Gerät/Angebot nutzt.

„Bewusste Untertreibung": Der Verbraucher soll z. B. glauben, bäuerlicher Käse werde noch in der Sennerei auf der Alm hergestellt („grünes Bewusstsein").

„Gutes tun": Eine Firma engagiert sich und wirbt mit der guten Tat. So denken wir, auch das Produkt sei gut.

„Geltungstrieb": Jeder Mensch möchte beachtet werden. Werbung lässt uns glauben, dass wir durch den Kauf bestimmter Produkte Aufmerksamkeit auf uns ziehen.

„Vergleichsloser Komparativ": In der Regel vergleicht man eine Sache mit einer anderen. In der Werbung wird die eine Seite des Vergleichs oft weggelassen (Beispiel: *Besser Superkauf*).

2 Erarbeiten Sie auf der Basis einer Internetrecherche (» Kapitel 2.3) einen Kurzvortrag zu dem Thema „der Einfluss der Werbung auf die Bedürfnisbefriedigung als Motor menschlichen Handelns".

FAZIT

2.1
Analyse informativer und expressiver Sachtexte
- Inhalt erfassen
- Aufbau erkennen
- sprachliche Mittel – Absicht und Wirkung erschließen
- die Analyse gliedern: Einleitung, Hauptteil, Schluss

2.2
Analyse appellativer Sachtexte (Werbebrief und Werbeanzeige)
- Anlass, Zielgruppe, Ziel der Maßnahme, Produkt, Firma, Werbeträger benennen
- Kombination von Text- und Bildaussagen, Gestaltungsprinzipien, Layout, sprachliche Mittel beschreiben
- die Analyse gliedern in Einleitung, Hauptteil, Schluss

2.3
EXTRA: Informationsrecherche

EXTRA: Informationsrecherche
Informationen im Internet suchen

Es gibt verschiedene Möglichkeiten, sich über ein Thema, beispielsweise zur Erstellung eines Referats oder zur Vorbereitung auf eine Klausur, zu informieren. Neben dem Gespräch mit Experten und der Zeitungslektüre bieten Fachbücher und Bibliotheken einen großen Fundus. Doch zweifelsohne ist das Internet das Medium, das als erstes und wahrscheinlich auch am häufigsten zur Informationsrecherche genutzt wird. Aber Quantität bedeutet hier nicht immer Qualität. Gutes von Schlechtem zu unterscheiden und in der Fülle der Ergebnisse das für die persönliche Fragestellung Passende zu finden, das ist gar nicht so leicht.

Beispiel:
Sie sollen einen Kurzvortrag mit folgender Aufgabenstellung (» S. 52) vorbereiten: „Der Einfluss der Werbung auf die Bedürfnisbefriedigung als Motor menschlichen Handelns". Sie geben beim Marktführer unter den Suchmaschinen, Google, den Begriff „Werbung" ein und erhalten ungefähr dieses Ergebnis:

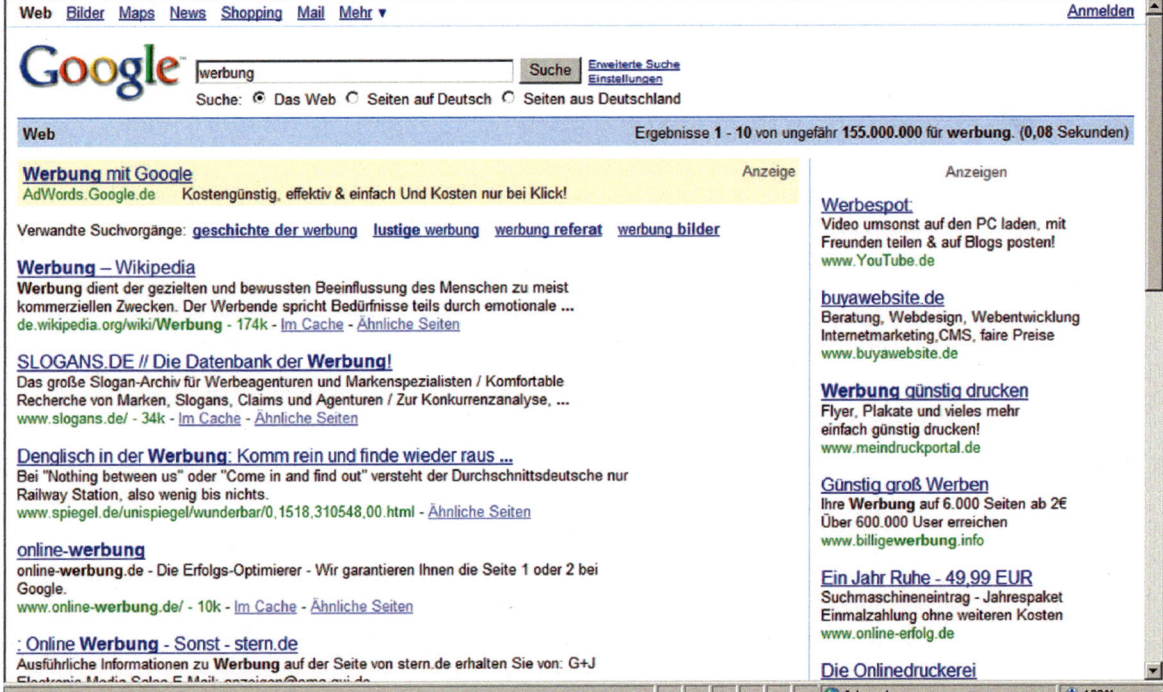

Google und das Google-Logo sind eingetragene Marken von Google Inc., Verwendung mit Genehmigung

1 Erläutern Sie das Suchergebnis.
a) Welche konkreten Hinweise auf Informationen zu Ihrem Thema (oben) finden Sie?
b) Welche Möglichkeiten kennen Sie, die Trefferanzahl zu verringern und gleichzeitig die Qualität der Ergebnisse zu erhöhen?
c) Welche Bedeutung hat die Spalte „Anzeige" bzw. „Anzeigen"?

Informationen im Internet suchen

2 Bereiten Sie die Suche nach Informationen im Internet vor.
a) Notieren Sie zunächst Stichwörter, die Ihnen zu Ihrem Thema spontan einfallen (» Brainstorming, Kapitel 20).
b) Finden Sie mithilfe der Thesaurus-Funktion möglichst viele Synonyme und verwandte Wörter zu den Begriffen „Werbung" und „Bedürfnis".
c) Streichen Sie die Ihrer Meinung nach nicht zum Thema passenden Begriffe.
d) Ordnen Sie Ihre Begriffsauswahl nach Ober- und Unterbegriffen entsprechend Ihrer Aufgabenstellung. Sie können Ihr Ergebnis auch in Form einer Mindmap visualisieren.

3 Starten Sie erneut eine Internetrecherche. Orientieren Sie sich an der Arbeitstechnik.

ARBEITSTECHNIK — Informationen mithilfe des Internets beschaffen

Gehen Sie systematisch vor: Grenzen Sie die Frage- bzw. Themenstellung möglichst eng ein, nutzen Sie zum Brainstorming geeignete Methoden (z. B. Mindmap) und notieren Sie alle möglichen Stichwörter für eine Suche.

Nutzen Sie Online-Lexika, um Stichwörter für eine verfeinerte Suche zu erhalten und damit eine erfolgreichere Recherche mit einer Suchmaschine durchführen zu können. Die Thesaurus-Funktion z. B. von MS-Word hilft Ihnen ebenso, konkrete Begriffe bzw. Bezeichnungsalternativen zu erhalten.

Formulieren Sie konkrete Stichwortkombinationen (z. B. Werbung + Bedürfnisbefriedigung).

Nutzen Sie verfeinerte Suchmöglichkeiten der Suchmaschinen („erweiterte Suche"), um die Vielfalt der Ergebnisse einzuschränken, z. B.:

- ein Plus (+) verknüpft die Begriffe miteinander, sodass nur die Seiten angezeigt werden, die beide Begriffe enthalten;
- ein Minus (−) schließt Begriffe aus; damit können z. B. Doppeldeutigkeiten vermieden werden (z. B. Werbeverhalten -Biologie -Tiere);
- Anführungszeichen verbinden mehrere Wörter zu einer Wortgruppe (z. B. „der Einfluss der Werbung"); es werden nur die Seiten angezeigt, die genau diese Wortfolge enthalten;
- Definitionen können gezielt mit dem Befehl define: [Stichwort ohne Leerzeichen] gesucht werden (z. B. define:Manipulation);
- eine höhere Trefferwahrscheinlichkeit aussagekräftiger Seiten bringt auch die Suche in der URL mit dem Befehl inurl: [Stichwort ohne Leerzeichen] (z. B. inurl:werbung);
- Sie können außerdem nur auf deutschsprachigen Seiten suchen.

Suchen Sie mit verschiedenen Suchmaschinen. Stützen Sie Ihre Aussagen immer auf mehrere Quellen, d. h., vergleichen Sie die Informationen.

Suchen Sie auch auf den Seiten offizieller Verbände oder Unternehmen, z. B. www.zaw.de (Zentralverband der deutschen Werbewirtschaft). Diese haben oft gute Link-Sammlungen.

Sehen Sie sich nicht nur die ersten zehn Treffer an. Auch nicht so hochrangige Treffer können Ihnen weiterhelfen. Bewerten Sie die Qualität der Suchergebnisse kritisch (» Basiswissen, S. 52).

Geben Sie Ihre Quellen korrekt an (» Kapitel 4, S. 99 f.; Kapitel 20).

Informationen im Internet suchen

Sie haben zu Ihrer Aufgabenstellung (» S. 53) die Begriffskombination Werbung + Bedürfnisbefriedigung eingegeben und folgende Einträge erhalten:

beduerfn
Werbung und Enttäuschung. Die Wirtschaft stellt den Menschen Güter zur **Bedürfnisbefriedigung** zur Verfügung. In der heutigen Wirtschaft sind erheblich mehr ...
www.kommundsieh.de/beduerfn.htm – 25 k – Im Cache – Ähnliche Seiten

[PDF] Snacks mit Power
Dateiformat: PDF/Adobe Acrobat – HTML-Version
Sie realisieren, dass **Werbung** auch auf ihr eigenes Konsumverhalten Auswirkungen hat. Die Kinder lernen, dass **Werbung Bedürfnisbefriedigung** verspricht, um ...
www.gothaer.de/media/gothaer_o/pdf/ernaehrungskampagne/1_Konzept_Snacks_mit_Power.pdf – Ähnliche Seiten

[PDF] Ohne Moos nix los
Dateiformat: PDF/Adobe Acrobat – HTML-Version
Konsum-Verhalten: Einfluss von **Werbung, Bedürfnisbefriedigung** („Ich will Genuss sofort"). Was brauchen wir wirklich (z. B. Sekundär-, Primärbedürfnisse)? ...
www.sowi-online.de/methoden/dokumente/bohrplan.pdf – Ähnliche Seiten

Diplomarbeiten24 – Modelle des Glücks: Eine vergleichende Analyse ...
3.1 **Werbung** und Wirtschaft ... 36 3.2 Werbekommunikation im Lichte der Gesellschaft ... 37 3.3 Erzeugen von Aufmerksamkeit ... 39. 4 **Bedürfnisbefriedigung** ...
www.diplomarbeiten24.de/vorschau/40881.html – Ähnliche Seiten

Hausarbeiten.de: Sozialphilosophie der **Werbung** – Seminararbeit
Wenn **Werbung** die Entwicklung und den Lebensstandard fördern würde und nur zur Information und **Bedürfnisbefriedigung** diente, wären Einrichtungen zum ...
www.hausarbeiten.de/faecher/hausarbeit/sox/8599.html – Ähnliche Seiten

22beduerfnis
Yin-Yang-Prinzip: **Bedürfnisbefriedigung** setzt Unbehagen voraus; ein Schlaraffenland ist also logisch unmöglich! Beispiel: **Werbung** einer Brauerei mit einem ...
www.kecos.de/script/22beduerfnis.htm – 11 k – Im Cache – Ähnliche Seiten

4 Analysieren Sie die zu den Suchbegriffen Werbung + Bedürfnisbefriedigung gefundenen Einträge.
a) Welche Informationen sind in den Einträgen enthalten? Was bedeutet [PDF]? Was wurde fett hervorgehoben, was in Blau bzw. Rot dargestellt?
b) Wer könnten die Verfasser der Dokumente sein? Woraus schließen Sie das?

5 Entscheiden Sie sich für den nächsten Schritt Ihrer Recherche.
a) Welchen Eintrag würden Sie mit Blick auf die Aufgabenstellung zuerst öffnen, welcher ist dafür wahrscheinlich ungeeignet? Legen Sie eine Reihenfolge fest und begründen Sie diese.
b) Öffnen Sie die Dokumente und beurteilen Sie den Wert der Informationen für Ihre Aufgabenstellung.

2.3 Informationen im Internet suchen

Wie bei allen anderen Quellen auch (z. B. Nachrichten, Bücher, Zeitungen, mündliche Darstellungen) müssen die online erhaltenen Informationen kritisch geprüft werden. Eindeutige Aussagen über die Qualität der Ergebnisse lassen sich nur treffen, wenn Sie über genügend Fachwissen verfügen. Wollen Sie sich dieses aber erst aneignen, ist es recht schwer, die Qualität der gefundenen Informationen zu bewerten.
Die folgenden Kriterien können die Beurteilung erleichtern:

ARBEITSTECHNIK — Die Qualität einer Internetseite bewerten

Zur Beurteilung einer Internetseite oder eines Dokuments sollten Sie für sich folgende Fragen beantworten:

- Wie aktuell ist die Seite?

- Wer hat die Informationen veröffentlicht (private Anbieter oder öffentliche Herausgeber)? Sind die Herausgeber glaubwürdig? Haben die Herausgeber politische, kommerzielle u. a. Interessen? Hinweise dazu können die URL oder das Impressum, das gesetzlich nicht fehlen darf (Name, Postanschrift, E-Mail-Adresse), geben.

- Sind die Informationen seriös aufbereitet? Wie ist die Seite aufgemacht? Seriös: sachlich, informativ, ohne schmückendes Beiwerk (z. B. ohne viele Animationen), Gütesiegel sind vorhanden;
unseriös: reißerisch, Pop-ups erscheinen, (viel) Werbung.

- Werden die Informationen auf anderen Seiten oder in (Schul-)Büchern bestätigt?

- Achtung! Bei Hausaufgaben- oder Referateseiten: Zum einen können hier Dialer lauern, zum anderen kann jeder seine Werke einstellen und ungeprüft behaupten, eine gute Note dafür bekommen zu haben.

6 Recherchieren Sie im Internet, was unter „Dialer" zu verstehen ist.
a) Wenden Sie verschiedene Suchmöglichkeiten an (» Arbeitstechnik S. 54). Werten Sie aus, wie Sie am schnellsten zu brauchbaren Informationen gekommen sind.
b) Vergleichen Sie verschiedene Quellen miteinander, bewerten Sie die Informationen.

7 Während Ihrer Recherche zum Thema Werbung können Sie auch den Begriff „win-win" gefunden haben. Definieren Sie den Begriff und bewerten Sie dabei verschiedene Suchergebnisse.
a) Stellen Sie zunächst Vermutungen an, was dieser Begriff bedeuten könnte.
b) Geben Sie den Begriff in eine Suchmaschine ein. Erläutern Sie, welche Probleme bei den Suchergebnissen auftreten.
c) Geben Sie den Begriff über die Suchmaschine Google ein und nutzen Sie den entsprechenden Suchbefehl. Wie heißt der Befehl?
d) Vergleichen und bewerten Sie die verschiedenen Suchergebnisse.

8 Recherchieren Sie im Netz: Was ist die „Robinsonliste"?
a) Beschreiben Sie, wie Sie bei der Suche vorgegangen sind.
b) Erläutern Sie Ihre Suchergebnisse: Welche Informationen haben Sie aus welchen Bereichen erhalten? Welche Funktion erfüllt die „Robinsonliste"?

Informationen im Internet suchen

Bei der Suche nach Definitionen oder Erläuterungen zu Begriffen enthalten die Trefferlisten unter den ersten Einträgen fast immer Hinweise auf Online-Lexika.

Online-Lexika nutzen

Online-Lexika werden immer beliebter und eines der bekanntesten Lexika ist Wikipedia. Entsprechend seiner Wortbedeutung („wiki" stammt aus dem Hawaiianischen und bedeutet „schnell") lässt sich hier jedes Thema schnell und scheinbar umfassend erschließen.

Das Besondere an diesem Lexikon und an allen anderen „Wikis" ist, dass sie von ihren Benutzern verändert werden können. Jeder kann jeden Artikel bearbeiten, unabhängig davon, ob er ein Experte für ein bestimmtes Thema ist oder sich nur für einen solchen hält. Dieses System birgt demzufolge einerseits den Nachteil, dass die abrufbaren Informationen nicht immer richtig sind und sich die eingestellten Artikel ständig verändern. Andererseits ist es hochaktuell und viele Nutzer können sich gegenseitig kontrollieren. Entsprechend kontrovers wird diese Art moderner Informationsspeicherung auch diskutiert.

Gleichwohl kann eine solche Art der Informationsquelle als Einstieg in die Internetrecherche verwendet werden. Denn sowohl die Artikel selbst als auch die in der Regel vorhandenen Inhaltsübersichten können zur Stichwortsuche genutzt werden. Zum anderen können die Link-Sammlungen ein Ausgangspunkt für die weitere Suche sein.

Zur Bewertung der vorgefundenen Einträge ist ein Klick auf den Button „Diskussion" oder „Versionen/Autoren" sehr hilfreich. Auf diesen Seiten kann man feststellen, welche Inhalte oft verändert wurden bzw. immer noch in der Diskussion sind, als gut oder als problematisch bewertet werden.

9 Geben Sie unter www.wikipedia.de den Suchbegriff „Werbung" ein und bewerten Sie die Fundstelle für Ihre Aufgabenlösung.
a) Inwieweit ist der Artikel für die weitere Recherche zum Thema „der Einfluss der Werbung auf die Bedürfnisbefriedigung als Motor menschlichen Handelns" zu nutzen?
b) Welche Nachteile hat dieser Artikel?
c) Welche Aspekte des Themas Werbung sind in der Diskussion (Button: Diskussion)? Geben Sie einige wichtige Aussagen wieder.

Recherchieren in Online-Ausgaben von Printmedien

Bei aktuellen Themen besteht die Möglichkeit, mithilfe von Nachrichten-Suchmaschinen aktuelle (Zeitungs-)Artikel im Web zu finden, die kostenlos zugänglich sind. Zwei dieser Suchmaschinen sind „Paperball" (www.paperball.de) und „unternehmer.de" (www.unternehmer.de).

Es lohnt sich aber auch, direkt auf der Homepage von Zeitungen nach Artikeln zu suchen. Denn viele Printmedien haben auch Online-Ausgaben. Eine Auflistung der Online-Zeitungen im Web stellt der Bundesverband deutscher Zeitungsverleger e. V. zur Verfügung (www.bdzv.de/maerkte-und-daten/digitales/zeitungswebsites).

10 Informieren Sie sich in Online-Zeitungen über aktuelle Artikel zum Thema Werbung.

Informationen in Bibliotheken beschaffen

Manchmal führt die Internetrecherche zu Buchempfehlungen, die bei der Informationsbeschaffung nützlicher sein können als so mancher Internetartikel. Aber nicht jedes Buch muss man kaufen. Viele lassen sich in öffentlichen Bibliotheken ausleihen. Dabei ist das Bild von der verstaubten Stadtbücherei längst nicht mehr aktuell. Die Kataloge der Bibliotheken sind auch über das Internet einzusehen. Der öffentliche Online-Katalog heißt OPAC (vom Englischen Open Public Access Catalogue). Man kann also auch von zu Hause aus recherchieren.

Bei der Suche in diesem Katalog gelten die gleichen Grundregeln wie für die Suche mithilfe einer Suchmaschine: je konkreter die Stichworte, desto erfolgreicher ist das Ergebnis. Auch hier sollten Sie die „erweiterte Suchfunktion" nutzen.

Auszug aus der Trefferliste bei der Eingabe der Begriffskombination „Werbung + Marketing". Es werden 1059 Treffer angezeigt. Dabei dürften nicht alle Ergebnisse relevant sein.

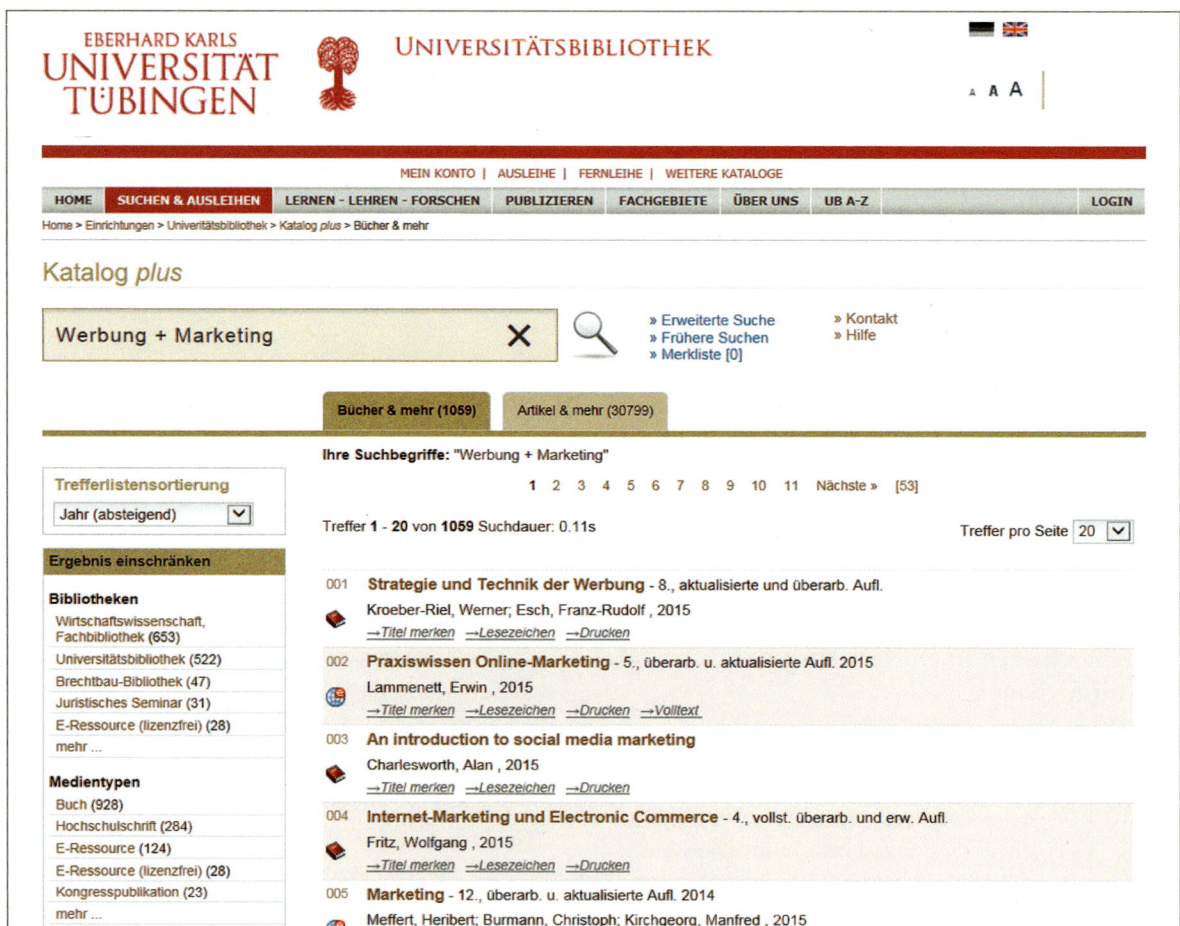

1 Sammeln Sie Informationen über die nächstgelegene öffentliche Bibliothek im Internet.
a) Wo befindet sich in Ihrer Umgebung eine öffentliche Bibliothek?
b) Wann hat Ihre Bibliothek geöffnet? Welche Kosten entstehen bei der Buchausleihe?

2 Recherchieren Sie mithilfe des Online-Katalogs Ihrer Bibliothek nach geeigneten Materialien zum Thema „Werbung im Internet".

Basisbaustein

Kapitel 3

Schaubildanalysen schreiben

3.1 Schaubilder und Diagramme analysieren

3.2 Eine Schaubildanalyse schreiben

3.3 EXTRA: Informationen visualisieren – Diagramme gestalten

Bilder sind oft eine effektive Möglichkeit, um komplexe Sachverhalte zu verdeutlichen. Eine Visualisierung in einem Bild setzt jedoch eine Interpretation von Informationen voraus. Grafische Modelle zu analysieren und gezielt zu nutzen, ihre Möglichkeiten, aber auch ihre Grenzen zu erkennen – das steht im Fokus des Kapitels.

Kompetenzen

- ✓ Verschiedene Diagramme kennen und analysieren
- ✓ Den Bezug zwischen der Wahl der grafischen Darstellungsform und dem Inhalt erkennen
- ✓ Grafische Darstellungsformen kritisch hinterfragen
- ✓ Eine Schaubildanalyse verfassen
- ✓ Informationen visualisieren
- ✓ Effizient mit anderen zusammenarbeiten

Methoden und Arbeitstechniken

- ✓ Think-Pair-Share
- ✓ Umfrage
- ✓ Visualisieren

Schaubilder und Diagramme analysieren
Das Zusammenspiel von Text und Schaubild

Schaubilder oder Diagramme werden häufig im Zusammenhang mit Sachtexten veröffentlicht.

Fast alle Schüler nehmen ihr Handy mit in die Schule

Berlin, 17. Februar 2015 – Mobiltelefone gehören für die große Mehrheit der Schüler ebenso in die Schultasche wie Bücher und Hefte. 9 von 10 Schülern (92 Prozent) geben an, ihr Handy oder Smartphone mit in die Schule zu nehmen. Das ist das Ergebnis einer repräsentativen Umfrage im Auftrag des Digitalverbands Bitkom. Am häufigsten werden die Geräte genutzt, um Musik zu hören (87 Prozent aller Schüler). Drei Viertel der Schüler (74 Prozent) fotografieren mit dem Mobiltelefon Tafelbilder und mehr als jeder Zweite (56 Prozent) sucht während des Unterrichts online nach Informationen zum Lehrinhalt. „Smartphones gehören zum Alltag von Schülern – und sind damit natürlich auch ein Teil der Schule. Umso wichtiger ist es, Schülern fächerübergreifend im Unterricht Medienkompetenz zu vermitteln, damit die Geräte auch im Unterricht sinnvoll genutzt werden", sagt Bitkom-Vizepräsident Achim Berg. „Voraussetzung dafür ist, dass Lehrer entsprechend geschult werden und mit neuen Technologien umgehen können."

Häufig nutzen die Schüler ihre Mobilgeräte auch, um mit anderen Schülern zu chatten (70 Prozent) und um neue Nachrichten in sozialen Netzwerken zu lesen (45 Prozent). Jeder Dritte (34 Prozent) schaut sich in der Schule Videos an, jeder Vierte (24 Prozent) spielt in den Pausen auf dem Gerät. Nur jeder Fünfte (20 Prozent) nutzt sein Mobiltelefon in der Schule zum Telefonieren. Jeder zehnte Schüler (10 Prozent) gibt zu, dass er mithilfe seines Handys oder Smartphones versucht, bei Klassenarbeiten zu schummeln. „Wichtig ist, dass die Schulen klare Regeln für die Nutzung von Handy und Smartphone aufstellen. Richtig eingesetzt können die Geräte den Unterricht bereichern", so Berg. [...]

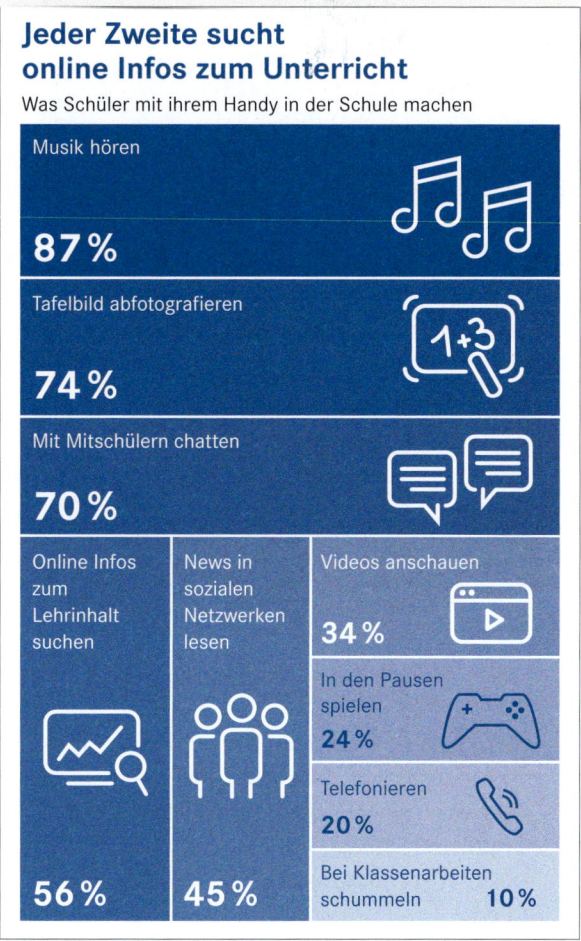

www.bitkom.org

1 Bearbeiten Sie zunächst den Text. Arbeiten Sie nach der Methode Think-Pair-Share.
a) Welcher Sachverhalt wird thematisiert?
b) Nehmen Sie Stellung zu der Aussage, dass Handys und Smartphones richtig eingesetzt den Unterricht bereichern können (vgl. Z. 32 f.).

2 Dem Zeitungsartikel ist ein Schaubild beigefügt. Analysieren Sie dieses.
a) Was sagt es aus?
b) Wie wirkt die Darstellung auf Sie?
c) Welche Funktion hat das Schaubild im Hinblick auf den Text?

Diagramme – Möglichkeiten und Grenzen erkennen

Je nach Aussage- und Wirkungsabsicht lassen sich Inhalte vielfältig grafisch darstellen.

Würden Sie an einer Tortengrafik teilnehmen?

99,8 % aller Deutschen wurden schon einmal statistisch erfasst, 97,9 % davon sogar mehrmals. Das sind erschreckende Zahlen, die Amnesty International gerne verschweigt, aber in Deutschland sind Millionen
5 das Opfer statistischer Erhebungen. Wer schon einmal in einem Koordinatenkreuz aufgewacht ist oder unter einem Säulendiagramm lag, weiß, was das heißt. Täglich sind im ganzen Land Hunderte von Statistikern (= 0,04 % der Bevölkerung) unterwegs und fragen
10 ahnungslose Passanten, ob sie unverbindlich an einer Tortengrafik teilnehmen oder mal in einer Tabelle mitarbeiten möchten.

(Bäckerei Dingwerth)

(Zippert, „So funktioniert Deutschland", S. 123)

1 Analysieren Sie den Text und das Diagramm.
a) Worauf macht Hans Zippert mit seinem Text und dem Diagramm aufmerksam?
b) Welche Funktion erfüllen der Titel und die Angabe (Bäckerei Dingwerth) unter dem Diagramm?
c) Mit welchen sprachlichen Mitteln verstärkt der Autor seine Aussageabsicht?

Balkendiagramm

2 Setzen Sie sich mit dem Balkendiagramm auseinander.
a) Geben Sie die wesentlichen Aussagen wieder.
b) Erörtern Sie, warum sich die Herausgeber wohl für die vorliegende Diagrammart entschieden haben.
c) Beurteilen Sie, ob Fragestellungen zu der dargestellten Thematik offenbleiben.

3 Machen Sie in Ihrer Klasse eine Umfrage zum Thema „Mediennutzung in der Freizeit".
a) Veranschaulichen Sie die Ergebnisse durch ein Balkendiagramm.
b) Vergleichen Sie die Ergebnisse Ihrer Klasse mit denen des Schaubildes der JIM-Studie.

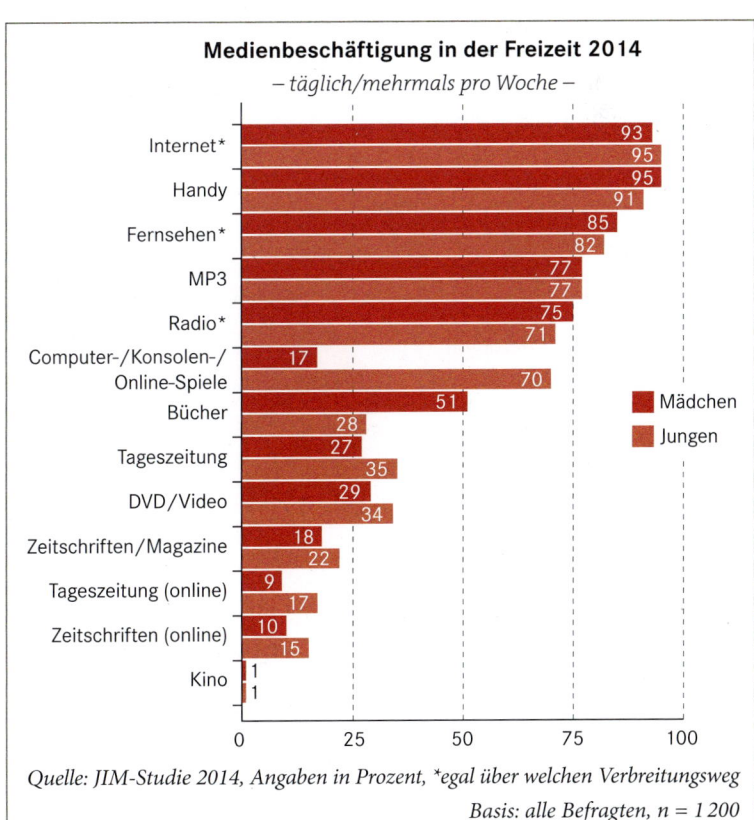

Diagramme – Möglichkeiten und Grenzen erkennen

Säulendiagramm

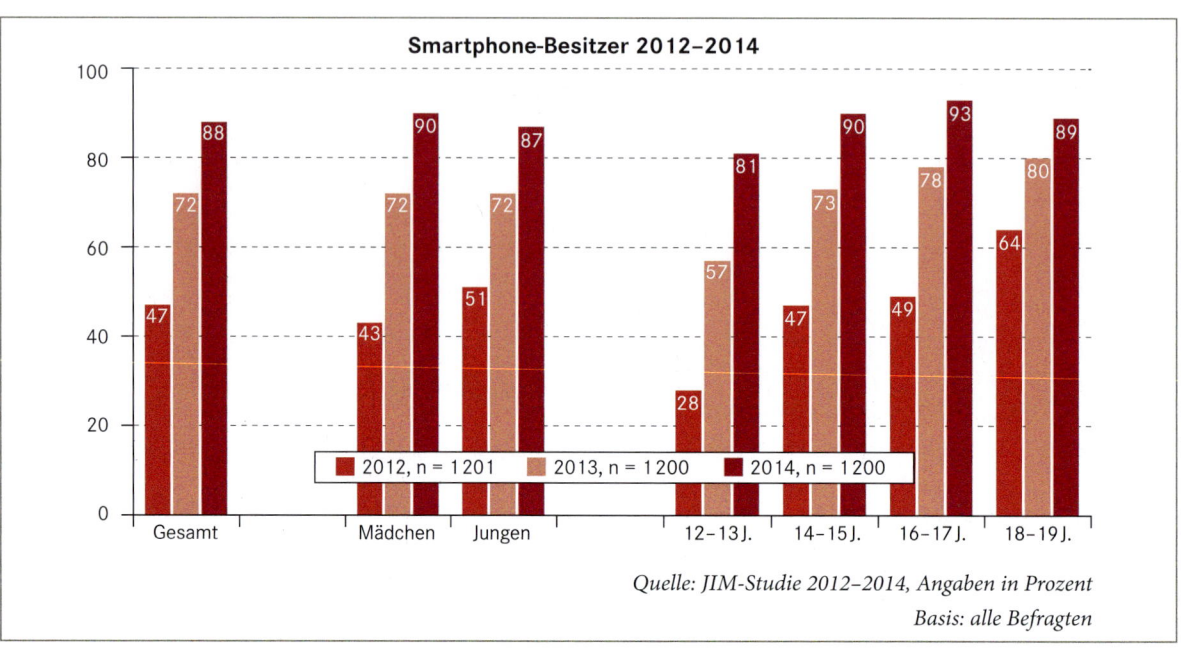

4 Untersuchen Sie das Säulendiagramm.
a) Notieren Sie Fragen, die durch die Teile des Diagramms beantwortet werden.
b) Stellen Sie sich die Visualisierung in Kreisdiagrammen vor:
Wägen Sie ab, welche Darstellungsart passender ist. Begründen Sie Ihre Meinung.

Kreisdiagramm

5 Untersuchen Sie die in dem Schaubild enthaltenen Kreisdiagramme.
a) Welche Aussagen werden zur Glaubwürdigkeit verschiedener Medienformate gemacht?
b) Wie unterscheiden sich die Ergebnisse in den verschiedenen Altersgruppen?
c) Bewerten Sie das Schaubild hinsichtlich seiner Aussagekraft und Gestaltung. Warum wurde diese Art der Darstellung gewählt?

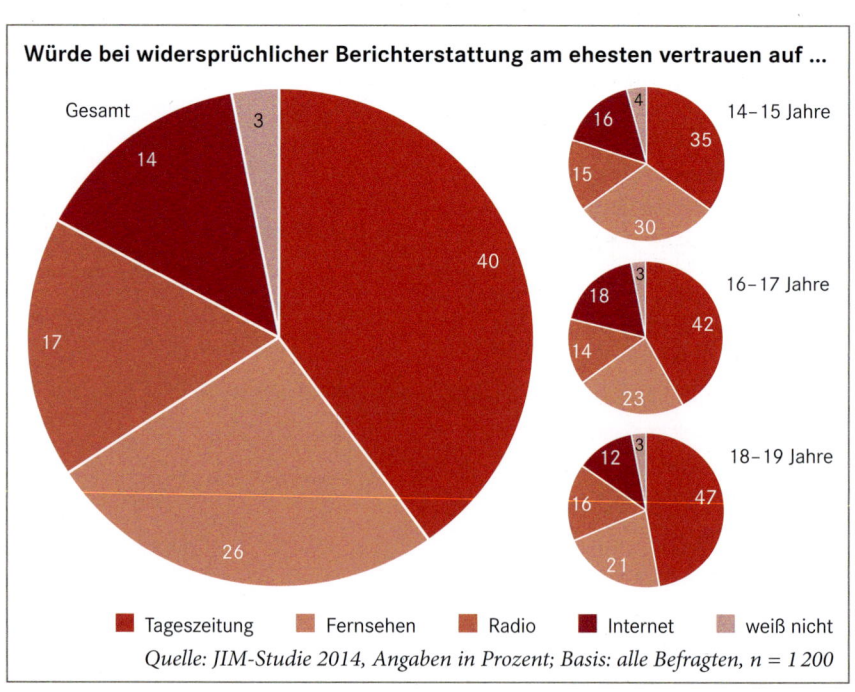

62 ■ Basisbaustein

Diagramme – Möglichkeiten und Grenzen erkennen

Sprache und Stil

Bei der Erläuterung eines Diagramms formulieren Sie die Zusammenhänge zwischen den statistischen Werten. Die folgenden Wörter können dabei hilfreich sein.

häufig • ebenso • deutlich mehr • der Großteil • fast genauso hoch

Muster

▪ Menschen als in den letzten Jahren suchen bei den Verbraucherzentralen und der Polizei Rat, weil sie „abgezockt" wurden. Ein unbedachter Mausklick – und der Rechner ist
5 infiziert. ▪ der Befragten hat das schon einmal erlebt. Dies ergab eine Befragung, bei der Mehrfachnennungen möglich waren. ▪ wurde beklagt, dass die Versuche, sich die Zugangsdaten zu Online-Diensten zu
10 verschaffen, überhandgenommen haben. ▪ ist die Zahl derer, in deren Namen unerwünschte Mails verschickt wurden.

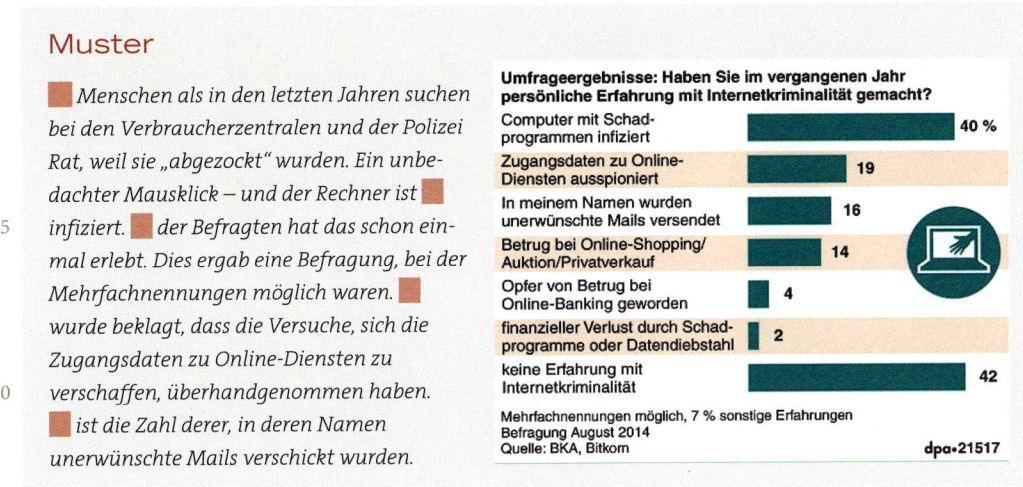

6 Geben Sie die Aussagen des Diagramms schriftlich wieder.
a) Ergänzen Sie dazu den Lückentext mit den oben stehenden Wörtern.
b) Finden Sie Synonyme für „abzocken".
c) Ergänzen Sie den Text um Aussagen zu den anderen genannten Aspekten des Schaubildes.

Kurven-/Liniendiagramm

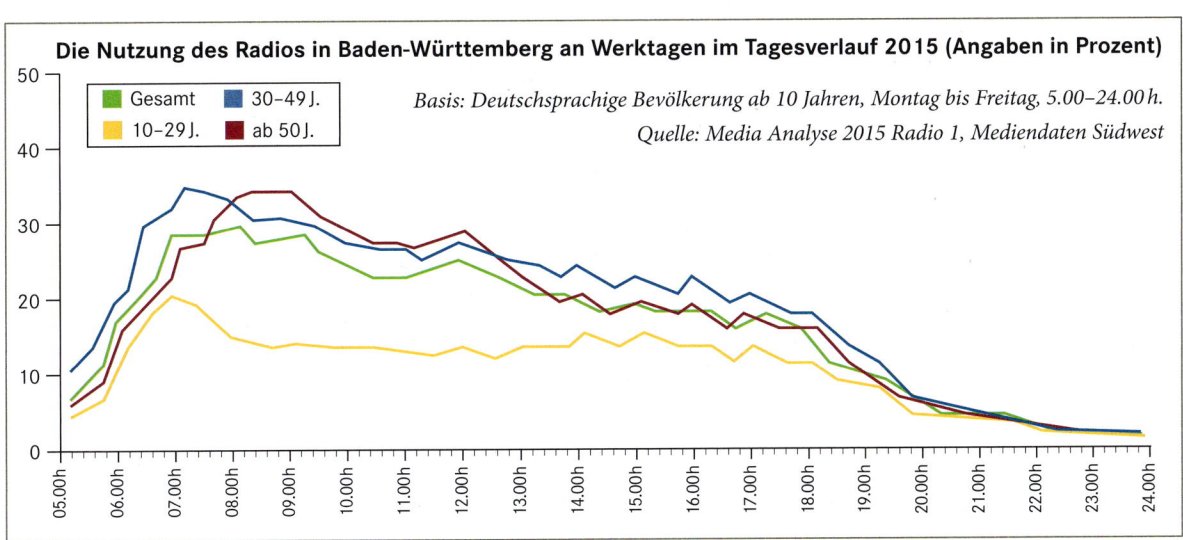

7 Untersuchen Sie das vorliegende Diagramm hinsichtlich der wesentlichen Aussagen.
8 Nennen Sie weitere Sachverhalte, für deren Darstellung sich ein Liniendiagramm gut eignet.

Diagramme – Möglichkeiten und Grenzen erkennen

Organigramm

Das Organigramm ist eine grafische Darstellungsform, mit der sich z. B. die Struktur eines Unternehmens oder einer Kulturinstitution gut darstellen lässt.

Zentrum für Kunst und Medientechnologie Karlsruhe

FORSCHUNG & PRODUKTION	MUSEEN & AUSSTELLUNGEN	ARCHIV & VERMITTLUNG	VERWALTUNG & ZENTRALE DIENSTE
ZKM | Institut für Bildmedien	ZKM | Medienmuseum	ZKM | Mediathek	ZKM | Verwaltung
ZKM | Institut für Musik und Akustik	ZKM | Museum für neue Kunst	ZKM | Presse- und Öffentlichkeitsarbeit	ZKM | EDV
ZKM | Institut für Medien, Bildung und Wirtschaft	ZKM | Museumstechnik	ZKM | Publikationen	ZKM | Gebäudetechnik
ZKM | Labor für antiquierte Videosysteme		ZKM | Museumskommunikation	ZKM | Veranstaltungen
		ZKM | Museumsshop/ Infotheke	EU-Koordinationsstelle

9 Untersuchen Sie das Organigramm der Kulturinstitution.
a) Welche Hauptaussagen werden getroffen?
b) Welcher Zweck wird mit dieser Art der Darstellung verfolgt?

10 Gestalten Sie ein Organigramm, das die Struktur Ihrer Schule darstellt.

Drei Firmen der Medienbranche vergleichen ihre Umsatzentwicklung:

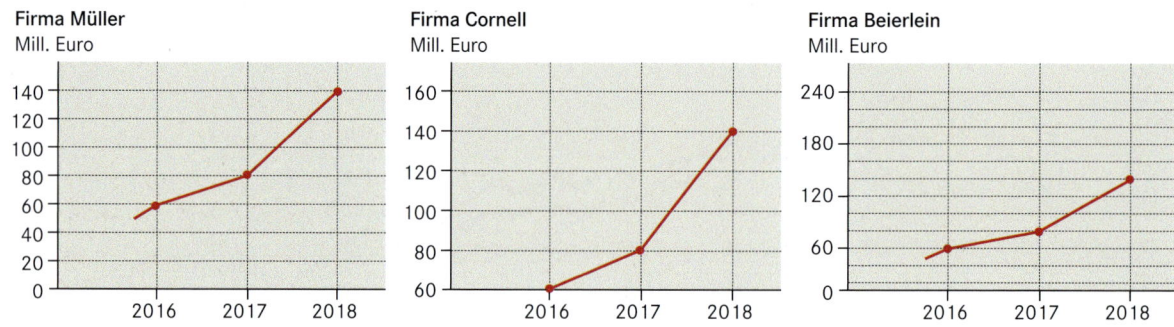

11 Untersuchen Sie die grafischen Darstellungen zur Umsatzentwicklung.
a) Vergleichen Sie: Welche Firma hat den höchsten Umsatz erzielt?
b) Welchen Eindruck können die verschiedenen grafischen Darstellungen erwecken?
c) Notieren Sie Ursachen für die unterschiedliche Wirkung.

Diagramme – Möglichkeiten und Grenzen erkennen

Die folgenden grafischen Darstellungen basieren auf denselben Informationen.

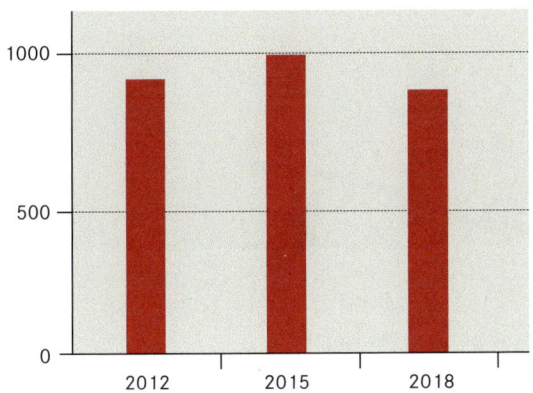 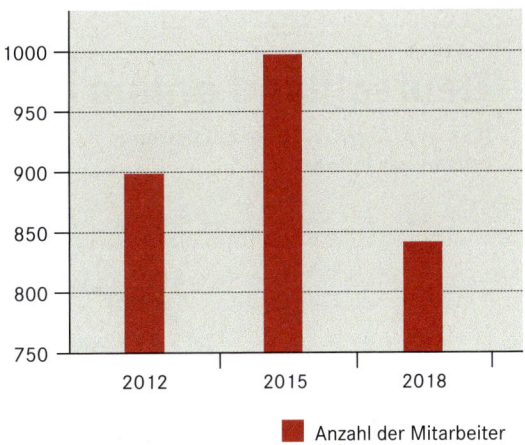

Anzahl der Mitarbeiter

12 Vergleichen Sie die beiden Säulendiagramme. Notieren Sie, wie der jeweils gewählte Maßstab – die Skalierung der Achsen – die Aussage beeinflusst.

BASISWISSEN | Informationen in Form von Schaubildern und Diagrammen

Schaubilder sind grafisch gestaltete Informationen zu einem Sachverhalt. Sie können Bilder, Symbole, Diagramme und Textelemente enthalten, wobei die Wahl der Darstellung von der Aussageabsicht abhängig ist. Diagramme sind eine spezielle Form von Schaubildern:

- **Kreisdiagramm:** Es vermittelt Anteilsverhältnisse einer Gesamtheit; es wird unübersichtlich, wenn zu viele Aspekte visualisiert werden.
- **Säulen-/Balkendiagramm:** Es vermittelt einen Eindruck von Größenverhältnissen, die im Vergleich dargestellt werden. Im Balkendiagramm werden Daten durch waagerecht liegende, im Säulendiagramm durch senkrecht stehende Balken dargestellt.
- **Kurven-/Liniendiagramm:** Es zeigt Entwicklungsverläufe in einem zeitlichen Rahmen.
- **Organigramm:** Es stellt Strukturen dar; organisatorische Einheiten sowie deren Aufgabenverteilung und Kommunikationsbeziehungen werden ersichtlich.

Schaubilder/Diagramme sind immer auch kritisch zu betrachten. So können Zahlen und Größenunterschiede durch die Wahl der Maßeinheiten unterschiedlich wirken. Auch der gewählte Maßstab – die Skalierung der Achsen – ist zu beachten sowie die Aussagekraft der Daten: Handelt es sich um genaue oder geschätzte Zahlen?

Eine Schaubildanalyse schreiben
Ein Schaubild analysieren

Schaubilder enthalten oft mehrere, unterschiedlich dargestellte Aussagen und verschiedene grafische Elemente zu einem Thema.

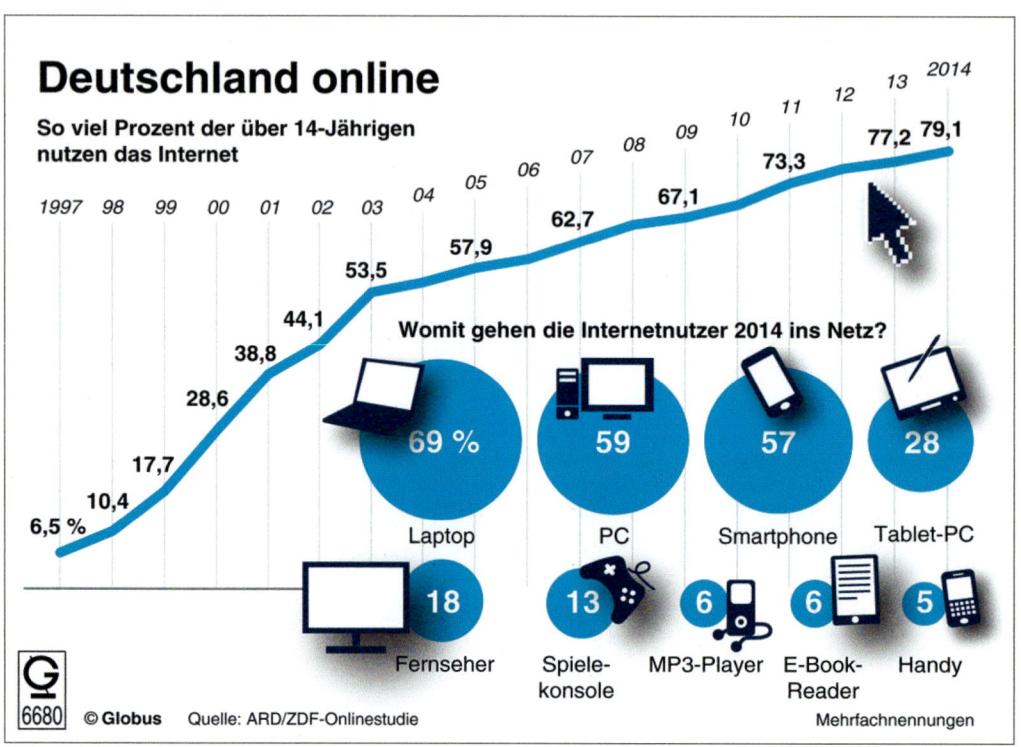

1 Untersuchen Sie das vorliegende Schaubild.

a) Notieren Sie Stichworte bzw. Daten zu folgenden Punkten:
- Quelle des Schaubildes
- Herausgeber
- Titel, Untertitel
- Thema
- Art des Zahlenmaterials (absolute Zahlen/Prozentzahlen/Schätzungen)
- gewählte Diagrammform/-en
- Symbole
- Bilder (schwarz-weiß, farbig)
- Farbwahl
- Vordergrund
- Hintergrund

b) Welche Hauptaussagen werden gemacht?

2 Beschreiben Sie die Wirkung der grafischen Gestaltung.

Eine Schaubildanalyse untersuchen

In dem folgenden Text werden Aussagen zu dem Schaubild auf S. 66 formuliert.

Muster

Das Schaubild „Deutschland online" basiert auf einer Online-Studie von ARD und ZDF. Es wurde als Globus-Schaubild 6680 veröffentlicht und veranschaulicht, wie viel Prozent der über 14-Jährigen das Internet nutzen und womit Internetnutzer 2014 ins Netz gingen.

Die obere Hälfte des Schaubildes wird von einem Liniendiagramm bestimmt, das einen Zeitraum von 1997 bis 2014 umfasst. Für die meisten Jahre wird die Prozentzahl der über 14-jährigen Internetnutzer angezeigt. Sie ist 1997 mit 6,5 Prozent am niedrigsten und 17 Jahre später mit 79,1 Prozent am höchsten. Ab 2003 werden die Prozentzahlen nicht mehr für jedes Jahr, sondern nur für alle zwei Jahre angegeben. Dies wird durch die Angabe für 2014, das letztgenannte Jahr, ergänzt.

Der Anstieg der Internetnutzer über 14 Jahre ist bis 2003 eklatant. Die höchsten Anstiege sind von 1999 bis 2000 um 10,9 Prozent und von 2000 bis 2001 um 10,2 Prozent. Bis zum Jahr 2003 nutzt knapp mehr als die Hälfte der über 14-Jährigen das Internet. Bis 2003 wächst die Zahl der untersuchten Zielgruppe im Durchschnitt um fast 8 Prozent pro Jahr. Das Ende des Untersuchungszeitraums (2014) zeigt noch einmal einen Anstieg um 25,6 Prozent seit 2003. Hier fällt der Anstieg von 2009 bis 2011 um 6,2 Prozent ins Auge.

Im unteren Teil des Schaubildes finden sich Angaben dazu, wie die Internetnutzer ins Netz gehen. Dabei waren Mehrfachnennungen möglich. Die Darstellung erfolgt in Kreisen, die sich von links oben nach rechts unten verkleinern und in deren Zentrum Zahlenangaben in Prozent stehen. Das jeweilige Medium wird benannt und durch ein Piktogramm verdeutlicht. An erster Stelle steht hier der Laptop mit 69 Prozent. Dahinter folgen PC (59 Prozent) und Smartphone (57 Prozent). Genannt werden noch sechs weitere Medien, die jedoch deutlich weniger häufig genutzt werden, um ins Internet zu gehen. MP3-Player, E-Book-Reader und Handy bilden die Schlusslichter mit deutlich unter 10 Prozent. Tablet-PC, Fernseher und Spielkonsole sind zwischen diesen und den Spitzenreitern zu finden.

Insgesamt lässt das Schaubild die Schlussfolgerung zu, dass mittlerweile drei von vier Menschen über 14 in Deutschland das Internet nutzen, eine Anzahl, die seit 1997 rasant gestiegen ist. Viele Medien werden für den Internetzugang genutzt, in erster Linie sind dies Laptop, PC und Smartphone.

Die Darstellung ist in Blau, Weiß und Schwarz gehalten. Das Liniendiagramm sowie die Kreise sind blau. Ein dunkler Pfeil zeigt wie ein Cursor auf die blaue Linie.

Die inhaltliche Darstellung ist gut gelungen, auch wenn die Frage offenbleibt, warum die Zeiträume für die Prozentangabe vor bzw. nach 2003 unterschiedlich gewählt wurden. Eine Darstellung der Zugangsmedien in einem einzigen Kreis ist sicherlich überlegenswert. Unter Umständen wirkt dieses Kreisdiagramm jedoch durch die Vielzahl der Medien nicht so übersichtlich. Das Verwenden weiterer Farben hätte das Schaubild etwas ansprechender gemacht.

1 Vergleichen Sie Ihre Stichworte mit den Aussagen des Musters und beurteilen Sie die Schaubildanalyse.
a) Sind die wichtigsten Aussagen des Schaubildes richtig wiedergegeben?
b) Wie ist die Schaubildanalyse aufgebaut?
c) Wie schätzen Sie den Schlussteil ein?

Analyseergebnisse formulieren

Sprache und Stil

Beim Verfassen einer Schaubildanalyse kommt es – wie bei Sachtextanalysen auch – darauf an, aussagekräftig und verständlich zu formulieren und die Gliederung des Textes durch eine entsprechende sprachliche Gestaltung sichtbar zu machen.

1 Erläutern Sie, welche der folgenden Sätze sich eignen für:
a) die Angabe der Quelle oder des Herausgebers,
b) die Formulierung des Themas oder
c) die Schlussfolgerung.

> das Schaubild gibt Auskunft über ...; als weiteres Beispiel wird angeführt ...; letztlich geht aus dem Schaubild hervor, dass ...; das Schaubild ist ... entnommen; die Symbole verdeutlichen ...; zusammenfassend lässt sich sagen, ...; die Zahlen legte ... vor

d) Notieren Sie Formulierungen, die in der Musteranalyse (» S. 67) für die unter 1 a–c genannten Aspekte verwendet wurden, und ergänzen Sie weitere.

2 Erweitern Sie Ihre Ausdrucksmöglichkeiten, um Wiederholungen zu vermeiden.
a) Notieren Sie möglichst viele Verbindungen mit Verben, in denen die folgenden häufig auftretenden Nomen vorkommen. Halten Sie Ihre Ergebnisse tabellarisch fest.

> In vielen Schaubildern werden Probleme benannt, Fragen aufgeworfen, Sachverhalte in Beziehung gesetzt, Zusammenhänge aufgezeigt, Schlussfolgerungen gezogen ...

b) Suchen Sie Synonyme für die Nomen. Arbeiten Sie auch mit dem Wörterbuch.

Nomen	Verb-Nomen-Verbindung	Synonyme
Problem	sich eines Problems bewusst sein/werden, sich mit einem Problem auseinandersetzen	Schwierigkeit, Streitfrage
Frage	...	...
...	...	...

3 Formulieren Sie die folgenden Vergleiche grammatikalisch richtig. Schreiben Sie die Sätze ab und setzen Sie „als" oder „wie" richtig ein.
- 2014 nutzen 79,1 Prozent der über 14-Jährigen das Internet. Das sind 12 Prozent mehr ■ 2009.
- 6 Prozent verwenden einen MP3-Player, um ins Internet zu gehen. Das sind genauso viele ■ diejenigen, die einen E-Book-Reader dafür einsetzen.
- Im Jahr 1997 wurde das Internet von über 14-Jährigen deutlich weniger genutzt ■ 2014.
- Der Anteil derer, die mit dem Smartphone ins Netz gehen, ist fast so hoch ■ der Anteil derjenigen, die den PC dafür nutzen, aber beide Anteile sind geringer ■ der Anteil der Laptopnutzer.

4 Entscheiden Sie sich bewusst für die Verwendung des Aktivs oder Passivs in Ihrer Analyse.
Beispiel: *Das Schaubild zeigt ... In dem Schaubild wird dargestellt ...* (» Kapitel 9, S. 148).

Ein Schaubild beurteilen

Sie erhalten die Aufgabe, zu dem folgenden Schaubild eine Analyse zu schreiben. Die folgenden Schritte helfen Ihnen beim Verfassen der Analyse.

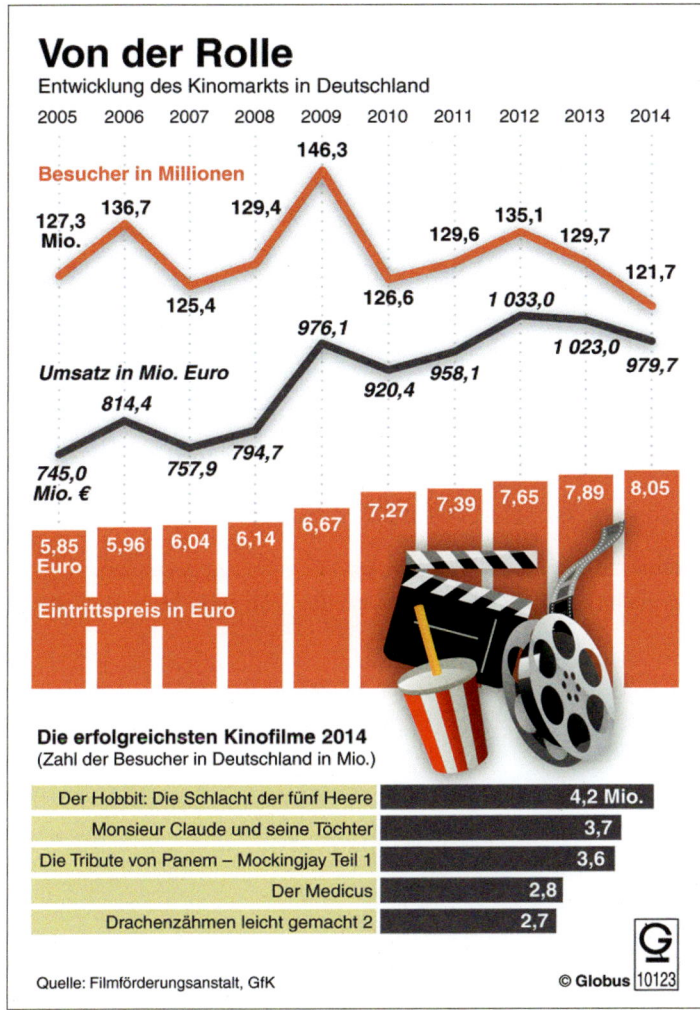

1 Betrachten Sie das Schaubild und notieren Sie Stichpunkte bzw. Daten zu allen wichtigen Elementen (» S. 66).

2 Analysieren Sie die inhaltlichen Aspekte des Schaubildes.
a) Was wird dargestellt? Werden Entwicklungen, Vergleiche, Strukturen oder Anteilsverhältnisse einer Gesamtheit aufgezeigt?
b) Welche Aussagen können zu den einzelnen Teilen formuliert werden?
c) Welcher inhaltliche Zusammenhang besteht zwischen den Teilaussagen?
d) Welche Schlussfolgerungen lassen sich ziehen?
e) Überlegen Sie, ob Informationen fehlen, die die Aussagekraft des Schaubildes erhöhen könnten.

3 Untersuchen Sie den Titel.
a) Welche Wirkung geht von ihm aus?
b) Überlegen Sie, welche anderen Titel mit welcher Wirkung denkbar wären.

Ein Schaubild beurteilen – eine Analyse schreiben

4 Beurteilen Sie die Gesamtwirkung des Schaubildes.
a) Notieren Sie Ihre positiven sowie negativen Eindrücke und begründen Sie Ihre Sichtweise. Übertragen Sie dazu die folgende Tabelle in Ihr Heft und ergänzen Sie diese entsprechend.
b) Welche Wirkung geht vom Zusammenspiel der inhaltlichen Aussagen und der grafischen Gestaltung aus?

Schaubild	Eindrücke	Begründung
Gestaltung	+ −	... ...
ausgewählte Diagrammart/-en	+ −	
Aussagegehalt	+ −	
Zusammenspiel von Text, Grafik und Bild	+ −	

Sprache und Stil

Bei der sprachlichen Formulierung Ihrer Schaubildanalyse kommt es darauf an, jeweils genau zu benennen, welches Element, welche Aussage oder welchen formalen Aspekt Sie gerade beurteilen. Folgende Sätze sind beim Formulieren einer Beurteilung hilfreich:

- Es lässt sich sagen, dass das Schaubild sowohl in gestalterischer Hinsicht als auch in Bezug auf seine inhaltliche Aussage gut (schlecht ...) gelungen ist.
- Die Diagrammart ist gut (schlecht ...) gewählt, weil ...
- Die Aussagen des Diagramms werden durch ein Bild (Foto ...) grafisch gut (schlecht, unzureichend, zufriedenstellend ...) unterstützt.
- Der Aussagegehalt des Schaubilds ist gut (ausreichend, unbefriedigend ...), weil ...
- Im Hinblick auf die Aussage zu ... wäre ... wünschenswert gewesen ...

5 Fassen Sie die Ergebnisse Ihrer Beurteilung (Aufgabe 4) in Sätzen zusammen.
a) Achten Sie darauf, dass Sie jeweils genau formulieren, zu welchem Aspekt Sie sich gerade äußern.
b) Formulieren Sie Ihre Gesamteinschätzung zur Wirkung des Schaubildes in einem Satz.

ARBEITSTECHNIK | Ein Schaubild analysieren und beurteilen

Bei der Beurteilung eines Schaubildes sollten Sie vor allem auf folgende Aspekte eingehen:

- Gestaltung (Vordergrund, Hintergrund, Bilder, Symbole, Farben, Übersichtlichkeit)
- Zweckmäßigkeit der ausgewählten Diagrammart/-en in Bezug auf die Aussageabsicht
- Aussagegehalt der einzelnen Teile sowie des Zusammenspiels der Teile
- Zusammenspiel von Text, Grafik und Bild

Eine Analyse schreiben

Zu dem Schaubild von S. 69 wurden folgende Informationen veröffentlicht:

Film ab: Kinojahr ohne Happy End

Das Jahr 2014 lief für die deutschen Kinobetreiber durchwachsen. Rund 121,7 Millionen Besucher wurden nach Angaben der Filmförderungsanstalt gezählt – das sind acht Millionen weniger als im Jahr davor. Der erfolgreichste Film 2014, der dritte Teil der „Hobbit"-Reihe, kam erst im Dezember in die Säle.

Auch der Umsatz ging von mehr als einer Milliarde Euro auf etwa 980 Millionen Euro zurück. Damit liegt der Umsatz aber immer noch deutlich über dem Niveau von vor zehn Jahren. Kinogänger mussten erneut tiefer in die Tasche greifen: Anstatt 5,85 Euro im Jahr 2005 kostete ein Ticket zuletzt im Schnitt 8,05 Euro.

6 Beurteilen Sie die Gesamtwirkung des Schaubildes.
a) Enthält der Text mehr oder weniger Informationen als das Schaubild?
b) Was leisten Text bzw. Schaubild in Bezug auf die Aussageabsicht?

 7 Gliedern Sie nun Ihre Notizen zu dem Schaubild „Von der Rolle" und schreiben Sie eine vollständige Analyse.

ARBEITSTECHNIK   Eine Schaubildanalyse schreiben

Die Analyse eines Schaubildes besteht aus drei Teilen:

Die **Einleitung** sollte folgende Informationen enthalten, sofern sie gegeben sind: die Verfasserin/den Verfasser, den Erscheinungsort, den Titel des Schaubildes, das Erscheinungsdatum, die Benennung des Themas und die Art der grafischen Gestaltung.

Der **Hauptteil** enthält eine genaue Beschreibung des Schaubildes:

- Es ist sinnvoll, zunächst mit der optischen Darstellung zu beginnen: scharz-weiß/farbig – Farbwahl/ausgewählte Bilder und Symbole, Wahl der Diagrammart.

- Bei der anschließenden inhaltlichen Analyse werden die Hauptaussagen des Themas wiedergegeben. Achten Sie besonders auf das Zahlenmaterial: absolute Zahlen, Prozentzahlen, Schätzungen.

- Danach sollten Sie das Zusammenspiel von inhaltlichen Aussagen und grafischer Gestaltung beurteilen – welche Intention (Aussageabsicht) wird mit dem Schaubild verfolgt (informell, appellativ), wie wirkt das Schaubild auf Sie?

Der **Schluss** rundet die Analyse ab. Weiterführende Überlegungen können Fragestellungen nach Themenschwerpunkten sein, die eventuell im Schaubild nicht erwähnt wurden oder zu kurz kamen.

Eine Analyse schreiben

8 Schreiben Sie eine Schaubildanalyse zu dem folgenden Schaubild. Orientieren Sie sich an der Arbeitstechnik auf S. 71 bzw. am Fazit (siehe unten).

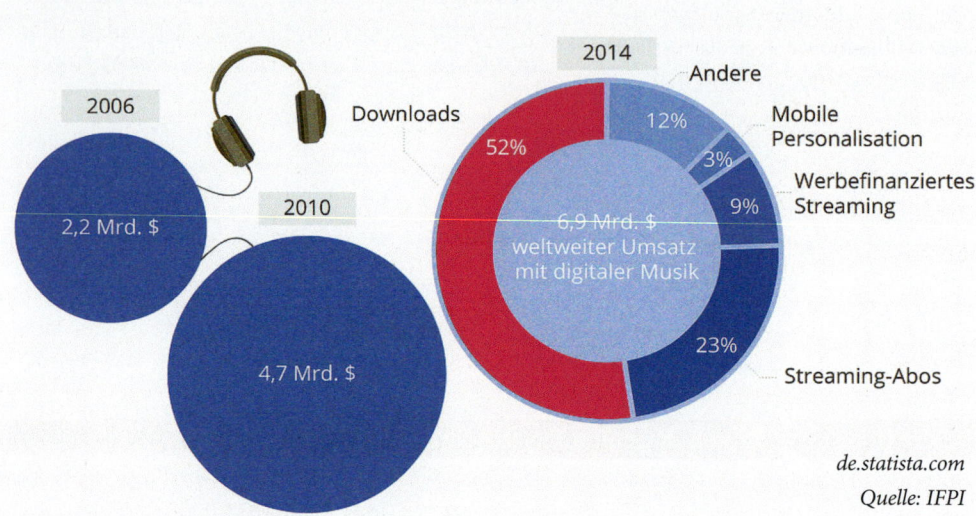

FAZIT

3.1
Schaubilder und Diagramme analysieren

- Hauptaussagen
- die Zweckmäßigkeit der Darstellungsform: z. B.: Diagrammarten, Organigramm
- das Zusammenspiel von Text und Schaubild
- mögliche Manipulationen erkennen

3.2
Eine Schaubildanalyse schreiben

- das Schaubild analysieren und beurteilen
  - Aussagegehalt
  - grafische Gestaltung
  - Aussageabsicht
  - Zusammenspiel von Text, Diagramm, Bild
- die Analyse gliedern und schreiben
  - Einleitung: Verfasser/-in, Quelle, Titel, Thema, Gestaltung
  - Hauptteil: genaue Beschreibung aller Teile, Beurteilung der Aussagen, Intention und Wirkung
  - Schluss: weiterführende Überlegungen, offene Fragen

3.3
EXTRA: Informationen visualisieren – Diagramme gestalten

EXTRA: Informationen visualisieren – Diagramme gestalten

Sie wollen Sachverhalte zu verschiedenen Themen visualisieren und suchen dafür die jeweils zweckmäßigste Form. Folgende Themen sind Ihnen vorgegeben:
- Sitzverteilung nach einer Wahl
- Kursentwicklung des Euro
- Geburtenentwicklung in einem Land Ihrer Wahl
- Funktionsträger eines Vereins
- Altersstruktur Ihrer Mitschülerinnen und Mitschüler
- Vergleich der Notendurchschnitte von Klassenarbeiten im Fach Deutsch der letzten beiden Jahre

1 Wählen Sie zu jedem Thema eine geeignete Visualisierung.
a) Notieren Sie jeweils eine geeignete Art eines Diagramms. Begründen Sie Ihre Wahl.
b) Gestalten Sie für eines der Themen ein Diagramm.

2 Visualisieren Sie Texte.
a) Überlegen Sie, welche der folgenden drei Texte sich sinnvoll visualisieren lassen, und gestalten Sie mithilfe der im Text enthaltenen Informationen geeignete Diagramme.
b) Formulieren Sie eine treffende Überschrift.

Text 1:

War die Nutzung von Online-Communitys […] in den vergangenen Jahren erst von Wachstum und dann von großer Stabilität gekennzeichnet, so deutete sich 2013 erstmals eine Stagnation bzw. ein Rückgang an. Während im Jahr 2012 noch 87 Prozent der zwölf- bis 19-jährigen Internet-Nutzer zumindest selten soziale Netzwerke besuchten, ging dieser Anteil im Jahr 2013 leicht auf 84 Prozent zurück. Im Jahr 2014 ist nun erneut ein Rückgang sichtbar, der diesmal aber weitaus deutlicher ausfällt – nur noch knapp drei Viertel der Jugendlichen geben an, zumindest selten Online-Communitys zu nutzen. […]

Betrachtet man das Repertoire verschiedener Communitys, die bei Jugendlichen Bedeutung haben, dann fällt auf, dass sich 2014 neben Facebook zwei „Newcomer" zumindest in Ansätzen etabliert haben. Bei der Frage, welche Communitys die Jugendlichen überhaupt nutzen, steht Facebook nach wie vor uneinholbar an der Spitze (69 %, 2013: 80 %), deutliche Zuwächse verzeichnen bei dieser Fragestellung aber Instagram (13 %, 2013: 2 %) und der Messenger-Dienst WhatsApp (11 %, 2013: 3 %). […]

Rückzugstendenzen lassen sich auch anhand der durchschnittlichen Anzahl an Kontakten bzw. Freunden in der Community feststellen. Sammelten die Jugendlichen in den letzten Jahren immer mehr Freunde (2012: 272; 2013: 290), sind es aktuell nur noch 256.

(JIM-Studie 2014, S. 35 f.)

Text 2:

Auch das Thema „Cybermobbing" zählt mit zu den negativen Begleiterscheinungen der digitalen Welt. […] Dass jemand innerhalb des eigenen Bekanntenkreises mittels Internet oder Handy regelrecht fertiggemacht wurde, haben 38 Prozent der Internet-Nutzer schon einmal erlebt. […]

29 Prozent […] haben schon einmal im Freundeskreis mitbekommen, dass pornografische oder brutale Filme über das Handy zugestellt wurden, 14 Prozent haben selbst schon ungefragt solche Inhalte bekommen. […] 27 Prozent haben mitbekommen, dass im Bekanntenkreis erotische oder aufreizende Bilder oder Filme verschickt wurden. Zudem bringt die ständige Erreichbarkeit Probleme mit sich: Mehr als die Hälfte der Handy-/Smartphonebesitzer stimmt der Aussage zu, dass sie zu viel Zeit damit verbringen. Zwei Drittel fühlen sich zeitweise genervt von der Flut eingehender Nachrichten.

(JIM-Studie 2014, S. 39 f. und 60)

EXTRA: Informationen visualisieren – Diagramme gestalten

Text 3:

Glückspilz

Stellen Sie sich vor, Sie würden sich halb nackt in Ihr Wohnzimmer stellen und alle Fenster aufreißen. Am besten nachts – drinnen ist das Licht an. Sie deklinieren dann lauthals sämtliche Ihrer Bankkonten und Kreditkartennummern – samt Geheimzahlen. Als Nächstes rufen Sie laut aus, welche Sorte Bücher Sie am liebsten lesen, welche Musik Sie gerne hören, wo Sie gerne essen gehen, wie Ihre Freunde heißen. Vergessen Sie nicht, die Einkäufe der letzten zwei Jahre samt den Kassenbelegen aufzulisten. Zu guter Letzt kleben Sie noch ein paar private Fotos an die Scheiben – damit Sie jeder gut sehen kann. Das würden Sie nie tun? Dann nutzen Sie offensichtlich nie das Internet. Und wären für Kriminelle und Strafverfolger gleichermaßen völlig uninteressant. Sie Glückspilz!

(Rhein-Neckar-Zeitung, 07.02.2007)

Oftmals liegen Ihnen interessante Daten in Tabellenform vor.

Fernsehnutzung, in Prozent

	Baden-Württemberg	Rheinland-Pfalz	Saarland	Deutschland
Basis (Mio.)	9,62	3,59	0,93	73,52
mehrmals in der Woche	83,3	84,7	84,7	85,2
mehrmals im Monat	8,4	7,9	7,1	7,4
etwa einmal im Monat	1,4	0,7	0,7	1,1
seltener	3,9	4,5	5,7	4,0
nie	2,8	2,0	1,9	2,3

www.mediendaten.de

Online-Nutzung

Entwicklung der Online-Nutzung in Deutschland 1997 bis 2014 (Personen ab 14 Jahren)										
zumindest gelegentlich genutzt										
	1997	2000	2003	2006	2009	2010	2011	2012	2013	2014
in %	6,5	28,6	53,5	59,5	67,1	69,4	73,3	75,9	77,2	79,1
in Mio.	4,1	18,3	34,4	38,6	43,5	49	51,7	53,4	54,2	55,6
Zuwachs gegenüber dem Vorjahr in %	–	64	22	3	2	13	6	4	2	2

(Quelle: ARD-Onlinestudie 1997, ARD/ZDF-Onlinestudien 1998–2014)

3 Betrachten Sie die Daten in den beiden Tabellen.
  a) Wie wirkt die tabellarische Darstellung der Informationen auf Sie?
  b) Fassen Sie die Aussagen der jeweiligen Darstellung in einigen Sätzen zusammen.

4 Arbeiten Sie in Gruppen. Wählen Sie einen Themenschwerpunkt (» S. 73 oben).
  a) Erörtern Sie verschiedene Möglichkeiten, die jeweiligen Informationen wiederzugeben.
  b) Visualisieren Sie die Informationen.
  c) Begründen Sie die Wahl des jeweiligen Diagramms.

Basisbaustein

Kapitel 4

Literarische Texte interpretieren

4.1 Den Aufbau beschreiben

4.3 Die Bedeutung erschließen – Transfer

4.5 Einen Text beurteilen – die Interpretation schreiben

4.2 Figuren charakterisieren

4.4 Erzähltechnik und Sprache analysieren

4.6 EXTRA: Erzähltechnik, Sprache, Zitiertechnik

In diesem Kapitel lernen Sie, wie man schrittweise eine Textinterpretation erarbeitet und verfasst. Im Mittelpunkt der Textbetrachtungen stehen der Aufbau eines Textes, die Figuren, die sprachliche Gestaltung sowie Erzähltechniken. Darüber hinaus lernen Sie, die Interpretation eines Textes durch Übertragung seiner Bedeutung auf Ihre Lebensverhältnisse (Transfer) zu vervollständigen und den Text zu beurteilen.

Kompetenzen

- ✓ Inhalt, Aufbau und gattungsspezifische Strukturmerkmale epischer Kurzformen und Romanauszüge analysieren
- ✓ Erzählhaltung und Darbietungsform des Erzählens bestimmen
- ✓ Sprachliche Auffälligkeiten und ihre Wirkung untersuchen
- ✓ Werthaltungen in den Texten herausarbeiten und auf die eigene Lebenswirklichkeit beziehen
- ✓ Empathie entwickeln

Methoden und Arbeitstechniken

- ✓ Zitieren

4.1 Den Aufbau beschreiben

Die Interpretation eines literarischen Textes erfordert zunächst eine umfassende Auseinandersetzung mit seinem Inhalt und seiner Struktur. Die im Vorgang des Erzählens entstandene fiktive Geschichte kann in mehrere Teile gegliedert sein. Sie kann chronologisch, mit Zeitsprüngen oder vom Ende her erzählt werden. Sie hat vielleicht Höhepunkte und Wendepunkte. Die Beschreibung des Aufbaus kann für die Textinterpretation also von Bedeutung sein.

Joachim Ringelnatz: Es fällt den Matrosen nicht schwer

Es fällt den Matrosen nicht schwer, sich in fremden Häfen zurechtzufinden. Ihr Interessenradius ist klein. Die wenigen Ausdrücke sind leicht erlernt, wenigstens in den Hauptsprachen Englisch, Französisch, Deutsch und Spanisch.

Aber auch darüber hinaus verständigen sie sich leicht mit den Hafenleuten und Seeleuten anderer
5 Völker. Ihre Ziele und Wünsche sind meist dieselben. Essen, Trinken und Weiber, meist in den dürftigsten Stadtteilen. Sie sprechen ein Mischmasch aus vielerlei Küstensprachen. Platt und Messingsch*, Spanisch und Skandinavisch, Holländisch und Pidgin-English** oder Bêche de mer***. So finden sich internationale Matrosen auch an Bord rasch zusammen. Einig im gleichen Beruf, in gleichen Instinkten und gebunden an gewisse allgemeine, zum Teil ungeschriebene Seemanns-
10 gesetze.

Da gibt es einen Ausdruck aus Sprachverquickung „mi no savi", den die Seeleute und Küstenbewohner aller Länder verstehen und der so viel bedeutet wie „Kannitverstan". Mit diesem Ausdruck habe ich einmal ein gutes Geschäft gemacht. Ich lag mit einem Dampfer in Cardiff. Mein Haar war überlang und verwildert, und so ging ich, um es schneiden zu lassen, an Land, in den ersten besten
15 Barbierladen. Ich hatte einen Schilling in der Tasche, nach meiner Erfahrung also reichlich mehr Geld, als ich brauchte.

Der Friseur machte sich eifrig an seine Arbeit, und wir führten dabei ein sehr lebhaftes, scherzhaft streitendes Gespräch auf Englisch über den damals aktuellen Burenkrieg. Ich trat für die Buren ein, der Friseur für die Engländer. Als er endlich fertig war, entstand ein seltsamer Dialog. Ich fragte:
20 „Was bin ich Ihnen schuldig?"

Er sagte: „Zwei Schilling."

Ich sagte: „Unmöglich, Sie scherzen wohl?"

Er schob meinen hingelegten Schilling zurück und sagte plötzlich sehr unfreundlich: „Nein. Zwei Schilling."
25 Ich schob den Schilling vor. „Ich habe nur einen Schilling bei mir."

Er schob achselzuckend den Schilling zurück. „Zwei Schilling."

Ich schob den Schilling vor, legte meine silberne Uhr dazu und sagte: „Ich bin auf dem Schiff so und so. Wir liegen dort und dort. Ich werde den anderen Schilling holen und bringen."

Er schob Geld und Uhr zurück. „Nein. Zwei Schilling, oder ich rufe einen Polizisten."
30 Ich zuckte die Achseln und steckte Uhr und Schilling wieder ein. Der Barbier verließ den Laden und schloss die Tür von außen ab.

Ich saß sehr unbehaglich da und nahm die Sache viel zu tragisch. Hin und her sinnend, fasste ich endlich einen Entschluss, über dessen Wirkung ich mir absolut nicht klar war.

Nach geraumer Zeit betrat der Barbier wieder den Laden. Ihm folgte einer jener langen und durch
35 einen langen Helm noch verlängerten englischen Policemen. Der wandte sich sofort barsch an mich: „Sie wollen diesen Mann nicht bezahlen?"

Ich sah den Schutzmann dumm verständnislos an und sagte: *„Mi no savi."*

76 ■ Basisbaustein

Den Aufbau beschreiben

Er: „Sprechen Sie nicht englisch?"
Ich: *„Mi no savi."*
40 Der Barbier wurde krebsrot. „Wundervoll englisch spricht er", schrie er, „wir haben uns über den Krieg unterhalten."
Der Polizist zu mir: „Was sagen Sie dazu?"
Ich, dumm wie bisher: *„Mi no savi."*
„Wo kommen Sie her?" „Zu welchem Schiff gehören Sie?" „Wo liegt Ihr Schiff?" Ich antwortete auf
45 alles: *„Mi no savi!"*
Der Schutzmann und der Barbier zogen sich zurück und flüsterten miteinander. Dann trat der Schutzmann ruhig auf mich zu und – unbetont und ohne irgendeine bezeichnende Handbewegung dazu zu machen – sagte er: „Gut, dann scheren Sie sich zur Hölle."
Gottlob, ich merkte diese Falle und blieb still sitzen und antwortete wieder dumm verständnislos:
50 *„Mi no savi."*
Im nächsten Moment packte mich der Policemen am Kragen, der Barbier riss die Tür auf.
Ich befand mich plötzlich auf der Straße und ging mit meinem Schilling vergnügt eins trinken.
Auf das Wohl dieses Gauners und Dummkopfes.

(„Geschichten, die glücklich machen", S. 225–227)

* Messingsch: Umgangssprache in Mecklenburg

** Pidgin-English: Mischsprache aus einem grammatisch sehr vereinfachten, im Vokabular stark begrenzten Englisch und Elementen aus einer oder mehreren anderen (ostasiatischen, afrikanischen) Sprachen

*** Bêche de mer: auf dem Englischen basierende kreolische Sprache, die früher im Gebiet des westlichen Stillen Ozeans gesprochen wurde

1 **Untersuchen Sie den Aufbau der Erzählung. Ordnen Sie die folgenden Funktionen den entsprechenden Textteilen zu:**

Hinführung/Einleitung • Entfaltung des Konflikts • Zuspitzung des Konflikts • Verzögerung der Handlung (retardierende Teile) als Spannungsmoment • Auflösung/Schluss
Beispiel:
Textbeschreibung: *Hinführung/Einleitung (Z. 1–10)*
Funktion: *Interesse wecken für die folgende kleine Begebenheit*

BASISWISSEN | Aufbau eines literarischen Textes

Mit dem Aufbau eines literarischen Textes beschreiben Sie seine **Gliederung,** d. h. die **Abfolge der äußeren und inneren Handlung.** So kann es Hinführungen zur zentralen Thematik, Rückblenden, Höhepunkte, überraschende Wendepunkte oder auch retardierende (verzögernde) Bauteile innerhalb eines literarischen Textes geben. Die formale Beschreibung des Aufbaus ist vor allem dann sinnvoll, wenn die Struktur eines komplexen Handlungsverlaufs sichtbar gemacht wird oder wenn Sie ein besonderes Bauprinzip erkennen können, das für die Bestimmung der Gattung und die Interpretation des Textes wichtig sein kann.

4.2 Figuren charakterisieren

Die Charakterisierung von Figuren kann Aufschlüsse über die Intentionen des Autors geben.

Martin Suter: Operation Picknick

Ein Picknick ist für eine Führungskraft wie Bäriswil eine ganz normale Managementaufgabe. Bestehend aus Planung, Delegation, Motivation et cetera pp. Die besondere Herausforderung ist allenfalls der Umstand, dass das Team vorwiegend aus Laien besteht.

Monika, seine rechte Hand, neigt dazu, sich in den Planungsbereich einzuschalten und darüber
5 ihre eigentlichen Aufgaben in den Bereichen Einkauf und Maintenance* zu vernachlässigen. Luca (15) leidet unter Motivationsproblemen. Und Laura (13) sieht ihre Stärken eher außerhalb des Dienstleistungsbereichs.

Dazu kommt, dass das Projekt „Picknick KW 25" aus Prioritätsgründen nur einen sehr kleinen Teil von Bäriswils Planungskapazität in Anspruch nehmen darf. Was die Komplexität der Aufgabe
10 spürbar erhöht.

Als groben Zielbereich wählt er das Dreieck Geeren – Witikon – Pfaffhausen. Erreichbarkeit, Topografie, Besiedlungsdichte und Vegetation scheinen ideal für das Vorhaben. Die Feineinstellung wird er an Ort und Stelle spontan vornehmen. Eine hervorragende Übung für die Flexibilität von Team und Führung.

15 Er wird je nach Wetterlage – die Prognosen deuten auf erträgliche Temperaturen, aber erhöhte Gewitterwahrscheinlichkeit hin – einen Schwierigkeitsgrad von 1 (Auto in Sichtweite) bis 3 (Auto maximal einen Kilometer Gehdistanz vom Picknickplatz) wählen. Hardwaremäßig bleibt er klassisch: Klapptisch, Klappstühle, Grill, Kühlbox, diverse Tupperware, Federball. Nicht mehr, als man zu viert in zwei Mal tragen kann. Bei der Bekleidung dekretiert** er light outdoor mit
20 Regenschutz-Option.

Bäriswil ordnet persönlich den Einkauf und die rechtzeitige Marinade des Grillguts an. Er bestimmt die Wahl der Getränke und deren Vorkühlung auf – im Hinblick auf die Transporterwärmung – knapp über dem Gefrierpunkt und delegiert das termingerechte Einfrieren der Kühlelemente an Luca, der den Auftrag mit der Bemerkung „Scheiße, schon wieder Picknick" quittiert.

25 Da die Motivation des Teams in der Planungsphase in Monikas Kompetenzbereich fällt, überhört Bäriswil die Bemerkung. Erst als das Statement am Durchführungstag selbst während der Beladung des Kofferraums – einer traditionsgemäß heiklen, undelegierbaren Projektphase – in verschärfter Form wiederholt wird („Fuckpicknick"), beruft er kurzfristig ein improvisiertes Motivationsmeeting ein. Und stellt dank seiner emotionalen Kompetenz nach ziemlich kurzer Zeit
30 eine essenzielle*** Motivationskrise fest, die auch Monika („Können wir nicht einfach einmal ein faules Wochenende machen?") und Laura („Ich will nicht schon wieder im Wald hocken und verbrannte tote Tiere fressen!") erfasst hat.

Dabei stellt sich – nicht zum ersten Mal – heraus, dass sein familiäres Team einfach noch nicht reif ist für den kollegialen Führungsstil. Er sieht sich gezwungen, auf den autoritären zurückzugreifen.
35 Und Bäriswil zieht das Picknick voll durch. Trotz des früh einsetzenden Landregens, Monikas Wortkargheit, Lauras Schweigen und Lucas Skepsis („megaverschissenes Kotzpicknick").

Das Weekend gehört schließlich der Familie.

(Suter, „Alles im Griff", S. 46–48)

* Maintenance: Wartung, Betreuung
** dekretieren: anordnen, bestimmen
*** essenziell: schwerwiegend

Figuren charakterisieren

1 Bereiten Sie die Figurencharakteristik vor.
a) Notieren Sie, wie der Protagonist das anstehende Picknick plant.
b) Untersuchen Sie, welche Aussagen er über seine Ehefrau und seine Kinder macht.
c) Finden Sie Textpassagen, die Aufschluss darüber geben, wie er sich selbst sieht.
d) Erschließen Sie anhand der Aussagen seiner Ehefrau und seiner Kinder, wie diese Bäriswil wahrnehmen.

2 Schreiben Sie die Figurencharakteristik. Gehen Sie dabei sowohl auf Besonderheiten als auch auf Typisches im Verhalten der Figur Bäriswil ein.

 3 Schreiben Sie eine E-Mail, in welcher Luca seiner Freundin von dem Picknick erzählt.

BASISWISSEN — Literarische Figuren

Literarische Figuren sind die Handlungsträger in einem Text. Sie weisen Eigenheiten bzw. Besonderheiten in ihren Verhaltensweisen sowie in ihren biografischen Entwicklungen auf, darüber hinaus aber auch Typisches, das verallgemeinerbar ist und sich auf reale Personen übertragen lässt. Erkenntnisse zum Wesen einer Figur gewinnen Sie aus der Untersuchung der Art und Weise, wie die Figur mit anderen kommuniziert (Figurenrede) und wie sie handelt (Handlungsschritte). Auch die Einblicke in das Innere der Figur (erlebte Rede, innere Monologe » S. 95) sind von zentraler Bedeutung.

Sprache und Stil: Stilmittel der Ironie

Besonders wichtig für eine gute Textinterpretation ist die Analyse der sprachlichen Gestaltung. Mit ihrer Hilfe lässt sich z. B. ermitteln, wie eine Figur spricht (Sprachvarietäten), aber auch, welche Haltung der Erzähler (» S. 94 f.) zum Geschehen oder zu einer Figur einnimmt. So wird z. B. kritische Distanz oft mit Mitteln der Ironie (» S. 97) ausgedrückt. Häufig lassen sich ironische Äußerungen aber nur aus dem situativen Kontext erschließen.

Beispiel: *Dabei stellt sich – nicht zum ersten Mal – heraus, dass sein familiäres Team einfach noch nicht reif ist für den kollegialen Führungsstil. Er sieht sich gezwungen, auf den autoritären zurückzugreifen.*

4 Untersuchen Sie die Satire „Operation Picknick" hinsichtlich des weiteren Einsatzes von Ironie.

4.3 Die Bedeutung erschließen – Transfer

Literatur thematisiert häufig das Zusammenleben von Menschen in alltäglichen wie auch in extremen Situationen bzw. Verhältnissen. Eine Interpretation soll herausfinden, inwieweit das Typische der dargestellten Verhältnisse für die Wirklichkeit der Leser/-innen relevant ist.

Sibylle Berg: RUTH langweilt sich (Auszug)

Es ist wirklich unangenehm langweilig.
Als ich jünger war, dachte ich, wenn ich viel daran denke, wie es ist, alt zu sein, dann kann mich nichts mehr überraschen. Ich dachte mir, es wäre wahrscheinlich ganz gut, alt zu sein. Ich habe mir vorgestellt, ich wäre so eine coole Alte, mit viel Schmuck und lila gefärbtem Haar. Und ich
5 würde in einem Haus wohnen, in Nizza vielleicht, und das schwankte immer, die Idee, wo das Haus sein würde. Auf jeden Fall wäre das Haus immer voll mit wirklich verrückten Menschen, die echt verrückte Sachen machen würden. Auf Tischen tanzen und so was. Und ich könnte über alles lachen, weil ich weise wäre und es besser wüsste. […] Ich dachte mir, es müsse wirklich ganz nett sein, alt zu werden. Und jetzt bin ich alt und weiß gar nicht, wie es so schnell dazu kommen
10 konnte. Ich bin nicht reich, ich dachte immer, das käme schon noch, aber es kam halt nicht. Es kam auch kein reicher Mann. Oder sagen wir mal, überhaupt ein Mann, der blieb. Immer dachte ich, es käme da noch ein besserer, weil ich ja auch immer besser würde. Aber das stimmte auch nicht. Es kamen eher immer weniger und schlechtere. Und auf einmal war ich alt. Ohne mich irgendwie weise oder eben alt zu fühlen. Ich fühle mich nur gelangweilt. Ich wohne also nicht in
15 einem Haus in Nizza, sondern in einem verfluchten Altersheim. Die anderen hier, die sind wirklich alt. Ich nicht. Wenn eines noch an Wunder glaubt, ist es nicht alt. […] Wenn dem Menschen nichts mehr einfällt, glaubt er auf einmal, dass es einen Gott gibt. Hey, bitte, lieber Gott, mach, das noch etwas kommt. […]

Ein Schüler schreibt zur Aktualität des Textes von S. Berg folgende Gedanken auf:

Muster

Die Schriftstellerin spricht über ihre Figur Ruth ein zentrales Thema an; denn es geht darum, auch dann noch einen Sinn im Leben zu finden, wenn man alt ist und nicht mehr weiß, wie man die Zeit nützlich und interessant verbringen soll. Noch schwieriger wird das Problem, wenn man wegen Pflegebedürftigkeit in einem Heim untergebracht ist und kaum Möglichkeiten hat, die Zeit kreativ zu gestalten.
5 *So steht Ruth exemplarisch für viele Menschen der älteren Generation, die nicht wissen, wie sie gegen die Langeweile am Ende ihres Lebens ankämpfen sollen.*

1 Bewerten Sie das Muster. Können Sie inhaltlich zustimmen?

Verdammt, diese verdammte Sensationslust. Madengleich wimmeln sie an der Tür des Gerichtssaales. Kameraaugen glotzen mich an. Blut schießt in mein Gesicht. Ich trage keine Handschellen, kein Zeichen auf Stirn oder Brust, aber die Wartenden erkennen mich sofort, schießen mit einem vampiresken Zischen auf mich zu, reißen mir die Kleider in Fetzen, verbeißen sich in mein Fleisch.

(Dörte Herrmann, „Urteilslos")

Die Bedeutung erschließen – Transfer

> Das Zebra stützte sein Kinn auf die Knie und konzentrierte sich auf seine schwarzen Streifen. Nach langem Nachdenken kam es zu dem Schluss, dass es leider kein weißes Tier mit schwarzen Streifen, sondern ein schwarzes Tier mit weißen Streifen war. Dann ist es viel besser, ein gestreiftes Tier zu sein als nur ein schwarzes, sagte es sich. In diesem Augenblick hatte es seinen Seelenfrie-
> 5 den gefunden und trug nun seine weißen Streifen mit großer Lässigkeit.
> *(Luigi Malerba, „Seelenfrieden")*

2 Interpretieren Sie die Textauszüge von Dörte Herrmann und Luigi Malerba. Übertragen Sie deren Bedeutung auf Ihre Lebenswirklichkeit. Notieren Sie Ihre Ergebnisse.
a) Prüfen Sie, ob sich das dargestellte Problem Ihrer Erfahrung nach verallgemeinern lässt.
b) Untersuchen Sie das Problem hinsichtlich seiner Aktualität und gesellschaftlichen Relevanz.

BASISWISSEN — Interpretation als Transferleistung der Leserin/des Lesers

Wenn Sie einen Text interpretieren, übertragen Sie im Transfer die Bedeutung des Textes auf unsere Wirklichkeit. Da jede/-r Interpretierende eine individuelle Sichtweise auf den Text gewinnt, gibt es auch nicht die einzig richtige Interpretation. Vor allem das Ausdeuten von Sprachbildern zeigt, welche unterschiedlichen Vorstellungen Menschen mit ihnen verbinden. Wichtig ist, dass Sie Ihre Transferleistung durch Textbelege absichern.

Sprache und Stil: die rhetorischen Figuren Metapher und Vergleich

Metaphern und Vergleiche (» S. 97) dienen der Veranschaulichung von Gefühlen oder auch abstrakten Begriffen, da sie dem Leser helfen, sich „ein Bild" zu machen.
Beispiele: Vergleich: *weiß wie die Wand*; Metapher: *im Sumpf der Korruption*

★ **3** Schreiben Sie je zwei Vergleiche zu folgenden Adjektiven auf:
verliebt, humorlos, langweilig, aufgeregt, nervös, ängstlich

★ **4** Finden Sie je zwei Metaphern zu folgenden Nomen:
Verliebtheit, Humorlosigkeit, Langeweile, Aufregung, Nervosität, Angst

4.4 Erzähltechnik und Sprache analysieren
Der Erzähler

Nicht selten wird der Autor eines literarischen Textes mit dem Erzähler im Text verwechselt. Der Erzähler ist aber Fiktion und erfüllt innerhalb des Erzählvorganges die wichtige Funktion, den Erzählstoff zu präsentieren. Das kann auf unterschiedliche Weise geschehen.

Text 1:

[…] Er schüttelte sich, schluckte. Er trat sich auf den Fuß. Dann nahm er einen Anlauf und saß in der Elektrischen. Mitten unter den Leuten. Los. Das war zuerst, als wenn man beim Zahnarzt sitzt, der eine Wurzel mit der Zange gepackt hat und zieht, der Schmerz wächst, der Kopf will platzen. Er drehte den Kopf zurück nach der roten Mauer, aber die Elektrische sauste mit ihm auf den Schienen weg, dann stand nur noch sein Kopf in der Richtung des Gefängnisses. Der Wagen machte eine Biegung, Bäume, Häuser traten dazwischen. Lebhafte Straßen tauchten auf, die Seestraße, Leute stiegen ein und aus. In ihm schrie es entsetzt: Achtung, Achtung, es geht los. Seine Nasenspitze vereiste, über seine Backe schwirrte es. […]

(Alfred Döblin, „Berlin Alexanderplatz")

Text 2:

[…] Meine zwei Hände begannen einen Kampf. Das Buch, in dem ich gelesen hatte, klappten sie zu und schoben es beiseite, damit es nicht störe. Mir salutierten sie und ernannten mich zum Schiedsrichter. Und schon hatten sie die Finger ineinander verschränkt und schon jagten sie am Tischrand hin, bald nach rechts, bald nach links, je nach dem Überdruck der einen oder der andern. Ich ließ keinen Blick von ihnen. Sind es meine Hände, muss ich ein gerechter Richter sein, sonst halse ich mir selbst die Leiden eines falschen Schiedsspruchs auf. […]

(Franz Kafka, „Oxforder Oktavheft 2")

Text 3:

In einem Hafen an einer westlichen Küste Europas liegt ein ärmlich gekleideter Mann in seinem Fischerboot und döst. Ein schick angezogener Tourist legt eben einen neuen Farbfilm in seinen Fotoapparat, um das idyllische Bild zu fotografieren: blauer Himmel, grüne See mit friedlichen schneeweißen Wellenkämmen, schwarzes Boot, rote Fischermütze. Klick. Noch einmal: klick. Und da aller guten Dinge drei sind und sicher sicher ist, ein drittes Mal: klick.
Das spröde, fast feindselige Geräusch weckt den dösenden Fischer, der sich schläfrig aufrichtet, schläfrig nach einer Zigarettenschachtel angelt; aber bevor er das Gesuchte gefunden, hat ihm der eifrige Tourist schon eine Schachtel vor die Nase gehalten, ihm die Zigarette nicht gerade in den Mund gesteckt, aber in die Hand gelegt, und ein viertes Klick, das des Feuerzeuges, schließt die eilfertige Höflichkeit ab. Durch jenes kaum messbare, nie nachweisbare Zuviel an flinker Höflichkeit ist eine gereizte Verlegenheit entstanden, die der Tourist – der Landessprache mächtig – durch ein Gespräch zu überbrücken versucht. […]

(Heinrich Böll, „Anekdote zur Senkung der Arbeitsmoral")

1 Untersuchen Sie, ob und wie sich der Erzähler in den jeweiligen Textauszügen zu erkennen gibt. Beschreiben Sie, wo möglich, sein Verhältnis zu dem, was er erzählt.

Der Erzähler

BASISWISSEN | Erzähler und Erzählhaltung

Der Erzähler wird vom Autor oder der Autorin eines literarischen Textes erfunden, um der Leserin/dem Leser die zu erzählende Geschichte zu präsentieren. So kann aus der Sicht eines Kindes erzählt werden oder eines Mannes, obwohl der Text von einem erwachsenen Autor oder von einer Autorin stammt.

Die Untersuchung der Rolle des Erzählers ist Teil der erzähltechnischen Analyse. Dabei wird zunächst die **Erzählhaltung** untersucht, also die Frage, ob der Erzähler als Figur innerhalb der erzählten Geschichte selbst auftritt (Ich-Erzähler) oder den Erzählstoff als Außenstehender präsentiert (auktorial oder personal).

Darüber hinaus wird untersucht, wie der Erzähler die Geschichte vermittelt. Das kann von zurückhaltend, objektiv bis bewertend, voll übereinstimmend oder ironisch distanziert variieren.

Die allwissende bzw. auktoriale Erzählhaltung

Dieser Erzähler steht über dem Handlungsverlauf, weil er ihn rückblickend erzählt und über alle Ereignisse informiert zu sein scheint. Es ist möglich, dass er sich dem Leser zu erkennen gibt und die Motive für den Erzählvorgang darlegt. Er vermag das Innenleben seiner Figuren transparent zu machen. Er lenkt den Leser, beeinflusst ihn z. B. mit Kommentaren zum Geschehen und zu Figuren oder Vorausdeutungen von Ereignissen.

Die personale Erzählhaltung

Der Erzähler bildet mit einer oder abwechselnd mit verschiedenen Figuren jeweils eine Einheit; er betrachtet das Geschehen aus deren Sicht und nicht aus einer allwissenden Perspektive. Da diese Erzählhaltung die Unmittelbarkeit des Erlebens und Fühlens von Figuren besonders intensiv zum Ausdruck bringen kann, wird dieses Erzählverhalten dort bevorzugt, wo die Identifikation von Figur und Leser angestrebt wird.

Die Ich-Erzählhaltung

Der Erzähler tritt als Teil der erzählten Welt auf und ist die Figur, die das Erzählte zugleich unmittelbar erlebt und erzählt oder rückblickend präsentiert. Der zeitliche Abstand zwischen Erleben und Erzählen kann dabei sehr groß sein. Das eigene Fühlen und Denken wird in Form von Monologen oder inneren Monologen transparent gemacht, während das Innenleben der anderen Figuren weitgehend verschlossen bleibt.

2 Variieren Sie die Erzählhaltungen: Schreiben Sie den folgenden Textauszug um und präsentieren Sie ihn einmal in der personalen und einmal in der auktorialen Erzählhaltung. Ergänzen Sie den Text, wenn notwendig. Orientieren Sie sich auch an den Beispielen in der Übersicht auf S. 94–95.

> Sie haben mir jetzt eine Chance gegeben. Sie haben mir eine Karte geschrieben, ich soll zum Amt kommen, und ich bin zum Amt gegangen. Auf dem Amt waren sie sehr nett. Sie nahmen meine Karteikarte und sagten: „Hm." Ich sagte auch: „Hm."
>
> *(Heinrich Böll, „Mein teures Bein")*

3 Erarbeiten Sie, welche besonderen Vorteile und Schwierigkeiten mit der Wahl der jeweiligen Erzählperspektive verbunden sein könnten.

Darbietungsformen des Erzählens

Für die Interpretation eines Textes ist nicht nur die Beantwortung der Frage nach dem Erzähler von Bedeutung, sondern auch, wie das Erzählte präsentiert wird. Der Erzähler kann – je nach Erzählhaltung – das Geschehen selbst präsentieren oder die Figuren sprechen lassen. Die folgenden Sätze stammen aus der Kurzgeschichte „Der letzte Auftritt" von Thomas Hürlimann:

> A Außer diesem Schminkkoffer hatte sie nichts mehr, und sie hatte Hunger, und sie war müde, zum Sterben müde.
> B Sie schleppte ihren Schminkkoffer vom Bahnhof durch die Stadt in den Biergarten.
> C „Ich habe nicht gelogen", sagte sie leise, „ich habe noch einmal gespielt."

1 Untersuchen Sie die Sätze A–C hinsichtlich der Vorgehensweisen des Erzählers.
a) Ermitteln Sie zunächst, wer erzählt (Erzähler, Figuren).
b) Welche Informationen lassen sich einer äußeren Handlung zuordnen, welche einer inneren?

BASISWISSEN — Darbietungsformen des Erzählens

Erzählbericht: Der Erzähler vermittelt den Handlungsverlauf, d. h. das miterlebte, beobachtete oder in Erfahrung gebrachte Geschehen. Dieser Bericht kann Beschreibungen z. B. von Figuren, Orten, Ereignissen enthalten. Je nach Erzählhaltung (» S. 83) präsentiert er das Geschehen als objektiver Betrachter oder er streut Kommentare und Beurteilungen ein (auktorial, Ich-Erzähler).

Erlebte Rede: Die Gedanken und Gefühle einer Figur werden in der 3. Person wiedergegeben.

Innerer Monolog: Hier gibt die Figur in der Ich-Form wieder, was sie denkt und fühlt.

Zu dem folgenden Auszug aus dem Band „Ostwestberlin" von Hans Joachim Schädlich wurden noch zwei Erzählvarianten verfasst.

> Am frühen Abend des achtundzwanzigsten Februar betrat der junge Handelsreisende Saller die kleine Halle des Bahnhofs von Schwäbisch-Hall, einem Ort in der Nähe Stuttgarts. […]
> Er betrachtete den Fahrplan, suchte die Abfahrtszeit des Zuges, mit welchem er in das nahe Stuttgart fahren wollte, sah auf die Uhr über der Tür und warf einen schnellen Blick auf den Mann.

> *Variante 1:*
> *Saller war froh, endlich das Bahnhofsgebäude in Schwäbisch-Hall erreicht zu haben. Er hoffte, nicht allzu lange auf den Zug nach Stuttgart warten zu müssen, und vergewisserte sich, dass der Zug, den ihm die nette Sekretärin seines Chefs herausgesucht hat, tatsächlich auch fahren würde. Ein Blick auf den Fahrplan und Saller war erleichtert. Er freute sich auf den Feierabend.*
>
> *Variante 2:*
> *Was bin ich froh, endlich hier am Bahnhof zu sein. Hoffentlich muss ich nicht lange auf den Zug warten. Ich hasse es, am Bahnhof zu stehen. Mal schauen, was der Fahrplan sagt. Wie spät ist es eigentlich?*

2 Entscheiden Sie, welche Darbietungsform des Erzählens jeweils verwendet wurde.

Darbietungsformen des Erzählens

Der Erzähler hat auch die Möglichkeit, die Figuren unmittelbar handeln und miteinander sprechen zu lassen. Diese Teile einer Erzählung können (wie Dramen) auch gespielt werden.

Markus Orths: Kruft und Schill (Auszug)

Als Florian Kruft vom Manuskript aufblickte und aus dem Fenster sah, erschrak er, da nicht sein eigenes Spiegelbild erschien, sondern hinterm Glas der Kopf eines Mannes, der ihm fremd war. Der Mann musste ums Haus herum in den Garten gekommen sein. Er schaute zu Kruft herein und hob grüßend die Hand. Kruft öffnete das Fenster.

5 „Was wollen Sie hier?", rief er.
„Entschuldigen Sie, mein Name ist Sebastian Schill."
„Ja und?"
„Ich läute schon seit fünf Minuten!", sagte Schill.
„Ich hab die Klingel abgestellt!", sagte Kruft.
10 „Es geht um die Wohnung in der ersten Etage. Die leer stehende Wohnung. Sie wissen schon!"
„Was?"
„Der Vermieter hatte Ihnen doch den Schlüssel gegeben, damit ich mir die Wohnung mal anschauen kann."
„Ach so!", sagte Kruft. „Richtig. Hatte ich vergessen. Kommen Sie zur Tür!"
15 Kruft schloss das Fenster, holte den Schlüssel zur ersten Etage, ging zur Tür, öffnete sie und wartete, bis Schill vor ihm stand, mittelgroß, kräftig, schütteres blondes Haar, Brille, bleiche Haut. Schill entschuldigte sich und sagte, er hoffe, er störe nicht, wobei er auf den Stift wies, den Kruft immer noch in der Hand hielt. Kruft schüttelte müde den Kopf, steckte den Stift ein, trat zu Schill ins Treppenhaus und ging ihm voran die Stufen hoch. […]

3 Vergleichen Sie anhand des Textauszuges aus „Kruft und Schill" die verschiedenen erzähltechnischen Mittel und beschreiben Sie deren Wirkung.
a) Bestimmen Sie in dem Textauszug alle verwendeten Darbietungsformen des Erzählens. (Geben Sie die entsprechenden Textzeilen an.)
b) Schreiben Sie den Textauszug ausschließlich als Erzählbericht. Vergleichen Sie Ihr Ergebnis hinsichtlich der Wirkung mit dem Original.

BASISWISSEN | Szenisches Erzählen

Zu den Darbietungsformen des Erzählens gehört auch das **szenische Erzählen.** Hier lässt der Erzähler die Figuren selbst zu Wort kommen, der Erzähler tritt weitgehend in den Hintergrund. In der Textinterpretation spielen szenische Passagen häufig eine zentrale Rolle, weil durch die Art und Weise der Kommunikation die Figuren ihr Inneres sowie ihr Verhältnis zueinander transparent werden lassen.

Die Sprachanalyse

Beim Interpretieren kommt es nicht nur darauf an zu deuten, was Figuren sagen und welche erzähltechnischen Mittel verwendet werden, sondern auch, wie etwas gesagt wird.

Gabriele Wohmann: Flitterwochen, dritter Tag

Reinhard am dritten Tag gegen fünf, auf der Bierkneipenterrasse: Du wirst deine Arbeit aufgeben. Du wirst einfach kündigen. Es war fast windstill, die Luft feucht. Ich kam aber nicht ganz dahinter, ob es mir richtig behagte. Ich starrte immer weiter den Mann mit der Warze an. Reinhard hob sein Glas, trank mir zu, mit irgendeinem Trinkspruch auf unsere Zukunft. Die Warze sah wie ein Polyp
5 aus. Reinhard schlug vor, so wie jetzt an der See auch später regelmäßig spazieren zu gehen. Ja. Warum nicht? Schließlich: die Wohnung mit ihrer günstigen Lage. Unterm Hemd würde die Warze sich auch bemerkbar machen. Sie war mehr als einen Zentimeter lang. Seitlich vom Schlüsselbein stand sie senkrecht ab. Prost, Schatz, cheerio! Vielleicht, bei diesem Unmaß, hieß das nicht mehr Warze, was ich immer noch anstarrte. Liebling, he! Wir sind getraut! Du und ich, wir zwei – was
10 man sich so zunuschelt kurz nach der Hochzeit. Reinhards Lieblingsgerichte, dann meine. Durch die Fangarme sah die Warze einer Narrenkappe ähnlich. Die Wohnung werden wir nach deinem Geschmack einrichten; der Garten – bloß Wildnis. Tee von Reinhards Teegroßhändler. Nett, so einig zu sein. Abwegiges Grau der See, und mein zweites Glas leer. Die Oberfläche der Warze war körnig, wie die Haut auf Hühnerbeinen. Reinhard hat noch zwei Stella Artois[1] bestellt, ich fühlte
15 nun doch ziemlich genau, dass es mir zusagte, das Ganze, Bier, diese Witterung, dies bemerkenswerte Meer und unser Gerede über alles, zum Beispiel: Hauptsache, du bist dein blödes Büro los. Das schrundige Ding auf der Schulter, erstarrtes Feuerwerk, stand nicht zur Debatte. Reinhard schützte wieder mal ein Schiff vor und starrte durchs Fernglas runter auf den Strand. Gewitter stand unmittelbar bevor, unser Zusammenleben auch, auch Abendspaziergänge, Teebestellungen,
20 Leibgerichte, die Warze war immer noch sichtbar nun unterm Hemd, das der Mann anzog. Antoni Gaudí[2] hätte sie geträumt haben können. Reinhard redete, und ich habe eine Zeitlang nicht zugehört, weil ich – ich hätte schon ganz gern gewusst, ob das nicht wehtat, wenn mehr als nur ein Hemd Druck auf die Warze ausübte. Organisation, Schatz, sagte Reinhard, und er ist nicht nur billiger bei diesem Großhändler, es ist einfach besserer Tee. Weitere Stella Artois, die Schwüle war
25 mir recht, das Meer lieb und wert, egal Reinhards Seitensprünge durchs Fernglas. Die leicht bekleidete Krake, der vertrauliche Vielfuß, Verruca die Warze. Freust du dich, Schatz? Reinhard war mir jetzt näher. Auf alles, Schatz? Und was man so sagt. Er war nett.
Der Mann mit der neukatalanischen[3] Warze bezahlte. Dann verstaute er sein Fernglas in einem etwas abgeschabten Lederetui. Er stand auf. Da stand auch ich auf. Der Mann mit der Warze bahnte
30 sich den besten Weg zwischen den Korbsesseln. Ich hinterher. Er brauchte nicht weiter auf mich zu warten, ich habe kaum gezögert, er wartete, wieder mir zugekehrt, die Warze, das Wappen, er wartete, Reinhard wartete, mein Mann mit der Warze.

[1] Stella Artois, eine bekannte belgische Biersorte

[2] Antoni Gaudí, spanischer Architekt (1852–1926), baute, von neugotischen Formen ausgehend, in bizarren Strukturen.

[3] neukatalanisch, hier: auf den bizarren Baustil Gaudís bezogen

1 Fassen Sie kurz zusammen, worum es in dem Text von Gabriele Wohmann geht.

2 Verfassen Sie eine Sprachanalyse. Gehen Sie so vor:
a) Schreiben Sie alle Vergleiche und Metaphern heraus und interpretieren Sie diese.
b) Ziehen Sie aus dem Sprachgebrauch der Figuren Rückschlüsse auf deren Verhältnis zueinander.
c) Beschreiben Sie die Erzählhaltung sowie die Art und Weise der Vermittlung des Erzählstoffes.

Die Sprachanalyse

Das folgende Muster zeigt Ihnen, wie Sie Ergebnisse einer Sprachanalyse formulieren können.

Muster

Die Art und Weise, wie die Figuren miteinander sprechen, zeigt das veraltete Rollenverständnis, dem die beiden offensichtlich unterliegen. So spricht Reinhard mehrfach Befehle aus, wenn es um die Zukunft seiner Frau geht, ohne dass sie sich dagegen wehrt. Offensichtlich ist sie unschlüssig, ob sie sich dem fügen will. „Reinhard am dritten Tag gegen fünf, auf der Bierkneipenterrasse: Du wirst deine Arbeit auf-
5 *geben. Du wirst einfach kündigen. Es war fast windstill, die Luft feucht. Ich kam aber nicht ganz dahinter, ob es mir richtig behagte." (Z. 1–3)*

Sprache und Stil: die Stilmittel Ellipse und Hyperbel

Als **Ellipsen** bezeichnet man Satzfragmente, d.h., es fehlen Satzglieder, die für einen grammatikalisch vollständigen Satz notwendig wären. Häufig sollen sie zum Ausdruck bringen, dass ein Mensch keine Zeit oder keine Lust hat, sich ausführlicher zu äußern. Beispiel: *Kann sein.*

Als **Hyperbel** bezeichnet man eine starke Übertreibung. Sie ist ein wichtiges Stilmittel, wenn einer Aussage besonderes Gewicht verliehen werden soll. Beispiele: *Das hat eine Ewigkeit gedauert. Ich kam nur eine Sekunde zu spät.*

3 Beschreiben Sie die Wirkung der Ellipsen und Hyperbeln in Wohmanns Text.

4.5 Einen Text beurteilen – die Interpretation schreiben
Die Textbeurteilung

Im Schlussteil einer Textinterpretation ist es Ihnen erlaubt, zu einem literarischen Text, also zu seinem Inhalt und seiner sprachlichen Gestaltung, wertend Stellung zu nehmen.

Das folgende Muster ist ein Beispiel für eine Schlussformulierung zu Gabriele Wohmanns Kurzgeschichte „Flitterwochen, dritter Tag".

Muster

G. Wohmann gelingt es in ihrer Kurzgeschichte, einen äußerst kritischen Blick auf die Institution Ehe zu werfen und sie als Zweckgemeinschaft jenseits von Liebe und Romantik darzustellen. Das spricht den Leser an, reizt aber auch zu Widerspruch, denn die von ihr geschaffenen Protagonisten sind so voller Defizite, dass man ihnen eigentlich
5 jede Reife, eine dauerhafte Beziehung einzugehen, absprechen muss.
Ein Gegengewicht zu der ernsten Thematik erfährt die Kurzgeschichte durch die sprachliche Gestaltung. Die Autorin schafft es, ein wahres Feuerwerk an Metaphern und Vergleichen abzubrennen, um dem kleinen körperlichen Manko einer Warze eine Dimension zu verleihen, die ins Groteske tendiert. Dies kann im Leser ein Lächeln, aber auch das
10 Gefühl des Ekels hervorrufen. Gelungen ist die Kurzgeschichte im einen wie im anderen Fall.

- Beurteilung der literarischen Bewältigung des Themas
- Beurteilung der Figuren
- Beurteilung der Sprache
- Mögliche Reaktionen der Leser
- Schlussbeurteilung

1 Beurteilen Sie den Mustertext. An welchen Stellen wird deutlich, dass es sich um eine subjektive Einschätzung der Kurzgeschichte handelt?

BASISWISSEN | Beurteilung eines literarischen Textes

Der Schlussteil eines Interpretationsaufsatzes ist gleichzeitig der subjektivste Teil Ihrer Textinterpretation. Hier können Sie zur Aktualität des Erzählstoffes (Transfer), zur Qualität seiner erzähltechnischen sowie sprachlichen Gestaltung Stellung nehmen. Auch die Beschreibung Ihrer persönlichen Leseerfahrung kann hier Eingang finden. Die Beurteilung der Qualität des Textes sowie Ihr subjektiver Bezug dazu gelingen umso überzeugender, je nachvollziehbarer Ihre Begründungen sind.

In der folgenden Schlussbeurteilung sind die Textteile durcheinandergeraten.

A Sicher provoziert Wohmann ganz bewusst die Abwehrhaltung der Leser – und dies ist ihr auch hier gelungen. „Flitterwochen, dritter Tag" ist meines Erachtens nicht mehr als ein zynischer, verbitterter Blick auf die Ehe; das sagt weit mehr über die Autorin als über die Ehe an sich aus.
B Gerade an der Ich-Erzählerin lässt sich ein weiteres Defizit der Kurzgeschichte feststellen: Wer so umfassend unsensibel ist und emotional so verkümmert ist, wird sich kaum einer solchen Sprache bedienen, wie sie Wohmann in der erlebten Rede und im inneren Monolog präsentiert.
C Die Art und Weise, wie sie den gemeinsamen Tag der Ich-Erzählerin mit ihrem Ehemann schildert, frustriert und demoralisiert den Leser.
D Immer wieder drängt sich die Frage auf, weshalb die beiden Protagonisten überhaupt geheiratet haben.
E Das ist auch die zentrale Schwäche in der Anlage der Figuren: Sie sind so holzschnittartig entworfen, dass ihnen jede Glaubwürdigkeit fehlt.

Die Textbeurteilung

> F Man kann und muss Gabriele Wohmann vorwerfen, dass ihre Einstellung zu Liebe, Romantik und
> Zweierbeziehung doch sehr eingeschränkt und desillusioniert wirkt. Dies wird einmal mehr an der
> Kurzgeschichte „Flitterwochen" deutlich.

2 Ordnen Sie die Textteile entsprechend der Gliederung des Musters auf S. 88 (Kästen daneben).

3 Vergleichen Sie die Schlussformulierungen (» das Muster sowie die in Aufgabe 2 geordneten Textteile) und beurteilen Sie beide. Begründen Sie, warum Ihnen die erste oder die zweite Schlussformulierung mehr zusagt.
Tipp: Formulieren Sie Ihre Beurteilung durchaus kritisch, aber angemessen, d. h., begegnen Sie der kreativen Leistung einer Autorin oder eines Autors mit Respekt. Unterscheiden Sie zwischen einer Qualitätsbeurteilung, die an Kriterien gebunden ist und durchaus allgemeingültige Aussagekraft besitzen kann, und einer Meinungsäußerung, in der Sie Ihren subjektiven Geschmack zum Ausdruck bringen.

4 Schreiben Sie die zweite Schlussformulierung so, dass Sie die Kritik an Wohmanns Text in abgeschwächter (angemessener) Form präsentieren.
Beispiel: Schlussformulierung siehe Aufgabe 2: *Man kann und muss Gabriele Wohmann vorwerfen, dass ihre Einstellung zu Liebe, Romantik und Zweierbeziehung doch sehr eingeschränkt und desillusioniert wirkt.*
Abgeschwächte Form: *Als Leser muss man sich fragen, ob Wohmanns Einstellung zu Liebe, Romantik und Zweierbeziehung nicht zu eingeschränkt und desillusioniert ist.*

★ **5** Schreiben Sie eine Schlussformulierung zu Suters Satire „Operation Picknick" (S. 78).

Zu dem folgenden Text erhalten Sie auf den Seiten 91–92 eine Musterlösung, an der Sie die einzelnen Schritte einer Textinterpretation noch einmal nachvollziehen können.

Thomas Hürlimann: Der letzte Auftritt

Sie schleppte ihren Schminkkoffer vom Bahnhof durch die Stadt in den Biergarten. Sie wusste, das war das Ende. Die Existenz gescheitert, die Träume zerbrochen. Außer diesem Schminkkoffer hatte sie nichts mehr, und sie hatte Hunger, und sie war müde, zum Sterben müde. Hier, in St. Gallen, hatte sie vor Jahr und Tag ihr erstes Engagement gehabt. Hübsch war sie damals gewesen, voller
5 Lust auf Liebe, Zukunft und Kunst. Und heute? Lächelnd betrat sie den Garten. An der Hauswand lehnte ein Kellner, und dort, am Tisch unter der alten Platane, saßen wie früher die Leute vom Theater, ihre Textbücher vor sich, die vom Feuer der Probenleidenschaft angesengt und gerollt waren. Ka taumelte auf einen Stuhl. Eine Flasche kippte, holperte über den Gartentisch, jetzt ein Schrei, und dann war es still.
10 „Kathi" – „Mattmann!"
Er wars, der alte Mattmann, und sonderbar – er, der schon zu Kas Anfängerzeit alt gewesen war, hatte sich kaum verändert. Dasselbe Fach wie früher. Unsterblich, wie es hieß, vor zwanzig Jahren sein Firs, vor vierzig sein Meister Anton[1]. Wie viele Greise, wie viele Väter mochte er gespielt haben? Links von ihm eine kesse Blonde und rechts – nein, aber nein! Jetzt war es Ka, die schrie:
15 „Gudrun!", schrie sie, und Gudrun: „Kathi! Liebling! Du!"

Die Interpretation schreiben

Umarmung, Küsse, Tränen. Da passierte es. Ohne Absicht, einfach so. Ka schwindelte. Und der kleine Schwindel tat ihr gut, trug sie weg und war, bevor sie es selber richtig begriff, eine ekelhafte, fette Lüge geworden. Sie sei nur auf der Durchreise, hatte sie gesagt, lächelnd und leise. Gestern habe sie in Wien verhandelt, mit Klaus, und heute Abend werde sie Achim treffen, in Zürich, in der Kronenhalle. „Klaus?", fragte die Blonde.

„Peymann", flötete Ka, „übrigens ein feiner Kerl. Was mögt ihr trinken?"

„Champagner!", rief Mattmann, der Kellner stieß sich von der Mauer ab, und Gudrun: „Du, ich bin glücklich", hauchte sie, „für dich bin ich glücklich."

Gott je, ein Stress, log Ka weiter, ein riesiger Stress, plötzlich sei sie im Geschäft, ein Stündchen jedoch wolle sie hier, wo sie angefangen habe, in Nostalgie machen, unter anderem auch deshalb, weil das ZDF ein Feature plane, die Gnade des späten Erfolges, so der Arbeitstitel, „da müsst ihr alle mitmachen, ihr Lieben, das wird eine ganz tolle Sache!"

Irgendwann zog die Blonde ab. Mattmann sah ihr nach, mit trübem Blick. Das Frischgemüse, meinte er, sei auch nicht mehr, was es früher einmal gewesen war. „Früher, Kathi. Zu unserer Zeit!"

Ka, plötzlich: „Ich bin am Ende. Ich kann nicht mehr."

Gudrun: „Du, das versteh ich. Da rackert man sich ab, jahrelang, und dann, über Nacht, wollen dich alle zugleich, der Klaus in Wien und der Achim in Zürich[2]."

„Und das ZDF", versetzte Mattmann.

„Heul dich ruhig aus", sagte Gudrun, „du, ich fang dich. Ich drück dich. Du hast es geschafft, und wenn es eine verdient hat, dann du, Kathi, ehrlich."

Mattmann war nun doch noch alt geworden, so alt wie Firs, den seine Herrschaft am Schluss des Stückes vergisst und einschließt im leeren, alten Haus. Die Lider sanken über seine nassen Augen, das Kinn fiel zittrig vom Gesicht. „Leberkrebs", flüsterte Gudrun, bleckte ihre Zähne und erzählte, dass der Zahnarzt, der ihren Oberkiefer repariert habe, ihr Geliebter sei, „ganz nett, ehrlich, aber aus seiner Ehe steigt der Trottel nicht aus."

Von der Kathedrale klang ein Abendläuten, der Himmel wurde blau, der Garten schattig. Gudrun sprang auf, Küsschen links, Küsschen rechts, dann hüpfte sie davon, ins Theater, in einer Stunde würde drüben die Vorstellung beginnen. Ka stellte den Schminkkoffer auf ihren Schoß. „Ich habe nicht gelogen", sagte sie leise, „ich habe noch einmal gespielt."

Der Kellner war im Innern verschwunden. Gelbes Licht quoll heraus, Fettgestank und Rauch. Ka erhob sich, schlich ab, und als sie im Tor noch einmal sich umdrehte, hockte im leeren, dunklen Garten nur noch der Alte, Mattmann, und schlief. Sie schickte ihm einen Kuss zu. Da fuhr Wind in die Platanen, und was da raschelte und rauschte – es hörte sich an wie Applaus.

(Thomas Hürlimann „Die Satellitenstadt. Geschichten", Zürich 1992, S. 142 ff.)

1 Firs: Figur in Tschechows Drama „Der Kirschgarten"; Meister Anton: Figur in Hebbels Drama „Maria Magdalena"

2 Gemeint sind Claus Peymann, Regisseur und Theaterintendant, und Achim Benning, ehemaliger Direktor des Schauspielhauses Zürich.

Die Interpretation schreiben

1 Bereiten Sie die Interpretation mithilfe einer kreativen Schreibaufgabe vor.
a) Schreiben Sie einen Brief von Ka an Gudrun, in welchem Ka Gudrun die Wahrheit erzählt und begründet, weshalb sie im Biergarten gelogen hat.
b) Bauen Sie dabei möglichst viele Informationen der Textvorlage ein und beschreiben Sie auch, wie Sie als Ka die ehemaligen Kollegen Mattmann und Gudrun wahrgenommen haben und was Sie während des Wiedersehens gefühlt haben.

2 Interpretieren Sie den Text. Gehen Sie so vor:
a) Arbeiten Sie heraus, aus welchen Beweggründen Ka ihre alten Bekannten anlügt.
b) Belegen Sie Ihre Ergebnisse mit Zitaten aus dem Text.
c) Untersuchen Sie Mattmanns und Gudruns Verhalten.

Muster

Die von Thomas Hürlimann verfasste Kurzgeschichte „Der letzte Auftritt" ist in seinem Buch „Die Satellitenstadt, Geschichten" 1992 in Zürich erschienen und thematisiert das existenzielle Problem des Scheiterns im Beruf. *Im Mittelpunkt der Kurzgeschichte steht Ka, die nach ihrem gescheiterten Versuch,* 5 *Karriere als Schauspielerin zu machen, an den Ort ihres ersten Engagements in St. Gallen zurückkehrt. Müde und frustriert besucht sie die Künstlerkneipe am Ort und begegnet dort alten Bekannten. Ohne zu überlegen, spielt sie ihnen vor, sie sei zwischenzeitlich sehr erfolgreich und könne sich kaum vor Engagements bei berühmten europäischen Intendanten retten; auch das Fernsehen interessiere sich für sie. Der einzige Versuch, ihre tat-* 10 *sächliche Situation zu schildern, scheitert daran, dass ihre Bekannten sie missverstehen; sie sehen in ihr nur die erfolgreiche Schauspielerin, die zu Ruhm und Ehren gekommen ist. So kommt es zum Abschied, ohne dass Ka von ihrer tatsächlichen Situation gesprochen hat. Vor sich selbst rechtfertigt sie diese Lüge damit, dass sie ja lediglich ein letztes Mal ein Schauspiel inszeniert habe.*	Inhaltliche Zusammenfassung mit Informationen zu Verfasser, Textsorte, Titel, Quelle und Thema der Kurzgeschichte
15 *Der Aufbau der Kurzgeschichte ist durch eine klare Dreiteilung strukturiert. Während im ersten Teil Kas psychische und physische Befindlichkeit im Mittelpunkt steht, markiert die Begegnung mit Mattmann und Gudrun im Garten des Gasthauses den Wendepunkt: Der letzte Auftritt Kas mit den Bekannten und Freunden als Publikum beginnt. Im letzten Teil der Kurzgeschichte ist der „Vorhang der Inszenierung" gefallen und Ka rückt wieder* 20 *als ungeschminkter Mensch in den Mittelpunkt der Erzählung.*	Kurze Informationen zum Aufbau des Textes
Die Suche Kas nach Selbstverwirklichung im Beruf und nach Anerkennung ist erfolglos, aber sie kann dies nicht eingestehen. Die alten Freundschaften, die einen Ausgleich schaffen könnten, erweisen sich als brüchige und oberflächliche Beziehungen, da es Mattmann wie auch Gudrun nur darum geht, ihr Bild von Ka als erfolgreicher Schauspie- 25 *lerin zu bewahren. Die pathetisch vorgetragenen Hilfsangebote Gudruns „du, ich fang dich. Ich drück dich" (Z. 35) sind kaum mehr als hohle Phrasen; sie ist unfähig, hinter die „Maske" Kas zu blicken.* *Nicht nur Kas Träume sind zerbrochen, auch die anderen Figuren scheitern. Gudrun hat mit einem verheirateten Zahnarzt ein Verhältnis, das ohne Perspektive ist. Mattmann* 30 *leidet unter seiner Krankheit und Hinfälligkeit, was ihn jedoch nicht daran hindert, sich mit jungen Schauspielerinnen, die er „Frischgemüse" (Z. 28) nennt, zu umgeben.*	Interpretation als Figurencharakteristik

Die Interpretation schreiben

Diese hoffen ihrerseits, von ihm gefördert zu werden. Wie Ka sind auch Gudrun und Mattmann nicht in der Lage, über ihre Probleme zu sprechen.

35 *An der Protagonistin werden oberflächliche und verlogene Kommunikationsmuster entlarvt, die aufrichtige zwischenmenschliche Begegnungen verhindern. In einer Gesellschaft, die Erfolg und Prestige zum absoluten Wert erhebt, erhält das Lavieren zwischen Sein und Schein im Verlauf der Kurzgeschichte eine zunehmend tragische Dimension: Die durch Lügen, Heuchelei und Selbstinszenierung geschaffenen Gräben lassen sich nicht mehr überbrücken.*

  — Interpretation als Transfer

40 *Untersucht man die erzähltechnische und sprachliche Gestaltung, so ist festzustellen, dass die in personaler Erzählhaltung präsentierte Momentaufnahme aus dem Leben Kas in großen Teilen in Form der erlebten Rede mit szenischen Einschüben wiedergegeben wird. Dadurch wird die Begegnung im Biergarten sehr lebendig, Gedanken und Gefühle der Figuren werden transparent.*

  — Analyse der Erzähltechnik und der sprachlichen Gestaltung

45 *Hürlimanns Kritik wird vor allem im Sprachverhalten der Figuren deutlich. So fallen die übertrieben gefühlsbetonten Äußerungen und Gesten Gudruns auf, z. B.: „Küsschen links, Küsschen rechts" (Z. 43). Die leicht ironischen Bemerkungen des Erzählers und die idyllisch erscheinenden Versatzstücke „unter der alten Platane" (Z. 6), „der Himmel wurde blau, der Garten schattig" (Z. 42) wirken trivial und stehen im krassen Gegensatz zur*
50 *Lebenswirklichkeit der Figuren („Leberkrebs", „der Trottel", Z. 39, 41).*
Weitere sprachliche Besonderheiten, z. B. die Metapher „Feuer der Probenleidenschaft" (Z. 7), Vergleiche „so alt wie Firs", „wie Applaus" (Z. 37, 49) oder emphatische Ausrufe „Kathi! Liebling! Du!" (Z. 15) verstärken die Intention des Verfassers und verweisen z. B. auf die oberflächliche Kommunikation der Figuren und die verzweifelten Versuche, ihre
55 *Fassaden aufrechtzuerhalten.*
Hürlimann wählt zur Darstellung dieser Problematik exemplarisch das Schauspielermilieu, in dem der professionelle Umgang mit Inszenierungen Teil des beruflichen, aber auch des privaten Selbstverständnisses ist.

Kas vernichtende Lebensbilanz zu Beginn der Kurzgeschichte („Die Existenz gescheitert",
60 *Z. 2) verdeutlicht die Gefahr, den Wert der eigenen Existenz ausschließlich am öffentlichen Erfolg zu messen. Deshalb inszeniert sie sich vor ihren Bekannten und spielt eine Rolle, um den Schein zu wahren.*

  — Schlussformulierung als allgemeine Betrachtung zum Text und der behandelten Thematik

Ähnliches gilt für Mattmann: Die Rollen, die der alternde Schauspieler sein ganzes Leben gespielt hat, sind Teil seiner Persönlichkeit geworden, zumindest in der Wahrnehmung
65 *Kas und Gudruns. Am Beispiel seiner Person kann man auch eine Kritik am Medienbetrieb erkennen, der erfolgreiche Schauspieler vollkommen vereinnahmt, vermarktet und sie zu Helden stilisiert („Unsterblich, wie es hieß", Z. 12), am Ende aber alleine lässt.*

3 **Beurteilen Sie den Musteraufsatz**
a) Entspricht die Interpretation der Kurzgeschichte Ihrer Deutung des Textes? Notieren Sie Unterschiede.
b) Bewerten Sie den Aufbau des Aufsatzes. Wurden alle wichtigen Aspekte bearbeitet? Orientieren Sie sich an der folgenden Arbeitstechnik.

Die Interpretation schreiben

ARBEITSTECHNIK — Eine Textinterpretation schreiben

Beim Schreiben einer Textinterpretation sollten Sie folgende Aspekte berücksichtigen:

Im **einleitenden Satz** nennen Sie die Verfasserin oder den Verfasser, die Textsorte, den Titel, die Quelle und die behandelte Thematik.

Danach fassen Sie den Inhalt des Textes kurz in eigenen Worten zusammen. Hier vermeiden Sie Zitate oder wörtliche Übernahmen aus der Textvorlage.

Im **Hauptteil** beschreiben Sie die Ergebnisse Ihrer Textanalyse und Interpretation. Wichtige Aspekte sind:

- eine kurze Beschreibung des Textaufbaus;
- das Charakterisieren der zentralen Figur des Textes;
- das Beschreiben der erzähltechnischen und sprachlichen Gestaltung. Hier bestimmen Sie vor allem die Erzählhaltung sowie Darbietungsformen des Erzählens. Sie benennen sprachliche Besonderheiten und deuten deren Wirkung. Für eine aussagekräftige Figurencharakteristik kann es auch sinnvoll sein, zuerst die Sprachanalyse durchzuführen, da Figuren sich oft durch ihre sprachlichen Äußerungen und die Wahl der Sprachvarietät (z. B. Umgangssprache, Dialekt) unterscheiden;
- das Deuten des Textes hinsichtlich seiner Bedeutung für Sie, für Ihre Lebenswirklichkeit, für unsere Zeit (Transfer) – diesen Teil können Sie auch an die Figurencharakteristik anschließen.

Die Ergebnisse Ihrer Textbetrachtung belegen Sie mit **Zitaten** oder Textverweisen (Zeilenangaben).

Im **Schlussteil** formulieren Sie Ihre positive wie auch negative Kritik bzw. Ihre persönliche Leseerfahrung.

FAZIT

4.1 Den Aufbau beschreiben
- Gliederung
- Handlung
- Ort, Zeit (Rückblende, Vorausblick)
- Wendepunkte
- Verzögerung
- Schluss

4.2 Figuren charakterisieren
- Sprache
- Verhalten
- Besonderes
- Typisches

4.3 Die Bedeutung erschließen – Transfer
- Übertragung auf die Wirklichkeit des heutigen Lesers

4.4 Erzähltechnik und Sprache analysieren
- Erzähler
- Erzählbericht
- Figurenrede
- sprachliche Auffälligkeiten und ihre Wirkung

4.5 Einen Text beurteilen – die Interpretation schreiben
- Bewältigung des Themas
- Aktualität
- Sprache und Stil
- Erzähltechnik
- eigene Leseerfahrung

4.6 EXTRA: Erzähltechnik, Sprache, Zitiertechnik

EXTRA: Erzähltechnik, Sprache, Zitiertechnik

Erzähltechnik

Die gebündelten Informationen auf den folgenden Seiten sollen Ihnen helfen, sich eigenständig mit den Fachtermini vertraut zu machen, die in der Textinterpretation von zentraler Bedeutung sind. Dabei spielen die folgenden Schlüsselfragen an den Text eine zentrale Rolle:

- Wie und von wem wird die erzählte Geschichte präsentiert? (Frage nach dem Erzähler und der eingesetzten Erzähltechnik)
- Welche Auffälligkeiten in der sprachlichen Gestaltung setzt der Autor ein, um den Erzähler und die auftretenden Figuren literarisch zu formen? (sprachliche Mittel)
- Welche Textstellen eignen sich, um die eigenständige Textdeutung zu belegen? (Zitiertechnik)

BASISWISSEN — Wesentliche Merkmale des Erzählens

Das wesentliche Merkmal eines epischen (erzählenden) Textes ist der Erzähler, der die Geschichte erzählt. Er ist streng von der Autorin oder dem Autor zu trennen. Mit der Entscheidung für einen bestimmten Erzähler/eine Erzählhaltung sind auch weitere Merkmale des Erzählens (Erzähltechnik) verbunden. Bei der Interpretation eines epischen Textes sollten Sie die folgenden Merkmale des Erzählens berücksichtigen:

Erzählhaltung	Erläuterung	Beispiele
auktorial	Dieser Erzähler steht über dem Handlungsverlauf, weil er ihn rückblickend erzählt und über alle Ereignisse informiert zu sein scheint. Es ist möglich, dass er sich dem Leser zu erkennen gibt und die Motive für den Erzählvorgang darlegt. Er vermag das Innenleben seiner Figuren transparent zu machen. Er lenkt den Leser z. B. mit Kommentaren zum Geschehen, mit Urteilen über Figuren und Vorausdeutungen von Ereignissen.	Patrick Süskind: „Das Parfum" *[...] Da wir Madame Gaillard an dieser Stelle der Geschichte verlassen und ihr auch später nicht mehr begegnen werden, wollen wir in ein paar Sätzen das Ende ihrer Tage schildern [...] Gottseidank ahnte Madame Gaillard nichts von diesem ihr bevorstehenden Schicksal, als sie [...]* Thomas Mann: „Mario und der Zauberer" *[...] Die Hitze war unmäßig, soll ich das anführen? Sie war afrikanisch; die Schreckensherrschaft der Sonne [...] Mögen Sie das? [...]*
personal	Der Erzähler bildet mit einer oder abwechselnd mit verschiedenen Figuren jeweils eine Einheit, d. h., er betrachtet das Geschehen aus deren Sicht und nicht aus einer allwissenden Perspektive. Da diese Erzählhaltung die Unmittelbarkeit des Erlebens und Fühlens von Figuren besonders intensiv zum Ausdruck bringen kann, wird dieses Erzählverhalten dort bevorzugt, wo die Identifikation von Figur und Leser angestrebt wird.	Peter Grosz: „Unerlaubter Weitschuss" *[...] Sie sind da. Pille kann das sehen. Was draußen ist, sieht er sowieso besser als das, was hier drin geschieht. Auch wenn die Rollläden fast heruntergelassen sind. Alles nur wegen dieser öden Dias. Wen juckt's, was vor mehr als fünfzig Jahren in einem Hinterhaus in der Prinsengracht in Amsterdam abgegangen ist, wenn draußen ein Auto vorfährt. Lass ihn die Dias zeigen; lass ihn reden, den Grönaz [...]* Thomas Hürlimann: „Der letzte Auftritt" *Sie schleppte ihren Schminkkoffer vom Bahnhof durch die Stadt in den Biergarten. Sie wusste, das war das Ende. Die Existenz gescheitert, die Träume zerbrochen. Außer diesem Schminkkoffer hatte sie nichts mehr, und sie hatte Hunger [...]*

Erzähltechnik

Erzählhaltung	Erläuterung	Beispiele
Ich-Erzählhaltung	Der Erzähler tritt als Teil der erzählten Welt auf und ist die Figur, die das Erzählte zugleich unmittelbar erlebt und erzählt oder rückblickend präsentiert. Der zeitliche Abstand zwischen Erleben und Erzählen kann dabei sehr groß sein. Das eigene Fühlen und Denken wird in Form von Monologen oder inneren Monologen transparent gemacht, während das Innenleben der anderen Figuren weitgehend verschlossen bleibt.	Thomas Hürlimann: „Der Liebhaber der Mutter" *[...] Die Jahre vergingen. Ich trieb mich herum. Mein Studium scheiterte. Eines Abends kehrte ich in meine Heimatstadt zurück, müde und kaputt, ohne Geld. Ich setzte mich in eine Bar. Neben mir saß ein Herr, wir kamen ins Gespräch [...] Eine Sekunde stutzte ich. Dann war mir alles klar. Unsere Mutter hatte gewusst, dass sie ihre Verliebtheit vor der Familie nicht verbergen konnte [...]*

Formen der Darbietung	Erläuterung	Beispiel
Erzählbericht	Der Erzähler vermittelt den Handlungsverlauf, d. h. das miterlebte, beobachtete oder in Erfahrung gebrachte Geschehen. Dieser Bericht kann Beschreibungen z. B. von Figuren, Orten, Ereignissen enthalten. Je nach Erzählhaltung präsentiert er das Geschehen als objektiver Betrachter (personal) oder er streut Kommentare und Beurteilungen ein (auktorial, Ich-Erzähler).	(siehe Beispiele zu den Erzählhaltungen)
Figurenrede	Der Erzähler lässt die Figuren zu Wort kommen. Dazu hat er verschiedene Möglichkeiten:	
• szenisches Erzählen	Der Erzähler tritt weitgehend in den Hintergrund. In der Textinterpretation spielen szenische Passagen häufig eine zentrale Rolle, weil durch die Art und Weise der Kommunikation die Figuren ihr Inneres sowie ihr Verhältnis zueinander transparent werden lassen.	Markus Orths: „Kruft und Schill" *[...] „Was wollen Sie hier?", rief er. „Entschuldigen Sie, mein Name ist Sebastian Schill." „Ja und?" „Ich läute schon seit fünf Minuten!", sagte Schill. [...]*
• erlebte Rede	Wiedergabe von Gedanken und Gefühlen in der 3. Person	*Als Florian Kruft [...] aus dem Fenster sah, erschrak er, da nicht sein eigenes Spiegelbild erschien [...]*
• innerer Monolog	Hier gibt die Figur in der Ich-Form wieder, was sie denkt und fühlt.	Gabriele Wohmann: „Flitterwochen, dritter Tag" *[...] ich fühlte nun doch ziemlich genau, dass es mir zusagte, das Ganze [...]*

Sprachliche Mittel

BASISWISSEN — Sprachliche Mittel und ihre Wirkung

Wenn Sie einen Text in Bezug auf seine sprachliche Gestaltung untersuchen, dann achten Sie auf sprachliche Besonderheiten/Auffälligkeiten. Das können sein:

- die **Sprachvarietäten**, z. B. Umgangssprache, Standardsprache, Fachsprache, Jugendsprache, Dialekt;
- die **Wortwahl:** besondere Häufungen von Adjektiven (auch Superlativen), Nomen (Nominalstil), Verben (auch in Form von Imperativen oder Konjunktiven); seltene Wörter, Zusammensetzungen, Wortspiele, Aufzählungen, Wiederholungen, Redensarten; sprachliche Bilder, wie z. B.: Metaphern, Vergleiche, Personifikationen; laut- bzw. klangmalerische Wörter, Wortgruppen zur Veranschaulichung von Geräuschen, z. B.: *knattern, quieken; Kuckuck, Matsch;*
- der **Satzbau:** kurze, lange oder unvollständige Sätze.

Als **rhetorische Figuren** bezeichnet man Stilmittel, bei denen bestimmte Satzformen, Wiederholungen, Aufzählungen, Gegensätze, Verkürzungen meist schon seit der Antike bekannt und festgelegt sind und die eine besondere Wirkung hervorrufen sollen. Solche Wirkungen können z. B. sein: mehr Anschaulichkeit, Eindringlichkeit, Betonung, Aufforderung, Einbeziehung des Adressaten, Spannung, Distanz.

Rhetorische Figuren werden besonders in der Lyrik, in öffentlichen Reden und in der Werbung eingesetzt.

Wenn Sie die für einen Text charakteristischen sprachlichen Auffälligkeiten herausgefunden haben, deuten Sie deren Wirkung in Verbindung mit den inhaltlichen Aussagen; oft werden auch literarische Figuren durch den Gebrauch einer bestimmten Sprachebene oder sprachlicher Besonderheiten charakterisiert.

Im Folgenden erhalten Sie eine Übersicht über die wichtigsten **rhetorischen Figuren**:

Rhetorische Figur	Definition	Beispiel
Alliteration	mehrere Wörter beginnen mit dem gleichen Buchstaben	*Man muss Marmelade mögen.*
Anapher	mehrere Sätze oder Satzteile beginnen mit dem gleichen Wort	*Milch ist ein Nahrungsmittel. Milch ist ein Genussmittel. Milch ist Leben.*
Antithese	Gegensatzpaare	*Er liebt das Schöne, doch verabscheut alles Hässliche.*
Chiasmus	Überkreuzstellung von syntaktisch (Satzbau) oder semantisch (Bedeutung) entsprechenden Satzteilen	*Ich bin groß, klein bist du. Max kehrt zurück, zurück kehrt auch Anna.*
Correctio	Korrektur eines Ausdrucks	*Ich mag ihn, nein – ich verehre ihn.*
Ellipse	Satzfragment (unvollständiger Satz: Auslassung eines Satzteils/Wortes)	*Der Rest – Schweigen.*
Epipher	Wiederholung eines Wortes oder einer Wortgruppe am Ende mehrerer Sätze oder Satzteile (Gegensatz: Anapher)	*Er will alles, kann alles, tut alles.*
Euphemismus	beschönigende Umschreibung	*entschlafen (statt sterben)*

Sprachliche Mittel

Rhetorische Figur	Definition	Beispiel
Hyperbel	(starke) Übertreibung	*Er isst wie ein Mähdrescher.*
Inversion	Umstellung von Satzgliedern oder gewöhnlichen Wortfolgen, um sie hervorzuheben	*Ekel ist das Gefühl, das mich ergreift. Röslein rot (statt rotes Röslein)*
Ironie	das Gesagte hat die entgegengesetzte Bedeutung des Gemeinten	*Wenn man Freunde wie dich hat, braucht man keine Feinde.*
Klimax	Steigerung	*Er schimpfte, er fluchte, er tobte.*
Litotes	ein negativer Begriff wird durch einen positiven mit Negation ersetzt	*Du bist nicht gerade die Schnellste (statt: du bist langsam).*
Metapher	verkürzter Vergleich, der ohne das Vergleichswort „wie" gebraucht wird	*Sumpf der Aggressionen; es regnet Bindfäden*
Oxymoron	direkte Verbindung von zwei Wörtern, deren Bedeutung gegensätzlich ist	*dunkle Helligkeit, bittersüß*
Parallelismus	Wiederholung gleicher syntaktischer Fügungen	*Das Schiffchen fliegt, der Webstuhl kracht.*
Parenthese	Einschub eines Wortes, Satzes, einer Wortgruppe in einen Satz zur Unterbrechung des Gedankenablaufs	*Wir werden ganz sicher – aber erst muss ich nachdenken – das Rätsel lösen.*
Personifikation	einem Gegenstand werden menschliche Eigenschaften zugeordnet	*Ein Auto, das mitdenkt! Vater Staat*
Pleonasmus	überflüssige Wiederholung eines Bedeutungsmerkmals des Bezugswortes	*nasser Regen, weißer Schimmel*
Rhetorische Frage	Scheinfrage, auf die keine Antwort erwartet wird	*Glauben Sie etwa, ich hätte nichts zu tun?*
Synekdoche	statt eines Teils wird das Ganze oder statt des Ganzen ein Teil bezeichnet	*Der Arzt sah nach der Blinddarmentzündung auf Zimmer 12.*
Trias	Dreierfigur	*Sonne, Strand und gute Laune*
Vergleich	Verknüpfung zweier Bedeutungsbereiche durch Hervorhebung des Gemeinsamen	*Sie hat Geld wie Heu. Er ist stark wie ein Bär.*
Wiederholung	mehrfache Nennung eines Wortes	*Kaufen Sie dieses Buch, denn dieses Buch wird Ihnen Unterhaltung bieten, und dieses Buch ist zudem günstig wie nie zuvor.*

Sprachliche Mittel

1 Benennen Sie die in den folgenden sprachlichen Äußerungen jeweils verwendeten rhetorischen Figuren (Fachbegriffe siehe Tabelle auf S. 96–97) und beschreiben Sie deren Wirkung.

A   Wir haben uns wahnsinnig über das Geschenk gefreut.
B   Bei dem erreichst du nichts, da rennst du gegen eine Wand.
C   Oktober, Nebel, Depression.
D   Sie klammert wie ein Krake.
E   Ein Glück, dass du nur jeden zweiten Tag zu spät kommst.
F   Wer ist schon perfekt?
G   Manche meinen Mut, wenn sie von Leichtsinn reden.
H   Du rennst bei mir offene Türen ein.
I   Es ist nicht richtig, was du getan hast.
J   Und wenn du tobst und schreist und schimpfst – ich gehe trotzdem.
K   Deutsch, Englisch, Mathematik – was für ein langweiliger Tag wird das wieder.
L   Ich habe schon eine Ewigkeit auf dich gewartet.
M   Sie kam erst in der dunklen Nacht nach Hause.
N   Der Vogel fliegt, der Fisch schwimmt, der Mensch läuft.

2 Schreiben Sie einen kleinen Werbetext zu einem Gegenstand, der Ihnen besonders am Herzen liegt (Fahrrad, Handy, Motorroller). Arbeiten Sie möglichst viele Stilfiguren in Ihren Text ein.

Wolfgang Hilbig: Grünes grünes Grab (Auszug)

[…] Draußen vor dem Abteilfenster war es seit Langem undurchdringlich dunkel, eine Nacht, fest wie Metall, durch die sich der Schnellzug schleppend bewegte; in manchen Augenblicken ruckartig, als müsse er Widerstände durchbrechen, und es schien, als zerteile sich die Finsternis jenseits des Fensters in Scheiben, die blechern lärmend umfielen: Hinter jedem dieser Segmente
5   erwartete er die Öffnung des Tages, zumindest einen Dämmeranflug, und das Zurücksinken der Finsternis nach jener Richtung, die der Zug verließ. Der Zug fuhr nach Osten, und dennoch schob er sich in immer dichtere Schwärze hinein. C. fand es erstaunlich, wie lange das Licht auf sich warten ließ in diesen Morgenstunden des frühen Herbsttages; es war ein allzu deutliches Indiz dafür, dass der Sommer endgültig vergangen war.
10   […] Wenn man den Blick aus diesem Himmel herabsenkte, war das Gras in dem mitlaufenden Nebengleis schwarz – […] Schwarz … schwarz … schwarz, zählte C. die hart monoton heraufklingenden Schienenstöße, die Stirn brennend vor Ermüdung und an die rhythmisch erschütterte Glasscheibe gelehnt. Und er schlief wieder ein, im Schlaf, den er mehr als einen Schlaf träumte, die Schienenschläge zählend, die sich bis hinter seine Stirn fortsetzten: Schwarzes Gras … schwarzes
15   schwarzes Gras … schwarzes schwarzes schwarzes Gras … drinnen saß ein Has … drinnen saß ein toter Has und fraß das Gras … schwarzer Has … fraß das schwarze schwarze Gras … schwarzes Gras …

3 Beschreiben Sie auffallende sprachliche Besonderheiten des Textausschnittes. Benennen Sie rhetorische Figuren. Wie wirkt der Text auf Sie? Welche Stimmung vermittelt er?

Zitiertechnik

BASISWISSEN — Zitate als Textbelege

Um Ihre Interpretationsergebnisse abzusichern, sind Zitate als Textbelege von besonderer Bedeutung. Sie zeigen damit, dass Sie mit dem Text arbeiten können. Folgende Regeln sind zu beachten:

- Ein Zitat muss bezüglich Ihrer Interpretationsaussage aussagekräftig sein.
- Ein Zitat darf von Ihnen niemals inhaltlich verändert werden.
- Zitate werden durch Anführungszeichen („ ") gekennzeichnet.
- Zitate oder direkte Rede innerhalb von Zitaten werden mit einfachen (halben) Anführungszeichen (‚ ') gekennzeichnet.
- Auslassungen werden durch eckige Klammern mit drei Punkten [...] dokumentiert.
- Nach Abschluss des Zitats steht in runder Klammer die Seiten- und Zeilenangabe (S. 2, Z. 1). Bei Texten, die nur auf einer Seite stehen, genügt die Zeilenangabe.
- Erstreckt sich das Zitat über zwei Zeilen, wird die zweite Zeile mit f. angegeben (Z. 2 f.).
- Bei längeren Zitaten über mehrere Zeilen hinweg steht nach der Zahl der ersten Zeile ff. (2 ff.).

Franz Kafka: Kleine Fabel

„Ach", sagte die Maus, „die Welt wird enger mit jedem Tag. Zuerst war sie so breit, dass ich Angst hatte, ich lief weiter und war glücklich, dass ich endlich rechts und links in der Ferne Mauern sah, aber diese langen Mauern eilen so schnell aufeinander zu, dass ich schon im letzten Zimmer bin, und dort im Winkel steht die Falle, in die ich laufe." – „Du musst nur die Laufrichtung ändern",
5 sagte die Katze und fraß sie.

In einer Textinterpretation werden folgende Zitate eingebaut. Entscheiden Sie, ob richtig oder falsch zitiert worden ist. Begründen Sie Ihre Entscheidung, beschreiben Sie den Regelverstoß.

Achtung, Fehler!

Der Rat der Katze „Du musst nur die Laufrichtung ändern" (Z. 4) veranschaulicht die Ausweglosigkeit des menschlichen Lebens. Der Angst, in einer richtungslosen Weite unterzugehen, z. B. im Hinblick auf den beruflichen Weg, auf Partnerbeziehungen, folgt die Angst, dann aus der vorgeschriebenen Bahn nicht mehr ausbrechen zu können. Dies veranschaulicht die Klage der Maus: [...] aber die langen Mau-
5 *ern eilen so schnell aufeinander zu, dass ich schon im letzten Zimmer bin [...]. (Z. 3) Die Katze rät ihr, die Richtung zu ändern: „'Du musst nur die Laufrichtung ändern', sagte die Katze und fraß sie." In Analogie zum Scheitern oder sogar zum Tod: „[...] steht dort im Winkel die Falle, in die ich laufe." (Z. 4)*

1 Korrigieren Sie die Fehler, indem Sie
a) die direkte Rede innerhalb eines Zitats mit einfachen (halben) Anführungszeichen kennzeichnen,
b) das Auslassungszeichen ergänzen,
c) das falsche Zitat korrigieren,
d) die Inhaltsaussage durch eine Interpretationsaussage ersetzen,
e) den Satzbau innerhalb des Zitats korrigieren.

Zitiertechnik

Weitere Regeln und Tipps

- **Anstelle eines Zitats reicht mitunter auch die Paraphrase mit Textverweis.**
  Beispiel: *Die Maus kann nur wählen zwischen zwei Todesarten (vgl. Z. 4 f.), was ja nicht unbedingt als echte Alternative zu bezeichnen ist.*

- **Achten Sie darauf, dass das Verhältnis zwischen Interpretationstext und Zitaten stimmt. Zu viele Zitate stören den Lesefluss.**

- **Wenn Sie Zitate in Ihren Fließtext einbauen, müssen Sie notwendige grammatikalische Veränderungen im Text, den Sie zitieren, kenntlich machen.**
  Beispiel: *„Du bist ein Idiot." – Seine Geringschätzung wird deutlich, wenn er ihn als „ein[en] Idiot[en]" bezeichnet.*

- **Achten Sie darauf, dass bei Satzkürzungen der Sinn des zitierten Satzes erhalten bleibt.**
  Beispiel: *„Ich bin es nicht, der dich verabscheut."*
  Falsch: *Dass die Beziehung gestört ist, wird auch daran deutlich, dass er sie „verabscheut".*
  Richtig: *Dass die Beziehung aus seiner Sicht noch Chancen hat, sieht man in seiner Beteuerung: „Ich bin es nicht, der dich verabscheut."*

Bertolt Brecht: Wer kennt wen?

Herr Keuner befragte zwei Frauen über ihren Mann. Die eine gab folgende Auskunft: „Ich habe zwanzig Jahre mit ihm gelebt. Wir schliefen in einem Zimmer und auf einem Bett. Wir aßen die Mahlzeiten zusammen. Er erzählte mir alle seine Geschäfte. Ich lernte seine Eltern kennen und verkehrte mit allen seinen Freunden. Ich wußte alle seine Krankheiten, die er selber
5 wußte, und einige mehr. Von allen, die ihn kennen, kenne ich ihn am besten."
„Kennst du ihn also?" fragte Herr Keuner.
„Ich kenne ihn."
Herr Keuner fragte noch eine andere Frau nach ihrem Mann. Die gab folgende Auskunft: „Er kam oft längere Zeit nicht, und ich wußte nie, ob er wiederkommen würde.
10 Seit einem Jahr ist er nicht mehr gekommen. Ich weiß nicht, ob er wiederkommen wird. Ich weiß nicht, ob er aus den guten Häusern kommt oder aus den Hafengassen. Es ist ein gutes Haus, in dem ich wohne. Ob er zu mir auch in ein schlechtes käme, wer weiß es? Er erzählt nichts, er spricht mit mir nur von meinen Angelegenheiten. Diese kennt er genau. Ich weiß, was er sagt, weiß ich es? Wenn er kommt, hat er manchmal Hunger, manchmal aber ist er satt. Aber er ißt
15 nicht immer, wenn er Hunger hat, und wenn er satt ist, lehnt er eine Mahlzeit nicht ab. Einmal kam er mit einer Wunde. Ich verband sie ihm. Einmal wurde er hereingetragen. Einmal jagte er alle Leute aus meinem Haus. Wenn ich ihn ‚dunkler Herr' nenne, lacht er und sagt: Was weg ist, ist dunkel, was aber da ist, ist hell. Manchmal aber wird er finster über dieser Anrede. Ich weiß nicht, ob ich ihn liebe. Ich …"
20 „Sprich nicht weiter", sagte Herr Keuner hastig. „Ich sehe, du kennst ihn.
Mehr kennt kein Mensch einen andern als du ihn." R

2 Interpretieren Sie Brechts Geschichte, die in seinem Band „Geschichten vom Herrn Keuner" erschienen ist. Belegen Sie Ihre Aussagen mit Zitaten. Achten Sie auf die Einhaltung der Zitierregeln.

Basisbaustein

Kapitel 5

Grammatik, Zeichensetzung und Rechtschreibung

5.1
Fehlerquelle:
Grammatik

5.2
Fehlerquelle:
Zeichensetzung

5.3
Fehlerquelle:
Rechtschreibung

In diesem Kapitel erfahren Sie, wie Sie sich besser und gezielter im Alltag, Beruf und Studium ausdrücken können. Dabei helfen Ihnen grundlegende Kenntnisse der Zeiten, der direkten und indirekten Rede sowie der Satzglieder und Satzarten. Sie werden erkennen, dass nicht nur die angemessene Verwendung von Wörtern und deren korrekte Schreibung Ihnen beim Verfassen von Texten helfen, sondern auch ein bewusster Umgang mit grammatischen Strukturen.

Kompetenzen

- ✓ Die Bedeutung sprachlicher Strukturen und Normen erkennen
- ✓ Exemplarische Regeln der Grammatik, Rechtschreibung und Zeichensetzung kennen und anwenden
- ✓ Fehlersensibilität entwickeln
- ✓ Stilistisch stimmig formulieren
- ✓ Sprachgebrauch reflektieren

Methoden und Arbeitstechniken

- ✓ Wörterbuch benutzen
- ✓ Karteikarten anlegen

Fehlerquelle: Grammatik
Tempusformen

Im Medienzeitalter sind wenige Jahre schon eine Ewigkeit. Der folgende Text wurde im Jahr 1997 verfasst, und das, was in ihm vorausgesagt wurde, ist heute Wirklichkeit.

Die Informationsgesellschaft von morgen
von Hanni Cill / Hermann Meyn

[…] Die Digitalisierung und die Datenkompression erweitern und beschleunigen die Produktion, Speicherung und Verbreitung der audiovisuellen Medien. […] In der Wirtschaft wachsen bislang getrennte Bereiche zusammen: die Computer-Industrie und die Unterhaltungselektronik, Telefongesellschaften und Medienunternehmen. Mit einem Zusatzgerät (Modem) ausgerüstete Personalcomputer (PC) ermöglichen den weltweiten Zugriff auf Datenbanken; Haushalte mit einem Decoder […] können am digitalen Fernsehen teilnehmen und eine Vielzahl von Fernsehprogrammen abonnieren (Pay-TV).
[…]
Abgesehen von der Explosion des Informationsangebots ist das Neue an Multimedia, dass der Empfänger, der die Medien konsumiert, (selbst in bescheidenem Maß) zum Sender werden kann, indem er Waren (Tele-Shopping) oder Filme (Video-on-Demand) bestellt, in Game-Shows mitspielt oder bei der Live-Übertragung eines Fußballspiels bestimmt, aus welcher Kameraposition heraus er das Geschehen auf dem grünen Rasen verfolgen will. Er kann beispielsweise auch bei einem Film unter mehreren möglichen Handlungsabläufen auswählen und am Schluss eines Krimis bestimmen, ob der Mörder entkommt oder gefasst wird. Durch diese Interaktionsmöglichkeit wird Massenkommunikation zur Individualkommunikation.

(Bundeszentrale für politische Bildung [Hrsg.]: Die Informationsgesellschaft von morgen. Heft 260)

1 Geben Sie wieder, wie man 1997 über die „Informationsgesellschaft von morgen" dachte. Verwenden Sie dazu das Präteritum.

2 Anfang 1975 kam ein kleiner preisgünstiger Computerbausatz auf den Markt: der Altair 8800. Er gilt als der erste PC. Stellen Sie dar, wie die Entwicklung des PC den Alltag bis heute entscheidend verändert hat. Verwenden Sie dazu das Perfekt.

3 Stellen Sie dar, wie der Berufsalltag vor der Einführung des PC aussah. Beginnen Sie jeden Satz mit „Bevor der PC auf den Markt kam, …" und setzen Sie ihn mit dem Plusquamperfekt fort.

4 Erklären Sie die Verwendung der verschiedenen Tempusformen in den Aufgaben 1–3 mithilfe des Basiswissens auf S. 103.

Tempusformen

Hier ist Raum für Utopien.

5 Beschreiben Sie, welche Vorstellungen Sie von einem Leben am Ende dieses Jahrtausends haben. Berücksichtigen Sie dabei besonders gesellschaftliche und technische Entwicklungen. Verwenden Sie das Futur I.

6 Beschreiben Sie, was sich in den nächsten 50 Jahren im Hinblick auf Arbeit, Bildung und Wirtschaft entwickelt haben wird. Verwenden Sie dazu das Futur II.

BASISWISSEN — Tempus

Man unterscheidet zwischen sechs verschiedenen Tempusformen, die Zeitverhältnisse ausdrücken.

Das **Präsens** wird verwendet, um ein Geschehen in der Gegenwart zu beschreiben. Es drückt auch Gewohnheiten oder Verallgemeinerungen aus. In der geschriebenen Sprache findet man es häufig in Inhaltsangaben, Protokollen und Gesetzestexten. *Der Verfasser des Artikels klagt die Missstände im deutschen Bildungssystem an.*

Auch **Zukünftiges** kann durch das **Präsens** ausgedrückt werden, um ein kompliziertes Futur zu vermeiden. Dabei wird ein Zeitadverb der Zukunft (morgen, bald etc.) eingefügt. *Morgen besuche ich ein Seminar.*

Das **Präteritum** berichtet über Vergangenes, welches abgeschlossen ist. Das Präteritum wird überwiegend im schriftlichen Bereich eingesetzt. *Gestern traf der deutsche Außenminister mit seinem französischen Amtskollegen zusammen.*

Das **Perfekt** drückt ein Geschehen aus, das in der Vergangenheit begonnen hat und noch immer einen Bezug zur Gegenwart hat. In der gesprochenen Sprache wird es anstelle des Präteritums verwendet. *Ich habe den ganzen Tag lang schreckliche Kopfschmerzen gehabt.*

Das **Plusquamperfekt** ist die Vorvergangenheit, d. h. eine bereits beendete Vergangenheitshandlung. Es wird immer im Zusammenhang mit dem Präteritum verwendet. Mit ihm wird ein Zeitpunkt gekennzeichnet, der vor dem Geschehen im Präteritum liegt. *Er hatte schon einige Jahre im mittleren Management gearbeitet, bevor er 2014 seine Stelle als Geschäftsführer antrat.*

Durch das **Futur I** wird Zukünftiges, eine Vermutung oder eine feste Absicht ausgedrückt. So wird es beispielsweise für Prognosen oder Spekulationen verwendet. *Die Konjunktur wird wieder an Fahrt gewinnen.*

Das **Futur II** heißt auch vollendete Zukunft. Es wird verwendet, um Geschehnisse zu beschreiben, die bis zu einem bestimmten Zeitpunkt in der Zukunft abgeschlossen sein werden. *Er wird den Computer morgen Abend repariert haben.*

Direkte und indirekte Rede

Der folgende Textauszug ist dem Roman „Die Vermessung der Welt" von Daniel Kehlmann entnommen. In ihm wird das Leben des Mathematikers Carl Friedrich Gauß und das des Geografen Alexander von Humboldt beschrieben. Im Folgenden wird eine Episode während der Überfahrt Humboldts und seines Begleiters Bonpland vom spanischen Festland in die Tropen dargestellt.

Daniel Kehlmann: Die Vermessung der Welt (Auszug)

Bis zum Morgen stand er [Humboldt] neben dem Kapitän und beobachtete ihn beim Navigieren. Dann holte er seinen eigenen Sextanten hervor. Gegen Mittag begann er den Kopf zu schütteln. Nachmittags um vier
5   legte er sein Gerät beiseite und fragte den Kapitän, wieso er so unexakt arbeite.
Er mache das seit dreißig Jahren, sagte der Kapitän.
Bei allem Respekt, sagte Humboldt, das erstaune ihn.
Man tue das doch nicht für die Mathematik, sagte der
10   Kapitän, man wolle übers Meer. Man fahre so ungefähr den Breitengrad entlang, und irgendwann sei man da.
Aber wie könne man leben, fragte Humboldt, reizbar geworden im Kampf gegen die Übelkeit, wenn einem Genauigkeit nichts bedeute?
15   Bestens könne man das, sagte der Kapitän. Dies sei übrigens ein freies Schiff. Falls jemandem etwas nicht passe, dürfe er jederzeit von Bord.

Hier wurde der Dialog zwischen Humboldt und dem Kapitän in die direkte Rede übertragen.

Nachmittags um vier legte er sein Gerät beiseite und fragte den Kapitän: „Wieso arbeiten Sie so unexakt?"
„Ich mache das seit dreißig Jahren", sagte der Kapitän.
„Bei allem Respekt", sagte Humboldt, „das erstaunt mich."
5   „Man tut das doch nicht für die Mathematik", sagte der Kapitän, „man will übers Meer. Man fährt so ungefähr den Breitengrad entlang, und irgendwann ist man da."
„Aber wie kann man leben", fragte Humboldt, reizbar geworden im Kampf gegen die Übelkeit, „wenn einem Genauigkeit nichts bedeutet?"
„Bestens kann man das", sagte der Kapitän. „Dies ist übrigens ein freies Schiff. Falls jemandem
10   etwas nicht passt, darf er jederzeit von Bord."

1 Untersuchen Sie die Verwendung und Bildung der indirekten Rede.
a) Vergleichen Sie die beiden Dialoge in Bezug auf die Wirkung beim Leser.
b) Begründen Sie, warum der Autor für die Figurenrede die indirekte Rede gewählt hat.

Direkte und indirekte Rede

Dieser Textauszug ist dem Roman „Wäldchestag" von Andreas Maier entnommen. Der Autor lässt seinen Erzähler berichten, was er bei den Gesprächen im Dorf aufschnappt. Sebastian Adomeit ist ein Eigenbrötler, über dessen Vermögen wilde Gerüchte kursieren. Am Freitag vor Pfingsten wird er tot aufgefunden. Die Verwandtschaft und die Sensationslustigen müssen sich noch zwei Tage bis zur Testamentseröffnung gedulden. Im Folgenden wird ein Gespräch zwischen Sebastian Adomeit und seiner Schwiegertochter kurz vor seinem Tod wiedergegeben.

Andreas Maier: Wäldchestag (Auszug)

Er solle sich nicht so haben, Fenchelsuppe sei gesund, Fenchelsuppe sei sogar gerade für ihn sehr förderlich. Es fördere seine Gesundheit, gerade ihm als Altem tue sie gut. Sie habe sich eigens eine Broschüre bei der Krankenkasse geholt, so, da sehe er, so
5 kümmere sie sich um ihn. Die Krankenkasse mache jetzt sehr viel, was das Informieren angehe, sie betreibe Aufklärung […]. Das sei ihm völlig gleichgültig, habe Adomeit gesagt, das sei alles Blödsinn. Das kenne man, so sei es doch schon sein ganzes Leben über gewesen. Gestern Lindenblütentee, heute Fenchelsuppe, morgen
10 womöglich Urintherapie. Das helfe alles und nichts. Er sei gesund. Er sei lediglich alt. Sie solle erst einmal so alt werden wie er. Er könne, habe die Schwiegertochter gesagt, aber wirklich auf kein einziges Argument hören. Die von der Kasse […] seien Spezialisten. Es seien Wissenschaftler, er solle wenigstens einmal diese
15 Broschüre lesen.

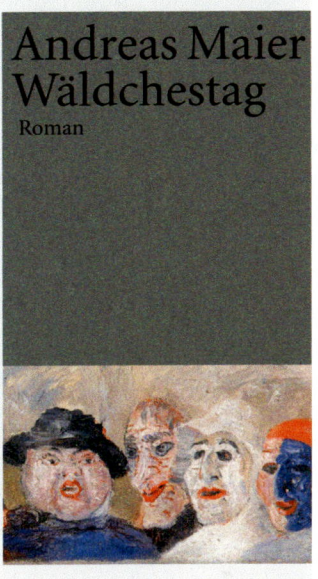

2 Übertragen Sie das Gespräch zwischen Schwiegertochter und Schwiegervater von der indirekten in die direkte Rede.

BASISWISSEN — Indirekte Rede

Durch die indirekte Rede gibt ein Sprecher die Aussagen eines Dritten wieder. Dabei wird in erster Linie der Konjunktiv I verwendet. Der Konjunktiv I wird mit dem Stamm des Verbs (Infinitiv ohne –*en*), dem Vokal **e** und der passenden Personalendung gebildet:

Für das Verb *sein* gilt eine Sonderform:

Indikativ Präsens	Konjunktiv I	Indikativ Präsens	Konjunktiv I
ich geh-e	ich geh-**e**	ich bin	ich sei
du geh-st	du geh-**est**	du bist	du sei(e)st
er/sie geh-t	er/sie geh-**e**	er/sie ist	er/sie sei
wir geh-en	wir geh-**en**	wir sind	wir seien
ihr geh-t	ihr geh-**et**	ihr seid	ihr sei(e)t
sie geh-en	sie geh-**en**	sie sind	sie seien

Beim Wechsel von der direkten zur indirekten Rede verändert sich oft das Personalpronomen bzw. das Possessivpronomen, z. B.: *ich* ▸ *er/sie*; *mein* ▸ *sein/ihr*.

Direkte und indirekte Rede

Im folgenden Artikel werden Meinungen zum Thema Rechtschreibung sowohl in der direkten als auch in der indirekten Rede wiedergegeben.

Generation lässig

von Johann Osel

Jeder Satz des Experten dröhnt wie ein Donnerschlag, so versetzt ihn die Entwicklung in Rage. […] Alles sei schludrig und knapp formuliert. „Falls einem Narren irgendeine neue orthographische Ungeheuerlichkeit einfällt, die einen Buchstaben erspart, so schreibt er sie sofort hin." Und die Schuld daran? Haben nur die neuen Medien. Die Jugend lese ja stets das Neueste und denke, es handele sich um korrektes Deutsch […].

Die Tirade stammt von Arthur Schopenhauer, und mit den neuen Medien meinte der Philosoph die Massenpresse, wie sie im 19. Jahrhundert entstand. Hätte Schopenhauer […] eine Ahnung davon gehabt, wie heute in abermals neuen Medien wie Facebook oder Whats-app fröhlich Privatrechtschreibungen gepflegt werden – der Schrecken hätte ihn schneller ins Grab gebracht, als es im Jahr 1860 eine Lungenentzündung vermochte.

Ist es ein wiederkehrendes Phänomen, dass über den Verfall der Sprache geklagt wird? Oder kann es tatsächlich sein, dass korrekte Schreibung immer weniger zählt, dass gute Orthografie nicht mehr als Konsens der Gesellschaft gilt? […] Viel geredet, ja gestritten bis aufs Blut, wurde über die neue deutsche Rechtschreibung*.

[…] Spricht man mit Friedrich Denk**, so kann er noch immer ausführlich über den Eingriff des Staates zetern. Er sagt aber: „[Die] jahrzehntelange Verwirrung […] haben wir vorhergesehen. Das viel größere Problem haben wir damals nicht erkannt – das aufkommende Internet, die Computer, an denen vor allem die Jungen ihre Zeit verplempern, statt Bücher oder Zeitungen zu lesen." […]

Doch ist es wirklich so schlimm? […] Peter Schlobinski ist ein Pionier bei der Analyse der Sprache im Netz […]. Bittet man ihn per E-Mail um ein Interview, sagt er blitzschnell zu, sparsam, in einem Satz, etwas unvollständig – „bin erreichbar heute unter …" Die Form folge oft der Schnelligkeit, sagt der Sprachwissenschaftler, es gelte eben, rasch zu reagieren, vielleicht auf dem Smartphone mit Mini-Tasten, in der Straßenbahn. „Phänomene der Chat-Sprache gleichen einem mündlichen Zuruf, es geht um Sprachökonomie." Das aber hängt vom Publikum ab: Kinder seien in der Lage „das Standardregister zu ziehen, wenn es angebracht ist", etwa in der Schule. […]

„Unsere Kinder sind keine Rechtschreib-Chaoten", sagt Hans Brügelmann, Erziehungswissenschaftler und Referent im Grundschulverband. […] Es könne schon sein, dass Rechtschreibung zum Teil schlechter werde. „Schüler schreiben aber immer nur so, wie die Gesellschaft es erwartet." Vor Jahrzehnten sei Akkuratesse im Alltag bedeutsamer gewesen, heute bitte kaum ein Chef die Sekretärin zum Diktat. Man hat Schreibprogramme, verlässt sich auf die Autokorrektur-Funktion […]. […]

Das Verhältnis zur Rechtschreibung ist anders geworden […]. Anders, das muss nicht unbedingt schlechter bedeuten. […] Wenn es um Ernstes geht – Geld und Liebe – wird die Rechtschreibung durchaus geachtet. […]

www.sueddeutsche.de

* 1996 wurde die Rechtschreibung im deutschsprachigen Raum vereinfacht. Nach einer Überarbeitung des Regelwerks wurde die neue Rechtschreibung im Jahr 2006 bundesweit an deutschen Schulen eingeführt.

** Friedrich Denk: einer der bekanntesten Kritiker der Rechtschreibreform

3 Erklären Sie, warum Johann Osel in seinem Artikel die Expertenmeinungen teils in direkter und teils in indirekter Rede wiedergibt.

Direkte und indirekte Rede

4 Wo wird im Text indirekte Rede verwendet? Schreiben Sie alle Verben, die im Konjunktiv I stehen, heraus. Setzen Sie die Verben in den Indikativ.

5 Formulieren Sie die wörtlich zitierten Aussagen in die indirekte Rede um.

Lesen Sie, worauf angehende Ingenieure bei der Bewerbung achten sollten.

„Wer arrogant wirkt, macht sich unbeliebt"

Interview: Jan Guldner

[...] ZEIT CAMPUS Klappt der Berufseinstieg auch, wenn jemand schlechte Noten hat?

[ANJA] ROBERT Das kommt darauf an, was sonst im Lebenslauf steht. Nur studiert zu haben, ist nie gut. Ein Maschinenbauer mit einem Praktikum im Ausland und einem Studentenjob bei einem renommierten Professor braucht sicher nicht den besten Abschluss, um einen guten Job zu bekommen. Trotzdem sollte man die Note natürlich nicht ganz aus den Augen verlieren. Schwierig wird es, wenn jemand lange studiert hat, ein schlechtes Zeugnis bekommt und weder Auslandsaufenthalte noch Forschungsprojekte oder Praktika vorweisen kann.

ZEIT CAMPUS Also ist der Lebenslauf auch bei begehrten Fachkräften wichtig?

ROBERT Obwohl Informatiker und Ingenieure leichter einen Job finden als andere Absolventen, machen sich freiwilliges Engagement oder wissenschaftliche Mitarbeit an der Uni immer gut. Gerade wenn jemand ein paar Semester länger studiert hat. [...]

ZEIT CAMPUS Braucht man sich dann bei der Bewerbung überhaupt Mühe zu geben?

ROBERT [...] Eine Bewerbung ist immer der erste Arbeitseindruck. Wie sorgfältig jemand seine Bewerbung gestaltet, zeigt, wie ernst er sie nimmt. Viele Bewerber haben eine tolle Ausbildung, und die Unternehmen sind auf sie angewiesen. Aber es wird nicht nur ein Experte gesucht, sondern auch ein Mensch, mit dem man acht Stunden am Tag im Büro verbringen muss. Und nur weil jemand besonders gut programmiert, darf er nicht gleich die ganze Teamdynamik zertrümmern. [...]

www.zeit.de © ZEIT ONLINE (26.07.2015)

6 Geben Sie die Aussagen von Anja Robert in indirekter Rede wieder.

BASISWISSEN — Ersatzformen

Sind die Formen des Indikativs und des Konjunktivs I identisch, steht der Satz im Konjunktiv II. Dabei wird der Konjunktiv II vom Indikativ Präteritum des Verbs abgeleitet (oft mit Umlaut, d. h. Wechsel von *a, o, u, au* zu *ä, ö, ü, äu*).

Sie sagen: „Wir fahren jetzt zur Arbeit."

~~Sie sagen, sie fahren jetzt zur Arbeit.~~

Sie sagen, sie führen jetzt zur Arbeit.

Wenn der Konjunktiv II zu ungebräuchlich erscheint, kann der betreffende Satz auch mit einer Form von *würde* formuliert werden: *Sie sagen, sie würden jetzt zur Arbeit fahren.*

Direkte und indirekte Rede

Der schweizerische Schriftsteller Urs Widmer stellt in seinem Theaterstück „Top Dogs", in dem Auswirkungen der Globalisierung auf die Firmenpolitik dargestellt werden, die fiktive „New Challenge Company" vor. Sie betreut entlassene Führungskräfte aus der Wirtschaft, die im Jargon „Top Dogs" genannt werden.

Urs Widmer: Top Dogs (Auszug)

2. Heute sind wieder Churchills gefragt
Bihler, Tschudi

BIHLER *Chefpose* Herr Tschudi. Danke, dass Sie gleich rüberkommen konnten. Ich kenne ja Ihren Terminkalender. […] Wir redimensionieren* das Management. Sie
5 waren ja selber am Konzept beteiligt und haben ihm zugestimmt. Ich habe jetzt von jedem meiner Mitarbeiter auf der mittleren und höheren Managementebene eine Leistungsanalyse erstellen lassen. […]
10 Die [Firma Kinley and Finley] sind zum Schluss gekommen, dass Sie sich zu sehr auf Ihren Lorbeeren ausruhen, Tschudi. Natürlich haben Sie Leistung erbracht. […] Aber Lorbeeren gehören auf den
15 Kopf, in die Suppe vielleicht, aber nicht unter den Hintern. Ich muss mich auf den Ersten Dritten von Ihnen trennen.
TSCHUDI Aber wieso, ich habe doch immer …
BIHLER Es ist vorbei mit den fetten Jahren. Da haben wir gerade im Management großzügig eingekauft. […] Jetzt sitzen wir mit einem Überhang an Managern da. Die Schweiz ist keine
20 Insel der Seligen mehr. Jetzt bläst auch bei uns ein kalter Wind. Wir müssen ein GLOBAL PLAYER sein, oder die Konkurrenz dreht uns die Luft ab. Wir sind nicht mehr 1980. Wo soll ich einen wie Sie einsetzen, Tschudi, in diesem neuen Klima, das ja schon weit härtere Burschen schier umbringt. […]

*redimensionieren: verringern

7 Geben Sie die Äußerungen Bihlers in der indirekten Rede wieder.

⭐ 👥 **8** Verfassen Sie einen satirischen Dialog und übertragen Sie ihn in die indirekte Rede.
a) Lesen Sie den Text von Andreas Maier (» S. 105) noch einmal. Denken Sie an eine ähnliche Situation aus Ihrem Alltag. Skizzieren Sie einen möglichen Gesprächsverlauf in der direkten Rede. Sie können auch übertreiben, um die satirische Wirkung zu vertiefen.
b) Formulieren Sie Ihre Skizzen aus, sodass sich ein Gesprächsverlauf in der direkten Rede ergibt.
c) Tauschen Sie nun Ihre Texte mit einer anderen Gruppe aus. Jede Gruppe überträgt den vorliegenden Text in die indirekte Rede.
d) Tragen Sie die Ergebnisse vor.

Satzglieder

Die folgende Meldung wirft einige Fragen auf.

A
Frankfurt. – Der Verkehr brach zusammen. Menschen nutzten. Die Autobahnen waren. Die Staus erreichten. Einige Betroffene äußerten. Die meisten verhielten sich.

1 Welche Informationen fehlen in diesem Text? Notieren Sie Ihre Fragen.

B
Frankfurt. – Der Verkehr brach zusammen. Menschen nutzten das lange Wochenende. Die Autobahnen waren. Die Staus erreichten eine Länge. Einige Betroffene äußerten ihren Unmut. Die meisten verhielten sich.

2 Welche der obigen Fragen sind beantwortet worden? Welche bleiben offen?

C
Frankfurt. – Der Verkehr brach zeitweise zusammen. Menschen nutzten das lange Wochenende. Die Autobahnen waren überlastet. Die Staus erreichten eine Länge von 280 Kilometern. Einige Betroffene äußerten ihren Unmut. Die meisten verhielten sich diszipliniert.

3 Vergleichen Sie Text B mit Text C.
a) Welche Ihrer Fragen sind beantwortet worden?
b) Notieren Sie die Satzglieder, die diese Fragen beantworten.
c) Welche weiteren Fragen bleiben offen? Ergänzen Sie den Text mit Angaben, die weitere Hintergründe liefern könnten.
d) Vergleichen Sie Ihre Angaben mit der Meldung unten.

Frankfurt. – Am Donnerstag brach auf den Straßen des ganzen Landes der Verkehr zeitweise völlig zusammen. Viele Menschen nutzten das lange Wochenende für einen Kurzurlaub. Die Folge war, dass vor allem die Autobahnen in Richtung Süden hoffnungslos überlastet waren. Die Staus erreichten eine Länge von 280 Kilometern und mehr. Einige Betroffene äußerten ihren Unmut wegen der vielen Baustellen, die eine Ursache für die Staus waren. Die meisten verhielten sich jedoch sehr diszipliniert, sodass es nur vereinzelt zu Auffahrunfällen kam.

Satzglieder

BASISWISSEN — Satzglieder

Die Grundbausteine eines Satzes sind die Satzglieder. Man kann sie durch **Frageproben** oder **Umstellproben** erkennen.

Das **Subjekt** ist der Handlungsträger des Geschehens, das durch das **Prädikat** beschrieben wird. Dieses Geschehen hat Auswirkungen auf das **Objekt**.

Die **adverbiale Bestimmung** gibt nähere Auskunft über den Ort, die Zeit, die Art und Weise oder den Grund des Geschehens.

1. Subjekt im Nominativ (**Wer?/Was?**) — *Ich* schreibe.
2. Prädikat — *Ich* **schreibe**.
3. Objekte*

   Dativ (**Wem?**) — *Ich schreibe* **dem Personalchef**.
   Dem Personalchef *schreibe ich*.

   Akkusativ (**Wen?/Was?**) — *Ich schreibe* **den Lebenslauf**.
   Den Lebenslauf *schreibe ich*.

   Präpositionales Objekt (**an, für etc. wen/was?**) — *Ich schreibe* **an die Firma**.
   An die Firma *schreibe ich*.

   *Das Genitiv-Objekt wird nur noch selten verwendet. *Sie gedenken der Toten.*

4. Adverbiale Bestimmungen

   - des Ortes (**Wo?**) — *Ich schreibe den Lebenslauf* **zu Hause**.
     Zu Hause *schreibe ich den Lebenslauf*.

   - der Zeit (**Wann?**) — *Ich schreibe den Lebenslauf* **heute**.
     Heute *schreibe ich den Lebenslauf*.

   - der Art und Weise (**Wie?**) — *Ich schreibe den Lebenslauf* **sehr gern**.
     Sehr gern *schreibe ich den Lebenslauf*.

   - des Grundes (**Warum?**) — *Ich schreibe den Lebenslauf* **wegen einer Bewerbung**.
     Wegen einer Bewerbung *schreibe ich den Lebenslauf*.

Bis auf das Prädikat kann die Bedeutung eines jeden Satzgliedes durch ein **Attribut** erweitert werden.

Da das Attribut nur Teil eines Satzgliedes ist, kann es auch nur mit dem **Bezugswort** im Satz verschoben werden.

Ich schicke ihm eine **ausführliche** *Bewerbung.*
Eine **ausführliche** *Bewerbung schicke ich ihm.*

Ich verwende ein **Bewerbungsfoto, das ein sehr guter Fotograf gemacht hat**.
Ein **Bewerbungsfoto, das ein sehr guter Fotograf gemacht hat,** *verwende ich.*

Satzglieder

Das Umstellen von Satzgliedern verleiht einem Text mehr Abwechslung.

Zwei Schüler	beobachteten	einen Mann	gestern Nacht.
Er	trug	einen Rucksack.	
Er	hielt		vor einem Juwelier.
Er	schaute		in alle Richtungen.
Er	öffnete	die Ladentür.	
Die Schüler	informierten	die Polizei.	
Der Dieb	stahl	mehrere Colliers.	
Die Polizei	stellte	ihn	vor Ort.

4 Bestimmen Sie die Satzglieder der obigen Sätze.

5 Aus welchem Grund wirkt die Meldung stilistisch mangelhaft?

6 Schreiben Sie eine Zeitungsmeldung. Variieren Sie die Satzgliedfolge, um die stilistische Qualität des Textes zu verbessern.

Satzglieder können auch in Form von Nebensätzen verwendet werden.

Spielregeln für Konferenzen

1. Im Gespräch mit anderen sollten Sie Killerphrasen vermeiden.
1. Während Sie mit anderen sprechen, sollten Sie Killerphrasen vermeiden.
2. Pünktlichkeit sollte selbstverständlich sein.
2. …
3. Sachlichkeit trägt zu einer entspannten Arbeitsatmosphäre bei.
3. …
4. Mit einer guten Vorbereitung gelingt die Konferenz.
4. …
5. Beim Feedback sollten Sie fair bleiben.
5. …

7 Formen Sie die Sätze nach dem obigen Muster um. Welche stilistischen Unterschiede stellen Sie fest?

5.1 Satzglieder

Das Anschreiben ist ein wichtiger Teil der Bewerbungsmappe: Anhand dieses Briefes verschafft sich der zukünftige Arbeitgeber einen ersten Eindruck vom Bewerber. Daher sollte er verständlich und ansprechend formuliert sein. Eine gute Kenntnis der Funktion von Satzgliedern kann Ihnen bei der Überarbeitung von Anschreiben helfen.

Achtung, Fehler!

Muster

Sehr geehrte Frau Kraft,

mein Interesse haben Ihre Stellenanzeige auf Ausbildung.de und die dort beschriebenen Tätigkeits- und Lernbereiche geweckt. Ich bewerbe mich hiermit in Ihrem Unternehmen um ein duales Studium Accounting und Controlling.

5 *Bei einem führenden Sportartikelhersteller eine fundierte kaufmännische Ausbildung zu erhalten und gleichzeitig ein Studium der Wirtschaftswissenschaften an der Fachhochschule absolvieren zu können, finde ich äußerst erstrebenswert und herausfordernd. Als optimalen Grundstein erachte ich die Verbindung für meinen zukünftigen beruflichen Werdegang von Praxisnähe und wissenschaftlicher Qualifikation.*

10 *Das Berufskolleg XY besuche ich derzeit in Stuttgart, das ich im Juni 20XX mit der allgemeinen Fachhochschulreife voraussichtlich abschließen werde. Ein kaufmännisches Praktikum im Rahmen meiner schulischen Ausbildung habe ich bereits absolviert und konnte dort in verschiedenen Bereichen erste Erfahrungen in der Betriebswirtschaftslehre sammeln. Besonders interessieren mich das internationale Rechnungswesen und das internationale Steuerrecht seitdem.*

15 *Aufgrund meines zweisprachigen Elternhauses spreche ich fließend Englisch. Ich könnte mir gut vorstellen, tätig zu sein auch für Ihr Unternehmen im Ausland.*

Dass ich besonders teamorientiert und kontaktfreudig bin, habe ich unter Beweis stellen können bei einem Austauschprojekt unserer Schule.

Ich freue mich darauf, Ihnen für das duale Studium meine Motivation näherbringen zu können in
20 *einem persönlichen Gespräch.*

Mit freundlichen Grüßen

Max Schnell

8 Korrigieren Sie das Bewerbungsanschreiben. Nehmen Sie das Basiswissen auf den Seiten 110, 149 sowie 150 zu Hilfe.
a) Bestimmen Sie die Satzglieder.
b) Wo stimmt die Satzgliedfolge nicht? Stellen Sie – wo nötig – die Sätze um, sodass diese verständlich werden.
c) Untersuchen Sie, an welcher Stelle der von Ihnen veränderten Satzgliedfolgen das Verb steht. Gibt es Unterschiede zwischen Haupt- und Nebensätzen?
d) Untersuchen Sie, an welchen Stellen die fehlerhafte Satzgliedfolge den Inhalt des Textes verfälscht.
e) Finden Sie im Text Attribute und ihre Bezugswörter. Verschieben Sie die Attribute mit ihren Bezugswörtern in den Sätzen.

Satzglieder

Je nach Sprechabsicht werden sprachliche Mittel eingesetzt, um eine bestimmte Wirkung zu erzielen.

Text A

> Die Entsorgung von Müll erfolgt in Tonnen und Container. Voraussetzung für die Müllvermeidung ist die Trennung der Abfälle. Verpackungen mit dem „Grünen Punkt" gehören in den gelben Sack; Glas, Papier und Pappe in den Wertstoffcontainer; Alttextilien in die Altkleiderbehälter. Eine exakte Müllvermeidung und -trennung führt zur Verringerung der Restmüllmenge.

Text B

> Biomüll von anderem Müll zu trennen, das ist für viele Bürger noch kein Thema. Sie finden es schwierig zu bestimmen, was wirklich als Biomüll zählt. In der Biotonne landet nicht nur das, was beim Essen übrig geblieben ist. Alle organischen Materialien wie Blumenabfälle, Laub, Eierschalen, Knochen und Molkereiprodukte gelten als Biomüll. Manche Menschen befürchten, dass Biomüll
> 5 stinke und Ungeziefer anziehe. Doch dieses Problem kann ganz einfach gelöst werden: Die Biotonne sollte im Sommer nicht an einem sonnigen Platz stehen. Außerdem muss sie regelmäßig geleert und gereinigt werden. Dass sich Geruch bildet, kann man auch verhindern, indem man Essensreste in Zeitungspapier einwickelt.

9 Vergleichen Sie die beiden Texte.
a) Mit welchen sprachlichen Mitteln wird welche Wirkung erzielt?
b) Nennen Sie Textsorten, die für die beiden Stile jeweils typisch sind.

Wenn die Wahl der sprachlichen Mittel nicht mit der Sprechsituation übereinstimmt, kann das einen unfreiwillig komischen Effekt zur Folge haben. Man spricht von einem Stilbruch.

> Gestern Nacht war ich zum Zwecke der Müllentsorgung noch einmal vor die Tür getreten. Dort wurde ich Zeuge des unrechtmäßigen Öffnens eines parkenden Autos. Ein Unbekannter verschaffte sich mit einem nicht erkennbaren Werkzeug Zugang zur Limousine meines Nachbarn. Aus Gründen der Verhüllung hatte der Mann sein Gesicht mit einem Motorradhelm versehen. Diese
> 5 Maskierung und sein wiederholtes Blicken in verschiedene Richtungen hatten sofort meinen Verdacht geweckt. Zum Zwecke des Unerkanntbleibens ging ich wieder in den Hausflur zurück. Das Hinausspähen aus der verglasten Tür gab mir jedoch die Möglichkeit, weiterhin Zeuge des Vorgehens des Mannes zu bleiben. Meiner Beobachtung konnte so nicht entgehen, dass das Autoradio von ihm entwendet wurde. Mein Anruf bei der Polizei erfolgte prompt.

 10 Formulieren Sie den Text so um, wie ihn Ihr Nachbar erzählt haben könnte.

Satzgefüge: Adverbialsätze

Durch die Verwendung verschiedener Nebensätze kann die Bedeutung einer Aussage unterschiedlich akzentuiert werden.

Als liberale Nachrichtenmedien die Kandidatin angriffen, wurde ihnen von den konservativen Gegenmedien tendenziöse Berichterstattung vorgeworfen.

Weil liberale Nachrichtenmedien die Kandidatin angriffen, wurde ihnen von den konservativen Gegenmedien tendenziöse Berichterstattung vorgeworfen.

Wenn liberale Nachrichtenmedien die Kandidatin angreifen, wird ihnen von den konservativen Gegenmedien tendenziöse Berichterstattung vorgeworfen.

Obwohl liberale Nachrichtenmedien die Kandidatin nicht angriffen, wurde ihnen von den konservativen Gegenmedien tendenziöse Berichterstattung vorgeworfen.

Liberale Nachrichtenmedien griffen die Kandidatin an, **sodass ihnen von den konservativen Gegenmedien tendenziöse Berichterstattung vorgeworfen wurde.**

Liberale Nachrichtenmedien griffen die Kandidatin an, **indem sie Details aus deren Privatleben offenlegten.**

1 Untersuchen Sie die Funktion von Adverbialsätzen.
a) Erläutern Sie die unterschiedlichen Satzaussagen, die mithilfe der jeweiligen Nebensätze gemacht werden.
b) Wie fragen Sie nach den jeweiligen Nebensätzen?

2 Ergänzen Sie die folgende Satzaussage durch Nebensätze wie im Beispiel oben. Bei manchen Konjunktionen müssen Sie die Satzaussage abwandeln.
In vielen Familien müssen beide Elternteile arbeiten.
Die Ganztagsschulen werden bundesweit ausgebaut.

Verwendet man die falschen Konjunktionen, schleichen sich logische Fehler ein, wie folgende Meldungen im Newsticker zeigen.

Achtung, Fehler!

Obwohl die Wirtschaftsdaten schlecht sind, schauen die Wirtschaftsweisen pessimistisch in die Zukunft. +++ Die Opec kündigt an, ihre Fördermenge zu drosseln, weil der Ölpreis steigt. +++ Die EU-Kommission hat ihre Konjunkturerwartungen nach unten geschraubt, obwohl die Turbulenzen auf den internationalen Finanzmärkten anhalten. +++ Die Finanzkrise hält die Börse weiter im Griff, weil das Ende der Krise in Sicht ist. +++ Titel des Chemie-Spezialisten profitieren vom Boom in der Solarindustrie, indem Analysten mit Kursgewinnen rechnen. +++ Rohöl hat sich in diesem Jahr massiv verteuert, wo der Ölpreis gleich in den ersten Handelstagen des Jahres die Marke von 100 Dollar nach oben durchbrach.

3 Lesen Sie die Meldungen gründlich und ersetzen Sie die falschen Konjunktionen durch die passenden.

Satzgefüge: Adverbialsätze

Bei einem Vorstellungsgespräch sollten Sie Ihre Antworten sorgfältig formulieren.

> **Situation**
>
> Personaler: Warum haben Sie das Fach Maschinenbau belegt?
> Bewerber: Mich interessieren technische Abläufe schon seit Kindertagen.
>
> Personaler: Warum ist die Note in Mathematik so schlecht?
> Bewerber: Der Lehrer konnte nicht erklären.
>
> Personaler: Warum bewerben Sie sich bei uns?
> Bewerber: Ihre Firma befindet sich ganz in der Nähe meiner Wohnung.
>
> Personaler: Warum haben Sie sich für den Beruf des Maschinenbauingenieurs entschieden?
> Bewerber: Man verdient ganz gut.
>
> Personaler: Haben Sie sich neben der Schule in Vereinen engagiert?
> Bewerber: Das ist mir viel zu viel Verantwortung.

4 Formulieren Sie ausführliche Begründungen, indem Sie kausale Adverbialsätze verwenden.
a) Formulieren Sie mithilfe des Basiswissens (» S. 117) die Antworten in Satzgefüge mit einem kausalen Adverbialsatz um.
b) Finden Sie bessere Antworten auf die Fragen des Personalers. Verwenden Sie dabei wieder kausale Adverbialsätze.

„Ich lese Goethe, mein Vorbild ist Gandhi" – ganz so klischeehaft sollten Ihre Antworten nicht klingen, wenn Ihnen in einem Vorstellungsgespräch die folgenden beliebten Fragen gestellt werden.

> 1. Nennen Sie uns Ihre drei größten Stärken.
> 2. Wo sehen Sie sich in zehn Jahren?
> 3. Welches Buch liegt auf Ihrem Nachttisch?
> 4. Wie sind Sie mit Ihrem letzten Chef ausgekommen?
> 5. Wie lange haben Sie vor, bei uns zu bleiben?
> 6. Bisher haben Sie sich nicht gut geschlagen. Oder was meinen Sie?
> 7. Nennen Sie uns Ihr persönliches Vorbild.
> 8. Was denken Sie: Sollte ein Chef geliebt oder gefürchtet werden?
> 9. Wenn Sie noch einmal von vorne anfangen könnten, was würden Sie anders machen?
> 10. Haben Sie sich noch woanders beworben?

5 Formulieren Sie mithilfe des Basiswissens (» S. 117) passende Antworten. Verwenden Sie dabei Satzgefüge mit kausalen, konsekutiven oder finalen Nebensätzen.

Satzgefüge: Adverbialsätze

Worst-Case-Szenarien sind wichtige Instrumentarien in Planungsprozessen, um mögliche Risiken zu erkennen und ihnen so entgegenzuwirken. Die WHO (Weltgesundheitsorganisation) hat 2005 einen Pandemieplan herausgegeben, der zwischen einzelnen Phasen einer Epidemie unterscheidet.

INTERPANDEMISCHE PERIODE
Phase 1
[…] Ein Subtyp, der zu einem früheren Zeitpunkt Infektionen beim Menschen verursacht hatte, zirkuliert möglicherweise bei Tieren. […]
    Ziel in der Pandemiestrategie: Die Vorbereitungen auf eine Influenza-Pandemie sollten global, regional, national und auf subnationaler Ebene vorangetrieben werden.
Phase 2
[…] Zirkulierende Influenzaviren bei Tieren stellen ein erhebliches Risiko für Erkrankungen beim Menschen dar.
    Ziel in der Pandemiestrategie: Das Risiko einer Übertragung auf Menschen sollte minimiert werden; mögliche Übertragungen sollten schnell aufgedeckt und gemeldet werden.

PANDEMISCHE WARNPERIODE
Phase 3
Menschliche Infektion(en) mit einem neuen Subtyp [treten auf], aber [es gibt] keine Ausbreitung von Mensch zu Mensch oder nur in extrem seltenen Fällen bei engem Kontakt.
    Ziel in der Pandemiestrategie: Eine schnelle Charakterisierung neuer Virus-Subtypen wie auch der frühe Nachweis, die Meldung und koordinierte Reaktion auf weitere Fälle sollten sichergestellt sein.
Phase 4
[…] Die räumliche Ausbreitung ist noch sehr begrenzt, sodass von einer unvollständigen Anpassung des Virus an den Menschen ausgegangen werden kann.
    Ziel in der Pandemiestrategie: Das neue Virus sollte innerhalb eines umschriebenen Herdes eingedämmt werden oder seine Ausbreitung sollte verzögert werden, um Zeit für vorbereitende Maßnahmen einschließlich der Entwicklung von Impfstoffen zu gewinnen.
Phase 5
[…] es muss davon ausgegangen werden, dass das Virus besser an den Menschen angepasst ist, (möglicherweise) jedoch nicht optimal übertragbar ist.
    Ziel in der Pandemiestrategie: Die Bemühungen, die Verbreitung des Virus einzudämmen oder zu verlangsamen, sollten maximiert werden, um eine Pandemie möglichst zu verhindern bzw. um Zeit für vorbereitende Maßnahmen zu gewinnen.

nach WHO-Pandemieplan

6 Formulieren Sie einen zusammenhängenden Text. Verwenden Sie Konditionalsätze, die beschreiben, welche Aktionen in den einzelnen Phasen vorgeschlagen werden. Schreiben Sie z. B. so:
Wenn ein Subtyp, der zu einem früheren Zeitpunkt Infektionen beim Menschen verursacht hatte, möglicherweise bei Tieren zirkuliert, sollten Vorbereitungen auf eine Influenza-Pandemie global, regional und auf subnationaler Ebene vorangetrieben werden.

Satzgefüge: Adverbialsätze

Wirbelstürme am Mittelmeer? Bei einer Erwärmung des Mittelmeers halten Forscher ein solches Szenario für möglich.

> In den Tropen beziehen die Stürme ihre Energie aus erhitztem Meerwasser. Die feuchtwarme Luft steigt auf. Wolken bilden sich. Die Erddrehung zwingt die aufsteigenden Wolken in eine Kreisbewegung. Das Zentrum dieses Wirbels saugt immer mehr Luft an. Die Luftmassen wirbeln mit mehr als 200 Kilometern pro Stunde. Das Mittelmeer ist noch zu kühl. Dort konnten lange keine
> 5 Hurrikane entstehen. Das Klima erwärmt sich zusehends. In Südeuropa und Nordafrika könnten Hurrikane aufziehen. Tausende Küstenstädte und Ferienregionen wären bedroht.

7 Verbessern Sie den Stil und die Verständlichkeit des Textes, indem Sie verschiedene Aussagen durch die Verwendung von Adverbialsätzen miteinander verknüpfen.

BASISWISSEN — Satzgefüge

Satzgefüge bestehen aus mindestens einem **Hauptsatz** und einem **Nebensatz.** Ein Nebensatz weist folgende Merkmale auf: Die Personalform des Verbs steht am Ende, Konjunktionen bzw. Relativpronomen leiten ihn ein und er ist immer vom Hauptsatz abhängig.

Beim Verfassen von Texten ist es wichtig, sich sprachlich differenziert auszudrücken. Mit Satzgefügen kann man bestimmte Sinnzusammenhänge genau ausdrücken. Die jeweiligen Nebensätze präzisieren die im Hauptsatz gemachte Aussage. Sie stehen also in einem bestimmten Verhältnis zum Hauptsatz.

Die Verhältnisbeziehungen im Überblick

Satzgefüge: Adverbialsätze

In einem Bewerbungsgespräch können Sie nicht nur mit richtigen, sondern auch mit stilistisch guten Antworten punkten.

Warum bewerben Sie sich ausgerechnet bei uns?
Firma bekannt und international tätig – umfassende Ausbildung (kausal)

Wieso glauben Sie, die richtige Person für diese Stelle zu sein?
sehr gutes Abschlusszeugnis – persönliches Ziel: gute Ausbildung (kausal, final)

Was hat Ihre Berufswahl beeinflusst?
Praktikum in diesem Bereich – Neigung und Eignung für diesen Beruf (konsekutiv)

Welcher Arbeitsbereich gefällt Ihnen besonders?
alle Bereiche interessant – besonderes Interesse an Entwicklung (konzessiv)

Welche Hobbys und Sportarten betreiben Sie?
früher: Drachenfliegen – heute: Surfen, Skilanglauf (temporal)

Engagieren Sie sich in Vereinen?
Jugendtrainer im Fußballverein – Weitergabe der eigenen Kenntnisse an Nachwuchs (final)

Sind Sie ortsgebunden?
bei fester Anstellung Umzug denkbar (konditional)

Können Sie sich vorstellen, im Ausland für uns tätig zu sein?
eher nicht – eigene Familie mit zwei Kindern (kausal)

8 Formulieren Sie die möglichen Antworten unter Verwendung der in Klammern angegebenen Nebensatzarten aus.

Auch für ein erfolgreiches Verhandlungsergebnis kann der souveräne Umgang mit Adverbialsätzen hilfreich sein.

Situation

Sie verhandeln mit Ihrem Vermieter über die Rückzahlung Ihrer Kaution und von Ihnen zu leistende Reparaturarbeiten. Vor einer gerichtlichen Auseinandersetzung haben Sie keine Angst, da Ihre Rechtsschutzversicherung alle Kosten übernimmt. Dennoch möchten Sie lieber eine gütliche Einigung, um ein langes Gerichtsverfahren zu vermeiden. Sie sind bereit, kleine Kompromisse zu machen. Ihrem Vermieter gegenüber verdeutlichen Sie aber zunächst, dass Sie nicht verhandlungsbereit sind. Nun liegt es bei ihm, Ihnen akzeptable Vorschläge zu unterbreiten.

9 Formulieren Sie den Gesprächsverlauf und verwenden Sie dabei möglichst viele Satzgefüge mit Adverbialsätzen. Tauschen Sie Ihre Ergebnisse aus und vergleichen Sie die Wirksamkeit dieser sprachlichen Mittel.

Fehlerquelle: Zeichensetzung
Kommasetzung vor „das" oder „dass"

Auch erwachsene Schreiber zeigen in der Kommsetzung noch häufig Unsicherheiten. Deshalb lohnt es sich, gerade hierauf beim Schreiben besonders zu achten. Für die richtige Kommasetzung müssen Sie nicht nur die Kommaregeln kennen, sondern Sie brauchen auch grammatisches Wissen, um diese Regeln anwenden zu können.

Achtung, Fehler!

(1) ☐ Kolumbus Amerika entdeckt hat ☐ weiß heute jedes Kind.
(2) Nur Kolumbus selbst hat zu Lebzeiten nie erfahren ☐ er auf seinen Reisen nach Westen einen neuen Kontinent gefunden hat.
(3) Er glaubte bis zu seinem Tode ☐ dieses Land auf ☐ er in Richtung Westen stieß Indien sein müsse.
(4) Ruhm und Reichtum blieben ihm versagt so ☐ er völlig verarmt starb.
(5) Woher kommt aber der Name Amerika? Die Ehre der Benennung wurde Amerigo Vespucci zuteil.
(6) Er gelangte nämlich auf seinen Entdeckungsreisen nach Südamerika. Eigentlich war es ☐ heutige Venezuela ☐ seine Reisebegleiter nach ihm benannten: Amerika.
(7) Heute ist bekannt ☐ etwa 31 Jahre später ein holländischer Geograf in seiner neuen Weltkarte die gesamte westliche Hemisphäre als „Amerika" bezeichnete.

1 Übertragen Sie den Text in Ihr Heft. Schreiben Sie „das" oder „dass" in die Lücken und setzen Sie die fehlenden Kommas ein.

BASISWISSEN — *das* oder *dass*

Mit der Ersatzprobe können Sie feststellen, ob Sie *das* oder *dass* verwenden müssen.

Das **Relativpronomen** *das* kann durch *welches* ersetzt werden.

Ich lese das Buch, **das** *du mir geschenkt hast.*
Ich lese das Buch, **welches** *du mir geschenkt hast.*

Das Gremium, **das** *bis in die späten Abendstunden getagt hat, verkündet heute seine Entscheidung.*
Das Gremium, **welches** *bis in die späten Abendstunden getagt hat, verkündet heute seine Entscheidung.*

Der Nebensatz ist ein Relativsatz, das Relativpronomen *das* bezieht sich auf *das Buch*.

Die **Konjunktion** *dass* kann **nicht** durch *welches* ersetzt werden.

Ich glaube, **dass** *dir das Buch gefallen wird.*
~~Ich glaube, welches dir das Buch gefallen wird.~~

Ich glaube, **dass** *das Gremium eine vernünftige Entscheidung treffen wird.*
~~Ich glaube, welches das Gremium eine vernünftige Entscheidung treffen wird.~~

5.2 Kommasetzung

Der folgende Text informiert über das Volk der Maya.

Achtung, Fehler!

(1) Es war ein Riesenreich das sie bevölkerten denn es reichte von Mexiko über Honduras bis nach Guatemala.
(2) Die Rede ist von den Mayas den Herrschern des Regenwaldes.
(3) Es gab kein Volk im antiken Amerika das so hoch entwickelt war wie dieses.
(4) Davon zeugen imposante Pyramiden eine voll ausgebildete Schrift Observatorien und eine gut entwickelte Landwirtschaft.
(5) Die Maya-Kultur erlebte etwa um 600 n. Chr. ihren Höhepunkt als sich Metropolen mit Zehntausenden Einwohnern entwickelten.
(6) Die Bauern ernährten mit Mais der sehr reichlich geerntet wurde die Oberen und einen wohlhabenden Mittelstand.
(7) Die Könige die als gottgleiche Wesen verehrt wurden regierten die Städte.
(8) Aber irgendwann scheint das Volk das Vertrauen in diese Herrscher verloren zu haben denn die Mayas verließen mehr und mehr die Städte um auf dem Land zu überleben.
(9) Eine Vielzahl unbekannter Faktoren Wissenschaftler vermuten verheerende Dürren Überbevölkerung oder Kleinkriege muss zu dem Verfall geführt haben der nach 950 n. Chr. nicht mehr aufgehalten werden konnte.
(10) Es entstanden viele Kleinstaaten aber kein Staat war stark genug um Ordnung zu schaffen wie einst die Mayas.
(11) Die Herrscher verschanzten sich hinter immer größerem Luxus und das hungernde Volk zog sich in die Berge zurück sodass die Städte mehr und mehr zerfielen.
(12) Sie wurden vom Tropenwald überwuchert gerieten für Jahrhunderte in Vergessenheit und wurden erst im Laufe des 19. Jahrhunderts wieder entdeckt.

2 Schreiben Sie den Text in Ihr Heft, setzen Sie alle fehlenden Kommas und begründen Sie Ihre Entscheidungen mit den Regeln des Basiswissens.

BASISWISSEN   Kommasetzung

Die häufigsten Kommafehler können Sie schon vermeiden, wenn Sie nur folgende Regeln kennen und beachten:

Kommas

- stehen bei entgegensetzenden oder einschränkenden Konjunktionen, z. B. *aber, sondern, doch, jedoch, obwohl*.
- trennen Haupt- und Nebensatz. Eingeschobene Nebensätze werden von Kommas eingeschlossen.
- müssen bei Infinitivsätzen (bestehend aus einem Infinitiv mit „zu" und mindestens einem weiteren Wort) meistens gesetzt werden.

Kein Komma

- steht, wenn gleichrangige Teilsätze, Wortgruppen oder Wörter verbunden werden, z. B. mit *und, oder, sowie, beziehungsweise*. Dies gilt auch für Ausdrücke wie *entweder ... oder, sowohl ... als auch, weder ... noch*.
- steht bei Vergleichen mit *wie* oder *als,* wenn nur Wörter oder Wortgruppen in den Vergleich einbezogen sind, also durch *wie* oder *als* kein Nebensatz eingeleitet wird.

Fehlerquelle: Rechtschreibung
Fremdwörter

Um die Sehnsucht mancher Großstädter nach dem Landleben geht es im folgenden Text.

Warum liegt denn hier Stroh?

von Eva Biringer

[…] Elfeinhalb Monate im Jahr starrt der Stadtmensch im Büro auf die Alm seines Desktophintergrunds. Kühe auf blühenden Wiesen beruhigen das aufgebrachte Gemüt und versüßen die Vorfreude auf jenen Ort, wo der Geplagte zwei Wochen im Jahr zu sich selbst findet: auf das Land. Am Tag der Abreise lädt er den Kofferraum seines SUVs voll mit den Buchempfehlungen seines
5 Lieblingsfeuilletons und Haltbarem aus dem Biosupermarkt. Zwar sitzt er auf dem Land sozusagen an der Bio-Quelle, aber nur theoretisch. Das Rote-Bete-Hummus hat er vergangenes Jahr vergeblich gesucht. Auf dem Land gibt es Natur, aber kein Alnatura. Auch keine überregionalen Zeitungen […]. Es riecht ein wenig streng. Die Langsamkeit des Internets sucht ihresgleichen, der Handyempfang ist schlecht. Beste Voraussetzungen für den *Digital Detox*.
10 Seit dem 19. Jahrhundert meint die „Sommerfrische" sowohl die temporäre Stadtflucht als auch ihren Zielort. Das Wörterbuch der Gebrüder Grimm umschreibt den Begriff mit einem „erholungsaufenthalt der städter auf dem lande zur sommerzeit" oder einer „wohnung auf dem lande, die man im sommer bezieht". Damals vordergründig aus pragmatischen Motiven, um der prekären hygienischen Situation in den aufgeheizten Städten zu entfliehen. […]
15 Sigmund Freud schwärmte von der „entzückenden Einsamkeit" des Südtiroler Eisacktals: „Berg, Wald, Blumen, Wasser, Schlösser, Klöster und keine Menschen … das Abendessen hat dann sehr geschmeckt." Auch der moderne Großstädter freut sich über seinen gesunden Appetit. Er lobt den unverdorbenen Geschmack des Rohmilchkäses und überhört dabei das Laktoseintoleranz-bedingte Bauchgrummeln. […]
20 Selten ist der Mensch derart auf sich zurückgeworfen wie an Orten mit weniger als zwanzig Einwohnern pro Quadratkilometer. […] Keine Third-Wave-Coffee-Shops und Späteinkäufe, keine Dönerbuden und Parkplatzprobleme. Statt Ersatzschienenverkehr gar kein Verkehr. Kein narkotisierender Klangteppich aus Polizeisirenen, schimpfenden Obdachlosen, auf Krawall gebürsteten Verkehrsteilnehmern. Kein Carsharing. […]
25 Die komplizierte Dorfsoziologie bleibt ihm verschlossen, das Wer-mit-wem, der Klatsch zwischen Metzgerei Behrendt und Gaby's Haarsalon. In ehrlichen Momenten wünscht er sich in die Anonymität der Großstadt zurück. […]
So wie der Protagonist in Kafkas Erzählfragment *Hochzeitsvorbereitungen auf dem Lande*. Schon dessen Zugfahrt in die Provinz ist ein Desaster, es regnet, die Mitreisenden schüren seine
30 misanthropischen Tendenzen. […]
Endlich am Ziel, will Kafkas Protagonist am liebsten gleich wieder nach Hause, wo er im Stammlokal sein Lieblingsgericht bekäme, „rechts hinter dem Teller die Zeitung, links die Lampe, hier wird man mir eine unheimlich fette Speise geben – man weiß nicht, dass ich einen schwachen Magen habe".
35 Der laktoseintolerante Stadtbewohner weiß, dass er einen schwachen Magen hat. Er weiß, dass ihm die abgasfreie Luft nicht bekommt, weil er sich dann selbst riechen muss. Dass die Stille genauso wenig auszuhalten ist wie der bei Sonnenaufgang krähende Gockel. Leider vergisst er das in den elfeinhalb Monaten Landabstinenz. […]

www.zeit.de © ZEIT ONLINE (02.08.2015)

Fremdwörter

1 Untersuchen Sie im Text auf der vorangehenden Seite die Schreibung von Fremdwörtern.
a) Schreiben Sie alle Fremdwörter heraus.
b) Klären Sie die Bedeutung der Ihnen unbekannten Wörter mithilfe eines Wörterbuchs.
c) Erstellen Sie Karteikarten mit den Ihnen unbekannten Begriffen und dazugehörigen Worterklärungen.
d) Ermitteln Sie mithilfe eines Wörterbuchs die Herkunft der Fremdwörter. Lässt sich ein Zusammenhang zwischen Herkunft und Schreibweise feststellen?

Ein Student erläutert den Begriff „Digital Detox" (» Text S. 121, Z. 9).

Achtung, Fehler!

Wenn die Autorin von „Digital Detox" spricht, dann meint sie damit die bewusste Entscheidung für eine Phase der <u>konsekutiven</u> Nichtbenutzung aller digitalen Medien. Viele Menschen fühlen sich durch die <u>permannente</u> Erreichbarkeit unter Druck gesetzt oder haben das Gefühl, die <u>intensive</u> Nutzung von sozialen Netzwerken und Internet stehle ihnen die Zeit. Digital Detox bietet die
5 *<u>Possibilität</u>, sich ohne Außenkontakte, <u>quasie</u> wie ein <u>Eremmit</u>, zurückzuziehen und sich auf sich selbst zu besinnen. Die <u>Intension</u> dabei ist die <u>Reparation</u>, also die Wiederherstellung, der Leistungsfähigkeit. Vor allem Menschen, die beruflich sehr eingespannt sind und viel Verantwortung tragen, haben dadurch die Möglichkeit, sich wieder auf das Wesentliche zu <u>fokusieren.</u>*

2 Beurteilen Sie die Auswahl und Schreibung der Fremdwörter. Korrigieren Sie, falls nötig.

Auch in diesem Text geht es um Urlaub.

Tourismus mit Zukunft

Auf ihrer Suche nach neuen Zielgruppen ist die Tourismusbranche auf die sogenannten *best ager* gestoßen. Den (1) ▮ auf die über 50-Jährigen zu legen, entpuppt sich als (2) ▮ Geschäft, denn in diesem Alter sind viele finanziell (3) ▮ als in jüngeren Jahren. Diese Altersgruppe gilt als (4) ▮, gesundheitsbewusst, aber auch anspruchsvoll und vielseitig interessiert. Kulturreisen und Well-
5 ness- bzw. Sportangebote stehen hoch im Kurs, ebenso (5) ▮ Exkursionen.
Ein weiterer Trend, nicht nur für die Zielgruppe der über 50-Jährigen, ist der sanfte Tourismus. Der Umweltschutz und die Rücksichtnahme auf die Besonderheiten der Urlaubsregion sind hierbei ganz zentral. Das beginnt schon bei der Wahl der (6) ▮. Hotels, die mit Nachhaltigkeit werben und (7) ▮ arbeiten, stehen hoch im Kurs.
10 Viele Menschen finden Entspannung und Erholung in der Natur. Urlaubsregionen reagieren darauf, indem sie in den Naturschutz (8) ▮. Andere (9) ▮ hier sogar die Touristen und bieten spezielle Projekte an, bei denen die Reisenden selbst etwas für die Umwelt vor Ort tun können, beispielsweise Bäume pflanzen oder Bachläufe (10) ▮.

3 Schreiben Sie den Text ab und vervollständigen Sie ihn durch die folgenden Fremdwörter an den passenden Stellen. Bilden Sie ggf. die richtige Form.
integrieren, lukrativ, Destination, renaturieren, liquide, vital, Fokus, ressourcenschonend, kulinarisch, investieren

Fremdwörter

BASISWISSEN — Schreibung von Fremdwörtern

Viele Wörter im alltäglichen Sprachgebrauch sind fremden Sprachen entnommen. Man erkennt sie an der Aussprache und an der Schreibung (z. B. Endung *-ion* bzw. *-ieren*), die größtenteils nach den Regeln der Ursprungssprache übernommen werden.

ph, rh, th

Diese Buchstabenfolgen treten häufig bei Fremdwörtern aus dem Griechischen (Altgriechischen) auf: *Phonetik, Rhythmus, Thema.*

Eingedeutschte Schreibweisen

Die Schreibweise des Fremdwortes wird dem Deutschen angepasst: *Photographie – Fotografie.*
Sie sollten sich für eine Schreibweise entscheiden und diese innerhalb Ihres Textes beibehalten.

Fremdwörter aus Fachsprachen

Für solche Fremdwörter gibt es keine deutschen Schreibweisen. Sie werden aus dem Original übernommen und behalten dementsprechend auch ihre Originalschreibweise.

Sollten Sie sich bezüglich der Schreibweise einzelner Fremdwörter nicht sicher sein, so überprüfen Sie diese im Duden oder in einem anderen Nachschlagewerk.

4 Legen Sie eine Tabelle an und sammeln Sie Beispiele für Fremdwörter aus Ihrem Alltag, die folgende Endungen aufweisen.

-ion (Nomen/Substantiv)	*-ieren* (Verb)
Simulation	simulieren
...	...

5 Legen Sie eine Tabelle an und sammeln Sie Beispiele für Fremdwörter aus Ihrem Alltag, die folgende Buchstabenfolgen aufweisen.

Wörter mit *ph*	Wörter mit *rh*	Wörter mit *th*

6 Sammeln Sie Beispiele für Fremdwörter aus Fachsprachen, für die es keine deutschen Schreibweisen gibt.
   a) Schlagen Sie dazu in den Kapiteln „Reden analysieren" und „Literarische Texte interpretieren" nach.
   b) Sammeln Sie weitere Beispiele aus Ihnen bekannten Fachsprachen.

Fremdwörter

Viele Fremdwörter werden in ihrer Schreibweise dem Deutschen angepasst. Man spricht von eingedeutschten Schreibweisen.

Achtung, Fehler!

Avocado – Avokado	Gelee – Schelee
Biographie – Biografie	Geograph – Geograf
Bouquet – Bukett	Himalaya – Himalaja
Bulldozer – Bulldoser	Justitiar – Justiziar
Chicoree – Schikoree	Katastrophe – Katastrofe
Collier – Kollier	Metapher – Metafer
Cord – Kord	Paragraph – Paragraf
Choreograph – Choreograf	Paralyse – Paralüse
Charisma – Karisma	Photokopie – Fotokopie
decodieren – dekodieren	potentiell – potenziell
Delphin – Delfin	Sketch – Sketsch
Frotté – Frottee	stenographieren – stenografieren

7 Untersuchen Sie die eingedeutschten Schreibweisen der oben aufgeführten Fremdwörter.
a) Prüfen Sie mithilfe eines Wörterbuchs, ob die angegebenen eingedeutschten Schreibweisen erlaubt sind.
b) Schreiben Sie die Wortpaare, bei denen beide Schreibweisen möglich sind, in Ihr Heft.
c) Markieren Sie die Buchstaben, die sich geändert haben.
d) Sammeln Sie weitere Beispiele für Fremdwörter, die sowohl in ihrer ursprünglichen als auch ihrer eingedeutschten Schreibweise verwendet werden können.

FAZIT

5.1
Fehlerquelle:
Grammatik
- Tempusformen
- direkte/indirekte Rede
- Satzglieder
- Satzgefüge

5.2
Fehlerquelle:
Zeichensetzung
- das/dass
- Kommasetzung

5.3
Fehlerquelle:
Rechtschreibung
- Fremdwörter

Kapitel 6–10
Training

| 6 Kommunikation ist mehr als Sprechen | 7 Informationen gliedern und strukturieren | 8 Literarische Texte interpretieren | 9 Grammatik und Rechtschreibung | 10 Bewerbungstraining |

Im folgenden Trainingsteil können Sie noch einmal selbstständig Ihre Kenntnisse in den Bereichen Sprache und Kommunikation, Umgang mit Sachtexten und literarischen Texten, Rechtschreibung und Grammatik auffrischen. Zusätzlich bietet Ihnen das zehnte Kapitel ein Bewerbungstraining.

Kompetenzen

Kapitel 6	✓ Erkennen, wie und worüber kommuniziert wird ✓ Hören ✓ Konstruktiv Kritik äußern und Kritik angemessen annehmen
Kapitel 7	✓ Methoden zur Erschließung von Sachtexten nutzen ✓ Kurzfassungen von Sachtexten formulieren ✓ Inhalte von Sachtexten visualisieren
Kapitel 8	✓ Wesentliche Inhalte von literarischen Texten zusammenfassen ✓ Literarische Figuren charakterisieren und beurteilen ✓ Sich einen Überblick über literarische Gattungen verschaffen
Kapitel 9	✓ Sich der Bedeutung sprachlicher Regeln bewusst sein ✓ Regeln der Grammatik und Rechtschreibung nutzen
Kapitel 10	✓ Bewerbungsschreiben zielorientiert, form- und adressatengerecht verfassen ✓ Rollenspiele im beruflichen Kontext planen und analysieren

Kommunikation ist mehr als Sprechen

In unserem alltäglichen Kommunikationsverhalten spielen auch körpersprachliche Signale eine große Rolle.

Situation

A) Sie erhalten die Aufgabe, die Rede anlässlich der Abschlussfeier Ihres Jahrgangs zu halten. Sie fühlen sich gut vorbereitet. Während der Begrüßung der Gäste fällt Ihnen plötzlich der Name des Ehrengastes nicht mehr ein. Sie spüren, dass Sie rot anlaufen.

B) In der Pausenhalle beobachten Sie die Pausenaufsicht, die mit erhobenem Zeigefinger auf Ihren Mitschüler einredet, während dieser, breitbeinig stehend und die Arme vor dem Körper verschränkt, zur Decke schaut.

C) Vor Beginn Ihrer beruflichen Tätigkeit beabsichtigen Sie, einen Vertrag über eine private Altersvorsorge abzuschließen. Sie sind von den Konditionen überzeugt. Während Sie den Vertrag unterzeichnen, bemerken Sie, dass der Versicherungsagent sich intensiv die Hände reibt.

1 Interpretieren Sie die dargestellten Kommunikationssituationen. Beschreiben Sie dabei die Wirkung des nonverbalen Verhaltens.

2 Finden Sie vergleichbare Beispiele für nonverbales Verhalten und beschreiben Sie die Wirkung.

3 Stellen Sie dar, aus welchen Gründen die nonverbale Kommunikation gerade dann von zentraler Bedeutung ist, wenn es um Liebe, Angst, Bedrohung, Empathie geht.

BASISWISSEN — Nonverbale Kommunikation

Aktuelle Studien belegen, dass ein Sprecher lediglich fünf Prozent seiner Botschaft über den Wortinhalt vermittelt. 30 Prozent der Botschaft übermittelt er durch die Art und Weise, wie etwas gesagt wird (z. B. freundlich, zaghaft, aggressiv). Den größten Anteil an der Kommunikation übernimmt der Körper durch Mimik und Gestik.
Die Wirkung der Körpersprache ist somit größer als die des gesprochenen Wortes.

Zu den nonverbalen Signalen der Kommunikation gehören:
- die Mimik (Gesichtsausdruck)
- die Gestik (Gebärden z. B. mit Armen und Händen)
- die Körperhaltung (eine bestimmte Art zu sitzen oder zu stehen, zu gehen usw.)
- die äußere Erscheinung (Kleidung, Frisur)
- die Art des Sprechens (Tonfall)
- der Geruch (z. B. süßes Parfüm)

4 Deuten Sie folgende nonverbale Verhaltensweisen hinsichtlich einer möglichen Aussage.
- mit der Brille herumspielen
- sich am Kopf kratzen
- an der Krawatte zupfen
- Arme auf dem Rücken verschränken
- die Stirn runzeln
- am Ohrläppchen ziehen

Kommunikation ist mehr als Sprechen

Mit einer einzigen Äußerung können unterschiedliche kommunikative Ziele verfolgt werden.

Situation

ER und SIE befinden sich auf einer Fahrt mit dem Auto in den Urlaub. Nach einer längeren Zeit des Schweigens fragt SIE: „Hast du Hunger?" ER erwidert: „Nein!" IHRE Stimmung verschlechtert sich. Schließlich sagt SIE mit einem aggressiven Unterton: „Also, ich esse jetzt etwas. Dir ist es offensichtlich egal, wie es mir geht."

5 Beurteilen Sie die Kommunikationssituation zwischen Mann und Frau, indem Sie mithilfe des Basiswissens auf die unterschiedlichen Funktionen der Äußerung eingehen.
a) Welches kommunikative Ziel verfolgt die Frau? Welche Funktion wählt sie für ihre Äußerung? Begründen Sie Ihre Auffassung.
b) Auf welcher kommunikativen Ebene nimmt der Mann die Äußerung wahr? Nennen Sie Ursachen.
c) Überlegen Sie, was dem Mann als dem Empfänger der Nachricht helfen könnte, die Sprechabsicht der Frau „richtig" zu verstehen. Nennen Sie Beispiele.

BASISWISSEN — Die drei Funktionen einer sprachlichen Mitteilung

In der Kommunikation entstehen oft Missverständnisse, weil der Empfänger eine Mitteilung anders interpretiert, als der Sender es beabsichtigte. Das liegt vor allem daran, dass Menschen dazu neigen, nicht **direkt** das auszusprechen, was sie wollen, sondern ihre Absicht **indirekt** mitzuteilen. Eine Äußerung kann folgende kommunikative Funktionen haben: die **Darstellung** eines Sachverhaltes (informativ), den **Ausdruck** eines Gefühlszustandes (expressiv) und/oder den **Appell** bzw. die Aufforderung zur Handlung (appellativ).

Der **Empfänger** muss herausfinden, welches der oben genannten kommunikativen Ziele der Sender verfolgt. Nur wenn er die Ebene korrekt interpretiert, kann er „richtig" reagieren und Konflikte vermeiden.

Virginia Satir: Die meisten von uns sprechen in Kurzschrift

Wir selbst verstehen diese Kurzschrift und wundern uns, warum „du Dummkopf mich nicht verstehst". Sie wird oft von Körperbotschaften begleitet, die genau das Gegenteil ausdrücken. Stelle dir jemanden vor, der mit dem Mund zwar „Ja" sagt, aber dabei den Kopf schüttelt. Was wir dem anderen jedoch in Wirklichkeit vermitteln wollen, ist unsere volle Aufmerksamkeit, die zum „Ich verstehe dich, und ich fühle mich von dir verstanden" führt. Anfangs erscheint dies vielen Menschen schwieriger, vor allem weil es etwas Neues darstellt.

6 Untersuchen Sie Ihr Kommunikationsverhalten mithilfe des Textes.
a) Nennen Sie Beispiele aus Ihrem Alltag, in denen widersprüchliche Botschaften eine Kommunikation erschwert haben.
b) Warum ist es so schwierig, dem Kommunikationspartner ungeteilte Aufmerksamkeit zu schenken?
c) Wie müsste man sich verhalten, um zum Gelingen von Kommunikation beizutragen?

6.1 Verstehen, was gemeint ist

In alltäglichen Kommunikationssituationen kommt es oft zu Missverständnissen. Diese sind darauf zurückzuführen, dass das Gesagte nicht das Gemeinte ist.

1 Analysieren Sie den Dialog zwischen den Kommunikationspartnern.
a) Berücksichtigen Sie folgende Gesichtspunkte:
- Was möchte die Frau mit ihrer Frage erreichen?
- Wie versteht der Mann die Frage der Frau?
- Welche Antwort(en) wird sie (wahrscheinlich) erwarten?
- Welche Gründe mag die Frau haben, ihre kommunikative Absicht nicht direkt zu formulieren?

b) Finden Sie Formulierungen, die die kommunikative Absicht der Frau deutlicher zum Ausdruck bringen. Gehen Sie davon aus, dass die Frau ihrem Partner etwas mitteilen will, z. B. über:
- ihren Unmut sein Verhalten betreffend,
- seine Verantwortung für sie als seine Partnerin,
- ihre Erwartung, dass er sein Verhalten ändert.

BASISWISSEN — Regeln für das Sprechen und Zuhören

Die folgenden Regeln können Ihnen helfen, besser zu kommunizieren.

Regeln für das Sprechen

- Sprechen Sie von sich. Sagen Sie, was Sie bewegt.
- Sagen Sie „Ich". Du-Sätze beinhalten oft Vorwürfe, die Gegenangriffe auslösen.
- Beziehen Sie sich auf konkrete Situationen. Vermeiden Sie Verallgemeinerungen wie „immer" und „nie".
- Sprechen Sie konkret das Verhalten an, das Sie stört.
- Bleiben Sie beim Thema. Wärmen Sie keine alten Probleme auf.

Regeln für das Zuhören

- Zeigen Sie, dass Sie zuhören. Wenden Sie sich dem Gesprächspartner zu und halten Sie Blickkontakt.
- Geben Sie ihm oder ihr ein Feedback. Wiederholen Sie also mit eigenen Worten, was Sie verstanden haben. So vermeiden Sie Missverständnisse.
- Geben Sie positive Rückmeldungen durch Mimik und Gestik oder durch kurze Äußerungen.
- Kommentieren Sie bei Bedarf, was das Gesagte in Ihnen auslöst.

Das Gesagte muss nicht das Gemeinte sein

Sowohl im Beruf als auch im Alltag kritisieren Menschen andere Menschen und werden kritisiert. Kritik soll in der Regel zu Verhaltensänderungen führen. Ob dieses Ziel erreicht wird, hängt davon ab, wie die Kritik vorgetragen wird und ob der Kritisierte sie annehmen kann.

Situation

Dialog während des Praktikums

Du verbreitest ein totales Chaos. Wenn du die Ablage gemacht hast, findet anschließend kein Mensch etwas wieder. So geht das nun wirklich nicht. Aber das ist typisch für dich. So einen Praktikanten habe ich noch nie betreut. Was kannst du überhaupt? Du arbeitest immer oberflächlich, weil du auch nie richtig zuhörst. Die Kollegen denken übrigens auch so. Richtig ärgerlich ist das. Soll ich denn alles alleine erledigen? Dann brauch' ich auch keinen Praktikanten. Aber ich gebe ja mein Bestes. Geben wir die Hoffnung nicht auf. Vielleicht bekomme ich dich ja doch noch halbwegs hin.

1. Bereiten Sie in Arbeitsgruppen eine szenische Darstellung der Gesprächssituation vor. Überlegen Sie gemeinsam, welche Körpersignale den Kritisierenden und den Kritisierten prägen sollen.

2. Wählen Sie zwei Mitschüler, die das Rollenspiel vortragen sollen. Der Rest der Klasse analysiert das Rollenspiel nach folgenden Gesichtspunkten: Was wird gesagt? Welche nonverbalen Verhaltensmuster sind zu erkennen?

3. Geben Sie den Spielern Ratschläge, wie sie ihr Kommunikationsverhalten ändern können, damit es zu einer positiven Verhaltensänderung kommen kann.

BASISWISSEN | Destruktive und konstruktive Kritik

Beschimpfungen sind **destruktiv**. Sie kennzeichnen ein Sozialverhalten, das auf Aggression beruht und in der Regel als Drohgebärde interpretiert wird. Häufig empfindet der Kritisierte die Beschimpfung als Ehrverlust. Es erscheint also nicht verwunderlich, dass Beschimpfungen ein Abwehrverhalten provozieren. Eine Konfliktsituation ist vorprogrammiert.

Natürlich muss ein Fehlverhalten kritisiert werden. Die Kritik muss aber konstruktiv sein. **Konstruktive** Kritik weist zwar auf das Fehlverhalten hin, bietet jedoch gleichzeitig auch Hilfestellungen zur Problemlösung an.

6.1

Kritik äußern, Kritik annehmen

Beschimpfungen erzeugen naturgemäß Abwehrverhalten, weil sie als Angriff gewertet werden und die beschimpfte Person sich schützen will.

1 Vervollständigen Sie das folgende Muster, indem Sie für die Kriterien in der linken Spalte Beispiele aus dem Dialog und/oder aus Ihrem Alltag finden.

Der Praktikant wird Opfer eines destruktiven Angriffsgespräches. Hier findet man:

„DU-Botschaften"	„Du verbreitest immer nur Chaos!"
allgemeine Vorwürfe	…
Ironie	…
persönliche Angriffe/Verletzungen	…
Kritik aus „zweiter Hand"	…
Kritik gegen die „ganze Person"	…
Machtdemonstration	…

In einem konstruktiven Kritikgespräch verwendet man hingegen:

„ICH-Botschaften"	„Ich finde, die Arbeitseinstellung muss …"
konkrete Hinweise auf das fehlerhafte Verhalten	…
Äußerung subjektiver Kritik	…
das wirkliche Problem des fehlerhaften Verhaltens	…
partnerschaftliche Kritik	…

FAZIT

6.1
Kommunikation ist mehr als Sprechen

- verbale Kommunikation
- nonverbale Kommunikation
- einen Sachverhalt darstellen
- einen Gefühlszustand ausdrücken
- zur Handlung appellieren
- destruktive Kritik erkennen
- konstruktive Kritik äußern

Informationen gliedern und strukturieren

Die Inhaltsangabe eines Sachtextes schreiben

Wenn Sie sich den Inhalt eines Sachtextes einprägen oder den Text analysieren sollen, können Sie die wichtigsten Informationen z. B. in Form einer Inhaltsangabe wiedergeben.

Masse und Macht
von Johannes Boie

Videos hochladen. Videos angucken. Zwei Funktionen, und die Welt ändert sich für immer. Das ist, zusammengefasst, die Geschichte von Youtube.

Alles begann mit Jawed Karim vor einem Elefantengehege. Karim war damals 26 Jahre alt, und alles, was er zu den Elefanten zu sagen hatte, war, dass sie „wirklich lange Rüssel" hatten. Es fiel ihm dann aber doch noch etwas anderes ein. Zum Beispiel die Idee, die 19 Sekunden lange Aufnahme am Samstag, dem 23. April 2005, um 20.27 Uhr auf Youtube hochzuladen.

„Me at the zoo" war das erste Video, das je auf der Webseite veröffentlicht wurde. Karim hatte Youtube damals gerade gegründet, zusammen mit seinen Kumpels Chad Hurley und Steve Chen. Die Idee wurde angeblich nach einer Dinnerparty geboren – die Freunde hatten sich geärgert, dass es so schwierig war, Videos zu teilen.

Geld kostet das Hochladen nicht, nur dann und wann die eigene Würde

Chen und Karim sind Einwanderer, die erst als Kinder mit ihren Familien in die USA zogen. Karim lebte vorher in Deutschland. Sein Vater stammt aus Bangladesch. Es waren nicht zuletzt die Ausschreitungen von Rostock-Lichtenhagen im Sommer 1992, die seine Eltern darin bestärkten, Deutschland zu verlassen. Die drei Gründer lernten sich bei Paypal kennen, einem der erfolgreichsten Start-ups des neuen Jahrtausends. [...]

2004, ein Jahr vor dem Start von Youtube, war die Seite Flickr online gegangen, die eine Variante von Youtube ist, nur für Bilder anstelle von Videos. Der Plan der drei Gründer, Youtube zu erschaffen, war also mehr logische Konsequenz als eine wirklich erstaunliche Idee. Der Erfolg der Seite gründete sich damals vor allem auf zwei Faktoren. Erstens war Youtube schneller als die Konkurrenz. Natürlich gab es 2005 schon an anderen Orten im Netz Videos. Aber eine Stelle, an der alle Videos der Welt gratis gesammelt würden, das war für die Nutzer eine neue Idee.

Zweitens hat Youtube, wie die meisten erfolgreichen Start-ups, das Prinzip einfacher Bedienung perfektioniert. Ein Video ins Internet zu laden, war bis zur Gründung von Youtube oft eine komplizierte Angelegenheit, voll von FTP-Verbindungen und Verbindungsabstürzen und anderen Dingen, mit denen sich ein normaler Mensch nicht befassen möchte. Auf Youtube war das Hochladen eines Videos von Anfang an nicht komplizierter als die Bedienung der Google-Suchmaske. Deswegen stieg die Zahl der veröffentlichten Videos schon wenige Tage nach dem Elefantenrüssel-Clip steil an.

Nach ein paar Monaten jubelten die Gründer: Von ihrer Seite werde monatlich so viel Videomaterial abgerufen, wie man in einer Filiale der damals in den USA populären Videokette Blockbuster finden konnte. Die Kette hatte erst ein Jahr zuvor einen neuen Höhepunkt erreicht mit 60 000 Angestellten und 9 000 Geschäften.

Fünf Jahre später meldete Blockbuster Konkurs an.

Die Nutzerzahl von Youtube peilte hingegen die Marke von einer Milliarde an, die sie heute überschritten hat. Bereits 2006, ein gutes Jahr nach der Gründung, übernahm Google die Seite von den drei Gründern. Kaufpreis: 1,31 Milliarden Euro. Die Gründer machten weiter. Hurley verantwortete das Webdesign, Steve Chen kümmerte sich um die Technik. Nur Karim war noch während der Wachstumsphase ausgestiegen, um zu studieren. Er hielt aber dennoch genügend Anteile, um beim Verkauf 60 Millionen Dollar zu kassieren. [...]

Youtube entwickelt sich unterdessen immer weiter. [...]

7.1 Die Inhaltsangabe eines Sachtextes schreiben

Dabei ist Youtube nicht nur eine Videoplattform. Die Seite ist auch, was oft vergessen wird, nach Facebook das zweitgrößte soziale Netzwerk der Welt. Weder Twitter noch Google Plus erreichen annähernd die Größe von Youtube. Die Nutzer kommen nicht nur, um Videos anzuschauen. Sie kommunizieren miteinander, oft genug mit Videos, noch häufiger aber in den Kommentaren dazu. Für die Mutterfirma Google, die aus Kommunikationsdaten Geld macht, ist das besonders wichtig.

All das, was auf Youtube existiert, ist für immer gespeichert. […] Und es lässt sich heute noch nicht absehen, welcher Nutzen in der Zukunft aus der Datenmenge noch zu ziehen sein wird. Algorithmen, die die einzelnen Bilder der Videos durchsuchen, gibt es bereits. Irgendwann wird man daran arbeiten können, Videos nach den Bestandteilen ihrer Aufnahmen zu ordnen; dann werden ganz neue Zusammenhänge und Abhängigkeiten sichtbar werden. […]

(Süddeutsche Zeitung, 14./15.02.2015)

1 Bearbeiten Sie den Text nach der 5-Schritt-Lesetechnik (» Kapitel 20).

Muster

Der Kommentar „Masse und Macht" von Johannes Boie erschien am 14./15.02.2015 in der Süddeutschen Zeitung. Der Verfasser schreibt über die Gründung und den Werdegang von Youtube sowie die Möglichkeiten und Folgen seiner Nutzung.

2005 stellte Jawed Karim sein Video „Me at the zoo" als erstes Video auf Youtube ein, das er zuvor mit zwei Freunden gegründet hatte. Karim habe sich – so der Autor – geärgert, dass es so schwierig gewesen sei, Videos mit anderen zu teilen. Innerhalb kürzester Zeit sei Youtube gewachsen und habe heute bereits über eine Milliarde Nutzer. Ausschlaggebend sei gewesen, dass es schneller als die Konkurrenz gewesen und einfach zu bedienen sei. So sei bereits fünf Jahre nach Gründung von Youtube die erfolgreiche Videokette Blockbuster mit 60 000 Angestellten und 9 000 Geschäften in Konkurs gegangen. Etwa ein Jahr nach der Gründung habe Google Youtube für 1,31 Milliarden Euro gekauft.

Youtube habe sich schnell weiterentwickelt und sei inzwischen das zweitgrößte soziale Netzwerk der Welt. Deshalb sei es aus ökonomischen Gründen gerade für Google interessant, das an den Kommunikationsdaten interessiert sei. Alles, was auf Youtube existiere, sei für immer gespeichert. Unklar sei, welcher Nutzen sich aus diesem größten Videoarchiv noch ziehen lasse.

2 Untersuchen Sie die Inhaltsangabe und beantworten Sie folgende Fragen:
a) Worüber informieren Einleitung und Hauptteil? Welche Bedeutung kommt dem Schlusssatz zu?
b) Welche Tempusformen (» Kapitel 5, 9) werden benutzt?
c) In welchem Modus (» Kapitel 5, 9) stehen die Aussagen des Autors?

ARBEITSTECHNIK | Eine Inhaltsangabe zu einem Sachtext schreiben

1. Lesen Sie den Text nach der 5-Schritt-Lesetechnik (» Kapitel 20).
2. Ordnen Sie Ihre Notizen in **Einleitung, Hauptteil, Schluss.** Die Einleitung enthält Angaben zu Autorin/Autor, Titel, Quelle, Erscheinungsdatum und Thema. Im Hauptteil geben Sie die wichtigsten Aussagen des Autors sachlich wieder. In einem Schlusssatz können Sie z. B. die Meinung des Autors (wenn enthalten) zusammenfassen.
3. Schreiben Sie die Inhaltsangabe im Präsens.
4. Nutzen Sie zur Wiedergabe von Aussagen des Autors die indirekte Rede.

Den Inhalt eines Sachtextes exzerpieren

Sie sollen ein Referat zu dem Thema „Das Fernsehen – von den Anfängen bis heute" halten und begeben sich zunächst auf die Suche nach Material. Wenn Sie geeignete Texte gefunden haben, exzerpieren Sie diese. Das gibt Ihnen die Möglichkeit, zielgerichtet auf Informationen zurückzugreifen, ohne den Text noch einmal lesen zu müssen.

Die Welt im Wohnzimmer

Die Geschichte des Massenmediums Fernsehen
von Harald Berlinghof

[…] Der Fernseher, ob mit 15 Zentimeter Bildschirmdiagonale ausgestattet, den man notfalls auch an die Autobatterie anklemmen kann, oder mit Plasma-Bildschirm von 1,40 Meter Kantenlänge, hat die letzten Winkel dieser Erde erreicht: Irgendwo im brasilianischen Urwald kann genauso ferngesehen werden wie im Stockwerk 101 des höchsten Wolkenkratzers der Welt in Taipeh.

Welche ungeheure Entwicklung das Medium genommen hat, zeigt folgender Vergleich: Als in Deutschland nach dem Zweiten Weltkrieg ein erstes Fernsehprogramm gesendet wurde, gab es ganze 60 Fernsehteilnehmer in der Bundesrepublik. Das war 1951. Der offizielle Start der „Arbeitsgemeinschaft der öffentlich-rechtlichen Rundfunkanstalten der Bundesrepublik Deutschland", kurz ARD genannt, erfolgte am 1. Weihnachtsfeiertag 1952.

Damals waren es bereits 300 stolze Fernsehbesitzer in Deutschland, die diesem historischen Ereignis beiwohnen durften – gemeinsam mit zahlreichen neugierigen Nachbarn, die sich teilweise selbst dazu eingeladen hatten. Fernsehen war zu jener Zeit noch etwas, das man gemeinsam tat. Doch täglich wurden in jener Zeit 5 000 Fernsehgeräte trotz des damals für Otto Normalverdiener beinahe unerschwinglichen Preises von 1 000 D-Mark verkauft. 1959 wurde die Zahl von 1 Million Empfängern in Deutschland überschritten […]. Heute findet sich in 98 Prozent der deutschen Haushalte ein Fernsehgerät, inklusive Zweit- und Drittgeräten dürfte sich der Bestand auf rund 55 Millionen Geräte belaufen, für Neuanschaffungen in diesem Bereich geben die Bundesbürger Jahr für Jahr rund drei Milliarden Euro aus. […]

(Rhein-Neckar-Zeitung, 25.04.2006)

1 Notieren Sie ausgehend von den gelb markierten Textstellen, unter welchem Aspekt der Zeitungsartikel „Die Welt im Wohnzimmer" bearbeitet wurde.

2 Analysieren Sie den ersten Abschnitt (Z. 1–8).
a) Überlegen Sie, warum lediglich zwei Textstellen markiert wurden.
b) Fassen Sie die grün markierte Textstelle in der Zeile 4 f. in einem Wort zusammen.

3 Exzerpieren Sie aus dem Text Informationen zu den markierten Jahreszahlen. Orientieren Sie sich an der folgenden Arbeitstechnik.

ARBEITSTECHNIK | Exzerpieren

Exzerpieren bedeutet, einen Text auszugsweise wiederzugeben. Sie können zwei Methoden anwenden:
- Lassen Sie unwichtige Textstellen weg. Formulieren Sie Stichworte und kurze Sätze.
- Verdichten Sie ausführlich dargelegte Informationen, um den Text übersichtlicher zu gestalten (z. B. einfache Sätze anstatt Schachtelsätze verwenden).

Den Inhalt eines Sachtextes visualisieren
Eine Mindmap anlegen

Neben dem Exzerpieren eignen sich für das Zusammenfassen von Informationen aus Sachtexten auch Visualisierungstechniken wie die Mindmap („Gedankenlandkarte"). Dabei ordnen Sie den Schlüssel- bzw. Oberbegriffen Detailinformationen in Form von Unterbegriffen zu.

Eine Schülerin hat zur Vorbereitung für ihr Referat zum Thema „Das Fernsehen – von den Anfängen bis heute" eine Mindmap angelegt.

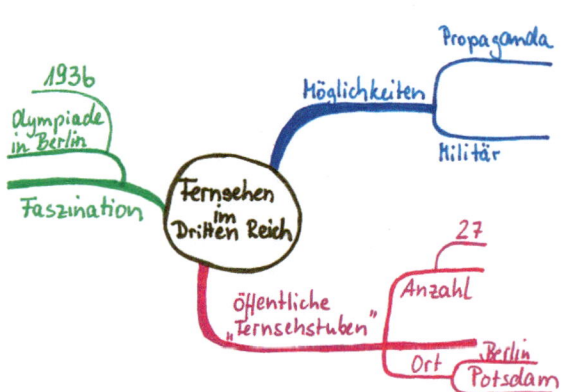

[…] In der Zeit des Dritten Reichs schließlich wurde die Technik vorangetrieben. Mit untrüglichem Instinkt hatten die Nationalsozialisten erkannt, welche propagandistischen und militärischen Möglichkeiten in dem neuen Medium steckten. Der Möglichkeit der Beeinflussung der Massen durch das Fernsehen kam eine zentrale Bedeutung zu. Öffentliche „Fernsehstuben" wurden in Berlin und Potsdam eingerichtet, insgesamt 27 an der Zahl.

Die Sommerolympiade 1936 in Berlin förderte die Faszination des Mediums, das zeitnah bewegte Bilder übertragen konnte. […]

(Rhein-Neckar-Zeitung, 25.04.2006)

1 Vergleichen Sie die Textpassage (Fortsetzung des Zeitungsartikels von S. 133) mit der Mindmap.
a) Werden alle wichtigen Schlüsselbegriffe aus dem Text in der Mindmap genannt?
b) Werden den Schlüsselbegriffen die passenden Unterbegriffe zugeordnet?

2 Legen Sie eine Mindmap zu dem Textauszug auf Seite 133 zum Thema „Die Geschichte des Fernsehens" an.

3 Vergleichen Sie Ihre Mindmap von Aufgabe 2 mit Ihrem Exzerpt (Aufgabe 3, S. 133). Überlegen Sie, welche Vor- und Nachteile das Zusammenfassen eines Sachtextes mithilfe einer Mindmap haben kann.

ARBEITSTECHNIK — Eine Mindmap anlegen

1. Schreiben Sie das zentrale Thema in die Mitte Ihres Blattes und kreisen Sie es ein.
2. Ordnen Sie um das Thema herum Hauptäste an, auf denen Sie die Hauptaspekte (Schlüsselbegriffe) stichwortartig festhalten. Richten Sie für jeden neuen Aspekt einen neuen Ast ein.
3. Zur weiteren Differenzierung können Sie weitere Nebenäste anlegen, auf denen weitere Teilaspekte (Unterbegriffe) eines Gedankens notiert werden können.
4. Sie können Begriffe durch Symbole oder Bilder ergänzen.

Ein Strukturbild gestalten

Sie können den Inhalt eines Sachtextes auch in Form eines Strukturbildes darstellen. Ein Strukturbild lässt Ihnen bei der Visualisierung der in einem Text thematisierten Sachverhalte, Ereignisse oder Handlungen mehr Freiraum als eine Mindmap und eignet sich gut zur Präsentation während eines Referates. Aber auch beim Gestalten des Strukturbildes müssen Sie sich zuvor intensiv mit dem Inhalt des Textes auseinandersetzen.

[…] Auch beim Neustart des Massenmediums nach dem Krieg war es ein Ereignis der besonderen Art, an welchem die Menschen mithilfe des Fernsehers scheinbar unmittelbar teilhaben konnten: Es war die Krönung von Elisabeth II. von England am 2. Juni 1953, ein Ereignis in seiner medialen Bedeutung nur vergleichbar mit den Direktübertragungen von der ersten Mondlandung 1969. Es folgte die Fußball-Weltmeisterschaft 1954 mit dem sensationellen Gewinn der WM durch die deutsche Nationalmannschaft im Endspiel in Bern. Noch in den 50er-Jahren erfolgten technische Weiterentwicklungen, deren Bedeutung für das Fernsehverhalten zunächst überhaupt nicht absehbar war. 1954 kamen die ersten Kabel-Fernbedienungen auf den Markt, es folgten 1959 die ersten drahtlosen Ultraschall-Fernbedienungen. Doch was konnte man damit zu jener Zeit schon anfangen? Bestenfalls Lautstärke und Helligkeit regeln, ohne sich aus dem bequemen Sessel erheben zu müssen. Senderwahl? Das Zweite Deutsche Fernsehen ZDF ging erst 1963 an den Start, die regionalen Dritten Programme der ARD wurden erst ab 1964 eingerichtet.

Die technische Entwicklung ging inzwischen unaufhaltsam weiter. Erste Farbfernseh-Testbilder wurden ab 1964 in Deutschland ausgestrahlt. Am 25. August 1967 fiel dann der Startschuss für das Farbfernsehen. Der nächste Schritt in Richtung Fernseh-Zeitalter wurde getan mit dem Einsatz von Satelliten zur Übertragung. Die klassischen Verteilsatelliten ermöglichten von einer stationären Umlaufbahn im Erdorbit Direktübertragungen über weite Strecken hinweg, etwa aus den USA nach Europa.

Das, was wir jedoch heute landläufig unter Satellitenfernsehen verstehen, sind die Ausstrahlungen von Direkt-Satelliten, die jeder mit der handelsüblichen 60-Zentimeter-Parabolantenne („Schüssel") empfangen kann. 1983 begann man in der Bundesrepublik mit der Verlegung von Breitband-Kabeln, mit deren Hilfe rund 30 Fernsehprogramme parallel über Leitung ins Haus gelangen können. Erst jetzt war damit Platz geschaffen für zusätzliche Programme, das Privatfernsehen erschien auf der Bildfläche. Erstmals ging am 1. Januar 1985 der Sender PKS (heute Sat.1) in einem bundesweiten Pilotprojekt in Ludwigshafen an den Start. In der Folge der zahlreichen Programmsender gelangte auch die Fernbedienung endlich zu ihrer Bedeutung. Das Fernseh-Zapping als beliebte Freizeitbeschäftigung war die Folge.

Bis dahin waren alle Programme für jedermann frei empfänglich gewesen. Die öffentlich-rechtlichen Fernsehanstalten finanzierten sich über Gebühren, die Privat-Sender ausschließlich über Werbeeinnahmen. 1991 erschien das Bezahlfernsehen auf der Bildfläche. Nur wer zahlt, kann auch zuschauen. Gegenwärtig stehen wir vor einer weiteren Revolution in der Fernseh-Technologie. Das Digital-Fernsehen soll die Zahl der Programme, die über terrestrische Antenne, Satelliten-Schüssel oder per Kabel empfangen werden können, noch einmal deutlich erhöhen, außerdem sollen bis 2010 über das digitalisierte Signal zahlreiche Service-Funktionen möglich werden. Mit „Video-on-Demand" könnte jeder von zu Hause sein eigenes Spielfilmprogramm abrufen.

(Rhein-Neckar-Zeitung, 25.04.2006)

1 Analysieren Sie zunächst diesen Auszug aus einem Zeitungsartikel (Fortsetzung des Zeitungsartikels von S. 133–134). Notieren Sie Schlüsselbegriffe sowie wichtige Aussagen und überlegen Sie, wie Sie diese zueinander in Beziehung setzen können. Denken Sie an Ober- und Unterbegriffe.

Ein Strukturbild gestalten

Ein Schüler hat anhand des Textes von Seite 135 ein Strukturbild für sein Referat „Das Fernsehen – von den Anfängen bis heute" gestaltet.

Muster

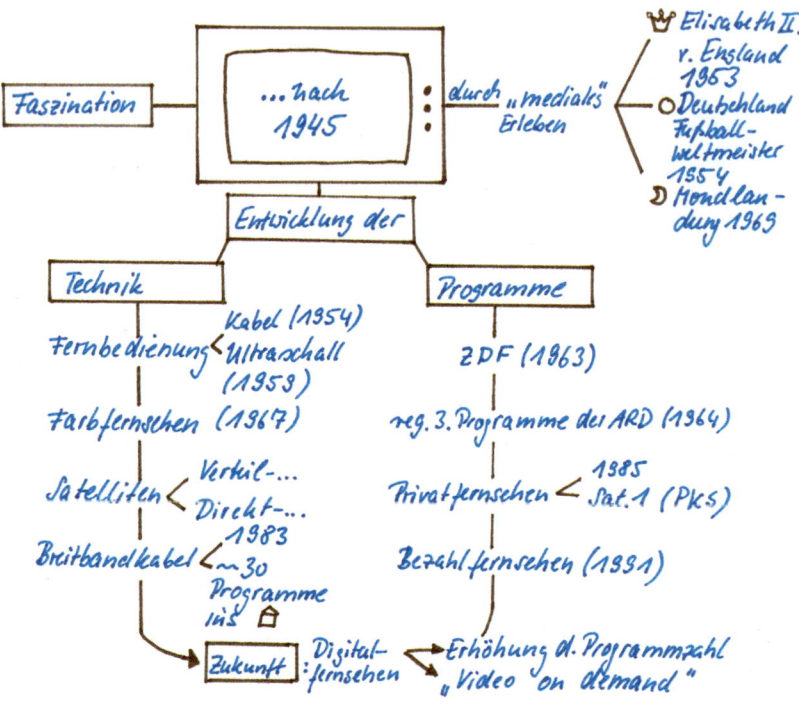

2 Vergleichen Sie das Strukturbild mit Ihren Notizen aus Aufgabe 1 (S. 135).
a) Welche Aspekte werden in dem Strukturbild besonders hervorgehoben?
b) Welchen Zweck haben die eingefügten Bildelemente?

FAZIT

7.1
Die Inhaltsangabe eines Sachtextes schreiben

- den Inhalt eines Textes zusammenfassen: das Wesentliche in Einleitung, Hauptteil und Schluss gliedern und sachlich und kurz im Präsens aufschreiben

7.2
Den Inhalt eines Sachtextes exzerpieren

- gezielt Informationen zu einem Thema verkürzt zusammenfassen

7.3
Den Inhalt eines Sachtextes visualisieren

- Informationen in einer Mindmap oder in einem Strukturbild zusammenfassen

Literarische Texte interpretieren

Die Inhaltsangabe

Jede Interpretation eines literarischen Textes beginnt mit einer Inhaltsangabe. Diese hilft Ihnen, den Verlauf der Handlung und das Thema zu erfassen.

Wolfgang Hildesheimer: Eine größere Anschaffung

Eines Abends saß ich im Dorfwirtshaus vor (genauer gesagt, hinter) einem Glas Bier, als ein Mann gewöhnlichen Aussehens sich neben mich setzte und mich mit gedämpft-vertraulicher Stimme fragte, ob ich eine Lokomotive kaufen wolle. Nun ist es zwar ziemlich leicht, mir etwas zu verkaufen, denn ich kann schlecht nein sagen, aber bei einer größeren Anschaffung dieser Art schien mir
5 doch Vorsicht am Platze. Obgleich ich wenig von Lokomotiven verstehe, erkundigte ich mich nach Typ, Baujahr und Kolbenweite, um bei dem Mann den Anschein zu erwecken, als habe er es hier mit einem Experten zu tun, der nicht gewillt sei, die Katze im Sack zu kaufen. Ob ich ihm wirklich diesen Eindruck vermittelte, weiß ich nicht; jedenfalls gab er bereitwillig Auskunft und zeigte mir Ansichten, die das Objekt von vorn, von hinten und von den Seiten darstellten. Sie sah gut aus,
10 diese Lokomotive, und ich bestellte sie, nachdem wir uns vorher über den Preis geeinigt hatten. Denn sie war bereits gebraucht, und obgleich Lokomotiven sich bekanntlich nur sehr langsam abnützen, war ich nicht gewillt, den Katalogpreis zu zahlen. Schon in derselben Nacht wurde die Lokomotive gebracht. Vielleicht hätte ich dieser allzu kurzfristigen Lieferung entnehmen sollen, dass dem Handel etwas Anrüchiges innewohnte, aber arglos, wie ich war, kam ich nicht auf die
15 Idee. Ins Haus konnte ich die Lokomotive nicht nehmen, zudem wäre es wahrscheinlich unter der Last zusammengebrochen, und so musste sie in die Garage gebracht werden, ohnehin der angemessene Platz für Fahrzeuge. Natürlich ging sie der Länge nach nur etwa halb hinein, dafür war die Höhe ausreichend; denn ich hatte in dieser Garage früher einmal meinen Fesselballon untergebracht, aber der war geplatzt.
20 Bald nach dieser Anschaffung besuchte mich mein Vetter. Er ist ein Mensch, der, jeder Gefühlsäußerung abhold, nur die nackten Tatsachen gelten lässt. Nichts erstaunt ihn, er weiß alles, bevor man es ihm erzählt, weiß es besser und kann alles erklären. Kurz, ein unausstehlicher Mensch. Wir begrüßten einander, und um die darauffolgende peinliche Pause zu überbrücken, begann ich: „Diese herrlichen Herbstdüfte …" – „Welkendes Kartoffelkraut", entgegnete er, und an sich hatte
25 er recht. Fürs Erste steckte ich es auf und schenkte mir von dem Kognak ein, den er mitgebracht hatte. Er schmeckte nach Seife, und ich gab dieser Empfindung Ausdruck. Er sagte, der Kognak habe, wie ich auf dem Etikett ersehen könne, auf den Weltausstellungen in Lüttich und Barcelona große Preise, in St. Louis gar die goldene Medaille erhalten, sei daher gut. Nachdem wir schweigend mehrere Kognaks getrunken hatten, beschloss er, bei mir zu übernachten, und ging den
30 Wagen einstellen. Einige Minuten darauf kam er zurück und sagte mit leiser, leicht zitternder Stimme, dass in meiner Garage eine große Schnellzuglokomotive stünde. „Ich weiß", sagte ich ruhig und nippte von meinem Kognak, „ich habe sie mir vor kurzem angeschafft." Auf seine zaghafte Frage, ob ich öfters damit fahre, sagte ich, nein, nicht oft, nur neulich, nachts, da hätte ich eine benachbarte Bäuerin, die ein freudiges Ereignis erwartete, in die Stadt ins Krankenhaus gefahren.
35 Sie hätte noch in derselben Nacht Zwillingen das Leben geschenkt, aber das habe wohl mit der nächtlichen Lokomotivfahrt nichts zu tun. Übrigens war das alles erlogen, aber bei solchen Gelegenheiten kann ich der Versuchung nicht widerstehen, die Wirklichkeit ein wenig zu schmücken.

8.1

Die Inhaltsangabe

Ob er es geglaubt hat, weiß ich nicht, er nahm es schweigend zur Kenntnis, und es war offensichtlich, dass er sich bei mir nicht mehr wohlfühlte. Er wurde ganz einsilbig, trank noch ein Glas
40 Kognak und verabschiedete sich. Ich habe ihn nicht mehr gesehen.
Als kurz darauf die Meldung durch die Tageszeitungen ging, dass den französischen Staatsbahnen eine Lokomotive abhandengekommen sei (sie sei eines Nachts vom Erdboden – genauer gesagt vom Rangierbahnhof – verschwunden), wurde mir natürlich klar, dass ich das Opfer einer unlauteren Transaktion geworden war. Deshalb begegnete ich auch dem Verkäufer, als ich ihn kurz
45 darauf im Dorfgasthaus sah, mit zurückhaltender Kühle. Bei dieser Gelegenheit wollte er mir einen Kran verkaufen, aber ich wollte mich in ein Geschäft mit ihm nicht mehr einlassen, und außerdem, was soll ich mit einem Kran?

1 Fassen Sie den Inhalt des Textes zusammen.

Muster

Die von W. Hildesheimer verfasste Parabel „Eine größere Anschaffung" ist in seinem Buch „Lieblose Legenden" in Frankfurt/Main im Jahr 1962 erschienen und thematisiert absurdes Konsumverhalten. Im Mittelpunkt steht der Ich-Erzähler, der sich in einem Gasthaus dazu überreden lässt, eine Lokomotive zu kaufen. Als Beweggrund gibt er an, sie gefalle ihm. Kurze Zeit später kommt ein Vetter zu
5 *Besuch, der dem Ich-Erzähler deshalb unsympathisch ist, weil er nach seiner Auffassung zu Rechthaberei und übertriebenem Rationalismus tendiert. Als der Vetter sich entschließt, trotz einiger Unstimmigkeiten über die Qualität des mitgebrachten Kognaks bei dem Ich-Erzähler zu übernachten, entdeckt er die Lokomotive in der Garage, was ihn dazu veranlasst, unverzüglich Abschied zu nehmen. Kurz darauf erfährt der Ich-Erzähler, dass es sich bei der Lokomotive um Diebesgut handelt. Als er den Verkäufer*
10 *wieder in dem Gasthaus trifft, reagiert er zurückhaltend und lehnt den Kauf eines ihm angebotenen Krans mit der Begründung ab, er wolle nicht mehr mit ihm handeln und brauche auch keinen Kran.*

2 Vergleichen Sie das Muster mit den Anforderungen an eine Inhaltsangabe (siehe Basiswissen).

BASISWISSEN — Eine Inhaltsangabe zu einem literarischen Text

Eine Inhaltsangabe informiert sachlich über das Wesentliche. Sie besteht aus drei Teilen:

Die Einleitung enthält Angaben zum/zur Verfasser/-in, zum Titel, zur Textsorte und zum Thema des Textes.

Im Hauptteil werden die wesentlichen Informationen zum Verlauf einer Handlung / eines Geschehens schrittweise wiedergegeben: Ort und Zeit der Handlung, Figuren, Handlungsschritte und deren Ergebnisse.

Der Schluss enthält Deutungen und Beurteilungen, die auf das Thema des Textes Bezug nehmen. Ist die Inhaltsangabe Teil einer Textinterpretation, so ist der Schluss schon Bestandteil der Interpretation.

Sprachliche Form: Der Inhalt wird im Präsens wiedergegeben (Sachverhalte in der Vorzeitigkeit im Perfekt); die wörtliche Rede (Zitat aus dem Text) steht im Konjunktiv.

Achtung! Eine Inhaltsangabe ist keine Nacherzählung; verzichten Sie daher auf Einzelheiten. Auf die Stilmittel der Textvorlage müssen Sie nicht eingehen. Auch Kommentare und Wertungen sind fehl am Platz.

Die Figurencharakteristik

In einer Figurencharakteristik zeigen Sie eine literarische Figur so, wie sie in einem Text angelegt ist. Da der Gestaltung einer literarischen Figur immer auch eine Absicht (Intention) des Autors zugrunde liegt, hilft Ihnen die Figurencharakteristik, einen Text zu interpretieren.

1 In der Parabel „Eine größere Anschaffung" ist der Ich-Erzähler zugleich der Protagonist. Untersuchen Sie den Text im Hinblick auf diese Figur.
a) Notieren Sie Textstellen, die Rückschlüsse auf den Charakter des Ich-Erzählers zulassen.
b) Was erfahren Sie über das Äußere und die Lebensumstände des Ich-Erzählers?

ARBEITSTECHNIK — Eine Figurencharakteristik schreiben

Die Charakteristik einer literarischen Figur ist wichtig für die Interpretation eines Textes, denn Figuren sind die Handlungsträger. Konzentrieren Sie sich auf Textstellen, in denen sich der Erzähler direkt oder indirekt über die Figur äußert bzw. in denen die Figur selbst spricht (Figurenrede) und handelt.

Den ersten Eindruck erhalten Sie oft durch die Beschreibung des Äußeren (Gestalt, Gang, Frisur, Kleidung usw.), das verbale und nonverbale Verhalten sowie die Lebensumstände einer Figur. Innere Monologe und erlebte Rede (» S. 95) können Hinweise auf Handlungsabsichten und Gefühle liefern. Durch das kommunikative Verhalten werden außerdem Beziehungen zu anderen Figuren deutlich. Oft ist auch die Benennung (der Name) einer Figur schon ein wichtiger Hinweis für ihre Charakterisierung. Der Name kann z. B. typisierend oder individualisierend sein.

Häufig werden bei einer Figurencharakteristik bzw. bei einer Textinterpretation Textstellen lediglich mit eigenen Worten umschrieben, d. h., sie werden paraphrasiert. Beim Schreiben einer Interpretation kommt es jedoch darauf an, über eine Paraphrase hinauszugehen und die Textstellen zu deuten.

2 Entscheiden Sie bei den folgenden Sätzen zu dem Text „Eine größere Anschaffung", ob es sich um paraphrasierende oder interpretierende Aussagen handelt.
- Der Ich-Erzähler mag den Vetter nicht, weil dieser vorgibt, immer alles besser zu wissen.
- Der Vetter steht für einen Typus Mensch, der seiner sinnlichen Wahrnehmung, in diesem Fall dem Geschmack, nicht mehr traut.
- Es geht um die Frage, ob man die Welt rational oder emotional wahrnimmt.
- Man kann dem Ich-Erzähler sehr leicht etwas verkaufen; das sieht man daran, dass er schon einen Fesselballon gekauft hat.
- Der Vetter verabschiedet sich schnell, weil er sich angesichts der Lokomotive in der Garage unbehaglich fühlt.
- Der geplatzte Fesselballon könnte außerdem ein Hinweis darauf sein, dass sich der Ich-Erzähler auch durch Rückschläge nicht irritieren lässt.
- Die Ironie, die den ganzen Text durchzieht, ist offensichtlich und ermuntert den Leser, die Lokomotive und auch den Fesselballon als Symbole zu verstehen.
- Der Ich-Erzähler verhält sich dem Verkäufer gegenüber zurückhaltend, denn er hat von der in Frankreich entwendeten Lokomotive gehört.
- Der Ich-Erzähler kauft die Lokomotive nur aus dem Grund, weil sie ihm gefällt; sein Kaufverhalten wird also nur durch die Lust am Konsum gesteuert.

Die Figurencharakteristik

3 Verfassen Sie eine Figurencharakteristik zu dem Ich-Erzähler des Textes „Eine größere Anschaffung" (» S. 137). Orientieren Sie sich an der obigen Arbeitstechnik und an Ihren Notizen aus Aufgabe 1. Verwenden Sie Zitate, um Ihre Aussagen zu belegen. Beachten Sie außerdem, dass Sie interpretieren und nicht nur paraphrasieren.

Eine Schülerin hat die folgende Figurencharakteristik über den Ich-Erzähler des Textes „Eine größere Anschaffung" verfasst.

Muster

Über das Äußere und die Lebensumstände des Ich-Erzählers erfährt der Leser nur wenig: Er geht gerne ins Dorfwirtshaus (vgl. Z. 1 und Z. 45), wohnt vielleicht in einem Dorf und hat ein Haus mit Garage (vgl. Z. 15–16). Sein Äußeres bleibt im Dunkeln. — Äußeres und Lebensumstände (mit Textbelegen)

Mit dem Ich-Erzähler entwirft Hildesheimer eine Figur, die einen sympathischen Eindruck
5 *vermittelt, weil sie auf ihr Bauchgefühl hört und nicht durch und durch kopfgesteuert durch das Leben geht. Bereits die einleitende Selbsteinschätzung „Nun ist es zwar ziemlich leicht, mir etwas zu verkaufen, denn ich kann schlecht nein sagen, aber bei einer größeren Anschaffung dieser Art schien mir doch Vorsicht am Platze" (Z. 3–5) zeugt von der positiven Eigenschaft des Protagonisten, eigene Fehler zu erkennen und auch zu akzeptieren. Ein weiterer*
10 *interessanter Wesenszug ist, dass es dem Ich-Erzähler beim Konsum um Genuss und Freude geht und nicht um Nützlichkeit oder Prestige. Die einfache Feststellung, dass ihm die Lokomotive gefällt (vgl. Z. 9–10), belegt die Vermutung, dass die Kaufentscheidung einzig und allein von der Lust am Konsum gesteuert wird.*
— Persönlichkeitsmerkmal 1: selbstkritisch (mit Zitat)
— Persönlichkeitsmerkmal 2: lustorientierter Konsument (mit Textbeleg)

Der Ich-Erzähler tritt zunächst als scheinbar naive Figur in Erscheinung, die sich eine gestoh-
15 *lene Lokomotive aufschwatzen lässt. Verdeutlicht wird die scheinbare Naivität mittels seiner Sprache, die gekennzeichnet ist durch Untertreibungen (Lokomotive als „größere Anschaffung", vgl. z. B. Titel des Textes) und Euphemismen (vgl. Z. 14: Hehlerei wird als anrüchiger Handel bezeichnet). Jedoch wird deutlich, dass der Ich-Erzähler nicht so naiv ist, wie er vorgibt zu sein, als er seinen unliebsamen Vetter mit der Lokomotive schockiert und*
20 *letztlich vertreibt – die Parabel erhält dadurch ironischen Charakter.*
— Kurzbetrachtung der Sprache (mit Textverweisen) und ihrer Funktion

Auch in den Aussagen des Ich-Erzählers über den Vetter „Er ist ein Mensch, der, jeder Gefühlsäußerung abhold, nur die nackten Tatsachen gelten lässt. Nichts erstaunt ihn, er weiß alles, bevor man es ihm erzählt, weiß es besser und kann alles erklären. Kurz, ein unausstehlicher Mensch" (Z. 20–22) gibt Hildesheimer einen wichtigen Hinweis, wie der Ich-Erzähler
25 *charakterisiert und beurteilt werden soll – nämlich als das genaue Gegenteil zu dem rationalen Vetter.*
— Intention des Verfassers (mit Zitat)

Hildesheimer macht in seinem kurzen Text eine Figur zum Helden, die sich selbst nicht so ernst nimmt und sich von ihren Gefühlen leiten lässt. Anhand des Ich-Erzählers wird deutlich, dass es mehr gibt im Leben als Rationalität und Utilitarismus als Maßstab allen
30 *Handelns.*
— eigene Beurteilung des Ich-Erzählers

4 Beurteilen Sie die Figurencharakteristik (Muster) und vergleichen Sie sie mit Ihrer Figurencharakteristik. Worin stimmen die Texte überein, worin nicht?

5 Überarbeiten Sie ggf. Ihre Figurencharakteristik.

Literarische Gattungen – ein Überblick

Literarische Texte sind erdachte, fiktionale Texte. Es ist wichtig, dass Sie die unterschiedlichen Textsorten unterscheiden können, damit Sie Texte z. B. bei einer Interpretation besser beurteilen und sich fachsprachlich korrekt ausdrücken können. Die folgende Darstellung soll Ihnen helfen, sich über die wichtigsten Arten literarischen Schreibens zu informieren. Grundsätzlich unterscheidet man zwischen den literarischen Gattungen Epik, Dramatik, Lyrik.

Epik

Alle erzählenden Texte in der Literatur fasst man unter dem Begriff Epik zusammen (von griechisch „epikos", d. h. erzählerisch). Der Erzähler teilt einem Leser äußere und innere Geschehnisse einer Handlung mit. Epik wird in ungebundener Sprache (Prosa) geschrieben.

Märchen: Das Märchen ist eine ursprünglich mündlich überlieferte Erzählform, die in allen Völkern verbreitet ist. Merkmale sind: Ort und Zeit der Handlung sind nicht bestimmt, die Figuren werden auf Gegensätze beschränkt dargestellt *(gut/böse, arm/reich, klug/dumm)*. Häufig müssen Aufgaben bestanden werden; Gegenstände haben Zauberkraft, Menschen und Tiere werden verwandelt.
Beispiel: *Rafik Schami (*1946): Der einäugige Esel oder Wie einer auf dem Richter reiten wollte*

Novelle: Es wird in kurzer Form eine besondere („unerhörte") Begebenheit erzählt, die ab einem bestimmten Zeitpunkt eine Wende nimmt (Wendepunkt). Häufig werden erzählerische Vorausdeutungen und/oder die Leitmotivtechnik (z. B. Dingsymbole) angewendet.
Beispiel: *Ernst Theodor Amadeus Hoffmann: Der Sandmann (1816)*

Kurzgeschichte: Der Begriff entstand in Anlehnung an die amerikanische Short Story. Es handelt sich um eine kurze erzählende Form mit einem unvermittelten Anfang und einem offen gehaltenen Schluss (Ein- und Ausblendetechnik). Häufig steht eine entscheidende Situation im Leben eines Menschen im Mittelpunkt des Geschehens. Dem Leser werden existenzielle Probleme des Lebens offenbart, ohne dass Lösungsvorschläge entfaltet werden. Die Sprache ist oft klar und konkret, nahe an der Alltagssprache.
Beispiel: *Gabriele Wohmann: Ein netter Kerl (1978)*

Fabel: Tiere, Pflanzen oder Gegenstände stehen im Mittelpunkt der Fabel. Sie stellen menschliche Eigenschaften und Verhaltensweisen dar. Durch die Kritik an Verhaltensweisen und gesellschaftlichen Zuständen sollen Fabeln meist eine Lehre vermitteln und den Leser zu Reflexion und Einsicht bewegen. Die Lehre kann am Schluss der Fabel als nachgestellter Lehrsatz formuliert sein (Epimythion). Fabeln werden in Prosa, aber auch in Versen (Gedicht) geschrieben.
Beispiel: *Äsop (um 550 v. Chr.): Der Fuchs und der Storch*

Parabel: Die Parabel ist eine kurze, gleichnishafte Erzählung, die den Leser durch sprachliche Verschlüsselungen zwingt, den Text von der Inhaltsebene (das Gesagte) auf die Ebene der Deutung (das Gemeinte) zu übertragen. Erst dadurch gewinnt der Text seinen Sinn. Ursprünglich gehörte die Parabel zu den Textsorten, die eine Lehre vermitteln wollen. Die Schriftsteller des 20. Jahrhunderts haben ihre Skepsis gegenüber der Belehrung des Lesers darin zum Ausdruck gebracht, dass sie in Form einer Parabel erzählen, den Leser aber dann mit paradoxen Inhalten konfrontieren, um ihn zu verwirren.
Beispiel: *Franz Kafka: Vor dem Gesetz (1914)*

Roman: Die Gattungsunterschiede innerhalb der Gattung Roman sind sehr groß. Eine Definition muss sich daher auf Folgendes beschränken: Der Roman gestaltet erzählerisch einen Ausschnitt aus dem Leben und dem gesellschaftlichen Umfeld einer oder mehrerer Protagonisten. Das Geschehen wird in Haupt- und Nebenhandlungen, an mehreren Orten, zu verschiedenen Zeiten, aus unterschiedlichen Perspektiven dargestellt.
Beispiel: *Günter Grass: Die Blechtrommel (1959)*

Literarische Gattungen – ein Überblick

Drama

Das Wort Dramatik stammt vom griechischen Wort „drama" ab und bedeutet Handlung. Die Handlung vollzieht sich in Dialogen und Monologen und wird auf einem Konflikt aufgebaut, der mit Spannung einem Höhepunkt zugeführt und im Guten oder in einer Katastrophe aufgelöst wird. Die Tragödie und die Komödie sind die Grundformen des Dramas.

Tragödie/Trauerspiel: Im Mittelpunkt steht eine Figur, die aufgrund schicksalhafter Zusammenhänge, gesellschaftlicher Missstände oder individueller Verfehlung scheitert.
Beispiel: *Friedrich Schiller: Kabale und Liebe (1784)*

Komödie/Lustspiel: Die im Mittelpunkt stehende Figur veranschaulicht häufig menschliche Schwächen und Laster. Das Stilmittel der Übertreibung ermöglicht eine heiter-distanzierte – auch kritische – Betrachtung.
Beispiel: *Gotthold Ephraim Lessing: Minna von Barnhelm oder Das Soldatenglück (1763)*

Lyrik

Das Wort Lyrik stammt von dem griechischen Wort „lyra" ab und bedeutet Leier (Musikinstrument, mit dem dichterische Vorträge begleitet wurden). Traditionelle Lyrik ist in gebundener Sprache (Poesie) geschrieben und durch Reim, Vers und Strophe gekennzeichnet. Modernere Formen halten sich oft nicht an formale Zwänge.

Gedicht: Im Mittelpunkt stehen oft die subjektiven Erfahrungen eines lyrischen Ichs. Häufig werden Grenzerfahrungen thematisiert. Der Leser begegnet einer Vielfalt sprachlicher und formaler Mittel.
Beispiel: *Georg Trakl: Verfall (1913)*

Ballade: Sie zeigt eine klare Handlungsstruktur, die gereimt und rhythmisiert präsentiert wird.
Beispiel: *Gottfried August Bürger: Lenore (1773)*

Mischform

In der Dichtung wurden die strengen Regeln der Gattungen durchbrochen, Mischformen entstanden. So gibt es z. B. dramatische Gedichte und das epische Theater. Auch lyrische Elemente (Lieder, Gedichte) finden Eingang in die Gattungen Epik und Drama.

FAZIT

8.1 Die Inhaltsangabe
- Beschränkung auf Wesentliches
- sachlicher Stil
- Einleitung, Hauptteil, Schluss
- im Präsens verfasst
- wörtliche Rede im Konjunktiv

8.2 Die Figurencharakteristik
- äußeres Erscheinungsbild
- verbales und nonverbales Verhalten
- Lebensumstände
- Handlungsabsichten und Gefühle
- Eigenschaften
- Beziehungen zu anderen Figuren

8.3 Literarische Gattungen – ein Überblick
- Epik: Märchen, Kurzgeschichte, Fabel, Parabel, Roman
- Drama: Tragödie/Trauerspiel, Komödie/Lustspiel
- Lyrik: Gedicht, Ballade
- Mischformen

Grammatik und Rechtschreibung

Grammatik: Wortarten

Das Wissen über die Zuordnung eines Wortes zu einer Wortart ist in vielerlei Hinsicht eine Erleichterung für Sie. So können Sie z. B. mit der Bestimmung der Wortart die Schreibung eines Wortes ableiten (z. B. Groß- oder Kleinschreibung). Außerdem können Sie Ihr Wissen über Wortarten anwenden, um Ihren Stil zu verbessern (z. B. den Nominalstil vermeiden) und um sich abwechslungsreicher auszudrücken (z. B. Wörter durch Synonyme ersetzen). Auch beim Erlernen einer Fremdsprache sind diese Kenntnisse hilfreich, wenn Sie beispielsweise spanische Pronomen kennenlernen oder englische Adverbien bilden sollen.

BASISWISSEN — Überblick über die Wortarten

Die meisten Wörter im Deutschen sind flektierbar (veränderbar). Man unterscheidet dabei die konjugierbaren (Verben) und die deklinierbaren Wörter (Nomen/Substantive, Adjektive, Numerale, Artikel, Pronomen). Zu den nicht flektierbaren Wörtern gehören die Adverbien, Präpositionen, Konjunktionen und Interjektionen.

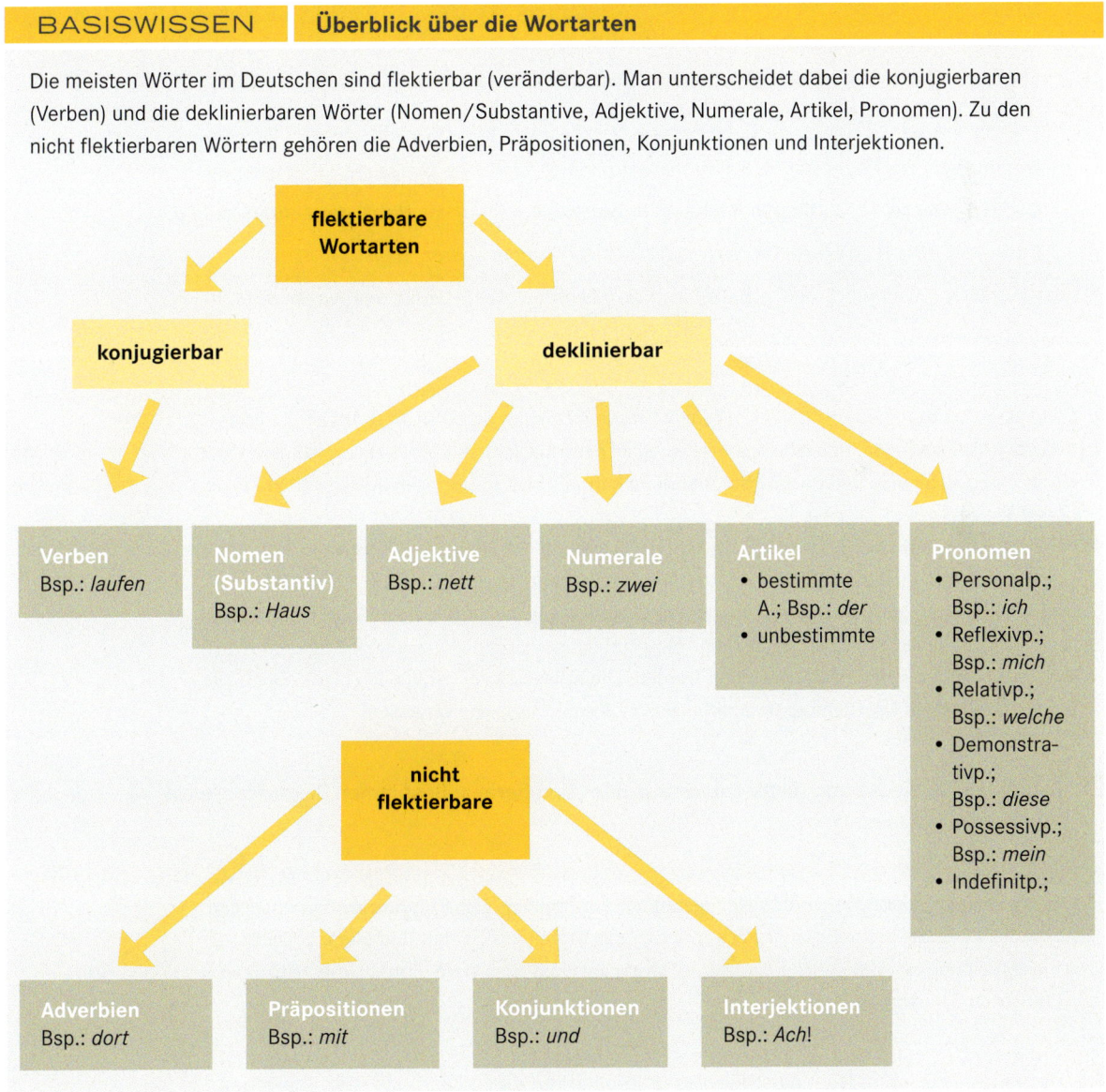

1 Übernehmen Sie die Grafik in Ihr Heft und ergänzen Sie weitere Beispiele zu den Wortarten.

Nomen

Nomen bezeichnen Personen, Lebewesen, Gegenstände und abstrakte Begriffe. Etwa 60 Prozent aller deutschen Wörter sind Nomen; sie bilden damit die am häufigsten auftretende Wortart.

> **BASISWISSEN** — **Das Nomen (Substantiv)**
>
> Das Nomen (Pl. Nomen oder Nomina) wird immer großgeschrieben. Es wird bestimmt durch **Genus** (grammatisches Geschlecht), **Numerus** (grammatische Zahl) und **Kasus** (grammatischer Fall).
>
> Das **Genus** (Pl. Genera) eines Nomens erkennt man an dem Artikel:
>
> - **Femininum** – z. B. *die/eine Nase*; **Maskulinum** – z. B. *der/ein Baum*; **Neutrum** – z. B. *das/ein Haus*
>
> Nomen (Substantive) haben in der Regel einen **Numerus** (Pl. Numeri):
>
> - **Singular** – z. B. *die Nase, der Baum, das Haus*; **Plural** – z. B. *die Nasen, die Bäume, die Häuser*
>
> In der deutschen Sprache gibt es vier **Kasus** (Sg. Kasus), die man durch Fragen ermitteln kann:
>
> - **Nominativ** – Wer? oder Was? z. B.: *Wer hat ein Handy gefunden? – **Der Junge** hat es gefunden.*
> - **Genitiv** – Wessen? z. B.: *Wessen Handy hat er gefunden? – Er hat das Handy **des Lehrers** gefunden.*
> - **Dativ** – Wem? z. B.: *Wem gehört das Handy? – Es gehört **dem Lehrer**.*
> - **Akkusativ** – Wen? oder Was? z. B.: *Wen hat der Lehrer belohnt? – Er hat **den Jungen** belohnt.*

Viele junge Leute wünschen sich eine eigene Wohnung. Doch es ist gar nicht so leicht, ein geeignetes Domizil zu finden. Bei der einen Wohnung ist der Mietpreis zu hoch, bei einer anderen gibt es nur einen Kohleofen und die nächste Wohnung befindet sich im sechsten Stock in einem Haus ohne Fahrstuhl.
5 Hat man dann endlich etwas gefunden, gehen die Strapazen erst richtig los. Es müssen ein Umzugsauto und Helfer organisiert werden. Die Anmeldung der Strom- und ggf. Gas-, Telefon- und Internetversorgung muss rechtzeitig erledigt werden. Die neue Adresse muss der Krankenkasse, der Bank, den Versicherungen, dem Handyanbieter, dem Einwohnermeldeamt, dem Arbeitgeber und bzw. oder der Schule mitgeteilt werden. Die Nerven liegen schließlich blank. Doch alle
10 Kosten und Mühen sind dann spätestens bei einer Einweihungsparty vergessen.

1 Schreiben Sie die Nomen (Substantive) aus dem Text heraus. Bestimmen Sie deren Genus, Numerus und Kasus.

Das Schreiben eines Briefes ist für viele Jugendliche ein Problem. Die Kommunikation unter den Jugendlichen findet meistens unter Verwendung ihrer Mobiltelefone statt. Für ältere Leute ist die Handhabung eines Mobiltelefons oft mit Schwierigkeiten behaftet. Schon die Inbetriebnahme ist für sie ein Hindernis.

2 Der kurze Text ist im Nominalstil verfasst. Wie wirken diese Sätze auf Sie? Schreiben Sie die Sätze um, indem Sie einige Nomen (Substantive) durch andere Wörter ersetzen.
Beispiel: *Einen Brief zu schreiben ist für viele Jugendliche problematisch.*

Adjektive

Mit Adjektiven drückt man aus, wie jemand oder etwas ist, wie etwas vor sich geht oder geschieht. Mit den passenden Adjektiven kann man in einem Text Anschaulichkeit vermitteln.

> **BASISWISSEN** **Das Adjektiv**
>
> Die meisten Adjektive lassen sich – wie Nomen – nach **Kasus, Numerus** und **Genus** verändern.
> - z. B. *die neue Hose, die neuen Pullover, des neuen Hemdes*
>
> Adjektive können – bis auf einige Ausnahmen wie *tot* – gesteigert werden. Das nennt man **Komparation**.
> - **Positiv (Grundstufe):** *Toni ist jung.* **Komparativ:** *Anne ist jünger als Toni.* **Superlativ:** *Ben ist am jüngsten.*
>
> Ausnahmen: Bei einigen Adjektiven wird für die Bildung des Komparativs und des Superlativs ein anderer Wortstamm als für die Grundstufe gebraucht, z. B. *viel – mehr – am meisten; gut – besser – am besten*.

Einige Schüler haben sich im Rahmen eines Schreibwettbewerbs Geschichten ausgedacht.

(A) Für mein Date mit Daniel hatte ich mir meine neue Hose angezogen und mir einen neuen Haarschnitt verpassen lassen. Ich sah gut aus und drehte mich vor der Scheibe des neuen Comicbuchladens, vor dem wir uns treffen wollten. Daniel war cool und sah gut aus. Er hatte ein neues Auto und einen guten Job. Doch leider wusste er nur zu gut, dass er gut aussah …

1 Welche Adjektive würden Sie in dem Textauszug ersetzen? Schreiben Sie den Auszug um.

(B) Alle sahen hinab in das dunkle Erdloch, in dem der Sarg langsam verschwand. Über die Wangen der Trauernden liefen dicke Tränen, ein lautes Schluchzen war zu hören. Tim trug noch immer die Schlinge um seinen Arm, ein großes Pflaster prangte auf seiner Stirn. „Warum nur hat sich Alex auf dieses waghalsige Wettrennen eingelassen?", dachte er verzweifelt …

2 Lesen Sie den Text mit und ohne die Adjektive. Beschreiben Sie die unterschiedliche Wirkung.

(C) Er sah aufgeregt und beunruhigt aus. Eigentlich war er bei Überwachungseinsätzen ruhig und ausgeglichen, doch heute war er durcheinander und verwirrt. Er rieb sich seine müden, erschöpften Augen und schaute in die dunkle Nacht hinaus. Heute musste er diese gewissen- und rücksichtslosen Diebe erwischen! Plötzlich hörte er ein seltsames, fremdes Geräusch …

3 Untersuchen Sie den Textauszug und benennen Sie die Adjektive. Was fällt Ihnen hier auf?

„[Adjektive] sind schlecht, wenn sie dicht beieinanderstehen. Sie sind stark, stehen sie weit auseinander. Die Angewohnheit, Adjektive zu setzen oder wortreich, diffus und blumig zu schreiben, wird man so schwer los wie jedes andere Laster." *(Mark Twain in einem Brief)*

4 Was meint Twain mit seiner Aussage über Adjektive? Erklären Sie sie anhand des Auszugs (C).

Adverbien, Präpositionen, Konjunktionen

Mit Adverbien können Sie nähere Angaben zu einem Geschehen machen.

> **BASISWISSEN** **Das Adverb**
>
> Adverbien (Umstandswörter) charakterisieren oft Verben, aber auch Nomen oder Adjektive näher. Nach ihrer Bedeutung kann man sie unterscheiden in **lokale** (z. B. *hier*, *dort*, *fort*), **temporale** (z. B. *jetzt*, *heute*, *oft*, *bald*, *nie*), **modale** (z. B. *gern*, *sehr*, *umsonst*) und **kausale** (z. B. *deshalb*, *darum*, *folglich*) Adverbien.

1 Bestimmen Sie alle Adverbien in den folgenden Sätzen.
(1) Der junge Mann dort sieht sehr angespannt aus. (2) In der Schule hat er sehr viel Stress. (3) Zugleich muss er zu Hause arbeiten. (4) Er hat deswegen in dieser Woche wenig geschlafen. (5) Er hat auch kaum gegessen. (6) Ich hoffe für ihn, dass die Situation bald besser wird.

Mit Präpositionen und Konjunktionen drücken Sie Verhältnisse aus bzw. verbinden Wörter, Wortgruppen und Sätze.

> **BASISWISSEN** **Die Präposition**
>
> Präpositionen (Verhältniswörter) drücken **lokale** (z. B. *vor dem Haus*), **temporale** (z. B. *nach einer Stunde*), **kausale** (z. B. *wegen Hitze*) oder **modale** (z. B. *mit Energie*) Verhältnisse aus.
>
> Sie fordern einen bestimmten Kasus des nachfolgenden Wortes bzw. der nachfolgenden Wortgruppe, z. B. *trotz des Regens* (Genitiv), *mit Freunden* (Dativ), *durch Fleiß* (Akkusativ). Einige Präpositionen fordern verschiedene Kasus, z. B. *Er fliegt über der Stadt.* (Dativ) *Er geht über die Brücke.* (Akkusativ)

2 Welche Verhältnisse werden durch die Präpositionen in den folgenden Sätzen ausgedrückt?
(1) Die Kantine befindet sich außerhalb des Gebäudes. (2) Ich habe seit einem Tag nichts von ihm gehört. (3) Er fühlt sich ohne seinen Computer hilflos. (4) Wegen des plötzlichen Regens gab es viele Unfälle. (5) Wir werden uns vor dem Kino treffen. (6) Infolge seiner Erkrankung konnte er nicht an dem Treffen teilnehmen.

> **BASISWISSEN** **Die Konjunktion**
>
> Konjunktionen (Bindewörter) kann man unterscheiden in:
>
> - nebenordnende Konjunktionen: Sie verbinden Wörter, Wortgruppen, Teilsätze oder Sätze, die grammatisch gleichrangig nebeneinanderstehen, z. B. *und*, *oder*;
> - unterordnende Konjunktionen: Sie leiten Nebensätze ein, z. B. *weil*, *dass*.
>
> Konjunktionen können einen **konditionalen** (z. B. *falls*), **temporalen** (z. B. *als*), **kausalen** (z. B. *weil*) oder **modalen** (z. B. *indem*) Zusammenhang bezeichnen. Sie können mehrteilig sein, z. B. *sowohl ... als auch*; *je ..., desto*.

3 Schreiben Sie die Sätze ab und ersetzen Sie die falschen Konjunktionen durch geeignete.
(1) Entweder gehen wir heute ins Kino und wir bleiben zu Hause. (2) Indem ich ihn sehe, kriege ich weiche Knie. (3) Sie machten ein Feuer im Kamin, sodass ihnen kalt war. (4) In der Grundschule lernt man lesen oder schreiben. (5) Nachdem ich einen kleinen Bruder habe, bin ich viel verantwortungsbewusster. (6) Weil du den Ausbildungsplatz bekommst, musst du dich bewerben.

Verben – Funktion der Tempusformen

Wenn Sie Sachtexte verfassen, sollten Sie auf die Verwendung der Zeitformen achten. Bei literarischen Texten können Sie verschiedene Zeitformen als erzählerisches Mittel einsetzen.

BASISWISSEN — Wesentliche Merkmale des Erzählens

Zeitform	Funktion	Beispiele
Präsens	Mit dem Präsens drückt man aus, dass etwas gerade geschieht oder dass etwas generell gilt. Der Verfasser eines Textes nutzt das Präsens, um die Spannung zu steigern oder um auf Allgemeingültiges zu verweisen. Zum Beispiel werden Inhaltsangaben im Präsens verfasst.	*In jenen Tagen, in denen diese Geschichte ihren Lauf **nimmt** […]* * (* Beispiele aus: Antonio Skármeta: Mit brennender Geduld. München, Zürich: Piper 2005)
Präteritum	Mit dem Präteritum drückt man etwas Vergangenes aus, das abgeschlossen ist. Es ist die am häufigsten gebrauchte Zeitform: Der Verfasser eines Textes berichtet und schildert im Präteritum.	*In den feuchten Redaktionsräumen **welkten** Nacht für Nacht meine Illusionen, Schriftsteller werden zu können.* *
Perfekt	Das Perfekt wird verwendet, um etwas Vergangenes auszudrücken, das bis in die Gegenwart hineinreicht. Es findet vor allem im mündlichen Sprachgebrauch Verwendung, selten im schriftlichen.	*[Der Postbeamte sagte:] „Der Briefträger […] **ist** buckelig wie ein Dromedar in Rente **gegangen**."* *
Plusquamperfekt	Mit dem Plusquamperfekt verweist der Verfasser eines Textes von der Zeitform Präteritum aus auf einen zurückliegenden Vorgang.	*[…] nachdem er den Wunsch des Briefträgers **erfüllt hatte**, verabschiedete er sich […]* *
Futur I	Voraussagen, Vermutungen oder Absichten formuliert der Verfasser eines Textes mithilfe des Futur I.	*Aber in fünfzig Jahren **wird** sie alt **sein**.* *
Futur II	In der Zukunft abgeschlossene Handlungen werden mit dem Futur II ausgedrückt.	*Am Freitag **werde** ich den Roman von Skármeta **gelesen** haben.*

1 Erklären Sie, welche Funktionen die verwendeten Zeitformen in den Textauszügen übernehmen.

> Es gibt oft Dinge und Beziehungen in dem menschlichen Leben, die uns nicht sogleich klar sind und deren Grund wir nicht in Schnelligkeit hervorzuziehen vermögen. *(Adalbert Stifter, „Brigitta")*
>
> Den 20. Jänner ging Lenz durchs Gebirg. Die Gipfel und hohen Bergflächen im Schnee, die Täler hinunter graues Gestein, grüne Flächen, Felsen und Tannen. Es war nasskalt, das Wasser rieselte die Felsen hinunter und sprang über den Weg. *(Georg Büchner, „Lenz")*
>
> Es war um zwölf Jahre später. – Ich hatte nach der Rechenmeisterschule, wie es damals manche Handwerkersöhne zu tun pflegten, auch noch die Quarta unserer Gelehrtenschule durchgemacht und war dann bei meinem Vater in die Lehre getreten. *(Theodor Storm, „Pole Poppenspäler")*

Verben – Passivformen verwenden

Das Passiv übernimmt wichtige Funktionen in der deutschen Sprache: Es wird z. B. verwendet, wenn man einen Handelnden ungenannt lassen (wie beispielsweise in einem wissenschaftlichen Text oder in einer Gebrauchsanleitung) oder wenn man abwechslungsreicher formulieren möchte. Da man den Handlungsträger aussparen kann, hilft das Passiv außerdem, sprachökonomischer zu formulieren.

BASISWISSEN — Aktiv und Passiv

Das Aktiv wird verwendet, wenn der Urheber einer Handlung im Vordergrund steht und erwähnt werden soll. Beispiel: *Der Schüler schließt die Tür.*

Das Passiv drückt aus, was mit einem Lebewesen oder einer Sache geschieht. Dabei steht der Ablauf der Handlung oder des Geschehens im Vordergrund. Der Urheber der Handlung ist weniger wichtig und bleibt somit unerwähnt. Das Passiv wird verwendet, um Vorgänge oder Arbeitsabläufe zu beschreiben.

Man unterscheidet zwischen dem Vorgangs- und dem Zustandspassiv:

- Das **Vorgangspassiv** kennzeichnet den Ablauf einer Handlung und wird mit einer Form von *werden* in der entsprechenden Personalform + Partizip II gebildet, z. B.: *Die Tür wird (von dem Schüler) geschlossen.*
- Das **Zustandspassiv** kennzeichnet das Ergebnis eines Vorgangs und wird mit einer Form von *sein* in der entsprechenden Personalform + Partizip II gebildet, z. B.: *Die Tür ist geschlossen.*

1 Übernehmen Sie die Tabelle in Ihr Heft und füllen Sie sie aus.

Zeitform	Aktiv	Vorgangspassiv	Zustandspassiv
Futur II			
Futur I			
Präsens	Max schmückt den Raum.	Der Raum wird geschmückt.	Der Raum …
Perfekt			
Präteritum			
Plusquamperfekt			

American Pancake

Schlagen Sie das Eiweiß von vier Eiern mit 50 Gramm Zucker steif. Mischen Sie in einer zweiten Schüssel das Eigelb von vier Eiern und 150 Gramm saure Sahne. Geben Sie 100 Gramm Mehl und eine Prise Salz hinzu und rühren Sie den Teig glatt. Heben Sie den Eischnee langsam unter. Zerlassen Sie etwas Butter in der Pfanne. Backen Sie aus jeweils zwei bis drei Esslöffeln Teig einen Pfannkuchen. Wenden Sie den Pfannkuchen, sobald der Teig fest ist.

2 Schreiben Sie das Rezept um, indem Sie die Aktivsätze in Passivsätze umformen.

3 Schreiben Sie selbst ein Rezept für ein einfaches Gericht auf. Verwenden Sie Passivsätze.

Grammatik: Satzglieder
Subjekt, Prädikat, Objekt und Adverbial

Beim Schreiben oder Überarbeiten von Texten ist es wichtig, die Satzglieder zu kennen, denn nur so können Sie sie in einem Satz umstellen oder auch austauschen, um abwechslungsreich und stilsicher zu formulieren.

BASISWISSEN — Subjekt, Prädikat, Objekt, Adverbial

In der Regel unterscheidet man vier Arten von Satzgliedern: Subjekt, Prädikat, Objekt und Adverbial.

Ein Subjekt (Satzgegenstand) gibt es in fast jedem Satz. Es bezeichnet oft den Verursacher, aber auch den Empfänger einer Handlung. Das Subjekt steht im Nominativ und stimmt in Person und Numerus mit dem Prädikat überein. Beispiele: *Die Polizei verhaftete den Dieb. Die Polizisten verhafteten den Dieb.*

Ein Prädikat (Satzaussage) enthält immer eine finite Verbform und bezieht sich auf Handlungen, Vorgänge und Zustände. Ein Prädikat kann einteilig oder mehrteilig sein. Bei einem reflexiven Verb wird das Reflexivpronomen als Teil des Prädikats verstanden.
Beispiele: *Die Polizei **verhaftet** den Dieb. Die Polizei **hat** den Bürgern **geholfen**. Sie **gaben sich** Mühe.*

Das Prädikat fordert **ein Objekt**. Man unterscheidet im Deutschen Genitiv-, Dativ-, Akkusativ- und Präpositionalobjekte.
Mithilfe der Frageprobe kann man ermitteln, welche Art des Objekts vorliegt.

Genitivobjekt	*Wessen?* (wird selten gebraucht)	**Wessen** wurde er angeklagt? Er wurde **des Diebstahls** angeklagt.
Dativobjekt	*Wem?*	**Wem** hilft die Polizei? Die Polizei hilft **den Bürgern**.
Akkusativobjekt	*Wen?* oder *Was?*	**Wen** verhaftet die Polizei? Sie verhaftet **den Dieb**.
Präpositionalobjekt	*Über was? Auf was? Wofür?* usw.	**Wofür** bedankten sich die Bürger? Sie bedankten sich **für die Hilfe**.

Ein Adverbial (adverbiale Bestimmung oder Umstandsbestimmung) liefert zusätzliche Informationen über Ort, Zeit, Grund und die Art und Weise eines Geschehens.
Bei der Bestimmung von Adverbialen hilft die Frageprobe.

Lokaladverbiale	*Wo?*	**Wo** verhaftete die Polizei den Dieb? Die Polizei verhaftete ihn **in seiner Wohnung**.
Temporaladverbiale	*Wann?*	**Wann** verhaftete die Polizei den Dieb? Die Polizei verhaftete ihn **am Abend**.
Kausaladverbiale	*Warum?*	**Warum** hat die Polizei ihn nicht früher verhaftet? Die Polizei hat ihn **mangels Beweisen** nicht früher verhaftet.
Modaladverbiale	*Wie?*	**Wie** hat der Dieb auf die Verhaftung reagiert? Der Dieb hat **bestürzt** auf seine Verhaftung reagiert.

Subjekt, Prädikat, Objekt und Adverbial

1 Bestimmen Sie die Satzglieder der folgenden Sätze.
(1) Luisa kaufte sich im Sportladen ein Trikot für das **Fußballspiel.** (2) Ihr Freund spielte seit **Jahren** in einer Fußballmannschaft. (3) Sie hatte **Geld** von ihrer Oma bekommen. (4) Sie hatte ihrer **Oma** beim Einkauf geholfen. (5) Das Fußballspiel fand am **Samstag** bei der gegnerischen Mannschaft statt. (6) Es regnete an diesem **Tag.** (7) Das Spiel fand trotz des **Regens** statt. (8) Luisa feuerte die Mannschaft in ihrem **Trikot** an. (9) Nach dem Spiel umarmte Luisa ihren **Freund.**

2 Satzglieder können an den Satzanfang gestellt werden, um sie hervorzuheben. Stellen Sie die Sätze von Aufgabe 1 so um, dass die hervorgehobenen Wörter betont werden.
Beispiel: *Für das Fußballspiel kaufte sich Luisa im Sportladen ein Trikot.*

Beim Schreiben von Texten können Sie Attribute verwenden, um Satzglieder näher zu bestimmen und zu erweitern. Auf diese Weise können Sie Ihre Texte inhaltlich präzisieren.

BASISWISSEN — Das Attribut als Satzgliedteil

Attribute (Beifügungen) sind Teile von Satzgliedern, keine eigenständigen Satzglieder. Sie stehen vor oder hinter ihren Bezugswörtern, auch wenn man den Satz umstellt. Attribute können Sie mit der Frage „Was für eine/einer/ ein …?" ermitteln. Sie kommen u. a. vor als:

Adjektivattribut	*Der **clevere** Azubi arbeitet fleißig.* (Adjektiv) *Der **leitende** Angestellte ist nett.* (adjektivisch gebrauchtes Partizip)
Genitivattribut	*Der Chef **des Autohauses** stellt Azubis ein.* (Substantiv im Genitiv)
Präpositionales Attribut	*Die Freude **über den Ausbildungsvertrag** war riesig.*
Infinitivattribut	*Seine Freiräume **zu entscheiden** sind begrenzt.*
Apposition	*Kai, **der andere Azubi,** arbeitet in meiner Abteilung.*
Adverbien	*Der Azubi **hier** arbeitet gut im Team.*
Pronomen	*Wir sind alle zufrieden in **unserer** Firma.*
Numerale	*Der Chef ist **drei** Wochen verreist.*

3 Bestimmen Sie in den folgenden Sätzen die Satzglieder. Benennen Sie die Attribute.
(1) Herr Mayer, ein neuer Lehrer, unternahm am vergangenen Freitag mit der Klasse 12 einen Ausflug nach München. (2) Die Klasse wollte die neue Ausstellung des Technikmuseums besuchen. (3) Die 20 Schüler betrachteten die außergewöhnlichen Kunstwerke in den Vitrinen. (4) Die Begeisterung über die Ausstellung wurde jedoch getrübt. (5) Ein Schüler der Klasse hatte seine Geldbörse verloren. (6) Die Chance, sie wiederzufinden, war gering. (7) Außerdem beschuldigte der Schaffner die müde Klasse auf dem Nachhauseweg des Schwarzfahrens.

4 Ergänzen Sie die Sätze aus Aufgabe 1 durch passende Attribute.
Beispiel: (1) *Luisa kaufte sich im **teuren** Sportladen ein **neues** Trikot für das Fußballspiel **ihres Freundes**.*

Rechtschreibung
Die s-Schreibung

Damit Ihre Texte von den Lesern verstanden und ernst genommen werden, ist es wichtig, korrekt zu schreiben. Das gilt für Texte, die Sie im Rahmen des Schulalltags schreiben, z. B. Aufsätze oder Praktikumsberichte, aber auch für Bewerbungen und andere Geschäftsbriefe.

Einige Bereiche der Rechtschreibung sind besonders fehlerträchtig. Auf den folgenden Seiten können Sie diese noch einmal trainieren.

BASISWISSEN — Die s-Schreibung

Bei der s-Schreibung unterscheidet man zwischen stimmhaftem und stimmlosem s-Laut:

- Wörter mit stimmhaftem s-Laut werden mit einem einfachen *s* geschrieben, z. B. *Nase, Meise, Riese*.
- Die Schreibung von Wörtern mit stimmlosem s-Laut ist wie folgt geregelt:
  - Steht vor dem stimmlosen s-Laut ein kurzer Vokal, wird *ss* geschrieben, z. B. *Messe, Fluss, Kasse*.
  - Steht vor dem stimmlosen s-Laut ein langer Vokal oder ein Diphthong (Doppellaut wie z. B. *ei* oder *au*), wird häufig *ß* geschrieben, z. B. *Gruß, Großvater, Gießkanne; schweißen, draußen*.

Achtung, einige Wörter werden mit einem einfachen **s** geschrieben, obwohl ein langer Vokal oder Diphthong vor dem s-Laut steht. Bei ihnen hört man den stimmhaften s-Laut nur im Plural, z. B. *Glas – Gläser, Haus – Häuser*.

1 Ergänzen Sie weitere Wörter nach folgenden Mustern:
-**eis**-: r**eis**en, Kr**eis** …
-**üss**-: m**üss**en, N**üss**e …
-**aß**-: M**aß**, fr**aß** …

Bei einigen Verbformen ändert sich beim Wechsel der Zeitformen der Stammvokal und entsprechend auch der s-Laut. Das müssen Sie beachten, wenn Sie Verben konjugieren.

Infinitiv	3. Person Singular Präsens	3. Person Singular Präteritum	3. Person Plural Perfekt
beschlie**ß**en	er beschlie**ß**t	sie beschlo**ss**	sie haben beschlo**ss**en

2 Übernehmen Sie die Tabelle in Ihr Heft, notieren Sie die richtigen Verbformen der folgenden Verben in die entsprechenden Spalten und erklären Sie mithilfe des Basiswissens, weshalb sich der s-Laut verändert.
zerreißen • gießen • schmeißen • genießen • vergessen

3 Schreiben Sie den Lückentext ab und ergänzen Sie die richtigen s-Laute (s, ss oder ß).

Praktikum in einer Gie_erei

Der erste Tag meines Praktikums in der Gie_erei „Müller-Gu_" begann um sieben Uhr. Am Vormittag half ich bei der Überwachung der Verflü_igung von Gu_ei_en. Dabei hatte ich Gelegenheit zu sehen, wie Lufteinschlü_e entfernt werden. Die hei_e, flü_ige Ma_e wurde dann automatisch zur Gie_station befördert. Am Nachmittag kontrollierte ich die Gu_teile, ob keine
5 Ri_e, Ga_bla_en oder Hohlräume entstanden waren. Das ist wichtig, denn alles mu_ genau pa_en. Anschlie_end bearbeitete ich die gego_enen Teile.

9.3 Getrennt- und Zusammenschreibung

Informieren Sie sich über die wichtigsten Regeln der Getrennt- und Zusammenschreibung.

BASISWISSEN	Getrennt- und Zusammenschreibung
Getrennt schreibt man in der Regel:	
Wortgruppen mit dem Verb **sein**	*froh sein, zusammen sein*
die meisten Wortgruppen aus **Verb + Verb** und **Partizip + Verb**	*arbeiten gehen, getrennt schreiben*
die meisten Wortgruppen aus **Nomen + Verb**	*Auto fahren, Praktikum absolvieren*
Wortgruppen aus **Adjektiv + Verb**, wenn die Verbindungen wörtlich verstanden werden	*falsch machen, geheim halten, gesund werden*
Wortgruppen aus **Adverb + Verb**, wenn der Hauptakzent auf dem Verb liegt	*dabei stehen, zusammen gehen, miteinander reden*
Zusammen schreibt man unter anderem:	
Zusammensetzungen aus **Nomen + Adjektiv/Partizip**, wenn die Verbindung für eine Wortgruppe steht	*lebensfremd (dem Leben fremd), angsterfüllt (von Angst erfüllt)*
Zusammensetzungen aus **Adjektiv + Adjektiv**, wenn der erste Teil die Bedeutung des Wortes verstärkt oder abschwächt	*hellblau, lauwarm*
Verbindungen aus **Adjektiv + Verb**, die man nur im übertragenen Sinn verstehen kann	*falschspielen (betrügen), klarmachen (etwas verdeutlichen)*
Verbindungen aus **Adverb + Verb**, wenn der Hauptakzent auf dem Adverb liegt	*hierbleiben, sich querstellen, rückwärtsgehen, vorwärtslaufen*
Verbindungen aus **Präposition + Verb**, wenn der Hauptakzent auf der Präposition liegt	*zwischenlagern, durcharbeiten, entlanglaufen*
trennbar zusammengesetzte Verben, deren erster Bestandteil kaum noch als Nomen erkennbar ist	*leidtun, teilnehmen, standhalten, kopfstehen, nottun*
Verbindungen aus **fest, voll** und **tot + Verb**	*festhalten, vollgießen, totsagen*

1 Schreiben Sie die folgenden Sätze in der richtigen Schreibung in Ihr Heft.
(1) Mein Vater erzählt mir oft von seiner super/schweren Kindheit. (2) Der Unterricht habe damals viel zeitiger statt/gefunden als heute. (3) Außerdem seien die Kinder noch angst/erfüllt zur Schule gegangen. (4) Er meint, die Schüler mussten von früh bis spät durch/arbeiten. (5) Und wenn jemand etwas falsch/machte, sei er schwer/bestraft worden. (6) Er meint, er habe keine Freizeit gehabt, denn nach der Schule musste er Klavier/spielen und aufräumen/helfen. (7) Mein Vater hat natürlich bei seinen Erzählungen tot/geschwiegen, dass er sich damals gegen alles und jeden quer/gestellt hat. (8) Meine Oma hat mir erzählt, er habe ständig mit seinen Freunden zusammen/gehockt und Streiche ausgeheckt. (9) Sie meinte, mein Vater könne froh/sein, dass er so brave Kinder hat.

Großschreibung nominalisierter Wörter

25 Prozent der Rechschreibfehler sind auf unzureichende Kenntnisse in der Groß- und Kleinschreibung zurückzuführen. Dabei ist die Grundregel sehr einfach: Nomen schreibt man groß, alle anderen Wortarten klein. Doch wenn Verben, Adjektive etc. im Satz als Nomen gebraucht werden, spricht man von Nominalisierungen und die nominalisierten Wörter werden großgeschrieben.

BASISWISSEN — Nominalisierungen

Nominalisierte Wörter lassen sich oft an einem der folgenden Merkmale erkennen:

a) an einem vorausgehenden **Artikel:**
z. B. *der* Alte, *das* Öffnen, *eine* Drei (würfeln), *das* Auf und Ab

b) an einer vorausgehenden **Präposition,** die mit einem **Artikel** verschmolzen ist:
z. B. *beim* Einkaufen, *ins* Grüne, *vom* Lachen

c) an einem vorangestellten **Pronomen, Zahlwort, Adjektiv** oder **Partizip:**
z. B. *sein* Lachen, *drei* Heranwachsende, *fröhliches* Miteinander, *gemäßigtes* Klatschen

Manchmal fehlen diese Signalwörter. Schreiben Sie groß, wenn Sie Signalwörter ergänzen können, z. B. *(Das) Aufwachen macht keinen Spaß.*

Hausordnung

Lärm: […] Das Spielen von Instrumenten ist während der Mittagsruhe (13.00 bis 15.00 Uhr) und zwischen 19.00 Uhr und 8.00 Uhr grundsätzlich untersagt. […]
Kinder: […] Das Reinigen des Spielplatzes und Sandkastens nebst Umgebung gehört zu den Aufgaben der Eltern, deren Kinder dort spielen. […]
5 **Sicherheit:** […] Das Grillen mit Holzkohle ist auf den Balkonen grundsätzlich nicht gestattet. Zum Grillen steht eine geeignete Fläche unweit des Gebäudes zur Verfügung. Das Lagern von feuergefährlichen, leicht entzündbaren sowie Geruch verursachenden Stoffen im Keller oder auf dem Dachspeicher ist untersagt. […]
Reinigung: […] Beim Gießen von Blumen ist darauf zu achten, dass das Wasser nicht an der
10 Hauswand herunterläuft und auf die Fenster und Balkone anderer Mieter tropft.
Lüften: Die Wohnung ist auch in der kalten Jahreszeit ausreichend zu lüften. Dies erfolgt durch möglichst kurzfristiges, aber ausreichendes Öffnen der Fenster. […]
Fahrzeuge: Das Abstellen von motorisierten Fahrzeugen auf dem Hof, den Gehwegen und den Grünflächen ist nicht gestattet. […] Beim Befahren der Garageneinfahrten und Parkplätze ist
15 grundsätzlich Schrittgeschwindigkeit einzuhalten. Das Abstellen von Fahrrädern ist grundsätzlich nur auf den dafür vorgesehenen Flächen und im Fahrradkeller gestattet.

1 Finden Sie in dem Text Nominalisierungen und schreiben Sie diese mit Begleiter heraus.

2 Bilden Sie Nominalisierungen aus folgenden Pronomen, Zahlwörtern, Adjektiven, Präpositionen und Partizipien. Formulieren Sie Sätze unter Verwendung der Nominalisierungen.
ich • zwei • sieben • blau • kreativ • für (und) wider • arbeitend • ausgestoßen

Groß- und Kleinschreibung von Tageszeiten und Wochentagen

„Am Montag komme ich später" und „Ich komme montags immer später" – für die korrekte Schreibung von Tageszeiten und Wochentagen muss man sich die folgenden Regeln einprägen.

BASISWISSEN: Groß- und Kleinschreibung von Tageszeiten und Wochentagen

Tageszeiten und Wochentage werden großgeschrieben, wenn sie Nomen sind. Man erkennt sie an den Begleitern:

vorangehender Artikel	*der Montag, ein Freitag, eines Abends*
vorangehende Präposition (oft mit Artikel)	*bei Tage, am Freitag*
vorangestelltes Pronomen, Zahlwort, Adjektiv, Partizip	*jeden Montag, vier Freitage, letzten Samstag*

Tageszeiten und Wochentage werden als Adverbien kleingeschrieben, z. B. *montags, mittags, heute*.

Zusammengesetzte Tageszeiten und Wochentage schreibt man groß, wenn sie Nomen sind, und klein, wenn sie Adverbien sind, z. B. *am Montagabend, mittwochmorgens*.

Bei kombinierten Tageszeitangaben schreibt man die Nomen groß und die Adverbien klein, z. B. *gestern Abend*.

Hallo Timm,
sorry, dass ich erst h/Heute schreibe, aber ich hatte g/Gestern a/Abend keine Lust mehr. Mein g/Gestriger s/Samstag war anstrengend! Am m/Morgen bin ich zeitig aufgestanden; ich gehe jetzt nämlich s/Samstagsmorgens mit meiner kleinen Schwester schwimmen. Gegen m/Mittag habe ich mich mit Luisa getroffen. Sie hat sich letzten f/Freitag einen Roller gekauft. Wir sind den ganzen n/Nachmittag durch die Stadt gefahren. Hast du kommenden d/Dienstagabend Zeit, ins Kino zu gehen? Bis bald, Jessica

1 Schreiben Sie den Text in der richtigen Groß- und Kleinschreibung in Ihr Heft.

FAZIT

9.1
Grammatik: Wortarten
- Nomen
- Adjektive
- Adverbien
- Präpositionen
- Konjunktionen
- Verben
- Numerale
- Artikel
- Pronomen
- Interjektionen

9.2
Grammatik: Satzglieder
- Subjekt
- Prädikat
- Objekt
- Adverbial
- Satzgliedteil: Attribut

9.3
Rechtschreibung
- s-Schreibung
- Getrennt- und Zusammenschreibung
- Großschreibung nominalisierter Wörter
- Groß- und Kleinschreibung von Tageszeiten und Wochentagen

Bewerbungstraining

Ein Persönlichkeitsprofil erstellen

Wenn Sie für sich erfolgreich werben und Ihre Bewerbungschancen erhöhen wollen, sollten Sie über positive Standardeigenschaften wie „freundlich" oder „teamfähig" hinaus Ihre Persönlichkeit differenzierter darstellen. Die folgenden Aufgaben helfen Ihnen, sich kritisch und sachlich zu charakterisieren.

1 Schätzen Sie sich zunächst selbst ein.

a) Stellen Sie eine Liste mit positiven und negativen Persönlichkeitsmerkmalen zusammen (Eigenschaften, Fähigkeiten, Verhaltensweisen). Denken Sie dabei an Personen, die Sie kennen, und an sich selbst.

b) Fertigen Sie am Computer eine Checkliste mit den von Ihnen ermittelten Persönlichkeitsmerkmalen nach folgendem Muster an:

Persönlichkeitsmerkmale	stark ausgeprägt	normal ausgeprägt	gar nicht ausgeprägt
ausdauernd			

c) Drucken Sie die Liste mehrmals aus. Füllen Sie die Checkliste zuerst für sich selbst aus.

2 Bitten Sie Freunde, Eltern, Geschwister und Lehrer, Sie mithilfe der Checkliste einzuschätzen.

3 Vergleichen Sie die Ergebnisse der Aufgaben 1c und 2.

a) Überwiegen die gleichen Bewertungen oder fallen Selbsteinschätzung und Fremdeinschätzung auseinander?

b) Begründen Sie die Abweichungen von Selbst- und Fremdeinschätzung.

4 Erstellen Sie Ihr persönliches Profil.

a) Stellen Sie Ihre positivsten und Ihre negativsten Eigenschaften gegenüber (vgl. Aufgabe 1-2). Verwenden Sie folgendes Muster.

meine positivsten Eigenschaften	meine negativsten Eigenschaften
ausdauernd ▸ Beleg: …	

b) Persönlichkeitsmerkmale müssen Sie in einem Bewerbungsschreiben oder in einem Vorstellungsgespräch belegen können. Stellen Sie Belege für Ihre hervorstechenden positiven Eigenschaften zusammen und tragen Sie sie in die linke Spalte Ihrer Tabelle ein.

Beispiel: *ausdauernd* ▸ *Beleg: Ich jogge regelmäßig.*

Anforderungsprofile für Ausbildungsberufe ermitteln

Viele haben eine Vorstellung von dem Beruf, den sie einmal ausüben möchten. Aber nicht immer stimmen die Anforderungen des „Traumberufes" mit den eigenen Fähigkeiten überein. Damit Sie den passenden Ausbildungsberuf finden, sollten Sie Informationen recherchieren. Zwei zentrale Fragen sind bei dieser Suche zu beantworten:

- Welche Ausbildungsberufe eignen sich für Absolventen mit Fachhochschulreife?
- Welche anderen Anforderungen – wie z. B. Eigenschaften, Verhalten, Kenntnisse, Fähigkeiten – werden in diesen Ausbildungsberufen an die Auszubildenden gestellt?

1 Sammeln Sie Informationen über Ihren Traumberuf und vergleichen Sie die Anforderungen mit Ihrem eigenen Profil (» S. 155).

Sie haben z. B. folgende Möglichkeiten, sich über Ausbildungsberufe zu informieren:

- Berufsinformationszentrum (BIZ)
- Internetauftritte: www.arbeitsagentur.de, www.ausbildung-plus.de, berufenet.arbeitsagentur.de/berufe/, www.bibb.de (Bundesinstitut für Berufsbildung), www.bmwi.de/BMWi/DE/Themen/ausbildung-und-beruf.html
- Broschüren (Bundesagentur für Arbeit, Industrie-, Handels- oder Handwerkskammer)
- Lehrstellenatlas
- Ausbildungsmesse
- Auszubildende in der Schule
- Freunde und Bekannte, die einen für Sie interessanten Beruf ausüben

2 Informieren Sie sich über andere Ausbildungsberufe. Suchen Sie sich mindestens drei weitere Ausbildungsberufe aus, die zu Ihrem Persönlichkeitsprofil passen.

3 Versuchen Sie, zu Ihnen passende Alternativen zu den gängigen Ausbildungsberufen zu finden, z. B. unter den sogenannten „neuen Ausbildungsberufen".

4 Systematisieren Sie die gesammelten Informationen über Ausbildungsberufe mithilfe einer Tabelle. Sie können das folgende Muster verwenden:

Ausbildungsberuf	Anforderungsprofil des Ausbildungsberufes	Übereinstimmungen mit meinem Persönlichkeitsprofil

5 Recherchieren Sie, welche Firmen in Ihrer Umgebung in den für Sie interessanten Berufen Ausbildungsplätze anbieten. Folgende Quellen können Sie nutzen:

- Internet u. a. unter den folgenden Adressen:
    - www.arbeitsagentur.de
    - www.ihk-lehrstellenboerse.de
    - www.meinestadt.de/deutschland/lehrstellen
    - www.handwerkskammer.de
    - www.aubi-plus.de
- Wochenendausgabe der lokalen Tageszeitung
- Aushänge in der Schule

Sich bewerben
Das Bewerbungsschreiben in Anlehnung an DIN 5008 erstellen

Das Bewerbungsschreiben ist in der Regel der erste Eindruck, den ein möglicher Arbeitgeber von Ihnen erhält. Entsprechend sorgfältig sollten Sie das Schreiben verfassen. Die Inhalte sollten möglichst individuell formuliert sein; die Form ist an Regeln gebunden:

Muster

Vorname und Name des Absenders
Straße und Hausnummer
PLZ Ort
Telefonnummer (Beispiele: *01234 56789, +49 1234 56789*)
E-Mail-Adresse des Absenders

•

•

•

Firma
evtl. Ansprechpartner/-in
Straße und Hausnummer
PLZ Ort

•

•

•

23.07.2016

•

•

Betreff (Hier wird kurz der Inhalt des Schreibens genannt).

•

•

Anrede (*Sehr geehrte Damen und Herren* oder *Sehr geehrte/-r Frau/Herr*),

•

im ersten Satz bezieht man sich auf Empfehlungen, vorherige telefonische Anfragen, auf einen Besuch bei der Berufsberatung der Agentur für Arbeit, eine Zeitungsanzeige, ein Internetportal o. Ä. und erklärt sein Anliegen sowie sein besonderes Interesse an der ausgeschriebenen Stelle.

•

Anschließend macht man einige Angaben zur Person (Schulbesuch, Abschluss).

•

Danach sollte man auf die geforderten fachlichen Fähigkeiten (Anforderungen des Berufs) eingehen und die besondere persönliche Eignung für diesen Beruf anführen. Eine insgesamt positive Darstellung ist wichtig.

•

Im Briefschluss wählt man Formulierungen, die sich bereits auf eine Einladung zum Vorstellungsgespräch beziehen.

•

Grußformel (*Mit freundlichen Grüßen*)

•

Unterschrift mit vollem Namen

•

Maschinenschriftliche Wiederholung von Vor- und Nachname

•

Anlagen
Lebenslauf mit Foto
Zeugniskopien

Randbemerkungen:

- Abstand vom linken Rand 2,5 cm, vom rechten Rand 2 cm und vom oberen Rand 4,5 cm.

- Die Telefonnummer wird nicht gegliedert. Nach der Vorwahl steht ein Leerzeichen.

- Für das Datum sind drei Formate möglich: 2016-07-23, 23.07.2016, 23. Juli 2016

- Der Ort wird im Zusammenhang mit dem Datum nur erwähnt, wenn er sich vom Wohnort unterscheidet.

- Der Betreff wird durch Fettdruck hervorgehoben. Das Wort „Betreff" wird nicht geschrieben.

- Wird im Anschriftenfeld ein/-e Ansprechpartner/-in genannt, muss diese/-r bei der Anraede persönlich angesprochen werden.

- Auf Konjunktive sollte im ganzen Brief verzichtet werden – auch im letzten Satz.

- Das Wort „Anlagen" darf durch Fettdruck, aber nicht durch Unterstreichung hervorgehoben werden. Es steht kein Doppelpunkt hinter „Anlagen".

Eine Online-Bewerbung verfassen

Viele Unternehmen gehen dazu über, Online-Bewerbungen anzubieten oder zu fordern. Dieses Verfahren erspart den Unternehmen Arbeit und ist zudem für die Bewerber häufig attraktiver. Aber auch bei dieser Form der Bewerbung lauern Fehler und es sind Regeln zu beachten.

ARBEITSTECHNIK — Online-Bewerbungen verfassen

Bewerben Sie sich nur online, wenn das Unternehmen dies ausdrücklich anbietet. Dann nutzen Sie diese Möglichkeit aber unbedingt.

- Wenn Formulare vorgesehen sind, sollten Sie diese auch nutzen:
  – Füllen Sie so viele Felder wie möglich aus.
  – Bleiben Sie bei der Wahrheit, auch wenn z. B. die Eingabe der Zeugnisnoten dazu verleitet, bessere Noten einzutragen, als Sie eigentlich haben. Spätestens mit dem Einreichen des Zeugnisses fällt ein Betrug auf und Sie scheiden sofort aus dem Bewerbungsverfahren aus.

- Wenn keine Formulare vorgesehen sind, gehen Sie so vor:
  – Strukturieren Sie Ihr Anschreiben wie ein Bewerbungsschreiben, das per Post versandt wird (vgl. S. 157).
  – Nennen Sie neben Ihrer E-Mail-Adresse auch Ihre Postanschrift mit Telefonnummer. Sie gehören in den Briefkopf des Anschreibens und in den Lebenslauf bzw. in das Anschriftenfeld bei Formularen.
  – Achten Sie auf Aktualität. Das Datum des Anschreibens und des Lebenslaufs muss mit dem Sendedatum der E-Mail übereinstimmen.
  – Achten Sie auch darauf, dass die Bewerbung vollständig ist.

- Überprüfen Sie Ihre E-Mail-Adresse auf Seriosität. Adressen wie z. B. *dragonheart@...* oder *sternchen92@...* sind unpassend. Richten Sie sich im Zweifel eine neue Adresse ein, die am besten aus Ihrem Vor- und Nachnamen besteht, z. B. *Sandra.Meier@...*

- Formulieren Sie Ihre Online-Bewerbung genauso sorgfältig wie jede andere Bewerbung. Auch wenn es sich um eine E-Mail oder eine Kurzmitteilung handelt, bei der man sonst zwangloser formuliert, sollten Sie keine umgangssprachlichen Wendungen, keine Emoticons, keine Abkürzungen, keinen SMS- oder Chat-Stil verwenden. Bilden Sie stattdessen vollständige Sätze und halten Sie sich an die Regeln normaler Bewerbungen.

- Beschriften Sie alle Anhänge eindeutig, z. B. *Lebenslauf Sandra Meier.doc, Zeugnisse Ralf Willms.pdf*. Verwenden Sie außerdem möglichst gängige Dateiformate – es besteht sonst die Gefahr, dass Ihr Empfänger die Dateien nicht öffnen kann.

- Halten Sie die Dateigrößen möglichst klein. Vorgegebene Dateigrößen sollten Sie nicht überschreiten.

- Überprüfen Sie alle Angaben auf Richtigkeit und kontrollieren Sie überall Rechtschreibung und Zeichensetzung.

Situation

Sonja Müller, Schülerin einer Höheren Berufsfachschule, möchte IT-Systemelektronikerin werden. Die Firma *IT-Service GmbH* in Aachen und die Firma *Compusolutions GmbH* in Düsseldorf bilden in diesem Bereich aus. Die Schülerin schickt ihre Bewerbung per E-Mail am 5. Mai ab.

Eine Online-Bewerbung verfassen

1 Vorsicht, Fehler: Bewerten und korrigieren Sie die Online-Bewerbung.

a) Untersuchen Sie die folgende Online-Bewerbung. Benennen Sie, was die Verfasserin dieser Online-Bewerbung richtig gemacht hat. Stellen Sie Fehler heraus.

b) Verbessern Sie die Online-Bewerbung von Sonja Müller.

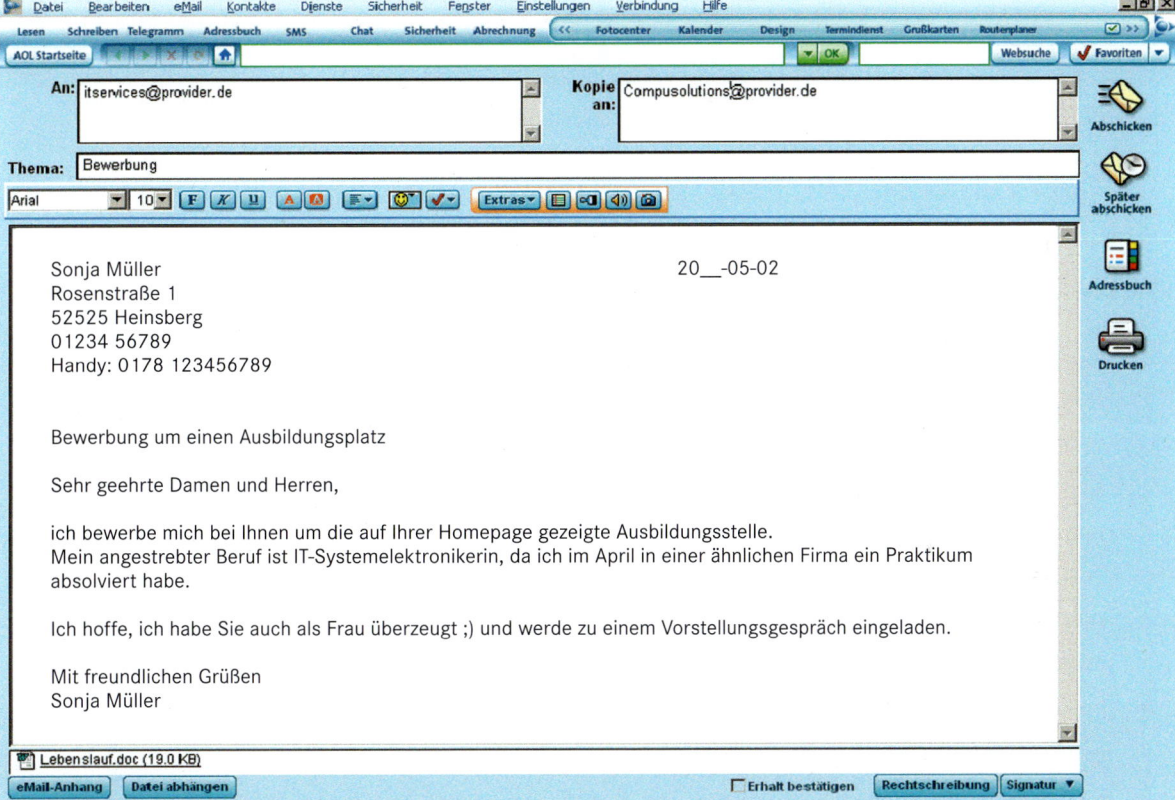

ARBEITSTECHNIK — Die Bewerbungsunterlagen zusammenstellen

- Ermitteln Sie die Adresse eines geeigneten Ausbildungsbetriebes.
- Erstellen Sie den Inhalt des Bewerbungsschreibens. Achten Sie besonders auf individuelle Formulierungen.
- Verfassen Sie das Anschreiben unter Beachtung der Formvorschriften.
- Schreiben Sie den Lebenslauf und achten Sie auf das aktuelle Datum.
- Lassen Sie das Anschreiben und den Lebenslauf Korrektur lesen.
- Fügen Sie alle notwendigen Unterlagen zeitlich geordnet und als Kopien hinzu.
- Füllen Sie bei Online-Bewerbungen mit Formularvorlage alle Felder wahrheitsgemäß und vollständig aus. Wenn kein Formular vorgesehen ist, strukturieren Sie Ihr Anschreiben wie ein Bewerbungsschreiben, das per Post versandt wird. Achten Sie auf eine angemessene Wortwahl und auf Fehlerfreiheit.

10.4 Sich in einem Unternehmen präsentieren
Ein Vorstellungsgespräch simulieren

In einem Vorstellungsgespräch treten Sie zum ersten Mal in direkten Kontakt mit einem möglichen Ausbilder. Jetzt müssen Sie sich selbst präsentieren. Je besser Sie sich darauf vorbereiten, desto größer sind Ihre Chancen, den Ausbildungsplatz zu erhalten. Denn es geht nur noch um die Frage: „Warum sollten wir gerade Sie nehmen?"

ARBEITSTECHNIK — Sich auf das Vorstellungsgespräch vorbereiten

Die **inhaltliche Vorbereitung** ist der erste Schritt zur Selbstsicherheit:

- Informieren Sie sich über das Unternehmen, die Branche und den Ausbildungsberuf. Sehen Sie sich den Internetauftritt des Unternehmens an und machen Sie sich mit Produkten, Dienstleistungen, Filialen etc. vertraut.
- Lernen Sie Ihre eigenen Daten auswendig (Lebenslauf, Hobbys, Name Ihrer Schule).
- Bereiten Sie sich auf mögliche Fragen vor, auch auf unangenehme, z. B. nach schlechten Noten.
- Überlegen Sie, welche Fragen Sie stellen könnten. Erstellen Sie eine Liste, die Sie zum Vorstellungsgespräch mitnehmen können. So vermeiden Sie, wichtige Fragen zu vergessen.
- Erstellen Sie Ihr Persönlichkeitsprofil (vgl. S. 155). Benennen Sie Stärken und Schwächen und begründen Sie Ihre Eignung möglichst konkret.
- Vermeiden Sie allgemeine Aussagen.

Das **richtige Auftreten** ist der zweite Schritt zur Selbstsicherheit:

- Das Vorstellungsgespräch beginnt bereits, wenn Sie das Firmengelände betreten. Gehen Sie davon aus, dass Sie dort schon beobachtet werden.
- Seien Sie pünktlich und kleiden Sie sich dem Anlass entsprechend.
- Stellen Sie sich mit Vor- und Nachnamen vor.
- Sprechen Sie in ganzen Sätzen. „Einwort-Sätze" wirken desinteressiert und unvorbereitet.
- Sprechen Sie Hochdeutsch, nicht Dialekt oder Umgangssprache.
- Bleiben Sie freundlich.
- Achten Sie auf eine angemessene Körper- und Sitzhaltung.
- Versuchen Sie, glaubwürdig, bescheiden, kompetent und zielstrebig zu wirken.

1 Simulieren Sie ein Vorstellungsgespräch.

a) Wählen Sie für die Simulation Folgendes aus:
   - eine Person Ihres Vertrauens, die in einem Rollenspiel den Personalchef darstellt,
   - einen Ausbildungsberuf,
   - einen Ausbildungsbetrieb.

b) Spielen Sie mit verteilten Rollen die verschiedenen Phasen eines Vorstellungsgespräches: Begrüßung, Selbstdarstellung des Bewerbers (inkl. Eignung für den Beruf und das Unternehmen), Schulbildung, Interessen und Hobbys, Fragen des Bewerbers.
Bereiten Sie sich auf mögliche Fragen vor. Versuchen Sie, konkrete Antworten zu finden.

c) Nehmen Sie das Vorstellungsgespräch mit einer Videokamera auf und analysieren Sie es anschließend aus der Sicht eines Personalchefs. Überlegen Sie, ob Sie sich selbst einstellen würden.

d) Erstellen Sie eine Liste mit Verhaltensweisen, an denen Sie noch arbeiten müssen.

10.4 Sich für ein Assessment-Center vorbereiten

Die letzte Hürde zum ersehnten Ausbildungsplatz stellt in vielen Unternehmen das sogenannte Assessment-Center dar. Der Begriff kommt aus dem Englischen von „to assess" – und bedeutet so viel wie beurteilen, einschätzen.

BASISWISSEN — Assessment-Center

Bei einem Assessment-Center werden die Bewerber auf ihre Eignung für den Ausbildungsberuf beurteilt. Als Grundlage dazu dienen verschiedene praktische Tests, denen sich die Bewerber stellen müssen. Gängige Methoden in diesem Auswahlverfahren sind:

- Gruppendiskussionen
- Rollenspiele
- Konstruktionsaufgaben
- organisatorische Aufgaben
- Kurzpräsentationen

Das Auswahlverfahren in einem Assessment-Center kann von mehreren Stunden bis zu mehreren Tagen dauern. Stellen Sie sich darauf ein, dass Sie nicht nur während der Tests, sondern auch während des ganzen Tages beobachtet werden.

In **Gruppendiskussionen** werden soziale, politische oder wirtschaftliche Fragen thematisiert. Mögliche Themen könnten neben tagesaktuellen z. B. sein:
Gibt es einen Werteverfall in der heutigen Gesellschaft? Lässt das Internet die Menschen seelisch verkümmern? Sollten die Öffnungszeiten in unseren Filialen verändert werden? Wie stehen Sie zum arbeitsfreien Sonntag?

Bei diesen Diskussionen werden Sie u. a. hinsichtlich folgender Punkte bewertet:
Haben Sie eine eigene Meinung, die Sie überzeugend vertreten? Haben Sie Hintergrund- und Allgemeinwissen? Sind Sie dominant oder eher zurückhaltend? Halten Sie die Gesprächsregeln ein?

Bereiten Sie sich auf Gruppendiskussionen vor: Sehen Sie Nachrichtensendungen, lesen Sie die Tageszeitung und wiederholen Sie die Gesprächsregeln.

Kundengespräche oder Mitarbeitergespräche könnten Themen für **Rollenspiele** sein.

Konstruktions- bzw. **Organisationsaufgaben** könnten z. B. das Herstellen einer Mitarbeiterzeitung oder das Erstellen der Homepage für das Unternehmen sein. Sie sollten aber auch mit Aufgaben rechnen, die thematisch nichts mit dem angestrebten Ausbildungsberuf zu tun haben, z. B. die Organisation eines Fußball- oder Sommerfests.

Als **Kurzpräsentation** könnten Sie die Ergebnisse Ihrer Konstruktions- bzw. Organisationsaufgabe vortragen. Aber auch Ihr eigener Lebenslauf könnte das Thema sein. Die Regeln für gelungene Präsentationen sollten Sie anwenden können. Rechnen Sie aber auch hier mit artfremden Aufgaben. Es könnte z. B. sein, dass Sie sich um die Ausbildungsstelle zur IT-Systemelektronikerin oder zum Bankkaufmann beworben haben und nun die Aufgabe erhalten, einen Staubsauger zu verkaufen.

1 Informieren Sie sich bei Freunden und Bekannten, die schon einmal ein Assessment-Center durchlaufen haben. Stellen Sie z. B. folgende Fragen:
- Welche Diskussionsthemen wurden vorgegeben?
- Welche Rollenspiele mussten für welche Ausbildungsberufe durchgeführt werden?
- Was musste konstruiert bzw. organisiert werden?
- Zu welchen Themen sollten Kurzpräsentationen erstellt werden?

10.4 Sich auf Einstellungstests vorbereiten

Viele größere Unternehmen führen Einstellungstests durch, um die Fähigkeiten und Kenntnisse Ihrer Bewerber zu prüfen und um aus der großen Anzahl von Bewerbern auswählen zu können.

Unvorbereitet sollten Sie auf keinen Fall in diese Tests gehen, dafür sind sie viel zu wichtig. Zum Beispiel sind viele Teile des Tests so angelegt, dass Sie die Aufgaben nicht in der vorgegebenen Zeit lösen können. Hierbei soll getestet werden, wie Sie unter Zeitdruck und Stress arbeiten. Deshalb üben Sie möglichst viel und investieren Sie in eins der zahlreichen Trainingsbücher für Einstellungstests. Denn nur wer mit dem Aufbau, der Durchführung und den Inhalten der Tests vertraut ist, hat gute Chancen, diese zu bestehen. Und auch wenn Sie nach dem ersten Einstellungstest eine Absage erhalten, sehen Sie es positiv: Sie haben für den nächsten Test viel gelernt und Routine erworben, die Ihnen beim nächsten Mal helfen wird.

1 Überlegen Sie, wie Sie sich optimal auf einen Einstellungstest vorbereiten können. Beziehen Sie auch – wenn möglich – eigene Erfahrungen in Ihre Überlegungen mit ein.
Beispiel: – *die wichtigsten Rechtschreib- und Grammatikregeln wiederholen*
   …

2 Recherchieren Sie, welche Trainingsbücher für Einstellungstests im Handel erhältlich sind. Stellen Sie eine Liste mit Trainingsbüchern zusammen, die für Sie geeignet sind.

FAZIT

10.1 Ein Persönlichkeitsprofil erstellen
- Persönlichkeitsmerkmale ermitteln (Selbst- und Fremdeinschätzung)
- positive Merkmale mit Beispielen belegen

10.2 Anforderungsprofile für Ausbildungsberufe ermitteln
- Informationen über Ausbildungsberufe zusammentragen
- Anforderungen ermitteln
- Anforderungsprofil mit eigenem Persönlichkeitsprofil vergleichen, Gemeinsamkeiten zusammenfassen

10.3 Sich bewerben
- Bewerbungsschreiben individuell formulieren, Formvorschriften beachten
- Lebenslauf schreiben
- notwendige Unterlagen als Kopien hinzufügen
- Online-Bewerbungen:
  – als Formular: alle Felder wahrheitsgemäß und vollständig ausfüllen
  – ohne Formular: wie bei schriftlicher Bewerbung verfahren

10.4 Sich in einem Unternehmen präsentieren
- Vorstellungsgespräche
- Assessment-Center
- Einstellungstests

Lernbaustein 1

Kapitel 11

Sprechen als kommunikatives Handeln

11.1 Verschiedene Sprachvarietäten erkennen

11.2 Kommunikative Kompetenz entwickeln

11.3 Sprache als System von Symbolen betrachten

11.4 Prüfungsvorbereitung

Durch die Sprache tauschen wir uns mit anderen aus, übermitteln Informationen, eignen uns Kenntnisse und Wissen an und stellen soziale Beziehungen her. Menschen, die sprachlich gewandt sind und sich unterschiedlichen Kommunikationssituationen situationsgerecht anpassen können, haben Vorteile im Privatleben und im Beruf.

Kompetenzen

- ✓ Entwicklungstendenzen der deutschen Gegenwartssprache benennen
- ✓ Bedeutung von Sprachproblemen erkennen und erläutern
- ✓ Beschaffenheit und Erfordernisse einer Fachsprache verstehen
- ✓ Sprachvarietäten als Gestaltungsmittel sozialer Beziehungen erkennen
- ✓ Sprachliche Defizite korrigieren
- ✓ Sprache als Instrument der Beeinflussung und der Einflussnahme verstehen

Methoden und Arbeitstechniken

- ✓ Lernplakat
- ✓ Concept-Map
- ✓ Argumentationskarten
- ✓ Rollenspiel

11.1 Verschiedene Sprachvarietäten erkennen
Sprachvarietäten unterscheiden

Warum sprechen z. B. Jugendliche anders als erwachsene Menschen? Der folgende Textauszug aus „Spinner" von Benedict Wells zeigt, dass Sprecher in unterschiedlichen Kommunikationssituationen verschiedene Sprachvarietäten benutzen.

Benedict Wells: Spinner (Auszug)

Wir betraten mein Zimmer. […]

Gustav begann von seinen Urlaubsbekanntschaften zu erzählen. Wiedersehensgequassel. Schließlich hob er ein einzelnes Blatt vom Boden auf und sah es sich
5 an. Es war Seite fünfhundertdreiundsiebzig. „Na, und wie geht's eigentlich so mit deinem Buch voran?"

[…] „Ja, ich bin fertig. Und ich hab es vor einigen Tagen Bornig gegeben."

„Bornig? Diesem alten Sack, mit dem du immer
10 Schach spielst?"

„Hey, hör auf, so über ihn zu reden. Er ist wie ein Vater für mich."

„*Er ist wie ein Vater für mich* – o Mann." Gustav stöhnte auf. […] „Sorry, ich hab nichts gesagt. Der
15 heilige Bornig, schon verstanden. […]"

„Fick dich, okay?"

[…] „Schon okay. Es ist nur: Zurzeit läuft's nicht gerade gut. Und wenn ich in einer Woche wieder nach Hause fahre, dann ist …" An dieser Stelle brach ich ab
20 und sagte nichts mehr. Ja, was ist dann, dachte ich.

Lange war es still, bis Gustav in die Hände klatschte. „Besaufen!", sagte er.

Ich blickte ihn ungläubig an.

„Ach komm, schau nicht so doof", sagte er. „Ich hab recht. Wir gehen was trinken. Und dann brauchst du
25 auch mal wieder eine Frau. Deswegen bist du so ätzend. Na los, Jesp, ich weiß, wo jetzt 'ne gute Party steigt."

1 Untersuchen Sie die Äußerungen von Jesp und Gustav im Hinblick auf die Kommunikationssituation.
a) Bestimmen Sie mithilfe des Basiswissens auf der folgenden Seite, welcher Sprachvarietät die Äußerungen der Protagonisten zuzuordnen sind. Führen Sie entsprechende Beispiele aus dem Text an.
b) Beschreiben Sie die Kommunikationssituation und begründen Sie auf dieser Grundlage die ausgewählte Sprachvarietät.
c) In einem Kommentar zu Wells' Roman heißt es: „Wells' Sprache ist roh und unfrisiert." Stellen Sie begründet Vermutungen über die Zielgruppe an, die Wells mit seinem Roman vor allem erreichen will.
d) Formulieren Sie den Text so um, dass er sprachlich den Anforderungen der Standardsprache gerecht wird. Lesen Sie den ursprünglichen und den veränderten Text mit verteilten Rollen vor. Erörtern Sie die Wirkung.

2 Sammeln Sie Ausdrücke, die Sie verwenden, wenn Sie begeistert sind. Ordnen Sie diese den folgenden Situationen zu.
- Sie erhalten eine Jobzusage von Ihrem zukünftigen Arbeitgeber.
- Sie schauen sich ein Fußballspiel mit Freunden an. Ihre Lieblingsmannschaft gewinnt.
- Sie besichtigen eine Wohnung mit dem Vermieter. Sie sind von der Wohnung begeistert.

Sprachvarietäten unterscheiden

Der jeweilige Gebrauch der Sprachvarietät unterliegt Normen, wird also von größeren und kleineren Gruppen vorgegeben. Die Bildungsträger leiten aus diesem Tatbestand Ansprüche an die Sprachkompetenzen der Schülerinnen und Schüler ab.

In Deutschland gibt es rund 350 Ausbildungsberufe und mit ihnen eine breite Variation von Inhalten und Anforderungen. Bei aller Verschiedenheit und fachlicher Differenzierung setzen sie jedoch dieselben Basiskenntnisse voraus. Dies sind im Wesentlichen: grundlegende Beherrschung der deutschen Sprache

[…], verschiedene Sprachebenen und -stile unterscheiden und korrekt anwenden (Fachsprache und gehobene Sprache; Alltags- und Umgangssprache; Jargon) […].

www.ihk-nordwestfalen.de

3 Erläutern Sie die aus der Textvorlage resultierenden Anforderungen an die Sprachkompetenz von Schülerinnen und Schülern mit Ihren Worten.
a) Nennen Sie Beispiele für Kommunikationssituationen, in denen die genannten Sprachvarietäten sinnvoll eingesetzt werden können.
b) Begründen Sie, warum es der IHK wichtig erscheint, von den Schulabgängern und Berufsanfängern Basiskenntnisse der dargestellten Art zu fordern.

BASISWISSEN — Sprachvarietäten

Mithilfe der Sprache kann zum Ausdruck gebracht werden, ob eine Person einer bestimmten Altersgruppe, Bildungsschicht, Berufsgruppe oder Szene angehört. Diese verschiedenen Sprachformen werden auch als **Sprachvarietäten** bezeichnet.

Standardsprache (Hochdeutsch, gehobene Sprache)
Um sich über Dialektgrenzen hinweg verständigen zu können, braucht man eine Sprachvarietät, die in ganz Deutschland gesprochen und verstanden wird. Es ist die Sprachvarietät, die in der Schule gelehrt und in der offiziellen Kommunikation verwendet wird.

Alltagssprache (Umgangssprache)
Dies ist die Sprachvarietät, die im täglichen Umgang angewendet wird. Sie wird besonders von sozialen (Bildungsstandard, soziale Umwelt des Sprechers) und regionalen Gegebenheiten (Dialekt) geprägt.

Jugendsprache (Jugendszenesprache)
Jugendliche sprechen mit Gleichaltrigen anders als mit Erwachsenen, um sich abzugrenzen. Die Sprache wird benutzt, um eine bestimmte Lebenseinstellung widerzuspiegeln.

Fachsprache
Die besondere Eigenschaft einer Fachsprache ist es, Wörter und Wendungen zu prägen, die nur von einer bestimmten Berufsgruppe verstanden werden. Ziel ist die genauere und schnellere Bezeichnung bestimmter Gegenstände, Tätigkeiten oder Vorgänge für eine effektive Kommunikation. Der **Fachjargon** ist die umgangssprachlich geprägte Sondersprache einer Berufsgruppe.

Sprachvarietäten unterscheiden

Wenn wir uns sprachlich mitteilen, achten wir bei der Wahl unserer Worte auf unsere Zuhörer oder Leser. Die folgenden Texte entstammen unterschiedlichen Quellen und befassen sich mit dem Thema Nachhilfe.

„Ich denke, dass Nachhilfe wirklich nur was bringt, wenn man selber will und wenn der Nachhilfelehrer auch wirklich was auf dem Kasten hat. Denn ich kann mir denken, dass viele das nur machen, weil sie Kohle brauchen."

www.spiesser.de

Konstantin Wecker, Autor und Liedermacher:

„[…] Zwischendrin war ich deshalb zwei Jahre an einer Privatschule, ehe ich am Theresiengymnasium mein Abitur gemacht habe. An dieser Privatschule wurde ich nach einem Jahr zum Präfekten, was bedeutete, dass ich den Jüngeren Nachhilfeunterricht geben durfte und dafür auch bezahlt wurde. Ich war bis dahin wirklich schlecht in der
5 Schule, und vor den Lehrern war mir das auch immer egal gewesen. Aber vor den jüngeren Schülern wollte ich mir keine Blöße geben […]."

(Süddeutsche Zeitung, 29.07.2014)

4 Untersuchen Sie den Zusammenhang zwischen Zielgruppe und Sprache anhand der vorliegenden Textauszüge.
  a) „Die Verwendung von Sprache ist immer kontextgebunden!" Begründen Sie die Relevanz dieser These.
  b) Untermauern Sie Ihre Begründung, indem Sie Beispiele aus den Kategorien Sprache, Wortwahl und Satzbau anführen.

5 Suchen Sie in Ihnen bekannten Medien nach Artikeln zum Thema Sprachvarietäten und stellen Sie Vermutungen über die Adressatengruppe an.

6 Bilden Sie Arbeitsgruppen. Verfassen Sie zwei Leserbriefe zum Thema Nachhilfe für die folgenden Medien: FAZ (überregionale Tageszeitung) und yaez (Jugendzeitung). Wählen Sie je nach Medium unterschiedliche Satzstrukturen (» Basiswissen).

7 Präsentieren Sie die Gruppenergebnisse im Plenum. Beurteilen Sie die Arbeitsergebnisse.

BASISWISSEN — Parataxen und Hypotaxen

Eine **Hypotaxe** ist gekennzeichnet durch eine Verbindung von Hauptsätzen und untergeordneten Nebensätzen, auch Satzgefüge genannt. Auf diese Weise werden komplexe Gedankengänge dargestellt. Wissenschaftliche Texte sind in der Regel hypotaktisch geprägt. Diese Form der Satzbildung setzt eine fundierte Sprachbeherrschung voraus und gilt als Stilmittel der Hochsprache.

Parataxen stellen Satzreihen dar, gekennzeichnet durch die Aneinanderreihung von Hauptsätzen, die durch Punkt, Komma, Semikolon oder durch die Konjunktionen „und", „oder", „bzw." getrennt bzw. verbunden werden.
Im Vergleich zu hypotaktischen Satzverbindungen gelten parataktische Satzreihen eher als Ausdruck eines einfachen Sprachgebrauchs.

Alltagssprache, Jugendsprache, Standardsprache

In der alltäglichen Kommunikation weichen Sprecher zum Teil von den Regeln und dem Vokabular der Standardsprache ab. Der folgende Dialog verdeutlicht diesen Sachverhalt.

Dialog im Klassenzimmer

L: Ich fasse die Ergebnisse zusammen: Die drei Leitmotive barocker Lyrik lauten Vanitas, memento mori und …?
S: … und Yolo!
L: Yolo? Was soll das heißen? Diese unproduktiven Äußerungen gehören nicht hierher, sondern in die Pause.
S: Ey, nix unproduktiv! Yolo war 2012 das Jugendwort des Jahres und bedeutet: You only live once! Das meint doch in etwa das Gleiche, was Sie sagen wollten, nämlich „carpe diem"!
L: Ja, diese Akronyme sind typisch für eine mindere Sprachvarietät. Wie dem auch sei, Jugendsprache, Kiezdeutsch, Szenesprache und und und … Ich mag das nicht mehr hören, jedenfalls nicht in meinem Unterricht.
S: Ist doch einfach nur cool. Keine Sorge, wir wissen schon, wann wir wie mit wem reden müssen.
L: Diese Meinung teile ich überhaupt nicht. Ich glaube, dass die Beherrschung des Standarddeutschen dadurch erschwert wird.
S: Nee, sicher! Wir können switchen!
L: Sie können was?

1 Analysieren Sie den Dialog im Klassenzimmer hinsichtlich der verwendeten sprachlichen Mittel.
a) Welche Sprachvarietät setzen die Dialogpartner ein? Begründen Sie.
b) Suchen Sie typische sprachliche Mittel für die Sprachvarietät(en) des Schülers und schreiben Sie diese mit Beispielen aus dem Dialog in eine Tabelle.

Sprachliche Mittel	Beispiel
Ausruf	Ey (Z. 6) ▸ Alltagssprache (Umgangssprache)
…	…

2 Sammeln Sie Beispiele für Ellipsen, Anakoluthe, Parataxen und Hypotaxen anhand von Beispielen aus der Alltagssprache und aus der aktuellen Tagespresse. Beschreiben Sie deren Funktion in der Alltagssprache und als Stilmittel.

BASISWISSEN — Alltagssprache – sprachliche Mittel

Hier sind einige wichtige sprachliche Mittel aufgelistet, die in der Alltagssprache verwendet werden.

Wortebene
Ausruf ▸ Mann!, Mensch!   **Füllwörter** ▸ mal, so

Satzebene
Ellipsen: Auslassungen eines Satzteils ▸ Kenn ich.
Anakoluth: falsche oder veränderte Fortführung eines begonnenen Satzgefüges
▸ „Korf erfindet eine Mittagszeitung, welche, wenn man sie gelesen hat, ist man satt." (Christian Morgenstern)
Parataxe: Aneinanderreihung von Hauptsätzen ▸ Sven hat angerufen. Er kommt später.

Alltagssprache, Jugendsprache, Standardsprache

In der offiziellen Kommunikation – wie hier bei einem Bewerbungsverfahren – ist die Verwendung der Standardsprache ein Muss.

Dialog im Forum

Kati: Ich brüte gerade über einer Initiativbewerbung. Kann ich so formulieren? „Meine Ausbildung zur Bürokauffrau schloss ich im Jahre 2014 erfolgreich ab. Nach meiner Ausbildung bekam ich zusätzliche Qualifikationen im …" Das klingt doch so gequält! Warum kann ich nicht einfach schreiben, dass bislang alles ganz gut lief und ich einfach voll Lust habe, mich noch in meinem Beruf zu verbessern?

Haselnussratte: Du hast übrigens auch keine zusätzlichen Qualifikationen „bekommen", sondern „erworben".

Kati: Das ist doch nun wirklich egal. Bekommen – erwerben! Das macht doch keinen Unterschied.

Haselnussratte: Doch, das ist so! Auch die Aussagen, alles sei bislang beruflich gut gelaufen und du habest voll Lust, dich zu verbessern, finde ich nicht angemessen. Diese Formulierungen darfst du im offiziellen Sprachgebrauch nicht verwenden.

3 Erläutern Sie, warum auf die Formulierungen „gut gelaufen" und „voll Lust haben" in der geschilderten Situation verzichtet werden sollte.

4 Üben Sie den korrekten Gebrauch der Standardsprache.
a) Verfassen Sie ein eigenes Anschreiben für eine Initiativbewerbung.
b) Tauschen Sie Ihr Anschreiben mit einer Partnerin/einem Partner aus. Korrigieren Sie deren/dessen Anschreiben und berücksichtigen Sie dabei besonders umgangssprachliche Wendungen.
c) Sammeln Sie diese umgangssprachlichen Wendungen an der Tafel. Suchen Sie nach Entsprechungen aus der Standardsprache.

5 Vervollständigen Sie die folgende Liste mit Ausdrücken aus der Alltagssprache und der Standardsprache.

Alltagssprache	Standardsprache
schlecht laufen	
	sehr motiviert sein
	benötigen
gucken	
	weinen
ausrasten	
	erhalten
auf etwas abfahren	
	weglaufen

Leichte Sprache – Verwaltungssprache

Manche Menschen haben Schwierigkeiten, Textinhalte zu verstehen. Vor allem das Behördendeutsch stellt diese Menschen vor große Probleme.

Behördisch – Deutsch, Deutsch – Behördisch

von Sarah Schaschek

[…] „Haben Sie schon einmal bedacht, was mit Ihrem Vermögen geschieht, wenn Sie nicht mehr sind?" So beginnt die Informationsbroschüre zum Erbrecht in Niedersachsen, von der es ab diesem Sommer eine Version in Leichter Sprache geben wird. Darin heißt derselbe Satz: „Jeder Mensch kann plötzlich sterben. Dann ist die Frage: Wer bekommt das Haus?"

Kurze Sätze, vertraute Wörter, eine Aussage pro Satz. Leichte Sprache soll Informationen so einfach wie möglich ausdrücken, damit auch Menschen mit einer Leseschwäche oder Lernbehinderung sie verstehen. Barrierefreie Kommunikation nennt sich das Prinzip […].

Vor allem Behördendeutsch ist für Menschen mit kognitiven Schwierigkeiten oft unüberwindbar. Das Justizministerium in Hannover hat deshalb in den vergangenen Monaten Amtstexte, die Bürger häufig lesen, in Leichter Sprache anfertigen lassen. […]

Unterstützung hat sich das Justizministerium von Studierenden und Wissenschaftlerinnen der Universität Hildesheim geholt. Dort gibt es am Institut für Übersetzungswissenschaften und Fachkommunikation die deutschlandweit einzige Forschungsstelle für Leichte Sprache. […]

Aus verquer mach neu: ein Praxisbeispiel in Leichter Sprache

Das Textbeispiel handelt vom Ausschlagen einer Erbschaft. Zuerst der Originaltext aus der Broschüre „Vererben – Erben" des Justizministeriums Niedersachsen:

„Wenn alle Verpflichtungen zusammen genommen höher sind als die den Erben zufallenden Vermögenswerte oder wenn man dies jedenfalls für möglich halten muss, werden die Erben zu überlegen haben, ob die Erbschaft nicht besser ausgeschlagen werden soll. […]"

Und so haben es Sprachwissenschaftlerinnen in Leichte Sprache übersetzt.

„Sie möchten das Erbe nicht? Die Erben können das Erbe nehmen. Oder die Erben können das Erbe nicht nehmen. Die verstorbene Person hatte Sachen. Und die verstorbene Person hatte Geld. Aber die verstorbene Person hatte vielleicht auch Schulden. Und die Schulden von der verstorbenen Person sind höher als der Rest vom Erbe. Dann sollten die Erben das Erbe nicht nehmen. […]"

www.tagesspiegel.de (Der Tagesspiegel, 08.04.2014)

1 Arbeiten Sie in Gruppen. Erstellen Sie auf der Basis der Textvorlage und weiterer Quellen Ihrer Wahl ein Lernplakat zum Thema Leichte Sprache.

2 Stellen Sie die Kriterien für Leichte Sprache dar. Ordnen Sie diesen Kriterien Beispiele aus der Textvorlage und aus anderen Quellen (Lernplakat) zu. Arbeiten Sie nach folgendem Muster:

Kriterien für Leichte Sprache	Textbeispiele
vertraute Wörter	„Sachen" statt „Vermögenswerte"
…	…

3 Arbeiten Sie in Gruppen. Erstellen Sie jeweils Informationstexte in Leichter Sprache zu folgenden Handyfunktionen:
- Wie wird eine SMS geschrieben?
- Wie werden Klingeltöne eingestellt?
- Wie werden wichtige Telefonnummern gespeichert?
- Wie wird mit dem Handy fotografiert und wie werden die Fotos gespeichert?

11.1

Fachsprache

Der verbale Austausch zwischen Menschen verläuft prinzipiell nicht reibungslos, weil die Kommunikationspartner z. B. nicht über die identische Menge an sprachlichen Zeichen verfügen und somit bestimmte Begriffe inhaltlich nicht verstanden werden können. Die Verwendung von Fachsprache – vor allem in dafür nicht geeigneten Situationen – kann deshalb die kommunikative Verständigung zusätzlich erschweren.

Nichts kapiert: Infos über Finanzprodukte überfordern Kunden

Ulm/Berlin. Transparenz ist wichtig. Schließlich wollen Anleger wissen, wohin ihr Geld fließt. Das Problem: Viele Informationen über Finanzprodukte sind kaum verständlich. Kunden sind nach der Lektüre oft
5   genauso schlau wie vorher. Doch das soll sich ändern.

Private Placement, Outperformance, Cashflow, Bottom Up – alles klar? Oder haben Sie etwa nichts verstanden? Wenn nicht, keine Sorge. Denn dann dürfte es Ihnen wie den meisten Kunden gehen. „Informatio-
10 nen über Finanzprodukte sind oft unverständlich", erklärt Oliver Haug vom H & H Communication Lab in Ulm. „Kunden müssen viele Barrieren überwinden, um die Texte wirklich zu verstehen." Im Zweifel hilft daher nur eines: nachfragen.

15 Zusammen mit der Universität Hohenheim in Stuttgart untersuchte Haug 2011 unter anderem Jahresberichte von Fondsgesellschaften und Produktinformationsblätter von Banken. Das Ergebnis: Verbraucher mit einem durchschnittlichen Bildungsgrad konnten
20 viele der untersuchten Dokumente nicht verstehen. […] Ihr Ziel, den durchschnittlichen Kunden zu informieren, verfehlten sie damit.

Generell stellten die Forscher fest, dass Verbrauchern beim Lesen viel abverlangt wird. Ein häufiges
25 Problem seien lange Sätze, erzählt Haug. „In einem Fondsbericht fand sich ein Satz mit 120 Wörtern", erklärt der Sprachexperte. „Die Lesbarkeit eines Satzes lässt aber schon ab 20 Wörtern deutlich nach." Ideal für die Verständlichkeit ist aus seiner Sicht ein Satz mit 15 Wörtern. […]
30
Aber nicht nur die Länge der Sätze ist für Kunden eine Hürde. „Viele Sätze sind sehr komplex", erzählt Haug. „Das heißt: Sie bestehen aus vielen Satzteilen." Doch je mehr Teile ein Satz enthält, umso schwerer wird es für den Leser, der Struktur des Satzes zu folgen. 35
[…]

Eine weitere Hürden für Kunden: Fachbegriffe, Anglizismen oder Abkürzungen werden in den Dokumenten häufig verwendet, aber nicht erklärt. Kunden können mit dieser Fachsprache oft nichts anfangen. 40
Dabei lässt sich gerade dieses Problem in der Praxis einfach lösen: „Statt ‚Emittentin' könnte man doch auch ‚Bank' oder statt ‚p. a.' einfach ‚jährlich' schreiben", gibt Haug zwei Beispiele. „Das versteht jeder."

Ein Grund, warum die Dokumente häufig so schwer 45
lesbar sind: „Die Texte werden von Fachleuten verfasst." […]

Eckhard Benner von der Verbraucherzentrale Baden-Württemberg sieht noch andere Ursachen: „Wer viele Fachbegriffe verwendet, suggeriert Expertenwis- 50
sen", erklärt er. Außerdem könne die Sprache eingesetzt werden, um ein Produkt an bestimmten Stellen positiver erscheinen zu lassen. […]

www.fr-online.de

---

1 Schlagen Sie die Begriffe „Private Placement", „Outperformance", „Cashflow", „Bottom Up" in einem Lexikon nach. Handelt es sich um Begriffe einer Fachsprache? Begründen Sie Ihre Aussage.

2 Arbeiten Sie nach der Methode der Concept-Map. Begründen Sie, warum die in Aufgabe 1 genannten Begriffe für Kunden sehr schwer verständlich sind (» auch S. 177).

★ **3** Im Text heißt es in Zeile 33: „Sie [die Sätze] bestehen aus vielen Satzteilen." Legen Sie dar, welche Satzglieder (im Text: „Satzteile") es in der deutschen Sprache gibt, und bestimmen Sie deren Funktion. Grenzen Sie die Satzglieder von den Wortarten ab.

Fachsprache

4 Bilden Sie Sätze mit wenigen und vielen Satzgliedern und beschreiben Sie die unterschiedlichen Auswirkungen auf die Satzbildung und auf das Satzverständnis.

 5 Arbeiten Sie in Gruppen.
a) Sammeln Sie unterschiedliche aktuelle Broschüren zu Finanzprodukten der Banken und Versicherungen (z. B. Geldanlagemöglichkeiten).
b) Einigen Sie sich in der Gruppe auf ein Produkt und analysieren Sie dessen Inhalt auf der Grundlage der im Text genannten Kriterien und Kritikpunkte. Bewerten Sie anschließend das Produkt.
c) Gestalten Sie den Text in der angemessenen Sprachvarietät um, sodass er allgemein verständlich wird.
d) Präsentieren Sie Ihre Gruppenergebnisse im Plenum. Beziehen Sie sich auch auf die Bewertungen des Produkts.

BASISWISSEN — Fachsprache

Die Weitergabe von Wissen vollzieht sich zu einem großen Teil auf der Basis von Fachtexten. In diesen sind, neben Begriffen aus der Allgemeinsprache, häufig Terminologien aus dem Bereich der Fachsprache zu finden, die nur von Fachleuten dekodiert werden können.
Sprachwissenschaftler definieren in ihrer Fachterminologie beispielsweise das Wort *Fachsprache* folgendermaßen:
„Fachsprache" ist ein Determinativkompositum (zusammengesetztes Substantiv), wobei die Bedeutungen der Glieder in einem subordinativen (untergeordneten) Verhältnis zueinander stehen.
Fachsprachen sind ein Teil der Sprachvarietäten, deren besondere Eigenschaft darin besteht, sprachliche Wendungen zu prägen, die von einer bestimmten Gruppe, nicht aber von der Sprachgemeinschaft verstanden wird. Gemäß dieser Definition ist die Fachsprache eine Gruppensprache, die das Ziel verfolgt, innerhalb dieser Gruppe durch die Verwendung der Fachbegriffe eine schnelle und effektive Kommunikation zu gewährleisten.

Die Jugend- und Alltagssprache wird durch zahlreiche Anglizismen beeinflusst. Das liegt zum Teil daran, dass die Bedeutung der englischen Sprache durch die Globalisierung erheblich zugenommen hat. Das Englische ist mittlerweile auch die Sprache der Wissenschaft.

Pro und Kontra: Soll Deutsch als Wissenschaftssprache überleben?

Deutsche Forschungseinrichtungen setzen sich dafür ein, Deutsch neben Englisch als Sprache in der Wissenschaft zu erhalten. Ist das sinnvoll?
von Arnd Zickgraf, Ralph Mocikat und Alexander Kekulé

Pro: Ja, sagt Ralph Mocikat, Vorsitzender des Arbeitskreises Deutsch als Wissenschaftssprache Adawis
„[…] Wissenschaftliche Theorien arbeiten immer mit Wörtern, Bildern, Metaphern, die der Alltagssprache entlehnt sind. […] Die ganze Tragweite von Anspielungen und Bildern kann man nur in der jeweiligen Muttersprache voll erfassen und für die Forschung fruchtbar machen. Wenn die Quelle für die Fachsprachen nicht mehr die Alltagssprache ist, werden die Sprachbilder fehlen, die nötig sind, um Neues anschaulich begreiflich zu machen. Da jede Sprache einen anderen Blickwinkel auf die Wirklichkeit zulässt und individuelle Argumentationsmuster bietet, läuft es auf eine geistige Verarmung hinaus, wenn Lehre und Forschung auf das Englische eingeengt werden. […] Durch den ausschließlichen Gebrauch des Englischen koppelt sich die Wissenschaft auch immer weiter von der Gesellschaft ab, gegenüber der sie rechenschaftspflichtig ist. Natürlich kommen wir ohne Englisch als

Fachsprache

20 internationale Kongress- und Publikationssprache nicht aus. Doch unbestritten ist, dass wir im Inland auch das Deutsche als Wissenschaftssprache benutzen und pflegen müssen. Dazu wäre es beispielsweise notwendig, mehr in Übersetzungen zu investieren."

25 **Kontra: Nein, sagt Alexander Kekulé, Direktor am Institut für Medizinische Mikrobiologie an der Universität Halle-Wittenberg**
„[…] Dass sich Forscher aus allen Erdteilen schnell, präzise und mit einheitlichen Definitionen aus-
30 tauschen können, hat die Wissenschaft erheblich beschleunigt. Für Wissenschaftler aus Entwicklungs- und Schwellenländern eröffnete erst die gemeinsame Sprache – zusammen mit dem Internet – die Chance, am globalen Diskurs teilzunehmen.

35 Zudem werden viele Arbeiten von internationalen Autorenteams verfasst, die nur Englisch als gemeinsame Sprache haben. Auch für Forschungsaufenthalte im Ausland – und für ausländische Gäste bei uns – ist die gemeinsame Arbeitssprache von unschätzbarem
40 Wert.

Hinzu kommt, dass es viele neue Fachbegriffe nur auf Englisch gibt. Um sie einzudeutschen, müsste man zwanghaft Entsprechungen erfinden, die nicht einmal für Muttersprachler eindeutig wären. […]

Der beste Schutz vor englischen Kontaminationen 45
der Alltagssprache wäre im Gegenteil, wenn möglichst viele Deutsche sehr gut Englisch sprechen. Wer zwei Sprachen gut beherrscht, hält sie sauber auseinander und findet es ganz und gar nicht ‚smashing‘, wenn in jede gesprochene ‚line‘ massenweise englische ‚expres- 50
sions eingemerged‘ sind."

www.zeit.de

6 Arbeiten Sie mit Argumentationskarten. Formulieren Sie auf der Grundlage der Ausgangsthese „Deutsch ist eine Wissenschaftssprache" Pro- und Kontra-Argumente.

7 Informieren Sie sich an einer Hochschule in Ihrer Nähe über die Bedeutung von Englischkenntnissen für das Studium.

8 Ergänzen Sie auf der Grundlage Ihrer Nachforschungen die Gegenüberstellung aus Aufgabe 6.

9 Erörtern Sie das Thema schriftlich und kommen Sie zu einer eigenen Bewertung (» Kapitel 16).

Kommunikative Kompetenz entwickeln
Schlüsselkompetenzen im Berufsalltag

Neben den fachlichen sind in der modernen Arbeitswelt auch andere Kompetenzen von großer Bedeutung. Zu diesen Kompetenzen – auch Soft Skills genannt – gehören die Kommunikationsfähigkeit und die Fähigkeit des situationsgerechten Sprechens.

Die wichtigsten Soft Skills guter Mitarbeiter
von Renate Oettinger

[…] Klar ist: Wer in seinem Job spitze sein möchte, braucht das nötige fachliche Wissen und Können. Denn ohne dieses kann weder ein Schreiner Schränke bauen noch ein ITler Software programmieren noch ein Grafiker Prospekte gestalten.

Doch dieses Fachwissen allein genügt in der Regel nicht, um beruflich erfolgreich zu sein. „Denn Berufstätige agieren nicht in einem luftleeren Raum", betont die Wiener Trainerin und Beraterin Sabine Prohaska. Sie sind vielmehr zumindest als Angestellte Teil einer Organisation. Also müssen sie mit anderen Menschen kooperieren und harmonieren. Und dies setzt ebenfalls gewisse Fähigkeiten und Fertigkeiten voraus. […]

„Teamfähig soll unser Mitarbeiter sein", lautete fortan eine Standardanforderung in fast allen Stellenanzeigen. Doch nicht nur dies! Zudem sollten die Neuen „kommunikativ" und „konfliktfähig" sein. Denn wenn mehrere Mitarbeiter gemeinsam eine Aufgabe erfüllen, dann besteht nicht nur ein größerer Abstimmungsbedarf. „Dann gibt es auch mehr Reibungspunkte, als wenn jeder Mitarbeiter einsam vor sich hin arbeitet und allein seine exakt definierten Aufgaben erfüllt", erläutert Sabine Prohaska. […]

Entsprechend boomten in den zurückliegenden zwei Jahrzehnten in den Unternehmen neben den Team- und Projektmanagement- auch die Kommunikations- und Konfliktmanagementtrainings. Und heute? […]

Heute geht es in den Trainingsmaßnahmen laut Stefan Bald zumeist nicht mehr darum, Team- oder Projektarbeit einzuführen, sondern diese zu optimieren.

www.computerwoche.de (Computerwoche, 03.09.2015)

1 Definieren Sie die Begriffe „Kommunikationsfähigkeit", „Teamfähigkeit" und „Konfliktfähigkeit".

2 Erschließen Sie mithilfe der Textvorlage und des Basiswissens die Bedeutung der Kommunikationsfähigkeit für die Beherrschung der Schlüsselkompetenzen Teamfähigkeit und Kompromiss- bzw. Konfliktfähigkeit.

3 Nennen und beschreiben Sie Situationen, in denen diese Fähigkeiten von Bedeutung sind.

BASISWISSEN — Schlüsselkompetenzen im Berufsalltag

Ein Teil der Schlüsselkompetenzen ist die **Fachkompetenz,** die auf Wissen und Können innerhalb eines bestimmten Fachgebiets zielt.

Die **Humankompetenz** umfasst persönliche Qualitäten wie Verantwortungs- und Pflichtbewusstsein, Selbstständigkeit, Zuverlässigkeit usw.

Soziale Beziehungen leben und gestalten zu können, Spannungen einordnen und lösen zu können, das sind Bestandteile der **Sozialkompetenz.**

Wer sich der sich ständig verändernden Arbeitswelt und der damit verbundenen Entwicklung neuer Medien und Arbeitstechniken gegenüber offen zeigt, der verfügt über **Methodenkompetenz.**

Die **Kommunikationsfähigkeit (kommunikative Kompetenz)** ist der Schlüsselbaustein zur Beherrschung dieser Kompetenzen. Wer den Umgang mit Worten beherrscht und sich der Wirkung von Sprache bewusst ist, der kann Beziehungsstrukturen analysieren, beziehungsstabilisierend und beziehungsprägend wirken.

Schlüsselkompetenzen im Berufsalltag

Jedem sollte bewusst sein, wie wichtig ein angemessener, der Situation angepasster Umgang mit der Sprache im Berufs- und Privatleben ist. Manchem fällt es allerdings schwer, die der Situation angemessene Sprachvarietät zu wählen.

E-Mails von Studenten: Hallöchen, Herr Professor

von Inge Kutter

Über die Korrespondenz mit ihren Studenten hört man Professoren oft klagen. Beim Öffnen ihrer Mailbox sähen sich Hochschuldozenten mit einem schockierenden Dschungel aus „Pseudo-Anbiederei, Jugendslang und Hybris" konfrontiert, schrieb der Münsteraner Juraprofessor Thomas Hoeren vor einigen Jahren auf Spiegel Online. Studenten übertrügen den ungezwungenen Ton aus Chatrooms eins zu eins in ihre Mails, schimpfte sein Gießener Kollege Martin Gutzeit vergangenes Jahr in der FAS. Jan Seifert, Dozent für Germanistische Linguistik an der Universität Bonn, geht mit den studentischen Corpora Delicti 1 etwas gelassener um: Er hat sie soeben für seine sprachwissenschaftlichen Zwecke analysiert […].

„Anhand studentischer E-Mails lässt sich hervorragend der Erwerb einer neuen Kommunikationsstufe studieren", erklärt Seifert, der sich vor allem mit Sprachkritik und -reflexion beschäftigt und den unsere sprachlichen Umgangsformen generell stark interessieren. Die E-Mail an den Dozenten sei für Studenten oft eine der ersten Situationen, in der sie offiziell und asymmetrisch – mit einem Höhergestellten – kommunizieren müssten. Dieser Herausforderung seien die wenigsten gewachsen.

„Guten Abend", schrieb einer von Seiferts Studenten. „Haben Sie von meiner Freundin die nachricht bekommen dass mein zug ausgefallen ist? Ich stand grade im wald mit dem ollen ding. Ich hoffe Sie haben mich heute nicht zu sehr vermisst ;) wenn sie brauchen kann ich ihnen einen attest besorgen .. aber eigentlich war ich nicht krank."

Was Seiferts Kollegen als grobe Verletzung jeglicher Höflichkeitsregeln empfinden, wertet der Sprachwissenschaftler als schlichte Unkenntnis sprachlicher Normen. Aus Unwissenheit habe der Student auf den umgangssprachlichen Duktus zurückgegriffen […].

Dass Studenten Probleme haben, den richtigen Ton zu treffen, liegt allerdings auch daran, dass dieser bislang noch unzureichend definiert ist und bei verschiedenen Adressaten oft ganz unterschiedlich ankommt. So gilt etwa die Anrede „Hallo" dem Duden zufolge als in E-Mails „weit verbreitet" und „weitgehend akzeptiert" – eine Onlinebefragung der Greifswalder Sprachwissenschaftlerin Jana Kiesendahl 2009 ergab aber, dass nur etwas mehr als die Hälfte der Lehrenden diese angemessen fand. […]

Der Jurist Martin Gutzeit ist da rigoroser. Auf seiner Institutshomepage ist zu lesen: „Wir weisen höflich darauf hin, dass E-Mails, bei denen die Form nicht gewahrt ist (unsäglich: ‚Hi', ‚Hallo', ‚Servus'), nicht beantwortet werden."

www.zeit.de

1 Gegenstand des Verstoßes

4 Untersuchen Sie den Text unter folgenden Gesichtspunkten.
a) Erörtern Sie die Bedeutung der kommunikativen Kompetenz bei offiziellen Sprechanlässen.
b) Beurteilen Sie Ihr sprachliches Potenzial, dieser Bedeutung gerecht werden zu können.

5 Spielen Sie mit den folgenden Sprecherpaaren eine typische Kommunikationssituation, in der Sie versuchen, „den richtigen Ton zu treffen".
- Personalchefin – Bewerber (Vorstellungsgespräch)
- Kundin – Verkäufer (Verkaufsgespräch)
- Lehrerin – Schüler (Schüler fühlt sich ungerecht bewertet)

Sprache als Selbstdarstellung

Der Zusammenhang zwischen der situationsgerechten Sprachbeherrschung und den privaten und beruflichen Möglichkeiten ist unbestritten. Rollengerechtes Sprechen fördert die beruflichen Einstiegs- und Karrieremöglichkeiten. Sprache und Sprachkultur bieten also gute Chancen zur positiven Selbstdarstellung.

Sprache als Visitenkarte

Kleidung, Körper, Gesicht, Frisur, Auto, Wohnung, Büro – an allem arbeiten und feilen wir, weil es als Ausdruck der eigenen Persönlichkeit gesehen wird. Wir glauben, anderen dadurch ein positives Bild von uns vermitteln zu können, weil wir auch selbst andere nach diesen Kriterien beurteilen.

Die Sprache fehlt in dieser Reihe. Sie wird offenkundig nicht oder kaum als Chance zur positiven Selbstdarstellung betrachtet, außer vielleicht in der Jugendsprache, wenn die Verwendung eines gewissen Vokabulars Zugehörigkeit zu einer bestimmten Gruppe und Ich-Stärke signalisieren soll.

Das ist eine Fehleinschätzung. In wenigen Minuten kann sich jemand durch ein Sprechverhalten, das nicht der Rolle und der Situation entspricht, disqualifizieren.

Sprache ist also durchaus eine Visitenkarte der Persönlichkeit. Zuverlässigkeit, Zielstrebigkeit und sicheres Auftreten lassen sich eben nicht demonstrieren, wenn schlechte und phrasenhafte Formulierungen das Gespräch prägen.

Situationsgerechtes Sprechen erfordert Disziplin, weil Grundregeln eingehalten werden müssen. Die Sprache muss für die Kommunikationspartner ver-

ständlich sein. Leere, blasse und formelhafte Wendungen, wie sie Politiker gerne verwenden, sind zu meiden. Die Zielgruppe muss unbedingt berücksichtigt werden. Verwenden Sie bekannte und aussagekräftige Wörter! Bevorzugen Sie Verben – und zwar im Aktiv. Wählen Sie bejahende Aussagen statt verneinender. Seien Sie anschaulich in Ihren Vergleichen! Vermeiden Sie Floskeln und Phrasen.

1 Erarbeiten Sie mithilfe dieses Textes folgende Fragestellungen:
a) Warum sollte auch die Sprache als Teil der „Visitenkarte" gesehen werden?
b) Welche Konsequenzen ergeben sich daraus für die Sprachverwendung?
c) Welche Ratschläge für regelkonformes Sprechen enthält der Text?

2 Formulieren Sie die folgenden Aussagen gemäß den Ratschlägen im Text um.
- Verkäufer zum Kunden:
„Ein Umtausch kann aufgrund der fehlenden Quittung nicht bewilligt werden."
- Schüler zum Lehrer:
„Ich bekomme nie eine gute Zensur von Ihnen. Sie können mich nicht leiden. So macht Schule keinen Spaß."
- Im Vorstellungsgespräch:
„Ich hatte halt so die Idee, dass es schon ziemlich interessant sein könnte, hier zu arbeiten."

Sprachverhalten reflektieren

Phrasen und Worthülsen suggerieren häufig Optimierungsprozesse im beruflichen Alltag.

Weg mit den Worthülsen!

Sprachkompetenz ist im Joballtag oft Mangelware. Doch sie ist die Voraussetzung dafür, Dinge zu verstehen und richtige Entscheidungen zu treffen.
von Ulf D. Posé

Alle sind für Nachhaltigkeit, für eine gute Unternehmenskultur. Klar! Und natürlich sind dabei Werte ganz wichtig. Aber was heißt das eigentlich genau? […] Was genau ist Nachhaltigkeit? Ist sie sozial, ökonomisch oder ökologisch? Was bedeutet sie konkret für das Unternehmen? Unsere Sprache ist ungenau geworden. Mehr noch: Wir sind sprachinkompetent geworden, denn wir haben vergessen, welche Begriffe den Wörtern zugrunde liegen, mit denen wir um uns werfen.

Wörter und Begriffe sind zwei grundverschiedene Dinge. Kleinkinder kennen noch keine Wörter. Aber von Geburt an sind sie von Begriffen umgeben. […] Erst ab der Mitte des zweiten Lebensjahres lernen sie die Wörter, mit denen sie die Begriffe bezeichnen können, die sie längst erfasst haben. Anders gesagt: Kinder wachsen zunächst mit Denkzeichen auf, die Sprachzeichen lernen sie erst später.

Worthülsen sind oft Ersatz für verloren gegangene Begriffe

Das Problem: Im Laufe des Lebens lernen wir so viele Sprachzeichen, dass es mühsam und vielen Menschen auch gleichgültig ist, die dazu notwendigen Denkzeichen zu beherrschen. So geben wir uns allzu oft mit Worthülsen zufrieden. Da die Begriffe verloren gegangen sind, suchen wir nach einem Ersatz: unsere Gefühle. Im gleichen Maß, wie Wörter Inhalt verlieren, laden wir sie mit Emotionen und Meinungen auf. Die Folge daraus ist tragisch oder zumindest komisch: Wir wissen nicht mehr, was die Wörter bedeuten, nutzen sie jedoch, um andere zu überzeugen und unser Handeln daraus abzuleiten.

[…] Wir sollten uns viel öfter fragen, ob wir eigentlich wissen, was etwas bedeutet. Das gilt nicht nur für die zahllosen „Business-Buzz-Words", die uns umgeben. […] Weiß ich zum Beispiel, was Corporate Identity ist, was Corporate Social Responsibility bedeutet, oder habe ich nur ein ungefähres Gefühl dafür? […]

Im Unternehmen geht Meinung vor Wissen

Wie sich jedoch zeigt, sind viele Menschen an diesen Fragen nicht interessiert. […] So werden hohle Worte zu Argumenten und Überzeugungen, und wenn sie viele Menschen teilen, schließen wir daraus, dass sie wohl richtig sein müssen. […]

Das ist mehr als Haarspalterei. Es geht darum, die Sprachkompetenz wiederzuerlangen, die letztlich die Basis ist für die Kompetenz, Dinge zu verstehen und richtige Entscheidungen zu treffen. Ein mühsames Unterfangen, aber es lohnt sich.

www.business-wissen.de

---

1 Erarbeiten Sie die folgenden Aufgaben anhand der Textvorlage.
a) Klären Sie zunächst in Einzelarbeit alle Ihnen unbekannten Begriffe.
b) Definieren Sie den Gegensatz zwischen Sprachkompetenz und Sprachinkompetenz, indem Sie Beispiele aus dem Text anführen.
c) Notieren Sie Ihre Konnotationen (» S. 177) zum Begriff „Nachhaltigkeit". Markieren Sie alle positiven Konnotationen mit einem +, alle negativen mit einem –.
d) Erörtern Sie auf der Grundlage Ihrer Ergebnisse, aus welchen Gründen „Sprachzeichen" wie Nachhaltigkeit, Corporate Identity usw. die sogenannte Business-Sprache beherrschen und welche Folgen es für den beruflichen Alltag haben könnte, wenn Wörter zu Worthülsen werden.
e) Sammeln Sie ähnliche Begriffe oder Formulierungen und entlarven Sie die Termini als Worthülsen und Verschleierungen.

Sprache als System von Symbolen betrachten
Wortbedeutungen

Ein Wort kann seine Bedeutung in verschiedenen Kontexten verändern.

Konnotation und Denotation

„Du bist ein Esel!" Diese Beleidigung findet sehr häufig Verwendung. Dass diese Beschimpfung auch in der gewünschten Form verstanden wird, ist aber keinesfalls selbstverständlich.

Die Sprachgemeinschaft definierte den Begriff und einigte sich auf eine feste Bedeutung. Deshalb liegt diesem Begriff eine bestimmte lexikalische Zuordnung zugrunde, die auch heute noch gilt. Das Wort „ESEL" bedeutet in diesem Sinne: „Art der Pferde, mit langen Ohren und Schwanzquaste: Hausesel, meist grau; Trag- und Zugtier".

Diese Grundbedeutung wird als Denotation bezeichnet. Die Sprachgemeinschaft hat diese Bedeutung durch eine Übereinkunft (Konvention) festgelegt.

Die Grundbedeutung kann in bestimmten Zusammenhängen von Nebenbedeutungen überlagert werden. Diese werden Konnotationen genannt. Sie zielen auf zusätzliche Bedeutungseinheiten des Begriffes, die

sich aber immer erst aus dem kommunikativen Zusammenhang ergeben und zumeist emotionale, wertende und individuelle Bedeutungskomponenten zum Ausdruck bringen.

„Du bist ein Esel!" bezeichnet dann eine Person, die sich töricht, ungeschickt oder widerborstig verhält, und nicht das Haustier.

1 Erarbeiten Sie folgende Fragestellungen mithilfe des Textes:

a) Was ist unter den Begriffen Denotation und Konnotation zu verstehen? Wodurch unterscheiden sie sich?

b) Notieren Sie zu jedem Wort in der Tabelle unten die jeweils denotative Bedeutung und alle konnotativen Bedeutungen, die Ihnen einfallen.

	Denotation	Konnotationen
Esel	Art der Pferde, mit langen Ohren und Schwanzquaste: Hausesel, meist grau; Trag- und Zugtier	Person, die sich störrisch oder ungeschickt verhält
Pfau		
Spatz		
Zicke		

c) Was muss hinsichtlich der zentralen Aufgabe von Sprache, nämlich Verständigungsmittel zu sein, in Bezug auf die häufig wechselnden Wortbedeutungen in Kommunikationssituationen bedacht werden?

Wortbedeutungen

Worte bewirken Konnotationen, die Informationen beinhalten, aber auch Stimmungen provozieren.

Erich Fried: Was es ist

Es ist Unsinn
sagt die Vernunft
Es ist was es ist
sagt die Liebe
5 Es ist Unglück
sagt die Berechnung
Es ist nichts als Schmerz
sagt die Angst
Es ist aussichtslos
10 sagt die Einsicht
Es ist was es ist
sagt die Liebe
Es ist lächerlich
sagt der Stolz
15 Es ist leichtsinnig
sagt die Vorsicht
Es ist unmöglich
sagt die Erfahrung
Es ist was es ist
20 sagt die Liebe

Das letzte Geheimnis

von Pamela Dörhöfer

Seit Menschengedenken wird sie besungen, liefert Stoff für Literatur und Dramen, für unendliches Glück und großes Leid. […] „Zwei Systeme
5 im Gehirn spielen bei der Liebe eine Rolle", erklärt Eickhoff. „Das eine sind die älteren archaischen Regionen, etwa das limbische System, das Belohnungszentrum und der Hypothalamus.
10 Sie sind verknüpft mit den körperlichen Reaktionen, mit Sexualität und Fortpflanzung." […] Begegnen wir jemandem, den wir attraktiv finden, dann wird der Botenstoff Dopamin
15 ausgeschüttet, der uns wiederum ein Glückserlebnis beschert. […]

www.fr-online.de
(Frankfurter Rundschau, 22./23.05.2015)

2 Beschreiben Sie das in den Textvorlagen thematisierte zentrale Motiv.

3 Untersuchen Sie die Texte.
a) Erläutern Sie auf der Grundlage der sprachlichen Gestaltung die jeweiligen konnotativen Wirkungen des Motivs.
b) Arbeiten Sie auf der Basis Ihrer Ergebnisse die Intentionen der Texte heraus.

4 Ordnen Sie die Texte jeweils einem Kontext zu, indem Sie mit den Kriterien „fiktional" und „nicht fiktional" arbeiten.

5 Erörtern Sie, inwiefern der Kontext für die Interpretation der Textvorlagen relevant ist.

11.3 Wechselwirkungen zwischen Gesellschaft, Kultur und Sprache erkennen

Das Web, Hip-Hop und die Straße: Mit diesen Einflüssen verändert sich die Jugendsprache heute schnell, radikal und vor allem ziemlich europäisch.

Neue Farben in der Sprache
von Stefan Zehentmeier

[…] Woher kommen diese Wörter, die beinahe über Nacht in Jugendzimmern Einzug gehalten haben? Die Antwort findet man auf mehreren Ebenen. Zu einem guten Teil beeinflusst heute das Web 2.0 die Jugendsprache und natürlich haben Lehnwörter verschiedener Sprachen immer auch von selbst ihren Weg in die deutsche Sprache gemacht, doch gerade das aktuelle Feiern eines multikulturellen Sprachmischmaschs im deutschen Hip-Hop, genauer gesagt im Subgenre Gangsterrap, dürfte jene sprachliche Integration den entscheidenden Schritt vorangebracht haben. Auch und gerade weil die Popularität so groß wie nie zuvor ist: An der Spitze der deutschen Charts finden sich immer mehr Hip-Hop-Produktionen, die Jahre zuvor noch als tiefster Underground gehandelt worden wären.

Im Zentrum dieser Entwicklung steht dabei unter anderem der Offenbacher Rapper Haftbefehl. […]

Früh entstand so zu ihm ein Wikipedia-Eintrag, der auch das Sprachphänomen bereits vorzeitig absteckte. Dort sprach man von Haftbefehls Aussprache samt dem Konsonanten H als „stimmloser, velarer Frikativ"[1], einer Klangfärbung, die an den „Duktus der arabischen Sprache erinnert" und nicht zuletzt dem „Türkischen, Kurdischen und Arabischen entnommene Vokabeln (…) und Satzstrukturen". „Ich sage immer, ich hab eine eigene Sprache erfunden", lacht Haftbefehl ins Telefon, nicht umsonst habe er sein zweites Album „Kanacki?" (gesprochen Kanackisch) genannt. […]

Welchen Einfluss Haftbefehls Songs haben, lässt sich quantitativ schon an den Klickzahlen seiner Videos ablesen: Kaum ein Song zählt unter drei Millionen Aufrufe, auf Facebook fiebern 450 000 Haftbefehl-Fans dem Release seines dritten Albums „Blockplatin" entgegen. […]

Heute befinden wir uns quasi in der dritten Generation der Slang-Rapper: Künstler wie Schwesta Ewa, Olexesh oder SSIO bringen nun polnische, ukrainische und afghanische Vokabeln an den Tisch und kommen damit auf ähnlich schwindelerregende Klickzahlen wie schon die Pioniere des Sprachphänomens. Kein Wunder, dass sich der mittlerweile kaum überschaubare Slang mit immer neuen Vokabeln weiter verbreitet. Wer cool sein will, wer dabei sein will, muss sich zunächst mit den entsprechenden Referenzwerken auseinandersetzen, um dann im wahrsten Sinne mitreden zu können. […]

jetzt.sueddeutsche.de

[1] ein stimmloser, am hinteren Zungenrücken gebildeter Reibelaut

Kleine Vokabelliste (Wortherkunft soweit bekannt)
Chaya: Mädchen, Frau; Habibi: Schatz, Freund (Kosename, arabisch); Brate: Bruder, freundschaftliche Ansprache (serbokroatisch); Babo/Baba: Boss, Anführer (türkisch) […]

1 Erarbeiten Sie mithilfe der Textvorlage folgende Aufgabenstellungen.
a) Definieren Sie auf der Grundlage der Textaussagen und weiterer Informationen, was unter einem „stimmlosen, velaren Frikativ" (Z. 21) zu verstehen ist.
b) Sammeln Sie Beispiele für dieses Sprachphänomen an der Tafel und üben Sie die Aussprache.
c) Stellen Sie dar, ob Ihnen diese Aussprache leichtfällt oder Probleme bereitet. Erörtern Sie dieses Thema im Klassenverband.
d) Erläutern Sie die Bedingungen, die erforderlich sind, damit die Aussage „Chabos wissen, wer Babo ist" inhaltlich verstanden werden kann. Überprüfen Sie in diesem Zusammenhang die Wechselwirkung von *Denotation* und *Konnotation* (» S. 177).
e) „*Chabos wissen, wer Babo ist! Diesen Satz kennt heute jeder.*" Beurteilen Sie diese Aussage eines Schülers im Unterricht zum Thema Sprachvarietäten.

11.3 Wechselwirkungen zwischen Gesellschaft, Kultur und Sprache erkennen

Vorbilder beeinflussen das Verhalten insbesondere junger Menschen. Das gilt auch für den Gebrauch von Sprachvarietäten, der vor allem durch Musik verbreitet wird.

Aus Liebe zum Wort

„Wir feilen stundenlang": der Dichter Michael Lentz und der Rapper Jan Delay über den ständigen Wandel unserer Sprache und die gesellschaftlichen Bedeutungen klarer Sätze. […]
von Andreas Bernard und Tobias Haberl (Interview)

SZ-Magazin: Ihre Zielgruppe, Jan Delay, ist eindeutig definiert: junge Menschen. Spüren Sie beim Schreiben Ihrer Liedtexte eine bestimmte Verantwortung?

Delay: Beim Schreiben nicht. Aber so lehrermäßig das jetzt auch klingen mag, ich spüre schon eine Verantwortung, wenn ich zwei Zwölfjährige auf der Straße miteinander sprechen höre, die in einer komplett artikelbefreiten Sprache miteinander reden, nur damit sie klingen wie die coolen Türken in ihrer Straße. […] Wenn ich selbst Kinder hätte, würde ich sagen: Zuerst lernt ihr bitte, wie man grammatikalisch richtig schreibt, und wenn ihr das draufhabt, dann könnt ihr reden, wie ihr wollt.

Ganz schön konservativ.

Delay: Die Grundvoraussetzungen müssen eben stimmen. Ich will ja nicht, dass mein Sohn eines Tages zum Vorstellungsgespräch geht und sagt: „Digger, weißte, ich dachte, ich komm hier mal wegen Kohle vorbei und so."

Lentz: […] Aber Sie sind noch auf ganz andere Art und Weise konservativ: Sie verwenden in Ihren Texten jede Menge sprachlicher Mittel, die es in der Literatur seit Jahrhunderten gibt: Alliterationen zum Beispiel, Anaphern, Assonanzen.

Delay: Mit diesen Fremdwörtern kenne ich mich nicht aus, aber ich ahne, was Sie meinen. Wir Rapper sind auf Sprach- und Wortspiele aus. An guten Zeilen und interessanten Reimen feilen wir stundenlang. […]

sz-magazin.sueddeutsche.de

2 Untersuchen Sie das Interview unter folgenden Gesichtspunkten:
a) Definieren Sie die Begriffe „Alliteration", „Anapher" und „Assonanz" anhand von Beispielen.
b) Erläutern Sie, warum die Verwendung dieser Begriffe von Lentz als konservativ bezeichnet wird.

FAZIT

11.1 Verschiedene Sprachvarietäten erkennen
- Alltagssprache, Jugendsprache und Standardsprache unterscheiden
- Kriterien für Leichte Sprache kennenlernen
- Fachsprache – Allgemeinsprache

11.2 Kommunikative Kompetenz entwickeln
- Kommunikationsfähigkeit im Berufsalltag
- Sprache als Ausdruck der Persönlichkeit
- Worthülsen und Euphemismen entlarven

11.3 Sprache als System von Symbolen betrachten
- Konnotation und Denotation
- Einflüsse auf die Sprache

11.4 Prüfungsvorbereitung

Prüfungsvorbereitung

Der folgende Text mit den Aufgaben könnte Ihnen so in einer Prüfung zum Thema Sprachvarietäten vorliegen.

„Mach das mal speditiv"

Schwyzerdütsch ist wie Deutsch plus Akzent – dachte Markus Renner. Dann zog er nach Basel und war überrascht, dass er eine Fremdsprache lernen muss. Manche Fehler macht er, weil die Schweizer so höflich sind.
protokolliert von Steve Przybilla

„Wenn ich in Deutschland erzähle, dass ich in Basel arbeite, ist das für die meisten nichts Besonderes. Ich könnte genauso gut von Hamburg oder Berlin sprechen – ist doch fast das Gleiche, schließlich wird ja auch Deutsch gesprochen. Und ich muss zugeben: Als ich 2004 mit meiner Frau und meinem Sohn von Köln in die Schweiz gezogen bin, habe ich auch so gedacht. Dass das ein ganz anderes Land mit einer ganz anderen Sprache ist, habe ich total unterschätzt.

Am Anfang sind mir die Unterschiede kaum aufgefallen. Beim Pharmakonzern Novartis, bei dem ich die ersten vier Jahre als Leiter der globalen Markenführung gearbeitet habe, ist die Belegschaft so international, dass fast nur Englisch gesprochen wird. Nach Feierabend wurde es natürlich schwieriger. Mein Nachbar sprach mit mir übers Zügeln und Dislozieren. Ich habe erst mal nur Bahnhof verstanden, dabei sind das die gebräuchlichsten Begriffe fürs Umziehen. Nachzufragen wäre mir aber unangenehm gewesen, also habe ich hinterher ins Wörterbuch geschaut.

Am Anfang war es nicht leicht. Schwyzerdütsch ist kein deutscher Dialekt, wie Deutsche oft glauben, sondern eine Sprache mit eigenen Vokabeln und eigenen Regeln. Die Schweizer sind sehr zuvorkommend, viel höflicher als die Deutschen. Sie haben sofort mit mir Hochdeutsch gesprochen. Für Schweizer ist das vergleichbar mit einer Fremdsprache.

Mit Anke auf dem Töff

Umgekehrt wusste ich mit vielen Begriffen nichts anzufangen. Als die Kollegen in der Kantine vom Abwart sprachen, dachte ich an Fußball. In Wahrheit ging es um den Hausmeister. Ein anderes Mal war jemand über zu viel Stutz empört: Geld im Sinne von Kohle oder Knete.

Wenn Sie in der Schweiz gefragt werden, ob Sie betrieben werden, sagen Sie besser nicht Ja. Denn das heißt, dass Sie Schulden haben, das Thema kommt beim ersten Bankbesuch zur Sprache. Auch für Alltagsgegenstände gibt es oft andere Bezeichnungen als im Hochdeutschen: Töff für Motorrad, Anke für Butter, Leidzirkular für eine Traueranzeige.

[…] In der Schweiz ist man zurückhaltender, mehr auf Ausgleich bedacht. […] Das typisch deutsche Zackzack, die forsche und direkte Art, kann sehr unhöflich und befremdlich auf Schweizer wirken.

Auch ich musste lernen, mich zurückzuhalten. Wenn ein Schweizer sagt: ‚Ich bin mir nicht sicher', kann man davon ausgehen, dass er massive Zweifel hat. Ich rede nun öfter im Konjunktiv: könnte, würde, sollte. Statt ‚Wir machen das jetzt so' ist es oft besser, eine Frage zu stellen: ‚Wie wäre es …?' […]

Seit 2008 bin ich Mitinhaber einer Schweizer Unternehmensberatung für Marken- und Reputationsmanagement, wodurch ich verstärkt mit eidgenössischen Kunden zu tun habe. Wenn ich mit ihnen spreche, baue ich inzwischen automatisch Schweizer Begriffe ins Gespräch ein. Das passiert mir sogar in Deutschland. Ab und zu sage ich: ‚Wir sollten das Projekt sistieren' (auf Eis legen) oder rufe einem Freund zu: ‚Mach das mal speditiv!' (schnell). […]"

www.spiegel.de © SPIEGEL ONLINE 2015

Prüfungsvorbereitung

1 Fassen Sie den Inhalt des Textes zusammen.

2 Stellen Sie dar, inwieweit der Text das Thema Sprachvarietäten berührt.

3 Beurteilen Sie, in welcher Weise Konnotationen die Kommunikation zwischen dem in der Schweiz arbeitenden Deutschen und den Schweizern erschweren.

Checkliste

- ☑ Können Sie unterschiedliche Sprachvarietäten definieren und unterscheiden?
- ☑ Können Sie sprachliche Äußerungen der entsprechenden Sprachvarietät zuordnen?
- ☑ Können Sie den Terminus „Leichte Sprache" beschreiben, das Ziel der Leichten Sprache darstellen und deren Notwendigkeit begründen?
- ☑ Sind Sie in der Lage, komplexe Textinhalte in Leichte Sprache zu transferieren?
- ☑ Wissen Sie, was eine Fachsprache kennzeichnet?
- ☑ Können Sie zwischen Fachkompetenzen und Schlüsselkompetenzen unterscheiden und begründen, warum beide im Berufsalltag beherrscht werden sollten?
- ☑ Wissen Sie, was die Begriffe „Denotation" und „Konnotation" bedeuten?
- ☑ Sind Sie in der Lage, die konnotative Wirkung eines „Sprachzeichens" zu erkennen und zu erläutern?

Lernbaustein 1

Kapitel 12

Freie Erörterung

12.1 Erörterungsart bestimmen und Stoffsammlung anlegen

12.3 Dialektische Erörterung

12.5 Ein literarisches Thema erörtern

12.2 Lineare Erörterung

12.4 Von der Erörterung zur Stellungnahme

12.6 Prüfungsvorbereitung

Man unterscheidet zwischen zwei grundlegenden Arten der Erörterung: der linearen und der dialektischen. Beide sind Thema dieses Kapitels. Zudem werden die Schritte von der Erörterung zur Stellungnahme verdeutlicht sowie ein literarisches Thema erörtert. Ziel des Kapitels ist es, die Aufbauprinzipien einer Erörterung richtig anzuwenden und die Argumentation sowohl in inhaltlicher als auch sprachlicher Hinsicht überzeugend zu gestalten.

Kompetenzen

- ✓ Assoziationen zu einem Thema sammeln und ordnen
- ✓ Informationen aus Texten erfassen und strukturieren
- ✓ Zu Positionen in Texten begründet Stellung nehmen
- ✓ Argumente entfalten
- ✓ Eine eigene Position formulieren
- ✓ Mithilfe von rhetorischen Strategien andere von der eigenen Position überzeugen

Methoden und Arbeitstechniken

- ✓ Mindmap
- ✓ Exzerpieren
- ✓ Cluster
- ✓ Kugellager
- ✓ Dossier anlegen

12.1 Erörterungsart bestimmen und Stoffsammlung anlegen

Zum Thema Glück gibt es viele Meinungen. Im Folgenden finden Sie eine Auswahl an Aussagen zum Thema Glück, jeweils in Kombination mit einer Fragestellung bzw. Aufgabenstellung.

„Jeder ist seines Glückes Schmied", sagt ein altes Sprichwort. Stimmen Sie mit dieser Aussage überein?

Die Zahl derjenigen wächst, die ihr Glück im Spiel suchen. Wie lässt sich eine solche Tendenz eindämmen? Welche Gefahren bergen Glücksspiele?

„Mutigen lächelt das Glück." (Vergil)
Erörtern Sie an Beispielen aus verschiedenen Bereichen, ob Vergil mit dieser Äußerung recht hat.

Stellen Sie dar, dass Glück nicht ohne sein Gegenteil zu denken ist.

In der amerikanischen Unabhängigkeitserklärung von 1776 ist das Recht des Einzelnen festgehalten, nach Glück zu streben. Halten Sie einen solchen Eintrag in der Verfassung eines Landes für sinnvoll?

Ist Glück Glückssache oder entscheidet die Einstellung über das Glück?

In einer Heidelberger Schule wird das Fach Glück unterrichtet. Es ist die erste Schule in Deutschland, die dieses Unterrichtsfach anbietet, das sogar für das Abitur zählen kann. Würden Sie die Einführung eines solchen Fachs befürworten oder ablehnen?

1 Bearbeiten Sie die obigen Aufgabenstellungen und Fragen.
a) Entscheiden Sie mithilfe der Arbeitstechnik, welche der Aufgaben eine lineare und welche eine dialektische Erörterung erfordern.
b) Begründen Sie Ihre Entscheidungen.

2 Entwickeln Sie eigene Aufgabenstellungen für eine Erörterung zum Thema Glück.
a) Erläutern Sie, inwiefern Sie mit den Bildern Glück verbinden.
b) Formulieren Sie aufgrund Ihrer Ergebnisse aus a) eigene Aufgabenstellungen für
  • eine lineare
  • und eine dialektische Erörterung.

ARBEITSTECHNIK — Lineare und dialektische Erörterung

Bei einer freien Erörterung müssen Sie sich zunächst darüber klar werden, ob Sie das Thema linear oder dialektisch erörtern sollen. Hierzu müssen Sie die Aufgabenstellung untersuchen. Werden Sie aufgefordert, Ursachen, Folgen oder Lösungsmöglichkeiten zu einem bestimmten Thema zu erläutern, entscheiden Sie sich für die **lineare (steigernde) Erörterung.** Sollen Sie sich hingegen zu einem strittigen Problem äußern, für das es Pro- und Kontra-Argumente gibt und für das eine Entscheidungsfindung ansteht, so wählen Sie die **dialektische (gegenüberstellende) Erörterung.**

Erörterungsart bestimmen und Stoffsammlung anlegen

Im Folgenden werden Ihnen Informationsmaterialien für eine eigene Stoffsammlung zum Thema Glück angeboten. So können Sie exemplarisch nachvollziehen, wie Sie Ihre eigene Stoffsammlung anlegen und damit die Erörterung vorbereiten können. Zunächst einmal sammeln Sie Ihre Assoziationen zum Thema und ordnen diese mithilfe einer Mindmap (» Arbeitstechnik S. 186).

Hilfreich sind auch Texte, die das Thema von verschiedenen Seiten beleuchten. Der erste Text behandelt das Thema Glück unter wirtschaftlichen und neurobiologischen Aspekten. Im zweiten Text wird das Thema unter philosophischen Fragestellungen diskutiert. Der griechische Geschichtsschreiber Herodot (490/480 v. Chr. bis 425 v. Chr.) schildert einen Dialog zwischen dem athenischen Gesetzgeber Solon und dem legendär reichen Lyderkönig Krösus (griech. *Kroisos*).

Viel ist nicht genug

Geld garantiert kein Wohlbefinden – sogar Millionäre glauben, allein mehr Reichtum schaffe Zufriedenheit
von Sebastian Herrmann

Beim Blick auf die Kontoauszüge stellt sich stets Enttäuschung ein. Entweder befindet sich ein hässliches Minus vor der entscheidenden Zahl, oder die Daueraufträge für Miete, Strom und Telefon verhunzen den sonst ansehnlichen Betrag auf den Auszügen. Egal wie viel Geld auf dem Konto liegt, es ist immer weniger als genug. So gesehen macht Geld nicht glücklich, weil einen das chronische Gefühl plagt, dass mehr nötig wäre, um endlich mit einem Dauergrinsen durch die Welt zu laufen. Psychologen berichten nun, dass dieser gefühlte Mangel niemals endet: Selbst reiche Menschen leben in der Illusion, dass sie endlich glücklich wären, wenn sie etwa drei- bis viermal so viel besäßen, wie ihr Konto aktuell verzeichnet – egal ob dort eine oder zehn Millionen Dollar liegen, wie Michael Norton von der Harvard Business School betont.

Macht Geld also glücklich, wenn die Jagd nach mehr

12.1 Erörterungsart bestimmen und Stoffsammlung anlegen

davon niemals endet? Mit Fragen wie dieser beschäftigen sich Psychologen […] auf einer Tagung in Long Beach, Kalifornien, die den schrägen Titel „Happy Money 2.0" trägt. Die Antwort der Forscher auf die ewige Frage nach dem Geld und dem Glück also lautet: Es kommt nicht so sehr darauf an, wie viel davon ein Mensch besitzt, sondern was er damit macht – ob er Geld hortet oder für Erfahrungen ausgibt. Erlebnisse wie Reisen, Restaurantbesuche oder Familienausflüge bescheren ein länger anhaltendes Gefühl von Glück als materielle Versüßungen des Daseins. Dieser Erkenntnis der Glücksforschung fügt der Psychologe Amit Kumar einen Schnipsel hinzu: Sogar die Vorfreude ist größer, wenn als Belohnung ein Erlebnis statt einer Finanzspritze wartet – und wenn es nur der Genuss einer Flasche Wein ist.

Schön und gut, man muss sich diese Erlebnisse jedoch erst leisten können. Ohne Geld bleibt dieser Weg ins Glück versperrt. Geld macht also nicht zwingend glücklich, Armut dafür ziemlich sicher unglücklich. Der Wirtschaftsnobelpreisträger Daniel Kahneman gibt die magische Schwelle mit 50 000 Euro Jahreseinkommen an. Bis zu diesem Betrag führten Geld und Glück eine stabile Zweierbeziehung. Mit jedem Euro geht es besser, bis alle Grundbedürfnisse befriedigt sind und die Widrigkeiten des Alltags nerven, die sich selbst mit einem gefüllten Konto nicht bekämpfen lassen – Elternabende, Stress in der Beziehung, Ärger im Büro.

So entkoppelt sich das Glücksempfinden irgendwann von der Menge Geld, die ein Mensch verdient. Der Psychologe Jordi Quoidbach stellt in Long Beach eine Studie vor, die das zum Teil erklären könnte. Demnach mindert Reichtum die Freude an den Dingen, die leichte Verfügbarkeit reduziere deren Wert. Regelmäßig in guten Restaurants zu essen vermiest den Genuss an einem Schnitzel, und teure Reisen mit einem gleichgültigen Achselzucken zu bezahlen schmälert auch die Freude an diesen Erlebnissen. Das klingt ebenso einleuchtend wie banal. Und doch leben die meisten Menschen in der Illusion, dass sie endlich vollends glücklich wären, wenn sie zu den Reichen dieser Welt zählen würden und sich alles leisten könnten. Der Traum vom großen Geld bleibt immer ein Traum. Egal wie prall das Konto gefüllt ist.

(*Süddeutsche Zeitung*, 28.02./01.03.2015)

In Kapitel 7.3 haben Sie bereits erfahren, wie man eine Mindmap anlegt. Zur Erinnerung hier noch einmal eine Darstellung dieser Arbeitstechnik:

ARBEITSTECHNIK | Eine Mindmap anlegen

1. Schreiben Sie das zentrale Thema in die Mitte Ihres Blattes und kreisen Sie es ein.
2. Ordnen Sie um das Thema herum Hauptäste an, auf denen Sie die Hauptaspekte (Schlüsselbegriffe) stichwortartig festhalten. Richten Sie für jeden neuen Aspekt einen neuen Ast ein.
3. Zur weiteren Differenzierung können Sie weitere Nebenäste anlegen, auf denen weitere Teilaspekte (Unterbegriffe) eines Gedankens notiert werden können.
4. Sie können Begriffe durch Symbole oder Bilder ergänzen.

Erörterungsart bestimmen und Stoffsammlung anlegen

Herodot: Historien (Auszug)

„[…] Darum, Kroisos, ist das Menschenleben ein Spiel des Zufalls. Mir erscheinst du gewiss sehr reich und ein König über viele Menschen. Aber das, wonach du mich fragst, kann ich dir nicht eher beantworten, als bis ich
5 erfahren, dass du dein Leben auch glücklich beendet hast. Denn der Reiche ist nicht glücklicher als einer, der gerade nur für einen Tag genug zum Leben hat, wenn er seinen ganzen Reichtum nicht bis an sein glückliches Lebensende genießen darf. Viele sehr rei-
10 che Menschen sind unglücklich; viele, die nur mäßig viel zum Leben besitzen, sind glücklich. Der unglückliche Reiche hat nur in zwei Stücken etwas dem Glücklichen voraus, dieser aber vieles vor dem Reichen und Unglücklichen. Der Reiche kann seine Gelüste leichter
15 befriedigen und schwere Schicksalsschläge einfacher tragen. Der andere aber hat Folgendes mehr als jener: Zwar wird er, eben weil er nicht reich ist, mit seinen Wünschen und Schicksalsschlägen nicht in gleicher Weise fertig wie jener. Aber sein guter Stern hält sie
20 von ihm fern. Er ist unversehrt, gesund, ohne Leid, glücklich mit seinen Kindern und wohlgestaltet. Wenn er dann auch noch einen schönen Tod hat, dann ist er eben der, nach dem du suchst, ein Mensch, der wahrhaft glücklich zu nennen ist. Vor dem Tode aber muss
25 man sich im Urteil zurückhalten und darf niemanden glücklich nennen, sondern nur vom Schicksal begünstigt. Dass aber alles das, was zur Glückseligkeit gehört, bei einem Menschen zusammentrifft, ist unmöglich. Auch ein Land besitzt nicht alles, was es braucht; viel-
30 mehr hat es das eine und entbehrt das andere. Das beste Land ist das, das am meisten besitzt. So erfüllt auch

der Mensch als Einzelwesen sich nicht selbst. Das eine hat er, etwas anderes entbehrt er. Der Mensch aber, der das meiste seines Bedarfes besitzt und in diesem Besitze lebt und glücklich sein Leben beendet, der, König, 35 verdient nach meiner Meinung den Namen eines Glücklichen. Überall muss man auf das Ende und den Ausgang sehen. Vielen schon winkte die Gottheit mit Glück und stürzte sie dann ins tiefste Elend."
 So sprach er und schmeichelte Kroisos nicht. Dieser 40 ließ ihn […] von sich gehen. Kroisos hielt ihn sogar für einen großen Toren, weil er das Glück der Gegenwart nicht gelten ließ und immer nur auf das Ende hinwies.

3 **Legen Sie eine Stoffsammlung zum Thema Glück an.**
a) Exzerpieren Sie die Positionen, die im ersten Text genannt werden (» Kapitel 20).
b) Exzerpieren Sie die Positionen, die Solon und Krösus vertreten.
c) Ordnen Sie diese verschiedenen Positionen und Ihre Arbeitsergebnisse von S. 185 mithilfe eines Clusters.

12.2

Lineare Erörterung
Argumentieren

Die Überzeugungskraft einer Erörterung hängt von der Wahl der Argumente und deren schlüssiger Verknüpfung ab.

Alles, was Sie über ein zufriedenes Leben wissen müssen

1. Macht Geld glücklich?

Ja, Geld macht glücklich, vor allem dann, wenn die Nachbarn weniger Geld zur Verfügung haben. Nicht die absolute, sondern die relative Höhe des Einkommens entscheidet über das Wohlbefinden. Gefragt, ob jemand lieber 50 000 Euro in einem Land mit einem Durchschnittseinkommen von 25 000 Euro wählt oder aber 100 000 Euro in einem Land mit einem Durchschnittseinkommen von 250 000 Euro, entscheidet sich die Mehrheit für das niedrige, aber relativ überlegene Einkommen. Die menschliche Gattung, keine Frage, kommt in der Glücksforschung nicht sehr sympathisch weg. Neid zerfrisst das Glück: ein Grund, warum das Pro-Kopf-Einkommen in den vergangenen 100 Jahren zwar drastisch wuchs, das Glücksempfinden keineswegs. Die Deutschen wissen, wovon die Rede ist: Nach der Wiedervereinigung stieg zwar der Wohlstand im Osten. Weil die Ostdeutschen sich aber mit den reicheren Westdeutschen verglichen, fühlten sie sich unglücklich.

[…]

3. Macht Heiraten glücklich?

Es kommt darauf an, sagt Radio Eriwan. Einen besonders zufriedenen Eindruck machen Paare in den Jahren unmittelbar vor und nach der Hochzeit. Für Ökonomen ist die Ehe eine Form der Arbeitsteilung, von der beide Partner profitieren. Allzu unterschiedlich sollten die Bildungsvoraussetzungen allerdings nicht sein. Je länger die Partnerschaft währt, umso mehr gewöhnen sich die Menschen aneinander. Die Zufriedenheit ist nach zehn Jahren Ehe geringer als zehn Jahre vor der Hochzeit. Aber Vorsicht: Die Zweit- und Drittehe macht auch nicht glücklicher.

[…]

(Frankfurter Allgemeine Sonntagszeitung, 06.03.2005)

1 Bilden Sie auf der Grundlage des Textes Argumentationen zur Behauptung, dass weder Geld noch die Ehe glücklich machen.

BASISWISSEN | **Bestandteile einer Argumentation**

These: Dies ist eine Behauptung oder Meinung. Sie darf nicht als Frage formuliert werden.
Beispiel: *Sport macht glücklich, …*

Argument: begründet die These
Beispiel: *… weil der Neurotransmitter Serotonin erzeugt wird.*

Entfaltung des Arguments: Um die Wirkung der Argumente zu verstärken, werden Belege aufgeführt.
Beispiel: *Viele Studien belegen, dass Menschen mit Depressionen durch ihr Sporttraining und das damit verbundene Mehraufkommen von Serotonin eine bessere Lebensqualität erreichen.*

Es kann eine **Folgerung** angefügt werden:
Beispiel: *Noch viel mehr Menschen müssten sich sportlich betätigen, um einen Ausgleich für einen nicht immer leichten Alltag zu finden. Schon in der Schule sollten hier die Grundlagen gelegt werden. Das Fach Sport müsste mit mehr Stunden unterrichtet werden.*

Argumentieren

Damit Argumente überzeugender wirken, werden Belege angeführt, um deren Gültigkeit zu untermauern.

Muster

Obwohl sich das Einkommen der US-Bürger seit Ende des Zweiten Weltkrieges verdreifacht hatte, waren sie nicht glücklicher. Dies belegt eine empirische Studie des amerikanischen Ökonomen Easterlin aus dem Jahr 1974.

5 *Das hat jeder schon erlebt, für den Arbeit mehr als ein lästiges Mittel zur Bestreitung des Lebensunterhaltes ist.*

Denn durch den Verzicht auf aggressives Verhalten entsteht Zufriedenheit sowohl für den Einzelnen als auch die Gruppe.

Viele Menschen sind ängstlich und depressiv, da ihnen der Grund
10 *zum Glücklichsein abhandengekommen ist. Viktor E. Frankl – Mediziner und Psychiater – hält dies für die wesentliche Ursache.*

Kaufen und Besitzen von Dingen macht das Glück vieler Menschen in unserer Zeit aus. So ist es nicht verwunderlich, dass man auch seine Mitmenschen unter diesen Aspekten betrachtet, sodass sich
15 *zwischenmenschliche Beziehungen mehr denn je nach den Prinzipien des Marktes gestalten.*

2 Ordnen Sie die obigen Aussagen den verschiedenen Arten von Belegen im Basiswissen zu.

3 „Sport macht glücklich, weil der Neurotransmitter Serotonin erzeugt wird." Suchen Sie zu diesem Argument verschiedene Arten von Belegen, wie sie im Basiswissen aufgeführt sind.

BASISWISSEN — Entfaltung des Arguments – verschiedene Arten von Belegen

Angabe von Fakten (Zahlen, Statistiken, Fakten, wissenschaftliche Untersuchungen etc.): *Die Ergebnisse der Versuchsreihen zeigten, dass allein schon die Erwartung einer Heilung einen deutlichen Placeboeffekt hervorruft.*

Verweise auf allgemein anerkannte Werte (Verfassung, Menschenrechte etc.): *Im Grundgesetz ist das Recht auf freie Meinungsäußerung fest verankert.*

Rückgriff auf Erfahrungen (nachvollziehbare Beispiele aus der eigenen Erfahrungswelt): *Es ist bekannt, dass Geld allein nicht glücklich macht.*

Berufung auf Autoritäten (Zitate von Experten etc.): *So sagt der britische Ökonom Richard Layard, dass steigender Wohlstand nur bis zu einem bestimmten Niveau glücklich mache.*

Bildung von Analogien (Rückschlüsse aus erwiesenen Tatsachen, die auf andere Bereiche übertragen werden): *Wer schon einmal Alkohol getrunken hat, weiß, dass dies zu Einbußen in der Wahrnehmung, der Aufmerksamkeit und dem Reaktionsvermögen führt. Dies gilt natürlich auch für den Konsum von Cannabis.*

Gliedern

In einer Erörterung werden die Argumente nach bestimmten Kriterien geordnet. Es gibt unterschiedliche Ordnungsprinzipien, z. B. vom Konkreten zum Abstrakten, vom Individuellen zum Gesellschaftlichen oder vom weniger Wichtigen zum Wichtigsten.

1 Welche Argumente sind für Sie besonders wichtig? Welche wollen Sie in Ihrem Aufsatz wo platzieren? Notieren Sie zunächst Ihre Überlegungen. Tauschen Sie sich danach aus. Setzen Sie sich dazu in einem Außen- und einem Innenkreis gegenüber. Jeder hat dabei einen Gesprächspartner. Arbeiten Sie nach der Methode Kugellager (» Kapitel 20).

Muster

Was braucht der Mensch, um glücklich zu sein? Erörtern Sie diese Frage.

Der Verkauf von Glücksratgebern hat Hochkonjunktur, viele Zeitschriften haben das Thema ebenfalls entdeckt und überbieten sich mit Strategien für ein glückliches Leben. „So planen
5 *Sie Ihr Glück", „Endlich glücklich werden" oder „Ein glückliches Leben führen" lauten gängige Schlagzeilen, mit denen die Verkaufszahlen gesteigert werden. Das Thema stößt auf großes Interesse; denn wer will nicht glücklich sein?*
10 *Die Frage ist nur, was der Mensch dazu braucht. Spontan fällt einem dazu gleich eine Vielzahl von Punkten ein: Es soll einem gut gehen, man will sich wohlfühlen, Spaß haben, Angenehmes erleben, erfolgreich und vor allem reich sein.*
15 *Einmal sechs Richtige im Lotto haben und dann auf der Sonnenseite des Lebens stehen können, keine finanziellen Sorgen mehr haben, dem nervigen Chef die stressige Arbeit hinwerfen und sich mehr leisten können als andere – davon haben schon viele geträumt. Aber der amerikanische Ökonom Easterlin hat 1974 durch eine empirische Untersuchung herausgefunden, dass das absolute Einkommen nicht ausschlaggebend für die Lebens-*
20 *zufriedenheit ist. Mehr Reichtum führt nicht zu mehr Glück, wenn grundlegende Bedürfnisse gestillt sind. Dies wird auch daran deutlich, dass trotz steigenden Pro-Kopf-Einkommens das Glücksempfinden nicht gestiegen ist. Auch der Psychologe Jordi Quoidbach hat dieses Phänomen untersucht und deutet es in seinen Studien. Demnach mindere Reichtum die Freude an den Dingen, die leicht und regelmäßig verfügbar seien. So werden z. B. der Besuch eines eleganten Restaurants oder eine teure Reise als selbst-*
25 *verständlich wahrgenommen.*
Das Zuhause, eine glückliche Beziehung, Kinder, Freunde, ein intaktes soziales Netz sind weitere Aspekte, die häufig als Garanten für ein glückliches Leben genannt werden. Aber Kinder machen erst wirklich glücklich, wenn sie aus dem Haus gehen. Eltern leiden häufig unter chronischem Schlafmangel, wenn ihre Kinder noch klein sind, oder unter Stress, wenn diese pubertieren. Viele Untersuchungen
30 *belegen, dass sich Eltern bisweilen danach sehnen, dass die Kinder aus dem Haus sind.*
Auch die Ehe macht nicht wirklich glücklich. Viele Ehepaare sind zehn Jahre nach der Eheschließung unglücklicher als zehn Jahre zuvor, belegen statistische Erhebungen. Diese Zahlen sprechen gegen Kinder oder die Ehe als Glücksgaranten.

Gliedern

Andererseits ist es kaum vorstellbar, dass jemand ohne gute Freunde oder Familie ein zufriedenes Leben führt. Geteiltes Leid ist halbes Leid und geteilte Freude ist doppelte Freude, sagt bereits ein altes Sprichwort. Jeder hat sicherlich schon einmal diese Erfahrung gemacht. Die Kraft und Energie, die man aus seinem sozialen Netzwerk gewinnt, trägt wesentlich zum Sinn einer erfüllten Lebensführung bei.

Ein weiterer wesentlicher Aspekt für ein glückliches Dasein ist die Gesundheit. Denn für denjenigen, der von einer Krankheit gezeichnet ist oder sich um einen kranken Familienangehörigen sorgt, relativiert sich vieles. Meist nehmen wir Gesundheit als gegeben hin und bemerken erst im Falle einer Krankheit, wie wesentlich sie ist. Folglich sollten wir uns täglich bewusst machen, dass wir dankbar sein können, wenn wir gesund bleiben.

Auch ein Leben in Sicherheit und Freiheit halten wir oft für selbstverständlich und bemerken kaum, wie wichtig es ist, um zufrieden und glücklich sein zu können. Sicherheit der politischen Verhältnisse sowie die Garantie von Grundrechten sind Voraussetzungen für ein glückliches Leben, da sie uns die Möglichkeit geben, unser Leben eigenverantwortlich zu gestalten und nach den jeweiligen persönlichen Neigungen und Stärken für lohnende, sinnvolle Ziele einzutreten.

Was der Einzelne für sein Glück benötigt, ändert sich im Laufe des Lebens, für den älteren Menschen steht eher der Gesundheitsaspekt im Vordergrund, ein junger Mensch setzt andere Akzente. Zu anderen Zeiten und in anderen Kulturen gab oder gibt es andere Vorstellungen vom Glück. Jeder sollte aber nach seinem Glück streben dürfen. Dies gehört zu einer Gesellschaft dazu, die den Einzelnen wertschätzt.

2 Analysieren Sie die Struktur des vorliegenden Musters.
a) Skizzieren Sie in Stichworten die Gliederung des Musters. Nutzen Sie dazu das Basiswissen.
b) Notieren Sie die Überleitungen und entsprechende Signalwörter.

BASISWISSEN — Lineare Erörterung

Die Erörterung ist wie jeder Aufsatz in drei Teile gegliedert. Die **Einleitung** führt zum Thema hin und sollte das Interesse der Leserinnen und Leser wecken. Dieses kann durch ein aktuelles Beispiel, ein persönliches Erlebnis oder auch mit einem Sprichwort geschehen. Auch mit Umfrageergebnissen oder statistischen Angaben können Sie sinnvoll einleiten. Im **Hauptteil** werden die Argumente präsentiert und im **Schlussteil** wird das Thema abgerundet. Es werden keine neuen Aspekte mehr ins Spiel gebracht. Es ist möglich, sich wieder auf die Einleitung zu beziehen, eine Vermutung über die zukünftige Entwicklung zu äußern oder einen Appell zu formulieren. Beachten Sie, dass Einleitung und Schluss in einem ausgewogenen Verhältnis zum Hauptteil stehen.

3 Schreiben Sie für das Muster von S. 190 f.
a) eine andere Einleitung,
b) einen anderen Schluss.

Dialektische Erörterung
Argumentieren

Viele Deutsche suchen ihr Glück im Ausland. Aber kann man dort wirklich sein Glück finden? Zu dieser Fragestellung gibt es unterschiedliche Meinungen.

„Dem Leben muss man sich stellen – hier oder dort."

„Man kennt die Sendungen, in denen wir Zuschauer gespannt die Schicksale von Auswanderern verfolgen. Dabei wird klar, dass es nur die wenigsten schaffen."

„Viele wundern sich, dass sie in dem neuen Land nicht mit offenen Armen empfangen werden."

„Wenn man weggeht, weiß man nicht mehr, wo man seine Wurzeln hat."

„Die Sonne, den Feierabend am Strand und die gelassene Stimmung der Menschen genießen – so ein Leben kann man nur im Ausland führen."

„Manchmal macht es Sinn, alles hinter sich zu lassen und einen Neubeginn zu wagen."

1 Kann eine Auswanderung aus Deutschland das große Glück bringen? Setzen Sie sich mit dieser Fragestellung auseinander.

a) Ergänzen Sie die oben aufgeführten Positionen um weitere Meinungen.
b) Welche Position vertreten Sie in der oben angeführten Frage? Notieren Sie Ihre These.

Welche Vorteile sich Menschen mit ihrer Auswanderung versprechen, erläutert der folgende Artikel. Er zeigt aber auch die Kehrseite.

Abschied und Willkommen

[…]
von Roland Preuß

München – Es ist nicht so lange her, da hagelte es Alarmmeldungen beim Thema Auswanderer: Mehr als 100 000 Deutsche verließen jedes Jahr das Land, Ärzte, Spitzenforscher, aber auch Hoffnungslose, hieß es vor zehn Jahren. Es waren die Jahre der schmerzhaften Hartz-Reformen, die Zahl der Arbeitslosen erreichte Rekordwerte, Besserung war nicht in Sicht, Deutschland galt als kranker Mann Europas. Da passte es ins Bild, dass zwischen 2005 und 2009 etwa 250 000 Deutsche das Land verließen – die Rückkehrer sind da schon abgezogen. Die Aufregung ist mittlerweile verebbt, Forscher haben sich des Themas angenommen – und rücken das Bild vom Auszug der Hoffnungslosen zurecht: Nach wie vor ziehen zwar jedes Jahr etwa 150 000 Einheimische fort, doch die meisten kommen zurück – bereichert um Erfahrungen und Perspektiven.

Dies ist das Ergebnis einer Studie zu Auswanderern und Rückkehrern, die Forscher des Sachverständigenrates für Integration und Migration (SVR) zusammen mit dem Bundesinstitut für Bevölkerungsforschung (BiB) und der Uni Duisburg-Essen am Dienstag in Berlin vorgestellt haben. Die Wissenschaftler haben 800 Auswanderer und 900 Rückkehrer befragt. Warum sind sie weggegangen? Mit welchen Erwartungen? Wie war das neue Leben im Ausland? Und warum kommen sie nach Deutschland zurück – oder eben nicht? Die Antworten, sagen die Forscher, sind zwar nicht repräsentativ für alle Aus- und Rückwanderer; doch die Studie bietet den bisher besten Einblick, wer da geht und kommt – und warum.

Die Hoffnungslosen oder Verarmten gehören nicht zu den typischen Auswanderern

Der typische Auswanderer ist demnach nicht der Hoffnungslose oder Verarmte, und auch nicht der Provinz-Wirt aus dem Privatfernsehen, der sich seinen Traum

Argumentieren

vom Strandrestaurant erfüllen will. Vielmehr handelt es sich in der großen Mehrheit um junge, top ausgebildete Leute, die neue Erfahrungen, fremde Kulturen oder ein attraktiver Job ins Ausland locken. Immerhin 41,4 Prozent der Befragten nannten jedoch auch eine Unzufriedenheit mit dem Leben in Deutschland als Motiv. Tatsächlich erfüllt sich für die meisten der Wunsch nach einem höheren Einkommen, allerdings hat das seinen Preis. So sagten 43,5 Prozent der Befragten, dass sich die Auswanderung negativ auf ihren Freundes- und Bekanntenkreis ausgewirkt habe. Über Tausende Kilometer hinweg lassen sich Freundschaften schwer pflegen. BiB-Direktor Norbert Schneider spricht von ambivalenten Folgen für die Wandernden: „Sie erzielen oft ein höheres Einkommen und haben einen höheren Berufsstatus", erführen aber vielfach „auch eine Art sozialer Desintegration durch den Verlust von Freunden und Bekannten". Man kann es auch auf die Formel bringen: Geld oder Freunde.

Die Sehnsucht nach Freunden und Familie spielt denn auch eine wichtige Rolle bei der Entscheidung zurückzukommen. Fast die Hälfte gibt die Familienangehörigen als wichtiges Motiv an, fast ein Viertel Freunde. Von den Auslandsdeutschen wollen insgesamt 41 Prozent wieder in die alte Heimat, gut ein Drittel will dagegen fortbleiben, gut ein Viertel ist unentschlossen.

Es bleiben also bei Weitem nicht alle weg, die einmal ausgewandert sind, unter dem Strich hat das Land seit 2009 pro Jahr lediglich 25 000 Bundesbürger verloren. Die Forscher sprechen daher eher von einer „Brain Circulation", also einem Kreislauf, als einem „Brain Drain". „Abwanderung sollte nicht einseitig als Verlust, sondern auch als Chance wahrgenommen werden", sagt Cornelia Schu, die Direktorin des SVR-Forschungsbereichs. Die Auswanderer kehrten oft mit neuen Fähigkeiten und Kontakten zurück.

Diese positive Sichtweise hängt allerdings auch mit der günstigen Entwicklung der Bundesrepublik zusammen: Anders als vor zehn Jahren geht es Deutschland im Vergleich zu den meisten Industrieländern wirtschaftlich gut, es gibt Jobs und Möglichkeiten. Hinzu kommen Rückkehrerprogramme, die bereits Hunderte Wissenschaftler an deutsche Unis und Forschungsinstitute vermittelt haben. Sie könnten noch ausgeweitet werden auf andere Bereiche, sagen die Autoren der Studie, auch um den Mangel an Fachkräften zu lindern.

Als Spaniens Wirtschaft boomte, suchten Tausende ihr Glück in der Sonne – bis die Krise kam
Für viele Auslandsdeutsche ist die Rückkehr auch finanziell attraktiv. Mitarbeiter mit Auslandserfahrung sind gefragt und oft gut bezahlt. Allerdings trifft das laut der Studie nur auf Hochqualifizierte zu. Andere Rückkehrer sehen zwar Freunde und Familie wieder, müssen aber mit einem geringeren Einkommen rechnen. Die Motive der Rückkehrer gleichen denen der Auswanderer: beide nennen häufig eine interessantere Arbeit oder bessere Arbeitsbedingungen, manche haben im Lauf der Jahre offenbar auch die Qualitäten der Bundesrepublik schätzen gelernt. Jedenfalls beschleicht gut 40 Prozent eine Art von Unzufriedenheit im Ausland, viele bevorzugen das „Lebensgefühl" in Deutschland, andere schätzen eine bessere medizinische Versorgung (19,3 Prozent) oder weniger Kriminalität (15 Prozent).

Es ist freilich nicht so, dass sich Auswanderer dies immer aussuchen könnten. Als Spaniens Wirtschaft vor zehn Jahren boomte, suchten Tausende Deutsche ihre Zukunft unter der südlichen Sonne, unter ihnen viele Akademiker. Dann kam 2008 die Wirtschaftskrise. Viele Auswanderer verloren ihren Job – und kehrten gezwungenermaßen zurück.

(Süddeutsche Zeitung, 11.03.2015)

2 Erschließen Sie bei Ihrer Auseinandersetzung mit dem Thema den Text „Abschied und Willkommen".
a) Exzerpieren Sie relevante Aussagen.
b) Formulieren Sie Argumente zur Unterstützung Ihrer These. Entfalten Sie diese durch Belege.
c) Versetzen Sie sich in die Gegenposition. Formulieren Sie entsprechende Argumente und stützen Sie diese durch geeignete Belege.

Gliedern

BASISWISSEN	Gliederungsschemata des Hauptteils
Variante 1: Blockprinzip	**Variante 2: Reißverschlussprinzip**

Variante 1: Blockprinzip

Pro-These
1. Pro-Argument
2. Pro-Argument
…
Kontra-These
1. Kontra-Argument
2. Kontra-Argument
…

Variante 2: Reißverschlussprinzip

1. Pro-Argument
    1. Kontra-Argument
2. Pro-Argument
    2. Kontra-Argument
3. Pro-Argument
    3. Kontra-Argument
…

Sie sollten mit der These beginnen, die am wenigsten Ihrer eigenen Position entspricht. Dann ordnen Sie Ihre Argumente beispielsweise nach deren Überzeugungskraft, sodass das überzeugendste Argument, das für Ihre Position spricht, am Ende steht. Ebenso verfahren Sie mit den Argumenten der Gegenposition. Im Schlussteil formulieren Sie Ihren eigenen Standpunkt.

1 Entscheiden Sie sich für eine Variante. Begründen Sie Ihre Wahl.

Sprache und Stil

Besonders wichtig ist die Verknüpfung der verschiedenen Einzelargumente, die zur formalen Geschlossenheit der Erörterung beiträgt.

Gegenargumente können folgendermaßen eingeleitet werden:
sicherlich ist es ein berechtigter Einwand, wenn …, dennoch …; dem kann man entgegenhalten, dass …

Argumente können mithilfe folgender Wendungen abgewogen werden:
einerseits …, andererseits …; zum einen …, zum anderen …

★ **2 Ergänzen Sie die aufgeführten Wendungen um weitere Beispiele.**

3 Schreiben Sie eine Erörterung zum Thema „Viele Deutsche suchen ihr Glück im Ausland. Aber kann man dort wirklich sein Glück finden?".

Von der Erörterung zur Stellungnahme

Beim Verfassen einer Stellungnahme zu einem Thema haben Sie mehr Freiheiten als bei einer Erörterung. Sie können sich inhaltlich und sprachlich besser positionieren und Ihren Text appellativer gestalten.

Sprache und Stil

Um Ihre Position zu stärken, sollten Sie sich rhetorische Strategien überlegen und ganz bewusst einsetzen (» Kapitel 13, S. 205). Hier sind einige Strategien aufgeführt:

- Abwertung der Gegenposition
- Scheinbestätigung der gegnerischen Position, verbunden mit einem schlagkräftigen Gegenargument
- bescheidene Selbstdarstellung
- sich als Fürsprecher einer bestimmten Gruppe darstellen
- Appell an das Mitgefühl

Muster

a) Angesichts einer großen Zahl von Menschen, die mit ihrem Leben unzufrieden sind, kann man verstehen, dass manche andere Wege suchen und z. B. ins Ausland gehen. Dennoch ist klar, dass man auch die kritischen Stimmen nicht überhören darf, die sagen, man solle sich den Problemen hier stellen und nicht vor ihnen fliehen.

b) Auch wenn ich nicht viele Menschen kenne, die ausgewandert sind, glaube ich dennoch, dass die wenigsten ihr Glück im Ausland machen.

c) Natürlich bietet ein Neustart in einem anderen Land viele Möglichkeiten, aber nur dann, wenn man sich ausreichend vorbereitet hat und offen für Neues ist.

d) Sicher haben diejenigen, die das Auswandern kritisch sehen, Statistiken bereit, die zeigen, dass viele scheitern. Aber es gibt genauso viele Beispiele, die verdeutlichen, dass viele doch ihr Glück machen.

e) Da man überall, wo man lebt, sein Glück finden kann, sollten wir unsere Zeit mit sinnvolleren Themen verbringen.

f) Wenn Sie ein Arbeitsangebot im Ausland mit einem höheren Einkommen oder besseren Weiterentwicklungsmöglichkeiten hätten, würden Sie sich doch auch über diese Möglichkeit freuen und das Angebot wahrnehmen.

1 Ordnen Sie die Formulierungen den entsprechenden Strategien zu.

BASISWISSEN — Stellungnahme

Mit einer Stellungnahme wollen Sie die Leser von Ihrer Position überzeugen.

Im Gegensatz zur Erörterung ist es nicht zwingend notwendig, eine Gegenposition mit einzubeziehen. Ihre Arbeit gewinnt allerdings, wenn Sie den gegnerischen Standpunkt aufgreifen und entschärfen.

Auch im sprachlichen Bereich haben Sie mehr Freiräume als bei einer Erörterung. Durch die Anwendung rhetorischer Strategien verstärken Sie die Überzeugungskraft Ihrer Stellungnahme.

Von der Erörterung zur Stellungnahme

Zu dem Thema „Viele Deutsche suchen ihr Glück im Ausland. Aber kann man dort wirklich sein Glück finden?" hat ein Schüler diese Stellungnahme verfasst.

Muster

Wer kennt nicht diese Sendungen über Auswanderer, die ihr Glück in einem anderen Land suchen? Da sucht Anja B. ihr Glück mit einer Currywurstbude auf Mallorca oder Manny N. versucht sich als Lkw-Fahrer in Kanada. So wie sie suchen viele Deutsche ihr Glück im Ausland. In den letzten Jahren sind es ungefähr 150 000 Menschen jährlich. Aber kann man fern der Heimat wirklich sein Glück finden?

5 Zunächst sollte man sich bewusst machen, was unter Glücklichsein zu verstehen ist. Zu jeder Zeit haben sich Menschen damit beschäftigt und danach gesucht. Für Krösus z. B., den reichen König der Lyder, ist das Glück der Gegenwart ein hohes Gut. Für Solon hingegen, den Staatsmann und Lyriker, zeigt sich das Glück erst am Lebensende. Aktuelle Fernsehsendungen vermitteln uns heute ganz andere Glücksvorstellungen. Reichtum, Macht, Schönheit oder Sex zählen dazu.

10 Nach einer aktuellen Befragung von 800 Auswanderern durch den Sachverständigenrat für Integration und Migration zusammen mit dem Bundesinstitut für Bevölkerungsforschung und der Uni Duisburg-Essen sind die meisten auf der Suche nach neuen Erfahrungen, wollen andere Kulturen kennenlernen oder haben ein attraktives Jobangebot. Knapp über 40 Prozent sind mit ihrem Leben in Deutschland unzufrieden. Das sind in der Regel die Gründe, um alles hinter sich zu lassen und das Glück anderswo zu
15 suchen.

Für viele – vor allem die gut Ausgebildeten – erfüllt sich der Wunsch nach einem höheren Einkommen. In der Regel sind das nicht die Anjas und Mannys, für die wir uns in den einschlägigen Sendungen oft fremdschämen. Das Jobangebot stimmt, die Bezahlung ist gut, man sammelt neue Erfahrungen und ist der Routine des Alltags entflohen. Dennoch stellt sich das Glück nur zu einem Teil ein.

20 Sicherlich lernt man im Ausland neue Leute kennen, dennoch werden Freunde und Bekannte oft schmerzlich vermisst. Mancher hat Familienangehörige, eventuell sogar den Lebensgefährten zurückgelassen. Sie lassen sich nicht so einfach durch neue Bekanntschaften ersetzen.

Auch wenn ich selbst keine Erfahrung dazu einbringen kann, denke ich doch, dass Altbewährtes, das einem zuvor als langweilige Routine begegnet ist, vermisst und in einem ganz anderen Licht gesehen
25 wird. Wie schön war es da auf einmal, morgens fast immer zur gleichen Zeit die Lokalzeitung zu lesen oder am Wochenende direkt ab der Haustür, ohne kilometerweit fahren zu müssen, zum Lauf in die Natur zu starten. Die Brötchenauswahl des heimischen Bäckers lässt einem allein beim Gedanken daran das Wasser im Mund zusammenlaufen.

Auch mit einer anderen Sprache ist man konfrontiert …

2 Analysieren Sie diese Stellungnahme unter folgenden Fragestellungen:
a) Welche Thesen vertritt der Verfasser und wie argumentiert er?
b) Welche formalen und inhaltlichen Auffälligkeiten verdeutlichen, dass hier eine Stellungnahme und keine Erörterung vorliegt?

3 Setzen Sie den Hauptteil der Stellungnahme fort und formulieren Sie einen passenden Schluss.

Ein literarisches Thema erörtern

Die literarische Erörterung ist eine besondere Art der Erörterung. Ein bestimmter Aspekt, der in einem literarischen Werk thematisiert wird, soll dargestellt und beurteilt werden.

Christoph Hein: Drachenblut (Der fremde Freund) (Auszug)

Es geht mir gut. Heute rief Mutter an, und ich versprach, bald vorbeizukommen. Mir geht es glänzend, sagte ich ihr.
Ich bin ausgeglichen. Ich bin einigermaßen beliebt. Ich habe wieder einen Freund. Ich kann mich zusammennehmen, es fällt mir nicht schwer. Ich habe Pläne. Ich arbeite gern in der
5 Klinik. Ich schlafe gut, ich habe keine Albträume. Im Februar kaufe ich mir ein neues Auto. Ich sehe jünger aus, als ich bin. Ich habe einen Friseur, zu dem ich unangemeldet kommen kann, einen Fleischer, der mich bevorzugt bedient, eine Schneiderin, die einen Nerv für meinen Stil hat. Ich habe einen hervorragenden Frauenarzt, schließlich bin ich Kollegin. Und ich würde, gegebenenfalls, in eine ausgezeichnete Klinik, in die beste aller möglichen Heilanstalten einge-
10 liefert werden, ich wäre schließlich auch dann noch Kollegin. Ich bin mit meiner Wohnung zufrieden. Meine Haut ist in Ordnung. Was mir Spaß macht, kann ich mir leisten. Ich bin gesund. Alles, was ich erreichen konnte, habe ich erreicht. Ich wüsste nichts, was mir fehlt. Ich habe es geschafft. Mir geht es gut.

1 Stellen Sie ausgehend von dem vorgegebenen Textauszug dar, wie die Hauptfigur in Christoph Heins Novelle ihr Lebensglück definiert.

2 Erörtern Sie die Relevanz des Themas Glück für die Leserin/den Leser des 21. Jahrhunderts.

Zur Information eine kurze Zusammenfassung der Novelle:

Die Novelle „Drachenblut" („Der fremde Freund") handelt von der geschiedenen, kinderlosen Ärztin Claudia, deren Leben in der DDR sich in eingefahrenen Bahnen zwischen einem Einzimmer-Apartment, der Arbeit, Treffen mit Freunden oder den Eltern und Ferien am selben Ort abspielt. Die Novelle setzt ein mit der Erinnerung an die Beerdigung des Nachbarn. Henry ist in
5 Claudias Leben ebenso überraschend eingetreten, wie er es durch seinen Tod wieder verlassen hat. Die Beziehung zu ihm ist distanziert geblieben – er war ein fremder Freund. Die Zerstörung der Beziehung zu Katharina, der besten Freundin aus Kindheitstagen, hat Claudia und ihr Verhältnis zu anderen Menschen geprägt.

BASISWISSEN | Literarische Erörterung

Die Arbeitsschritte beim Verfassen einer literarischen Erörterung unterscheiden sich nicht von denen einer Erörterung. Ihre Argumente leiten Sie aus der entsprechenden Textstelle ab. Dabei geht es nicht darum, den Inhalt des Textes wiederzugeben, sondern ihn unter besagter Fragestellung zu erörtern.

Literarische Erörterungen beziehen sich auf:
- einen inhaltlichen Schwerpunkt eines Ihnen bekannten Textes,
- einen Vergleich zweier Texte unter einem bestimmten thematischen Aspekt oder
- eine Aussage über einen Text, der Ihnen bekannt ist.

12.5 Ein literarisches Thema erörtern

Bisweilen findet man auch allgemeine Aufgabenstellungen zum Thema „Literatur und Lesen".

Marcel Reich-Ranicki: Nichts als Literatur

Wenn es zutrifft, dass die schrecklichste Krankheit unserer Epoche die Angst ist und dass im nächsten Jahrhundert mehr Menschen an Geisteskrankheiten leiden werden als an Krebs oder am Herzinfarkt, dann ist Literatur nie nötiger gewesen als heute. Denn wer sonst, wenn nicht die Dichter, wäre imstande, uns unsere Angst bewusst und unsere Hoffnung fühlbar zu machen?

★ **3** Nehmen Sie Stellung zu dieser Aussage Marcel Reich-Ranickis. Beziehen Sie dabei auch Ihre eigenen Leseerfahrungen mit ein.

Die Kritikerin Iris Radisch kommentiert den Roman „Ach, Glück" von Monika Maron.

Iris Radisch: Mein Leben im intellektuellen Vorruhestand

Die Enttäuschung derer, die alles haben und das Wichtigste vermissen, ist vielleicht sogar das stärkste aller möglichen spätindustriellen Lebensgefühle. Um es auszudrücken, bedarf es einer paradoxen Kunst: einer Sprache der Enttäuschung für die im Wohlstand Darbenden. Zum Glück ist Monika Maron ihr auf der Spur.

4 Nehmen Sie Stellung zu der im Kommentar aufgeworfenen Behauptung, dass denjenigen, die alles haben, das Wichtigste fehlt.

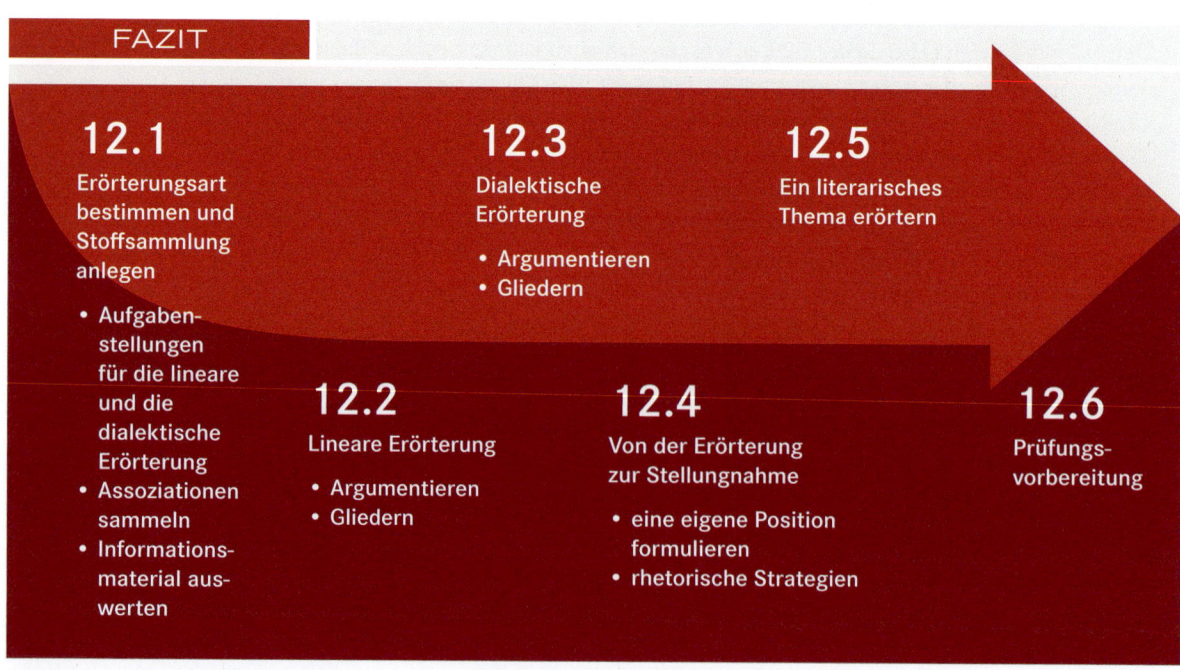

Prüfungsvorbereitung

Die nachfolgenden Themen zeigen Ihnen die Bandbreite von möglichen Aufgaben, die Ihnen in einer Prüfung zur freien Erörterung vorliegen können. Zur Vorbereitung können Sie sich mit einem oder mehreren Themen auseinandersetzen.

Inhaltliche Schwerpunkte:

Schule
- Viele Schüler arbeiten neben der Schule, um Geld zu verdienen.
  Was spricht für und was spricht gegen diese Beschäftigung?
- An deutschen Schulen wächst die Brutalität. Wie erklären Sie sich die Zunahme der Gewalt unter Schülern?
  Was müsste getan werden, um ein weiteres Ansteigen dieser Gewaltbereitschaft zu verhindern?

Arbeit/Freizeit
- Viele Arbeitnehmer leiden unter Mobbing. Welche Folgen ergeben sich daraus?
  Was kann man gegen diese Art von Psychoterror tun?
- In unserer Gesellschaft verfügen die meisten Menschen über mehr Freizeit als frühere Generationen.
  Zeigen Sie auf, welche Chancen und Gefahren sich daraus ergeben.

Politik
- In der bundesdeutschen Bevölkerung, vor allem bei Jugendlichen, nimmt die „Politikverdrossenheit" immer mehr zu.
  Erläutern Sie mögliche Gründe für diese Haltung und die sich daraus ergebenden Gefahren. Stellen Sie dar, wie diese überwunden werden könnten.
- Relativ wenige Frauen engagieren sich politisch.
  Worauf lässt sich das zurückführen? Welche Folgen ergeben sich daraus? Wie könnte man das ändern?

Engagement
- Vereine und Parteien klagen, dass sich immer weniger junge Menschen bereit erklären, ehrenamtlich mitzuarbeiten und Verantwortung zu übernehmen.
  Erörtern Sie die Ursachen für diese Entwicklung.
  Zeigen Sie Möglichkeiten auf, wie junge Menschen für die ehrenamtliche Mitarbeit in diesen Bereichen gewonnen werden können.
- „An allem Unfug, der geschieht, sind nicht nur die schuld, die ihn machen, sondern auch die, die ihn nicht verhindern."
  Erörtern Sie anhand von Beispielen aus verschiedenen Bereichen, ob Erich Kästner mit dieser Behauptung recht hat.

Medien
- Unser Dasein in einer von Medien bestimmten Welt wird oft als „Leben aus zweiter Hand" bezeichnet.
  Erläutern Sie anhand von Beispielen, was damit gemeint sein kann.
  Erörtern Sie, ob diese Aussage zutrifft.
- Persönliche Briefe werden heute vielfach durch E-Mails oder SMS ersetzt.
  Erörtern Sie, was mit diesem Wandel verbunden ist.

12.6 Prüfungsvorbereitung

Ökologie
- Die Gentechnologie eröffnet neue Wege, die Natur zu verändern. Welche Chancen und Gefahren ergeben sich daraus?
- „Zurück zur Natur!"
  Erörtern Sie, inwieweit der Ruf des französischen Philosophen Jean-Jacques Rousseau aus dem 18. Jahrhundert auch auf unsere Zeit zutrifft.

1 Sammeln Sie weitere Themen, die erörterungswürdig sind, und stellen Sie ein Dossier (» Kapitel 20) zu einem Thema Ihrer Wahl zusammen.

2 Formulieren Sie eine Aufgabenstellung zu einem dieser Themen. Beachten Sie dabei, ob das Thema dialektisch oder linear erörtert werden soll.

3 Fertigen Sie eine dialektische bzw. eine lineare Erörterung zu diesem Thema an.

4 Überprüfen Sie diese anhand der vorliegenden Checkliste.

Checkliste: Eine Erörterung schreiben

Wahl des Themas
- ☑ Haben Sie ein Thema gewählt, zu dem Sie wirklich etwas zu sagen haben?
- ☑ Haben Sie die Erörterungsart bestimmt?

Einleitung
- ☑ Haben Sie die Leserinnen und Leser zum Thema hingeführt (z. B. durch die Schilderung eines persönlichen Erlebnisses, eines aktuellen Ereignisses etc.)?
- ☑ Ist Ihre Einleitung kurz und prägnant?
- ☑ Haben Sie einen Überleitungssatz zum Hauptteil formuliert?

Hauptteil und Argumentation
- ☑ Haben Sie das Thema getroffen?
- ☑ Haben Sie genügend sinnvolle Argumente angeführt?
- ☑ Überzeugen Ihre Argumente durch Erläuterungen und Beispiele?
- ☑ Sind die einzelnen Gesichtspunkte nach einem erkennbaren, sinnvollen Prinzip angeordnet?
- ☑ Wird das wichtigste Argument als Letztes angeführt?
- ☑ Haben Sie Signalwörter zum Einleiten, Ausbauen und Verknüpfen Ihrer Argumente benutzt?

Schluss
- ☑ Haben Sie den Schluss deutlich eingeleitet?
- ☑ Enthält der Schluss ein Fazit Ihrer Argumentation?
- ☑ Haben Sie Ihre Stellungnahme abgerundet (z. B. indem Sie sich noch einmal auf die Einleitung beziehen, eine Vermutung über die zukünftige Entwicklung anstellen oder einen Appell formulieren)?

Aufbau
- ☑ Ist Ihr Aufsatz übersichtlich strukturiert? Haben Sie den Text in Abschnitte gegliedert?
- ☑ Sind Einleitung, Hauptteil und Schluss klar voneinander zu unterscheiden?

Lernbaustein 1

Kapitel 13
Reden analysieren

13.1 Eine Rede analysieren

13.2 Eine Redeanalyse schreiben

13.3 Prüfungsvorbereitung

Reden haben ein Ziel und sollen eine Zielgruppe erreichen: Sie wollen das Publikum für eine bestimmte Position gewinnen und mitunter eine konkrete Verhaltensweise auslösen. Aber wie genau wird das erreicht? Dieses Kapitel soll Ihnen helfen, Reden zu analysieren. Sie werden erkennen, welche Mittel Redner nutzen können, um ihre Ziele zu erreichen. Außerdem lernen Sie die Elemente einer Redeanalyse kennen, Sie erfahren, was die Qualität einer Redeanalyse ausmacht und wie man eine Redeanalyse schreibt.

Kompetenzen

- ✓ Den Inhalt einer Rede zusammenfassen
- ✓ Die Elemente der Gestaltung einer Rede in ihrer Funktion deuten
- ✓ Die in einer Rede enthaltenen Argumentationsstrukturen analysieren
- ✓ Die Funktion einer Rede bestimmen und deren mögliche Wirkungsabsichten beurteilen
- ✓ Die Beziehung zwischen einer Rede und ihrer Entstehungszeit ermitteln und diese für die Analyse der Rede nutzen
- ✓ Themengleiche Reden fachgerecht vergleichen
- ✓ Eine Rede interpretieren

Methoden und Arbeitstechniken

- ✓ Schreibkonferenz

13.1 Eine Rede analysieren
Sich mit einer Rede auseinandersetzen

Am 8. Mai 1985 hielt der damalige Bundespräsident Richard von Weizsäcker während der Gedenkveranstaltung des Deutschen Bundestages eine viel beachtete Rede.

Richard von Weizsäcker: Rede zum 40. Jahrestag des Endes des Zweiten Weltkrieges*

IX. [...] Bei uns ist eine neue Generation in die politische Verantwortung hereingewachsen. Die Jungen sind nicht verantwortlich für das, was damals geschah. Aber sie sind verantwortlich für das, was in der Geschichte daraus wird.

Wir Älteren schulden der Jugend nicht die Erfüllung von Träumen, sondern Aufrichtigkeit. Wir müssen den Jüngeren helfen zu verstehen, warum es lebenswichtig ist, die Erinnerung wachzuhalten. Wir wollen ihnen helfen, sich auf die geschichtliche Wahrheit nüchtern und ohne Einseitigkeit einzulassen, ohne Flucht in utopische Heilslehren, aber auch ohne moralische Überheblichkeit.

Wir lernen aus unserer eigenen Geschichte, wozu der Mensch fähig ist. Deshalb dürfen wir uns nicht einbilden, wir seien nun als Menschen anders und besser geworden.

Es gibt keine endgültig errungene moralische Vollkommenheit – für niemanden und kein Land! Wir haben als Menschen gelernt, wir bleiben als Menschen gefährdet. Aber wir haben die Kraft, Gefährdungen immer von neuem zu überwinden.

Hitler hat stets damit gearbeitet, Vorurteile, Feindschaften und Haß zu schüren.

Die Bitte an die jungen Menschen lautet:

Lassen Sie sich nicht hineintreiben in Feindschaft und Haß
- gegen andere Menschen,
- gegen Russen oder Amerikaner,
- gegen Juden oder Türken,
- gegen Alternative oder Konservative,
- gegen Schwarz oder Weiß.

Lernen Sie, miteinander zu leben, nicht gegeneinander. Lassen Sie auch uns als demokratisch gewählte Politiker dies immer wieder beherzigen und ein Beispiel geben.

Ehren wir die Freiheit.
Arbeiten wir für den Frieden.
Halten wir uns an das Recht.
Dienen wir unseren inneren Maßstäben der Gerechtigkeit.
Schauen wir am heutigen 8. Mai, so gut wir es können, der Wahrheit ins Auge.

* Hierbei handelt es sich um das Ende der Rede.

1 Fassen Sie kurz zusammen, worum es in dem Redeauszug geht.

2 Begründen Sie, warum sich Richard von Weizsäcker an die Jugend wendet.

3 Bestimmen Sie die kommunikativen Funktionen des Redeauszugs (» Kapitel 6, S. 127).
a) Nennen Sie Beispiele für die Textfunktionen „informativ", „expressiv" und „appellativ" anhand des Redeauszugs.
b) Welche Textfunktion dominiert? Begründen Sie Ihre Feststellung. Erläutern Sie, welche Wirkung damit erzielt werden soll.

4 Die Rede ist mittlerweile über 30 Jahre alt. Erörtern Sie, inwiefern die Aufforderungen von Richard von Weizsäcker noch heute gültig sind.

Sprachliche Mittel untersuchen

BASISWISSEN — Die Rede

Die Rede ist eine besondere Form der Kommunikation. Der Sender (Redner) dominiert den verbalen Teil der Kommunikation, der Empfänger (Adressat der Rede) kann lediglich – sofern er anwesend ist – nonverbal oder mit Zwischenrufen reagieren. Die Rede hat demnach einen monologischen Charakter, Sender und Empfänger sind nicht gleichberechtigt.

Die Rede ist ein expositorischer (zweckgerichteter) Text und verfolgt häufig eine Beeinflussung der Einstellung oder des Verhaltens, ist also appellativ ausgerichtet. Sie hat aber auch informative und expressive Funktionen.

Der Redner muss die Adressaten seiner Rede mit Argumenten überzeugen. Das gelingt auch durch die Anwendung von rhetorischen Strategien und den Einsatz rhetorischer Figuren.

Ob der Redner sein Ziel erreicht und seine Adressaten überzeugt, hängt folglich besonders von der sprachlichen Gestaltung einer Rede ab.

1 Untersuchen Sie die sprachlichen Mittel, die Richard von Weizsäcker in seiner Rede verwendet.
a) Notieren Sie sich sprachliche Auffälligkeiten, von denen eine besondere Wirkung ausgeht. Beschreiben Sie diese.
b) Weizsäcker verwendet die rhetorischen Figuren Anapher, Klimax, Parallelismus und Parenthese. Weisen Sie diese im Text nach. Welche Wirkung wird erzielt? (Orientieren Sie sich an der Übersicht auf S. 96–97.)

2 Notieren Sie zentrale Begriffe der Rede und bilden Sie Wortfelder. Erläutern Sie die Wirkung, die mit diesen Begriffen erzielt werden soll.

3 Untersuchen Sie den Satzbau des Redeauszugs und bestimmen Sie die beabsichtigte Wirkung.

4 Untersuchen Sie, ob von Weizsäcker Standard-, Umgangs- oder Fachsprache verwendet, und belegen Sie Ihr Ergebnis am Text. Beschreiben Sie die Wirkung, die damit erzielt wird.

ARBEITSTECHNIK — Sprachliche Mittel und ihre Wirkung untersuchen

Achten Sie bei der Analyse der sprachlichen Mittel besonders auf folgende sprachliche Möglichkeiten:

- **Sprachvarietäten:** Wird Standardsprache, Umgangssprache, Fachsprache, Dialekt etc. verwendet?
- **Satzbau:** Sind die Sätze überwiegend lang oder kurz? Gibt es unvollständige Sätze?
- **Wortwahl:** Gibt es Wortfelder aus Bereichen wie Handwerk, Krieg, Politik, Wirtschaft, Moral etc.? Treten auffällig viele Nomen (Nominalstil), Verben (auch in Form von Konjunktiven und Imperativen), Adjektive (Superlative) auf? Gibt es Fremdwörter, Wortneuschöpfungen …?
- Werden **rhetorische Figuren,** wie z. B. Metapher, Vergleich, Anapher u. a. (» S. 96–97), verwendet?

Bei der Analyse einer politischen Rede ist es wichtig, die Funktion bzw. die beabsichtigte Wirkung der eingesetzten sprachlichen Mittel in Zusammenhang mit den inhaltlichen Aussagen zu erarbeiten.

Rhetorische Strategien untersuchen

Mit dem gezielten Einsatz der sprachlichen Mittel kann ein Redner verschiedene Strategien der Beeinflussung seiner Adressaten verfolgen. Den ersten Absatz des Redeauszugs (siehe S. 202) haben drei Schüler wie folgt analysiert.

(A) Richard von Weizsäcker erschafft zu Beginn des Redeauszugs eine Wir-Gruppe, indem er mehrfach von „uns" (Z. 1) und „wir" (Z. 6, 7) redet. Mithilfe dieser Wir-Gruppe fasst Richard von Weizsäcker seine eigene Generation, die ältere Generation, zu einer Gemeinschaft zusammen und bezieht sich selbst mit ein. Seine Generation soll sich mit ihm als Teil dieser Gruppe identifizieren. Weizsäcker bildet die Wir-Gruppe folglich mit dem Ziel, die ältere Generation auf seine Seite zu ziehen und sie zum Nachdenken und Handeln zu bewegen.

(B) Zu Beginn des Redeauszugs spricht Richard von Weizsäcker die ältere Generation, d. h. seine eigene Generation an, indem er eine Wir-Gruppe durch den Einsatz der Pronomen „uns" (Z. 1) und „wir" (Z. 6, 7) bildet. Damit möchte er erreichen, dass sich die Angesprochenen auch wirklich angesprochen fühlen und sich als eine zusammengehörige Gruppe, als Einheit sehen. Außerdem macht Richard von Weizsäcker deutlich, dass er sich selbst mit in die Verantwortung nimmt, und wertet damit gleichermaßen seine eigene Position auf.

(C) Mithilfe der Wir-Gruppe, die Richard von Weizsäcker zu Beginn des Redeauszugs durch den mehrfachen Einsatz der Pronomen „uns" (Z. 1) und „wir" (Z. 6, 7) bildet, möchte er seiner eigenen Generation verdeutlichen, dass alle zusammen als Gruppe handeln und der jüngeren Generation helfen sollen, die Vergangenheit zu verstehen. Von Weizsäcker bildet die Wir-Gruppe, um zu verdeutlichen, dass nur alle zusammen etwas bewegen können.

1 Untersuchen Sie die drei Auszüge aus Redeanalysen.
a) Welches Mittel der Beeinflussung wird in allen drei Analysen beschrieben? Benennen Sie es.
b) Wie wird diese Strategie der Beeinflussung jeweils gedeutet?

2 Begründen Sie, welcher Analyse Sie am ehesten zustimmen würden.

3 Benennen Sie eine weitere Stelle, an der von Weizsäcker eine Wir-Gruppe bildet. Was möchte von Weizsäcker damit bewirken? Informieren Sie sich über die Möglichkeiten der Beeinflussung im Basiswissen auf S. 205.

4 Analysieren Sie die folgenden Sätze, indem Sie die Wirkung der rhetorischen Mittel bestimmen und die verwendete rhetorische Strategie benennen (» Basiswissen auf S. 205).
a) Wenn jetzt nicht sofort etwas unternommen wird, wird alles hoffnungslos verloren sein!
b) Die Politik der Partei XYZ ist pures Gift für den Staat!
c) Der unerwünschte Nebenschaden des Krieges ist bedauernswert.

Rhetorische Strategien untersuchen

BASISWISSEN — Rhetorische Strategien

Der Redner nutzt bestimmte Strategien, um die Adressaten von seiner Position zu überzeugen und sie ggf. zu einem bestimmten Handeln zu veranlassen. Solche Strategien der Beeinflussung nennt man rhetorische Strategien. Wichtige Strategien sind:

Aufwertung der eigenen Position, z. B.:

- eine Wir-Gruppe bilden, um ein Zusammengehörigkeitsgefühl zu erzeugen (z. B. *Wir schaffen das gemeinsam.*)
- der Wir-Gruppe positive Werte zuschreiben, um sie aufzuwerten (z. B. *Wir halten unser Versprechen.*)
- eigennützige Interessen als Interessen aller darstellen, um Zustimmung zu erlangen (z. B. *Wir alle wollen ...*)
- Angebote machen und Verantwortung übernehmen, um guten Willen zu zeigen (z. B. *Ich schlage vor, ...*)
- rationale Begründungen/Faktenargumente anführen, um zu überzeugen (z. B. *Die Arbeitslosenquote sinkt ...*)
- Autoritätsargumente einsetzen, um einen „neutralen" Befürworter zu nennen (z. B. *Schon ... hat gesagt ...*)
- Ziele offenlegen, um zu motivieren (z. B. *Das Ziel ist doch, dass alle ...*)
- aufwertende Begriffe oder bildhafte Ausdrücke aus positiv besetzten Bereichen verwenden, um positive Assoziationen zu erzeugen (z. B. *Frieden, Mut, Menschlichkeit ...*)
- nur günstige Aspekte der Thematik darstellen, um Positives hervorzuheben (z. B. *Die Vorteile sind ...*)

Abwertung anderer/gegnerischer Positionen, z. B.:

- dem Gegner die Schuld zuweisen, um selbst besser dazustehen (z. B. *Ihnen haben wir es zu verdanken ...*)
- abwertende Begriffe oder bildhafte Ausdrücke aus negativ besetzten Bereichen verwenden, um negative Assoziationen zu erzeugen (z. B. *Kampf, Terror, Unmenschlichkeit, Gewalt, Skandal, Irrweg, Verbrechen ...*)
- Streit in der gegnerischen Gruppe und fehlende Ziele unterstellen, um den Gegner als handlungs- und entscheidungsunfähig darzustellen (z. B. *Sie sind sich doch selbst nicht einig ...*)
- gegnerische Aussagen verzerren/verkürzen, um sie in ein schlechtes Licht rücken zu können

Dramatisierung, z. B.:

- Angst verbreiten, um sich Aufmerksamkeit zu sichern (z. B. *Niemand wird mehr verhindern können, dass ...*)
- Übertreibungen einsetzen, um sich Aufmerksamkeit zu sichern (z. B. *Das wird unser Untergang sein ...*)

Beschwichtigung und Ablenkung vom Thema, z. B.:

- vom Thema ablenken, um heiklen Fragen zu entgehen (z. B. *Konzentrieren wir uns auf einen anderen Punkt ...*)
- kritische Themen nicht ansprechen/als unabwendbar kaschieren, um heiklen Fragen zu entgehen (z. B. *An diesem Problem können wir nun mal nichts ändern ...*)
- abwägende, einschränkende Formulierungen nutzen, um zu relativieren (z. B. *zwar – aber, sowohl – als auch*)
- kritische Sachverhalte beschönigen, um sie zu verharmlosen (z. B. *Diese Maßnahme ist kostenintensiv ...*)

Je nach rhetorischer Strategie wählt der Redner seine rhetorischen Figuren. So werden z. B. Euphemismen eingesetzt, um kritische Sachverhalte zu beschönigen, Hyperbeln, um zu dramatisieren, oder abwertende Metaphern, um Gegner zu kennzeichnen.

13.1 Den Einfluss des historischen Kontextes und der Zielgruppe auf die Sprache untersuchen

Je nach historischem Kontext kann eine Rede unterschiedlich sprachlich gestaltet sein, wie die folgenden zwei Beispiele für Abiturreden aus unterschiedlichen Jahrhunderten zeigen.

Rede der Abiturientin Rahel Goitein (1899)

Mir ist die Ehre zuteil geworden, […] von hier aus einige Worte des Abschieds sprechen zu dürfen. Ein bedeutungsvoller Moment ist dies; nicht nur für meine Colleginnen und für mich, die wir die Schule verlassen, nein, […] er ist auch bedeutungsvoll für diese ganze Anstalt, für viel weitere Kreise noch, bedeutungsvoll für ganz Deutschland. Ist es doch das erste Mal, daß Schülerinnen
5 eines regelrechten Gymnasiums in unserem Vaterland das Abiturium machen durften, daß Abiturientinnen hinauszogen aus der Schule, um zu weiterem Studium auf die Hochschule zu gehen. […] Und im Hinblick darauf habe ich auch diesen meinen Abschiedsworten ein Wort zu Grunde gelegt, das wohl auf den ersten Blick manchem sonderbar erscheinen mag. Ich habe das Wort gewählt, das einst Lessing seinem Nathan vorausgeschickt, als er ihn in die Öffentlichkeit sandte.
10 Seinen Nathan, in dem er einen neuen herrlichen Gedanken predigte, den Gedanken der Duldsamkeit, der allgemeinen Menschenliebe. Ja, dieser Gedanke war neu, nur wenige edle Menschen hatten ihn in sich getragen, wenige Auserlesene hatten ihn verstanden, die große Mehrzahl aber hatte ihn noch nie begriffen. Und Lessing wußte, sie hat ihn nicht nur nicht begriffen, sie wird ihn auch nicht begreifen wollen. Sie werden, weil sie es nicht verstehen, Gefahr darin wittern und
15 diesen hohen Gedanken schmähen. Darum schrieb Lessing an die Spitze dieses Werkes: Introite nam et hic dii sunt – tretet ein, auch hier sind Götter. […]

(„100 Jahre Mädchen-Gymnasium in Deutschland", S. 46–48)

Rede eines Abiturienten der heutigen Zeit (2015)

„Auch aus Steinen, die einem in den Weg gelegt werden, kann man Schönes bauen." So sprach Goethe und es scheint wahr zu sein, denn: „Abitur – wir haben Abitur." Und das ist dann auch schon der Anfang vom Ende, das ich mit dieser Rede an Sie alle, die Sie hier sind, weil Sie nichts anderes vorhatten, einleiten möchte. Wir werden demnächst voller Traurigkeit „Adieu!" sagen –
5 zumindest die unter uns, die sich nicht vorzeitig von Französisch getrennt haben. Die anderen sagen leise „Servus". Dennoch nehmen wir uns ernsthaft vor, uns nicht komplett aus den Augen zu verlieren. […] Wir haben in unserer langen Schulzeit […] vor allem Kompetenzen erworben – der eine mehr, der andere weniger. Doch eines haben wir alle entwickelt: soziale Intelligenz. Dank endloser Gruppenarbeiten, Diskussionen, Gruppenpuzzles und Schreibkonferenzen verfügen wir
10 über eine Unmenge an „Soft Skills", die uns in der Auseinandersetzung mit dem vielmals angedrohten „Ernst des Lebens", der nun angeblich beginnt, für das Leben „da draußen" gestählt haben. Auf diese „Soft Skills" kommt es meiner Meinung nach am meisten an: Klar, Wissen und Fachkompetenz sind ein gutes Fundament, auf das wir in Ausbildung und Studium nun bauen werden, doch durch den Einsatz von Teamfähigkeit, Kritikfähigkeit und Empathie werden wir so
15 manche Klippe umschiffen können und sowohl unser Berufs- als auch unser Privatleben erfolgreich gestalten. […]

Den Einfluss des historischen Kontextes und der Zielgruppe auf die Sprache untersuchen

1 Bearbeiten Sie die Redeauszüge mithilfe folgender Fragestellungen.
a) Untersuchen Sie, worin sich die beiden Reden in Bezug auf Inhalt und sprachliche Mittel unterscheiden.
b) An welchen Stellen wird deutlich, dass die beiden Reden aus unterschiedlichen Jahrhunderten stammen? Erläutern Sie die Unterschiede in Hinblick auf die Wahl der sprachlichen Mittel und den Stil der Reden.
c) Verfassen Sie eine Analyse zu beiden Redeauszügen. Gehen Sie dabei besonders auf die Frage ein, wie der Stellenwert des Abiturs im jeweiligen historischen Kontext sprachlich und stilistisch gewürdigt wird.

★ **2** Führen Sie eine Internetrecherche über Rahel Goitein und die damaligen Bildungschancen für Frauen (Abitur, Studium) durch. Präsentieren Sie anschließend Ihre Ergebnisse.

3 Bestimmen Sie auf der Grundlage Ihrer bisherigen Analyseergebnisse die Zielgruppe der Rede Richard von Weizsäckers (» S. 202) und begründen Sie Ihre Annahme.

BASISWISSEN — Zusammenhang zwischen Zielgruppe und Sprache einer Rede

Folgende Aspekte in der Rede können Aufschluss geben über die Zielgruppe:

- **Anrede,** z. B.
  Sehr geehrte Mitarbeiterinnen und Mitarbeiter = Zielgruppe ist die Belegschaft, z. B. einer Firma.

- **Thema/Anlass,** z. B.
  Wahlen eines Schülersprechers = Zielgruppe sind die Schüler und Lehrer einer Schule.

- **Ort,** z. B.
  Cafeteria einer Firma = Zielgruppe ist die Belegschaft einer Firma.
  Aula einer Schule = Zielgruppe sind die Schüler und Lehrer einer Schule.

- **Sprache:**
  Sprachvarietäten, z. B. Verwendung eines Dialekts = Zielgruppe sind Bewohner eines best. Gebietes.
  Verwendung von Umgangssprache = Zielgruppe sind z. B. Jugendliche.
  Satzbau, z. B. Einsatz von verschachtelten Sätzen = Zielgruppe sind z. B. Experten/Fachleute.
  Einsatz von einfachen Sätzen = Zielgruppe sind evtl. Kinder.
  Wortwahl, z. B. Gebrauch vieler Begriffe aus dem Bereich Politik = Zielgruppe sind Politiker/Wähler.

Wichtig ist auch, ob die Rede im Fernsehen auf den populären Sendern gezeigt oder in den Nachrichten thematisiert wurde. Denn in diesen Fällen sind nicht nur die unmittelbaren Zuhörer die Zielgruppe der Rede, sondern auch diejenigen, die später Informationen über die Rede erhalten.

★ **4** Erläutern Sie den Unterschied zwischen Zuhörern und Zielgruppe einer Rede.

5 Setzen Sie sich damit auseinander, welche Bedeutung die Bestimmung der Zielgruppe für die Analyse einer Rede hat.

BASISWISSEN — Die Redeanalyse

Bei der Analyse einer Rede beschäftigen Sie sich mit folgenden Fragen: **Was** steht in (einem Auszug) der Rede (Inhalt), **an wen** richtet sich der Redner mit seiner Rede (Zielgruppe), **wie** hat der Redner wichtige Teile der Rede sprachlich gestaltet (Form) und **welche Wirkung** will er mit der inhaltlichen und formalen Gestaltung erzielen?

13.1 Eine Redeanalyse beurteilen

Ein Schüler hat zu dem Redeauszug von Weizsäckers (» S. 202) die folgende Redeanalyse verfasst.

Muster

Aufgabe: Fassen Sie die Hauptgedanken des Redeauszugs von Richard von Weizsäcker vom 8. Mai 1985 zusammen. Analysieren Sie die sprachliche Gestaltung und deren Funktion.

Am 8. Mai 1985 hält der damalige Bundespräsident Richard von Weizsäcker anlässlich des 40. Jahrestages der Beendigung des Zweiten Weltkrieges und der nationalsozialistischen Gewaltherrschaft im Bundestag eine Rede. Sein Publikum ist breit gefächert, da seine Rede auch durch die Medien in die Öffentlichkeit gelangt. Mit dem Schlussteil seiner Rede, der im Folgenden analysiert wird, wendet sich
5 *von Weizsäcker besonders an die Jugend. Er thematisiert in dem Redeauszug, wie wichtig die Erinnerung an die Vergangenheit ist (gemeint ist hier die nationalsozialistische Zeit), damit sich Krieg und Völkermord nicht wiederholen.*
Richard von Weizsäcker geht zunächst von der unterschiedlichen Verantwortung der Älteren und der Jüngeren im Umgang mit der Vergangenheit aus. Dann bezieht sich von Weizsäcker kurz auf die
10 *manipulativen Methoden Hitlers und appelliert an die Jugend, für ein friedliches und tolerantes Zusammenleben aller Menschen einzustehen. Dem folgt ein Appell an Politiker, als Vorbilder für Freiheit, Frieden und Recht zu kämpfen. Im Schlusssatz fordert von Weizsäcker, sich der Wahrheit zu stellen.*
Zu Beginn des Redeauszugs bildet von Weizsäcker eine Wir-Gruppe, indem er vermehrt von „uns" (Z. 1) und „wir" (Z. 6, 7, 9) spricht. Gemeint ist die ältere Generation, deren Pflicht es sei, der jungen
15 *Generation die Vergangenheit nahezubringen. Konkret führt er aus, dass die ältere Generation der Jugend „Aufrichtigkeit" (Z. 7) und neutrale Wissensvermittlung schulde. Durch die Bildung der Wir-Gruppe erreicht er, dass sich die Älteren als Einheit sehen und sich angesprochen fühlen. Dass er sich selbst als Zugehöriger der älteren Generation mit in die Verantwortung nimmt, wertet seine Position auf. Die Aussagen wirken besonders eindringlich, da der Redner eine Anapher verwendet (drei*
20 *Sätze beginnen mit „Wir", Z. 6, 7, 9).*
Zunächst grenzt er die Verantwortung der älteren von der Verantwortung der jungen Generation ab. Mit einem Parallelismus betont von Weizsäcker die Rolle der Jugend im Umgang mit der Vergangenheit: „Die Jungen sind nicht verantwortlich für das, was damals geschah. Aber sie sind verantwortlich für das, was in der Geschichte daraus wird" (Z. 2–5).
25 *Von Weizsäcker führt weiter aus, dass die Fehler der Vergangenheit die Menschen nicht vor Fehlern in der Zukunft bewahren, ihre Kraft aber helfe ihnen, zu bestehen. Seine Ausführungen drückt von Weizsäcker wiederum in Form eines Parallelismus aus und betont damit die immerwährende Gefahr von Fehlern: „Wir haben als Menschen gelernt, wir bleiben als Menschen gefährdet" (Z. 19–21). Die Wir-Gruppe, die der Redner bildet, umfasst an dieser Stelle alle Menschen, nicht nur die ältere Generation.*
30 *Jeder, der diese Rede hört oder liest, soll sich angesprochen fühlen.*
Dem Anlass entsprechend zählt von Weizsäcker dann Hitlers Methode, Menschen zu manipulieren, in Form einer Klimax auf: „Vorurteile, Feindschaften und Haß zu schüren" (Z. 23–24). Er verdeutlicht damit die sich steigernde Dynamik dieser Methode. Die Begriffe rufen außerdem negative Assoziationen hervor.
35 *In seinem anschließenden Appell bittet der Redner die jungen Menschen, Feindschaft und Hass zu vermeiden. Es folgt eine exemplarische Aufzählung von Menschengruppen, die sich in religiöser, politischer oder ethnischer Hinsicht unterscheiden. Dadurch fasst von Weizsäcker innerhalb eines Satzes die Vielfalt der Menschheit zusammen. Die Aufzählungen innerhalb dieses Satzes beginnen mit „gegen" (Z. 28–32) und bilden so eine wirkungsvolle Anapher. So gelingt es von Weizsäcker, seinen Appell ein-*
40 *dringlicher und einprägsamer wirken zu lassen.*

Eine Redeanalyse beurteilen

Am Ende seiner Rede nimmt von Weizsäcker sich und andere Politiker mit in die Verantwortung, denn er fordert beispielhaftes Vorgehen der „demokratisch gewählte[n] Politiker" (Z. 34–35). Er bildet erneut eine Wir-Gruppe, um ein Zusammengehörigkeitsgefühl zu erzeugen. Es folgt ein Parallelismus, der aus vier Sätzen besteht, in denen von Weizsäcker alle Menschen auffordert, die „Freiheit" (Z. 37) zu ehren, für den „Frieden" (Z. 38) zu arbeiten und sich an das „Recht" (Z. 39) zu halten und „der Gerechtigkeit" zu dienen (Z. 40–41). Die zentralen demokratischen Begriffe stehen am Ende des jeweiligen Satzes und werden durch die Inversion besonders eindrücklich hervorgehoben. Die Sätze stehen im Imperativ und sind kurz und knapp, der Appell wird dadurch verstärkt und gleichzeitig einprägsamer. Auch durch den parallelen Aufbau gewinnen die Sätze an Eindringlichkeit und Deutlichkeit.

Der letzte Satz ist ein Appell an die Zuhörer: „Schauen wir am heutigen 8. Mai, so gut wir es können, der Wahrheit ins Auge" (Z. 42–43). Die Parenthese „so gut wir es können" bewirkt, dass seine Aufforderung realisierbar erscheint, denn von Weizsäcker verlangt nur, dass jeder sein Bestes gibt. Der Redeauszug hat expressiven Charakter, vor allem im ersten Teil, in dem von Weizsäcker mehrere Behauptungen aufstellt. Jedoch überwiegt die appellative Textfunktion, denn die Appelle an die Jugend (vgl. Z. 25–32) und die weiteren Zuhörer (vgl. Z. 37–41) stehen im Mittelpunkt des Auszugs. Von Weizsäcker verwendet bei seiner Rede die Standardsprache und gebraucht keine Fachausdrücke oder unbekannte und schwierige Wörter. Es gibt viele Nomen, vor allem aus den Bereichen „Mensch", „Demokratie" und „Geschichte". Die Verben beschreiben hauptsächlich positive Tätigkeiten wie lernen (Z. 14, 20, 33), helfen (Z. 8, 10), ehren (Z. 37). Diese auffällige Häufung anschaulicher Nomen und Verben macht die Rede interessant und einprägsam. Außerdem sind die Sätze in dem Redeauszug überwiegend kurz und dadurch eindeutig.

Von Weizsäcker hat seine Rede dem Anlass und der Zielgruppe entsprechend inhaltlich und sprachlich sehr ansprechend gestaltet. Die Argumente sind einleuchtend und stichhaltig, die Sprache ist leicht verständlich. Damit gelingt es von Weizsäcker, sein Publikum generationenübergreifend anzusprechen und sich ihm verständlich zu machen.

1 Bearbeiten Sie den Musteraufsatz mithilfe folgender Fragestellungen:
a) Analysieren Sie, ob alle Aspekte einer Redeanalyse enthalten sind (» Arbeitstechnik auf S. 214).
b) Beschreiben Sie, wie Inhalt, Form und Wirkung in der Analyse miteinander verknüpft werden.
c) Untersuchen Sie, wie der Aufsatz gegliedert wurde.
d) Gibt es Unterschiede zwischen Ihren bisherigen Teilergebnissen und denen im Muster? Erläutern Sie die Unterschiede, die sich daraus für die Beurteilung der Rede ergeben könnten.

Eine Redeanalyse schreiben
Eine Rede analysieren, Ergebnisse gliedern, die Rede beurteilen

Am 22. Mai 2014 lud Bundespräsident Joachim Gauck 23 Menschen aus 13 Ländern zu einer Einbürgerungsfeier ein. Er eröffnete die Feier mit einer Rede zum Thema Integration.

Joachim Gauck: Rede zur Einbürgerungsfeier anlässlich 65 Jahre Grundgesetz

Seien Sie alle herzlich willkommen an einem Tag, der uns einen doppelten Grund zur Freude gibt:

Morgen wird unser Grundgesetz 65 Jahre alt. Und heute werden 23 unter Ihnen Staatsbürger einer Republik, die auf der besten Verfassung gründet, die Deutschland jemals gehabt hat. Und zu diesem Anlass begrüße ich Sie herzlich in diesem schönen und bescheidenen Schloss Bellevue, meinem Dienstsitz, Ihrem Schloss. Und ich freue mich, dass Sie zusammen mit der Sonne, die über uns lacht, diesen Tag schön machen.

Liebe Ehrengäste: Ihre Lebensgeschichten sind so unterschiedlich wie die Gründe und Wege, die Sie hierher nach Deutschland geführt haben. Einige von Ihnen sind hier geboren und auch aufgewachsen. Andere kamen als Arbeiter, als Führungskräfte, als Wissenschaftler. Manche sind vor Gewalt und Unterdrückung geflohen, andere suchten ein besseres, ein freieres Leben für sich und ihre Kinder, wieder andere folgten einfach dem Glück oder der Liebe. Sie oder Ihre Eltern kommen aus Polen, Ungarn und Rumänien, aus der Ukraine, aus der Türkei, aus Ghana, Kamerun und der Elfenbeinküste, aus Bolivien und Brasilien, aus Israel, Nepal und dem Iran.

Unser Land, von dem noch vor einem Menschenalter Krieg und Völkermord ausgingen, dieses Land ist inzwischen Heimat für Menschen aus 190 Nationen geworden. Ganz gleich, woher die Einwanderer stammen und wie sie kamen – im Boot über das Mittelmeer oder in der Business-Class im Flugzeug aus Übersee, als Erasmusstipendiaten oder als Familiennachzügler: Sie alle sind nun in Deutschland zu Hause. Das erfüllt mich mit Dank und mit Freude. Denn es zeigt: Sie mögen dieses Land, Sie vertrauen dieser Republik. Und die deutsche Staatsbürgerschaft erleichtert Ihnen zudem den Alltag.

Mit dem Grundgesetz wurde das Fundament geschaffen für ein friedliches, pluralistisches und demokratisches Gemeinwesen. […] Unsere soziale Marktwirtschaft und unser Sozialstaat versprechen gute Lebenschancen für alle. All das macht unser Land für viele Menschen in der Welt zu einem Sehnsuchtsort.

Zu diesem Deutschland sagen Sie, liebe Ehrengäste, heute auf neue Weise „Ja".

[…]

Jeder Fünfte von uns hat inzwischen familiäre Wurzeln im Ausland, Tendenz steigend. Das hat verschiedene, gute Gründe: unsere wirtschaftliche und politische Stabilität, unsere Rechtssicherheit, unsere Zugehörigkeit zu einem Europa der Freizügigkeit und unsere humanitäre Verpflichtung gegenüber Verfolgten und nicht zuletzt auch die kulturelle Strahlkraft unseres Landes.

[…]

Einwanderung ist immer und überall mit Fremdheitsgefühlen verbunden, jedenfalls zunächst. Verstärkt gilt das für Einwanderer aus hierarchisch geprägten Kulturen und Staaten. Sie fremdeln mit der offenen Gesellschaft, mit ihrer Freizügigkeit, ihrer zunehmenden Glaubensferne und dem, was sie als Vereinzelung empfinden.

Es ist wahr: Wo Verschiedenheit heimisch wird, da ändert sich das Zusammenleben. Einwanderung setzt starke Gefühle frei und birgt gelegentlich auch handfeste Konflikte. Die offene Gesellschaft verlangt uns allen einiges ab: jenen, die ankommen, und jenen, die sich öffnen müssen für Hinzukommende. Offen sein ist anstrengend.

Vergessen wir nicht: Migration ist der Geschichte der Völker nicht fremd – auch der deutschen nicht. Zu Hunderttausenden suchten unsere Vorfahren einst ihr Glück in der Fremde. Viele von ihnen würde man mit der heutigen Sprache „Armutseinwanderer" oder „Wirtschaftsflüchtlinge" nennen.

Umgekehrt wissen wir auch, was es bedeutet, andere aufzunehmen. […] Millionen Vertriebene haben nach dem Zweiten Weltkrieg erlebt, wie es ist, in einer deutschen Fremde anzukommen, nicht immer willkommen

Eine Rede analysieren, Ergebnisse gliedern, die Rede beurteilen

zu sein und schließlich doch ein neues Zuhause gefunden zu haben. […]

Aber heimisch werden, das kann dauern. […] Heimat zu finden ist eine Sache des Herzens, aber auch eine der bewussten Willensentscheidung. Erst hält man Abstand, sucht das Vertraute. Dann kommt man mehr und mehr in Kontakt – manchmal auch in Konflikt. Und schließlich wächst die Gemeinschaft.

So geschieht es auch mit denen, die in den vergangenen 65 Jahren zu uns in die Bundesrepublik kamen: als sogenannte Gastarbeiter, als Aussiedler, als Flüchtlinge, als nachgezogene Ehepartner oder jüdische Zuwanderer aus den ehemaligen Sowjetrepubliken. Rund 16 Millionen Menschen unter uns kennen Einwanderung aus eigener Erfahrung oder als Teil der Familiengeschichte. Vier Millionen von ihnen sind Muslime.

[…]

Wir können also sagen: Deutschland ist auf einem guten Weg und hat eine gute Wegstrecke bereits zurückgelegt.

Der größte Schritt war wahrscheinlich 1999 die Reform des Staatsbürgerschaftsrechts. Neben das ius sanguinis trat das ius soli. Seitdem kann Deutscher werden, wer in Deutschland geboren wurde, auch wenn seine Eltern es nicht sind. Inzwischen wächst auch die Gelassenheit, doppelte Staatsbürgerschaften als selbstverständlich hinzunehmen. Einige unter Ihnen, liebe Ehrengäste, werden von heute an zwei Pässe besitzen dürfen.

[…]

Unser Land braucht Einwanderung. Die demografischen und wirtschaftlichen Begründungen sind schon oft und überzeugend vorgetragen worden. Dabei ist eines klar: Wir können nicht alle aufnehmen, die kommen möchten. Wir haben nun begonnen, Einwanderung aktiv zu steuern und klare gesetzliche Voraussetzungen für Zuwanderer zu schaffen.

Für jene, die bereits hier leben, sind Wege zu finden, wie sie ihre Potenziale tatsächlich entwickeln und einbringen können. Es ist eine immense Herausforderung für unser gesamtes Bildungssystem, Kindern heutzutage annähernd gleiche Startchancen zu verschaffen, egal, in welchem Stadtviertel und in welcher familiären Situation sie geboren sind.

[…]

Einstieg und Aufstieg zu gewährleisten, ist beides: eine Frage der Gerechtigkeit und ein Gewinn für die Gesellschaft.

[…]

Ich kann auch nicht mehr verstehen, warum Jugendliche, bloß weil sie Slavenka oder Mehmet heißen, bei gleichem Zeugnis und Lebenslauf noch immer schlechtere Chancen auf eine Lehrstelle oder eine Wohnung haben als Lena oder Lukas. In unserem Grundgesetz steht dazu ein Satz, der klarer nicht sein könnte: „Niemand darf wegen seines Geschlechtes, seiner Abstammung, seiner Rasse, seiner Sprache, seiner Heimat, seiner Herkunft, seines Glaubens, seiner religiösen oder politischen Anschauungen benachteiligt oder bevorzugt werden."

Diskriminierung, sie schadet allen. Junge Leute aus Einwandererfamilien werden entmutigt und verleitet zu sagen: „Wozu soll ich mich anstrengen, die wollen mich doch eh nicht." Und diejenigen, die es geschafft haben, eine gute Ausbildung zu erhalten, werden danach in Länder gehen, in denen man sie nach ihrer Leistung beurteilt und nicht nach ihrer Herkunft, dorthin, wo ihnen nicht ständig bedeutet wird: „Passt euch gefälligst an", sondern wo man sie mit ihrer ganzen Persönlichkeit annimmt – und mitgestalten lässt.

Es gäbe noch viel darüber zu sagen, wie sich unsere Gesellschaft und ihre Institutionen besser auf das Zusammenleben der Verschiedenen einstellen könnten.

13.2 Eine Rede analysieren, Ergebnisse gliedern, die Rede beurteilen

155 Aber dann werden Sie, liebe Ehrengäste, sich fragen: Bekomme ich heute eigentlich noch meine Einbürgerungsurkunde? Auch ich freue mich doch auf diesen Moment und er kommt jetzt gleich. […]

Lassen Sie mich deshalb nun zum Schluss kommen, zuvor aber noch von einer Begegnung erzählen. Es war ausgerechnet ein junger Mann, der mir kürzlich 160 begegnete, bei einem Treffen mit vielen Vereinen, meist Jugendlicher. Das war ein türkeistämmiger Deutscher, der mir in einer Gesprächsrunde über Integrationsprobleme riet: „Geduld!"

Dieses Wort aus einem so jugendlichen Gesicht, das 165 hat mich doch einigermaßen erstaunt. Ich musste darüber nachdenken. Und mir ist eingefallen, na klar, natürlich, wir brauchen auch Geduld. Aber Einwanderung gelingt und ist gelungen auch deshalb, weil so viele früher Ungeduld an den Tag gelegt haben und 170 alles daran gesetzt haben, Politik und Gesellschaft in Bewegung zu bringen.

Ich bin sicher: Die Geduldigen wie die Ungeduldigen, sie werden gemeinsam dafür sorgen, dass alle, die hier leben, zu diesem Land „unser Land" sagen können.

Dieses Land, unser Land ist heute, und es ist auch 175 mit Ihrer Ankunft in der Staatsbürgerschaft, nicht vollendet und immer noch nicht und noch lange nicht und vielleicht nie perfekt. Nach Ihnen werden andere Menschen zu uns kommen wollen. Und es wird weiter und wieder Annäherung geben, neue Freuden, aber 180 auch manche Reibung. Und Sie werden dann zu den Alteingesessenen gehören und werden, zusammen mit meinen Kindern und Enkeln, neu um Toleranz, Respekt und Teilhabe ringen. In einer offenen Gesellschaft sind es doch auch die Kontroversen, die 185 irgendwann zur Normalität führen.

Und zu dieser Gesellschaft, zu diesem Deutschland sagen Sie heute ganz bewusst „Ja". Und unser Land sagt „Ja" zu Ihnen.

www.bundespraesident.de

1 Analysieren Sie die Rede von Joachim Gauck (in Stichpunkten).
a) Bestimmen Sie die Redesituation (Redner, Ort, Zeit, Anlass, Zielgruppe) und das Thema der Rede.
b) Ermitteln Sie nach dem unten stehenden Muster:
- den Aufbau der Argumentationskette in These und Argument sowie die Nennung von Beispielen, Belegen etc.,
- die eingesetzten Strategien der Beeinflussung,
- die sprachlichen Mittel vor dem Hintergrund der Zielgruppe und konzentrieren Sie sich besonders auf die rhetorischen Figuren.
c) Bestimmen Sie die Intention Gaucks. Beachten Sie dabei auch die geladenen Gäste.

Ein Schüler hat sich zu einem Auszug aus der Rede von Joachim Gauck folgende Randnotizen gemacht, die Sie für Ihre Analyse verwenden können.

These *These;* *Wir-Gruppe* 5	Unser Land braucht Einwanderung. Die demografischen und wirtschaftlichen Begründungen sind schon oft und überzeugend vorgetragen worden. Dabei ist eines klar: Wir können nicht alle aufnehmen, die kommen möchten. Wir haben nun begonnen, Einwanderung aktiv zu steuern und klare gesetzliche Voraussetzungen für Zuwanderer zu schaffen.	*Gründe: Demografie und Wirtschaft*

Eine Rede analysieren, Ergebnisse gliedern, die Rede beurteilen

Appell	Für jene, die bereits hier leben, sind Wege zu finden, wie sie ihre Potenziale tatsächlich entwickeln und einbringen können. Es ist eine immense Herausforderung für unser gesamtes Bildungssystem, Kindern heutzutage annähernd gleiche Startchancen zu verschaffen, egal, in welchem Stadtviertel und in welcher familiären Situation sie geboren sind.	
These	[…] Einstieg und Aufstieg zu gewährleisten, ist beides: eine Frage der Gerechtigkeit und ein Gewinn für die Gesellschaft. […]	*Alliteration; aufwertende Begriffe*
Faktenargument: Feststellung vorhandener Ungerechtigkeit	Ich kann auch nicht mehr verstehen, warum Jugendliche, bloß weil sie Slavenka oder Mehmet heißen, bei gleichem Zeugnis und Lebenslauf noch immer schlechtere Chancen auf eine Lehrstelle oder eine Wohnung haben als Lena oder Lukas. In unserem Grundgesetz steht dazu ein Satz, der klarer nicht sein könnte: „Niemand darf wegen seines Geschlechtes, seiner Abstammung, seiner Rasse, seiner Sprache, seiner Heimat, seiner Herkunft, seines Glaubens, seiner religiösen oder politischen Anschauungen benachteiligt oder bevorzugt werden."	*Alliteration*
Autoritätsargument: Berufung auf das Grundgesetz		*Zitat*

2 Setzen Sie die Analyse der Rede von Joachim Gauck nach dem Muster fort, beziehen Sie dabei Beginn und Schluss der Rede mit ein.

3 Ordnen Sie Ihre Notizen für den Hauptteil Ihrer Redeanalyse.

4 Schreiben Sie eine Bewertung zu der Rede von Joachim Gauck (» S. 210–212). Orientieren Sie sich dabei am folgenden Basiswissen. Versuchen Sie, sowohl ein Sachurteil als auch ein Werturteil abzugeben. Beachten Sie dabei die Zielgruppe.

BASISWISSEN Sachurteile – Werturteile

Abschließend wird die Qualität der Rede beurteilt. Berücksichtigen Sie bei der Bewertung der Gestaltung die Zielgruppe. Ihre Bewertung kann sich auf zwei Ebenen bewegen.

Zum einen können Sie **Sachurteile** abgeben. Hierbei fällen Sie auf Basis objektiver Kriterien ein sachliches Urteil über den Text. Sie bewerten, ob das Thema zum Anlass passt, der Redner gute Argumente vorbringt, der Redner seine Meinung überzeugend vertreten kann, die Rede verständlich gestaltet ist, rhetorische Figuren und Strategien der Beeinflussung passen und für die Zielgruppe angemessen gewählt sind.

Zum anderen können Sie **Werturteile** abgeben. Hierbei fließen in Ihre Bewertung Ihre persönlichen Überzeugungen ein.

Eine vollständige Redeanalyse verfassen

1 Schreiben Sie eine vollständige Redeanalyse zu der Rede von Joachim Gauck (» S. 210–212). Orientieren Sie sich an der folgenden Arbeitstechnik „Eine Redeanalyse schreiben".
a) Formulieren Sie eine Einleitung.
b) Formulieren Sie im Hauptteil die Ergebnisse Ihrer Analysen.
c) Überarbeiten Sie Ihren Schlussteil (» Aufgabe 4, S. 213) und bewerten Sie die Qualität der Rede.
 d) Überarbeiten Sie Ihren Aufsatz im Rahmen einer Schreibkonferenz (» Kapitel 20, S. 349 f.).

ARBEITSTECHNIK — Eine Redeanalyse schreiben

Folgende Elemente sollten Sie bei der Analyse einer Rede berücksichtigen:

Einleitung:
- die Rede hinsichtlich Redesituation (Redner/-in, Ort und Zeit, Anlass, Zielgruppe) und Thema einordnen
- die Hauptgedanken (kurze Inhaltsangabe) und grob die Argumentationsstruktur des Textes darlegen

Hauptteil:
- sprachliche Mittel und Strategien der Beeinflussung benennen und in ihrer Funktion bestimmen
- die von der Rednerin/dem Redner verfolgte Aussageabsicht erkennen und ihre/seine Ziele erläutern
- die Textfunktionen bestimmen und nachweisen
- Inhalt, Form und Wirkung abschnittsweise erläutern

Schluss:
- eine begründete Beurteilung und Wertung der Rede vornehmen hinsichtlich der Position der Rednerin/des Redners und der Gestaltung sowie Wirkung der Rede unter Berücksichtigung der Zielgruppe

FAZIT

13.1 Eine Rede analysieren
- sprachliche Mittel: Sprachvarietäten, Satzbau, Wortwahl, rhetorische Figuren
- rhetorische Strategien, Aufwertung, Abwertung, Dramatisierung, Beschwichtigung
- Zielgruppenorientierung herausfinden

13.2 Eine Redeanalyse schreiben
- die Rede analysieren
- die Analyseergebnisse in Einleitung, Hauptteil und Schluss gliedern
- die Rede beurteilen

13.3 Prüfungsvorbereitung

Prüfungsvorbereitung

Der folgende Text mit den Aufgaben könnte Ihnen so in einer Prüfung zum Thema Redeanalyse vorliegen.

Am 12. Juli 2013 hielt Malala Yousafzai diese Rede anlässlich einer Jugendtagung vor den Vereinten Nationen in New York. Der Tag war ihr 16. Geburtstag. Es war ihre erste Rede, seit die Taliban dem pakistanischen Mädchen in den Kopf geschossen und es schwer verletzt hatten. Bereits in Pakistan hatte Malala sich für das Recht der Mädchen, in die Schule gehen zu dürfen, eingesetzt. Zu ihren Ehren wurde der 12. Juli als Malala-Tag ausgerufen. Wenig später bekam Malala den Friedensnobelpreis.

Malala Yousafzai: Ein Kind, ein Lehrer, ein Buch, ein Stift können die Welt verändern

Es ist eine Ehre für mich, nach langer Zeit wieder sprechen zu können. Es ist ein großer Augenblick in meinem Leben, hier unter so vielen ehrenwerten Menschen zu sein, und es ist mir eine Ehre, diesen Schal von Shaheed Benazir Bhutto* zu tragen. Wo soll ich mit meiner Rede beginnen? Ich weiß nicht, was die Menschen von mir erwarten, aber vor allem möchte ich meinen Dank richten an Gott, für den wir alle gleich sind, und an alle Menschen, die für mein Leben gebetet haben und dass ich schnell wieder gesund werde. Ich kann gar nicht glauben, wie viel Liebe mir die Menschen gezeigt haben. Ich habe Tausende Karten mit guten Wünschen bekommen und Geschenke von überall auf der Welt. Vielen Dank an sie alle. Danke an die Kinder, deren unschuldige Worte mich ermutigt haben. Danke an meine Ältesten, deren Gebete mich gestärkt haben. Ich möchte den Krankenschwestern, den Ärzten und dem Personal der Krankenhäuser in Pakistan und Großbritannien danken und der Regierung der Vereinigten Arabischen Emirate, die geholfen haben, dass es mir besser geht und ich meine Stärke zurückgewinne.

[…]

Liebe Brüder und Schwestern, denkt immer an eines: Der Malala-Tag ist nicht mein Tag, heute ist der Tag jeder Frau, jedes Jungen und jedes Mädchens, die ihre Stimme für ihre Rechte erhoben haben. Es gibt Hunderte Menschenrechtsaktivisten und Sozialarbeiter, die nicht nur über ihre Rechte sprechen, sondern dafür kämpfen, ihr Ziel von Frieden, Bildung und Gleichheit zu erreichen.

Tausende Menschen wurden von den Terroristen getötet und Millionen wurden verwundet. Ich bin nur eine unter ihnen. Und so stehe ich hier – und so stehe ich hier, ein Mädchen unter vielen. Ich spreche nicht nur für mich selbst, sondern ich spreche, damit die, die keine Stimme haben, auch gehört werden. Die, die für ihre Rechte gekämpft haben. Ihr Recht, in Frieden zu leben, ihr Recht, in Würde behandelt zu werden, ihr Recht auf Chancengleichheit, ihr Recht auf Bildung. […]

Liebe Gefährten, heute konzentriere ich mich auf Frauenrechte und das Recht auf Bildung für Mädchen, weil sie am meisten leiden. Es gab eine Zeit, in der gesellschaftliche Aktivistinnen Männer gebeten haben, für ihre Rechte einzutreten, aber diesmal werden wir das selbst tun.

Damit will ich nicht sagen, dass Männer sich nicht weiterhin für Frauenrechte einsetzen sollen, vielmehr möchte ich hervorheben, dass Frauen unabhängig sein und für sich selbst kämpfen sollen. Also, liebe Schwestern und Brüder, es ist an der Zeit, eure Meinung zu sagen. Wir rufen heute die Führer der Welt auf, ihre strategischen Grundsätze zugunsten von Frieden und Wohlstand zu ändern. Wir rufen die führenden Politiker der Welt auf, dass alle Abkommen die Rechte von Frauen und Kindern schützen müssen. Ein Abkommen, das gegen die Rechte von Frauen geht, ist unannehmbar.

Wir rufen alle Regierungen auf, Schulpflicht auf der ganzen Welt für alle Kinder zu gewährleisten. Wir rufen alle Regierungen auf, gegen Terrorismus und Gewalt zu kämpfen. Um Kinder vor Brutalität und Schaden zu bewahren. Wir fordern die Industriestaaten auf, den Ausbau der Bildungsmöglichkeiten für Mädchen in den Entwicklungsländern zu unterstützen. Wir rufen alle Gemeinden auf, tolerant zu sein und Vorurteile in Bezug auf Kaste, Glaube, Sekte, Hautfarbe, Religion oder Geschlecht abzulehnen und Freiheit und Gleichheit für Frauen sicherzustellen, damit sie

Prüfungsvorbereitung

erblühen können. Wir alle können nicht erfolgreich sein, wenn die Hälfte von uns zurückgehalten wird. Wir rufen unsere Schwestern auf der ganzen Welt auf, tapfer zu sein, die eigene Stärke anzunehmen und ihre Möglichkeiten voll auszuschöpfen.

Liebe Brüder und Schwestern, wir wollen Schulen und Bildung für eine glänzende Zukunft aller Kinder. Wir werden unsere Reise mit dem Ziel Frieden und Ausbildung fortsetzen. Niemand kann uns aufhalten. Wir werden für unsere Rechte sprechen und unsere Stimme wird sich verändern. Wir glauben an die Kraft und die Stärke unserer Worte. Unsere Worte können die Welt verändern, weil wir uns zusammenschließen für die Sache der Bildung. Und wenn wir unser Ziel erreichen wollen, dann lasst uns uns selbst ermächtigen mit der Waffe des Wissens und lasst uns uns selbst schützen mit Geschlossenheit und Zusammengehörigkeit.

Liebe Brüder und Schwestern, wir dürfen nicht vergessen, dass Millionen von Menschen unter Armut, Ungerechtigkeit und Mangel an Bildung leiden. Wir dürfen nicht vergessen, dass Millionen von Kindern keine Schule haben. Wir dürfen nicht vergessen, dass unsere Schwestern und Brüder auf eine glänzende, friedliche Zukunft warten.

Also lasst uns einen weltweiten Kampf wagen, gegen Analphabetismus, Armut und Terrorismus, lasst uns unsere Bücher und Stifte holen, sie sind unsere stärksten Waffen. Ein Kind, ein Lehrer, ein Buch und ein Stift können die Welt verändern. Bildung ist die einzige Lösung. Bildung zuerst. Vielen Dank!

* Benazir Bhutto: 1988–1990 und 1993–1996 Premierministerin von Pakistan. 2007 wurde sie bei einem Attentat getötet.

www.kindernetz.de

1 Fassen Sie die Hauptgedanken der Rede zusammen. Analysieren Sie die sprachliche Gestaltung und deren Funktion. Erläutern Sie, warum Bildung und Frauenrechte so wichtig sind – in Ländern wie Pakistan wie auch auf der ganzen Welt.

Checkliste: Eine Redeanalyse schreiben

Einleitung
- ☑ Haben Sie die Rede hinsichtlich Redesituation und Thema eingeordnet?
- ☑ Haben Sie eine Inhaltsangabe, die Hauptgedanken und Argumentationsstruktur wiedergibt, verfasst?

Hauptteil
- ☑ Haben Sie sprachliche Mittel und rhetorische Figuren analysiert und ihre Funktion bestimmt?
- ☑ Haben Sie rhetorische Strategien benannt und in ihrer Funktion bestimmt?
- ☑ Haben Sie appellative, informierende und expressive Elemente nachgewiesen?
- ☑ Haben Sie die Aussageabsicht erkannt und die Ziele der Rednerin/des Redners erläutert?
- ☑ Haben Sie Inhalt, Form und Wirkung abschnittsweise erläutert?

Schluss
- ☑ Haben Sie die Rede in Form eines Sachurteils oder eines Werturteils bewertet?

Lernbaustein 1

Kapitel 14

Die literarischen Gattungen und ihre Wirkungsmittel

14.1 Die Darstellungsformen epischer Texte

14.2 Die Besonderheiten lyrischer Texte

14.3 Vom „klassischen Drama" zum „absurden Theater"

14.4 Prüfungsvorbereitung

In diesem Kapitel werden Sie in die formalen Besonderheiten der drei Gattungen Epik, Lyrik und Drama eingeführt. Bei der Auseinandersetzung mit den hier präsentierten literarischen Texten sollen Sie aufgrund der Analyse wesentlicher formaler und inhaltlicher Kriterien zu einem eigenen Textverständnis gelangen.

Kompetenzen

- ✓ Die Bedeutung fiktionaler Texte erkennen
- ✓ Die Funktion des Erzählers in epischen Texten erklären
- ✓ Unterschiedliche Erzählformen bestimmen
- ✓ Auktoriale und personale Erzählhaltung unterscheiden
- ✓ Die Zeitgestaltung eines epischen Textes untersuchen
- ✓ Reimschema und Metrum eines lyrischen Textes erschließen
- ✓ Die Merkmale der klassischen Tragödie, des epischen Theaters und des absurden Theaters unterscheiden

Methoden und Arbeitstechniken

- ✓ Meinungslinie
- ✓ Metaplantechnik
- ✓ Assoziogramm

14.1

Die Darstellungsformen epischer Texte
Die Bedeutung des Lesens

Wie häufig lesen wir? Warum lesen wir? Welche Auswirkungen hat das Lesen auf uns und unser Leben?

1 Bilden Sie jeweils eine Meinungslinie zu den Fragen:
- Wie viele Minuten in der Woche lesen Sie aus eigenem Interesse?
- Welche Gefühle verbinden Sie damit (von + + bis – –)?

Wohlbefinden: Lesen macht glücklicher

Die Zahl der Menschen, die nicht oder kaum (mehr) lesen wollen, steigt. Dabei wäre der Griff zum Buch oder Reader eine einfache Möglichkeit, das Wohlbefinden zu steigern.
von Daniel Lingenhöhl

Etwa ein Drittel aller Deutschen liest wenig oder gar nicht zum eigenen Vergnügen, sondern nur, wenn es absolut sein muss. Dabei wäre der regelmäßige Griff zum Buch oder E-Book eine einfache Möglichkeit, die persönliche Zufriedenheit zu steigern, wie eine neue Studie von Josie Billington von der University of Liverpool andeutet: Unter mehr als 4 000 befragten britischen Erwachsenen
5 fühlten jene sich deutlich wohler, die mindestens 20 Minuten pro Woche aus eigenem Interesse lasen. Die Wahrscheinlichkeit, dass diese Leser zufriedener mit ihrem Leben waren, lag um ein Fünftel höher als bei den Nichtlesern. Dabei konzentrierten sich Billington und ihre Kollegen ausschließlich auf Menschen, die das Lesen erlernt hatten und es eigentlich auch noch konnten, aber aus verschiedenen Gründen nicht mehr zu gedrucktem oder digitalem Lesestoff griffen: Etwa
10 40 Prozent der Befragten gaben beispielsweise starken Zeitmangel als Ausschlusskriterium an. Funktionelle Analphabeten oder Menschen, die wegen körperlicher oder geistiger Beeinträchtigungen nicht lesen konnten, wurden dagegen nicht untersucht.
Nichtleser gaben demnach mit einer 28 Prozent höheren Wahrscheinlichkeit an, dass sie bisweilen depressiver Stimmung sind – wobei unklar ist, ob sie nicht genau wegen dieser Depression nicht
15 mehr lesen. Umgekehrt berichtete ein Fünftel der regelmäßigen Buchstabenkonsumenten davon, dass ihnen das Lesen dabei half, sich weniger einsam zu fühlen. Allerdings hatten Billington und Co bereits zuvor Studien durchgeführt, die sich auf Menschen mit Depressionen konzentrierten: Lesen verringerte laut diesen Untersuchungen tatsächlich nachhaltig und deutlich die Symptome einer Depression – etwa Gefühle von Einsamkeit und Isolation. Zudem erinnerte sie diese Tätig-
20 keit an Aktivitäten, die sie zuvor gerne ausgeübt hatten, was sich ebenfalls positiv auswirkte.
Die neue Studie zeigte auch, dass sich Menschen durch das Bücherlesen erholter fühlen, als wenn sie sich nur passiv vom Fernsehen berieseln lassen – der Effekt stellte sich sogar verglichen mit der Zeitschriftenlektüre ein, die weniger befriedigend ist. Und knapp die Hälfte aller Leser gab an, nach dem Lesen nachts besser zu schlafen. Und das könnte schließlich dazu beitragen, dass die
25 Menschen genügend Nachtruhe bekommen.

www.spektrum.de © Spektrum.de (13.02.2015)

2 Untersuchen Sie die im Text dargelegte Bedeutung des Lesens.
a) Erläutern Sie die Auswirkungen des Lesens.
b) Nehmen Sie dazu Stellung.

3 Reflektieren Sie, weshalb Sie eher viel bzw. eher wenig lesen.

★ **4** Betrachten Sie im Vergleich dazu, wie Sie andere Medien nutzen (» S. 61).

Aufgabe und Funktion fiktionaler Texte

Im Gegensatz zu nicht fiktionalen Texten, die auch pragmatische Texte genannt werden und Handlungsanweisungen oder Informationen für den Alltag bieten, stellen fiktionale Texte eine erdachte Welt dar.

Text 1:

Ilsebill salzte nach. Bevor gezeugt wurde, gab es Hammelschulter zu Bohnen und Birnen, weil Anfang Oktober. Beim Essen noch, mit vollem Mund, sagte sie: „Wollen wir nun gleich ins Bett oder willst du mir vorher erzählen, wie unsere Geschichte wann wo begann?"
Ich hatte die Hammelschulter mit halben Knoblauchzehen gespickt und gebettet. Auch wenn
5 Ilsebill mit vollem Mund sagte, das könne prompt anschlagen oder klappen, weil sie, wie der Arzt ihr geraten habe, die Pillen ins Klo geschmissen hätte, hörte ich dennoch, daß das Bett zuerst recht haben sollte und die neolithische* Köchin danach.

* Neolithikum: Jungsteinzeit

(Günter Grass, „Der Butt")

Text 2:

Die Lammkeule waschen und trocken tupfen. Dann mit einem scharfen Messer unten und oben am Knochen entlang eine Tasche schneiden (ca. 6 cm tief). Danach gut verteilt je ca. 2 cm tiefe Löcher in das Fleisch schneiden und mit dem Finger „aufbohren".
Nun Olivenöl, Salbei, Knoblauch und Rosmarin gut vermengen und zerstoßen, mit Salz und
5 Pfeffer würzen. Diese Mischung in die Löcher füllen. Danach die Schinkenscheiben grob würfeln und auch in die Löcher füllen. Die Keule auf den Rost in den Backofen legen und ca. 1,5 Stunden braten. Fettpfanne darunterstellen, um den abtropfenden Saft aufzufangen.

www.kochmeister.com

1 Vergleichen Sie die Wirkungsweise fiktionaler und pragmatischer Texte.
a) Halten Sie die Assoziationen, die Sie beim Lesen der beiden Texte haben, auf Metaplankarten fest. Benutzen Sie für die beiden Texte unterschiedlich farbige Karten.
b) Clustern Sie anschließend die Karten an einer Stellwand, damit Sie Überlappungen und Unterschiede herausstellen können.
c) Erarbeiten Sie in der Klasse mögliche Gründe für die unterschiedliche Wirkung dieser Texte.

BASISWISSEN — Autor – Text – Leser

Über den **Erzähler** kann der **Autor** epischer Texte Ihnen als **Leser** seine Mitteilungen näherbringen. Es handelt sich um einen bewusst ausgestalteten und mit bestimmten Wirkungsabsichten versehenen Erzählvorgang.

Autor   **Wirklichkeit**   Leser

Erzähler → fiktionaler Text mit formalen Besonderheiten

Fiktion

Merkmale des Erzählens

In epischen Texten setzt der Autor einen Erzähler ein, der dem Leser das Geschehen vermittelt. Dieser kann in der Er-/Sie-Form oder in der Ich-Form in Erscheinung treten.

Alfred Andersch: Der Vater eines Mörders (Auszug)

Warum erfand ich mir für fünf Geschichten – die hier vorliegende ist die sechste –, in denen ich Zustände und Ereignisse meines Lebens beschreibe und erzähle, einen Menschen namens Franz Kien als Figur, die erlebt, was in ihnen beschrieben und erzählt wird? […]
Gerade das Erzählen in der dritten Person erlaubt es dem Schriftsteller, so ehrlich zu sein wie nur
5   möglich. Es verhilft ihm dazu, Hemmungen zu überwinden, von denen er sich kaum befreien kann, wenn er sagt: Ich. Daß irgendein Er (beispielsweise Franz Kien in *Alte Peripherie*) das seinen Freunden gegebene Wort gebrochen hat – das läßt sich eben doch um eine Spur leichter hinschreiben als das plumpe Eingeständnis: Ich habe meine Kameraden im Stich gelassen. So jedenfalls ist der Schriftsteller verführt zu denken. Daß er diskret sein möchte, gehört schließlich
10 zu den besseren seiner Eigenschaften, die meisten seiner Leser teilen diesen Wunsch; von Autoren, die mit der Türe ins Haus fallen, haben sie genug, aber Autobiographie läßt nicht zu, daß ihr Verfasser sich verfremde, sie ist kein Versteckspiel, außerdem hülfe es mir nichts, niemand wird Franz Kien für Franz Kien halten. Eine Marotte, wird man sagen, verärgert oder verständnisvoll – sie rechtfertigt nicht, daß ihr Besitzer nicht von sich selber spricht.
15 Noch rätselhafter wird die Wahl dieser Erzählmethode für mich, wenn ich mich daran erinnere, daß ich für andere autobiographische Stücke ohne weiteres die Form des Berichts in der ersten Person Einzahl benützt habe. *Die Kirschen der Freiheit* und *Der Seesack* sind Memoiren. Andererseits habe ich einen Roman, *Efraim,* in der Ich-Form geschrieben, und im Gegensatz zu Franz Kien ist Efraim durchaus nicht mit mir identisch, sondern ein ganz anderer, als ich es bin –
20 darauf muß ich bestehen. Übrigens schließt jenes Buch mit der Erwägung, vielleicht sei unter allen Masken das Ich die beste. So widersprüchlich geht es zu in der Werkstatt des Schreibens.

1 Erarbeiten Sie den Text mithilfe folgender Fragestellungen:
a) Worin liegt laut Andersch der Unterschied zwischen der Verwendung der Ich-Form und der Er-Form beim autobiografischen Erzählen?
b) Was bedeutet die Aussage, dass „unter allen Masken das Ich die beste" (Z. 20 f.) sei?
c) Welche Möglichkeiten und Grenzen ergeben sich für einen Autor durch die Festlegung der Erzählform?

BASISWISSEN | Erzählform

Er-/Sie-Form: Der Erzähler ist der Übermittler des Geschehens und tritt vornehmlich durch Kommentare zum Erzählten hervor. Als handelnde Figur tritt er gar nicht oder kaum in Erscheinung, sodass der Leser nichts oder wenig über sein Leben oder seinen Charakter erfährt.

Ich-Form: Der Erzähler tritt sowohl als erzählende als auch als handelnde Figur hervor. Er erzählt entweder unmittelbar aus dem dargestellten Geschehen heraus oder er berichtet rückblickend mit einigem zeitlichen Abstand über bestimmte Ereignisse.

Merkmale des Erzählens

Um das Geschehen zu übermitteln, werden unterschiedliche Erzähltechniken verwendet.

Robert Schneider: Schlafes Bruder (Auszug)

DAS ist die Geschichte des Musikers Johannes Elias Alder, der zweiundzwanzigjährig sein Leben zu Tode brachte, nachdem er beschlossen hatte, nicht mehr zu schlafen.
Denn er war in unsägliche und darum unglückliche Liebe zu seiner Cousine Elsbeth entbrannt und seit jener Zeit nicht länger willens, auch nur einen Augenblick lang zu ruhen, bis dass er das
5 Geheimnis der Unmöglichkeit seines Liebens zugrunde geforscht hätte. Tapfer hielt er bis zu seinem unglaublichen Ende bei sich, dass die Zeit des Schlafs Verschwendung und folglich Sünde sei, ihm dereinst im Fegefeuer aufgerechnet werde, denn im Schlaf sei man tot, jedenfalls lebe man nicht wirklich. Nicht von ungefähr vergliche ein altes Wort Schlaf und Tod mit Brüdern. Wie, dachte er, könne ein Mann reinen Herzens behaupten, er liebe sein Weib ein Leben lang, tue dies
10 aber nur des Tags und dann vielleicht nur über die Dauer eines Gedankens? Das könnte nicht von Wahrheit zeugen, denn wer schlafe, liebe nicht.
So dachte Johannes Elias Alder, und sein spektakulärer Tod war der letzte Tribut dieser Liebe. Die Welt dieses Menschen und den Lauf seines elenden Lebens wollen wir beschreiben.

Sven Regener: Herr Lehmann (Auszug)

„Weg da, Scheißkerl!", sagte Herr Lehmann, aber jetzt, wo sich das hässliche Tier so vertrauensvoll und haltsuchend an ihn schmiegte, tat es ihm ein bisschen leid. Er trat ein wenig zurück, und der Hund kippte langsam nach, bis sein schwerer Leib auf Herrn Lehmanns Füßen lag. Herr Lehmann kam aus dem Gleichgewicht, ruderte mit den Armen und fiel über den Körper des Hundes hinweg
5 auf den Boden, wobei er nur mühsam verhindern konnte, dass die Flasche zerbrach.
„Was machen Sie denn da?"
Herr Lehmann schaute hoch und sah über sich zwei Polizisten. Er hatte sie gar nicht kommen hören.

Thomas Mann: Bekenntnisse des Hochstaplers Felix Krull (Auszug)

Indem ich die Feder ergreife, um in völliger Muße und Zurückgezogenheit – gesund übrigens, wenn auch müde, sehr müde (sodass ich wohl nur in kleinen Etappen und unter häufigem Ausruhen werde vorwärtsschreiten können), indem ich mich also anschicke, meine Geständnisse in der sauberen und gefälligen Handschrift, die mir eigen ist, dem geduldigen Papier anzuvertrauen,
5 beschleicht mich das flüchtige Bedenken, ob ich diesem geistigen Unternehmen nach Vorbildung und Schule denn auch gewachsen bin.

2 Vergleichen Sie die drei Textauszüge mithilfe des Basiswissens unter folgenden Gesichtspunkten:
a) Nennen Sie die jeweilige Erzählhaltung.
b) Beschreiben Sie deren Wirkung auf den Leser.

Merkmale des Erzählens

BASISWISSEN | Erzähltechniken

Der **auktoriale Erzähler** steht außerhalb des Geschehens. Er weiß immer mehr als die Figuren und kennt ihre Gedanken. Aus diesem Grunde heißt er auch „allwissender Erzähler". Mit der **personalen Erzählhaltung** wird das Geschehen aus dem Blickwinkel einer Figur mitgeteilt. Das Mitgeteilte ist auf deren Erfahrungs- und Bewusstseinshorizont beschränkt. Dieser eingeschränkte Blickwinkel wird auch bei der **Ich-Erzählhaltung** beibehalten. Der Erzähler ist die Figur, die das Geschehen unmittelbar erlebt und in der Ich-Form übermittelt.

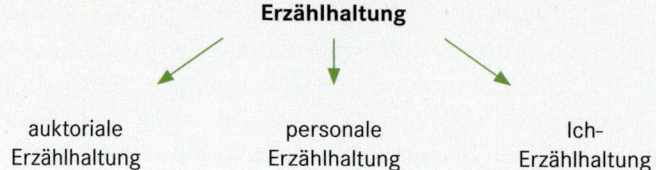

In der **Übermittlung der Gedanken, Gefühle und Gespräche** der Figuren gibt es Abstufungen im Grad der Einmischung des Erzählers. Der Erzähler kann die Empfindungen seiner Figuren selber durch den **Gedanken- oder Gefühlsbericht** übermitteln. Bei der **erlebten Rede** werden die Gedanken und Gefühle einer Figur in der Er-/Sie-Form wiedergegeben. In der Form des **inneren Monologs** zieht sich der Erzähler gleichsam zurück und lässt Gedanken der Figur für sich sprechen. Erfolgt die Wiedergabe der inneren gedanklichen Vorgänge besonders unvermittelt, indem sich Gefühle, Erinnerungen und Eindrücke überlagern und zur Auflösung der grammatischen Korrektheit der Sätze oder zu einem Bruch in der chronologischen Abfolge führen, so spricht man vom **Bewusstseinsstrom**.

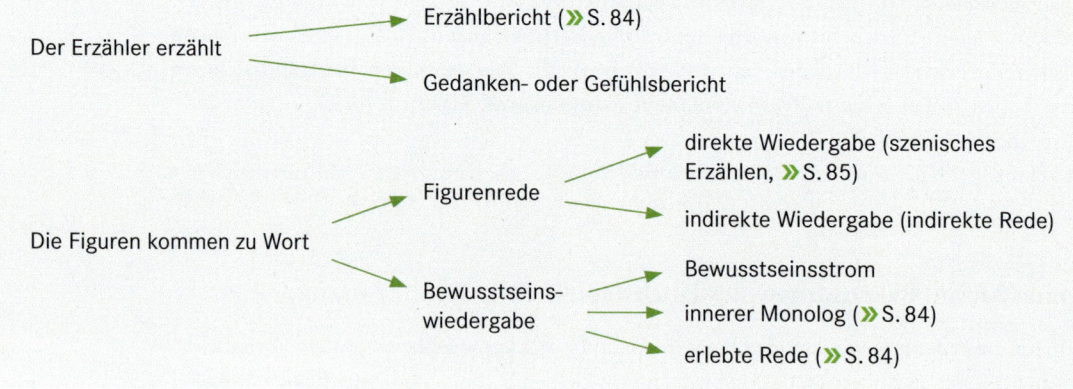

In epischen Texten können Gedanken und Gefühle der Figuren auf unterschiedliche Weise übermittelt werden.

Friedrich Dürrenmatt: Der Richter und sein Henker (Auszug)

Es war ihm nämlich beim Vorbeischreiten gewesen, nachdem er flüchtig durch die trüben Scheiben des Wagens geblickt hatte, als sei der Fahrer auf das Steuer niedergesunken. Er glaubte, daß der Mann betrunken sei, denn als ordentlicher Mensch kam er auf das Nächstliegende. Er wollte daher dem Fremden nicht amtlich, sondern menschlich begegnen.

Merkmale des Erzählens

Thomas Mann: Der Zauberberg (Auszug)

Wohligkeit erfüllte ihn bei dem Gedanken, dass mehrere Stunden zum Schweifen im Freien und Großartigen vor ihm lagen. Seine Lage war vergleichsweise behaglich. „So kann ich notfalls die ganze Nacht stehen", dachte er, „wenn ich von Zeit zu Zeit das Bein wechsle, mich sozusagen auf die andere Seite lege und mir zwischendurch natürlich etwas Bewegung mache, was unerlässlich ist. Wenn auch außen verklammt, habe ich doch innerlich Wärme gesammelt bei der Bewegung, die ich gemacht, und so war die Exkursion doch nicht ganz nutzlos, wenn ich auch umgekommen bin und von der Hütte geschweift … ‚Umgekommen', was ist denn das für ein Ausdruck?"

James Joyce: Ulysses (Auszug)

[…] und Ronda* mit den alten Fenstern der posadas** hinterm Gitter zweier Augen Glanz für ihren Liebhaber dass er das Eisen küsst und die Weinhandlungen die immer halb offen hatten nachts und die Kastagnetten und an dem Abend wo wir das Fährschiff in Algeciras*** verpasst hatten die Wächter wie er so heiter und alles in Ordnung herumging mit seiner Laterne und oh der reißend tiefe Strom und das Meer das Meer glührot manchmal wie Feuer und die herrlichen Sonnenuntergänge und die Feigenbäume in den Alamedagärten ja und die ganzen komischen Straßen und Gässchen und rosa und blauen und gelben Häuser und die Rosengärten und der Jasmin und die Geranien und Kakteen und Gibraltar als kleines Mädchen wo ich eine Blume des Berges war ja wie ich mir die Rose ins Haar gesteckt hab wie die andalusischen Mädchen immer machten oder soll ich eine rote tragen ja und wie er mich geküsst hat unter der maurischen Mauer und ich hab gedacht na schön er so gut wie jeder andere und hab ihn mit den Augen gebeten er soll doch noch mal fragen […].

* Ronda: Stadt in Andalusien
** posada: Wirtshaus;   ***Algeciras: Hafenstadt in Andalusien

3 **Untersuchen Sie die drei Textauszüge mithilfe des Basiswissens von S. 222 unter folgenden Gesichtspunkten:**
a) Nennen Sie die hier verwendeten Mittel der Bewusstseinswiedergabe.
b) Analysieren Sie die sprachlichen Mittel, die dabei verwendet werden, im Hinblick auf die Wirkung beim Leser.

	Bewusstseinswiedergabe/ sprachliche Mittel	Wirkung
Friedrich Dürrenmatt: Der Richter und sein Henker		
Thomas Mann: Zauberberg		
James Joyce: Ulysses		

Zeitgestaltung

Der Erzähler hat die Möglichkeit, auch den zeitlichen Ablauf des Geschehens zu gestalten.

Thomas Mann: Buddenbrooks (Auszug)

Krieg und Kriegsgeschrei, Einquartierung und Geschäftigkeit! Preußische Offiziere bewegen sich in der parkettierten Zimmerflucht der Beletage von Senator Buddenbrooks neuem Hause, küssen der Hausdame die Hände und werden von Christian, der von Oeynhausen zurückgekehrt ist, in den Klub eingeführt, während im Mengstraßenhause Mamsell Severin, Riekchen Severin, der Konsulin neue Jungfer, zusammen mit den Mädchen eine Menge Matratzen in das „Portal", das alte Gartenhaus, schleppt, das voll von Soldaten ist.
Gewimmel, Verstörung und Spannung überall! Die Mannschaften ziehen zum Tore hinaus, neue rücken ein, überfluten die Stadt, essen, schlafen, erfüllen die Ohren der Bürger mit Trommelwirbeln, Trompetensignalen und Kommandorufen und marschieren wieder ab. Königliche Prinzen werden begrüßt; Durchmarsch folgt auf Durchmarsch. Dann Stille und Erwartung. Im Spätherbst und Winter kehren die Truppen siegreich zurück, werden wiederum einquartiert und ziehen unter den Hochrufen der aufatmenden Bürger nach Hause. – Friede. Der kurze, ereignisschwangere Friede von 65.

1 Untersuchen Sie mithilfe des Basiswissens den Textauszug hinsichtlich der Zeitgestaltung.
a) Welche Erzählhaltung wird verwendet?
b) Wie wird das Geschehen übermittelt, sodass eine Zeitraffung entsteht?
c) Welche Erzähltechniken (»Basiswissen S. 222) könnten eingesetzt werden, damit eine Zeitdeckung erzielt wird?
d) Welche Erzähltechniken könnten eingesetzt werden, damit eine Zeitdehnung entsteht?

2 Untersuchen Sie mithilfe des Basiswissens die Zeitgestaltung in dem Textauszug „Schlafes Bruder" von Robert Schneider (» S. 221).

BASISWISSEN Zeitgestaltung

Die **Zeitgestaltung** spielt in zweifacher Hinsicht eine Rolle: Das Dargestellte erstreckt sich auf den Zeitraum, der durch den Anfang und das Ende der Geschichte markiert ist **(erzählte Zeit)**, und die Zeitdauer, in der die Geschichte gelesen bzw. erzählt wird **(Erzählzeit)**. Es kann zu **Vorausdeutungen** in die Zukunft kommen, zu einer **Rückblende**, zur **Zeitraffung** (ein lange währender Vorgang wird zusammengefasst) oder zur **Zeitdehnung** (verzögernde Momente werden eingesetzt). Eine **Zeitdeckung** liegt vor, wenn erzählte Zeit und Erzählzeit identisch sind.

Werkübergreifende Interpretationsmethoden

Die werkimmanente Interpretationsmethode versucht, den Text aus sich heraus zu deuten. Werkübergreifende Interpretationsmethoden greifen auf Hintergrundwissen wie beispielsweise biografische Details oder historische Bezüge zurück.

Franz Kafka: Gibs auf!

Es war sehr früh am Morgen, die Straßen rein und leer, ich ging zum Bahnhof. Als ich eine Turmuhr mit meiner Uhr verglich, sah ich, dass es schon viel später war, als ich geglaubt hatte, ich musste mich sehr beeilen, der Schrecken über diese Entdeckung ließ mich im Weg unsicher werden, ich kannte mich in dieser Stadt noch nicht sehr gut aus, glücklicherweise war ein Schutzmann in der Nähe, ich lief zu ihm und fragte ihn atemlos nach dem Weg. Er lächelte und sagte: „Von mir willst du den Weg erfahren?" „Ja", sagte ich, „da ich ihn selbst nicht finden kann." „Gibs auf, gibs auf", sagte er und wandte sich mit einem großen Schwunge ab, so wie Leute, die mit ihrem Lachen allein sein wollen.

Muster 1

Auf den ersten Blick beschreibt dieser kurze Text eine banale Situation: Ein Mensch befindet sich früh am Morgen in einer noch menschenleeren Stadt auf dem Weg zum Bahnhof. Der knappe, nur auf das Wesentliche konzentrierte Erzählstil und die Überschrift lassen aber ahnen, dass hier mehr als nur eine Alltagsepisode erzählt wird. Die Wirklichkeit ist gleichnishaft verschlüsselt, beschrieben wird der Prozess einer fortschreitenden Verunsicherung. Zunächst entdeckt der Erzähler beim Vergleich mit der Turmuhr, dass es zu spät ist. Er erschrickt so über diese Tatsache, dass er die räumliche Orientierung verliert. ...

Muster 2

Dieser Text ist eine Studie vielschichtiger Ängste: die Angst vor dem Nichterreichen eines Ziels, die Furcht vor Autoritäten, die Ohnmacht und Einsamkeit des Einzelnen in einer unüberschaubaren, abweisenden Welt. Diese Ängste muss Kafka auch in seinem Leben gespürt haben. Er litt unter der strengen Erziehung seines Vaters, die ihn lähmte und resignieren ließ. 1919 formulierte Kafka einen langen Brief an seinen Vater, in dem es heißt: „Wenn ich etwas zu tun anfing, was Dir nicht gefiel, und Du drohtest mir mit dem Misserfolg, so war die Ehrfurcht vor Deiner Meinung so groß, dass damit der Misserfolg unaufhaltsam war." Das in diesem Brief zum Ausdruck gebrachte Gefühl der eigenen Unzulänglichkeit wird im Text wieder aufgenommen. Die zeitliche und räumliche Desorientierung machen es dem Erzähler unmöglich, seinen Zielort zu erreichen. Dieses Gefühl der Vergeblichkeit spiegelt sich auch in dem Verhältnis Schutzmann/Ich-Erzähler wider. ...

Werkübergreifende Interpretationsmethoden

Muster 3

Als deutscher Jude im tschechischen Prag lebte Kafka in einem dreifachen Ghetto: zunächst dem jüdischen, das wiederum von dem Ghetto der aufsässigen Slawen umgeben war. Um dieses Ghetto war schließlich wie ein dritter Wall die Verwaltung der altösterreichischen Beamtenschaft gezogen, die im Namen Habsburgs Prag regierte. Kafka muss geahnt haben, dass ein Bemühen, sich zu integrieren,
5 *vergeblich war. Dieses Bewusstsein spiegelt sich auch in der Parabel „Gibs auf" wider. ...*

1 Vergleichen Sie die drei Auszüge aus Interpretationen mithilfe des Basiswissens hinsichtlich der Interpretationsmethoden.

2 Schreiben Sie die Musterinterpretationen zu Ende.

BASISWISSEN — Werkübergreifende Interpretationsmethoden

Es gibt eine Vielzahl literaturwissenschaftlicher Methoden, ein literarisches Werk in übergreifenden Zusammenhängen zu deuten. Hier einige Beispiele: Die **historisch-soziologische Interpretationsmethode** untersucht in erster Linie die Lebensumstände und die Zeit, in der ein Autor gelebt und gewirkt hat. Die **psychologisch-biografische Interpretationsmethode** berücksichtigt besonders die Lebenserfahrungen und die persönlichen Probleme des Autors. Die **rezeptionsästhetische Interpretationsmethode** untersucht die Verbindung zwischen dem literarischen Text und dem Leser, der von unterschiedlicher sozialer Herkunft sein oder einer anderen Epoche angehören kann.

3 Verfassen Sie eine rezeptionsästhetische Interpretation zu Kafkas Parabel mithilfe der folgenden aus Schülerarbeiten stammenden Kommentare:
- „Mitten im alltäglichen Leben spielen sich vollkommen wahnsinnige Dinge mit einer solchen Selbstverständlichkeit ab, dass keiner darüber wahnsinnig wird."
- „Die bisher sicher geglaubte Wirklichkeit wird von Franz Kafka in seiner Parabel durchbrochen. Das sagt uns auch heute noch eine ganze Menge über zwischenmenschliche Beziehungen."
- „Ich fühle mich als junger Mensch manchmal fremd und unverstanden in meinem eigenen Land. Keiner kann mir eine Orientierung geben."

FAZIT

14.1 Die Darstellungsformen epischer Texte
- Aufgabe und Funktion fiktionaler Texte
- Erzähltechniken:
  - Erzählform
  - Erzählhaltung
  - Figurenrede, Bewusstseinswiedergabe
  - Erzählbericht, Gedankenbericht
  - Zeitgestaltung
- werkübergreifende Interpretationsmethoden

Die Besonderheiten lyrischer Texte

Der „Sturm und Drang" war eine Epoche, die von überschwänglichen Gefühlen, tiefer Verbundenheit zur Natur und dem Streben nach Verwirklichung des eigenen Ichs geprägt war.

Johann Wolfgang Goethe: Maifest

Wie herrlich leuchtet
Mir die Natur!
Wie glänzt die Sonne!
Wie lacht die Flur!

5 Es dringen Blüten
Aus jedem Zweig
Und tausend Stimmen
Aus dem Gesträuch

Und Freud und Wonne
10 Aus jeder Brust.
O Erd', o Sonne,
O Glück, o Lust,

O Lieb', o Liebe,
So golden schön
15 Wie Morgenwolken
Auf jenen Höhn!

Du segnest herrlich
Das frische Feld,
Im Blütendampfe
20 Die volle Welt!

O Mädchen, Mädchen,
Wie lieb' ich dich!
Wie blinkt dein Auge,
Wie liebst du mich!

25 So liebt die Lerche
Gesang und Luft,
Und Morgenblumen
Den Himmelsduft,

Wie ich dich liebe
30 Mit warmem Blut,
Die du mir Jugend
Und Freud' und Mut!

Zu neuen Liedern
Und Tänzen gibst.
35 Sei ewig glücklich,
Wie du mich liebst.

Johann Wolfgang Goethe: Die Leiden des jungen Werthers (Auszug)

Am 10. Mai

Eine wunderbare Heiterkeit hat meine ganze Seele eingenommen, gleich den süßen Frühlingsmorgen, die ich mit ganzem Herzen genieße. Ich bin allein und freue mich meines Lebens in dieser Gegend, die für solche Seelen geschaffen ist wie die meine. Ich bin so glücklich, mein
5 Bester, so ganz in dem Gefühle von ruhigem Dasein versunken, dass meine Kunst darunter leidet. [...] Wenn das liebe Tal um mich dampft und die hohe Sonne an der Oberfläche der undurchdringlichen Finsternis meines Waldes ruht und nur einzelne Strahlen sich in das innere Heiligtum stehlen, ich dann im hohen Grase am fallenden Bache liege und näher an der Erde tausend mannigfaltige Gräschen mir merkwürdig werden; wenn ich das Wimmeln der kleinen
10 Welt zwischen Halmen, die unzähligen, unergründlichen Gestalten der Würmchen, der Mückchen näher an meinem Herzen fühle und fühle die Gegenwart des Allmächtigen, der uns nach seinem Bilde schuf, das Wehen des Allliebenden, der uns in ewiger Wonne schwebend trägt und erhält; mein Freund, wenn's dann um meine Augen dämmert und die Welt um mich her und der Himmel ganz in meiner Seele ruhn wie die Gestalt einer Geliebten, dann sehne ich mich oft und denke:
15 Ach, könntest du das wieder ausdrücken, könntest du dem Papiere das einhauchen, was so voll, so warm in dir lebt, dass es würde der Spiegel deiner Seele, wie deine Seele ist der Spiegel des unendlichen Gottes!

1 Vergleichen Sie die beiden Texte hinsichtlich des übermittelten Lebensgefühls (»Kapitel 21).

2 Vergleichen Sie die formalen Möglichkeiten des lyrischen Textes mit denen des epischen Textes, diesem Lebensgefühl Ausdruck zu verleihen.

14.2 Die Besonderheiten lyrischer Texte

BASISWISSEN | **Lyrik**

Analog zum Erzähler in epischen Texten wird in der Lyrik das **lyrische Ich** eingesetzt. Sehr häufig übermittelt das lyrische Ich innere Vorgänge und Zustände. Dabei wird mit bildlichen Ausdrücken in formell gebundener Sprache gearbeitet: Der Dichter verwendet dabei häufig eine nicht alltägliche Anordnung von Wörtern und Sätzen. Die lyrische Form ist meist kurz, eine Gliederung erfolgt in Versen und Strophen.

Bis ins 20. Jahrhundert galt das Vorhandensein eines **Reimschemas** und eines **Metrums** als verbindlich für lyrische Texte. Seit dem 20. Jahrhundert wurde diese Vorgabe immer mehr gelockert. So wird in der modernen Lyrik auch mit freien Versen und freien Rhythmen gearbeitet.

Als **Reimschema** ist häufig zu finden:

Wechselreim bzw. Kreuzreim: *abab*
Als sie einander acht Jahre kannten
(Und man darf sagen, sie kannten sich gut),
Kam ihre Liebe plötzlich abhanden,
Wie anderen Leuten ein Stock oder Hut.
(Erich Kästner)

Paarreim: *aabb*
Mitternacht schlägt eine Uhr im Tal,
Mond am Himmel wandert kalt und kahl.
Unterwegs im Schnee und Mondenschein
Geh mit meinem Schatten ich allein.
(Hermann Hesse)

Verschränkter bzw. umarmender Reim: *abba*
Dem Bürger fliegt vom spitzen Kopf der Hut,
In allen Lüften hallt es wie Geschrei,
Dachdecker stürzen ab und gehen entzwei
Und an den Küsten – liest man – steigt die Flut.
(Jakob van Hoddis)

Das **Metrum** – der Takt – regelt die Abfolge von betonten und unbetonten Silben. Ein **Versfuß** besteht aus einer betonten Silbe (Hebung x́) und einer oder mehreren unbetonten Silben (Senkung x).

Jambus (unbetont, betont: xx́)
Der Mond ist aufgegangen ... (xx́xx́xx́x)

Anapäst (unbetont, unbetont, betont: xxx́)
Und es wallet und siedet und brauset ... (xxx́xxx́xxx́x)

Trochäus (betont, unbetont: x́x)
Wie viel Wege ging ich frühlingsgrün ... (x́xx́xx́xx́x)

Daktylus (betont, unbetont, unbetont: x́xx)
Springende Reiter und flatternde Blüten ... (x́xxx́xxx́xxx́x)

Beim männlichen Reim spricht man von einer **männlichen Kadenz (= Versschluss),** d. h., der Vers endet betont, beim weiblichen Reim von einer **weiblichen Kadenz,** d. h., der Vers endet unbetont:

weibliche Kadenz (x́x)
Wie ich dich liebe

männliche Kadenz (xx́)
Mit warmem Blút

Die Besonderheiten lyrischer Texte

Der expressionistische Autor Jakob van Hoddis entwirft in seinem Gedicht „Weltende" ein Untergangsszenario.

Jakob van Hoddis: Weltende (1911)

Dem Bürger fliegt vom spitzen Kopf der Hut,
In allen Lüften hallt es wie Geschrei.
Dachdecker stürzen ab und gehen entzwei
Und an den Küsten – liest man – steigt die Flut.
Der Sturm ist da, die wilden Meere hupfen   5
An Land, um dicke Dämme zu zerdrücken.
Die meisten Menschen haben einen Schnupfen.
Die Eisenbahnen fallen von den Brücken.

3 Sammeln Sie Ihre ersten Leseeindrücke mithilfe eines Assoziogramms (» Kapitel 20).

ARBEITSTECHNIK — Gedichtinterpretation mit Karteikarten

Fragen, die ich an ein Gedicht stelle:

Titel/Thema
- Was bedeutet der Titel?
- Welchen Bezug hat der Titel zur Thematik?

Äußeres Geschehen und innere Vorgänge
- Was wird beschrieben: ein Ereignis, Eindrücke oder Empfindungen?

Sprachliche Bilder
- Was bedeuten die Bilder?
- Welchen Bereichen/Wortfeldern entstammen sie?

Klangeffekte
- Herrschen helle oder dunkle Vokale vor?
- Gibt es weiblich oder männlich klingende Kadenzen?

Lyrisches Ich
- Wer spricht?
- Was erfahren wir über das lyrische Ich?
- An wen wendet es sich?

Strophe und Verse
- Wie ist die äußere Form gestaltet?
- Wie viele Strophen und Verse gibt es?
- Welches Reimschema liegt vor?
- Gibt es ein Enjambement (= Zeilensprung)?

Metrum
- Welches Versmaß liegt vor?

Stilmittel
- Werden Stilmittel wie Alliteration oder Anapher eingesetzt?

Satzbau
- Welcher Satzbautyp herrscht vor?
- Sind die Sätze vollständig?
- Wie sind sie aufgebaut?

Inhalt und Form
- Inwiefern wird die Aussage durch die Form unterstützt?

Zur praktischen Umsetzung ein Tipp:
Schreiben Sie die Fragen zur Gedichtinterpretation auf Karteikarten und setzen Sie diese als Prüfungsvorbereitung immer wieder ein.

Notieren Sie bei jedem Gedicht, das Sie untersuchen, auf der Rückseite der Karteikarten Ihre Beobachtungen. Diese lassen sich am Ende leicht zu einem strukturierten Gesamttext zusammenfügen.

Die Besonderheiten lyrischer Texte

Im folgenden Muster hat ein Schüler einen ersten Interpretationsversuch des Gedichts „Weltende" vorgenommen. Dazu hat er, wie in der Arbeitstechnik empfohlen, die zentralen Fragen auf Karteikarten notiert.

Muster

<u>Titel/Thema</u>

<u>Strophe und Verse</u>
Reimschema: abba
                      cdcd
…

<u>Äußeres Geschehen und innere Vorgänge</u>
Lyrisches Ich baut Distanz auf („liest man").
…

<u>Metrum</u>
– Jambus (fünfhebig)
…

<u>Sprachliche Bilder</u>
Wortfelder:
a) Mensch (Bürger, Hut, Kopf, Dachdecker, Schnupfen)
b) Natur (Meer, Küste, Flut, Lüfte)
…

<u>Stilmittel</u>
Ironie
Enjambement (Z. 5–6)
…

<u>Klangeffekte</u>
männlich klingende Kadenzen (1. Strophe)
weiblich klingende Kadenzen (2. Strophe)
…

<u>Satzbau</u>
…

<u>Lyrisches Ich/Rezipient</u>
…

<u>Inhalt und Form</u>
– 1. Strophe: umarmender Reim
– 2. Strophe: Kreuzreim
– Unterschiede in Form und Inhalt werden ebenso in den Kadenzen verdeutlicht.
– Jambus: steigendes Metrum, zeigt die steigende Gefahr (Flut, Wind)
…

4 Übertragen Sie die Angaben auf zehn Karteikarten und vervollständigen Sie diese.

Die Besonderheiten lyrischer Texte

Muster

Der Titel des Gedichts „Weltende", das Jakob van Hoddis 1911 verfasste, weckt beim Leser Erwartungen von Chaos und Untergang. Diese Erwartungen werden zunächst auch erfüllt: „Geschrei", abstürzende Dachdecker, steigende Flut, von Brücken stürzende Eisenbahnen erinnern an das Szenario eines Katastrophenfilms. Dann folgt aber unvermittelt eine lapidare Feststellung: „Die meisten Menschen haben
5 *einen Schnupfen." Angesichts des bevorstehenden Weltendes erscheint diese Mitteilung von geringer Bedeutung. Daher drängt sich die Frage auf, ob man dem Weltende so gelassen entgegensieht.*
Das zweistrophige Gedicht mit je vier Versen weist einen umarmenden Reim (abba) und einen Kreuzreim (cdcd) auf. Das Reimschema ist also in Analogie zu den unterschiedlichen Einstellungen gegenüber dem Weltende zweigeteilt; diesem entspricht die männliche Kadenz in der ersten Strophe und die weib-
10 *liche in der zweiten Strohpe. Das Metrum ist ein fünfhebiger Jambus, ein steigender Versfuß. Hier findet das Bild vom Steigen der Flut und dem Zunehmen der Windböen auch auf formaler Ebene eine Entsprechung. Betrachtet man die sprachlichen Bilder und Stilmittel des Textes nun genauer, so fällt auf ...*

5 Führen Sie die begonnene Interpretation des Gedichtes unter Verwendung Ihrer eigenen Notizen (vgl. Karteikarten) fort.

BASISWISSEN — Interpretationshypothese

Da in lyrischen Texten Sprache sehr verdichtet übermittelt wird, ist die Vorstellungskraft des Lesers in besonderem Maße gefordert. Er tritt mit dem Text in einen Kommunikationsprozess ein. Auf dieser Basis erstellt der Leser zunächst eine Interpretationshypothese, einen ersten Deutungsansatz. Diese Interpretationshypothese wird dann durch die Analyse des Zusammenspiels von Inhalt und Form näher beleuchtet.

Reiner Kunze: Die Liebe

Die liebe
ist eine wilde rose in uns
Sie schlägt ihre wurzeln
in den augen,
5 wenn sie dem blick des geliebten begegnen
Sie schlägt ihre wurzeln
in den wangen,
wenn sie den hauch des geliebten spüren
Sie schlägt ihre wurzeln
10 in der haut des armes,
wenn ihn die hand des geliebten berührt

Sie schlägt ihre wurzeln,
wächst wuchert
und eines abends
15 oder eines morgens

fühlen wir nur:
sie verlangt
raum in uns

Die liebe
20 ist eine wilde rose in uns,
unerforschbar vom verstand
und ihm nicht untertan
Aber der verstand
ist ein messer in uns

25 Der verstand
ist ein messer in uns,
zu schneiden der rose
durch hundert zweige
einen himmel

14.2 Die Besonderheiten lyrischer Texte

Erich Fried: Was es ist

Es ist Unsinn
sagt die Vernunft
Es ist was es ist
sagt die Liebe

5 Es ist Unglück
sagt die Berechnung
Es ist nichts als Schmerz
sagt die Angst
Es ist aussichtslos
10 sagt die Einsicht
Es ist was es ist
sagt die Liebe

Es ist lächerlich
sagt der Stolz
15 Es ist leichtsinnig
sagt die Vorsicht
Es ist unmöglich
sagt die Erfahrung
Es ist was es ist
20 sagt die Liebe

6 Stellen Sie Interpretationshypothesen zu den Gedichten von Reiner Kunze und Erich Fried auf, indem Sie für jeden Text ein Assoziogramm (» Kapitel 20) anfertigen.

Muster

Freiheit bewahren — „Die Liebe" — Rose: – wild
　　　　　　　　　　／　　　　　　　　　– wuchern
Verstand hat keine Handhabe.　　　　　– Ranken/Vereinnahmung

Muster

Liebe lässt — „Was es ist" — Kritikpunkte: – Vernunft/Einsicht
sich nicht infrage stellen.　／　　　　　　　　– Angst/Vorsicht
　　　　　　gute und　　　　　　　　　　　　– Stolz
　　　　　　schlechte Seiten

7 Überprüfen Sie Ihre Interpretationshypothesen mithilfe der Karteikartenabfrage (» Arbeitstechnik S. 229).

8 Interpretieren Sie die beiden Gedichte nach dem Muster von Seite 231.

FAZIT

14.2 Die Besonderheiten lyrischer Texte
- Reimschema, Metrum, weibliche/männliche Kadenzen
- Zusammenspiel formaler und inhaltlicher Komponenten

Vom „klassischen Drama" zum „absurden Theater"

Bei allen Interpretationsprozessen steht die Kommunikation zwischen dem Autor und dem Leser oder Zuschauer im Vordergrund. Dieser nimmt beim Lesen oder Zuschauen eine besondere Rolle ein, die der Autor ihm zugedacht hat.

Bertolt Brecht: Kann die heutige Welt durch Theater wiedergegeben werden? (Auszug)

[...] Ich kann nicht sagen, daß die Dramaturgien, die ich aus bestimmten Gründen nichtaristotelische nenne, und die dazu gehörende epische Spielweise *die* Lösung darstellen. Jedoch ist eines klargeworden: Die heutige Welt ist den heutigen Menschen nur
5   beschreibbar, wenn sie als eine veränderbare Welt beschrieben wird.
Für heutige Menschen sind Fragen wertvoll der Antworten wegen. Heutige Menschen interessieren sich für Zustände und Vorkommnisse, denen gegenüber sie etwas tun können.
10 Es wird Sie nicht verwundern, von mir zu hören, daß die Frage der Beschreibbarkeit der Welt eine gesellschaftliche Frage ist. Ich habe dies viele Jahre lang aufrechterhalten und lebe jetzt in einem Staat, wo eine ungeheure Anstrengung gemacht wird, die Gesellschaft zu verändern. Sie mögen die Mittel und Wege verurteilen – ich hoffe übrigens, Sie kennen sie wirklich, nicht aus den Zeitungen –, Sie mögen dieses besondere Ideal einer neuen Welt nicht akzeptieren – ich hoffe, Sie
15 kennen auch dieses –, aber Sie werden kaum bezweifeln, daß an der Änderung der Welt, des Zusammenlebens der Menschen in dem Staat, in dem ich lebe, gearbeitet wird. Und Sie werden mir vielleicht darin zustimmen, daß die heutige Welt eine Änderung braucht.

Ⓡ

1 Geben Sie in eigenen Worten die Überlegungen Bertolt Brechts zur Aufgabe des Theaters und insbesondere zur Rolle des Zuschauers wieder.

2 Erläutern Sie, welche Funktion Theater für Sie hat.

BASISWISSEN — Die Rolle des Zuschauers

Die Rolle des Zuschauers hat sich im Verlauf der Jahrhunderte grundlegend gewandelt. Im 18. und 19. Jahrhundert konnte sich der Zuschauer noch ins schützende Halbdunkel des Parketts zurückziehen, um dort, von den Akteuren auf der Bühne unerkannt, seiner Lust am Zuschauen nachzugehen. Seit Beginn des 20. Jahrhunderts hat das „Zuschauen" eine neue Bedeutung erhalten: Es wird zu einer aktiven Handlung. Oft genug bleibt heute während der Vorstellung das Saallicht an, sodass die Zuschauer sich nicht nur beim Wahrnehmen beobachten können, sondern oft auch als Zeugen, Ansprechpartner, „SpectActors" oder gar Teilnehmer in das Bühnengeschehen einbezogen werden.

★ **3** Erklären Sie den Begriff „SpectActors" im Hinblick auf die veränderte Rolle der Zuschauer im modernen Theater.

Das klassische Drama

Der folgende Textauszug ist dem Drama „Die Jungfrau von Orleans" von Friedrich Schiller entnommen. Englische Truppen sind in Frankreich eingefallen und drohen, die Armee des französischen Königs zu besiegen. Johanna, ein junges Mädchen, fühlt sich von Gott dazu auserkoren, diese Niederlage zu verhindern. Sie zieht mit der französischen Armee gegen die Engländer zu Felde und besiegt die feindlichen Truppen. Doch ihr eigener Vater beschuldigt sie, mit dem Teufel im Bunde zu sein. Von den Engländern verfolgt und von den eigenen Landsleuten als Hexe verstoßen, geht sie in die Verbannung. Begleitet wird sie von Raimond, einem von ihrem Vater ausgesuchten Heiratskandidaten.

5. Aufzug, 4. Auftritt (Auszug)

[…]

RAIMOND *(fasst sie bei der Hand)*: Wollt Ihr nicht in Euch gehen?
 Euch nicht mit Gott versöhnen – in den Schoß
 Der heiligen Kirche reuend wiederkehren?
5 JOHANNA Auch du hältst mich der schweren Sünde schuldig?
 RAIMOND Muss ich nicht? Euer schweigendes Geständnis –
 JOHANNA Du, der mir in das Elend nachgefolgt,
 Das einzge Wesen, das mir treu geblieben,
 Sich an mich kettet, da mich alle Welt
10 Ausstieß, du hältst mich auch für die Verworfne,
 Die ihrem Gott entsagt –
 (Raimond schweigt) O das ist hart!
 RAIMOND *(erstaunt)*: Ihr wäret wirklich keine Zauberin?
 JOHANNA Ich eine Zauberin!
15 RAIMOND Und diese Wunder,
 Ihr hättet sie vollbracht mit Gottes Kraft
 Und seiner Heiligen?
 JOHANNA Mit welcher sonst?
 RAIMOND Und Ihr verstummtet auf die grässliche
20 Beschuldigung? – Ihr redet jetzt, und vor dem König,
 Wo es zu reden galt, verstummtet Ihr!
 JOHANNA Ich unterwarf mich schweigend dem Geschick,
 Das Gott, mein Meister, über mich verhängte.
 RAIMOND Ihr konntet eurem Vater nichts erwidern!
25 JOHANNA Weil es vom Vater kam, so kams von Gott,
 Und väterlich wird auch die Prüfung sein.
 RAIMOND Der Himmel selbst bezeugte Eure Schuld!
 JOHANNA Der Himmel sprach, drum schwieg ich.
 RAIMOND Wie? Ihr konntet
30 Mit einem Wort Euch reinigen, und ließt
 Die Welt in diesem unglückselgen Irrtum?
 JOHANNA Es war kein Irrtum, eine Schickung wars.
 RAIMOND […]
 O gerne nehm ich Euer Wort für Wahrheit,

Das klassische Drama

35 Denn schwer ward mirs, an Eure Schuld zu glauben.
    Doch konnt ich träumen, dass ein menschlich Herz
    Das Ungeheure schweigend würde tragen!
  JOHANNA Verdient ichs, die Gesendete zu sein,
    Wenn ich nicht blind des Meisters Willen ehrte!
40 Und ich bin nicht so elend, als du glaubst.
    Ich leide Mangel, doch das ist kein Unglück
    Für meinen Stand, ich bin verbannt und flüchtig,
    Doch in der Öde lernt ich mich erkennen.
    […]
45 Jetzt bin ich
    Geheilt, und dieser Sturm in der Natur,
    Der ihr das Ende drohte, war mein Freund,
    Er hat die Welt gereinigt und auch mich.
    In mir ist Friede – Komme, was da will,
50 Ich bin mir keiner Schwachheit mehr bewusst!
  RAIMOND O kommt, kommt, lasst uns eilen, Eure Unschuld
    Laut, laut vor aller Welt zu offenbaren!
  JOHANNA Der die Verwirrung sandte, wird sie lösen!
    Nur wenn sie reif ist, fällt des Schicksals Frucht!
55 Ein Tag wird kommen, der mich reiniget.
    Und die mich jetzt verworfen und verdammt,
    Sie werden ihres Wahnes inne werden,
    Und Tränen werden meinem Schicksal fließen.
  RAIMOND Ich sollte schweigend dulden, bis der Zufall –
60 JOHANNA *(ihn sanft bei der Hand fassend)*:
    Du siehst nur das Natürliche der Dinge,
    Denn deinen Blick umhüllt das irdische Band.
    Ich habe das Unsterbliche mit Augen
    Gesehen – ohne Götter fällt kein Haar
65 Vom Haupt des Menschen –
    Siehst du dort die Sonne
    Am Himmel niedergehen – so gewiss
    Sie morgen wiederkehrt in ihrer Klarheit,
    So unausbleiblich kommt der Tag der Wahrheit!

1 Analysieren Sie den Dramenauszug mithilfe des Textes „Die deutsche Tragödie von Lessing bis Hebbel" (» S. 236) unter folgenden Gesichtspunkten:
a) Worin besteht der Konflikt Johannas?
b) Welche Idee vertritt sie als Heldin des Dramas?
c) Worin besteht die Tragik der Heldin?

2 Erläutern Sie die Bedeutung der Begriffe „Schuld", „Schicksal" und „reinigen" in diesem Zusammenhang.

Das klassische Drama

Benno von Wiese: Die deutsche Tragödie von Lessing bis Hebbel

Durch Leid, Gehorsam und Buße gelangt Johanna zur letzten Vereinigung mit Gott, die nur von der erhabenen Seele erreicht werden kann. Der Ausgang des Dramas ist Läuterung und Verklärung. Der schwere Bruch in ihr selbst wird von den kämpfenden und fordernden Seelenkräften überwunden und damit erst der Sieg der Idee in der Anarchie der Geschichte zu einem endgül-
5 tigen gemacht. Mit der „Jungfrau von Orleans" ist die Tragödie des von Gott gesandten Menschen in der Welt gedichtet und der tiefe Zwiespalt, der ihm von außen und innen erwachsen muss, wenn er seinen Auftrag zu Ende führen will. Gottes Werk muss von dem „schwachen" Menschen vollbracht werden, aber der Mensch, der es aus innerem Müssen ergreift, überschreitet damit die Grenze, die ihm als Menschen gesetzt ist. Er gerät in Schuld und kann den Sinn seiner Sendung
10 nur noch als tragisches Opfer erfüllen. Wer aber einmal den jenseitigen Auftrag erfüllt hat und mit dem Schwerte seines Gottes kämpft, kann auf seiner Bahn nicht mehr umkehren, selbst wenn ihm die Hölle begegnen oder der Himmel ihn zurückhalten würde. […] Durch Schuld und Erniedrigung hindurch gelangt Johanna zur „Reinigung", die sie wieder Gefäß und Kronzeuge des Göttlichen werden lässt.

BASISWISSEN — Das klassische Drama

Das Drama stellt ein Geschehen dar, in dessen Verlauf durch **Dialog** und **Monolog** der agierenden Personen ein Konflikt entfaltet wird. Zur Gattung „Drama" zählen u. a. die **Tragödie** und die **Komödie.** Da im Drama die Entwicklung eines Konfliktes dargestellt wird, bei dem die Spannung bis zu einem Höhepunkt steigt und danach abfällt, entscheidet die Art des Konfliktes, ob es sich um ein **tragisches, komisches** oder auch **absurdes Stück** handelt. Die **klassische** bzw. **aristotelische Dramenform,** zu der auch die Tragödie „Die Jungfrau von Orleans" von Friedrich Schiller zählt, weist folgende Merkmale in Anlehnung an die Poetik des griechischen Philosophen Aristoteles auf:

- Die **Einheit** von **Ort, Zeit** und **Handlung** stellt eine maßgebliche Voraussetzung dar.
- Das Bühnengeschehen ist auf **eine einzige lineare Haupthandlung** ohne Nebenhandlungen konzentriert.
- Die **Szenen** sind in fünf, manchmal in drei **Akten** angeordnet.

Der erste Akt stellt die **Exposition** dar, in welcher über Ort, Zeit, Personen und Atmosphäre informiert wird. Durch ein **erregendes Moment** wird die Handlung entfaltet und mit der **steigenden Handlung** verschärft sich der Konflikt, bis der dramatische Höhepunkt, zugleich Wendepunkt, erreicht ist **(Peripetie).** Durch eine Verzögerung, das sogenannte **retardierende Moment,** kann die Spannung noch gehalten werden, beispielsweise wird plötzlich doch eine Lösung in Aussicht gestellt. Aber dann setzt die Phase der **fallenden Handlung** ein, die in der **Katastrophe** (in der Tragödie im Untergang des Helden, der unverdient erscheint und somit moralisch aufgewertet wird) oder in der Konfliktlösung (in der Komödie bietet ein erheiterndes Ende eine oft nur scheinbare Lösung) endet.

Beim aristotelischen Drama wird das Mitempfinden des Zuschauers mit dem Helden angestrebt. Ziel ist dabei die **Katharsis,** die seelische Reinigung des Zuschauers durch das Nachempfinden von furcht- und mitleiderregenden Handlungen auf der Bühne.

3 Überprüfen Sie den Textauszug aus Schillers Tragödie „Die Jungfrau von Orleans" im Hinblick auf die im Basiswissen dargestellte Rolle des Zuschauers.

Das epische Theater

Im klassischen Drama tritt der Held oder die Heldin als Träger einer Idee auf. Ziel ist die Katharsis, die Reinigung des Zuschauers von Furcht und Mitleid durch das Mitempfinden. Brecht hingegen möchte dem Zuschauer gesellschaftliche Missstände vor Augen führen und das Bewusstsein stärken, an der Schwelle zu einer neuen, besseren Zeit zu stehen.

Bertolt Brecht: Leben des Galilei (Auszug)

1. Bild

Galileo Galilei, Lehrer der Mathematik zu Padua, will das neue kopernikanische Weltsystem beweisen.

    In dem Jahr sechzehnhundertundneun
    Schien das Licht des Wissens hell
5   Zu Padua aus einem kleinen Haus.
    Galileo Galilei rechnete aus:
    Die Sonn steht still, die Erde kommt von der Stell.
    Das ärmliche Studierzimmer des Galilei in Padua
    Es ist morgens. Ein Knabe, Andrea, der Sohn der Haushälterin, bringt ein Glas Milch und einen
10   *Wecken.*

GALILEI *sich den Oberkörper waschend, prustend und fröhlich:* Stell die Milch auf den Tisch, aber klapp kein Buch zu.
ANDREA Mutter sagt, wir müssen den Milchmann bezahlen. Sonst macht er bald einen Kreis um unser Haus, Herr Galilei.
15 GALILEI Es heißt: Er beschreibt einen Kreis, Andrea.
ANDREA Wie Sie wollen. Wenn wir nicht bezahlen, dann beschreibt er einen Kreis um uns, Herr Galilei.
GALILEI Während der Gerichtsvollzieher, Herr Cambione, schnurgerade auf uns zukommt, indem er was für eine Strecke zwischen zwei Punkten wählt?
20 ANDREA Die kürzeste.
GALILEI Gut. Ich habe was für dich. Sieh hinter den Sterntafeln nach.
Andrea fischt hinter den Sterntafeln ein großes hölzernes Modell des Ptolemäischen Systems hervor.
ANDREA Was ist das?
GALILEI Das ist ein Astrolab: das Ding zeigt, wie sich die Gestirne um die Erde bewegen, nach
25   Ansicht der Alten.
ANDREA Wie?
GALILEI Untersuchen wir es. Zuerst das erste: Beschreibung.
ANDREA In der Mitte ist ein kleiner Stein.
GALILEI Das ist die Erde.
30 ANDREA Drum herum sind, immer übereinander, Schalen.
GALILEI Wie viele?
ANDREA Acht.
GALILEI Das sind die kristallnen Sphären.
ANDREA Auf den Schalen sind Kugeln angebracht ...
35 GALILEI Die Gestirne.
ANDREA Da sind Bänder, auf die sind Wörter gemalt.

Das epische Theater

GALILEI Was für Wörter?
ANDREA Sternnamen.
GALILEI Als wie?
40 ANDREA Die unterste Kugel ist der Mond, steht drauf. Und darüber ist die Sonne.
GALILEI Und jetzt lass die Sonne laufen.
ANDREA *bewegt die Schalen*: Das ist schön. Aber wir sind so eingekapselt.
GALILEI *sich abtrocknend:* Ja, das fühlte ich auch, als ich das Ding zum ersten Mal sah. Einige fühlen das. *Er wirft Andrea das Handtuch zu, dass er ihm den Rücken abreibe.* Mauern und
45 Schalen und Unbeweglichkeit! Durch zweitausend Jahre glaubte die Menschheit, daß die Sonne und alle Gestirne des Himmels sich um sich drehten. Der Papst, die Kardinäle, die Fürsten, die Gelehrten, Kapitäne, Kaufleute, Fischweiber und Schulkinder glaubten, unbeweglich in dieser kristallenen Kugel zu sitzen. Aber jetzt fahren wir heraus, Andrea, in großer Fahrt. Denn die alte Zeit ist herum, und es ist eine neue Zeit. Seit hundert Jahren ist es, als erwartete die Menschheit
50 etwas.
Die Städte sind eng, und so sind die Köpfe. Aberglauben und Pest. Aber jetzt heißt es: da es so ist, bleibt es nicht so. Denn alles bewegt sich, mein Freund. Ich denke gerne, daß es mit den Schiffen anfing. Seit Menschengedenken waren sie nur an den Küsten entlang gekrochen, aber plötzlich verließen sie die Küsten und liefen aus über alle Meere.
55 Auf unserm alten Kontinent ist ein Gerücht entstanden: es gibt neue Kontinente. Und seit unsere Schiffe zu ihnen fahren, spricht es sich auf den lachenden Kontinenten herum: das große gefürchtete Meer ist ein kleines Wasser. Und es ist eine große Lust aufgekommen, die Ursachen aller Dinge zu erforschen: warum der Stein fällt, den man losläßt, und wie er steigt, wenn man ihn hochwirft. Jeden Tag wird etwas gefunden. Selbst die Hundertjährigen lassen sich noch von
60 den Jungen ins Ohr schreien, was Neues entdeckt wurde.
Da ist schon viel gefunden, aber da ist mehr, was noch gefunden werden kann. Und so gibt es wieder zu tun für neue Geschlechter. R

1 Analysieren Sie die Eröffnungsszene des Dramas „Leben des Galilei" von Bertolt Brecht.
a) Wie wird Galilei dargestellt?
b) Welche Erwartungen stellen Sie an die weiterführende Handlung?

2 Bestimmen Sie die Wirkung der in der Eröffnungsszene eingesetzten Darstellungselemente (Szenentitel, vorangestellter Prolog und hinleitende Regieanweisungen).

BASISWISSEN | Episches Theater

Unter **epischem Theater** versteht man die von Bertolt Brecht vorgestellte Alternative zum klassischen (aristotelischen) Drama. Epische Elemente werden in den dramatischen Ablauf eingeflochten. Das Geschehen läuft nicht automatisch auf den Höhepunkt mit anschließender Katastrophe oder Lösung zu, sondern wird immer wieder durch **Mittel der Verfremdung**, sogenannte **V-Effekte** (z. B. illusionsstörende Mittel wie Zusammenfassungen, Vorausblicke, Kommentare oder Aus-der-Rolle-Treten der Schauspieler und Hinwendung zum Publikum), unterbrochen. Ziel ist es, den Zuschauer zur kritischen Distanz zu bewegen. Er soll sich nicht mit der Handlung identifizieren und sich kritiklos mitreißen lassen, sondern einen analytischen Blick auf das Bühnengeschehen werfen.

Dürrenmatt'sche Tragikomödie

In dem Drama „Die Physiker" von Friedrich Dürrenmatt stehen drei in einem Irrenhaus lebende Physiker im Mittelpunkt. Einer von ihnen, Johann Wilhelm Möbius, hat die Weltformel entdeckt, die zur Vernichtung der ganzen Welt führen könnte. Möbius gibt vor, geisteskrank zu sein, um sich selbst unglaubwürdig zu machen und damit den Missbrauch seiner Formel zu verhindern. Die anderen Physiker, Newton und Einstein, sind Spione, die Möbius' Entdeckung für ihre Zwecke missbrauchen wollen. Jeder der drei Physiker ermordet eine Krankenschwester, um sein jeweiliges Geheimnis zu bewahren.

Friedrich Dürrenmatt: Die Physiker (Auszug)

Erster Akt

[…]

NEWTON Nicht wahr, Sie ärgern sich, mich nicht verhaften zu dürfen?
INSPEKTOR Aber Albert.
NEWTON Möchten Sie mich verhaften, weil ich die Krankenschwester erdrosselt oder weil ich die
5   Atombombe ermöglicht habe?
INSPEKTOR Aber Albert.
NEWTON Wenn Sie da neben der Türe den Schalter drehen, was geschieht, Richard?
INSPEKTOR Das Licht geht an.
NEWTON Sie stellen einen elektrischen Kontakt her. Verstehen Sie etwas von Elektrizität, Richard?
10 INSPEKTOR Ich bin kein Physiker.
NEWTON Ich verstehe auch wenig davon. Ich stelle nur aufgrund von Naturbeobachtungen eine
       Theorie darüber auf. Diese Theorie schreibe ich in der Sprache der Mathematik nieder und
       erhalte mehrere Formeln. Dann kommen die Techniker. Sie kümmern sich nur noch um die
       Formeln. Sie gehen mit der Elektrizität um wie der Zuhälter mit der Dirne. Sie nützen sie aus.
15   Sie stellen Maschinen her, und brauchbar ist eine Maschine erst dann, wenn sie von der Erkenntnis unabhängig geworden ist, die zu ihrer Erfindung führte. So vermag heute jeder Esel
       eine Glühbirne zum Leuchten zu bringen – oder eine Atombombe zur Explosion. *Er klopft dem
       Inspektor auf die Schulter.* Und nun wollen Sie mich dafür verhaften, Richard. Das ist nicht fair.
INSPEKTOR Ich will Sie doch gar nicht verhaften, Albert.
20 NEWTON Nur weil Sie mich für verrückt halten. Aber warum weigern Sie sich nicht, Licht
       anzudrehen, wenn Sie von Elektrizität nichts verstehen? Sie sind hier der Kriminelle, Richard.
       Doch nun muss ich meinen Kognak versorgen, sonst tobt die Oberschwester Marta Boll.
       Newton versteckt die Kognakflasche wieder hinter dem Kaminschirm, lässt jedoch das Glas stehen.
       Leben Sie wohl.
25 INSPEKTOR Leben Sie wohl, Albert.
NEWTON Sie sollten sich selber verhaften, Richard!

1 Erläutern Sie, welches Problem Dürrenmatt hinsichtlich der Frage nach der Verantwortung des Wissenschaftlers gegenüber der Gesellschaft darstellt.

2 Interpretieren Sie die Äußerung Newtons „Möchten Sie mich verhaften, weil ich die Krankenschwester erdrosselt oder weil ich die Atombombe ermöglicht habe?" (Z. 4–5).

14.3 Dürrenmatt'sche Tragikomödie – absurdes Theater

BASISWISSEN | Dürrenmatt'sche Tragikomödie

Dürrenmatts Figuren haben keine Chance mehr, Helden zu sein, weder im positiven (z. B. als handelnde Weltveränderer) noch im negativen Sinne (z. B. als Mitplaner einer Katastrophe).

Die Situation ist **grotesk** und somit befremdlich. Nach dem Höhepunkt erfolgt im Spannungsverlauf des Stückes keine Lösung des Problems.

Dürrenmatt zieht den Zuschauer in den Bann, indem er ihm eine Komödie vorgaukelt. Ganz unvermittelt sieht sich der Betrachter jedoch plötzlich mit einer ernst zu nehmenden Situation konfrontiert. Dürrenmatt spricht von einer „Mausefalle", in die er den Zuschauer locken möchte.

In Samuel Becketts Drama „Warten auf Godot" verbringen die Landstreicher Estragon und Wladimir an einem nicht näher bestimmten Ort ihre Zeit damit, auf eine Person namens „Godot" zu warten. Dabei kennen sie diese Person nicht, wissen nichts Genaues über sie und können nicht einmal mit Bestimmtheit sagen, ob dieser „Godot" überhaupt existiert.

Samuel Beckett: Warten auf Godot (Auszug)

Erster Akt

Landstraße. Ein Baum. Abend.
Estragon sitzt auf der Erde und versucht, seinen Schuh auszuziehen. Er braucht beide Hände dazu und stöhnt dabei. Erschöpft gibt er den Versuch auf,
5 *erholt sich schnaubend und versucht es von Neuem. Das Spiel wiederholt sich. Wladimir tritt auf.*
[…]
ESTRAGON Ich frage mich, ob wir nicht besser allein geblieben wären, jeder für sich. *Pause.* Wir waren
10 nicht für denselben Weg gemacht.
WLADIMIR *ohne böse zu werden:* Das ist nicht sicher.
ESTRAGON Nein, nichts ist sicher.
WLADIMIR Wir können noch auseinandergehen, wenn du meinst, dass es besser wäre.
15 ESTRAGON Jetzt lohnt es sich nicht mehr.
Schweigen.
WLADIMIR Nein, jetzt lohnt es sich nicht mehr.
ESTRAGON Also, wir gehen?
WLADIMIR Gehen wir!
Sie gehen nicht von der Stelle.

1 Untersuchen Sie den Dramenauszug unter folgenden Gesichtspunkten:
a) Beschreiben Sie, wie die Figuren miteinander kommunizieren.
b) Wie wirkt das Bühnengeschehen auf Sie?

Vergleich: klassisches und modernes Drama

BASISWISSEN	Vergleich: klassisches und modernes Drama			
	aristotelisches/ klassisches Drama	episches Theater	Dürrenmatt'sche Tragikomödie	absurdes Theater
Aufgabe/ Rolle des Zuschauers	Identifikation mit dem Bühnengeschehen passive Konsumhaltung	Veränderung durch Einsicht aktive Rolle	Einsicht in das Groteske der Welt ein Einzelner kann nichts erreichen, alle zusammen müssen das angehen, was alle betrifft	keine Aussicht auf Verbesserung der Situation
Mittel zur Umsetzung	psychischer Akt der Einfühlung mit dem Helden (der Held ist Träger einer Idee) – Katharsis geschlossene Form des Dramas (kausale Verknüpfung der Szenen) Spannungsbogen mit Katastrophe oder Lösung fünf bzw. drei Akte	V-Effekte schaffen Distanz zum Geschehen und ermöglichen freies, kritisches Denken: • offene Form des Dramas; kleinere Handlungseinheiten (Bilder) • Montage von nicht dramatischen Elementen (Erzähler, Inhaltsangaben, Songs etc.) • Darsteller treten aus ihren Rollen heraus und wenden sich an das Publikum (Desillusionierung) • Verwendung von Umgangssprache und Dialekt • Widersprüche im Aufbau der Handlung und im Verhalten der Figuren (dialektisches Prinzip)	V-Effekte; Prinzip der „Mausefalle" (Überlisten des Zuschauers) offene Form des Dramas endet nach zwei Akten (gibt Raum zum eigenen Handeln für die Zuschauer)	Darstellung einer Endzeitstimmung; gestörte Kommunikation kein Spannungsverlauf offene Form Zerrissenheit der Handlungsabfolge

Vergleich: klassisches und modernes Drama

In den Überlegungen zu seinem Drama „Die Wiedertäufer" entwirft Dürrenmatt am Beispiel des Polarforschers Robert Falcon Scott verschiedene Modelle dramaturgischer Bearbeitungen desselben Stoffes und stellt in diesem Zusammenhang die Unterschiede zwischen der eigenen Umsetzung und den Bearbeitungen von Shakespeare, Brecht und Beckett heraus.

Friedrich Dürrenmatt: Modell Scott

Shakespeare hätte das Schicksal des unglücklichen Robert Falcon Scott doch wohl in der Weise dramatisiert, daß der tragische Untergang des großen Forschers durchaus dessen Charakter entsprungen wäre; Ehrgeiz hätte Scott blind gegen die Gefahren der unwirtlichen Regionen gemacht, in die er sich wagte, Eifersucht und Verrat unter den anderen Expeditionsteilnehmern hätten das Übrige hinzugetan, die Katastrophe in Eis und Nacht herbeizuführen; bei Brecht wäre die Expedition aus wirtschaftlichen Gründen und Klassendenken gescheitert, die englische Erzieherin hätte Scott gehindert, sich Polarhunden anzuvertrauen, er hätte zwangsläufig standesgemäße Ponys gewählt, der höhere Preis wiederum dieser Tiere hätte ihn genötigt, an der Ausrüstung zu sparen; bei Beckett wäre der Vorgang auf das Ende reduziert, Endspiel, letzte Konfrontation, schon in einen Eisblock verwandelt säße Scott anderen Eisblöcken gegenüber, vor sich hinredend, ohne Antwort von seinen Kameraden zu erhalten, ohne Gewißheit, von ihnen noch gehört zu werden: Doch wäre auch eine Dramatik denkbar, die Scott beim Einkaufen der für die Expedition benötigten Lebensmittel aus Versehen in einen Kühlraum einschlösse und in ihm erfrieren ließe. Scott, gefangen in den endlosen Gletschern der Antarktis, entfernt durch unüberwindliche Distanzen von jeder Hilfe, Scott, wie gestrandet auf einem anderen Planeten, stirbt tragisch, Scott, eingeschlossen in den Kühlraum durch ein läppisches Mißgeschick, mitten in einer Großstadt, nur wenige Meter von einer belebten Straße entfernt, zuerst beinahe höflich an die Kühlraumtüre klopfend, rufend, wartend, sich eine Zigarette anzündend, es kann ja nur wenige Minuten dauern, dann an die Türe polternd, darauf schreiend und hämmernd, immer wieder, während sich die Kälte eisiger um ihn legt, Scott, herumgehend, um sich Wärme zu verschaffen, hupfend, stampfend, turnend, radschlagend, endlich verzweifelt Tiefgefrorenes gegen die Türe schmetternd, Scott wieder innehaltend, im Kreise herumzirkulierend auf kleinstem Raum, schlotternd, zähneklappernd, zornig und ohnmächtig, dieser Scott nimmt ein noch schrecklicheres Ende und dennoch ist Robert Falcon Scott im Kühlraum erfrierend ein anderer als Robert Falcon Scott erfrierend in der Antarktis, wir spüren es, dialektisch gesehen ein anderer, aus einer tragischen Gestalt ist eine komische Gestalt geworden, komisch nicht wie einer, der stottert, oder wie einer, der vom Geiz oder von der Eifersucht überwältigt worden ist, eine Gestalt komisch allein durch ihr Geschick: Die schlimmstmögliche Wendung, die eine Geschichte nehmen kann, ist die Wendung in die Komödie.

Vergleich: klassisches und modernes Drama

1 Stellen Sie die von Dürrenmatt dargestellten dramaturgischen Bearbeitungen der Expedition Scotts in eigenen Worten dar.

★ **2** Erläutern Sie mithilfe des Basiswissens (» S. 241) und des Musters unten, inwiefern die von Dürrenmatt vorgeschlagenen Bearbeitungen mit den verschiedenen Dramenkonzepten übereinstimmen.

Muster

Shakespeare geht von der geschichtsgestaltenden Kraft des einzelnen Menschen aus. Es gibt einen Helden, der auf das Geschehen einwirken kann.

Diese Ansicht ist für Dürrenmatt überholt. Der Einzelne kann nicht mehr in den Ablauf politischer, wirtschaftlicher oder religiöser Auseinandersetzungen eingreifen, da die Welt zu komplex geworden ist. Nichts ist wirklich planbar, denn durch einen unvorhersehbaren Zufall kann jegliches Vorhaben zunichtegemacht werden und die „schlimmstmögliche Wendung" nehmen, die es doch gerade zu vermeiden galt. Dürrenmatts Figuren tragen nicht das Potenzial in sich, Helden zu sein.

Brecht vertraut in die Fähigkeit des Menschen, historisch handeln zu können, obgleich er den Einzelnen als Produkt seiner gesellschaftlichen Situation betrachtet.

Im absurden Theater Becketts muten die Figuren wie Marionetten an, die handlungsunfähig sind. Sie sind darüber hinaus nicht einmal in der Lage, miteinander zu kommunizieren. Es herrscht eine pessimistische Endzeitstimmung vor.

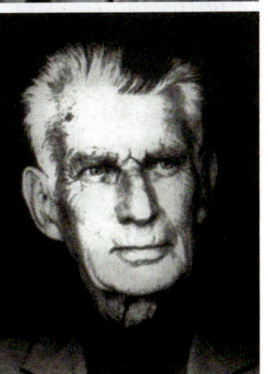

FAZIT

14.3
Vom „klassischen Drama" zum „absurden Theater"

Klassisches Drama
- geschlossene Form
- Spannungsbogen mit Katastrophe/Konfliktlösung
- Katharsis

Episches Theater
- offene Form
- V-Effekte

Dürrenmatt'sche Tragikomödie
- Prinzip der „Mausefalle"

Absurdes Theater
- offene Form
- zerrissene Handlungsabfolge

Prüfungsvorbereitung

Die folgenden Texte und Aufgaben könnten Ihnen so in einer Prüfung zu den literarischen Gattungen und ihren Wirkungsmitteln vorliegen.

Franz Kafka: Der Nachbar

Mein Geschäft ruht ganz auf meinen Schultern. Zwei Fräulein mit Schreibmaschinen und Geschäftsbüchern im Vorzimmer, mein Zimmer mit Schreibtisch, Kasse, Beratungstisch, Klubsessel und Telefon, das ist mein
5 ganzer Arbeitsapparat. So einfach zu überblicken, so leicht zu führen. Ich war ganz jung, und die Geschäfte rollen vor mir her. Ich klage nicht, ich klage nicht. Seit Neujahr hat ein junger Mann die kleine leer stehende Nebenwohnung, die ich ungeschickterweise so lange zu
10 mieten gezögert habe, frischweg gemietet. Auch ein Zimmer mit Vorzimmer, außerdem aber noch eine Küche. Zimmer und Vorzimmer hätte ich wohl brauchen können – meine zwei Fräulein fühlten sich schon manchmal überlastet –, aber wozu hätte mir eine Küche gedient? Diese kleinlichen Bedenken waren daran
15 schuld, dass ich mir die Wohnung habe wegnehmen lassen. Nun sitzt dort dieser junge Mann. Harras heißt er. Was er dort eigentlich macht, weiß ich nicht. Auf der Tür steht: „Harras Bureau". Ich habe Erkundigungen eingezogen, man hat mir mitgeteilt, es sei ein Geschäft ähnlich dem meinigen. Vor Kreditgewährung könne man nicht geradezu warnen, denn es handle sich doch um einen jungen aufstrebenden Mann, dessen Sache vielleicht Zukunft habe, doch könne man
20 zum Kredit nicht geradezu raten, denn gegenwärtig sei allem Anschein nach kein Vermögen vorhanden. Die übliche Auskunft, die man gibt, wenn man nichts weiß. Manchmal treffe ich Harras auf der Treppe, er muss es immer außerordentlich eilig haben, er huscht förmlich an mir vorüber. Genau gesehen habe ich ihn noch gar nicht, den Büroschlüssel hat er schon vorbereitet in der Hand. Im Augenblick hat er die Tür geöffnet.
25 Wie der Schwanz einer Ratte ist er hineingeglitten, und ich stehe wieder vor der Tafel „Harras Bureau", die ich schon viel öfter gelesen habe, als sie es verdient.
Die elend dünnen Wände, die den ehrlich tätigen Mann verraten, den Unehrlichen aber decken. Mein Telefon ist an der Zimmerwand angebracht, die mich von meinem Nachbarn trennt. Doch hebe ich das bloß als besonders ironische Tatsache hervor. Selbst wenn es an der entgegengesetz-
30 ten Wand hinge, würde man in der Nebenwohnung alles hören. Ich habe mir abgewöhnt, den Namen der Kunden beim Telefon zu nennen. Aber es gehört natürlich nicht viel Schlauheit dazu, aus charakteristischen, aber unvermeidlichen Wendungen des Gesprächs die Namen zu erraten. Manchmal umtanze ich, die Hörmuschel am Ohr, von Unruhe gestachelt, auf den Fußspitzen den Apparat und kann es doch nicht verhüten, dass Geheimnisse preisgegeben werden. Natürlich
35 werden dadurch meine geschäftlichen Entscheidungen unsicher, meine Stimme zittrig. Was macht Harras, während ich telefoniere? Wollte ich sehr übertreiben – aber das muss man oft, um sich Klarheit zu verschaffen –, so könnte ich sagen: Harras braucht kein Telefon, er benutzt meins, er hat ein Kanapee an die Wand gerückt und horcht, ich dagegen muss, wenn geläutet wird, zum Telefon laufen, die Wünsche der Kunden ausführen – vor allem aber während des Ganzen unwill-
40 kürlich durch die Zimmerwand Harras Bericht erstatten.

244 ■ Lernbaustein 1 – Prüfungsvorbereitung

Prüfungsvorbereitung

Vielleicht wartet er gar nicht das Ende des Gesprächs ab, sondern erhebt sich nach der Gesprächsstelle, die ihn über den Fall genügend aufgeklärt hat, huscht nach seiner Gewohnheit durch die Stadt, und ehe ich die Hörmuschel aufgehängt habe, ist er vielleicht schon daran, mir entgegenzuarbeiten.

1 Interpretieren Sie die Parabel „Der Nachbar" von Franz Kafka.
a) Charakterisieren Sie den Ich-Erzähler.
b) Wie verändert sich das Verhalten des Ich-Erzählers durch den Einzug des Nachbarn? Berücksichtigen Sie bei Ihrer Untersuchung besonders die verwendeten Adjektive und Verben.
c) Welche Erwartungen weckt der Titel beim Leser und was erfährt dieser tatsächlich?

Friedrich Schiller: Die Schaubühne als moralische Anstalt betrachtet

Die Schaubühne ist die Stiftung, wo sich Vergnügen mit Unterricht, Ruhe mit Anstrengung, Kurzweil mit Bildung gattet, wo keine Kraft der Seele zum Nachteil des andern gespannt, kein Vergnügen auf Unkosten des Ganzen genossen wird. Wenn Gram an dem Herzen nagt, wenn trübe Laune unsre einsame Stunden vergiftet, wenn uns Welt und Geschäfte anekeln, wenn tausend Lasten unsre Seelen drücken und unsre Reizbarkeit unter Arbeiten des Berufs zu ersticken droht, so empfängt uns die Bühne – in dieser künstlichen Welt räumen wir die wirkliche hinweg, wir werden uns selbst wiedergegeben, unsre Empfindung erwacht, heilsame Leidenschaften erschüttern unsre schlummernde Natur und treiben das Blut in frischere Wallungen. Der Unglückliche weint hier mit fremdem Kummer seinen eigenen aus – der Glückliche wird nüchtern und der Sichere besorgt. Der empfindsame Weichling härtet sich zum Manne, der rohe Unmensch fängt hier zum ersten Mal zu empfinden an. Und dann endlich – welch ein Triumph für dich, Natur – so oft zu Boden getretene, so oft wiederauferstehende Natur –, wenn Menschen aus allen Kreisen und Zonen und Ständen, abgeworfen jede Fessel der Künstelei und der Mode, herausgerissen aus jedem Drange des Schicksals, durch eine allwebende Sympathie verbrüdert, in ein Geschlecht wieder aufgelöst, ihrer selbst und der Welt vergessen und ihrem himmlischen Ursprung sich nähern. Jeder Einzelne genießt die Entzückungen aller, die verstärkt und verschönert aus hundert Augen auf ihn zurückfallen, und seine Brust gibt jetzt nur einer Empfindung Raum – es ist diese: ein Mensch zu sein.

Prüfungsvorbereitung

**Bertolt Brecht:
Was ist mit dem epischen Theater gewonnen?**

Damit ist gewonnen, daß der Zuschauer die Menschen auf der Bühne nicht mehr als ganz unveränderbare, unbeeinflußbare, ihrem Schicksal hilflos ausgelieferte dargestellt sieht. Er sieht: dieser Mensch ist so und so, weil die Verhältnisse so und so
5 sind. Und die Verhältnisse sind so und so, weil der Mensch so und so ist. Er ist aber nicht nur so vorstellbar, wie er ist, sondern auch anders, so wie er sein könnte, und auch die Verhältnisse sind anders vorstellbar, als sie sind. Damit ist gewonnen, daß der Zuschauer im Theater eine neue Haltung bekommt.
10 Er bekommt den Abbildern der Menschenwelt auf der Bühne gegenüber jetzt dieselbe Haltung, die er als Mensch dieses Jahrhunderts der Natur gegenüber hat. Er wird auch im Theater empfangen als der große Änderer, der in die Naturprozesse und die gesellschaftlichen Prozesse einzugreifen vermag, der die Welt nicht mehr nur hinnimmt, sondern sie meistert. Das Theater versucht nicht mehr, ihn besoffen zu machen, ihn mit Illu-
15 sionen auszustatten, ihn die Welt vergessen zu machen, ihn mit seinem Schicksal auszusöhnen. Das Theater legt ihm nunmehr die Welt vor zum Zugriff.

**Friedrich Dürrenmatt:
Uns kommt nur noch die Komödie bei**

Die Tragödie setzt Schuld, Not, Maß, Übersicht, Verantwortung voraus. In der Wurstelei unseres Jahrhunderts, in diesem Kehraus der weißen Rasse, gibt es keine Schuldigen und
5 auch keine Verantwortlichen mehr. Alle können nichts dafür und haben es nicht gewollt. Es geht wirklich ohne jeden. Alles wird mitgerissen und bleibt in irgendeinem Rechen hängen. Wir sind zu kollektiv schuldig, zu kollek-
10 tiv gebettet in die Sünden unserer Väter und Vorväter. Wir sind nur noch Kindeskinder. Das ist unser Pech, nicht unsere Schuld: Schuld gibt es nur noch als persönliche Leistung, als religiöse Tat. Uns kommt nur
15 noch die Komödie bei. Unsere Welt hat ebenso zur Groteske geführt wie zur Atombombe, [...]. Doch ist das Tragische immer noch möglich, auch wenn die reine Tragödie nicht mehr möglich ist. Wir können das Tragische aus der Komödie heraus erzielen, hervorbringen als einen schrecklichen Moment, als einen sich öffnenden Abgrund, so sind ja schon viele Tragödien Shakespeares Komödien, aus denen heraus das Tragische aufsteigt. Nun liegt der Schluß nahe,

Prüfungsvorbereitung

20 die Komödie sei der Ausdruck der Verzweiflung, doch ist dieser Schluß nicht zwingend. Gewiß, wer das Sinnlose, das Hoffnungslose dieser Welt sieht, kann verzweifeln, doch ist diese Verzweiflung nicht eine Folge dieser Welt, sondern eine Antwort, die er auf diese Welt gibt, und eine andere Antwort wäre sein Nichtverzweifeln, sein Entschluß etwa, die Welt zu bestehen, in der wir oft leben wie Gulliver unter den Riesen. Auch der nimmt Distanz, auch der tritt
25 einen Schritt zurück, der seinen Gegner einschätzen will, der sich bereit macht, mit ihm zu kämpfen oder ihm zu entgehen. Es ist immer noch möglich, den mutigen Menschen zu zeigen. Dies ist denn auch eines meiner Hauptanliegen. Der Blinde, Romulus, Übelohe, Akki* sind mutige Menschen. Die verlorene Weltordnung wird in ihrer Brust wieder hergestellt, das Allgemeine entgeht meinem Zugriff. Ich lehne es ab, das Allgemeine in einer Doktrin** zu finden,
30 ich nehme es als Chaos hin. Die Welt (die Bühne somit, die diese Welt bedeutet) steht für mich als ein Ungeheures da, als ein Rätsel an Unheil, das hingenommen werden muß, vor dem es jedoch kein Kapitulieren geben darf. Die Welt ist größer denn der Mensch, zwangsläufig nimmt sie so bedrohliche Züge an, die von einem Punkt außerhalb nicht bedrohlich wären, doch habe ich kein Recht und keine Fähigkeit, mich außerhalb zu stellen. Trost in der Dichtung ist oft nur
35 allzu billig, ehrlicher ist es wohl, den menschlichen Blickwinkel beizubehalten. Die Brecht'sche These, die er in seiner Straßenszene entwickelt, die Welt als Unfall hinzustellen und nun zu zeigen, wie es zu diesem Unfall gekommen sei, mag großartiges Theater geben, was ja Brecht bewiesen hat, doch muß das meiste bei der Beweisführung unterschlagen werden: Brecht denkt unerbittlich, weil er an vieles unerbittlich nicht denkt. Endlich: Durch den Einfall, durch die
40 Komödie wird das anonyme Publikum als Publikum erst möglich, eine Wirklichkeit, mit der zu rechnen, aber die auch zu berechnen ist. Der Einfall verwandelt die Menge der Theaterbesucher besonders leicht in eine Masse, die nun angegriffen, verführt, überlistet werden kann, sich Dinge anzuhören, die sie sich sonst nicht so leicht anhören würde. Die Komödie ist eine Mausefalle, in die das Publikum immer wieder gerät und immer noch geraten wird. ®

* Der Blinde, Romulus, Übelohe, Akki: Figuren in Dürrenmatts Dramen
** Doktrin: Lehrmeinung

2 Erläutern Sie die Gemeinsamkeiten und Unterschiede der drei Vorstellungen von Theater.

Georg Trakl: Ein Frühlingsabend

Ein Strauch voll Larven; Abendföhn im März;
Ein toller Hund läuft durch ein ödes Feld
Durchs braune Dorf des Priesters Glocke schellt;
Ein kahler Baum krümmt sich in schwarzem Schmerz.

5 Im Schatten alter Dächer blutet Mais;
O Süße, die der Spatzen Hunger stillt.

Durch das vergilbte Rohr bricht scheu ein Wild.
O Einsamstehn vor Wassern still und weiß.

Unsäglich ragt des Nußbaums Traumgestalt.
Den Freund erfreut der Knaben bäurisch Spiel. 10
Verfallene Hütten, abgelebt' Gefühl;
Die Wolken wandern tief und schwarz geballt.

3 Interpretieren Sie das Gedicht „Ein Frühlingsabend" von Georg Trakl unter besonderer Berücksichtigung seiner formalen und sprachlichen Besonderheiten.

14.4 Prüfungsvorbereitung

Checkliste: Epik – Lyrik – Drama

Epik
- ☑ Können Sie fiktionale von pragmatischen Texten unterscheiden?
- ☑ Können Sie die Funktion des Erzählers erklären?
- ☑ Können Sie die unterschiedlichen Erzählformen nennen und ihre jeweilige Funktion erläutern?
- ☑ Wissen Sie, inwiefern sich die auktoriale von der personalen Erzählhaltung unterscheidet?
- ☑ Kennen Sie unterschiedliche Möglichkeiten zur Wiedergabe von Gesprächen in epischen Texten?
- ☑ Kennen Sie unterschiedliche Möglichkeiten zur Wiedergabe von Gedanken und Gefühlen in epischen Texten?
- ☑ Können Sie das Verhältnis von erzählter Zeit und Erzählzeit beschreiben?
- ☑ Wissen Sie, wie sich einzelne Interpretationsmethoden voneinander unterscheiden?

Lyrik
- ☑ Wissen Sie, welche Aufgabe das „lyrische Ich" hat?
- ☑ Können Sie Reimschemata benennen?
- ☑ Können Sie erklären, was ein Jambus, ein Anapäst, ein Trochäus, ein Daktylus ist?
- ☑ Können Sie erklären, was eine männliche bzw. weibliche Kadenz ist?

Drama
- ☑ Kennen Sie die Merkmale der klassischen Tragödie?
- ☑ Kennen Sie die Merkmale des epischen Theaters?
- ☑ Können Sie erklären, warum Brecht die Form des epischen Theaters entwickelte?
- ☑ Können Sie erklären, warum Dürrenmatt die Form der Tragikomödie wählte?
- ☑ Kennen Sie die Merkmale des absurden Theaters?

Lernbaustein 2

Kapitel 15

Konflikte bewältigen – Motivation schaffen

15.1 Konfliktsituationen beschreiben und analysieren

15.2 Konfliktmanagement

15.3 Grundlagen der Motivation im Beruf

15.4 Motivationstheorien kennen und anwenden

15.5 Prüfungsvorbereitung

Konflikte gehören zum Alltag. Dennoch müssen sie gelöst werden, weil sie private und berufliche Aktivitäten erheblich beeinträchtigen. Leistungsfähigkeit und Arbeitszufriedenheit z. B. stehen in einer engen Wechselbeziehung. So sind motivierte Menschen in der Regel leistungsfähiger, da sie ihren Beruf als befriedigend empfinden.

Kompetenzen

- ✓ Konfliktsituationen beschreiben und beurteilen
- ✓ In Konfliktsituationen angemessen, höflich und mit Empathie reagieren
- ✓ Auf der Grundlage von Kommunikations- und Konflikttheorien ein erfolgreiches Konfliktmanagement betreiben
- ✓ Motivationstheorien kennen und anhand konkreter Beispiele reflektieren
- ✓ Die Bedeutung der Selbstmotivation für die eigene Entwicklung erkennen

Methoden und Arbeitstechniken

- ✓ Placemat
- ✓ Mindmap
- ✓ Meinungslinie
- ✓ Lernplakat

15.1 Konfliktsituationen beschreiben und analysieren
Konfliktgespräche analysieren

Der folgende Dialog ist dem Roman „Der Schüler Gerber" von Friedrich Torberg entnommen. In ihm wird die Geschichte des begabten Schülers Kurt Gerber erzählt, der im letzten Jahr vor der Abiturprüfung dem herrschsüchtigen und sadistischen Lehrer Kupfer ausgeliefert ist. Kurt Gerber hat Probleme in Mathematik, dem Fach, in dem er von Kupfer unterrichtet wird. Zudem belasten ihn eine erste, enttäuschte Liebe und der Gedanke an seinen todkranken Vater, dem er die Schande eines Scheiterns ersparen möchte.

Friedrich Torberg: Der Schüler Gerber (Auszug)

Aber eines Tages ballte es sich dumpf und schwer über dem Mittagstisch, und als die Mutter hinausging und der Vater unvermittelt begann: „Warum hast du mich angelogen?", da wusste Kurt, was geschehen war. Der Vater hatte in der Schule
5 Nachfrage gehalten.
Es war die reine Hilflosigkeit, wie Kurt die Brauen hochzog, verständnislos: „Was denn –?"
„Du bist bei Kupfer durchgefallen."
Kurt klammerte sich an das morsche Wrack seiner Lüge:
10 „Im Semester kann man doch wohl nicht gut von Durchfallen sprechen – und dann – ich habe es dir ja gesagt –!"
„Ja. Du hast es mir gesagt. Und dass du einen Karzer* hattest und meine Unterschrift gefälscht hast, das auch?"
Kurt schwieg.
15 „Du lügst", sagte der Vater. „Du fälschst Unterschriften. Du betrügst mich und andere. Du hinterschlägst. Was soll ich mit dir machen?"
Das war sehr laut und bebend gesagt und war eine wirkliche Frage gewesen. Der Vater saß da und wartete auf eine Antwort. Seine Faust lag geballt auf dem Tisch, hämmerte in raschem Auf und Ab, seine Lippen waren schmal und sein Atem flog.
20 Keine Aufregung – noch so einen Anfall hält sein Herz nicht aus – bei der Matura** durchfallen – hat sich was – warum nimmt er es denn so wichtig? Warum zwingt er sich zur Aufregung? Er müsste ja nicht.
Beinahe fühlte Kurt Verachtung, ja, Hass gegen seinen Vater. Nur einen Augenblick lang. Aber das genügte.
25 Bleich, den Kopf in den Nacken geworfen, lehnte er an der Wand. Seine Finger suchten Halt und fanden ihn nicht.
Auch der Vater hatte sich erhoben. Sein Körper zitterte und seine Worte zitterten so mit, als ob der ganze Körper sie spräche:
„Du weißt nicht, was du tust – ich steh vor diesem Kupfer wie ein Sträfling – ich darf ihm nicht in
30 die Augen sehen – also Unterschriften fälscht Ihr Herr Sohn, das wird ja immer besser – so etwas muss ich mir sagen lassen – du Lump – was soll denn aus dir werden, gerade dass auch ich noch lügen konnte – lügen musste: ich hab mich nicht sofort erinnert, ja, es stimmt schon, es war meine Unterschrift – du – dass du dich nicht schämst – in Grund und Boden schämst –"

Gestörte Kommunikation im Beruf analysieren

Der Vater war immer näher gekommen und Kurt wich langsam gegen die Tür zurück. Nein, er schämte sich nicht, er fühlte überhaupt nichts, er war stumpf, hörte die Worte und vermochte ihren Sinn nicht zu erfassen, sah des Vaters Hand langsam vor sich aufsteigen und wieder herabfallen, ohne dass er wusste, was es zu bedeuten hätte.

* Karzer: Schularrest;   ** Matura: Abiturprüfung

1 Untersuchen Sie den Text nach folgenden Gesichtspunkten:
a) Beurteilen Sie, ob es sich beim Dialog zwischen Vater und Sohn um eine komplementäre oder eine symmetrische Kommunikationssituation handelt. Belegen Sie Ihre Aussage mit Textbeispielen.
b) Erläutern Sie sich daraus ergebende Konsequenzen für den Gesprächsverlauf.
c) Beschreiben Sie, wie Kurt seinen Vater und die Situation im Verlauf des Gesprächs wahrnimmt.
d) Beschreiben Sie, wie der Vater seinen Sohn und die Situation wahrnimmt.

Besonders im beruflichen Alltag können Konflikte fatale Folgen haben.

Wie Sie Missverständnisse vermeiden
von Helga Ideler

Im beruflichen Umfeld findet Kommunikation permanent statt. Der Chef erteilt Anweisungen, in Meetings werden Vorschläge diskutiert und mit Kunden finden Verhandlungen statt. Problematisch wird es jedoch, wenn das Gesagte nicht so verstanden wurde, dass es das gewünschte Ergebnis erzielt. Dann können sich dadurch beispielsweise Projekte vorzögern oder sogar scheitern. Die Kommunikation ist gestört. Weitere Beispiele für solche Störungen sind: Informationen werden zurückgehalten oder nicht vollständig weitergegeben, der Empfänger hört nicht richtig zu, weil er vielleicht Vorbehalte gegenüber dem Sender hat.

Viele Arten von Interpretationen können zur Fehlkommunikation führen. Letztendlich macht der Ton die Musik. […] Auf einen verbalen Angriff erfolgt Abwehr oder ein Gegenangriff mit einem heftigen Schlagabtausch. Sofern die Ursache des Problems in der Kommunikation nicht erkannt wird, kann daraus ein Konflikt entstehen.

Eine Auseinandersetzung über eine Sache ist harmlos, solange sie auf der sachlichen Ebene stattfindet. Es kommt erst zum Konflikt, wenn zwei Partner sehr unterschiedliche Interessen mit Nachdruck verfolgen, sich auf der emotionalen Ebene bekriegen und eine Annäherung kaum möglich ist. Meist besteht eine soziale Abhängigkeit zwischen den Beteiligten, zum Beispiel Chef und Angestellter. […]

Worte können vernichtend wirken, wenn sie eine Person auf der Beziehungsebene treffen. Ein Beispiel: Anklagen wie „Sie hören ja nie zu" oder „Sie sind unsensibel". […] Ein erster Schritt hin zu einer erfolgreichen Kommunikation beginnt damit, sich die eigene Art und Weise bewusst zu machen und sich zu verdeutlichen, was Worte anrichten können.

www.fr-online.de

2 Untersuchen Sie den Text mithilfe der folgenden Fragestellungen. Arbeiten Sie in vier Gruppen an jeweils einer Aufgabe nach der Methode Placemat (»Kapitel 20). Stellen Sie die Gruppenergebnisse anschließend im Plenum dar.
a) Welche Konfliktursachen werden im Text erwähnt?
b) Erläutern Sie, welche Konsequenzen sich daraus für die Effektivität des Arbeitsprozesses ergeben.

3 Entwerfen Sie auf der Grundlage der Ihnen bekannten Kommunikationstheorien (»Kapitel 11) Vorschläge, wie die oben aufgeführten Konflikte vermieden werden können.

Konflikt definieren

Konflikte sind Bestandteil des Privatlebens und des beruflichen Alltags. Konflikte sind unvermeidbar. Dennoch sollte man überlegen, wie sie konstruktiv gelöst werden können.

Was ist ein Konflikt?

Wir definieren Konflikt als eine Eigenschaft eines Systems, in dem es miteinander unvereinbare Zielvorstellungen gibt, sodass das Erreichen des einen Zieles das Erreichen des anderen ausschließen würde.

(Galtung, „Theorien zum Frieden", S. 235)

In der Psychologie, aber auch in den Sozialwissenschaften allgemein, spricht man von einem Konflikt dann, wenn zwei Elemente gegensätzlich oder unvereinbar sind.

(Berkel, „Konflikttraining", S. 11)

Konflikte sind so alt wie die Menschheit und auf allen Ebenen des menschlichen Zusammenwirkens anzutreffen. Oft werden Konflikte als Kampfsituationen wahrgenommen. Dann entwickeln sie häufig eine Eigendynamik, die eine konstruktive Regelung ausschließt. In diesem Falle dominiert die Auffassung, eigene Vorteile könnten nur durch die Niederlage des Gegners realisiert
5 werden.
Wenn die Konfliktparteien darauf beharren, die eigene Position in keiner Weise hinterfragen zu wollen, sind konstruktive Lösungen ausgeschlossen. Die Fähigkeit zur Selbstkritik ist dann eingeschränkt, selbst wenn sich durch das strikte Beharren bereits Misserfolge abzeichnen. Problematisch ist, dass dieses Verhalten von einer fortschreitenden Einschränkung der Wahrnehmungs-
10 und Entscheidungsfähigkeit begleitet wird.
Konflikte beeinträchtigen unsere Wahrnehmungsfähigkeit so sehr, dass wir im Lauf der Ereignisse die Dinge in uns und um uns herum nicht mehr richtig sehen. Es ist so, als würde sich unser Auge immer mehr trüben; unsere Sicht auf uns und die gegnerischen Menschen im Konflikt, auf die Probleme und Geschehnisse wird geschmälert, verzerrt und völlig einseitig. Unser Denk- und
15 Vorstellungsleben folgt Zwängen, derer wir uns nicht hinreichend bewusst sind.

(Glasl, „Konfliktmanagement")

1 Entwickeln Sie auf der Grundlage dieser Texte und Ihrer Erfahrungen eine Mindmap zum Thema Konflikt.

2 Erarbeiten Sie auf der Grundlage Ihrer Arbeitsergebnisse aus Aufgabe 1 eine gemeinsame Definition von Konflikt.

3 Erläutern Sie mithilfe des Textes und Ihrer eigenen Erfahrungen, warum vielen Konflikten eine Eigendynamik innewohnt.

4 Erläutern Sie den Zusammenhang zwischen der individuellen Wahrnehmung eines Konflikts und dem daraus resultierenden Kommunikationsverhalten. Beziehen Sie dabei den Auszug aus dem Roman „Der Schüler Gerber" (» S. 250–251) in Ihre Überlegungen ein.

Konflikteskalation

Konflikte sind bedrohlich, wenn sie sich verhärten oder eskalieren. Der Ökonom Friedrich Glasl hat ein Stufenmodell entwickelt, das die Stadien dieses Prozesses veranschaulicht.

Die neun Stufen der Konflikteskalation

1. Ebene: Win-Win

1. Verhärtung: Die Standpunkte verhärten sich und prallen aufeinander. Das Bewusstsein bevorstehender Spannungen führt zu Verkrampfungen. Trotzdem besteht noch die Überzeugung, dass die Spannungen durch Gespräche lösbar sind. Noch keine starren Parteien oder Lager.
2. Debatte: Es findet eine Polarisation im Denken, Fühlen und Wollen statt. Es entsteht ein Schwarz-Weiß-Denken und eine Sichtweise von Überlegenheit und Unterlegenheit.
3. Aktionen: Die Überzeugung, dass „Reden nicht mehr hilft", gewinnt an Bedeutung und man verfolgt eine Strategie der vollendeten Tatsachen. Die Empathie mit dem „anderen" geht verloren, die Gefahr von Fehlinterpretationen wächst.

2. Ebene: Win-Lose

4. Images/Koalitionen: Die „Gerüchte-Küche" kocht, Stereotypen und Klischees werden aufgebaut. Die Parteien manövrieren sich gegenseitig in negative Rollen und bekämpfen sich. Es findet eine Werbung um Anhänger statt.
5. Gesichtsverlust: Es kommt zu öffentlichen und direkten (verbotenen) Angriffen, die auf den Gesichtsverlust des Gegners abzielen.
6. Drohstrategien: Drohungen und Gegendrohungen nehmen zu. Durch das Aufstellen von Ultimaten wird die Konflikteskalation beschleunigt.

3. Ebene: Lose-Lose

7. Begrenzte Vernichtungsschläge: Der Gegner wird nicht mehr als Mensch gesehen. Begrenzte Vernichtungsschläge werden als „passende" Antwort durchgeführt. Umkehrung der Werte: Ein relativ kleiner eigener Schaden wird bereits als Gewinn bewertet.
8. Zersplitterung: Die Zerstörung und Auflösung des feindlichen Systems wird als Ziel intensiv verfolgt.
9. Gemeinsam in den Abgrund: Es kommt zur totalen Konfrontation ohne einen Weg zurück. Die Vernichtung des Gegners zum Preis der Selbstvernichtung wird in Kauf genommen.

(Glasl, „Konfliktmanagement")

1 Erläutern Sie, ab welcher Stufe der Konflikt eine Eigendynamik entwickelt.

2 Stellen Sie einen konkreten Konflikt aus dem eigenen Erfahrungsbereich anhand des Stufenmodells dar. Dabei können Ihnen die folgenden Fragen helfen:
• Auf welcher Stufe befindet sich der Konflikt gerade? • Was sind die Anzeichen dafür? • Welche Stufen hat er durchlaufen?

15.2 Konfliktmanagement
Konflikte lösen

Konflikte sind zwar nicht zu vermeiden, müssen aber gelöst werden, weil sie die Beziehungsstrukturen in allen Bereichen des menschlichen Zusammenlebens beeinträchtigen.

Hölle Büro
von Juliane Lutz

[…] In deutschen Büros sind Konflikte an der Tagesordnung. Stimmung und Produktivität leiden. […]
Willkommen auf dem Schlachtfeld Büro – kaum ein Unternehmen, in dem sich nicht mindestens zwei Kollegen das Leben gegenseitig schwer machen. „Der Druck auf die Mitarbeiter steigt, und damit werden die Methoden aggressiver", beobachtet Simone Pöhlmann, Juristin und Gründerin der Münchner Streitschule. Schon kleine Probleme führen zu heftigen Reaktionen und fressen wertvolle Energie auf. Untersuchungen […] haben ergeben, dass in Deutschland satte 15 Prozent der Arbeitszeit allein für das Austragen von Konflikten draufgehen. Dabei sind Streitigkeiten oft leicht lösbar, wissen Experten. […]

Wo viele Menschen aufeinandertreffen, bleiben Unstimmigkeiten nicht aus. Sie müssen sich jedoch nicht gleich zum nervenaufreibenden Konflikt auswachsen. Oft bedarf es nur ganz banaler Einsichten, um Streit zu vermeiden. Zum Beispiel der, dass man nicht allein auf der Welt ist. Ob Organisation von Meetings oder Erstellung des Urlaubsplans – wer sagt denn, dass nur eine Ansicht, nämlich die eigene, richtig ist? […]

Nicht schweigen. Permanentes Musikgedudel im Großraumbüro, die schrille Telefonstimme am Schreibtisch gegenüber oder der Lüftungszwang des Kollegen sind per se noch kein Unglück. Entscheidend ist der richtige Umgang damit. Wenn etwas nervt, wählen viele Betroffene die bequeme Variante: Sie schweigen […] viel zu lange, anstatt Störfaktoren beim Namen zu nennen. So kommt es irgendwann zur Explosion. Zurück bleibt meist ein Scherbenhaufen, der eine weitere Zusammenarbeit schwierig oder gar unmöglich macht.

„Ein offener Austausch ist wesentlich für eine gute Zusammenarbeit im Team", erklärt Achim Behrendt, Berater für Konfliktmanagement in Stuttgart. Seiner Meinung nach lassen sich so viele potenzielle Auseinandersetzungen im Keim ersticken. Dasselbe gilt auch für Missverständnisse. Vielleicht hat sich der andere einfach nur nicht deutlich genug ausgedrückt – die Kunst der klaren Kommunikation beherrschen nur wenige. Doch ganz schnell wird böse Absicht vermutet. „Fragen Sie nach, falls Sie das Gefühl haben, dass ein Missverständnis vorliegt. Vor allem: Machen Sie sich rasch Luft, sonst schwelt der Ärger vor sich hin und drängt Sie zu unnötigen Vergeltungsschlägen", erklärt Konfliktmanager Behrendt.

Wer die Aussprache sucht, sollte allerdings nicht wild drauflospoltern. Im Büro-Alltag gilt wie in der Freizeit: Der Ton macht die Musik. Larrisa Degen, Psychologin und Coach, empfiehlt im Konfliktfall eine einfache Handlungsabfolge: „Stellen Sie das Problem und die Gefühle, die es in Ihnen auslöst, klar dar. Erläutern Sie die Wirkung, die der Konflikt etwa auf den Arbeitsablauf oder auf die Produktivität hat, und präsentieren Sie zum Schluss Wünsche und Lösungsmöglichkeiten." […]

www.focus.de

1 Stellen Sie auf der Grundlage des Textes dar, welche Möglichkeiten zur Konfliktlösung bzw. Konfliktreduzierung bestehen.

2 Erörtern Sie Möglichkeiten und Grenzen der Konfliktlösung, indem Sie auch Ihre persönlichen Erfahrungen einbeziehen.

★ **3** Beurteilen Sie die Bedeutung von Konfliktlösungen im Berufsalltag hinsichtlich der Arbeitsproduktivität der einzelnen Mitarbeiter/-innen.

Konflikte vermeiden

Konflikte entstehen nicht aus dem Nichts, sie bahnen sich an. Es ist wichtig, solche Signale zu verstehen, um einen Konflikt zu vermeiden. Häufig genügt es schon, Aussagen, die einen Angriff auf die Beziehungsebene beabsichtigen, umzuformulieren.

Formulierungen des Alltags

Aussagen mit Angriff auf der Beziehungsebene	Mögliche Interpretation des Gesprächspartners
„Falsch!"	Ich werde als blöd dargestellt.
„Damit ich mich nicht wiederholen muss …"	Sind wir hier in der Schule?
„Das habe ich nicht gemeint."	Darauf wäre ich ja nie gekommen.
[…]	[…]
„Da haben Sie mich falsch verstanden."	Bin ich ein Trottel?
„Da muss ich Sie korrigieren."	Ach ja? Was habe ich denn falsch gemacht?
„Das ist doch logisch."	Heißt das, dass ich unlogisch argumentiere?
„Ungeachtet dieser Tatsache …"	So ein Umstandskrämer.
„Das ist mir egal."	Mir auch.
„In der Theorie haben Sie recht …"	Das sagt der mir als Praktiker?
„Das entspricht nicht den Tatsachen."	Ich lüge?
„Ganz einfach."	Meine Güte, bin ich dumm.
„Schon, aber …"	Jetzt soll ich für doof verkauft werden.

(Heeper/Schmidt, „Verhandlungstechniken", S. 44)

1 Formulieren Sie die Aussagen so um, dass sie keinen Konflikt auslösen.

BASISWISSEN — Konfliktmanagement

Konflikte können durch **verstärkte Kommunikation** und **Kooperation** vermieden werden. Erste Anzeichen sich anbahnender Konflikte sind sorgfältig zu prüfen. Gerade in diesen Situationen muss die Gesprächsintensität zunehmen, um Präventivmaßnahmen zur Konfliktvermeidung ergreifen zu können. **Bestehende Konflikte** können ebenfalls nur durch Gespräche gelöst werden. Sind die Konfliktparteien nicht in der Lage, selbst zur Lösung ihrer Probleme beizutragen, ist Hilfe von außen erforderlich. Eine erfolgreiche Deeskalation ist allerdings nur möglich, wenn alle am Konflikt Beteiligten eine Bereitschaft zur friedlichen Streitlösung demonstrieren und auch wirklich wollen. Ziel der Verhandlungen über die **Konfliktlösung** kann das **Aushandeln eines Kompromisses** sein. Konflikte am Arbeitsplatz sollten im Ergebnis zu einem Ausgleich zwischen den Konfliktparteien führen, der eine weitere Zusammenarbeit ermöglicht. Ein Neubeginn ist möglich, wenn die am Konflikt Beteiligten für ihr jeweiliges Handeln Verantwortung übernehmen und sich ggf. für ihr Verhalten entschuldigen bzw. einen Schadensausgleich anbieten.

2 Beurteilen Sie die Konfliktsituation in dem von Ihnen dargestellten Konfliktablauf (» S. 253, Aufgabe 2) hinsichtlich der Möglichkeiten einer Konfliktreduzierung auf der Grundlage eines Konfliktmanagements.

Über Konflikte sprechen

Im Falle von Konflikten wird in der Regel der kommunikative Austausch stark eingeschränkt, die Wahrnehmung verändert sich, weil sie auf trennende Elemente fokussiert ist, das gegenseitige Misstrauen nimmt zu. Eine besondere Form von Arbeitsplatzkonflikten stellt das Mobbing da.

Auch Chefs können unter Mobbing leiden

von Henning Zander

Kaum ein Feindbild ist in Deutschland so ausgeprägt wie das des Chefs. Anstatt gemeinsam an einem Strang zu ziehen, gleicht das Verhältnis zwischen Vorgesetzten und Untergebenen häufig einem ewigen Kleinkrieg. Nicht immer endet dieser Konflikt zu Lasten der Mitarbeiter. Auch an den Chefs geht er nicht spurlos vorbei. Vielleicht fängt es mit einem schlechten Witz auf seine Kosten an. Oder der Chef wird in der Kantine gemieden. Dann läuft die Zusammenarbeit in der Arbeitsgruppe deutlich schlechter als erwartet. Eigeninitiative der Mitarbeiter gibt es fast gar nicht. Später kommen Gerüchte hinzu, üble Nachreden über sein Privatleben. [...]

Gänzlich unschuldig sind die Herren und Damen aus den Führungsetagen nicht. „Wenn der Vorgesetzte gemobbt wird, hat dies auch immer damit zu tun, dass er Führungsaufgaben nicht richtig wahrgenommen hat", sagt Beate von Eisenhart-Rothe von der Mobbingberatungsstelle Hannover. Wer nur verwaltet, aber keine klaren Ziele definiert, wer Aufgaben verteilt, aber die Umsetzung nicht überprüft, hat häufig unzufriedene Mitarbeiter. Zudem wird eigene Unsicherheit oft mit einer aufbrausenden, aggressiven Art verdeckt. Auch dies ist einer guten Beziehung wenig förderlich. [...]

Bei vielen Führungskräften herrsche die Mentalität von „einsamen Wölfen". Schwierigkeiten würden selten zur Sprache gebracht und wenn doch, mit dem Hinweis „sieh zu, dass du deinen Laden wieder in den Griff bekommst" kommentiert. Erfolg werde vor allem an nackten Zahlen gemessen – in steigenden Umsätzen und Gewinnen.

Vor allem Männer hätten Schwierigkeiten, sich selbst einzugestehen, dass die Zusammenarbeit mit den Mitarbeitern nicht mehr funktioniere, so von Eisenhart-Rothe. Die Konflikte werden ignoriert, Ängste geschluckt. Man müsse nur weitermachen, lautet der Wahlspruch, dann werde sich alles andere schon von selbst lösen. Die Folge: Wer an dem Druck zerbricht, wird krank [...]. Um das Schlimmste zu verhindern, sollte für den Konflikt im Unternehmen externe Unterstützung gesucht werden, empfiehlt Fleissner. „Ein Berater kann sich beide Seiten anhören und etwas Dampf aus dem Konflikt nehmen."

Unter der Aufsicht eines Beraters [...] kommt es zur Aussprache. Klare Ich-Botschaften sollten vermittelt werden. Was eine Grenzüberschreitung sei, bestimme immer der Einzelne. „Der eine lacht bei einem Witz, den andere über ihn machen, selbstironisch mit. Andere fühlen sich dadurch verletzt." Die klare Aussage: Ich möchte nicht, dass auf meine Kosten gelacht wird. Frauen, die sich zudem unangenehm durch männliche Mitarbeiter belästigt fühlen, müssen auch hier klarstellen, was geht und was nicht. Schon eine Umarmung kann zu viel sein.

Nach dem Gespräch sollten Regeln festgelegt werden, wie man in Zukunft mit dem Konflikt umgeht. Mit einigem Abstand kann eine zweite Beratungssitzung einberufen werden, um zu schauen, was das klärende Gespräch gebracht hat. Der Vorgesetzte hat dabei eine gute Position. Er kann die Mitarbeiter zu den Gesprächen verpflichten. [...]

www.welt.de

1 Bearbeiten Sie den Text mithilfe folgender Aufgaben:
a) Beschreiben Sie die Faktoren, welche die Konfliktentwicklung begünstigen.
b) Erläutern Sie, welche Strategien zur Konfliktvermeidung bzw. Konfliktlösung in der Textvorlage empfohlen werden.

Konflikte durch Mediation lösen

Eine besondere Form der Konfliktlösung im Berufsleben stellt die Mediation dar. Sie unterscheidet sich von einer gerichtlichen oder anwaltlichen Vermittlung zur Lösung von Konflikten. In einem Mediationsverfahren wird eine Problemlösung angestrebt, die bei allen Beteiligten auf ein Maximum an Akzeptanz stößt. In der Rechtspflege wird der Begriff „Mediation" für die Erarbeitung einer außergerichtlichen Problemlösung verwendet.

Wenn es im Getriebe knirscht

von Sabine Demm

Der selbstständige IT-Spezialist Martin K. leitete im Ausland ein Projekt für eine Unternehmensberatung und kündigte nach einem Jahr ordnungsgemäß. Ein Mitarbeiter des Auftraggebers sollte seine Position übernehmen. K. sollte ihn noch einweisen und reiste dazu nach dem Ende seines Jobs noch mal ins Ausland. Der Mitarbeiter erschien jedoch nicht.

Der IT-Projektleiter stellte daraufhin seine letzte Rechnung über rund 12 000 Euro. Doch der Auftraggeber reagierte nicht – weder Nachfragen noch Mahnungen halfen. Erst nach Einschalten eines Rechtsanwalts antwortete das Unternehmen nunmehr mit einer Geldforderung von 60 000 Euro, da K. seine Leistungen angeblich nicht vertragsgemäß erbracht habe. Hierauf sah der IT-Spezialist nur noch eine Möglichkeit: eine Klage vor Gericht.

Als die gleiche Unternehmensberatung K. jedoch für ein neues, langfristiges Projekt für einen Kunden engagieren wollte, sahen sich beide Seiten gezwungen, doch noch eine andere Lösung zu finden. Sie baten Rechtsanwalt Bruno Grunewald darum, eine Mediation durchzuführen. Das Ergebnis: Alle Beteiligten mussten miteinander ins Gespräch kommen und erhielten einen vollkommen neuen Eindruck von der Gegenseite. Sie erkannten, warum der andere sich so verhalten hatte. Nach etwa drei Stunden kam man schon zu einem konkreten Ergebnis: Die Unternehmensberatung ließ die Gegenforderungen fallen und zahlte dem Freiberufler 80 Prozent seiner Honorarforderung. Die Kosten der Mediation in Höhe von rund 1 000 Euro teilte man sich und sparte so geschätzte 15 000 Euro Gerichtskosten.

So wie in diesem Fall läuft eine Mediation optimal. […] Mediation ist ein Verfahren, um berufliche Konflikte außergerichtlich zu lösen. […] Rechtsanwalt Grunewald, der bei der Deutschen Anwaltsakademie eine Zusatzausbildung zum Mediator gemacht hat, erklärt, was das Verfahren auszeichnet: „Durch die vermittelnde Rolle einer dritten, neutralen Person im Gespräch kommt oft das auf den Tisch, worum es wirklich bei dem Streit geht." Meist seien Honorarforderungen oder die nicht ordnungsgemäß geleistete Arbeit nur stellvertretende Aspekte. „Oft haben in Wahrheit zwischenmenschliche Dinge, wie verletzter Stolz, den Konflikt ausgelöst", sagt Grunewald.

Mediation führt laut Studien aus den USA, wo das Verfahren länger erprobt ist als hier zu Lande, in 75 bis 80 Prozent der Fälle zum Erfolg. […]

www.fr-online.de

1 Beschreiben Sie auf der Basis der Textgrundlage den Unterschied zwischen einer Mediation und einer gerichtlichen Auseinandersetzung.

2 Erläutern Sie die Vorteile, die die Konfliktparteien aus dem Mediationsverfahren ziehen konnten.

3 Aus der Kommunikationstheorie kennen Sie das „Eisbergmodell" (» Kapitel 1). Beurteilen Sie dessen Relevanz für die Mediation. Beziehen Sie sich dabei auf die Beschreibung der Mediation durch Rechtsanwalt Grunewald.

15.2 Mediationstechniken

Das Ziel des Mediationsverfahrens besteht darin, eine vertrauensvolle und offene Kommunikation und Kooperation zwischen den Konfliktparteien zu schaffen und mit diesen eine gemeinsame, tragfähige und nachhaltige Konfliktlösung zu erarbeiten. Hierzu werden bestimmte Techniken eingesetzt.

BASISWISSEN | Mediationstechniken

Spiegeln
Diese Methode entstammt der Humanistischen Psychologie. Einer der Konfliktpartner gibt in eigenen Worten wieder, was er von seinem Konfliktpartner an Inhalten und Gefühlen aufgenommen hat. Diese „Spiegelung" erfordert ein hohes Maß an Empathie.

Doppeln
Das Doppeln kennzeichnet eine inhaltlich-verbale Vermittlungsstrategie, wobei der Mediator schwierige Inhalte von einem Konfliktpartner zum anderen transportiert. Die Aufgabe des Mediators besteht darin, die Aussagen so zu präsentieren, dass der Angesprochene sie nachvollziehen kann, der Gedoppelte sie aber auch als seine zu erkennen vermag.

Reframing
Diese Methode beinhaltet eine Umdeutung, wobei einer Situation oder einem Geschehen eine andere Bedeutung oder ein anderer Sinn zugewiesen wird. Primär geht es darum, konfliktträchtige Inhalte in einen anderen Blickwinkel zu transportieren. Bekannt ist diese Methode aus der Familientherapie, der folgendes Beispiel zuzuordnen ist: Das Eltern-Kind-Verhältnis kann seitens des Kindes so empfunden werden: „Meine Eltern mischen sich ständig in mein Leben ein." Durch Umdeutung kann die Mediation ein positives Empfinden schaffen und damit zur Konfliktlösung beitragen: „Ihre Eltern wollen Ihnen helfen."

Reflecting
Diese Methode verfolgt das Ziel, einen **gemeinsamen** Prozess der Ratsuchenden, des Beratenden und der Beobachtenden zu initiieren. Mit den Ratsuchenden arbeitet also ein komplettes therapeutisches Team, wobei ein Teil dieses Teams, nämlich der beobachtende, eine reflektierende Funktion einnimmt. Dieser Teil ist nicht am Gespräch mit den Ratsuchenden selbst beteiligt, verfolgt jedoch den Kommunikationsprozess und wird in die Konfliktlösung eingebunden. Durch dieses Verfahren wird ein Raum für die Entwicklung vielfältiger Perspektiven und Lösungsmöglichkeiten für die Konfliktparteien geschaffen.

Grundlagen der Motivation im Beruf
Motivationsanreize bestimmen

Die Motivation ist eine zentrale Grundlage menschlichen Handelns. Sie bestimmt den Grad des Engagements, mit dem Menschen Ziele verfolgen und Aufgaben erledigen.

Wenn aus qualifizierten Experten mittelmäßige Führungskräfte werden
von Claudia Tödtmann

WIRTSCHAFTSWOCHE: Herr Nink, in Deutschland gibt es jetzt genauso viele total demotivierte wie hoch motivierte Mitarbeiter: jeweils 15 Prozent. Die breite Mehrheit, 70 Prozent, macht nur Dienst nach Vorschrift (2013: 67 Prozent). Was fehlt dieser großen Menge von Mitarbeitern?

5 MARCO NINK: Mit dem Gallup Engagement Index messen wir die emotionale Bindung von Mitarbeitern an ihr Unternehmen auf der Basis von zwölf Faktoren wie konstruktive Kritik oder positive Rückmeldung vom Chef, Weiterentwicklungsmöglichkeiten, die Wahrnehmung als Mensch, das Gelten der eigenen Meinung oder der richtige Talenteinsatz. […]

Was genau bewirkt konkret die besondere Motivation, die engagierte Mitarbeiter für
10 **Unternehmen so wertvoll macht?**
Kunden, die nicht bedient, Fehler, die gemacht werden – nicht nur Ausschuss in der Produktion –, unbeantwortete Mail-Kundenanfragen, Zusatzgeschäft, das nicht an Land gezogen wird, Innovationen, die nicht erdacht werden. Das alles bedeutet Umsatz, der zum Greifen nah war, aber der entgeht. […]

15 Lassen Sie mich ein Beispiel geben: In einer Wiesbadener Buchhandlung suchte ich einen bestimmten Mauritius-Reiseführer. Der Mann am Infostand schickt mich weg zum Regal mit den Worten: „Wenn er da nicht ist, haben wir ihn auch nicht." Sein Kollege dagegen fragte: „Was kann ich tun für Sie?" Er nahm mich mit und verkaufte mir einen anderen Mauritius-Reiseführer – plus zwei Bücher als Reiselektüre. […]

20 **Haben all diejenigen, die Dienst nach Vorschrift machen, einfach aufgegeben, sich einzubringen?**
Mitarbeiter steigen in der Regel hoch motiviert in den Job ein. Aber wenn im Laufe der Zeit die grundlegenden Bedürfnisse am Arbeitsplatz nicht befriedigt werden, ziehen sie sich zurück bis hin zur inneren Kündigung. Hier spielen die Führungskräfte eine entscheidende Rolle: Sie sind verantwortlich dafür, dass die Leidenschaftslosen wurden, wie sie sind.

25 **Und zwar warum?**
Wenn Sie am Arbeitsplatz nicht als Mensch wahrgenommen und respektiert werden. Etliche Mitarbeiter wissen nicht einmal, was von ihnen erwartet wird. […]

www.wiwo.de (WirtschaftsWoche, 12.03.2015)

---

1 „Mitarbeiter steigen in der Regel hoch motiviert in den Job ein. Aber wenn […] die grundlegenden Bedürfnisse am Arbeitsplatz nicht befriedigt werden, ziehen sie sich zurück bis hin zur inneren Kündigung" (Z. 21–23). Bilden Sie zu dieser These eine Meinungslinie in der Klasse.

★ **2** Begründen Sie anhand eigener Erfahrungen die Position, die Sie auf dieser Linie einnehmen.

3 Verdeutlichen Sie anhand von Beispielen, welche Vorteile sich für Unternehmen ergeben, wenn die Mitarbeiter/-innen motiviert sind.

4 Stellen Sie die Ursachen mangelnder Mitarbeitermotivation anhand der Textvorlage und Ihrer eigenen Erfahrungen dar und erörtern Sie Veränderungsmöglichkeiten.

15.3 Intrinsische und extrinsische Motivation

Motivation ist die Voraussetzung für zielorientiertes Verhalten. Sie lässt sich nicht unmittelbar messen. Nur der Input und der Output des Verhaltens können beobachtet und damit gemessen werden. Man unterscheidet zwischen intrinsischer und extrinsischer Motivation.

Intrinsische Motivation

Intrinsische Motivation ist die Motivation, die ein Individuum aus einer Tätigkeit selbst erhält. Eine dauerhafte Arbeitsmotivation kann immer nur aus der Arbeit selbst entstehen. Vor dem Hintergrund dynamischer Märkte mit hohem Innovations- und Kostendruck stellen eigenständige, flexible und vorausschauende Mitarbeiter, die sich „um der Sache willen" mit ihrem ganzen Wissen und ihrer gesamten Problemlösungsfähigkeit für das Unternehmen engagieren, mehr denn je einen entscheidenden Wettbewerbsfaktor dar. Man könnte intrinsische Motivation auch folgendermaßen definieren: „Jemand tut etwas, weil er selbst es tun will." Wichtige Mitarbeitereigenschaften wie etwa Kreativität, Engagement, Eigenverantwortung und Zuverlässigkeit sind immer intrinsisch motiviert – sie beruhen auf Neugier und Freude am Tun. Intrinsische Motivationsfaktoren lassen sich nur ändern, wenn man die Arbeitsaufgabe selbst verändert.

Extrinsische Motivation

Das Gegenstück zur intrinsischen Motivation ist die extrinsische Motivation. Darunter versteht man die von „außen" zugeführte Motivation. Die extrinsische Motivation entsteht nicht aus der Aufgabe, sondern durch „externe" Anreizfunktionen von Vorgesetzten und Unternehmensleitung, wie z. B.: Arbeitsentlohnung, Schichtzuschläge, Provisionen, Sonderurlaub etc. [...]

www.intrinsische-mitarbeitermotivation.de

1 Untersuchen Sie den Text unter folgenden Gesichtspunkten.
a) Klären Sie mithilfe von Nachschlagewerken alle Ihnen unbekannten Begriffe.
b) Erstellen Sie auf der Basis des Textes ein Lernplakat (» Kapitel 20) zum Thema Motivation.
c) Suchen Sie in Ihrem aktuellen Betätigungsfeld (Schule) nach Beispielen für intrinsische und extrinsische Motivation.
d) Beurteilen Sie den Einfluss, den die jeweilige Variante der Motivation auf Ihr Arbeitsverhalten und Ihre Arbeitsergebnisse hat.

Die Schweinehundversteher

Nein, beim Motivationskurs muss niemand mehr barfuß über Glasscherben stapfen oder sich mit „Tschakka!" anbrüllen lassen. Moderne Trainer machen auf Kumpel statt Guru. Sie locken mit Plüschtieren, Cartoons und Apps.

von Alexander Kühn

Weil es wichtig ist, seine Feinde zu kennen, hat Stefan Frädrich den gefährlichsten gleich mitgebracht, als Plüschtier mit rosa Rüssel und braunem Fell. Es erinnert an Alf, den Außerirdischen, soll aber der innere Schweinehund sein. Jener Saboteur der guten Vorsätze, der einen auf der Couch festhält, obwohl man joggen gehen wollte, und immer eine Ausrede parat hat, warum es besser wäre, den schwierigen Vortrag erst am nächsten Tag vorzubereiten. Oder am Tag darauf. Vielleicht auch nie.

Frädrich hat dem Kerl einen Namen gegeben: Günter. [...]

„Sie dürfen Günter nicht bekämpfen", warnt der Schweinehundversteher. „Locken Sie ihn. Halten Sie ihm ein Leckerli hin." Dazu zeigt er eine Zeichnung von Günter, der sich durch den Tiefschnee schaufelt, weil ihn am anderen Ende des Parks eine Fressbude erwartet. Der Anreiz müsse nur groß genug sein, sagt

Intrinsische und extrinsische Motivation

Frädrich, dann nähmen Menschen die größten Strapazen auf sich. […]

Frädrich gehört einer neuen Generation von Motivationstrainern an. Sie sind nicht weniger geschäftstüchtig als ihre Vorgänger, erklären aber gleich beim Kennenlernen, wie wenig sie den Klischees entsprechen. Und wie sehr sie sich von den Gurus der ersten Generation unterscheiden, die rund um die Jahrtausendwende die Deutschen zu Höchstleistungen antreiben wollten. Alles sei möglich, predigten sie damals. […]

Die meisten Lebenshelfer aber treten zurückhaltender auf als die Einpeitscher zu Zeiten der Dotcom-Blase*. Sie setzen sich als Motivationskumpel in Szene, weniger als -gurus. […] Manche nennen sich in Abgrenzung zu den Tschakkas und Höllers lieber Inspirationstrainer. Oder schlicht Speaker. Und sie verzichten darauf, die Erwartungen ins Kosmische hochzujazzen.

So sagt Slatco Sterzenbach, 47, in seinen Seminaren: „Ich kann Sie nicht motivieren." Pause. „Motivation funktioniert nur von innen. Ich kann Ihnen aber einen Schlüssel geben. Reingehen dürfen Sie selbst." […]

Stefan Frädrich verstellt ebenfalls niemandem den intellektuellen Zugang zu seinen Erkenntnissen. Er verbreitet fast nur frohe Botschaften, keine davon ohne Pointe. Besser als sich beim Aufwachen zu ärgern

(„Scheiße, Montag!") seien positive Gedanken („Arme dran, Beine dran – super!"). […]

Und eine weitere positive Nachricht: Ab und zu dürfe man seinen Schweinehund auch streicheln, sagt Frädrich. „Gönnen Sie ihm ruhig mal eine fette Pizza oder einen faulen Vormittag im Bett. Umso lieber wird er danach mit Ihnen zusammenarbeiten." Es dürfte die einzige Regel sein, die garantiert jeder beherzigt.

* im März 2000 geplatzte Spekulationsblase, die vor allem die sogenannten Dotcom-Unternehmen der New Economy betraf

www.spiegel.de © SPIEGEL ONLINE 2014

2 Beschreiben Sie, ausgehend vom Text „Die Schweinehundversteher", was Motivation ist.

3 Stellen Sie Ihre Konnotationen (» S. 177) zu den Begriffen „Inspirationstrainer" bzw. „Speaker" dar.

4 Beschreiben Sie die Zielsetzungen der heutigen Motivationstrainer und grenzen Sie sie von jenen der Vorgängergeneration ab.

5 Erörtern Sie aufgrund Ihrer eigenen Erfahrungen Möglichkeiten und Grenzen von extrinsischer Motivation. Tauschen Sie sich dazu mit Ihren Mitschülerinnen und Mitschülern in der Klasse aus.

15.4 Motivationstheorien kennen und anwenden
Die „Hierarchie der Bedürfnisse" nach Maslow

Der US-amerikanische Psychologe Abraham Maslow hat eine Theorie entwickelt, die das Streben des Menschen nach Anerkennung und Selbstverwirklichung in den Mittelpunkt stellt.

Die Bedürfnispyramide von Maslow

[…] Die fünf Bedürfnisklassen nach Maslow können kurz in folgender Weise charakterisiert werden:

1. Die Grundbedürfnisse (V) umfassen das elementare Verlangen nach Essen, Trinken, Kleidung und Wohnung. Ihr Vorrang vor den übrigen Bedürfnisarten ergibt sich aus der Natur des Menschen.

2. Das Sicherheitsbedürfnis (IV) drückt sich aus in dem Verlangen nach Schutz vor unvorhersehbaren Ereignissen des Lebens (Unfall, Beraubung, Krankheit etc.), die die Befriedigung der Grundbedürfnisse gefährden können.

3. Die sozialen Bedürfnisse (III) umfassen das Streben nach Gemeinschaft, Zusammengehörigkeit und befriedigenden sozialen Beziehungen.

4. Wertschätzungsbedürfnisse (II) spiegeln den Wunsch nach Anerkennung und Achtung wider. Dieser Wunsch bezieht sich sowohl auf Anerkennung von anderen Personen als auch auf Selbstachtung und Selbstvertrauen. Es ist der Wunsch, nützlich und notwendig zu sein.

5. Als letzte und höchste Klasse werden die Selbstverwirklichungsbedürfnisse (I) genannt. Damit ist das Streben nach Unabhängigkeit und nach Entfaltung der eigenen Persönlichkeit gemeint.

Die pyramidale Anordnung bedeutet nicht nur, dass die „unteren" Bedürfnisse im Entwicklungsprozess früher in Erscheinung treten, sondern auch, dass sie in einem engeren Sinne physiologisch bestimmt sind und deshalb auch weniger individuelle oder soziale Ausdrucksvarianz kennen. Der Maslow'sche Ansatz baut auf zwei Thesen auf, dem Defizitprinzip und dem Progressionsprinzip.

Das Defizitprinzip besagt, dass Menschen danach streben, unbefriedigte Bedürfnisse zu befriedigen. Ein befriedigtes Bedürfnis hat keine Motivationskraft.

Das Progressionsprinzip besagt, dass menschliches Verhalten grundsätzlich durch das hierarchisch niedrigste unbefriedigte Bedürfnis motiviert wird. Der Mensch versucht zunächst, seine Grundbedürfnisse zu befriedigen. Ist das geschehen, dann bedeuten diese keinen Handlungsanreiz mehr. Gesättigte Bedürfnisse bauen keine Spannungszustände auf, zu deren Beseitigung Kräfte mobilisiert werden. Im Motivationsprozess werden deshalb die nächsthöheren Motive, die Sicherheitsbedürfnisse, aktiviert. Dieser Prozess setzt sich fort bis zum Bedürfnis Selbstverwirklichung, wobei für dieses Bedürfnis […] postuliert wird, dass es nie abschließend befriedigt werden kann. Letzteres stellt also einen Bedürfnistypus besonderer Art dar, Maslow nennt sie Wachstumsbedürfnisse im Unterschied zu den Defizitbedürfnissen. Dieser Lauf der Motiventwicklung wird gestoppt, wenn auf einer der bezeichneten Ebenen keine Befriedigung des Bedürfnisses erfolgt. Das nächsthöhere Bedürfnis wird dann nicht verhaltensbestimmend.

www.intrinsische-mitarbeitermotivation.de

★ **1** Visualisieren Sie die „Hierarchie der Bedürfnisse", indem Sie eine Pyramide mit fünf Stufen in Ihr Heft übertragen und die fünf Bedürfnisklassen in die jeweilige Stufe einfügen.

2 Geben Sie mit eigenen Worten wieder, was unter dem „Defizitprinzip" und dem „Progressionsprinzip" zu verstehen ist.

3 Beschreiben Sie, was für Sie „Selbstverwirklichung" bedeutet.

Die „Zwei-Faktoren-Theorie" von Herzberg

Maslows Schüler Frederick Irving Herzberg entwarf ein Modell zur Arbeitszufriedenheit und Arbeitsmotivation.

Die Zwei-Faktoren-Theorie von Herzberg

Das neben Maslow in der Management-Literatur am häufigsten genannte Motivationsmodell wurde von Herzberg und Mitarbeitern entwickelt. Herzberg leitet in seiner Zwei-Faktoren-Theorie die Vorstellung ab, dass Zufriedenheit und Unzufriedenheit nicht länger als Extrempunkte eines Kontinuums gesehen werden dürfen, sondern als zwei unabhängige Dimensionen.

– Unzufriedenheit wird durch (extrinsische) Faktoren der Arbeitsumwelt (dissatisfier) hervorgerufen. Die wichtigsten „dissatisfier" oder „Hygiene-Faktoren" sind: Personalpolitik, Status, fachliche Kompetenz des Vorgesetzten, Beziehung zu Vorgesetzten, Kollegen und Mitarbeitern u. a. Eine ausreichende Berücksichtigung dieser Faktoren führt nur zum Fortfall der Unzufriedenheit, nicht aber zur Zufriedenheit.

– Zufriedenheit kann nur über (intrinsische) Faktoren erreicht werden, die sich auf den Arbeitsinhalt beziehen. Die wichtigsten „satisfier" bzw. „Motivatoren" sind: Leistungs- bzw. Erfolgserlebnis, Anerkennung für geleistete Arbeit, Arbeit selbst, Verantwortung, Aufstieg, Möglichkeit zur Persönlichkeitsentfaltung.

Herzberg hat aus diesen Erkenntnissen und seinen Untersuchungen den Schluss gezogen, dass nur solche Faktoren eine wirkliche Motivationskraft freisetzen können, die sich auf den Arbeitsinhalt und auf die Befriedigung persönlicher Wachstumsmotive beziehen. Ohne diese Faktoren (Motivatoren) kann es keine wirkliche Zufriedenheit und damit Motivation geben. Dies ist zugleich eine radikale Absage an allzu einfach konzipierte Motivationsprogramme wie Incentive-Reisen, Prämien, Aktionspläne usw., die das Motivieren als mechanische Anreiztechnik missverstehen.

www.intrinsische-mitarbeitermotivation.de

1 Geben Sie mit eigenen Worten wieder, wie Herzberg Zufriedenheit und Unzufriedenheit im beruflichen Alltag definiert.

2 Erläutern Sie, welche Konsequenzen diese Aussage für die Motivierung von Mitarbeiterinnen und Mitarbeitern im beruflichen Alltag hat.

3 Ordnen Sie die Hygiene-Faktoren und Motivatoren (oben) den möglichen Situationen (unten) zu.

geringe Hygiene und geringe Motivation • geringe Hygiene und hohe Motivation • hohe Hygiene und geringe Motivation • hohe Hygiene und hohe Motivation

Die Mitarbeiter haben kaum Beschwerden, sind aber auch kaum motiviert.

Die Mitarbeiter sind hoch motiviert und haben wenige Beschwerden.

Die Mitarbeiter sind unmotiviert und haben viele Beschwerden.

Die Mitarbeiter sind motiviert, haben aber gleichzeitig viele Beschwerden. Der Beruf wird als aufregend und herausfordernd empfunden, aber die Arbeitsbedingungen sind nicht optimal.

Motivationstheorien anwenden

Das Engagement der Berufstätigen in der Arbeitswelt steht in einer engen Abhängigkeit zur Motivation. So sind beispielsweise persönlich ausgesprochene Anerkennungen leistungsfördernd, weil sie die Mitarbeiter motivieren.

Jeder Erfolg reizt, es neu zu versuchen
von Prof. Walter Simon

[…] Sie haben grundsätzlich zwei Möglichkeiten, Ihre Mitarbeiter zu bewegen: durch Zwang und Druck oder durch Anerkennung und Überzeugung. Beide Wege sind wirksam, jedoch mit unterschiedlicher Intensität. Ein durch Zwang bewirktes Verhalten bleibt nur während der Dauer der Zwangsanwendung wirksam. Ein mit Anerkennung verbundenes Verhalten wird in der Regel wiederholt, da die Anerkennung ein Lustempfinden bereitet. Motivation beruht auf Bedürfnissen. Unbefriedigte Bedürfnisse erzeugen innere Spannung. Daraus entstehen Motive, die in Handlungen oder Unterlassungen münden. Der amerikanische Psychologe Abraham Maslow entwickelte schon vor 40 Jahren eine Theorie der motivationsauslösenden Bedürfnisse, nach der Hunderttausende Führungskräfte der ganzen Welt trainiert wurden. Nach Maslow sind die Bedürfnisse hierarchisch gegliedert: Erst wenn das rangniedere befriedigt ist, wirkt das nächsthöhere motivierend. Bertolt Brecht brachte das auf die einfache Formel: „Erst kommt das Fressen, dann die Moral." […] Die sozialen Bedürfnisse sind als Motivator nutzbar, etwa durch Teamwork, gute Information und Kommunikation oder kooperatives Vorgesetztenverhalten.

Wenn das Gemeinschaftsbedürfnis befriedigt ist, stellen sich psychologische Bedürfnisse nach Anerkennung und Wertschätzung ein. Sie müssen als Motivatoren genutzt werden, indem Aufstiegsmöglichkeiten geschaffen oder Kompetenzen per Delegation erweitert werden.

Auch mit Mitarbeiterseminaren […] kann Anerkennung ausgesprochen werden. Am wirksamsten jedoch ist die persönlich ausgesprochene Anerkennung durch den Vorgesetzten. Diese muss sich auf ein konkretes Verhalten beziehen und sollte unmittelbar danach erfolgen. Führt ein Verhalten zum Erfolg, dann wird es wiederholt. Darum ist der Erfolg der größte Motivator, denn nichts ist so erfolgreich wie der Erfolg. Das an

der Spitze stehende Bedürfnis nach Selbstentfaltung bezieht sich auf das menschliche Streben, „alles zu werden, was zu werden man fähig ist". Die spezifische Form dieses Bedürfnisses ist von Person zu Person unterschiedlich. Der eine findet seine Selbstverwirklichung am PC, der Nächste in der Kunst. Viele Mitarbeiter befriedigen ihre Anerkennungs- und Selbstentfaltungsbedürfnisse mit Freizeit- oder Vereinsaktivitäten, weil ihnen der Betrieb oder die Art der Arbeit die Befriedigung der Bedürfnisse vorenthält. […]

Einer der Schüler Maslows, Frederick Herzberg, bestätigte Maslows Theorie empirisch und gab diese Empfehlungen, Mitarbeiter zu motivieren: Informieren Sie ständig Ihre Mitarbeiter über die Ereignisse ihrer Arbeit. – Die Arbeit Ihrer Mitarbeiter sollte eine Lernkomponente besitzen, sodass sich diese ständig weiter qualifizieren. […] – Die Ergebnisse und Erfolge der Arbeit müssen jedem Mitarbeiter persönlich zugerechnet werden. […] – Ermöglichen Sie die direkte Kommunikation zwischen Ihren Mitarbeitern, möglichst ohne Instanzenwege.

www.welt.de

Motivationstheorien anwenden

1 Erarbeiten Sie den Text unter folgenden Gesichtspunkten:
a) Beschreiben Sie die Anregungen zur Verbesserung der Mitarbeitermotivation, die im Text auf der Grundlage der Motivationstheorien von Maslow und Herzberg gegeben werden.
b) Erklären Sie die Tatsache, dass viele Beschäftigte ihre „Selbstentfaltungsbedürfnisse mit Freizeit- und Vereinsaktivitäten" (Z. 46 f.) befriedigen.
c) „[...] nichts ist so erfolgreich wie der Erfolg." (Z. 38) Erläutern Sie diese Aussage mit Hinblick auf die Motivationstheorien von Maslow und Herzberg.
d) Können Sie diese These durch eigene Lebenserfahrungen bestätigen? Nennen Sie Beispiele.

FAZIT

15.1 Konfliktsituationen beschreiben und analysieren
- gestörte Kommunikation im beruflichen Alltag
- Konflikteskalationsmodell nach Glasl

15.2 Konfliktmanagement
- Konfliktvermeidung – Konfliktreduzierung – Konfliktlösung
- Mediation
- Mediationstechniken

15.3 Grundlagen der Motivation im Beruf
- Motivationsanreize bestimmen
- intrinsische Motivation
- extrinsische Motivation

15.4 Motivationstheorien kennen und anwenden
- die Hierarchie der Bedürfnisse nach Maslow
- die Zwei-Faktoren-Theorie von Herzberg

15.5 Prüfungsvorbereitung

Prüfungsvorbereitung

Konflikte sind oft dadurch gekennzeichtet, dass das Unrecht der anderen Konfliktpartei zugewiesen wird.

Gerhard Zwerenz: Nicht alles gefallen lassen …

Wir wohnen im dritten Stock mitten in der Stadt und haben uns nie etwas zuschulden kommen lassen, auch mit Dörfelts von gegenüber verband uns eine jahrelange Freundschaft, bis die Frau sich kurz vor dem Fest unsre Bratpfanne auslieh und nicht zurückbrachte.
Als meine Mutter dreimal vergeblich gemahnt hatte, riss ihr eines Tages die Geduld und sie sagte
5 auf der Treppe zu Frau Muschg, die im vierten Stock wohnt, Frau Dörfelt sei eine Schlampe. Irgendwer muss das den Dörfelts hinterbracht haben, denn am nächsten Tag überfielen Klaus und Achim unsern Jüngsten, den Hans, und prügelten ihn windelweich.
Ich stand grad im Hausflur, als Hans ankam und heulte. In diesem Moment trat Frau Dörfelt drüben aus der Haustür, ich lief über die Straße, packte ihre Einkaufstasche und stülpte sie ihr
10 über den Kopf. Sie schrie aufgeregt um Hilfe, als sei sonst was los, dabei drückten sie nur die Glasscherben etwas auf den Kopf, weil sie ein paar Milchflaschen in der Tasche gehabt hatte.
Vielleicht wäre die Sache noch gut ausgegangen, aber es war just um die Mittagszeit, und da kam Herr Dörfelt mit dem Wagen angefahren. Ich zog mich sofort zurück, doch Elli, meine Schwester, die mittags zum Essen heimkommt, fiel Herrn Dörfelt in die Hände. Er schlug ihr ins Gesicht und
15 zerriss dabei ihren Rock. Das Geschrei lockte unsere Mutter ans Fenster, und als sie sah, wie Herr Dörfelt mit Elli umging, warf unsre Mutter mit Blumentöpfen nach ihm. Von Stund an herrschte erbitterte Feindschaft zwischen den Familien.
Weil wir nun den Dörfelts nicht über den Weg trauten, installierte Herbert, mein ältester Bruder, der bei einem Optiker in die Lehre geht, ein Scherenfernrohr am Küchenfenster. Da konnte unsere
20 Mutter, waren wir andern alle unterwegs, die Dörfelts beobachten.
Augenscheinlich verfügten diese über ein ähnliches Instrument, denn eines Tages schossen sie von drüben mit einem Luftgewehr herüber. Ich erledigte das feindliche Fernrohr dafür mit einer Kleinkaliberbüchse, an diesem Abend ging unser Volkswagen unten im Hof in die Luft. Unser Vater, der als Oberkellner im hoch renommierten Café Imperial arbeitete, nicht schlecht verdiente
25 und immer für den Ausgleich eintrat, meinte, wir sollten uns jetzt an die Polizei wenden. Aber unserer Mutter passte das nicht, denn Frau Dörfelt verbreitete in der ganzen Straße, wir, das heißt unsre gesamte Familie, seien derart schmutzig, dass wir mindestens zweimal jede Woche badeten und für das hohe Wassergeld, das die Mieter zu gleichen Teilen zahlen müssen, verantwortlich wären.
30 Wir beschlossen also, den Kampf aus eigner Kraft in aller Härte aufzunehmen, auch konnten wir nicht mehr zurück, verfolgte doch die ganze Nachbarschaft gebannt den Fortgang des Streites.
Am nächsten Morgen schon wurde die Straße durch ein mörderisches Geschrei geweckt. Wir lachten uns halbtot, Herr Dörfelt, der früh als Erster das Haus verließ, war in eine tiefe Grube gefallen, die sich vor der Haustüre erstreckte. Er zappelte ganz schön in dem Stacheldraht, den wir gezogen
35 hatten, nur mit dem linken Bein zappelte er nicht, das hielt er fein still, das hatte er sich gebrochen. Bei alledem konnte der Mann noch von Glück sagen – denn für den Fall, dass er die Grube bemerkt und umgangen hätte, war der Zünder einer Plastikbombe mit dem Anlasser seines Wagens verbunden.
Damit ging kurze Zeit später Klunker-Paul, ein Untermieter von Dörfelts, hoch, der den Arzt
40 holen wollte.

Prüfungsvorbereitung

Es ist bekannt, dass die Dörfelts leicht übel nehmen. So gegen zehn Uhr begannen sie unsre Hausfront mit einem Flakgeschütz zu bestreichen. Sie mussten sich erst einschießen, und die Einschläge befanden sich nicht alle in der Nähe unsrer Fenster.

Das konnte uns nur recht sein, denn jetzt fühlten sich auch die anderen Hausbewohner geärgert, und Herr Lehmann, der Hausbesitzer, begann, um den Putz zu fürchten. Eine Weile sah er sich die Sache noch an, als aber zwei Granaten in seiner guten Stube krepierten, wurde er nervös und übergab uns den Schlüssel zum Boden.

Wir robbten sofort hinauf und rissen die Tarnung von der Atomkanone. Es lief alles wie am Schnürchen, wir hatten den Einsatz oft genug geübt, die werden sich jetzt ganz schön wundern, triumphierte unsere Mutter und kniff als Richtkanonier das rechte Auge fachmännisch zusammen. Als wir das Rohr genau auf Dörfelts Küche eingestellt hatten, sah ich drüben gegenüber im Bodenfenster ein gleiches Rohr blinzeln, das hatte freilich keine Chance mehr, Elli, unsre Schwester, die den Verlust ihres Rockes nicht verschmerzen konnte, hatte zornroten Gesichts das Kommando „Feuer!" erteilt.

Mit einem unvergesslichen Fauchen verließ die Atomgranate das Rohr; zugleich fauchte es auch auf der Gegenseite. Die beiden Geschosse trafen sich genau in der Straßenmitte.

Natürlich sind wir nun alle tot, die Straße ist hin und wo unsre Stadt früher stand, breitet sich jetzt ein graubrauner Fleck aus.

Aber eins muss man sagen, wir haben das Unsere getan, schließlich kann man sich nicht alles gefallen lassen.

Die Nachbarn tanzen einem sonst auf der Nase herum.

1 Analysieren Sie die Kurzgeschichte mithilfe der folgenden Aufgabenstellungen:
a) Erstellen Sie eine Übersicht, welche die Abfolge der Ereignisse darstellt.
b) Stellen Sie mindestens vier zentrale aufeinanderfolgende Ereignisse nach dem folgenden Muster dar und beschreiben Sie auf diese Weise die Wechselwirkung von Reiz und Reaktion.

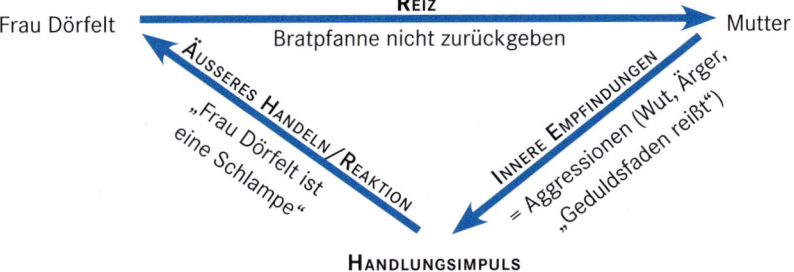

c) Beurteilen Sie die von Ihnen dargestellten zentralen Ereignisse auf der Basis der Theorien Berkels, Galtungs und Glasls (» S. 252 f.).

2 In der Kurzgeschichte heißt es: „Vielleicht wäre die Sache noch gut ausgegangen" (Z. 12). Schreiben Sie die Geschichte ab dieser Zeile so um, dass eine Eskalation des Konfliktes vermieden werden kann.

15.5 Prüfungsvorbereitung

Checkliste

- ☑ Können Sie den Begriff Konflikt inhaltlich anhand unterschiedlicher Definitionen erläutern?
- ☑ Können Sie das Zusammenwirken von beeinträchtigter Wahrnehmungsfähigkeit und reduzierter Fähigkeit zur Selbstkritik in Konfliktsituationen und die sich daraus ergebenden Konsequenzen für die Kommunikationssituation darstellen?
- ☑ Können Sie das Konflikteskalationsmodell nach F. Glasl inhaltlich erläutern und auf Situationen anwenden?
- ☑ Können Sie die Möglichkeiten zur Konfliktlösung und zur Konfliktreduzierung darstellen und deren Grenzen erläutern?
- ☑ Können Sie den Begriff „Mobbing" definieren?
- ☑ Können Sie den Begriff „Mediation" erklären und inhaltlich zwischen einzelnen Mediationstechniken unterscheiden?
- ☑ Können Sie erklären, was unter dem Begriff „Motivation" zu verstehen ist? Wissen Sie, welche Auswirkungen sich aus mangelnder Mitarbeitermotivation für Arbeitsabläufe und Produktionsprozesse ergeben können?
- ☑ Können Sie die Begriffe intrinsische und extrinsische Motivation inhaltlich unterscheiden?
- ☑ Können Sie die Motivationstheorien nach Maslow und Herzberg inhaltlich darstellen und aus diesen Theorien resultierende Konsequenzen anhand von konkreten Situationen nachweisen?
- ☑ Können Sie erläutern, welchen Einfluss diese Formen der Motivation auf Ihre eigene Leistungsfähigkeit in Schule und Beruf haben?

Lernbaustein 2

Kapitel 16

Textgebundene Erörterung

16.1 Einen Text analysieren und eine strukturierte Textwiedergabe verfassen

16.2 Die Argumentation des Autors prüfen und bewerten

16.3 Eine eigene Sicht zum Textproblem entwickeln

16.4 Eine Gliederung erstellen

16.5 Eine textgebundene Erörterung schreiben

16.6 Prüfungsvorbereitung

In diesem Kapitel setzen Sie sich systematisch und konstruktiv mit Sachtexten auseinander. Der Sachtext ist dabei Grundlage und Ausgangspunkt für eine Erörterung der darin enthaltenen Auffassungen, Meinungen und Urteile. Ziel der Erörterung ist eine begründete Stellungnahme.

Kompetenzen

- ✓ Inhalt und Aussagen eines Textes erfassen
- ✓ Argumentationsstrategien erkennen und eine eigene Argumentation entwickeln
- ✓ Andere von der eigenen Position überzeugen
- ✓ Texte planen und überarbeiten
- ✓ Eine Texterörterung schreiben

Methoden und Arbeitstechniken

- ✓ Exzerpieren
- ✓ Lerntempoduett
- ✓ Schreibkonferenz

Einen Text analysieren und eine strukturierte Textwiedergabe verfassen
Textanalyse

In einer textgebundenen Erörterung reagieren Sie auf Argumente, Belege und Beispiele einer Textvorlage mit einer eigenen Argumentation. Dafür ist es nötig, den Text zu analysieren und den Argumentationsaufbau herauszuarbeiten. Der folgende Text lenkt den Blick auf besondere Probleme der Geflügelmast.

Evolution der Hendl

Huhn ist gleich Huhn? Von wegen, die Tiere sind grotesk gewachsen. Moderne Rassen haben deutlich mehr Fleisch – das macht ihre Produktion billiger. Doch ihre Gesundheit leidet unter dem Wachstumswahn.
von Christoph Behrens

Wenn das Bier fließt, werden Menschen hungrig. Sehr hungrig. Eine halbe Million Brathendl vertilgen die Besucher des Oktoberfests in weniger als drei Wochen – eines alle drei Sekunden. Man müsste meinen,
5 es wäre schwer, solche Mengen bereitzustellen. Tatsächlich sind 500 000 Hendl für die Industrie ein Klacks. Bei 700 Millionen jedes Jahr in Deutschland geschlachteten Hühnchen ist die halbe Million an weniger als einem halben Tag fertig.
10 Und der Konsument will immer mehr davon: Aß in den 1950er-Jahren jeder Deutsche etwa zwei Kilogramm Geflügel im Jahr, so waren es 2013 bereits 19,4 Kilogramm. Weniger bekannt ist, dass der gestiegene Hunger auch das Federvieh radikal verändert.
15 „Von 1957 bis 2005 ist das Hühnchenwachstum um mehr als 400 Prozent gestiegen", schreiben Forscher um Martin Zuidhof von der Universität Alberta in Kanada. Das Brathähnchen hat sich dem Appetit der Menschen angepasst, es ist größer geworden und vor
20 allem ist mehr Fleisch dran als noch vor 50 Jahren. Um das zu ermitteln, zogen die Agrarforscher je 180 Exemplare typischer Rassen der vergangenen Jahrzehnte mit dem gleichen Futter groß: Rassen von 1957 und 1978, die im Labor genetisch überdauert hatten; und eine
25 moderne US-Züchtung von 2005. Während die Vögel aus den 1950ern nach vier Wochen 316 Gramm wogen, brachten die Hühner der 70er bereits doppelt so viel auf die Waage. Die hochgezüchteten modernen Nachfahren setzten im selben Zeitraum sogar mehr als
30 vier Mal so viel Fleisch an, schreiben die Forscher im Fachblatt Poultry Research.

Das gleiche Bild zeigte sich nach 56 Tagen: Die modernen Vögel wogen mit 4 200 Gramm mehr als vier Mal so viel wie ihre Ahnen, bei gleichem Futter. Vor allem Zucht und Selektion sind also für das rasante 35
Wachstum verantwortlich – die modernen Hühnchen seien einfach besser in der Lage, ihr Futter in Fleisch umzuwandeln, erklären die Forscher.

Auch in Deutschland steigt das Schlachtgewicht stetig, weshalb die Zucht immer kostengünstiger wird. 40
Mittlerweile wird das Geflügel auch verstärkt in Staaten wie Indien und China gegessen. In Südasien soll sich die Nachfrage nach Geflügel laut dem „Fleischatlas 2014" bis 2050 noch versiebenfachen. Spitzenreiter dürften aber die Australier und US-Amerikaner 45
bleiben, von denen jeder jährlich im Schnitt 50 Kilogramm Hühnerfleisch vertilgt. In den Industrieländern verläuft die Entwicklung ähnlich: Während der Konsum von Rinder- und Schweinefleisch in Deutschland leicht rückläufig ist, steigt die Nachfrage nach 50
Geflügel weiter.

Textanalyse

„Die Zucht von Geflügel hat solche Fortschritte gemacht, dass sie andere Technologien wie den Hormoneinsatz oder die Gentechnik überholt und überflüssig gemacht hat", sagt die Agrarexpertin Reinhild Benning vom Bund e. V. Zuchtbedingt habe sich jedoch „der Knochenbau nicht so schnell entwickelt wie die Fleischzunahme". Vor allem an der Brust setzen die Hühner mehr Fleisch an als früher. Konnten die Exemplare von 1957 noch aufrecht gehen und den Kopf weit vorgereckt tragen, wanderte er im Laufe der Jahre immer weiter an den Körper, um das Gleichgewicht zu halten. „Die Viecher können ganz schwer noch stehen", kritisiert Christine Chemnitz von der Heinrich-Böll-Stiftung.

Zudem seien moderne Rassen „hochanfällig für Herzversagen", schreiben Forscher der University of Saskatchewan. Weil der Körper der Hühner darauf getrimmt sei, Futter besser zu verwerten, könne das Immunsystem auch immer weniger gefährliche Keime abwehren.

www.sueddeutsche.de (Süddeutsche Zeitung, 14.10.2014)

1 Schreiben Sie die zentralen Thesen und Belege des Autors heraus (» S. 189). Die ersten beiden Thesen sind rot markiert, die dazugehörigen Belege blau.

2 Vergleichen Sie die folgenden Schülerversionen zur Eingrenzung des Themas. Welche gibt die Hauptthese am treffendsten wieder?
- In dem Text geht es darum, dass die Deutschen immer mehr Hühnerfleisch verzehren und die Industrie darauf mit stark übergewichtigen Hühnern reagiert.
- Der Autor äußert sich in dem Zeitungsartikel, der am 14.10.2014 in der Online-Ausgabe der Süddeutschen Zeitung erschien, zur Problematik der internationalen Tiermast.
- Der Artikel beschreibt am Beispiel der Hühnerzucht, welche Qualen diese Tiere heutzutage erleiden müssen.
- Der Autor untersucht in seinem Text, wie sich die Hühnerzucht in den letzten Jahrzehnten verändert hat.

3 Geben Sie das Thema des Autors in zwei eigenen Sätzen wieder.
a) Arbeiten Sie nach der Methode Lerntempoduett (» Kapitel 20) und vergleichen Sie Ihre Lösung mit der Version Ihres Expertenpartners.
b) Verfassen Sie auf der Grundlage der beiden Versionen eine endgültige Version des Themas.

Die Argumentationsstruktur darstellen

Wenn Sie eine Erörterung schreiben, können Sie leicht den Überblick über die Textargumentation verlieren. Eine Übersicht hilft Ihnen, sich auf die wesentlichen Aussagen des Textes zu konzentrieren. Auf diese Weise präzisieren Sie Ihre Argumentation und es gelingt Ihnen leichter, sich von der Sprache des Textes zu lösen. Im Folgenden sehen Sie zwei Schülerversionen einer solchen Übersicht zum Text „Evolution der Hendl".

Muster 1

Hinführung: Moderne Hühnerrassen geben mehr Fleisch als früher, aber ihre Gesundheit leidet.
These 1: Konsument will immer mehr Hühnerfleisch; Beleg: Anstieg auf 19,4 Kilo pro Kopf und Jahr.
These 2: Hühner werden immer schwerer.
These 3: Immer schwerere Hühner machen Hühnerfleisch immer billiger und damit attraktiv.
These 4: Zuchterfolg ist so riesig, dass auf andere Technologien verzichtet werden kann; Beleg: Schwere Hühner brauchen weder Hormongaben noch Gentechnik, um günstig zu sein.
These 5: Zucht macht Hühner krank; Beleg: Hühner können nicht mehr aufrecht gehen und sterben oft an Herzversagen, da sie anfällig für Keime sind.

Muster 2

Hinführung: Massenhafter Hühnchenkonsum auf dem Oktoberfest
Ausgangsthese: Weil die Menschen immer mehr billiges Hühnerfleisch wünschen, werden die Hühner immer fetter gefüttert.
Moderne Hühnerrassen setzen viermal so viel Fleisch an wie herkömmliche Rassen.
Folgen: Hühner werden immer schwerer, können nicht mehr stehen, sind anfällig für Krankheiten.
Fazit: Tiermast ist Tierquälerei.

1 Vergleichen Sie die beiden Schülerversionen und erläutern Sie die jeweiligen Vor- und Nachteile. Übertragen Sie die Tabelle in Ihr Heft und notieren Sie Ihre Ergebnisse.

	Vorteile	Nachteile
Muster 1		
Muster 2		

2 Stellen Sie die Argumentationsstruktur des Textes „Evolution der Hendl" eigenständig wie in Muster 1 oder Muster 2 dar. Folgende Fragen können Ihnen dabei helfen:
- Welches Problem wird im Text dargestellt?
- Welche Thesen werden aufgestellt?
- Welche Beispiele werden benutzt, um die Thesen zu stützen?
- Werden auch Gegenargumente vorgebracht?
- Werden Lösungsvorschläge angeboten?
- Wie führt der Autor sein Thema ein?
- Welches Fazit zieht er?

Die Argumentationsstruktur darstellen

Sprache und Stil

Im Verlauf eines argumentativen Textes äußert ein Autor Thesen. Er nennt dafür Belege, zieht Folgerungen oder räumt ein, dass es Gegenargumente gibt. Den Argumentationsgang eines Textes können Sie anhand der verwendeten strukturierenden Verben nachvollziehen.

3 Ergänzen Sie die folgende Liste strukturierender Verben:
behaupten, meinen, erklären, zitieren, vorschlagen, einräumen …

4 Übertragen Sie die Tabelle in Ihr Heft/Ihren Ordner und ordnen Sie die strukturierenden Verben aus Aufgabe 3 den Oberbegriffen zu.

These	Beleg	Folgerung	Einräumung
behaupten	zitieren	vorschlagen	einräumen
meinen	…	…	…
erklären			
…			

5 Erläutern Sie, welche der folgenden Zusammenfassungen die erste These im Text „Evolution der Hendl" (»Z. 7–10, S. 270) am treffendsten wiedergibt.
- In Deutschland werden täglich Millionen von Hühnern geschlachtet.
- Die Deutschen verspeisen 700 Millionen Hühnchen im Jahr. Tendenz steigend.
- Jedes Jahr wird in Deutschland eine ungeheure Menge an Hühnerfleisch verzehrt und die Nachfrage steigt weiter.
- Es fällt der Fleischindustrie in Deutschland nicht schwer, am Tag eine Million geschlachtete Hühnchen bereitzustellen.

6 Formulieren Sie entsprechend dem folgenden Muster die Behauptung, das Argument und den Beleg zu weiteren Thesen des Textes, indem Sie geeignete strukturierende Verben verwenden.

These	Der Verfasser *meint*, das Geflügel habe sich radikal verändert,
Argument	*weil* die Nachfrage gestiegen sei.
Beleg	Er *zitiert* kanadische Forscher, die belegen, dass sich das Hühnchenwachstum zwischen 1957 und 2005 vervierfacht hat.

Eine strukturierte Textwiedergabe verfassen

Das Ergebnis der Textanalyse und Ihrer Untersuchung der Argumentationsstruktur fassen Sie in einer strukturierten Textwiedergabe zusammen. Sie ist Ihr erster schriftlicher Aufsatzteil der textgebundenen Erörterung. Im Folgenden finden Sie eine strukturierte Textwiedergabe, die ein Schüler zum Text „Evolution der Hendl" erstellt hat.

Muster

Christoph Behrens thematisiert in seinem Text „Evolution der Hendl", der am 14. Oktober 2014 in der Online-Ausgabe der Süddeutschen Zeitung erschien, Veränderungen in der Hühnerzucht seit
5 *dem Zweiten Weltkrieg. Er beschreibt, dass die Tiere zunehmend dicker würden. Durch gezielte Zucht und Selektion hätten sich Arten entwickelt, die Futter besser in Fett umwandeln könnten, als es herkömmlichen Hühnern möglich sei.*
10 *Deswegen würden moderne Hühnerrassen im Vergleich zu „alten" Rassen in siebenfacher Geschwindigkeit schlachtreif. Als Ursache hierfür nimmt der Autor den gestiegenen Fleischappetit der Verbraucher an und das Bedürfnis der Ver-*
15 *braucher, immer mehr Fleisch immer billiger zu konsumieren. Er belegt dies mit dem rasant gestiegenen Pro-Kopf-Verbrauch an Hühnerfleisch in mittlerweile allen Industrienationen, auch in Asien. Der Autor zeigt auf, dass diese Form der Mast zu kranken Tieren führt. Dass nur die Fett- und*
20 *Fleischmenge, nicht aber der Knochenbau der Hühner gewachsen ist, führe dazu, dass viele Hühner heute nicht einmal mehr gehen oder stehen könnten ...*

1 Vervollständigen Sie die strukturierte Textwiedergabe. Berücksichtigen Sie dabei Ihre bisherigen Arbeitsergebnisse.

BASISWISSEN — Strukturierte Textwiedergabe

Die strukturierte Textwiedergabe

- klärt die Einordnung des Textes.
- verdeutlicht die Sichtweise des Verfassers.
- zeigt das Thema, die weiteren Thesen sowie Belege und Beispiele.
- fasst die Argumentationsschritte zusammen.

Die Sprache der strukturierten Textwiedergabe ist neutral, die Darstellung objektiv. Meinungen des Autors werden im Konjunktiv wiedergegeben.

Die Argumentation des Autors prüfen und bewerten
Die Argumentation prüfen

Nachdem Sie die Textargumentation zusammengefasst haben, setzen Sie sich ausführlich und kritisch mit den zentralen Argumenten der Autorin/des Autors auseinander. Das folgende Interview befasst sich mit den Themen Sport und Körperkult in unserer Gesellschaft.

„Zwanghaftes Training ist das Gleiche wie Esssucht"

Was haben Körper und Nationalismus gemein und was verbindet Schönheit mit Konsum?
Julia Korbik hat der Psychoanalytikerin Susie Orbach Antworten auf diese Fragen entlockt.

[...]

THE EUROPEAN Heute steht der Körper im Zentrum unserer Aufmerksamkeit: Wir folgen bestimmten Diäten, wir „detoxen" und bringen unseren Körper durch exzessiven Sport an seine Grenzen. Wir sagen uns selbst, dass wir dies tun, weil wir uns um uns kümmern wollen: ein gesunder Geist in einem gesunden Körper.

ORBACH Ich denke nicht, dass es so einfach ist. Traurigerweise ist das aber genau diese Art der Rhetorik: Du bist dein Körper, du musst dich darum kümmern! Du bist das Individuum, du trägst die Verantwortung! Das hat nichts mit dem zu tun, was in der breiteren Gesellschaft passiert. Ich meine, viele Menschen gehen ins Fitnessstudio, um die muskulösen Körper von Arbeitern zu bekommen.

THE EUROPEAN Woher kommt dieses unbedingte Bedürfnis, unseren Körper zu „reparieren", zu zeigen, dass wir hart für ihn gearbeitet haben – dass er verdient und nicht gegeben ist?

ORBACH Es gibt verschiedene Ansichtspunkte. Natürlich ist es gut, sich zu bewegen, insbesondere, weil viele von uns den ganzen Tag vor einem Bildschirm hocken. Aber es gibt ebenso einen enormen kommerziellen Druck, der auf viele Arten funktioniert.

THE EUROPEAN Wie denn?

ORBACH Einerseits wird uns eingeredet, unser Körper sei das Allerwichtigste an uns, ein Zeichen an die Welt, wer wir sind, was unsere Erwartungen, Sehnsüchte und Fähigkeiten sind – und dass wir ihn deswegen schmücken, trainieren und formen müssen. Und dann wäre da noch eine andere Art von ideologischer Botschaft: Es liegt allein an dir, du bist die Person, die dich gesund machen kann, es ist egal, was in der Gesellschaft vor sich geht. Wenn du dich selbst schützt und dich weiterhin auf eine bestimmte Art bewegst, wenn du dich gesund ernährst, dann wirst du nicht krank. Tja, vielleicht – aber eher nicht.

THE EUROPEAN Du bist, was du isst und wie du trainierst.

ORBACH Genau. Im Vorkriegsdeutschland war das Interesse daran, einen gesunden Körper zu haben, groß – denn es bedeutete, ein guter Deutscher zu sein. Ich vermute, mit dem Beginn der industrialisierten Gesellschaft fingen die Leute an, zu überlegen: „Wie bringe ich diesen Körper dazu, etwas anderes zu tun?" Heute, in der postindustriellen Gesellschaft, tun wir das wieder: Wir produzieren einen Körper, von dem wir denken, er sei okay. Wir erzeugen tatsächlich unsere Körper, statt etwas anderes zu erzeugen.

THE EUROPEAN Welche Art von Körper gilt heute denn als in Ordnung?

ORBACH Einer, den man kauft.

THE EUROPEAN Soll heißen: etwas nicht sehr Natürliches.

ORBACH Etwas, das vielleicht eine Handvoll Menschen weltweit besitzen. Und der Rest nicht.

THE EUROPEAN Wir denken, sich um seinen Körper zu kümmern, sei natürlich und normal. Aber wo fängt „normales" Verhalten an und wo endet es?

16.2 Die Argumentation prüfen

ORBACH Keine Ahnung. Ich denke, das definieren wir immer wieder neu. […] Aber ich glaube, es gibt eine Menge Leute, für die das Vergnügen darin besteht, die Grenzen des Körpers zu überwinden – und nicht, im Einklang mit ihrem Körper zu sein. […]

40 Meiner Meinung nach sind zwanghaftes Trainieren oder sich selbst Nahrung zu versagen das Gleiche wie Esssucht. Aber: Übermäßiges Essen zeigt sich. Die anderen Wege, Nahrung zu handhaben, zeigen sich nicht unbedingt.

THE EUROPEAN In einem Artikel für den britischen „Guardian" schrieben Sie: „Unsere Vorstellung eines gesunden Körpers ist so aus dem Gleichgewicht geraten, dass unsichere
45 Menschen ihre eigenen Körper stärken, indem sie andere – diejenigen mit dicken Körpern – als wertloser, unfähiger und weniger arbeitsfähig ansehen." Wir verachten dicke Menschen also aus Selbsthass. Warum hassen wir uns selbst so sehr?

ORBACH Es ist eben ein sehr großes Geschäft, das Geschäft mit Körpern.

THE EUROPEAN Inwiefern?

50 ORBACH Schauen Sie sich die Modeindustrie an: Das ist kein nettes kleines Unternehmen – sondern ein boshaftes, wo Menschen damit beschäftigt sind, unter den schlimmsten Bedingungen Kleidung herzustellen, um die Trends von Berlin und London, New York und L. A. zu befriedigen. Ich glaube, Nummer drei und vier auf der Liste der reichsten Menschen sind Leute aus der Mode- oder Beautybranche – zum Beispiel Estée Lauder.

55 THE EUROPEAN Aber groß und finanziell erfolgreich zu sein, macht diese Unternehmen doch nicht böse.

ORBACH Nein. Aber: Es handelt sich hier um florierende Unternehmen, die ihr Geld damit machen, Menschen zu verunsichern, ihnen einzureden, sie müssten ihre Körper verändern. […]

THE EUROPEAN Wie können wir dieses Bewusstsein ändern? Sie haben zum Beispiel die
60 „Real Women"-Kampagne der Kosmetikfirma Dove konzipiert und „AnyBody" gegründet, eine Webseite, die Frauen dazu ermutigt, sich selbst zu akzeptieren.

ORBACH Eine sehr gute Frage. Ich arbeite beispielsweise eng mit der britischen Regierung zusammen, um zu versuchen, die Einstellung von Müttern zu ändern, damit sie ihre Probleme nicht an die nächste Generation weitergeben. Ich denke, wir müssen mit Unternehmen arbeiten und
65 versuchen ihnen zu zeigen, was wirklich passiert! Wir müssen mit jungen Frauen arbeiten und sie befähigen, das Selbstvertrauen zu haben, den engen Begriff von Weiblichkeit und Schönheit infrage zu stellen. […]

www.theeuropean.de (The European, 29.07.2014)

1 Bearbeiten Sie eine Kopie des Textes unter folgenden Aufgabenstellungen:
a) Kennzeichnen Sie alle im Text vorkommenden Thesen. Arbeiten Sie die Gesamtaussage heraus.
b) Notieren Sie am Rand Ihrer Kopie, welche Positionen Sie teilen und welche nicht.

ARBEITSTECHNIK — Die Argumentation prüfen

Prüfen Sie die Argumentation anhand folgender Fragestellung:

- Ist die Argumentation folgerichtig aufgebaut?
- Sind die Argumente überzeugend?
- Weist die Argumentation Lücken auf?
- Werden auch gegenteilige Positionen berücksichtigt?
- Ist die Argumentation ausgewogen?
- Was ist die Absicht der Autorin/des Autors?

Die Argumentation bewerten

Bevor Sie mit einer Erörterung beginnen, müssen Sie die im Text geäußerten Thesen prüfen und bewerten. Erste kritische Einwände können Sie, wie auf den vorangegangenen Seiten demonstriert, bereits als Randbemerkung bei der Bearbeitung eines Textes notieren. Darauf aufbauend sollten Sie mit der Ausformulierung Ihrer Bewertungen beginnen.

Muster

Im Folgenden finden Sie verschiedene Bewertungen von Schülerinnen und Schülern, die sich mit im Text vorkommenden Positionen beschäftigt haben:

a) *Susie Orbach behauptet, uns werde heute von der Gesellschaft vorgegaukelt, jeder trage selbst die Verantwortung für seinen Körper. Sie hält dies für falsch. Ich widerspreche ihr in diesem Punkt, denn tatsächlich haben die meisten es heute selbst in der Hand, wie sie mit ihrem Körper umgehen, und in gewisser Weise auch, wie ihr Körper aussieht. Wir wissen alle, dass sich übermäßiger Chips- und Schokoladenkonsum irgendwann auf den Hüften niederschlägt – und dass wir dem z. B. mit Sport entgegenwirken können. Andere körperliche Merkmale sind schlicht angeboren – beispielsweise ob man lange oder eher kurze Beine hat –, aber ich denke, darauf zielt Orbach hier nicht ab.*

b) *Orbach erklärt, wir seien heute so damit beschäftigt, unseren Körper zu erzeugen, dass wir nichts anderes mehr erzeugen können. Sie bleibt dafür jeden Beleg schuldig und mir erschließt sich das nicht. Das Bild, das sie entwirft, ist fürchterlich überzogen. Ich denke schon, dass es für viele Jugendliche extrem wichtig ist, ins Fitnessstudio zu gehen, aber dennoch schreiben wir auch Klassenarbeiten und machen Abitur.*

c) *Orbach behauptet zudem, zwanghaftes Trainieren sei das Gleiche wie Esssucht. Hier hat sie natürlich recht, wenn der Fokus auf dem Zwanghaften liegt und ich mich beispielsweise abscheulich fühle, wenn ich nicht täglich und über Stunden trainiere. Aber ist jeder, der regelmäßig trainiert, wirklich süchtig?*

1 Vergleichen Sie die einzelnen Bewertungen.
a) Stellen Sie heraus, was Ihnen auffällt.
b) Formulieren Sie eine eigene Bewertung zu einem selbst gewählten Aspekt des Interviews.

2 Prüfen Sie Ihre Randbemerkungen aus Aufgabe 1 (» S. 276) und bewerten Sie die Argumentation mithilfe der Arbeitstechnik und der Hinweise zu Sprache und Stil auf S. 278.
a) Übertragen Sie die Textstellen, denen Sie widersprechen möchten, in Ihr Heft und bewerten Sie diese.
b) Übertragen Sie die Textstellen, denen Sie teilweise zustimmen, in Ihr Heft und bewerten Sie diese.
c) Übertragen Sie die Textstellen, denen Sie zustimmen, in Ihr Heft und ergänzen Sie diese um weitere Aspekte.

ARBEITSTECHNIK — Argumente bewerten

Bei der Auseinandersetzung mit den Argumenten einer Autorin/eines Autors sollten Sie die eigene Position begründen. Es gibt unterschiedliche Arten, Argumente zu bewerten:

Sie stimmen einem Argument zu.

Sie stimmen einem Argument teilweise zu.

Sie stimmen einem Argument zu und ergänzen es um neue Aspekte.

Sie widersprechen einem Argument.

Die Argumentation bewerten

Sprache und Stil

Argumente werden durch Belege gestützt. Doch auch sie bieten möglicherweise Ansätze zur Kritik.

Art des Belegs	Ansatz zur Widerlegung
Hinweis auf statistische Erhebungen	Nachweis, dass die Statistik veraltet, falsch interpretiert bzw. nicht repräsentativ ist
Hinweis auf wissenschaftliche Forschungsergebnisse	Nachweis, dass Ergebnisse verkürzt dargestellt wurden, dass Untersuchungen veraltet sind, dass nur eine Einzelmeinung vertreten wurde
Hinweis auf Pressemitteilungen	Nachweis, dass die Meldungen veraltet sind oder sinnentstellend wiedergegeben wurden
Verweis auf allgemein bekannte Tatsachen	Relevanz der Tatsachen bezweifeln
Hinweis auf „gesunden Menschenverstand"	Nachweis mangelnder Logik
Hinweis auf Tradition/Gewohnheit	Verweis auf das Besondere der Situation
Hinweis auf eigene Erfahrungen	Verweis auf unzulässige Verallgemeinerung eines Einzelfalls
Verweis auf Autoritäten	Kompetenz im dargelegten Fall infrage stellen
Verweis auf Wertvorstellungen	Relevanz im dargelegten Fall infrage stellen
Analogieschlüsse	Nachweis unzulässiger Übertragung
ironische Überspitzung	Nachweis der Übertreibung

3 Prüfen und bewerten Sie Ihre eigene Argumentation (» Aufgabe 2, S. 272) entsprechend dem Muster auf der vorigen Seite.

4 Tauschen Sie Ihre Argumentation mit einer Lernpartnerin/einem Lernpartner aus und bewerten Sie ihre/seine Argumentation.

5 Notieren Sie in Zusammenarbeit mit Ihrer Lernpartnerin/Ihrem Lernpartner neue Belege nach obigem Beispiel (Kasten, linke Spalte), die zum Ausgangstext passen.

16.3 Eine eigene Sicht zum Textproblem entwickeln

Ziel Ihrer Erörterung ist es, die Leser/-innen von Ihrem Standpunkt zu überzeugen. Dazu stellen Sie Ihre Argumente in einen Argumentationszusammenhang und veranschaulichen Ihre Position. Ihre Argumente ordnen Sie dabei nach Wertigkeit und stützen Sie mit Belegen und Beispielen. Im Folgenden gibt eine Schülerin ihre Bewertung zu den im Text „Zwanghaftes Training ist das Gleiche wie Esssucht" vorgetragenen Argumenten ab.

Muster

Orbach beklagt, viele Menschen unserer Zeit seien so damit beschäftigt, sich um ihren Körper zu kümmern, dass sie zu nichts anderem mehr kämen. Sie führt an, uns allen werde vorgegaukelt, wir allein hätten die Verantwortung für unseren Körper und könnten uns mit hinreichend Einsatz von Zeit und Geld jederzeit einen Traumkörper zulegen. Orbach betont, dass dies eben nicht möglich sei. Was in
5 *unserer Gesellschaft als ideal gelte, sei gerade einer Handvoll Menschen – Models etc. – gegeben und der Rest der Menschheit laufe sein ganzes Leben lang einem unerreichbaren Ideal hinterher. Das klingt alles schlüssig und ich denke auch, es ist nicht völlig falsch, aber es ist doch recht überzogen dargestellt. Ich kann nichts Schlechtes darin sehen, den eigenen Körper straff und in Form zu halten, und bin auch nicht der Ansicht, dass sich das Leben der meisten Menschen nur darum dreht. Zudem ist es erwiesen,*
10 *dass Bewegung und gesunde Ernährung hilfreich sind, um Zivilisationskrankheiten wie Diabetes zu vermeiden.*
Orbach führt an, man mache den Menschen vor, sie könnten Krankheiten durch Sport und Ernährung besiegen. Das ist, wie ich oben dargelegt habe, ja auch nicht falsch. Bei Orbach klingt das nach einer Art Verschwörungstheorie. Aber wer macht das den Menschen denn vor? Sind das nicht wissenschaftlich
15 *bewiesene Tatsachen, erhärtet in unendlich vielen Studien?*
Einen Schuldigen hat Orbach schnell ausgemacht: die Schönheits- und Modeindustrie, die sich auf Kosten der Menschen bereichere und den Schönheitswahn anheize und ausbeute. Das ist sicherlich zu einem großen Teil richtig, man betrachte nur einmal die Werbeanzeigen der Kosmetikindustrie, die den potenziellen Kunden ewige Jugend, magische Schönheit, Verführung und vieles mehr versprechen.
20 *Orbach sagt, dass wir einen Körper „erzeugen", statt etwas anderes zu produzieren. Hier fehlt es ebenfalls an Belegen und es stellt sich die Frage, ob selbst der Teil der Bevölkerung, der seinen Körper „produziert", nicht auch noch andere Dinge hervorbringt. Selbst eine Madonna, die scheinbar wie besessen trainiert, produziert noch CDs und geht auf Tour!*
Die Psychoanalytikerin führt zudem an, vielen gehe es darum, mithilfe des Sports die eigenen Grenzen
25 *zu überwinden, und nicht darum, im Einklang mit dem Körper zu sein. Doch Orbach liefert hier keine Definition dessen, was es bedeutet, mit sich im Einklang zu sein. Die eigenen Grenzen auszutesten – ist es nicht das, was eine Entwicklung bringt? Ich habe vor einem Jahr an einer Höhlentauchaktion teilgenommen; das hat mich an meine Grenzen geführt, definitiv. Aber ich habe mich überwunden und das Gefühl danach war mit nichts zu vergleichen. Ich denke, so geht es den meisten, die sogenannte*
30 *Risikosportarten ausüben. Aber auch im Hinblick auf den Breitensport kann festgehalten werden, dass körperliche Anstrengung zur Endorphinausschüttung führt. Und ist ein Mensch, der glücklich ist, nicht im Einklang mit sich?*

1 Geben Sie die Abschnitte an, in denen die Schülerin das Textargument prüft, bewertet und ihre eigene Position verdeutlicht.

2 Beurteilen Sie die Überzeugungskraft der aufgeführten Argumente.

16.3 Eine eigene Sicht zum Textproblem entwickeln

Sprache und Stil

Folgende Formulierungen können Ihnen dabei helfen, Ihre eigenen Argumente plausibel darzulegen:

Mich stört …
… deshalb ist dies für mich nicht problematisch.
Aus meiner Erfahrung weiß ich, dass …
Aus meiner Sicht …
Sicherlich ist es so, dass …
Aber man sollte auch bedenken, dass …
Schließlich …
Zusammenfassend …
Abschließend …

 3 Sammeln Sie weitere Formulierungen und übertragen Sie diese in Ihr Heft.

ARBEITSTECHNIK — Ansätze für die Erörterung

Grundsätzliche Ansätze für die Erörterung sind:

A Textpositionen zurückweisen und eine Gegenargumentation entwickeln

- These aus der Textgrundlage durch Gegenargumente und Gegenbeispiele anzweifeln
- Prüfung, ob Belege und Beispiele plausibel sind
- ein Argument in einen bestimmten weltanschaulichen, sozialen, persönlichen Kontext einordnen und ihm so die Allgemeingültigkeit absprechen

B Textposition zustimmen

Bei einer Zustimmung zur Textposition fällt die kritische Auseinandersetzung mit dem Text am schwersten. Folgende Vorgehensweisen können dabei hilfreich sein:

- These des Autors mit eigenen Erfahrungen und Erkenntnissen stützen
- mögliche Gegenpositionen entkräften
- Überprüfung der Argumentationsstruktur und positive Bewertung ihrer Schlüssigkeit
- Geltung einer These grundsätzlich zustimmen, aber den Rahmen der Geltung einschränken

C Eigene Position durch Abwägen suchen

Um sich eine umfassende Meinung zu einem Problem zu bilden, sollten alle Positionen ausgeleuchtet werden. Möglichkeiten dieses „Einerseits-andererseits-Abwägens" sind:

- das Gewicht der eigenen Argumente prüfen
- Argumenten plausibel zustimmen oder widersprechen
- einen gemeinsamen Nenner suchen
- ein abwägendes Urteil fällen, das den unterschiedlichen Positionen gerecht wird

4 Untersuchen Sie, welche der oben genannten Ansätze im Muster von S. 279 gewählt wurden.

Eine eigene Sicht zum Textproblem entwickeln

Die Überprüfung der Textposition soll Ihre Argumentation verbessern.

Muster

Orbach behauptet, die Schönheitsindustrie bereichere sich auf unsere Kosten und führe uns damit ins Verderben. Diese Industrie belüge uns, indem sie suggeriere, dass ein blendendes Aussehen mithilfe der entsprechenden Produkte (Kosmetik/Kleidung) und einiger Anstrengungen (Diät/Sport) für jedermann erreichbar sei. Diesen Ansatz halte ich für weit überzogen. In der Tat entspricht es dem menschlichen Bedürfnis, sich zu pflegen und hübsch zu machen. Ich denke, das ist mit der Werbung für ein Beautyprodukt ähnlich wie mit Wahlversprechen – der vernünftige Verbraucher denkt sich seinen Teil. Ich glaube nicht, dass irgendjemand ernsthaft glaubt, sich 20 Jahre jünger cremen zu können.

5 Kehren Sie den Erörterungsansatz um und befürworten Sie die Textposition und damit die Argumentation Orbachs.

6 Wägen Sie die Positionen ab und kommen Sie zu einem abschließenden Urteil. Verwenden Sie hierfür Formulierungen wie: *einerseits/andererseits, zwar/aber, auf der einen Seite/auf der anderen Seite.*

7 Schreiben Sie mithilfe der oben aufgeführten Formulierungen und der Arbeitstechniken auf dieser und der vorangehenden Seite eine eigene vollständige Argumentation zum Thema.

ARBEITSTECHNIK — Textposition prüfen

Welches Resultat enthält der Text? Ist die Textposition a) einseitig, b) ausgewogen oder c) mündet sie in eine offene Frage?

Welche Aussagekraft vermittelt der Text? Werden Kernthesen oder Hauptaussagen a) mit überzeugenden Argumenten gestützt oder b) nicht überzeugend gestützt?

Wie erfasst der Text das Thema? Ist die Argumentation lückenlos, berücksichtigt sie Gegenargumente, enthält sie wichtige Teilaspekte?

Wie soll der Leser auf die Darstellungsweise reagieren? Lässt der Autor den Leser über seine offenen Fragen und Einräumungen nachdenken? Reizt seine Polemik zum Widerspruch?

16.4 Eine Gliederung erstellen

Schon bei der Bearbeitung eines Textes für die Erörterung sollte man über eine geeignete Gliederung nachdenken.

Tue Buße und trink einen Smoothie
von Melanie Mühl

Zum Beispiel Elle Macpherson: Früher, in den Achtziger- und Neunzigerjahren, war die Australierin mit den sehr langen Beinen ein berühmtes Model. Heute ist Elle Macpherson 51 Jahre alt und auf dem gigantischen Lifestyle-Anti-Aging-Markt tätig, wobei sie keine Botox-Spritzen injiziert, sondern wie so viele Stars auf ihrer Website die heilsame Kraft eines gesunden, natürlichen Lebensstils preist. Der Begriff „Balance" spielt dabei eine wichtige Rolle, die Philosophie des Im-Einklang-Seins mit sich selbst und der Natur. Elle Macphersons Botschaft ist simpel: „Fühle dich gut, nähre deine Zellen, und du wirst gut aussehen." Ihr ganz persönliches „super food" sind weder Goji-Beeren noch Chia-Samen, sondern ein alkalisierendes Nahrungsergänzungsmittel: „The Super Elixir". Ein grünes Wunderpulver, das sie gemeinsam mit einer sogenannten Ernährungsexpertin entwickelt hat. Das Pulver unterstütze Wohlbefinden und Vitalität, lindere Stress, Müdigkeit und vorzeitige Hautalterung. Kosten: 99 Dollar pro Dose. Dieses Pulver, sagt Elle Macpherson, habe ihre Gesundheit und ihr Leben verändert.

Auch bei Gwyneth Paltrow, die ja mal einen Oscar gewann und sich jetzt als Ernährungs-Guru inszeniert, geht es ums Ganze. Ihre Internetseite „Goop" ist eine Ansammlung absurder, mit Versprechungen aufgeladener Tipps, wie sie auch in Frauenzeitschriften üblich sind – mit dem entscheidenden Unterschied, dass Gwyneth Paltrows Celebrity-Status ihr eine Autorität und Glaubwürdigkeit verleiht, die sie in die Experten-Kategorie befördert, wohin sie nicht gehört. […]

Gwyneth Paltrow und Elle Macpherson sind prominente Beispiele einer rasant wachsenden, pseudoreligiösen Gemeinschaft von Health- und Food-Bloggern, die ihre Ernährungs- und sonstigen Optimierungsweisheiten oft in missionarischem Ton erfolgreich im Internet verbreiten. Ihr Einfluss nimmt zu. Alles dreht sich um die Frage, welcher Lebens- und Ernährungsstil gesünder, schöner, energiegeladener, glücklicher und ausgeglichener macht. Lebensmittel sind heute nicht einfach nur Lebensmittel, sie sind, wie beispielsweise It-Bags, gleichzeitig Trendprodukte. Hoch im Kurs stehen derzeit Kokosnussöl, Acai-Beeren (auch Wunderbeeren genannt), Quinoa, Süßkartoffeln und Grünkohl, wobei der Grünkohl in Amerika laut Trendforschern seinen Beliebtheitszenit bereits überschritten hat.

Zu einem „Healthy Lifestyle" gehören Rituale, wie etwa jeden Morgen eine Schüssel glutenfreier Haferflocken („Overnight Oats", auch Birchermüesli genannt) mit Biobeeren oder einen grünen Smoothie zum Frühstück zu genießen. Eines der magischen Wörter lautet Detox (also Heilfasten), eine Art Peeling für das vermeintlich dauerverschmutzte Körperinnere des modernen Menschen. Überall […] ist von der Notwendigkeit der Körperreinigung die Rede. Der Mensch sündigt, er isst Süßes und Weizen, trinkt Kaffee und Alkohol, stopft Burger in sich rein, mag Kekse und übersäuert durch seine miserablen Gewohnheiten den Körper. Detox als Buße. Es ist die denkbar beste Werbung, und sie beschert der Industrie ein Milliardengeschäft. Die Wahrheit ist: Ein gesunder Körper muss nicht entgiftet werden, da er über ein fast perfekt arbeitendes organisches Reinigungssystem verfügt, welches seinen Dienst praktischerweise Tag und Nacht erledigt. Sollte der Körper tatsächlich vergiftet sein, hilft ein grüner Smoothie garantiert nicht weiter.

Beliebte Ernährungsstile, ob nun vegan, Paleo, Low Carb, glutenfrei oder Rohkost, haben alle eines gemeinsam: die Regelbesessenheit ihrer Verfechter, die kategorisch zwischen guten (natürlichen) und schlechten (industriell verarbeiteten) Lebensmitteln unterscheiden, zwischen gesunder und gefährlicher Nahrung. Was für den einen essenziell ist (etwa Fleisch), stuft der andere als Teufelszeug ein. Aus der Überzeugung, auf der Seite der Guten zu stehen, die den Durchblick haben, wird gerne ein moralisches Überlegenheitsgefühl abgeleitet. Der moderne Tempel der Essensüberhöher ist der Bioladen. In Amerika heißen diese Tempel „Whole Foods Market", eine Kette, die Michael Schulson, Autor des Buchs „The Gluten Lie", in einem Artikel für „The Daily Beast" als den „größten Schrein der Pseudowissenschaft" bezeichnet. Das

Eine Gliederung erstellen

Pseudoreligiöse als Teil des Vermarktungskonzepts sei evident. Schulson führt unter anderem das „Ezekiel 4:9 bread" an, „Dr. Bronners's Magic Soups" sowie „Vitamineral Earth's Sacred Healing Food". „Whole Foods" verkauft neben Lebensmitteln vor allem das Gefühl, moralisch vorbildhaft zu handeln. Die Werbeslogans, die dieses Gefühl verstärken, lauten so: „Eat like an idealist", „Healthy food does good", „Treat your body like it belongs to someone you love".

Eine der erfolgreichsten Food-Bloggerinnen ist die junge, gutaussehende Britin Ella Woodward, bei der 2011 eine seltene Krankheit namens Posturales Tachykardiesyndrom diagnostiziert wurde. Auf ihrer Website „Deliciously Ella" („Love Your Life, Love Your Food, Love Your Self") beschreibt die Bestsellerautorin ihre einstigen Qualen. Sie konnte kaum die Straße entlanglaufen, schlief sechzehn Stunden am Tag, litt unter Magenbeschwerden, chronischen Schmerzen, Kopfweh. Sechs Monate suchte sie Hilfe bei der Schulmedizin, doch ihr gesundheitlicher Zustand blieb katastrophal. Dann änderte sie ihr Leben, sprich ihre Ernährung, radikal und stellte über Nacht auf eine „Vollwertkost auf pflanzlicher Basis" um. Das bedeutete: kein Fleisch mehr, keine Milch, kein Zucker, kein Gluten und was nicht alles. „Auf diese Weise zu essen hat mir die Kontrolle über meine Krankheit gegeben. Die ständigen Schmerzen hörten auf, meine Energie wurde wiederhergestellt, ich bekam mein Leben zurück. Es hat mich wirklich geheilt."

Es sind Happy-End-Geschichten wie diese, nach denen sich viele Menschen sehnen. Das Heilungsnarrativ ist ein Erfolgsgarant, unbeeindruckt von wissenschaftlichen Tatsachen. Ästhetisch an Hochglanzmagazine erinnernd und erzählerisch geschickt verpackt, reüssieren selbst die zweifelhaftesten Geschichten. Der Glauben jener, die sich in irgendeine Ernährungsideologie verrannt haben, scheint unerschütterlich. Nur so lässt sich erklären, dass es der jungen Australierin Belle Gibson gelungen ist, der Welt im Internet erfolgreich vorzugaukeln, sie habe einen Hirntumor im Endstadium besiegt – durch alternative Heilmethoden und gesunde Ernährung (F.A.Z. vom 24. April). Selbst Apple kaufte Belle Gibson diese Geschichte ab, und man fragt sich, wie viele Verantwortliche ihren gesunden Menschenverstand des lukrativen Geschäfts wegen wohl ausschalten mussten.

Apropos gesunder Menschenverstand: Starkoch Pete Evans – ein Landsmann von Belle Gibson – hat gemeinsam mit Charlotte Carr (Bloggerin) und Helen Padarin (Heilpraktikerin) ein Paleo-Kochbuch für Babys und Kleinkinder verfasst („Bubba Yum Yum. The Paleo Way"), dessen fürs Frühjahr geplante Markteinführung der Verlag kurzfristig stoppen musste. Die Belegexemplare an Kritiker waren bereits versandt, da liefen Experten gegen die Veröffentlichung Sturm. Die „Public Health Association of Australia" hatte davor gewarnt, dass Babys sterben könnten, käme dieses Buch in die Verkaufsregale. Ein Rezept für Babymilchnahrung aus Leber- und Knochenbrühe stellte sich als toxisch heraus: Es überschritt die maximal sichere Vitamin-A-Aufnahmemenge um das Zehnfache. Die Fontanellen des Neugeborenen könnten drastisch anschwellen. Selbst das vom Autorenteam überarbeitete und mit Vitamin C sowie Kalzium angereicherte Rezept stufte der australische Dachverband für Ernährungsfragen als Gefahr für Babys ein: „Das ist ein weiteres Beispiel dafür, wie gefährlich es sein kann, den Gesundheitsratschlägen unqualifizierter Leute zu folgen."

Der Skandal läutete trotzdem nicht das Ende von „Bubba Yum Yum. The Paleo Way" ein, im Gegenteil. Charlotte Carr schreibt freudig auf ihrer Homepage: „Ich kann es nicht erwarten, bald das Veröffentlichungsdatum meines Buchs mit euch zu teilen." Auch dieser Unfug wird seine Käufer finden.

www.faz.net (Frankfurter Allgemeine Zeitung, 19.05.2015)

1 Stellen Sie die Argumentationsstruktur des Textes stichpunktartig dar.

2 Verfassen Sie eine strukturierte Textwiedergabe.

3 Entscheiden Sie sich mithilfe des Basiswissens auf S. 284 für ein Gliederungsschema und gliedern Sie Ihre Erörterung in Stichworten.

16.4 Eine Gliederung erstellen

BASISWISSEN — Gliederungsschemata

Die textgebundene Erörterung enthält fast immer drei Hauptelemente:
a) die Darstellung der Argumentationsstruktur in der strukturierten Textwiedergabe,
b) das kritische Erörtern der Hauptthesen und deren Argumente,
c) die Stellungnahme zum Thema.

Die Darstellung und Erörterung der Argumentationsstruktur eines Textes kann nacheinander erfolgen (Blockprinzip) oder miteinander verzahnt werden (Reißverschlussprinzip).

Blockprinzip

Diese Elemente sind häufig schon in der Aufgabenstellung sichtbar und können als Gliederungsgrundlage dienen. In diesem Fall ergibt sich die Erörterung nach dem *Blockprinzip*:

Aufgabenstellung des Erörterungsaufsatzes	Gliederung nach dem Blockprinzip
„Verfassen Sie eine textgebundene Erörterung …"	übergreifende Aufgabenstellung
„Fassen Sie … mit eigenen Worten zusammen."	strukturierte Textwiedergabe
„Erarbeiten Sie die Grundstruktur der Argumentation."	strukturierte Textwiedergabe
„Prüfen Sie die Beweiskraft der Textargumentation und ihre beabsichtigte Wirkung."	Erörtern
„Nehmen Sie kritisch Stellung zu …"	eigene Stellungnahme

Reißverschlussprinzip

Wenn Sie die oben aufgeführten Elemente mit der jeweiligen Stellungnahme direkt verbinden, gliedern Sie nach dem *Reißverschlussprinzip*. Beim Aufbau nach dem Reißverschlussprinzip folgen Sie dem eigenen Zugriff auf den Text. Und deswegen entwickeln Sie eine eigene Systematik, die Sie dem Leser auch sprachlich vermitteln. Dieser Aufbau ist anspruchsvoll, aber lebendiger.

Gliederung nach dem Reißverschlussprinzip	
Grundaussage 1	Stellungnahme 1
Grundaussage 2	Stellungnahme 2
Grundaussage 3	Stellungnahme 3

Mischform

Sie können auch eine *Mischform* wählen. Zuerst erarbeiten Sie die strukturierte Textwiedergabe und folgen dabei dem Gedankengang des Textes (Blockprinzip). Anschließend erörtern Sie ausgewählte Textgedanken unter eigenen Gesichtspunkten und nehmen Stellung unter Loslösung von der Textvorlage (Reißverschlussprinzip).

 4 Erörtern Sie die Vor- und Nachteile der jeweiligen Gliederungsschemata.

Unterschiedliche Ansätze der Stellungnahme formulieren

Muster

Aufsatzteil 1:
In dem Zeitungsartikel aus der Online-Ausgabe der Frankfurter Allgemeinen Zeitung, verfasst von Melanie Mühl, mit dem Titel „Tue Buße und trink einen Smoothie" geht es darum, dass uns immer mehr Prominente vorschreiben wollen, was wir zu essen und zu trinken haben. Die Autorin bezweifelt die Kompetenz dieser selbst ernannten Gesundheitsexpertinnen und zeigt auf, dass deren Tipps sogar gefährlich sein können.

Aufsatzteil 2:
Die Autorin behauptet, dass Ernährungstheorien heutzutage immer mehr Züge von Ersatzreligionen annehmen. Sie erklärt, es gehe nicht darum, ob das Essen schmecke, sondern was sich durch die Ernährung für den Körper erreichen ließe. Melanie Mühl zeigt auf, dass diese Ernährungstheorien vor allem über das Internet verbreitet werden und teilweise gefährlicher Unsinn sind. Ich denke, die Autorin weist hier auf einen wichtigen Punkt hin. Jeder kann nahezu alles im Internet veröffentlichen und wir Menschen neigen dazu, allzu naiv zu glauben, was wir lesen. Auch ich sehe hier eine große Gefahr.

Aufsatzteil 3:
Ich stimme der Autorin zu, dass es im Kern nicht darum gehen kann, ständig neuen Ernährungstrends hinterherzuhecheln. Sondern dass es darum gehen muss, das Ganze mal kritisch zu hinterfragen. Klar, sehen Models super aus, doch eigentlich wissen wir, dass das nur zu einem kleinen Teil an der Ernährung liegt und zu einem großen Teil an den Genen. Oder eventuell auch an den Chirurgen. Natürlich ist eine gesunde Ernährung wichtig, aber das Befolgen häufig sinnloser Lehren führt noch nicht zu einer ausgewogenen Ernährung. Das zeigt sich an vielen aktuellen Trends, ob Low-Carb- oder Steinzeitdiät.

Aufsatzteil 4:
Die Autorin macht sich in ihrem Text darüber lustig, dass sich immer mehr Menschen Gedanken über ihre Ernährung machen. Mühl behauptet, dass Bioläden schon fast den Status von Tempeln hätten. Ich halte das für völlig überzogen. Meine Mutter kauft auch im Bioladen ein. Aber sie geht dorthin, weil sie fair gehandelte Produkte haben möchte, und nicht, um das Gemüse anzubeten. Auch macht sich Frau Mühl über selbst ernannte Gesundheitsexperten lustig. Sie spricht Models und Schauspielerinnen hier jede Kompetenz ab. Das wage ich, in Zweifel zu ziehen. Schließlich sind gerade das Personen aus Berufsgruppen, die mit ihrem Körper Geld verdienen, klar also, dass sie sich um diese Themen viele Gedanken machen und sicherlich auch viel gelesen und ausprobiert haben. Was spricht für den Normalverbraucher dagegen, davon zu profitieren?

1 Überprüfen Sie, welche Aufsatzteile Stellungnahmen enthalten und wie sich diese unterscheiden.

2 Schreiben Sie im Anschluss an einen der Aufsatzteile eine widersprechende, eine zustimmende und eine weiterführende Stellungnahme.

16.5 Eine textgebundene Erörterung schreiben

Die folgende Erörterung wurde von einer Schülerin verfasst.

Muster

Aufgabe: Erörtern Sie den Text „Tue Buße und trink einen Smoothie" von Melanie Mühl.

1. Fassen Sie die wesentlichen Aussagen des Textes zusammen.
2. Erarbeiten Sie die Grundzüge der Argumentation und Kritik am „Healthy Living".
3. Nehmen Sie kritisch Stellung zu Frau Mühls Aussagen.

In ihrem Artikel „Tue Buße und trink einen Smoothie", der am 19.05.2015 in der FAZ online erschien, setzt sich Melanie Mühl mit dem aktuellen Hype um gesunde Ernährung auseinander. Laut Autorin habe dieser Hype mittlerweile pseudoreligiöse Züge angenommen und beleidige in vieler Hinsicht den gesunden Menschenverstand.

5 *Mühl beschreibt in ihrem anschaulich verfassten Text, wie Promis, z. B. das frühere Model Elle Macpherson und die Schauspielerin Gwyneth Paltrow, zu Gurus einer neuen Health-Food-Bewegung werden, indem sie auf Internetseiten Ernährungstipps geben und/oder Produkte vertreiben, die neben Gesundheit auch so etwas wie ewige Jugend versprechen. Die Autorin erklärt, dass ihre Prominenz und Schönheit den beiden Stars dabei zu Glaubwürdigkeit verhelfen – wiewohl die Kompetenz, was Gesundheit und*
10 *Ernährung angeht, bei einer Schauspielerin und einem Ex-Model durchaus in Zweifel gezogen werden könnte. Mühl hält das meiste, was die beiden Frauen auf ihren Seiten vortragen, für ausgemachten Blödsinn. Ebenso, wie sie die Detox-Mode, den Trend zur Körperreinigung durch bestimmte Säfte oder Nahrungsergänzungsprodukte, für Unsinn hält: „Die Wahrheit ist: Ein gesunder Körper muss nicht entgiftet werden, da er über ein fast perfekt arbeitendes organisches Reinigungssystem verfügt". Und wenn, so die*
15 *Autorin weiter, der Körper doch mal vergiftet sei, helfe „ein grüner Smoothie garantiert nicht weiter". Mühl formuliert präzise und spritzig. Gut nachvollziehbar kritisiert sie den Fanatismus, mit dem mittlerweile die diversen Ernährungsstile – Low Carb, vegan etc. – von ihren Anhängern vertreten würden. Sie bemängelt, dass Lebensmittel per se in gut oder schlecht eingeteilt würden und das Ganze von den jeweiligen Vertretern mit einem „moralischen Überlegenheitsgefühl" garniert werde. Melanie Mühls*
20 *Ansicht nach hätten dadurch auch Bioläden heutzutage bereits den Status von Tempeln erreicht. „Der Glauben jener, die sich in irgendeine Ernährungsideologie verrannt haben, scheint unerschütterlich", konstatiert Mühl. Auch dann, wenn die Ernährung der Gesundheit nicht nur nicht nutze, sondern sogar gefährlich werde. Wie es, so Mühl, im Fall eines Ernährungsplans für Babys gewesen sei, die dadurch sogar in Lebensgefahr hätten geraten können. (Das Ernährungsbuch sei, so Mühl, aber bislang nicht auf*
25 *den Markt gekommen.) Der gesunde Menschenverstand werde, so die Autorin, an der Küchentür offenbar allzu häufig abgegeben.*
Melanie Mühl arbeitet klar heraus, dass Lebensmittel heute nicht einfach nur Lebensmittel sind, sondern Trendprodukte, die Moden unterworfen sind. Und dass es bei all dem eigentlich immer nur um die eine Frage geht: Was macht „gesünder, schöner, energiegeladener, glücklicher und ausgeglichener"?
30 *Damit spricht Mühl indirekt ein Kernproblem unserer Zeit an: Es ist quasi nicht mehr erlaubt, in Ruhe und Würde alt zu werden, ebenso wie Leistungstiefs nicht zum guten Ton gehören. Und wer seinen Körper außer Form geraten lässt, gerät schnell in den Ruf, den Rest seines Lebens auch nicht im Griff zu haben. Macpherson und Paltrow, die mit 40/50 Jahren immer noch jugendlich, straff und happy wirken, setzen Otto Normalverbraucher gewissermaßen unter Zugzwang. Und machen ihn anfällig dafür,*
35 *allerlei Heilsversprechen zu glauben, für die es, so Mühl, keine wissenschaftliche Grundlage gebe.*
An diesem Punkt schießt Melanie Mühl über das Ziel hinaus. Natürlich gibt es Studien, die uns wissen lassen, welche Form von Ernährung die dem Menschen zuträglichste ist, und natürlich gehören industriell verarbeitete Fertigprodukte häufig nicht dazu. Auch die Verdammung von Detox als überflüssigen

Eine textgebundene Erörterung schreiben

> Entgiftungsirrsinn kann meiner Meinung nach so nicht stehen gelassen werden. Die Tradition des
> 40 Fastens ist jahrtausendealt und in fast allen Kulturen ein fester Bestandteil: Selbstverständlich kann es
> Seele, Geist und Körper guttun, wenn der Mensch sich durch Fasten einschränkt. Ob man dabei grüne
> Getränke zu sich nehmen muss, sei einmal dahingestellt.
> Mühl kritisiert den Fanatismus, der mit Ernährungsformen häufig Hand in Hand geht. Diesen kann ich
> aber in Deutschland so nicht feststellen. Ich kenne jedenfalls niemanden, der es zulässt, dass so etwas
> 45 sein Leben beeinflusst. Aber ich kenne etliche, die sich bewusst machen, was sie zu sich nehmen. Und
> das finde ich auch sehr in Ordnung. Schließlich betanken wir unser Auto ja auch nicht mit irgendetwas,
> sondern mit genau dem Kraftstoff, den es braucht.

1 Veranschaulichen Sie in einer Kopie des Textes die Gliederung anhand von Randnotizen.

2 Prüfen Sie, wo diese Schülerarbeit gelungen ist und wo Sie Schwächen sehen.

3 Verfassen Sie eine eigene Erörterung.

4 Setzen Sie sich in Gruppen von vier bis fünf Schülerinnen und Schülern zu einer Schreibkonferenz zusammen und tauschen Sie Ihre Texte untereinander aus. Jede Erörterung sollte von allen Gruppenmitgliedern gelesen werden.

5 Halten Sie am Rand jeder Erörterung fest, was Ihnen besonders gut gefällt, und notieren Sie auch Fragen oder Verbesserungsvorschläge. Kennzeichnen Sie zudem Rechtschreib- oder Ausdrucksfehler.

ARBEITSTECHNIK — Arbeitsplan „Textgebundene Erörterung"

Arbeitsschritte	Ziele	Vorgehensweisen
1. Text analysieren	Inhalt und Reichweite der Hauptthese erfassen, Hauptthesen erkennen	• Schlüsselbegriffe heraussuchen und klären • strukturierende Verben zuordnen • Argumentationsstruktur darstellen
2. Stoff sammeln	Gedanken und Argumente als Antworten auf das Thema sammeln	• Mindmap
3. Stoff ordnen und Erörterungsansätze finden	eigene und kritische Argumentation entwickeln	• sprachliche Auffälligkeiten analysieren • Haltung zur Themenfrage überprüfen
4. Gliederung erstellen	Aufbau des Aufsatzes bestimmen, Argumentationsstrategie festlegen, Zielrichtung der Stellungnahme beachten	• nach Blockprinzip gliedern • nach Reißverschlussprinzip gliedern
5. Textgebundene Erörterung verfassen	den Aufsatz sprachlich-stilistisch gestalten	• lesergerecht formulieren • Textverknüpfungen herstellen

16.5 Eine textgebundene Erörterung schreiben

Sprache und Stil

Die unten aufgeführten Punkte können Ihnen helfen, die Folgerichtigkeit Ihrer Erörterungsschritte zu prüfen und unübersichtliche Reihungen von Argumenten zu vermeiden. Verwenden Sie deshalb beim Verfassen der Erörterung

- sprachliche Hinweise auf den Textaufbau,
- Signalwörter und Schlüsselbegriffe,
- strukturierende und wertende Verben,
- kommentierende Einschübe,
- Verknüpfungswörter.

Wichtig sind deutliche Textverknüpfungen an den Naht- bzw. Übergangsstellen. Sie bringen den Zusammenhang zwischen den verschiedenen Gedankengängen zum Ausdruck.

Funktion im Textzusammenhang	Sprachliches Mittel
Verknüpfung von Gedanken	*Ein weiterer Aspekt ist ...* *Hinzu kommt, dass ...* *Außerdem spielt noch ... eine Rolle* *...*
Antithese	*Auf der anderen Seite ...* *...*
Hervorhebung	*Nicht übersehen werden darf ...* *Besonders wichtig ist dabei ...* *Die folgenden Gesichtspunkte haben besonderes Gewicht ...* *Besondere Aufmerksamkeit verdient ...* *Im Besonderen ...* *Weitaus wichtiger aber ist noch ...* *...*
Einräumung	*Wenn man berücksichtigt, dass ...* *An dieser Stelle ließe sich einwenden ...* *Allerdings muss man auch sehen, dass ...* *Dies kann aber nur unter der Bedingung gesagt werden, dass ...* *Einschränkend dazu muss aber betont werden, dass ...* *...*
Schluss	*Nach genauer Prüfung aller vorgetragenen Gesichtspunkte ...* *Abschließend betrachtet, ...* *...*

★ **6** Finden Sie für jede Funktion zwei weitere sprachliche Mittel.

16.5 Eine textgebundene Erörterung schreiben

Um Ihre Argumentation möglichst überzeugend zu präsentieren, können Sie folgende Argumentationsstrategien einsetzen.

ARBEITSTECHNIK — Argumentationsstrategien

Wer mit Widerstand rechnet, bevorzugt die **Durchbruchstrategie** und nennt das überzeugendste Argument zuerst. Weitere Argumente dienen der Unterstützung.

Bei der **dramatisierenden Reihe** dagegen beginnen Sie mit einem wichtigen Argument, zählen dann weitere Argumente auf und bewahren sich das beste Argument für den Schluss (Höhepunkt) auf.

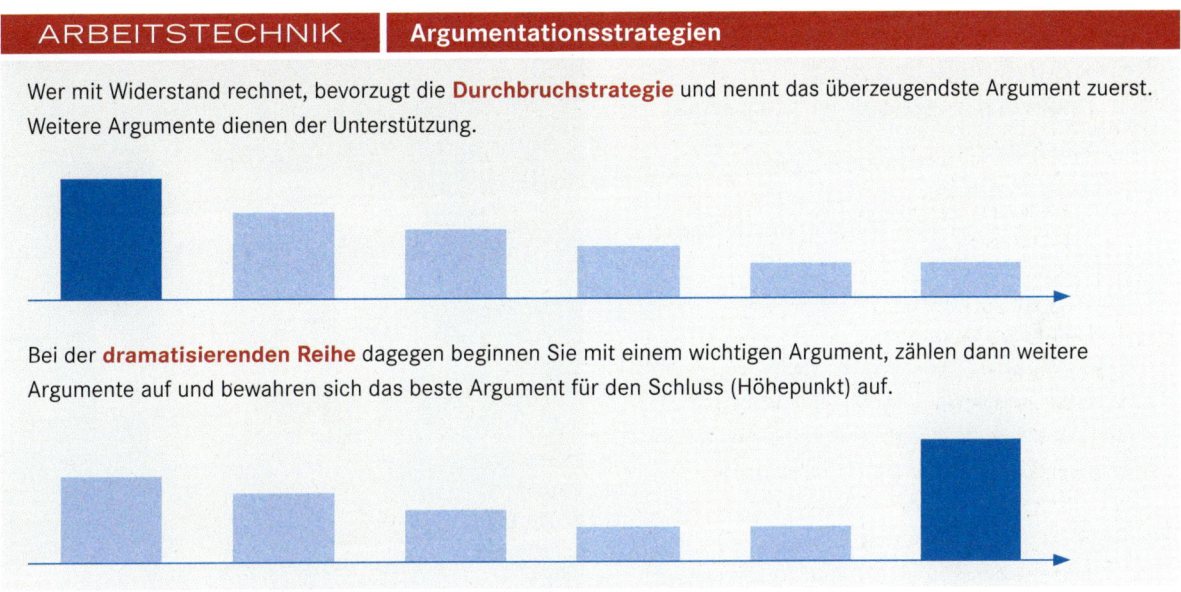

FAZIT

16.1 Einen Text analysieren und eine strukturierte Textwiedergabe verfassen
- Thesen und Argumente exzerpieren
- Argumentationsstruktur darstellen
- strukturierende Verben verwenden
- eine strukturierte Textwiedergabe verfassen

16.2 Die Argumentation des Autors prüfen und bewerten
- die Textvorlage kommentieren
- der Argumentation widersprechen, teilweise zustimmen oder zustimmen

16.3 Eine eigene Sicht zum Textproblem entwickeln
- die Textposition zurückweisen oder ihr zustimmen
- durch Abwägen ein eigenes Urteil finden

16.4 Eine Gliederung erstellen
- Blockprinzip
- Reißverschlussprinzip
- unterschiedliche Ansätze der Stellungnahme

16.5 Eine textgebundene Erörterung schreiben
- eine textgebundene Erörterung schreiben

16.6 Prüfungsvorbereitung

Prüfungsvorbereitung

Die folgenden Texte und Aufgaben könnten Ihnen in einer Prüfung zum Thema textgebundene Erörterung vorliegen.

Prüfungstext 1

Krank durch Fleischverzicht?
Wie gefährlich Vegetarier wirklich leben

von Sybille Möckl

Die Geister scheiden sich am Thema Fleischkonsum. Für die einen ist tierische Nahrung ein Hochgenuss, für die anderen purer Massenmord. Für jede dieser Meinungen gibt es gute Gründe und ebenso viele Tatsachen, die dagegensprechen.

Einerseits liefert Fleisch dem Menschen wichtige Nährstoffe. Andererseits verschwinden für die Massentierhaltung große Mengen Soja und Getreide in den Mägen der Tiere – die direkt als Lebensmittel ethisch sehr viel sinnvoller wären.

Gerade hat das Fachjournal „Plos One" eine Studie der Medizinischen Universität Graz zu diesem strittigen Thema veröffentlicht. Sie besagt, dass Menschen, die sich vegetarisch ernähren, häufiger Krebs und öfter Herzinfarkte bekommen als Fleischesser. Darüber hinaus sei die Lebensqualität der Vegetarier niedriger und sie benötigen mehr Leistungen des Gesundheitssystems, schreiben die Forscher. Ihre Ergebnisse haben die Diskussion um das Thema Fleischverzehr erneut angeheizt.

Der Vegetarierbund (VEBU) Deutschland kritisierte die Studie. Sie sei „vom Studiendesign nur bedingt geeignet, Unterschiede zwischen Vegetariern und Fleischessern zu entdecken", erklärt Stephanie Stragies vom Vegetarierbund. „Leider fehlt bei der Studie eine Erhebung der Motive, warum die Teilnehmer eine vegetarische Ernährung praktizieren."

Für den Verzehr von Fleisch sprechen die Nährstoffe, die es liefert. Fleisch besteht zu etwa 20 Prozent aus Eiweiß, das der Mensch zum Überleben braucht. Ebenso enthält es Mineralstoffe und einige wichtige Vitamine aus der A- und B-Gruppe. Ein Mangel dieser Vitamine kann zu Muskelschwund und Herzinsuffizienz, Schlafstörungen, Appetitlosigkeit oder Blutarmut führen. Im Fleisch liegen die Proteine, Eisen und

Vitamine größtenteils in für den menschlichen Organismus besser verfügbarer Form vor als in Pflanzen.

Die tierischen Proteine haben jedoch auch Nachteile, die pflanzliche nicht haben. Sie sind zum Beispiel leichter verdaulich. Pflanzliches Eiweiß enthält außerdem kaum Purin, das Harnsäure bildet. Zu viel Harnsäure übersäuert den Körper und kann dadurch Müdigkeit, Appetitlosigkeit und sogar Immunschwäche erzeugen. Auch bei Gicht spielt ein zu hoher Harnsäurespiegel eine Rolle.

Eine Langzeitstudie amerikanischer Forscher zeigte, dass die Rate von Gicht-Neuerkrankungen unter Männern erhöht ist, die viel Fleisch essen (etwa 2,5 Mahlzeiten pro Tag). Nämlich 40 Prozent höher als die der Männer mit dem niedrigsten Fleischkonsum (von im Mittel 0,5 Mahlzeiten pro Tag). Die Studie von Hyon K. Choi vom Massachusetts General Hospital in Boston ist im „New England Journal of Medicine" erschienen. Die Wissenschaftler hatten dafür mehr als 47 000 Männer über zwölf Jahre lang regelmäßig untersucht.

Prüfungsvorbereitung

Ein weiterer Minuspunkt für das Fleisch: Es enthält viel Fett, vor allem gesättigte Fettsäuren, die den Cholesterinwert im Körper ansteigen lassen.
    Tierische Proteine sind außerdem reich an den schwefelhaltigen Aminosäuren Cystein und Methionin und haben einen größeren Anteil an verschiedenen sogenannten aromatischen Aminosäuren. Die übermäßige Zufuhr dieser beiden Gruppen kann Haut- und Darmkrebs fördern.

www.focus.de (Focus, 28.02.2014)

1 Stellen Sie die beiden gegensätzlichen Positionen des Textes dar.
2 Erörtern Sie eine der beiden Positionen (» Kapitel 12).
3 Nehmen Sie abschließend Stellung zum Thema „Fleischverzicht – ja oder nein?".

Prüfungstext 2

Die Mär vom Entschlacken

Radikale Diäten, die den Körper reinigen sollen, erreichen oft das Gegenteil: Eine Überdosis Gift sammelt sich im Blut an. Vernünftiges Fasten kann jedoch tatsächlich heilsam sein.
von Jörg Zittlau

Thorsten Frankenberg schaut auf die einsame Tasse Tee, die beim Abendessen vor seiner Frau steht, und meint schmunzelnd: „Ist es wieder so weit?" Gattin Karin rührt seufzend in ihrem Heißgetränk: „Nach dem langen Winter und dem üppigen Essen muss ich meinen Körper einfach mal wieder einer Grundreinigung unterziehen." Es klingt ein wenig wie Ölwechseln bei einem Auto. Und so in etwa stellt es sich die Mittvierzigerin wohl auch vor. Eine Woche lang gibt es für sie nichts außer Tee, Honig und Zitronensaft.
    Damit, ist sie überzeugt, befreit sie sich von den berüchtigten Schlacken, die ihren Organismus belasten und allerlei Krankheiten auslösen können – nicht ahnend, dass sie mit ihrer Strategie womöglich genau das Gegenteil erreicht.
    Wissenschaftliche Belege für die Existenz von irgendwelchen Schlacken, bei denen es sich laut Heilfastenanhängern mal um die „Abbaustufen der Neutralfette", mal um „Zwischenprodukte eines unvollständigen Eiweißstoffwechsels" handeln soll, gibt es jedenfalls nicht. Tatsächlich jedoch scheidet der Körper, wie Antje Gahl von der Deutschen Gesellschaft für Ernährung betont, „unverwertbare Stoffwechselprodukte ständig über Haut, Niere, Darm oder Lunge aus". Könnte er das nicht, wäre der Mensch im Laufe der Evolution schon längst ausgestorben. Man muss und kann also gar keine Schlacken per Fastenkur loswerden. Im Gegenteil.
    Wer sein Fettgewebe radikal herunterhungert, riskiert sogar eine Giftdröhnung. Ein kanadisches Forscherteam entdeckte in einer Studie mit extrem Fettleibigen, die sich einer Magenverkleinerung unterzogen und damit innerhalb eines Jahres rund 45 Prozent ihres Körpergewichts verloren hatten, deutlich erhöhte Schadstoffwerte im Blut. „Die chlororganischen Verbindungen nahmen um 388 Prozent zu", berichtet Studienleiter Normand Teasdale von der Laval University in Québec. Solche Umweltgifte nehmen wir beispielsweise durch pestizidgespritztes Obst und Gemüse auf. Bei Patienten, die sich lediglich einer kalorienreduzierten Diät unterzogen hatten, fielen sowohl Gewichtsverlust als auch Schadstoffbelastung mäßiger aus. Doch auch bei ihnen waren die Giftwerte noch um 20 bis 50 Prozent erhöht, je nachdem, wie viel Gewicht sie verloren hatten.
    An der Kyungpook National University in Südkorea untersuchte man langfristig die Gift- und Gewichtsdaten von 1099 Probanden – und entdeckte, dass mit jeder Diät die Werte von Pestiziden und den als Weichmacher bekannten polychlorierten Biphenylen im Blut deutlich anstiegen. Und zwar umso mehr, je überge-

Prüfungsvorbereitung

wichtiger die Menschen und je härter die Diäten waren. Weshalb Abspeckkuren Gift freisetzen, erklärt sich aus der Funktion unserer Fettpolster. Sie sind evolutionär nicht nur als Kältepuffer und Reserven für nahrungsärmere Zeiten gedacht, sondern auch als Zwischenlager für fettlösliche Gifte. […]

Gerade wenn Menschen häufig mit Umweltgiften Kontakt haben oder viel Alkohol trinken, sind die Leber sowie die anderen Entgiftungsorgane überfordert, sodass sie die Problemsubstanzen unverstoffwechselt im Fettdepot abspeichern. Eine Art „Fettquarantäne" für Umweltgifte also. Doch diese Quarantäne wird durchlässig, wenn der Körper aufgrund einer Diät auf die Speckpolster zurückgreifen muss. Dann gelangen die Gifte ins Blut und von dort aus zu anderen Organen, wo sie Schaden anrichten können. So gelten etwa DDT und andere Chlorchemikalien als potenzielle Krebsauslöser, die Weichmacher-Biphenyle können aufgrund ihrer hormonähnlichen Wirkung unter anderem bei Männern zu Unfruchtbarkeit führen.

Gründe genug also, gerade als stark übergewichtiger Mensch vorsichtig an eine Fastenkur heranzugehen.

Magen-Darm-Spezialist Joachim Mössner vom Universitätsklinikum Leipzig geißelt sie sogar als „mittelalterlichen Hokuspokus". Doch Heilfasten kann, sofern es nicht als radikale Nulldiät […] durchgeführt wird, durchaus positive Effekte haben. […]

So könne es, wie Naturheilkunde-Experte Bernhard Uehleke von der Freien Universität Berlin betont, bei entzündlichen Erkrankungen wie Neurodermitis und Rheuma helfen, weil der Körper physiologisch umgestimmt wird: „Er schaltet dann auf Bewältigungsstrategien um, die weniger zu schmerzhaften Entzündungen führen." Beispielsweise verringert der Fleischverzicht beim Fasten den Wert an Arachidonsäure, die vom Körper als chemische Basis für Entzündungsreaktionen herangezogen wird. In einer Doktorarbeit des Universitätsklinikums Jena führte ein 15-tägiges Heilfasten auf Basis von 300 Kalorien pro Tag bei den 36 teilnehmenden Arthrose-Patienten zu deutlichen Symptomlinderungen, die eingeschränkten Gelenkfunktionen besserten sich, und die Schmerzen gingen zurück. „Niemand kann allerdings lebenslang fasten", sagte Studienbetreuerin Christine Uhlemann. Dennoch

Prüfungsvorbereitung

könne eine Fastenkur auch längerfristig wirken, wenn Patienten danach ihr Ernährungsverhalten umstellen und vor allem die Fleischzufuhr reduzieren. Tatsächlich hat aber auch das Fasten selbst eine gewisse nachhaltige Wirkung.

An der Klinik Blankenstein stellte man bei den Teilnehmern einer dreiwöchigen Fastenstudie einen Anstieg von Immunglobulinen im Darm fest, und dieser Effekt war teilweise noch drei Monate nach der Kur zu beobachten. Immunglobuline gehören zu den Speerspitzen im Kampf gegen Viren und andere ungebetene Eindringlinge: Heilfasten führt also zu einer verbesserten Immunleistung des Darms. Wozu auch gehört, dass sich in den Verdauungswegen mehr Nutz- als Schadbakterien ausbreiten. Diese mikrobiologische Stabilisierung schützt vor allergischen Reaktionen. Denn die Nutzbakterien des Darms puffern Histamine, also jene Botenstoffe des Immunsystems, deren Überproduktion zu allergischen Reaktionen wie Augentränen, Heuschnupfen, Nesselfieber und Asthma führen kann.

Die „Ärztegesellschaft Heilfasten und Ernährung" streicht neben den körperlichen auch die pädagogischen Effekte des Heilfastens heraus, weil es dem Menschen „neue Erfahrungen der körperlichen und seelisch-geistigen Wahrnehmung" verschaffe. Zu denen gehört beispielsweise die Erkenntnis, dass man auch gegen vermeintlich übermächtige Kräfte wie den Hunger etwas ausrichten kann. Das kann sich durchaus auf den Kampf gegen politische Übermacht übertragen. Nicht umsonst war der asketische Mahatma Gandhi (die verfeindeten Briten beschimpften ihn als „professionellen Hungerleider") einer der größten Freiheitskämpfer der Geschichte. Ganz zu schweigen davon, dass der Verzicht beim Fasten gerade in heu-

tiger Zeit einen Hauch von Freiheit bietet: Denn wer verzichten kann, belegt damit, dass er auch ohne die Güter der Konsumgesellschaft klarkommt.

[...] Uehleke betont zudem, dass Heilfasten bei kranken Menschen am besten in Kombination mit anderen Naturheilverfahren zum Einsatz kommen sollte. An seiner Universität wird es beispielsweise mit Kneipp'schen Güssen und Anwendungen aus der Heilpflanzenkunde kombiniert. Außerdem sollten Fastenkuren, die länger als eine Woche dauern, nicht ohne fachliche Anleitung durchgeführt werden. Immer wieder werden Menschen, die eigenständig fasten, in Krankenhäuser eingeliefert, weil sie kollabieren. Wer therapeutisch fasten will, sollte sich an eine entsprechende Klinik wenden. Wobei das Hungern nicht billig ist. Je Fastentag verlangen Kliniken bis zu 150 Euro – und die gesetzlichen Krankenkassen zahlen den Aufenthalt nur in Ausnahmefällen.

Karin Frankenberg hat nach der Erkenntnis, dass es gar keine Schlacken gibt, umdisponiert. Zwei vegetarische Tage und zweimal joggen pro Woche brächten ihr mehr, sagt sie, für ihre Gesundheit und für ihre Laune.

www.spiegel.de

1 Stellen Sie die unterschiedlichen Expertenmeinungen einander gegenüber.

2 Erörtern Sie die verschiedenen Positionen.

3 Nehmen Sie kritisch zu einer der Positionen Stellung.

Prüfungsvorbereitung

Checkliste: Textgebundene Erörterung

Text analysieren und Erörterung vorbereiten

- ☑ Worum geht es und was ist strittig?
- ☑ Haben Sie notiert, welche Reaktion der Text in Ihnen auslöst?
- ☑ Ist die Argumentation stimmig und überzeugend?
- ☑ Spricht der Text Ihren Erfahrungshorizont an?
- ☑ Was sind die Hauptthesen?
- ☑ Wie werden Thesen und Antithesen begründet und belegt?
- ☑ Sind die Argumente beweiskräftig und überzeugend?
- ☑ Haben Sie die rhetorischen Mittel markiert?
- ☑ Haben Sie die rhetorischen Mittel ausgewertet?

Text in der strukturierten Textwiedergabe wiedergeben

- ☑ Haben Sie den Gedankengang des Textes durch eine Übersicht in Stichworten oder durch eine Grafik veranschaulicht?
- ☑ Welche Argumentationsstruktur enthält der Text?
- ☑ Haben Sie die Textargumentation vollständig wiedergegeben?
- ☑ Haben Sie Kommentare in Ihrer strukturierten Textwiedergabe vermieden?

Text erörtern

- ☑ Wo steht etwas Neues, das eine Antwort auf die strittige Frage bringt?
- ☑ Sind die Belege der Argumentation haltbar, sind sie wahr?
- ☑ Ist die Begründung zwischen Beleg und These so zwingend, dass sie überzeugt?
- ☑ Ist die Argumentation insgesamt stimmig?

Prüfen Sie Ihre eigene Argumentation

- ☑ Welche weiteren stützenden Argumente nennen Sie?
- ☑ Werden bei Ihrer Bewertung auch entsprechende Gegenargumente genannt?

Lernbaustein 2

Kapitel 17

Eine Textinterpretation schreiben

17.1 Drama

17.2 Epik (am Beispiel Roman)

17.3 Lyrik

In diesem Kapitel werden Sie vor allem Ganzschriften deuten und Ihre Analyseergebnisse in einem Interpretationsaufsatz darlegen. Dabei lernen Sie auch werkübergreifende Interpretationsmethoden kennen und üben die Beurteilung eines literarischen Werkes im Rahmen einer Buchpräsentation.

Kompetenzen

- ✓ Einen Textauszug in den Gesamtzusammenhang einordnen und im Hinblick auf die Gesamtaussage bewerten
- ✓ Interpretationshypothesen entwickeln und prüfen
- ✓ Sprachliche und erzähl- bzw. dramentechnische Mittel deuten
- ✓ Werkimmanente und historische Aspekte bei einer Interpretation berücksichtigen

Methoden und Arbeitstechniken

- ✓ Zitieren

Drama
Einordnung einer Textstelle

Das Interpretieren einer literarischen Ganzschrift erfordert eine umfassende Auseinandersetzung mit Inhalt und Form eines Textes. Am Beispiel von Bertolt Brechts Drama „Leben des Galilei" erarbeiten Sie das schrittweise Vorgehen beim Schreiben der Textinterpretation. In einem ersten Aufgabenteil wird von Ihnen häufig verlangt, einen Textauszug in den Gesamtzusammenhang des Dramas einzuordnen. Dazu ist es notwendig, sich die Handlung des ganzen Dramas zu vergegenwärtigen.

Inhaltliche Zusammenfassung des Dramas „Leben des Galilei" von Bertolt Brecht

Im Mittelpunkt des Dramas steht der Wissenschaftler Galileo Galilei, der von 1564 bis 1642 als Mathematiker, Physiker und Astronom in Italien gelebt und geforscht hat. Mit seinen wissenschaftlichen Untersuchungen versucht er, die Richtigkeit des kopernikanischen Weltbildes – das die Sonne und nicht die Erde als Mittelpunkt hat – zu beweisen. Galilei gerät damit in einen scharfen Gegensatz zur herrschenden kirchlichen Lehre. Es wird dargestellt, wie daraus Galileis Konflikt zwischen seiner Verantwortung als Wissenschaftler zur Aufklärung einerseits und seiner Person, die weiterleben und forschen will, andererseits entsteht.

In fünfzehn Bildern zeichnet Brecht die Stationen von Galileis Lebensweg nach. Zunächst lehrt und forscht Galilei in Padua, und es gelingt ihm, mithilfe eines nach holländischem Vorbild gebauten Fernrohres nachzuweisen, dass der Jupiter Monde hat, die ihn als Trabanten umkreisen.

Obwohl Galilei vor den kirchlichen Wissenschaftlern in Florenz gewarnt wird, entschließt er sich, seine Forschungen von Padua nach Florenz zu verlegen, weil er sich dort aufgrund der höheren Besoldung bessere Rahmenbedingungen für seine Arbeit erhofft. Er spürt aber sehr schnell die Widerstände der kirchlichen Wissenschaftler, die vor allem religiös argumentieren und sich auf die Bibel berufen, in der ihrer Meinung nach eindeutig bewiesen sei, dass Gott die Erde in den Mittelpunkt gestellt habe. Außerdem befürchtet man, dass Galileis Erkenntnisse beim einfachen Volk zu Unruhen und Rebellion führen könnten. Und obwohl der Astronom des Vatikans Clavius die Ergebnisse Galileis bestätigt, wird Galileis Lehre auf den Index gesetzt, das heißt, es werden Verbreitung und Studium verboten.

Zwar unterwirft sich Galilei dem Forschungsverbot, doch als acht Jahre später ein Wissenschaftler zum Papst gewählt wird, setzt Galilei seine Arbeit fort. Dies hat zur Folge, dass er von der Inquisition, dem Gericht der Kirche, verhört wird. Obwohl die Richtigkeit von Galileis Lehre auch für das Kirchengericht außer Zweifel steht, zwingt man ihn zum Widerruf und inhaftiert ihn die letzten Jahre seines Lebens in einem Haus außerhalb von Florenz.

Dort forscht er trotz ständiger Bewachung weiter, und es gelingt ihm, eine Abschrift seines Hauptwerkes, der „Discorsi", seinem ehemaligen Lieblingsschüler Andrea zukommen zu lassen, der sie nach Holland schmuggelt.

1 Untersuchen Sie die inhaltliche Zusammenfassung.
a) Formulieren Sie den im Drama dargestellten Konflikt mit eigenen Worten.
b) Beschreiben Sie die gesellschaftspolitische Dimension des Konflikts.

Einordnung einer Textstelle

4. Bild (Auszug)

Cosmo bückt sich rasch und übergibt Andrea höflich das Modell. Inzwischen räumt Galilei verstohlen das andere Modell beiseite.

GALILEI *am Fernrohr*: Wie Eure Hoheit zweifellos wissen, sind wir Astronomen seit einiger Zeit mit unseren Berechnungen in große Schwierigkeiten gekommen. Wir benützen dafür ein sehr
5 altes System, das sich in Übereinstimmung mit der Philosophie, aber leider nicht mit den Fakten zu befinden scheint. Nach diesem alten System, dem Ptolemäischen, werden die Bewegungen der Gestirne als äußerst verwickelt angenommen. Der Planet Venus zum Beispiel soll eine Bewegung von dieser Art vollführen.
Er zeichnet auf eine Tafel die epizyklische Bahn der Venus nach der ptolemäischen Annahme.
10 Aber selbst solche schwiergen Bewegungen annehmend, sind wir nicht in der Lage, die Stellung der Gestirne richtig vorauszuberechnen. Wir finden sie nicht an den Orten, wo sie eigentlich sein müßten. Dazu kommen solche Gestirnbewegungen, für welche das Ptolemäische System überhaupt keine Erklärung hat. Bewegungen dieser Art scheinen mir einige von mir neu entdeckte kleine Sterne um den Planeten Jupiter zu vollführen. Ist es den Herren angenehm, mit
15 einer Besichtigung der Jupitertrabanten zu beginnen, der Mediceischen Gestirne?
ANDREA *auf den Hocker vor dem Fernrohr zeigend*: Bitte, sich hier zu setzen.
DER PHILOSOPH Danke, mein Kind. Ich fürchte, das alles ist nicht ganz so einfach. Herr Galilei, bevor wir Ihr berühmtes Rohr applizieren, möchten wir um das Vergnügen eines Disputs bitten. Thema: Können solche Planeten existieren?
20 DER MATHEMATIKER Eines formalen Disputs.
GALILEI Ich dachte mir, Sie schauen einfach durch das Fernrohr und überzeugen sich?
ANDREA Hier, bitte.
DER MATHEMATIKER Gewiß, gewiß. – Es ist Ihnen natürlich bekannt, daß nach der Ansicht der Alten Sterne nicht möglich sind, die um einen anderen Mittelpunkt als die Erde kreisen, noch
25 solche Sterne, die im Himmel keine Stütze haben?
GALILEI Ja.
DER PHILOSOPH Und, ganz absehend von der Möglichkeit solcher Sterne, die der Mathematiker – *er verbeugt sich gegen den Mathematiker* – zu bezweifeln scheint, möchte ich in aller Bescheidenheit als Philosoph die Frage aufwerfen: Sind solche Sterne nötig? Aristotelis divini
30 universum ...
GALILEI Sollten wir nicht in der Umgangssprache fortfahren? Mein Kollege, Herr Federzoni, versteht Latein nicht.
DER PHILOSOPH Ist es von Wichtigkeit, daß er uns versteht?
GALILEI Ja.
35 DER PHILOSOPH Entschuldigen Sie mich. Ich dachte, er ist Ihr Linsenschleifer. R

2 Ordnen Sie den Textausschnitt in den Gesamtzusammenhang des Dramas ein.
a) Fassen Sie den Inhalt des Ausschnittes kurz zusammen.
b) Notieren Sie in Stichpunkten, was in den Bildern 1–4 (Beginn) geschehen ist und wie die Handlung nach dem Ausschnitt fortgeführt wird. Orientieren Sie sich auch an der inhaltlichen Zusammenfassung des Dramas (» S. 296).

Einordnung einer Textstelle

Muster

Die Begegnung zwischen Galilei und den Wissenschaftlern aus Florenz steht im Mittelpunkt des 4. Bildes. Es geht um die Frage, ob sich die Wissenschaftler von Galilei überzeugen lassen werden oder nicht. Da Galilei an die Vernunft glaubt, hat er die Hoffnung, dass die Wissenschaftler durch das Fernrohr sehen und die Existenz der Jupitermonde anerkennen werden; damit wäre auch das ptolemäische Weltbild,
5 *nach dem die Erde im Mittelpunkt steht, widerlegt. Zu seiner Enttäuschung muss er allerdings erfahren, dass sich die Wissenschaftler weigern, durch das Fernrohr zu schauen, weil sie der Überzeugung sind, dass solche Sterne nicht existieren können und darüber hinaus mehr schaden als nutzen würden. Bereits im Vorfeld ist Galilei von Sagredo gewarnt worden, nach Florenz zu gehen, weil der Einfluss der Kirche auf Wissenschaft und Lehre dort weitaus größer*
10 *sei als in der von Rom relativ unabhängigen Universitätsstadt Padua, die zur freien Republik Venedig gehört. Allerdings lässt sich Galilei durch die Warnungen nicht beeindrucken, weil er an die Überzeugungskraft seiner Argumente glaubt. Vor allem locken ihn die finanziellen*
15 *Möglichkeiten, die sich ihm in Florenz bieten.*
Im weiteren Verlauf der Handlung muss Galilei erkennen, dass Macht und Einfluss der Kirche so groß sind, dass sie seine Lehre auf den Index setzen können. Außerdem wird er inhaftiert und man droht ihm die
20 *Folter an. Unter diesem Druck wird der Wissenschaftler schließlich seine Lehre widerrufen.*

3 Beschreiben Sie den Aufbau des Mustertextes.

4 Erstellen Sie eine Gliederung für die Einordnung des Textausschnittes in den Gesamtzusammenhang.

ARBEITSTECHNIK — Einordnung einer Textstelle in den Gesamtzusammenhang

Die Einordnung einer Textstelle in den Gesamtzusammenhang einer Ganzschrift dient dem Nachweis der Textkenntnis – in diesem Teil des Aufsatzes beschreiben Sie Inhalte und ordnen diese ein, Sie interpretieren sie noch nicht. So gehen Sie vor:

- Sie formulieren eine inhaltliche Zusammenfassung der vorgegebenen Textstelle.
- Daran schließen Sie einen Rückblick an, der kurz deutlich macht, weshalb es zu der im Textauszug beschriebenen Handlung kommt.
- In einem Ausblick fassen Sie dann zusammen, wie sich die Handlung weiter entfaltet.
- Sie schreiben in eigenen Worten. Die Zeitform ist das Präsens. Wichtige Figurenäußerungen geben Sie in indirekter Rede wieder. Zitate sind in diesem ersten Teil des Aufsatzes noch nicht erlaubt.

Achtung: Rückblick und Vorausblick müssen zeigen, dass Sie sich auf die vorgegebene Textstelle beziehen. Es geht also nicht darum, das ganze Drama inhaltlich wiederzugeben. Die Einordnung einer Textstelle sollte nicht mehr als ein Drittel des Gesamtumfangs Ihres Aufsatzes ausmachen.

Analyse und Interpretation sprachlicher und dramentechnischer Mittel

Im Folgenden analysieren und interpretieren Sie einen Dramenauszug.

6. Bild (Auszug)

Eintritt ein sehr alter Kardinal, von einem Mönch gestützt. Man macht ihm ehrerbietig Platz.

DER SEHR ALTE KARDINAL Sind sie immer noch drinnen? Können sie mit dieser Kleinigkeit wirklich nicht schneller fertig werden? Dieser Clavius sollte doch seine Astronomie verstehen! Ich höre, dieser Herr Galilei versetzt den Menschen aus dem Mittelpunkt des Weltalls irgend-
5 wohin an den Rand. Er ist folglich deutlich ein Feind des Menschengeschlechts! Als solcher muß er behandelt werden. Der Mensch ist die Krone der Schöpfung, das weiß jedes Kind, Gottes höchstes und geliebtestes Geschöpf. Wie könnte er es, ein solches Wunderwerk, eine solche Anstrengung, auf ein kleines, abseitiges und immerfort weglaufendes Gestirnlein setzen? Würde er so wohin seinen Sohn schicken? Wie kann es Leute geben, so pervers, daß sie diesen
10 Sklaven ihrer Rechentafeln Glauben schenken! Welches Geschöpf Gottes wird sich so etwas gefallen lassen?

DER DICKE PRÄLAT *halblaut:* Der Herr ist anwesend.

DER SEHR ALTE KARDINAL *zu Galilei:* So, sind Sie das? Wissen Sie, ich sehe nicht mehr allzu gut, aber das sehe ich doch, daß Sie diesem Menschen, den wir seinerzeit verbrannt haben – wie
15 hieß er doch? –, auffallend gleichen.

DER MÖNCH Eure Eminenz sollten sich nicht aufregen. Der Arzt …

DER SEHR ALTE KARDINAL *schüttelt ihn ab, zu Galilei:* Sie wollen die Erde erniedrigen, obwohl Sie auf ihr leben und alles von ihr empfangen. Sie beschmutzen Ihr eigenes Nest! Aber ich jedenfalls lasse es mir nicht gefallen. *Er stößt den Mönch zurück und beginnt stolz auf und ab zu*
20 *schreiten.* Ich bin nicht irgendein Wesen auf irgendeinem Gestirnchen, das für kurze Zeit irgendwo kreist. Ich gehe auf einer festen Erde, in sicherem Schritt, sie ruht, sie ist der Mittelpunkt des Alls, ich bin im Mittelpunkt, und das Auge des Schöpfers ruht auf mir und auf mir allein. Um mich kreisen, fixiert an acht kristallene Schalen, die Fixsterne und die gewaltige Sonne, die geschaffen ist, meine Umgebung zu beleuchten. Und auch mich, damit Gott mich
25 sieht. So kommt sichtbar und unwiderleglich alles an auf mich, den Menschen, die Anstrengung Gottes, das Geschöpf in der Mitte, das Ebenbild Gottes, unvergänglich und … *Er sinkt zusammen.*

DER MÖNCH Eure Eminenz haben sich zuviel zugemutet!

In diesem Augenblick öffnet sich die Tür hinten, und an der Spitze seiner Astronomen kommt der
30 *große Clavius herein. Er durchschreitet schweigend und schnell, ohne zur Seite zu blicken, den Saal und spricht, schon am Ausgang, zu einem Mönch hin.*

CALVIUS Es stimmt. *Er geht ab, gefolgt von den Astronomen. Die Tür hinten bleibt offenstehen. Totenstille. Der sehr alte Kardinal kommt zu sich.*

DER SEHR ALTE KARDINAL Was ist? Die Entscheidung gefallen?
35 *Niemand wagt, es ihm zu sagen.*

DER MÖNCH Eure Eminenz müssen nach Hause gebracht werden.

Man hilft dem alten Mann hinaus. Alle verlassen verstört den Saal. Ein kleiner Mönch aus der Untersuchungskommission des Clavius bleibt bei Galilei stehen.

DER KLEINE MÖNCH *verstohlen:* Herr Galilei, Pater Clavius sagte, bevor er wegging:
40 Jetzt können die Theologen sehen, wie sie die Himmelskreise wieder einrenken! Sie haben gesiegt. *Ab*

17.1

Analyse und Interpretation sprachlicher und dramentechnischer Mittel

> GALILEI *sucht ihn zurückzuhalten:* Sie hat gesiegt! Nicht ich, die Vernunft hat gesiegt!
> *Der kleine Mönch ist schon weg. Auch Galilei geht. Unter der Tür begegnet er einem hochgewachsenen Geistlichen, dem Kardinal Inquisitor. Ein Astronom begleitet ihn. Galilei verbeugt sich.*
> 45 *Bevor er hinausgeht, stellt er einem Türhüter flüsternd eine Frage.*
> TÜRHÜTER *zurückflüsternd:* Seine Eminenz, der Kardinal Inquisitor.   R

1 Ordnen Sie die Textstelle in den Gesamtzusammenhang ein.

2 Formulieren Sie eine Interpretationshypothese zu dem Textauszug. Gehen Sie so vor:
a) Formulieren Sie, wie Sie den Auftritt des „sehr alten Kardinals" im Hinblick auf seine inhaltlichen Aussagen, seine Sprache und seinen Zusammenbruch deuten.
b) Gehen Sie auf die Funktion ein, die dieses 6. Bild für den Handlungsverlauf des Dramas haben könnte.

3 Analysieren Sie den Auszug.
a) Welche Auffassung von der Bedeutung der Wissenschaft äußert der „sehr alte Kardinal"? Vergleichen Sie seine Auffassung mit der Galileis.
b) Untersuchen Sie, welche sprachlichen Mittel verwendet werden, um die Position des „sehr alten Kardinals" zu untermauern. (» Kapitel 4, S. 96–97)

Sprache und Stil

4 Deuten Sie die Ergebnisse Ihrer Sprachanalyse. Formulieren Sie Sätze nach dem Muster unten.

Sprachliches Mittel	Deutung
Drohungen, z. B.: „Aber ich jedenfalls lasse es mir nicht gefallen." (Z. 18–19)	Aggressivität des Kardinals
Ironie: „[...] auf irgendeinem Gestirnchen" (Z. 20)	würdigt Galileis Arbeit herab
Anapher: „Ich bin nicht [...]. Ich gehe [...], ich bin [...]." (Z. 20–22)	egozentrischer Machtmensch – sieht nur sich im Mittelpunkt
Metapher: „Sie beschmutzen Ihr eigenes Nest!" (Z. 18)	beleidigend, verachtend

Muster

Trotz seiner Gebrechlichkeit ist der Kardinal sehr erregt und aggressiv gegenüber Galilei und vermittelt das Bild eines Machtmenschen, der keinen Widerspruch duldet. Dies wird z. B. daran deutlich, dass seine Aussagen in Form von Ausrufen formuliert werden, dass er ironisch über Galileis Forschung spricht und
5 *sich als Mittelpunkt von allem darstellt, wozu das Stilmittel Anapher benutzt wird: „Ich bin nicht irgendein Wesen [...]. Ich gehe [...], ich bin [...]" (Z. 20–22). Mit der ironischen Verkleinerung „Gestirnchen" würdigt er Galileis Forschungsleistungen herab. Darüber hinaus droht er Galilei, dass man ihn töten werde: „[...] das sehe ich doch, daß Sie diesem Menschen, den wir seinerzeit verbrannt haben [...] auffallend gleichen."*

Analyse und Interpretation sprachlicher und dramentechnischer Mittel

Für die Interpretation dramatischer Texte spielen die Regieanweisungen eine große Rolle, weil hier der Autor Hinweise gibt, wie eine Textpassage gespielt werden soll.

Muster

Deutung der dramentechnischen Gestaltung (6. Bild)

Die Regieanweisungen zeigen, auf welche Art der Kardinal seine Erregung, seinen Ärger und die Aggression Galilei betreffend durch die Körpersprache verdeutlichen soll, wenn er sich beispielsweise von dem ihn stützenden Mönch befreit: „schüttelt ihn ab" (Z. 17). Mit dieser emotionalen Geste soll
5 *auch ein Gegensatz zur Gebrechlichkeit des alten Mannes hervorgehoben werden: „Eintritt ein sehr alter Kardinal, von einem Mönch gestützt. [...]" und „Er sinkt zusammen." (Z. 1, 26–27)*
Dennoch lässt sich bereits an dieser Stelle vermuten, dass die Bestätigung der Lehren Galileis durch Clavius nicht den endgültigen Sieg für Galilei bringen wird, denn Brecht gibt mit dem Auftritt des Großinquisitors bereits einen wichtigen Hinweis, wie sich die Ereignisse weiterentwickeln werden:
10 *„Unter der Tür begegnet er einem hochgewachsenen Geistlichen, dem Kardinal Inquisitor. Ein Astronom begleitet ihn. Galilei verbeugt sich." (Z. 43–44) Die Verbeugung Galileis könnte als Vorwegnahme der späteren Unterwerfung gedeutet werden.*

5 Untersuchen Sie die Musterlösung.
a) Schreiben Sie die für diesen Textauszug aufgestellten Interpretationshypothesen heraus.
b) Fassen Sie die Begründungen der Interpretationshypothesen kurz schriftlich zusammen.

6 Ergänzen Sie die Deutung der dramentechnischen Gestaltung (Muster) durch weitere Beispiele.

BASISWISSEN | Dramentechnische Mittel: die Regieanweisung

Regieanweisungen sind wichtige dramentechnische Mittel. Sie geben Hinweise zum körpersprachlichen Verhalten (analoge Kommunikation), also Mimik und Gestik einer Figur, und verdeutlichen so mit der Art der Gesprächsführung, der Äußerung von Emotionen, das Verhältnis der Figuren zueinander. Häufig nutzt der Autor (Dramatiker) die Regieanweisungen auch, um Hinweise zu geben, wie er sich die Kulisse, die Beleuchtung oder die Architektur eines Raumes wünscht und was die gerade nicht sprechenden Figuren tun sollen.

Die Analyse der Regieanweisungen gibt neben der Beschreibung des Dramenaufbaus und anderer dramentechnischer Mittel (» Kapitel 14, S. 233–243) wichtige Aufschlüsse für die Interpretation des Dramas.

7 Formulieren Sie Regieanweisungen, mit denen folgende digitale (verbale) Äußerungen durch analoges (nonverbales) Verhalten verdeutlicht und verstärkt werden können.

Beispiel: digitale Ebene	auszudrückendes Gefühl	analoge Ebene
Ich habe versagt.	Resignation	schlägt die Hände vor das Gesicht
So kannst du mit mir nicht umgehen!	Wut, Aggression	...
Ich könnte alle umarmen!	Euphorie	...
Was soll ich jetzt bloß tun?	Ratlosigkeit	...
Hoffentlich kommt er bald!	Ungeduld	...

Die historische Interpretationsmethode

Für eine Interpretation kann es sinnvoll sein, die textimmanente Betrachtungsweise zu ergänzen und den historischen Hintergrund eines Werkes zu untersuchen. Die Werke Bertolt Brechts eignen sich besonders für die historische Interpretationsmethode, weil Brecht auf gesellschaftspolitische Ereignisse seiner Zeit in seinen literarischen Werken unmittelbar reagierte.

Informationen zu Brechts Biografie und Zeitgeschichte

Bertolt Brecht wurde 1898 in Augsburg geboren. Er wuchs in gesicherten bürgerlichen Verhältnissen auf. Schon während seiner Schulzeit setzte er sich sehr kritisch mit dem gerade tobenden Ersten Weltkrieg auseinander. Dies verstärkte sich noch, als er 1918 als Sanitätssoldat in einem Augsburger Reservelazarett arbeitete. Seine Gedichte, Lieder und Theaterstücke aus dieser Zeit sowie aus den 20er-Jahren des 20. Jahrhunderts wurden nach dem Machtantritt der Nationalsozialisten im Januar 1933 zu „undeutschen Schriften" erklärt und verbrannt. Brecht wurde die deutsche Staatsbürgerschaft aberkannt und er musste das Land verlassen.

Von seinen Stücken gibt es oft mehrere Fassungen, die an verschiedenen Orten entstanden sind. So hat Brecht die erste Fassung von „Leben des Galilei" 1938/39 in Dänemark verfasst, die zweite im amerikanischen Exil zwischen 1945 und 1947 und die dritte Bearbeitung in Berlin vorgenommen, die 1955 im Suhrkamp Verlag ihre Druckfassung erhielt. Vor allem die Atombombenabwürfe 1945 über Hiroshima und Nagasaki, die in wenigen Minuten über 180 000 Menschen das Leben kosteten, veranlassten Brecht zu einer Überarbeitung des berühmten Schlussmonologes Galileis.

Erste (dänische) Fassung (1938/39) – 14. Bild (Schlussmonolog)

GALILEI [...] Die Wissenschaft befindet sich nämlich mit der gesamten Menschheit in einem Boot. So kann sie nicht etwa sagen: Was geht es mich an, wenn am andern Ende des Bootes ein Leck ist! Sie steht so für die Vernunft, welche eine zu große Sache ist, als daß sie je in einem Kopf Platz hätte. Die Vernunft ist eine Sache, in welche die Menschen sich teilen. Sie kann als die Selbstsucht der gesamten Menschheit bezeichnet werden. Die Wissenschaft kann Menschen, die es versäumen, für die Vernunft einzutreten, nicht brauchen. Sie muß sie mit Schande davonjagen, denn sie mag so viele Wahrheiten wie immer wissen, in einer Welt der Lüge hätte sie keinen Bestand. Wenn die Hand, die sie füttert, ihr gelegentlich und ohne Warnung an die Gurgel greift, wird die Menschheit sie abhauen müssen. Das ist der Grund, warum die Wissenschaft einen Menschen wie mich nicht in ihren Reihen dulden kann.

Dritte (Berliner) Fassung (1953–55) – 14. Bild (Schlussmonolog)

GALILEI [...] Eine Menschheit, stolpernd in einem Perlmutterdunst von Aberglauben und alten Wörtern, zu unwissend, ihre eigenen Kräfte voll zu entfalten, wird nicht fähig sein, die Kräfte der Natur zu entfalten, die ihr enthüllt. Wofür arbeitet ihr? Ich halte dafür, daß das einzige Ziel der Wissenschaft darin besteht, die Mühseligkeit der menschlichen Existenz zu erleichtern. Wenn Wissenschaftler, eingeschüchtert durch selbstsüchtige Machthaber, sich damit begnügen, Wissen um des Wissens willen aufzuhäufen, kann die Wissenschaft zum Krüppel gemacht werden, und eure neuen Maschinen mögen nur neue Drangsale bedeuten.

Die historische Interpretationsmethode

> Ihr mögt mit der Zeit alles entdecken, was es zu entdecken gibt, und euer Fortschritt wird doch nur ein Fortschreiten von der Menschheit weg sein. Die Kluft zwischen euch und ihr kann eines
> 10 Tages so groß werden, daß euer Jubelschrei über irgendeine neue Errungenschaft von einem universalen Entsetzensschrei beantwortet werden könnte. – Ich hatte als Wissenschaftler eine einzigartige Möglichkeit. In meiner Zeit erreichte die Astronomie die Marktplätze. Unter diesen ganz besonderen Umständen hätte die Standhaftigkeit e i n e s Mannes große Erschütterungen hervorrufen können. Hätte ich widerstanden, hätten die Naturwissenschaftler etwas wie den
> 15 hippokratischen Eid der Ärzte entwickeln können, das Gelöbnis, ihr Wissen einzig zum Wohle der Menschheit anzuwenden! Wie es nun steht, ist das Höchste, was man erhoffen kann, ein Geschlecht erfinderischer Zwerge, die für alles gemietet werden können. Ich habe zudem die Überzeugung gewonnen, Sarti, daß ich niemals in wirklicher Gefahr schwebte. Einige Jahre lang war ich ebenso stark wie die Obrigkeit. Und ich überlieferte mein Wissen den Machthabern, es
> 20 zu gebrauchen, es nicht zu gebrauchen, es zu mißbrauchen, ganz wie es ihren Zwecken diente. *Virginia ist mit einer Schüssel hereingekommen und bleibt stehen.*
> GALILEI Ich habe meinen Beruf verraten. Ein Mensch, der das tut, was ich getan habe, kann in den Reihen der Wissenschaftler nicht geduldet werden.

1 Untersuchen Sie die Veränderungen, die Brecht vorgenommen hat, und versuchen Sie diese zu begründen. Nutzen Sie dazu die Informationen zu Biografie und Zeitgeschichte.

2 Erörtern Sie die Relevanz des Themas „Grenzen des wissenschaftlichen Forschens" für Leser des 21. Jahrhunderts.

BASISWISSEN — Historische Interpretationsmethode

Interpretationsmethode, bei der Faktoren, die außerhalb eines Textes liegen, zur Deutung herangezogen werden. Das können z. B. geschichtliche Ereignisse sein oder gesellschaftspolitische Vorgänge, die das Leben und Wirken einer Autorin oder eines Autors stark beeinflussen. Mit dieser Methode prüfen Sie, ob und wie solche Ereignisse und Vorgänge sich auf die Themenwahl, die inhaltliche und sprachliche Darstellungsweise eines literarischen Textes (hier eines Dramas) ausgewirkt haben, und Sie beziehen diese Aspekte in Ihre Deutung ein (» Kapitel 14).

Muster

Aufgabe mit Lösungsvorschlag:
Ordnen Sie das vollständige 6. Bild in den Gesamtzusammenhang des Dramas ein und interpretieren Sie es. Berücksichtigen Sie dabei die sprachliche und dramentechnische Gestaltung und gehen Sie auf historische Hintergründe ein.

Das 1938 im dänischen Exil entstandene Drama „Leben des Galilei" wurde von Bertolt Brecht verfasst und in den folgenden zwei Jahrzehnten mehrfach überarbeitet, bis es im Jahr 1955 in Berlin seine endgültige Fassung erhielt. Im Mittelpunkt stehen das Leben des berühmten Physikers und Astronomen Galileo Galilei, sein Kampf mit der Kirche um freie Forschung und die Folgen eines sich
5 *wandelnden Weltbildes.*

allgemeine Einleitung

Die Textinterpretation

Im 6. Bild, dessen Handlung im Forschungsinstitut des Vatikans spielt, warten Galilei und eine Reihe von Theologen, Priestern, Wissenschaftlern auf die Untersuchungsergebnisse des Astronomen Clavius. Eingangs der Szene macht man sich über das neue Weltbild und die Lehren Galileis lustig. Es werden Einwände gegen das kopernikanische Weltbild erhoben. So kritisieren die beiden Astronomen, dass es bereits früher Erscheinungen am Himmel gegeben habe, die mit dem alten Weltbild nicht zu erklären gewesen seien. Dennoch habe niemand die Vermessenheit besessen, den Himmel in seinem Wesen anzuzweifeln. Ein sehr dünner Mönch versucht, die Lehre Galileis mit dem Wortlaut der Schrift zu widerlegen und behauptet, Galileis Theorien seien destruktiv. Unterstützung erhält er von dem sehr alten Kardinal, der ebenfalls darüber reflektiert, was mit der Welt und dem Menschen geschähe, wenn Galileis Weltbild stimmen würde. Vor allem beklagt er den Verlust der Gottesebenbildlichkeit, die im Weltbild der Bibel die innere Mitte bildet. Mit eindeutigen Drohungen versucht er Galilei einzuschüchtern. Das Bild endet damit, dass Clavius in aller Knappheit die Himmelsbeobachtungen bestätigt.	Inhalt der Textstelle
Bereits im Vorfeld dieses Bildes ist die Skepsis der Vertreter der katholischen Kirche gegenüber dem kopernikanischen Weltbild thematisiert worden. Vor allem im 4. Bild wird das Dogma der herrschenden kirchlichen Lehre deutlich: Die Gelehrten weigern sich, durch das Fernrohr zu schauen, weil sie nicht an die Möglichkeit der Existenz der Jupitermonde glauben.	Rückblick
Auch im weiteren Verlauf des Dramas kommt es zu erheblichen Konflikten Galileis mit der Kirche. Man setzt seine Schriften auf den Index; als er weiterforscht und berühmt wird, zwingt ihn die Inquisition schließlich zum Widerruf und erteilt ihm lebenslänglich Hausarrest.	weitere Entwicklung
Im 6. Bild wird gezeigt, aus welch unterschiedlichen Motiven heraus Erkenntnisse der Wissenschaften abgelehnt werden. Zum einen fällt die Gruppe um den dicken Prälaten auf, die offensichtlich nicht gewillt ist, sich mit den neuen Theorien auseinanderzusetzen. Diese Gruppe repräsentiert einen Menschentypus, der nur auf seine beschränkte Sinneswahrnehmung vertraut. Auf das, was sie nicht versteht, reagiert sie mit einem fast albernen kleinen Theaterspiel, das ihre Ignoranz unter Beweis stellt: „Es bildet sich ein Klumpen von Mönchen, die unter Gelächter tun, als wehrten sie sich, von einem Schiff im Sturm abgeschüttelt zu werden." (S. 59*)	Interpretationshypothesen mit Textbelegen
Brecht wählt in der Regieanweisung erneut das Bild vom Schiff als Metapher für die neue Zeit, die anbricht; eine Zeit, in der man sich getraut, die Ufer zu verlassen (vgl. S. 9 f.) und über das Meer zu fahren. Dabei werden, so Galileis Hoffnung, in der Tat nicht nur die alten Lehren, sondern auch deren Vertreter „abgeschüttelt". Ihre Sprache ist zynisch, weil sie sich immer wieder über Galileis Lehren lustig machen: „Ein Mönch spielt Komödie: Mir schwindelt. Die Erde dreht sich zu schnell." (S. 58)	Analyse der Regieanweisung
Hingegen machen sich die beiden Astronomen wesentlich mehr Gedanken, sie stehen für diejenigen Wissenschaftler, die sich neuen Erkenntnissen zwar nicht völlig verschließen, aber denen die alte Ordnung so schützenswert erscheint, dass sie das Neue lieber verwerfen. Sie sehen, aber sie haben nicht den Mut, daraus die richtigen Schlüsse zu ziehen. Der zweite Astronom äußert: „Es gibt Erscheinungen, die uns Astronomen Schwierigkeiten bereiten, aber muß der Mensch alles verstehen?" (S. 60) Die rhetorische Frage zeigt deutlich, wo sich der Astronom seine Grenzen setzt: dort, wo die göttliche und die weltliche Ordnung selbst zum Gegenstand der Forschung werden.	Konflikt
Einen letzten Typus von Gegnern der Lehre Galileis stellt uns Brecht mit dem sehr dünnen Mönch und dem sehr alten Kardinal vor. Sie sind fanatische Fundamentalisten, die sich aus unterschiedlichen Gründen der Unfehlbarkeit der Bibel verpflichtet fühlen: „Wie kann die Sonne stillstehen, wenn sie sich überhaupt nicht dreht, wie diese Ketzer behaupten? Lügt die Schrift?" (S. 60) Auch diese Fragen sind Scheinfragen, die verknüpft sind mit einer eindeutigen Drohung in die Richtung Galileis. Mit Aufzählungen, Metaphern und Vergleichen will der sehr dünne Mönch die Verwerflichkeit der Hypothesen Galileis vor Augen führen: „Die Heimat des Menschen setzen sie einem Wandelstern	Sprachanalyse und Zitate

* Die Seitenangaben beziehen sich auf B. B., Leben des Galilei. edition Suhrkamp, 2007.

Die Textinterpretation

gleich. Mensch, Tier, Pflanze und Erdreich verpacken sie auf einen Karren und treiben ihn im Kreis durch den leeren Himmel." (S. 60)

Die antithetische Grundstruktur seiner Ausführungen unterstreicht nochmals die Schärfe des Konflikts zwischen der alten und neuen Lehre: „Da ist kein Unterschied mehr zwischen Oben und Unten, zwischen dem Ewigen und Vergänglichen. [...] Es gibt auch nicht Mensch und Tier, der Mensch selber ist ein Tier, es gibt nur Tiere!" (S. 60 f.)

Wie sich der Mönch in seinen Ausführungen ereifert, wird an den Ausrufezeichen deutlich; sie sollen zeigen, dass er keinen Widerspruch duldet, dass ein wissenschaftlicher Disput mit ihm unmöglich ist. Dies verdeutlichen auch Brechts Regieanweisungen: „[...] kommt mit einer aufgeschlagenen Bibel nach vorn, den Finger auf eine Stelle stoßend: [...]" (S. 60)

Ganz ähnlich verhält es sich mit dem sehr alten Kardinal, der ebenfalls ein Dogmatiker ist und in der Auseinandersetzung mit der eigenen Hinfälligkeit aus dem geozentrischen ein egozentrisches Weltbild gemacht hat. Die Vielzahl der Sätze, die mit dem Personalpronomen und Reflexivpronomen in der 1. Person Singular beginnen, zeigt die Ich-Fixierung des Kardinals. Auch er bedient sich der Metaphorik, um die Bedeutung des Menschen als „Krone der Schöpfung", als „Wunderwerk" hervorzuheben oder Galilei und seine Anhänger als „Sklaven der Rechentafeln" (S. 61) zu beschimpfen. Höhepunkt seiner Hetzrede gegen die Lehren Galileis ist sicher die Klimax am Ende, als er kurz vor seinem Zusammenbruch konstatiert: „So kommt sichtbar und unwiderleglich alles an auf mich, den Menschen, das Ebenbild Gottes, unvergänglich und ..." (S. 62)

Wie brüchig und morbide die alte Lehre geworden ist, wird in der lakonisch knappen Regieanweisung „Er sinkt zusammen" (S. 62) nochmals dramentechnisch unterstrichen.

So ist nach der Analyse und Interpretation dieses Bildes festzuhalten, dass es unterschiedliche Gründe gibt, sich dem Neuen zu verweigern. Dabei könnten Angst (der sehr alte Kardinal), Kadavergehorsam (der sehr dünne Mönch) und schlichte Dummheit (der Prälat) eine Rolle spielen. Dennoch geht es Brecht nicht allein um die Wissenschaft, sondern um die Forschung zum Wohl der Menschheit. Wer im „Galilei" nur ein Plädoyer für ungehinderte freie Forschung sieht, übersieht, dass Brecht die Frage nach der Verantwortung des Wissenschaftlers stellt, nachdem die Atombombenabwürfe auf Japan geschehen sind. Es geht ihm um Humanisierung der gesellschaftlichen Verhältnisse und darum, die Unfreiheit der Menschen zu bekämpfen. Die Kapitulation Galileis am Schluss des Dramas muss in diesem Zusammenhang als Kapitulation vor den gesellschaftlichen Zuständen, die eine freie Entfaltung unmöglich machen, gesehen werden und weniger als persönliches Defizit.

Sprachanalyse und Zitate

Zusammenfassung der Interpretationshypothesen

Brechts Intention unter Einbeziehung historischer Hintergründe

1 Untersuchen Sie die Musterlösung.
a) Arbeiten Sie die Interpretationshypothesen sowie deren Begründungen heraus.
b) Beurteilen Sie die Bedeutung des Schlussteils im Hinblick auf die Interpretation des Dramas.

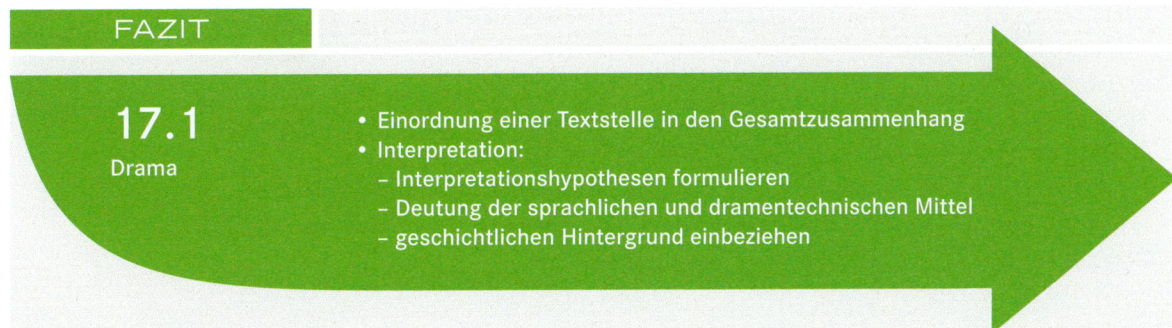

FAZIT

17.1 Drama
- Einordnung einer Textstelle in den Gesamtzusammenhang
- Interpretation:
  - Interpretationshypothesen formulieren
  - Deutung der sprachlichen und dramentechnischen Mittel
  - geschichtlichen Hintergrund einbeziehen

Prüfungsvorbereitung

Musteraufgabe zur Drameninterpretation

Interpretieren Sie den folgenden Textauszug aus Brechts „Leben des Galilei" im Hinblick auf seine Bedeutung für die Aussage des Dramas.

a) Ordnen Sie den Auszug in den Gesamtzusammenhang des Dramas ein.
b) Beziehen Sie die Analyse der sprachlichen Mittel und der Regieanweisungen in Ihre Deutung mit ein.
c) Erörtern Sie im Schlussteil vor dem Hintergrund der historischen Ereignisse zu Brechts Lebenszeit die Aussage Andreas: „Unglücklich das Land, das keine Helden hat" sowie Galileis Erwiderung darauf: „Nein. Unglücklich das Land, das Helden nötig hat."

13. Bild (Auszug)

[…]

FEDERZONI *heiser*: Nichts. Es ist drei Minuten über fünf.
ANDREA Er widersteht.
DER KLEINE MÖNCH Er widerruft nicht!
5   FEDERZONI Nein. Oh, wir Glücklichen!
   Sie umarmen sich. Sie sind überglücklich.
ANDREA Also: es geht nicht mit Gewalt! Sie kann nicht alles! Also: die Torheit wird besiegt, sie ist nicht unverletzlich! Also: der Mensch fürchtet den Tod nicht!
FEDERZONI Jetzt beginnt wirklich die Zeit des Wissens. Das ist ihre Geburtsstunde. Bedenke,
10   wenn er widerrufen hätte!
DER KLEINE MÖNCH Ich sagte es nicht, aber ich war voller Sorge. Ich Kleingläubiger!
ANDREA Ich aber wußte es.
FEDERZONI Als ob es am Morgen wieder Nacht würde, wäre es gewesen.
ANDREA Als ob der Berg gesagt hätte: ich bin ein Wasser.
15   DER KLEINE MÖNCH *kniet nieder, weinend*: Herr, ich danke dir.
ANDREA Aber es ist alles verändert heute! Der Mensch hebt den Kopf, der Gepeinigte, und sagt: ich kann leben. So viel ist gewonnen, wenn nur e i n e r aufsteht und N e i n sagt!
   In diesem Augenblick beginnt die Glocke von Sankt Markus zu dröhnen. Alles steht erstarrt.
VIRGINIA *steht auf*: Die Glocke von Sankt Markus! Er ist nicht verdammt!
20   *Von der Straße herauf hört man den Ansager den Widerruf Galileis verlesen.*
STIMME DES ANSAGERS „Ich, Galileo Galilei, Lehrer der Mathematik und der Physik in Florenz, schwöre ab, was ich gelehrt habe, daß die Sonne das Zentrum der Welt ist und an ihrem Ort unbeweglich, und die Erde ist nicht Zentrum und nicht unbeweglich. Ich schwöre ab, verwünsche und verfluche mit redlichem Herzen und nicht erheucheltem Glauben alle diese Irrtümer
25   und Ketzereien sowie überhaupt jeden anderen Irrtum und jede andere Meinung, welche der Heiligen Kirche entgegen ist."
   Es wird dunkel.
   Wenn es wieder hell wird, dröhnt die Glocke noch, hört dann aber auf. Virginia ist hinausgegangen. Galileis Schüler sind noch da.
30   FEDERZONI Er hat dich nie für deine Arbeit richtig bezahlt. Du hast weder eine Hose kaufen noch selber publizieren können. Das hast du gelitten, weil „für die Wissenschaft gearbeitet wurde"!

Prüfungsvorbereitung

ANDREA *laut*: Unglücklich das Land, das keine Helden hat!

Eingetreten ist Galilei, völlig, beinahe bis zur Unkenntlichkeit verändert durch den Prozeß. Er hat den Satz Andreas gehört. Einige Augenblicke wartet er an der Tür auf eine Begrüßung. Da keine erfolgt, denn die Schüler weichen vor ihm zurück, geht er, langsam und seines schlechten Augenlichts wegen unsicher, nach vorn, wo er einen Schemel findet und sich niedersetzt.

ANDREA Ich kann ihn nicht ansehen. Er soll weg.

FEDERZONI Beruhige dich.

ANDREA *schreit Galilei an:* Weinschlauch! Schneckenfresser! Hast du deine geliebte Haut gerettet? *Setzt sich.* Mir ist schlecht.

GALILEI *ruhig:* Gebt ihm ein Glas Wasser!

Der kleine Mönch holt Andrea von draußen ein Glas Wasser. Die andern beschäftigen sich nicht mit Galilei, der horchend auf seinem Schemel sitzt. Von weitem hört man wieder die Stimme des Ansagers.

ANDREA Ich kann schon wieder gehen, wenn ihr mir ein wenig helft.

Sie führen ihn zur Tür. In diesem Augenblick beginnt Galilei zu sprechen.

GALILEI Nein. Unglücklich das Land, das Helden nötig hat.

Checkliste: Eine Interpretation zu einem Dramenauszug schreiben

Vorbereitung des Aufsatzes
- ☑ Enthält die Aufgabenstellung neben der allgemeinen Aufforderung zur Textinterpretation noch besonders zu beachtende Aspekte?
- ☑ Haben Sie sich beim Lesen des Textes die zentralen Aussagen in Stichpunkten notiert und Auffälligkeiten in Sprache und dramentechnischen Mitteln festgehalten?

Einleitung
- ☑ Haben Sie Autor/-in, Titel und Erscheinungsjahr (evtl. den Erscheinungsort) genannt?
- ☑ Wurde der Inhalt des Dramas (worum es geht) in einem Satz zusammengefasst?

Hauptteil
- ☑ Haben Sie den Textauszug in den Gesamtzusammenhang des Dramas eingeordnet (inhaltliche Zusammenfassung des Textauszuges, Rückblick auf Vorangegangenes, Figuren und deren Beziehungen zueinander, Entwicklungsstand der Handlung und Ausblick)?
- ☑ Wurden Interpretationshypothesen formuliert und Belege zur Begründung angeführt?
- ☑ Haben Sie Ihre Analyseergebnisse der sprachlichen und dramentechnischen Mittel gedeutet (Aufbau, Konfliktgestaltung, Regieanweisungen, Dialoge, Monologe) und Zitate angeführt?

Schlussteil
- ☑ Sind Sie zusammenfassend auf Ihre Interpretationshypothesen eingegangen?
- ☑ Haben Sie außer der werkimmanenten (Sprache, dramentechnische Mittel) auch die historische Interpretationsmethode angewandt (historische Ereignisse, biografische Besonderheiten)?
- ☑ Haben Sie eine Bewertung des Auszugs im Hinblick auf die Gesamtaussage vorgenommen?

Textüberarbeitung
- ☑ Haben Sie Ihren Aufsatz im Hinblick auf seine Gliederung, auf sprachlichen Ausdruck, auf Rechtschreibung, Grammatik und Zeichensetzung kontrolliert und korrigiert?

Epik (am Beispiel Roman)
Inhaltliche Zusammenfassung, erster Leseeindruck

Die Interpretation eines Romanauszugs folgt in den wesentlichen Bereichen dem gleichen Muster wie die Interpretation eines Dramenauszugs. Die Analyse der dramentechnischen Gestaltung wird durch die Analyse der erzähltechnischen Gestaltung ersetzt. Wie Sie vorgehen können, wird exemplarisch an der Interpretation von Peter Stamms Roman „Agnes" gezeigt.

Inhaltliche Zusammenfassung des Romans „Agnes" von Peter Stamm

Der Ich-Erzähler, ein Schriftsteller aus der Schweiz, lebt für eine befristete Zeit in Chicago, wo er als Vorbereitung für ein neues Buch über Luxuszüge in den USA recherchiert. In der Bibliothek lernt er die wesentlich jüngere Agnes kennen, die an ihrer Doktorarbeit in Physik schreibt, und verliebt sich in sie. Nach mehreren Wochen der Freundschaft bittet Agnes den Ich-Erzähler, ein literarisches Porträt von ihr in Form eines kurzen Romans zu schreiben. Die Arbeit an dieser Geschichte beansprucht den Ich-Erzähler so, dass er selbst die Recherchen für sein geplantes Buch vernachlässigt. Erleichtert wird das Schreiben durch die Tatsache, dass Agnes bei ihm eingezogen ist. Eine erste wirkliche Verstimmung zwischen den beiden Liebenden gibt es, als Agnes mit ihm zu einer Halloween-Party möchte, was er jedoch ablehnt. Stattdessen folgt er einer geschäftlichen Einladung und lernt die attraktive und selbstbewusste Louise kennen, die sich schnell für ihn interessiert. Diese Begegnung bleibt zunächst ohne Folgen, da sich der Ich-Erzähler früh verabschiedet und doch noch auf der Party nach Agnes sucht, sie aber nicht findet. Eine schwere Belastungsprobe erfährt die Beziehung, als Agnes von ihrer Schwangerschaft berichtet und der Ich-Erzähler zu einer Abtreibung rät. Völlig enttäuscht packt Agnes ihre Sachen und verlässt ihren Freund, der zunächst auch nichts tut, um sie zurückzugewinnen. Erst als ihm eine Bekannte von Agnes berichtet, dass diese erkrankt sei und es ihr schlecht gehe, überwindet sich der Ich-Erzähler zu einem Besuch. Er erfährt, dass Agnes ihr gemeinsames Kind verloren hat. Obwohl beide wieder zusammenziehen und sich versöhnen, erholt sich Agnes nicht mehr vollständig. Der vom Ich-Erzähler geschriebene Roman, der sich immer weiter entfaltet, bekommt mehr und mehr Bedeutung für Agnes; Realität und Fiktion scheinen zu verschwimmen, als sie zum Beispiel für das Kind, das nur in der Romanwirklichkeit existiert, Kleidung und Spielsachen kauft. Der Ich-Erzähler will die Arbeit an der fiktionalen Geschichte zu Ende bringen und arbeitet sehr intensiv an der Schlusspassage. Er schreibt zwei Varianten: In der einen stirbt Agnes, in der anderen gibt es ein glückliches Ende in Ehe und Familie. An Silvester geht der Ich-Erzähler alleine zu einer Party, trifft dort Louise und betrügt Agnes mit ihr. Als er nach Hause kommt, stellt er fest, dass Agnes den Schluss der Geschichte, der mit ihrem Tod endet, am PC gelesen hat. Wie er es dort beschrieben hat, fehlt der Mantel von Agnes und sie ist verschwunden.

1 Benennen Sie auf der Grundlage Ihrer Lektüre des Romans und mithilfe der inhaltlichen Zusammenfassung Thema, Ort und Zeit der Handlung sowie die zentralen Figuren.

2 Formulieren Sie in Vorbereitung auf die schriftliche Interpretation Ihren ersten Leseeindruck.

3 Nennen Sie – wenn bekannt – literarische Texte, in denen das Verknüpfen von „realer Welt" der Figuren und einer fiktionalen Geschichte (sozusagen in der Geschichte) thematisiert wird bzw. eine wichtige Rolle spielt.

Einordnung einer Textstelle

Die Prüfungsaufgabe zur Interpretation einer epischen Ganzschrift könnte so formuliert sein:

Musteraufgaben zur Interpretation einer epischen Ganzschrift

- Ordnen Sie die Textstelle in den Gesamtzusammenhang des Romans ein.
- Interpretieren Sie den Textauszug unter besonderer Berücksichtigung der sprachlichen und erzähltechnischen Gestaltung.

Peter Stamm: Agnes (Auszug)

[…] Dann sagte Agnes: „Ich bin schwanger … Ich kriege ein Kind", sagte sie. „Freust du dich?" Ich stand auf und ging in die Küche, um mir ein Bier zu holen. Als ich zurückkam, saß Agnes auf meinem Schreibtisch und spielte mit einem Kugelschreiber. Ich setzte mich neben sie, ohne sie zu berühren. Sie nahm mir die Flasche aus der Hand und trank einen Schluck.

5 „Schwangere Frauen sollten keinen Alkohol trinken", sagte ich und lachte verkrampft.
Sie boxte mich in die Schulter. „Und?", fragte sie. „Was sagst du?"
„Nicht gerade, was ich mir vorgestellt habe. Warum? Hast du die Pille vergessen?"
„Der Arzt sagt, es kann auch mit der Pille passieren. Ein Prozent oder so der Frauen, die die Pille nehmen …"

10 Ich schüttelte den Kopf und sagte nichts. Agnes begann, leise zu weinen.
„Agnes wird nicht schwanger", sagte ich. „Das war nicht … Du liebst mich nicht. Nicht wirklich."
„Warum sagst du das? Es ist nicht wahr. Ich habe nie … nie habe ich das gesagt."
„Ich kenne dich. Ich kenne dich vielleicht besser als du dich selbst."
„Das ist nicht wahr."

15 Als müsste ich mich selbst überzeugen, sagte ich nur: „Sie ist nicht schwanger."
Agnes rannte ins Schlafzimmer. Ich hörte, wie sie sich aufs Bett warf und laut schluchzte. Ich folgte ihr und blieb in der Tür stehen. Sie sagte etwas, das ich nicht verstand.
„Was sagst du?"
„Es ist dein Kind."

20 „Ich will kein Kind. Ich kann kein Kind gebrauchen." „Was soll ich tun? Was willst du denn, dass ich tue? Ich kann es nicht ändern."
Ich setzte mich aufs Bett und legte die Hand auf ihre Schulter.
„Ich brauche kein Kind."
„Ich brauche auch kein Kind. Aber ich bekomme eins."

25 „Man kann das ändern", sagte ich leise.
Agnes sprang auf und schaute mich an mit einer Mischung aus Ekel und Wut. „Du willst, dass ich abtreibe?" „Ich liebe dich. Wir müssen reden." „Immer sagst du, wir müssen reden. Aber du redest nie."
„Jetzt rede ich." „Geh, geh weg. Lass mich. Du widerst mich an mit deiner Geschichte." Ich verließ

30 das Zimmer. Ich zog mich warm an und ging nach draußen.

1 Lösen Sie den 1. Teil der Musteraufgabe. Orientieren Sie sich dazu an S. 308.

2 Formulieren Sie eine Interpretationshypothese. Analysieren Sie den Textauszug.

17.2

Analyse und Interpretation sprachlicher und erzähltechnischer Mittel

Muster für eine Textarbeit

Dialog — Dann sagte Agnes: „Ich bin schwanger ... Ich kriege ein Kind", sagte sie. „Freust du dich?" — *sehr distanzierte Reaktion*

Erzählerbericht — Ich stand auf und ging in die Küche, um mir ein Bier zu holen. Als ich zurückkam, saß Agnes auf meinem Schreibtisch und spielte mit einem Kugelschreiber. Ich setzte mich neben sie, ohne sie zu berühren. Sie nahm mir die Flasche aus der Hand und trank einen Schluck.

„Schwangere Frauen sollten keinen Alkohol trinken", sagte ich und lachte verkrampft. — *Ablenkung, unehrlich*

Frage / Gegenfrage als Ablenkungsmanöver — Sie boxte mich in die Schulter. „Und?", fragte sie. „Was sagst du?"

„Nicht gerade, was ich mir vorgestellt habe. Warum? Hast du die Pille vergessen?" — *Vorwurf*

„Der Arzt sagt, es kann auch mit der Pille passieren. Ein Prozent oder so der Frauen, die die Pille nehmen ..." — *Verteidigung, Rechtfertigung Ellipse*

Ich schüttelte den Kopf und sagte nichts. Agnes begann, leise zu weinen. — *Enttäuschung*

Rede in der 3. Person — „Agnes wird nicht schwanger", sagte ich. „Das war nicht ... Du liebst mich nicht. Nicht wirklich." — *Ellipse* ↳ *Hinweis auf Fiktion im Roman*

„Warum sagst du das? Es ist nicht wahr. Ich habe nie ... nie habe ich das gesagt." — *Inversion*

Anapher — „Ich kenne dich. Ich kenne dich vielleicht besser als du dich selbst." — *Anmaßung*

„Das ist nicht wahr." — *erneut Hinweis auf Fiktion im Roman*

Ansatz vom inneren Monolog — Als müsste ich mich selbst überzeugen, sagte ich nur: „Sie ist nicht schwanger." — *erneut 3. Person*

Agnes rannte ins Schlafzimmer. Ich hörte, wie sie sich aufs Bett warf und laut schluchzte. Ich folgte ihr und blieb in der Tür stehen. Sie sagte etwas, das ich nicht verstand. — *gekränkt*

„Was sagst du?"
„Es ist dein Kind." — *Dialog Zuspitzung der Auseinandersetzung*

Anapher — „Ich will kein Kind. Ich kann kein Kind gebrauchen." „Was soll ich tun? Was willst du denn, dass ich tue? Ich kann es nicht ändern." — *Fragen ≙ Unsicherheit*

Ich setzte mich aufs Bett und legte die Hand auf ihre Schulter. — *Beschwichtigung*

Wiederholung — „Ich brauche kein Kind." — *egozentrisch* *Dialog*
„Ich brauche auch kein Kind. Aber ich bekomme eins."

Euphemismus — „Man kann das ändern", sagte ich leise. — *Manipulationsversuch → körperl. Reaktion: Entsetzen*

Agnes sprang auf und schaute mich an mit einer Mischung aus Ekel und Wut. „Du willst, dass ich abtreibe?" „Ich liebe dich. Wir müssen reden." „Immer sagst du, wir müssen reden. Aber du redest nie."

Imperativ — „Jetzt rede ich." „Geh, geh weg. Lass mich. Du widerst mich an mit deiner Geschichte." Ich verließ das Zimmer. Ich zog mich warm an und ging nach draußen. — *Ekel / Flucht vor dem Konflikt*

1 Untersuchen Sie die Textarbeit des Schülers. Wofür wurden die verschiedenen Farben verwendet?

Analyse und Interpretation sprachlicher und erzähltechnischer Mittel

2 Interpretieren Sie den Textauszug mithilfe der Analyseergebnisse der Schülerarbeit auf S. 310.
a) Stellen Sie den eskalierenden Konflikt grafisch als Spannungsbogen dar.
b) Deuten Sie das Verhalten des Ich-Erzählers hinsichtlich der Beziehung zu Agnes. Welche sprachlichen Mittel erzeugen welche Wirkung?
c) Erläutern Sie, wie sich das Fehlen einer erlebten Rede oder eines inneren Monologs auf die Zuspitzung der Szene auswirkt. Weshalb könnte der Autor auf diese erzähltechnischen Mittel in dieser Situation verzichtet haben (» Kapitel 4, S. 95; Kapitel 14, S. 222)?

ARBEITSTECHNIK — Interpretation eines Auszugs aus einer epischen Ganzschrift

Bei der Interpretation eines Auszugs aus einer Ganzschrift (z. B. Roman) analysieren und deuten Sie nur einen Teil; dabei sollte aber immer der Gesamtzusammenhang berücksichtigt werden. Deshalb ordnen Sie in einem ersten Schritt den Auszug in den Gesamtzusammenhang ein und formulieren eine Interpretationshypothese.

Im nächsten Schritt analysieren und beschreiben Sie den Textauszug, z. B. die handelnden Figuren, den Spannungsverlauf der Szene, sprachliche und erzähltechnische Besonderheiten.

Bei der Deutung des Auszugs sollten die in der Aufgabenstellung vorgegebenen Aspekte im Mittelpunkt stehen. Anhand Ihrer Analyseergebnisse begründen Sie Ihre Interpretationshypothese oder überarbeiten diese. Aussagen zum Zusammenwirken von Inhalt, sprachlichen und erzähltechnischen Mitteln bilden den Schwerpunkt der Interpretation sowie die Grundlage für eine Wertung des Textauszugs.

Beispiel:

Interpretationshypothese	*Der Ich-Erzähler erweist sich in diesem Gespräch als äußerst unsensibel.*
Sprachanalyse	*So reagiert er auf die ernst gemeinten Fragen seiner Freundin mit Gegenfragen und Ablenkungen. Die wiederholte Verwendung von Anaphern (…) unterstreicht …*
Analyse der Erzähltechnik	*Das unsensible Verhalten wird auch daran deutlich, dass das Gespräch mehr aus Monologen als aus Dialogen besteht, es ist ein Scheingespräch …*

3 Suchen Sie zu den folgenden Interpretationshypothesen Belege aus Erzähltechnik- und Sprachanalyse. Verfassen Sie im Anschluss eine Interpretation des Romanauszugs.

- *Man muss auch sagen, dass der Ich-Erzähler sehr ichbezogen, ja fast egozentrisch auf die doch eigentlich erfreuliche Nachricht reagiert.*
- *Agnes wird mit wachsender Enttäuschung immer aggressiver und kann es kaum fassen, wie ihr Geliebter auf sie reagiert.*
- *Er zwingt Agnes in eine Rechtfertigungshaltung, obwohl zu einer Schwangerschaft ja zwei Menschen gehören.*

Von der Interpretation zur Buchbesprechung: die inhaltliche Zusammenfassung

Eine Sonderform der Textinterpretation ist die Buchbesprechung, die im Schulalltag eine häufig gewählte Variante zum Referat darstellt. Sie bietet die Möglichkeit, dem Forum der Klasse eine Ganzschrift zu präsentieren. Dabei gilt es, wichtige Standards kennenzulernen und umzusetzen.

Von Liebe und Kälte – Buchbesprechung zu Peter Stamms Roman „Agnes"

Gleich zu Beginn erfährt der Leser den Ausgang der Geschichte: „Agnes ist tot. Eine Geschichte hat sie getötet." Wie es dazu gekommen ist und was es mit der Geschichte auf sich hat, das schildert Peter Stamm mit der Kühle und Klarheit eines eisigen Gebirgsbachs auf 150 Seiten. Erzählt wird die Beziehung zwischen Agnes, einer Cello spielenden, sensibel-verletzlichen
5   Physik-Studentin, und dem aus der Schweiz kommenden Ich-Erzähler, der in den Staaten über Luxus-Eisenbahnwagen recherchiert. Die beiden begegnen sich in der Chicago Public Library und verbringen später eine kurze Zeit gemeinsam in der 27. Etage eines Hochhauses, in dessen Umgebung sich ein wesentlicher Teil der Geschichte abspielt.
Irgendwann bittet Agnes: „Schreib eine Geschichte über mich, damit ich weiß, was du von mir
10 hältst." Und so beginnt der Ich-Erzähler ein Porträt über Agnes zu schreiben. Vom Erzählfluss mitgerissen überholt die Geschichte schließlich die Gegenwart und die erfundene Realität wird zwanghaft-bestimmend für Agnes' Liebe und ihr Leben.

blog.datenstrand.de

1 Untersuchen Sie, in welchen Passagen der Text von einer „klassischen" Inhaltsangabe abweicht. Begründen Sie das Vorgehen, indem Sie auf den Zweck einer Buchvorstellung eingehen.

2 Arbeiten Sie heraus, zu welchen Aspekten sich der Verfasser der Buchbesprechung äußert.

3 Fassen Sie nach dem obigen Muster eine Ganzschrift (Drama oder Roman) zusammen.

BASISWISSEN | Buchbesprechung

In einer Buchbesprechung geht es nicht um eine ausführliche Inhaltsangabe, wie man sie in Literaturlexika oder Lektürehilfen findet, sondern um die wesentlichen Aspekte der Handlung. Die Kurzinformationen sollen den Lesern einen Eindruck vermitteln, worum es in dem Buch geht, was das Thema und die zentralen Motive sind. Sie sollten die Ganzschrift aber in größere Zusammenhänge einordnen. Dieser sogenannte gesellschaftliche, historische oder thematische Kontext, in welchem ein Werk zu sehen ist, schafft für die Leser Möglichkeiten der Orientierung. So ist Brechts „Leben des Galilei" z. B. in den Kontext „Möglichkeiten und Grenzen der Wissenschaften" zu stellen, während Stamms „Agnes" dem Kontext des „Scheiterns von Beziehungen" zugeordnet werden kann.

In einer Buchbesprechung entscheiden Sie, welche Figuren des Werks Sie erwähnen und welche Sie weglassen wollen. Sie reduzieren die inhaltliche Zusammenfassung auf die zentralen Konflikte und die Beziehungen, in denen die von Ihnen ausgesuchten Figuren dargestellt werden. Sie können sich auch vom Handlungsverlauf der Textvorlage lösen: Es ist durchaus erlaubt, den Schluss des Textes bereits zu Beginn der Buchbesprechung zu offenbaren.

Von der Interpretation zur Buchbesprechung: die Beurteilung des Werks

Da die Buchbesprechung einen sehr viel stärkeren Adressatenbezug als die Textinterpretation hat – sie richtet sich an eine mehr oder weniger breite Öffentlichkeit, z. B. Ihre Mitschüler bei der Vorstellung eines Romans –, ist es von Bedeutung, sich die Kriterien für die eigene Beurteilung vor Augen zu führen.

Von Liebe und Kälte […] – Fortsetzung

Dieser kleine Roman ist flüssig und kühl erzählt, voller Frische und Schärfe in den Beobachtungen des Alltags und der Beziehungen. Und obschon es die Geschichte einer Liebe ist, kommt sie in ihrer Schilderung ohne große Emotion aus und scheint in ihrer Distanziertheit zum Geschehen manchmal eher die kalte und erschreckende Atmosphäre eines Autopsie-Saals auszustrahlen.
5 Gerade aus diesem Kontrast ergibt sich die Faszination der Geschichte: lesenswert!

blog.datenstrand.de

1 Untersuchen Sie die Beurteilung des Romans durch den Verfasser der Buchbesprechung.
a) Schreiben Sie die bewertenden Wörter heraus.
b) Ordnen Sie die Wörter nach negativen und positiven Konnotationen (» Kapitel 11, S. 177).
c) Erläutern Sie die Formulierung am Schluss des Textes: „Gerade aus diesem Kontrast ergibt sich die Faszination der Geschichte: lesenswert!"

Sprache und Stil

Ihre Kritik an einem Werk sollten Sie behutsam formulieren. Dies gilt sowohl für positive als auch für negative Beurteilungen. Deshalb ist es wichtig, sprachlich und stilistisch treffend, aber auch angemessen zu formulieren. Denken Sie bei allen Buchbesprechungen daran, dass es nicht um Sie geht, sondern um den vorzustellenden literarischen Text.

2 Formulieren Sie die folgenden Sätze so um, dass sie den stilistischen Anforderungen einer Buchbesprechung gerecht werden. Begründen Sie Ihre Korrekturen.

- *Der Roman ist der genialste, den ich gelesen habe, und gehört zu den ganz wenigen Werken der Gegenwartsliteratur, denen ich das Prädikat „besonders wertvoll" erteile.*
- *Und dann frage ich mich, ob man sich so ein Drama denn heute noch überhaupt antun sollte, und komme zu dem Fazit: wieder mal ein Werk, das die Welt nicht braucht.*
- *Wenn Sie nach Literatur suchen, die Ihnen die Einnahme von Schlaftabletten erspart, dann kann ich Ihnen diesen Roman nur wärmstens empfehlen.*
- *Seit Goethe und Schiller endlich wieder mal ein Dramatiker, der uns mit seiner Leidenschaft und seinem Mut in den völligen Bann zu ziehen vermag.*

17.2 Kriterien zur Beurteilung eines literarischen Textes

Auch wenn Beurteilungen ihrem Wesen nach subjektiv sind, gibt es doch Möglichkeiten, sich an einigen Kriterien zu orientieren und diese in der Beurteilung transparent zu machen. Sie zeigen damit, dass Sie bemüht sind, Ihre Beurteilung zu begründen.

Beispiel 1:

> So weit ist es eine alltägliche Geschichte. Doch Peter Stamm begnügt sich nicht damit, Bekanntes neu zu erzählen; sein Roman ist auch eine verstörende Parabel über die Macht der Literatur. […]
> Ein dichtes Netz von Verweisen durchzieht die fein aufeinander abgestimmten Kapitel des Buches, immer wieder findet Stamm suggestive Bilder für die Kälte und die Beziehungslosigkeit, in denen
> 5 er seine Figuren gefangen sieht. „Das Geheimnisvolle ist die Leere in der Mitte", beschreibt die Physikstudentin Agnes ihre geliebten Kristallgitter und charakterisiert damit zugleich ihr eigenes Leben, in dem sich Liebe nur als literarische Illusion ereignet.
> (Sabine Doering, „Eiswinde in Chicago". In: FAZ, 23.04.1999, S. 42)

Beispiel 2:

> In der schwebend leichten Erzählweise und Vermischung von tatsächlichem und fiktivem Leben liegt ein großer Reiz dieses Buches. […] Beeindruckend in seiner ebenso klaren wie knappen Prägnanz ist Peter Stamms Sprachstil. Sachlich, präzise, unprätentiös und anscheinend emotionslos, aber keineswegs steril, und dabei fast schwerelos leicht werden selbst dramatische Sachverhalte
> 5 und tiefe Existenzkrisen dargestellt. Jedes Wort sitzt, keines ist überflüssig. Im Kopf entstehen durchaus Bilder, viele Bilder von großer Klarheit, aber eher Schwarz-Weiß-Fotos als farbig fulminante, üppig dekorierte Filmsequenzen. Obwohl auf jegliche verbal-psychologische Erklärungsansätze verzichtet wird, kann sich der/die Leser/-in analytisch der Ursachenforschung des Scheiterns dieser Liebesbeziehung widmen.
> www.christa-tamara-kaul.de

Beispiel 3:

> Der Schweizer Hörspielautor Peter Stamm, 35, erzählt in seinem Prosadebüt eine realistische, zugleich fantastische Geschichte. Die knappen Dialoge sind dem Alltag abgelauscht. Mit einer Sprache, die in ihrer Kühle fast an den Bericht eines Wissenschaftlers erinnert, der unter dem Vergrößerungsglas ein Insekt betrachtet, gelingen dem Autor Bilder von überraschender Dichte
> 5 und Kraft. Zum Schluss legt der Wissenschaftler mit leisem Bedauern das Vergrößerungsglas beiseite. Das Insekt ist gestorben.
> (Nahaufnahme. In: Der Spiegel 43/1998, 19.10.1998, S. 259)

1 Untersuchen Sie, welche Kriterien die Verfasser der Buchbesprechungen in den Beispielen 1–3 zur Beurteilung von Stamms Roman „Agnes" heranziehen und wie sie ihre Urteile begründen. Orientieren Sie sich auch am Basiswissen auf S. 315.

2 Notieren Sie sich Formulierungen, die Sie für besonders gelungen halten, bzw. solche, die Sie nicht verstehen. Tauschen Sie sich darüber in der Klasse aus.

Kriterien zur Beurteilung eines literarischen Textes

BASISWISSEN — Kriterien zur Beurteilung literarischer Texte

Die Aktualität des Themas

Es gibt in der Literatur Themen, die zeitlos sind und sich über Jahrhunderte hinweg in den Werken wiederfinden lassen. Dazu gehören Themen wie Liebe, Eifersucht und Hass, Jugend, Generationskonflikte, Vereinsamung und Isolation oder auch Gewalt in den unterschiedlichsten Erscheinungsformen. Diese zeitlosen Themen können interessant, modern und überraschend gestaltet sein oder eben bieder, konventionell und für den Leser vorhersehbar. Andere Themen, wie z. B. „Leben in der DDR", können an Interesse verlieren, sobald sie in historische Ferne rücken, und sie büßen deshalb ihre Aktualität ein. Entscheidend dafür ist die Art der Gestaltung, also ob und wie es gelingt, Themen aus historischer und/oder geografischer Nähe oder Ferne für die Leser persönlich bedeutsam werden zu lassen.

Sprache und Stil des Erzählers

Da es sich bei literarischen Texten um Sprachkunstwerke handeln sollte, sind Sprache und Stil ein wichtiges Kriterium der Beurteilung. So haben beispielsweise die Kritiker von Stamms Roman immer wieder die stilistische Gestaltung gelobt, die sich dadurch auszeichnet, dass in einer sehr zurückhaltenden, schonungslos nüchternen Sprache der Zerfall der Liebesbeziehung zwischen dem Ich-Erzähler und Agnes präsentiert wird. Gerade der Bericht schaffe ein Gegengewicht zu der eigentlich tragischen Liebesgeschichte und verhindere, dass der Erzählstoff ins Kitschige abgleitet. Der Stil und die Sprache einer Erzählerin oder eines Erzählers können aber auch schwülstig, übertrieben intellektuell oder einfach bzw. banal sein.

Die Gestaltung des Stoffes

Sowohl für das Drama wie auch die epischen Großformen gilt, dass die Art und Weise, wie eine Autorin oder ein Autor ihren/seinen Stoff präsentiert, kritisch beurteilt werden kann. Dabei geht es nicht um den Umfang, sondern um die Frage, ob es gelungen ist, den Stoff zu „verdichten", ob die Bearbeitung frei von Redundanzen, also unnötigen Wiederholungen, ist und ob der Erzählstoff übersichtlich oder verwirrend strukturiert ist, unnachvollziehbar verkürzt oder ausufernd breit angelegt wurde. Aber auch hier ist Vorsicht geboten, denn epische Breite kann durchaus ein wertvolles Kunstprinzip sein.

3 Stellen Sie in Ihrer Gruppe eine Ganzschrift der Epik oder Dramatik vor. Orientieren Sie sich an der Arbeitstechnik auf S. 311. Beurteilen Sie den Text und erläutern Sie dabei Ihre Kriterien.

FAZIT

17.2 Epik (am Beispiel Roman)

- Einordnung eines Textauszugs in den Gesamtzusammenhang
- Interpretation: Deutung inhaltlicher Aussagen in Verbindung mit der Analyse der sprachlichen und erzähltechnischen Mittel
- Bewertung/Buchbesprechung: Kurzinformation zu Thema, Handlung, Figuren
- Beurteilungskriterien: Gestaltung des Erzählstoffes, Aktualität, Sprache und Stil

Prüfungsvorbereitung

Der folgende Text mit den Aufgaben könnte Ihnen so in einer Prüfung zur Interpretation eines epischen Textauszugs vorliegen.

Peter Stamm: Agnes (Auszug)

[…] „Was fehlt ihr?", fragte ich, aber die Kollegin wollte nichts weiter sagen.
„Gehen Sie doch bitte zu ihr", sagte sie nur, „es geht ihr nicht gut."
Ich bedankte mich und versprach, Agnes zu besuchen. Den Brief, den ich ihr geschrieben hatte, zerriss ich. Ich holte mir ein Bier aus dem Kühlschrank und setzte mich ans Fenster.

5 Wenn ich jetzt zu Agnes gehe, dachte ich, dann ist es für immer. Es ist schwer zu erklären, obwohl ich sie liebte, mit ihr glücklich war, hatte ich nur ohne sie das Gefühl, frei zu sein. Und Freiheit war mir immer wichtiger gewesen als Glück. Vielleicht war es das, was meine Freundinnen Egoismus genannt hatten.
Ich ging nicht an diesem Tag zu Agnes und auch am nächsten nicht. Am dritten Tag endlich

10 entschloss ich mich, sie zu besuchen.
[…]
Agnes kam im Morgenmantel an die Tür. Sie war sehr bleich. Sie bat mich herein, und ich folgte ihr ins Zimmer. Sie legte sich wieder hin. Ich saß eine Weile stumm bei ihr, dann fragte ich:
„Du bist krank?"

15 „Ich habe das Kind verloren", sagte sie leise.
Ich hatte nie daran gedacht, dass sie das Kind verlieren könnte. Ich war erleichtert und schämte mich dafür.
Agnes lächelte und sagte: „Du solltest eigentlich froh sein." Aber der Zynismus gelang ihr nicht.
„Du bist nicht schuld", sagte sie, „der Arzt sagt, auf jede Geburt kommt eine Fehlgeburt."

20 „Kannst du keine Kinder kriegen?", fragte ich. „Doch", sagte sie, „aber ich muss Hormone nehmen, wenn ich wieder schwanger werde."
„Es tut mir leid", sagte ich.
Sie setzte sich auf und umarmte mich.
„Ich habe dich vermisst", sagte sie. Dann begann sie zu weinen. „Sechs Zentimeter groß war es,

25 hat der Doktor gesagt."
„Wann ist es geschehen?"
„Ich war drei Tage in der Klinik", sagte Agnes. „Sie mussten eine Ausschabung machen. Das Kindsmaterial, hat der Doktor gesagt. Damit es keine Infektion gibt. Es war nicht lebensfähig. Das Kindsmaterial."

30 Ich blieb die Nacht über bei Agnes, lag angezogen neben ihr auf der Matratze und konnte nicht schlafen. Gegen Morgen stand ich auf. Ich wollte lesen, aber ich fand nur die Norton Anthology of Poetry und einige Prospekte.
[…]
Am Morgen ging es Agnes etwas besser, und sie stand auf, um zu frühstücken.

35 „Ich habe es nicht so gemeint damals", sagte ich. „Ich habe lange nachgedacht. Ich habe versucht, dich zu erreichen."
„Es war nicht das, was du gesagt hast. Aber dass du mich allein gelassen hast. Dass du einfach weggelaufen bist."

Prüfungsvorbereitung

„Wenn du ein Kind möchtest ..."
40 „Du willst es nicht wirklich. Aber das spielt ja jetzt keine Rolle mehr."
„Vielleicht später", sagte ich.
„Ja", sagte Agnes, „vielleicht später."

1 Geben Sie den Inhalt der Textstelle in eigenen Worten wieder. Beschreiben Sie ausgehend von dieser Textstelle das Verhältnis des Ich-Erzählers zu Agnes.

2 Weisen Sie die Berechtigung der folgenden These an dieser oder an anderen geeigneten Textstellen des Romans nach.
„Es gelingt Stamm, die Defizite seiner Romanfiguren dem Leser auch durch Sprache und Erzähltechnik nahezubringen."

Checkliste: Eine Interpretation zu einem epischen Textauszug schreiben

Vorbereitung des Aufsatzes
- ☑ Enthält die Aufgabenstellung neben der allgemeinen Aufforderung zur Textinterpretation noch besonders zu beachtende Aspekte?
- ☑ Haben Sie sich beim Lesen des Textes wichtige inhaltliche Aussagen sowie Auffälligkeiten in Sprache und Erzähltechnik notiert?

Einleitung
- ☑ Haben Sie Autor/-in, Titel und Erscheinungsjahr (evtl. den Erscheinungsort) sowie die Textsorte genannt?
- ☑ Wurde das Thema der Ganzschrift (z. B. des Romans) in einem Satz zusammengefasst?

Hauptteil
- ☑ Haben Sie den Textauszug in den Gesamtzusammenhang des Romans eingeordnet (inhaltliche Zusammenfassung des Textauszuges, Rückblick auf Vorangegangenes, Figuren und deren Beziehungen zueinander, Entwicklungsstand der Handlung und Ausblick)?
- ☑ Haben Sie Interpretationshypothesen formuliert und Belege für deren Begründung angeführt?
- ☑ Wurden die Ergebnisse Ihrer Sprachanalyse sowie der Analyse der erzähltechnischen Mittel gedeutet (Aufbau, Figurencharakteristik, Erzählhaltung, Erzählbericht, Figurenrede) und treffende Zitate angeführt?

Schlussteil
- ☑ Sind Sie zusammenfassend auf Ihre im Hauptteil formulierten Interpretationshypothesen eingegangen?
- ☑ Haben Sie eine Beurteilung des Romans vorgenommen nach solchen Kriterien wie: Aktualität, Sprache und Stil, Gestaltung des Erzählstoffes z. B. im Kontext ähnlicher Themen in der Literatur oder aktueller gesellschaftlicher Diskussionen?

Textüberarbeitung
- ☑ Haben Sie Ihren Aufsatz im Hinblick auf seine Gliederung, auf sprachlichen Ausdruck, auf Rechtschreibung, Grammatik und Zeichensetzung sowie auf die Regeln der Zitiertechnik kontrolliert und korrigiert?

Lyrik
Thema und erster Leseeindruck

Die Interpretation von Gedichten unterscheidet sich nur unwesentlich von der Interpretation anderer literarischer Texte. Zunächst beschreiben Sie, wie ein Gedicht nach dem ersten Lesen auf Sie wirkt, welche Grundstimmung es vermittelt und um welches Thema es geht. Neben der Sprachanalyse spielt allerdings die Untersuchung der formalen Gestaltungsmittel eine wichtige Rolle. In Prüfungsaufgaben können Sie darüber hinaus aufgefordert werden, mehrere Gedichte zu einem Thema zu vergleichen oder ein Gedicht im Kontext seiner Entstehungszeit (oder einer literarischen Epoche) zu betrachten.

Ulla Hahn: Bildlich gesprochen

Wär ich ein Baum ich wüchse
dir in die hohle Hand
und wärst du das Meer ich baute
dir weiße Burgen aus Sand.

5 Wärst du eine Blume ich grübe
dich mit allen Wurzeln aus
wär ich ein Feuer ich legte
in sanfte Asche dein Haus.

Wär ich eine Nixe ich saugte
10 dich auf den Grund hinab
und wärst du ein Stern ich knallte
dich vom Himmel ab.

Andreas Gryphius: An Eugenien

Ich finde mich allein und leb in Einsamkeit,
Ob ich schon nicht versteckt in ungeheure Wüsten,
In welchen Tigertier und wilde Vögel nisten.
Ich finde mich allein, vertieft in herbes Leid;
5 Auch mitten unter Volk, das ob der neuen Zeit
Des Friedens sich ergetzt in jauchzenvollen Lüsten,
Find ich mich doch allein. Wir, die einander küssten
In unverfälschter Gunst, sind leider nur zu weit.
Ich finde mich allein und einsam und betrübet,
10 Weil sie so fern von mir, mein Alles und mein Ich,
Ohn die mir auf dem Kreis der Erden nichts beliebet.
Doch tritt ihr wertes Bild mir stündlich vor Gesichte.
Sollt ich denn einsam sein? Ihr Bild begleitet mich.
Was kann sie, wenn ihr Bild mein Trauern macht zunichte!

Adelbert von Chamisso: Seit ich ihn gesehen

Seit ich ihn gesehen,
Glaub ich blind zu sein;
Wo ich hin nur blicke,
Seh ich ihn allein;
5 Wie im wachen Traume
Schwebt sein Bild mir vor,
Taucht aus tiefstem Dunkel
Heller nur empor.

Sonst ist licht- und farblos
10 Alles um mich her,
Nach der Schwestern Spiele
Nicht begehr ich mehr,
Möchte lieber weinen
Still im Kämmerlein;
15 Seit ich ihn gesehen,
Glaub ich blind zu sein.

1 Notieren Sie Ihren ersten Leseeindruck. Wie wirkt jedes der Gedichte auf Sie? Welche Grundstimmung wird vermittelt?

Analyse und Interpretation

1 Analysieren und interpretieren Sie zunächst eines der Gedichte. Gehen Sie wie folgt vor:
a) Geben Sie den Inhalt wieder und formulieren Sie das Thema.
b) Beschreiben Sie die formale Gestaltung des Gedichts und formulieren Sie dazu eine erste Interpretationshypothese.

Muster

Das von Ulla Hahn verfasste Gedicht „Bildlich gesprochen" stellt die Beziehung eines lyrischen Ich zu einer geliebten Person in den Mittelpunkt. In ganz unterschiedlichen Bildern aus den Bereichen der Natur, der Elemente und der Fabelwesen wird diese Beziehung beschrieben; dabei wird der Grundton jedoch im Verlauf immer aggressiver und gipfelt in den letzten beiden Versen im Bild vom „Stern", der
5 *mit Gewalt vom Himmel geholt wird.*
Das Gedicht ist in drei Strophen mit je vier Verszeilen gegliedert; die zweite und vierte Verszeile jeder Strophe reimen sich. Die metrische Gestaltung, in der Jamben und Trochäen dominieren, ist uneinheitlich und wirkt deshalb eher unruhig. Formal auffallend ist außerdem, dass die Strophen fast analog aufgebaut sind: Der Irrealis (1) „Wär ich/Wärst du" leitet jeweils die erste und dritte Verszeile jeder
10 *Strophe ein. Die formale Strenge des Gedichts wird zudem durch den regelmäßigen Wechsel von weiblichen und männlichen Kadenzen unterstrichen und bildet vielleicht ganz bewusst die spannungsreiche Beziehung zwischen dem lyrischen Ich und seinem Partner bzw. seiner Partnerin ab.*

(1 = Konjunktiv II)

2 Überprüfen Sie anhand der Arbeitstechnik „Formanalyse", welche Aspekte in dem Mustertext berücksichtigt werden und auf welche weiteren Besonderheiten eines lyrischen Textes eingegangen wurde.

3 Erläutern Sie, an welchen Stellen im Muster über die Textbeschreibung hinaus schon Deutungen formuliert werden.

ARBEITSTECHNIK | Formanalyse eines Gedichts

Die Formanalyse eines Gedichts sollte die Anzahl der Strophen und Verse benennen, das Gedicht nach Reimschemata (Paarreim, Kreuzreim oder umarmender Reim) untersuchen und das Metrum (Jambus, Trochäus, Anapäst oder Daktylus) ermitteln. Auch die Kadenzen, also die letzten Silben jeder Verszeile, sollten Erwähnung finden. Natürlich gibt es auch Gedichte, die auf formale Gestaltungsmittel teilweise oder ganz verzichten. In diesem Fall reduziert sich die Formanalyse auf die vorhandenen Auffälligkeiten (» Kapitel 14, S. 228–230).

Von großer Bedeutung für eine Gedichtinterpretation ist die Sprachanalyse, da in der Lyrik dem sprachlichen Ausdruck – in Form von Sprachbildern und rhetorischen Figuren – eine besonders hohe Aufmerksamkeit zukommt (» Kapitel 4, S. 96–97).

4 Führen Sie eine Sprachanalyse zum Gedicht Ihrer Wahl durch und deuten Sie die Ergebnisse.
a) Untersuchen Sie den Text im Hinblick auf Sprachbilder (Metaphern, Vergleiche) und suchen Sie nach weiteren rhetorischen Stilfiguren. Achten Sie dabei z. B. auf Wortwiederholungen, auf Steigerungen in Wortbedeutungen, auf die gewählten Sprachebenen.
b) Interpretieren Sie die Ergebnisse der Sprachanalyse im Zusammenhang mit der Formanalyse.

Analyse und Interpretation

Die Interpretation des Gedichts „Bildlich gesprochen" (Anfang, S. 319) wurde so fortgesetzt:

Muster

Bereits der Titel „Bildlich gesprochen" verweist auf das zentrale Thema des Gedichts – es geht darum, die Bedeutung einer Beziehung in sprachliche Bilder zu fassen, sie also durch Metaphern näher zu beschreiben. Das lyrische Ich spricht in der ersten Strophe noch in eher konventionellen Bildern, wenn es von „Baum" und „Meer" spricht. Die scheinbare Harmonie zwischen den Liebenden wird
5 *schon in der zweiten Strophe fragwürdig, weil das Ausgraben der Blume mit allen Wurzeln bereits auf eine zu große Inbesitznahme des Partners hindeutet. Auch im Bild vom Feuer, das das Haus in Asche legt, kommt diese zerstörerische Dimension der Liebe noch einmal zum Ausdruck. In der dritten Strophe werden die Erwartungen des Lesers dann gänzlich durchkreuzt, wenn vom Abgrund, in den der Geliebte gezogen wird, gesprochen wird. Der umgangssprachliche Ausdruck „ich knallte*
10 *dich vom Himmel ab" (V. 11 f.) verschärft noch einmal den Grundton der Aggressivität und vermittelt den Willen des lyrischen Ich, den Geliebten nicht zu idealisieren, sondern ihn zu „erden".*
Ulla Hahn bricht mit ihrem Gedicht „Bildlich gesprochen" mit einer Tradition der Liebeslyrik, die dazu neigt, die Geliebte oder den Geliebten zu idealisieren und in ihrem/seinem Wesen überzubewerten. Sie spielt aber mit dieser Lesererwartung, da man beim Lesen der ersten Strophe noch glaubt, das
15 *Gedicht bewege sich in den bekannten Bahnen überschwänglicher Liebesgedichte.*
Dabei mag die Skepsis gegenüber einer Darstellung von Liebe, die nur alles in übertrieben positiver Sicht wahrnimmt, ein tragendes Motiv gewesen sein. Denn Liebe kann auch besitzergreifend, zerstörerisch und destruktiv wirken, was in der oben analysierten Bildlichkeit auch deutlich wird. Die Gegensätzlichkeit der Geschlechter spiegelt sich nicht nur in den wechselnden Kadenzen, sondern
20 *auch in der antithetischen Grundstruktur der Strophen wider; dabei ist das lyrische Ich die Aktive, die mehr und mehr destruktiv wirkt, während der Geliebte den passiven Part zu spielen hat.*
Das Gedicht spricht den modernen Leser gerade deshalb an, weil es mit einer naiven Sicht auf die Liebesbeziehung bricht und stattdessen unausgesprochen deutlich macht, dass eine Liebesbeziehung nicht von selbst gelingt, sondern der Beziehungsarbeit bedarf. Tendenzen, den Partner zu vereinnah-
25 *men, ihn zu entwurzeln und seiner Identität zu berauben, zerstören die Beziehung letzten Endes genauso wie die Neigung, im Partner ein übermenschliches Wesen zu sehen. Vielleicht ist auch die sehr strenge äußere Form ein Hinweis darauf, dass die Gestaltung einer Liebesbeziehung die Arbeit an Formen braucht – an Umgangsformen, Formen des Umgangs miteinander, Formen der Streitkultur –, damit es zu einer harmonischen Beziehung kommen kann, in der sich die Lebensentwürfe*
30 *reimen.*

5 **Untersuchen und bewerten Sie die Musterinterpretation.**
a) In welche Teile wurde der Interpretationsaufsatz gegliedert? Worauf wurde jeweils eingegangen?
b) Mit welchen Aussagen stimmen Sie überein, mit welchen nicht?

6 **Ergänzen Sie die Interpretation durch eine kritische Bewertung des Gedichts.**

ARBEITSTECHNIK | Sprachanalyse und kritische Würdigung

In der Gedichtinterpretation untersuchen Sie die Verwendung der sprachlichen Mittel und beschreiben deren Wirkung. Sie greifen auch die Ergebnisse der Formanalyse wieder auf, wenn diese für Ihre Interpretation aufschlussreich sind. Den Schluss bildet eine kritische Würdigung des Gedichts. Hier können Sie an Ihre Leseerfahrungen anknüpfen. Sie äußern sich zum Thema, zu Inhalt und Form, zur Sprache oder auch zur Aktualität.

Vergleich motivgleicher Gedichte

Die Aufgabe, Gedichte zu vergleichen, erfordert folgende weitere Schritte:

1 Lesen Sie die zu vergleichenden Gedichte (» S. 318) im Hinblick auf Gemeinsamkeiten und Unterschiede. Notieren Sie diese beispielsweise in Tabellenform:

Vergleichsaspekt	„Bildlich gesprochen"	„An Eugenien"
Strophengliederung und Verse	3 Strophen mit je 4 Versen	1 Strophe, 14 Verse
Reimschema, Metrum	…	…
(siehe Arbeitstechnik S. 319, 320)	…	…

2 Beziehen Sie in Ihre Analyse und Interpretation auch Entstehungsdaten der Gedichte oder Hinweise auf die Lebensdaten der Dichter mit ein. Ordnen Sie die drei Gedichte (» S. 318) folgenden Jahrhunderten zu: 17., 19. und 20. Jahrhundert.

Sprache und Stil

Bei einem Gedichtvergleich beschreiben Sie Gemeinsamkeiten und Unterschiede und deuten diese. Folgende Formulierungshilfen können Ihnen helfen:

- *Die Texte weisen einige Gemeinsamkeiten auf. In beiden steht das Thema … im Mittelpunkt …*
- *Es gibt jedoch deutliche Unterschiede im Hinblick auf … Während in dem Gedicht von …, wird in dem Gedicht von … besonders mit den Mitteln … gearbeitet. Daraus erklären sich die deutlich unterschiedlich wirkenden …, die möglicherweise zurückzuführen sind auf …*
- *Im Ergebnis des Textvergleiches lässt sich sagen … Ich persönlich finde das Gedicht …*

Formulieren Sie die Beurteilung eines Gedichtes nicht zu vereinfacht. Wenn Sie Kritik üben, sollte sich diese auf Ihr subjektives Urteil beziehen und nicht allgemeingültig formuliert werden.

3 Formulieren Sie die folgenden Sätze so um, dass sie neutraler wirken.
Das Thema ist von vorgestern. • Die Metaphern versteht kein Mensch. • Ich finde das zu oberflächlich.
Beispiel: *Das Gedicht ist langweilig. Leider muss ich zugeben, dass mich das Gedicht nicht fesseln konnte.*

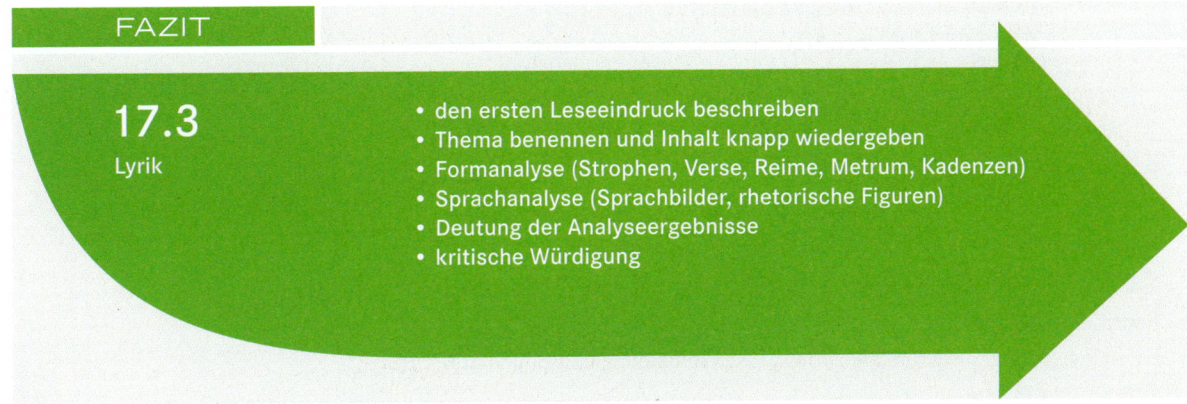

FAZIT

17.3 Lyrik
- den ersten Leseeindruck beschreiben
- Thema benennen und Inhalt knapp wiedergeben
- Formanalyse (Strophen, Verse, Reime, Metrum, Kadenzen)
- Sprachanalyse (Sprachbilder, rhetorische Figuren)
- Deutung der Analyseergebnisse
- kritische Würdigung

Prüfungsvorbereitung

Der folgende Text könnte Ihnen so in einer Prüfung zur Gedichtinterpretation vorliegen.

Ulla Hahn: Mit Haut und Haar

Ich zog dich aus der Senke deiner Jahre
und tauchte dich in meinen Sommer ein
und leckte dir die Hand und Haut und Haar
und schwor dir ewig mein und dein zu sein.

5 Du wendetest mich um. Du branntest mir dein Zeichen
mit sanftem Feuer in das dünne Fell.
Da ließ ich von mir ab. Und schnell
begann ich vor mir selbst zurückzuweichen

und meinem Schwur. Anfangs blieb noch Erinnern
10 ein schöner Überrest der nach mir rief.
Da aber war ich schon in deinem Innern
vor mir verborgen. Du verbargst mich tief.

Bis ich ganz in dir aufgegangen war.
Da spucktest du mich aus mit Haut und Haar.

1 Interpretieren Sie das Gedicht von Ulla Hahn „Mit Haut und Haar", entstanden 1981.

Checkliste: Eine Gedichtinterpretation schreiben

Vorbereitung des Aufsatzes
- ☑ Haben Sie die Aufgabenstellung auf besondere Aspekte der Interpretation hin geprüft?

Einleitung
- ☑ Wurden Autor/-in, Titel und Erscheinungsjahr (evtl. der Erscheinungsort) genannt, das Thema formuliert, eine Interpretationshypothese aufgestellt?

Hauptteil
- ☑ Haben Sie knapp den Inhalt, das lyrische Ich sowie weitere Figuren und deren Beziehung beschrieben?
- ☑ Haben Sie die Ergebnisse Ihrer Sprachanalyse (Sprachbilder, rhetorische Figuren, Sprachvarietäten, andere Auffälligkeiten) sowie der Formanalyse (Anordnung der Verse und Strophen, Reim, Metrum, Kadenzen) gedeutet, Ihre Interpretationshypothese überprüft und begründet und treffende Zitate angeführt?
- ☑ Wurden im Falle eines Gedichtvergleichs Gemeinsamkeiten und Unterschiede herausgearbeitet?

Schlussteil
- ☑ Wurde eine Beurteilung vorgenommen?

Textüberarbeitung
- ☑ Haben Sie die Gliederung, Ausdruck, Rechtschreibung und Grammatik korrigiert?

Informationen – Material – Methoden

Kapitel 18

Texte überarbeiten

18.1
In zwei Schritten zur Textüberarbeitung

18.2
Einen Aufsatz gezielt nach verschiedenen Kriterien überarbeiten

Schreiben ist ein Prozess, der nicht nur das Produzieren von Texten, sondern auch die Reflexion über das Geschriebene und das Überarbeiten einschließt. Bei der Überarbeitung eines Textes kontrollieren, reflektieren und optimieren Sie das Geschriebene. Das folgende Kapitel bietet Ihnen eine Hilfestellung, wie Sie in mehreren Schritten eigene Texte überarbeiten können.

Kompetenzen

- ✓ Kritisch zu eigenen und fremden Texten Stellung nehmen
- ✓ Strategien zur Überprüfung anwenden
- ✓ Den eigenen Text auf Lesbarkeit prüfen
- ✓ Einen Text auf Rechtschreibung, Grammatik, Zeichensetzung und Ausdruck überprüfen

Methoden und Arbeitstechniken

- ✓ Schreibkonferenz
- ✓ Portfolio

18.1

In zwei Schritten zur Textüberarbeitung
Verschiedenartige Fehler erkennen

Im Unterricht wurde die Kalendergeschichte „Der Augsburger Kreidekreis" von Bertolt Brecht besprochen. Zur Information folgt eine kurze Zusammenfassung der Geschichte:

Zusammenfassung der Kalendergeschichte „Der Augsburger Kreidekreis" von Bertolt Brecht

„Der Augsburger Kreidekreis" ist eine Kalendergeschichte, die 1940 von Bertolt Brecht verfasst wurde. Im Mittelpunkt steht die Auseinandersetzung um ein Kind und die Frage, wer dessen rechtmäßige Mutter ist.

Die Handlung spielt zur Zeit des Dreißigjährigen Krieges in und um die Stadt Augsburg. Katholische Soldaten fallen in die Stadt ein, morden und plündern. Sie erschlagen auch den Protestanten und Gerbereibesitzer Zingli. Seine Frau, die mit dem einzigen Kind fliehen sollte, hält sich zu lange mit dem Packen ihrer Kleider und ihres Schmucks auf und lässt das Kind zurück. Anna, die Magd, versteckt sich zunächst und versucht, Frau Zingli zu finden, um ihr die Nachricht vom Überleben ihres Kindes mitzuteilen. Ihre Suche bleibt erfolglos.

Anna flüchtet mit dem Kind zu ihrem Bruder auf einen großen Bauernhof. Ihrer Schwägerin gegenüber gibt sie das Kind als ihr eigenes aus. Als diese immer misstrauischer wird, erfindet Anna eine Ehe. Als sich die Situation zuspitzt, geht Anna fern vom Hof eine Ehe mit einem scheinbar todkranken Kleinbauern (Häusler) ein.

Doch ihr Mann wird gesund. Er holt sie und das Kind zu sich. Nach einem Fluchtversuch fügt sich Anna in ihr Schicksal. Für das Kind ist so gesorgt.

Nach Kriegsende kehrt Frau Zingli zurück und nimmt in Annas Abwesenheit das Kind zu sich. Anna wendet sich an das Gericht. Der Richter will die Mutterschaft durch eine Prüfung beweisen. Er lässt das Kind in einen Kreidekreis stellen, die beiden Frauen sollen gleichzeitig versuchen, es zu sich zu ziehen. Diejenige, deren Liebe am stärksten ist, werde die nötige Kraft haben, das Kind auf ihre Seite zu ziehen, so der Richter. Frau Zingli schafft es, mit einem einzigen heftigen Ruck das Kind aus dem Kreis zu sich zu ziehen. Anna hat das Kind aus Angst, es könne ihm etwas geschehen, wenn es in zwei Richtungen gezogen wird, losgelassen.

Dennoch verlässt Anna, die vermeintliche Verliererin, den Prozess als Siegerin. Sie hat durch ihr Loslassen bewiesen, dass sie dem Kind nicht wehtun kann und damit die wahre Mutter ist.

Folgende Aufgaben waren zu bearbeiten: **Geben Sie kurz die wesentlichen Aussagen der Geschichte wieder. Charakterisieren Sie die beiden weiblichen Hauptfiguren.** Eine dazu angefertigte Schülerarbeit wurde zweimal überarbeitet. In der 1. Überarbeitung wurden Fehler in den Bereichen Inhalt und Aufbau markiert. Bei einer 2. Überarbeitung wurde auf Fehler in Rechtschreibung, Zeichensetzung, Grammatik und Ausdruck/Stil hingewiesen.

Muster	1. Überarbeitung	2. Überarbeitung
In der Kalendergeschichte „Der Augsburger Kreidekreis" von Bertolt Brecht geht es ==um Protestanten und Soldaten in der freien Reichsstadt Augsburg zur Zeit des Dreißigjährigen Krieges.== *Herr Zingli, Besitzer einer großen Gerberei, versteckt sich vor den Soldaten, die ihn jedoch finden und töten. Seine Frau, die noch mit dem* ==packen ihres== *Schmucks,* ==Kleider== *und sonstiger Dinge beschäftigt ist, kann gerade noch die Flucht ergreifen. Ihr kleines Kind lässt sie zurück. Die Magd versteckt sich zunächst vor den Soldaten.* ==Sie bleibt unentdeckt.==	Inhalt: Einleitungssatz	Zeichensetzung Rechtschreibung/ Grammatik

324 ■ Informationen – Material – Methoden

Verschiedenartige Fehler erkennen

Sie ist sich der Gefahr bewusst. Sie nimmt dennoch das Kind der Protestantenfamilie an sich, das ebenfalls wie durch ein Wunder nicht entdeckt worden ist. Die Magd ist damit die einzigste, die sich um das Kind kümmert, und bringt es in das Dorf Großsaitingen zu ihrem Bruder.	Inhalt: Ausdruck Versuch, die Mutter zu G/R finden, fehlt
Anna nimmt alles auf sich, um für das Baby zu sorgen, heiratet sogar einen totkranken Mann, das ja nicht jemand auf die Idee kommt, ihr zu sagen, sie sei eine Mutter ohne Vater.	Inhalt: Wer ist Anna? R/R/A
Wider Erwarten erscheint der Häusler gesund auf dem Bauernhof und holt seine Frau Anna und das Kind zu sich. Diese hält das Leben mit ihm nicht aus und flüchtet mit dem Kind. Als sie sich den Fuß in einem Straßengraben verstaucht und nicht mehr weiterkann, wird sie von ihrem „Mann" geholt und zurückgebracht. Sie fügt sich, da dem Kind so am besten geholfen ist.	Logik Inhalt: Wer ist der Häusler? Inhalt: unnötig A
Als eines Tages Frau Zingli kommt und das Kind zurückholt, ist Anna verzweifelt und wendet sich an das Gericht in Augsburg. Der Richter will mit einer Kreisprobe die rechte Mutter ausfindig machen. Dies bedeutet, dass sich das Kind in die Mitte eines Kreidekreises stellt und beide Frauen daran ziehen soll. Die rechte Mutter, so meint der Richter, wird es schaffen, das Kind auf ihre Seite zu ziehen. Anna gewinnt, obwohl sie die Probe nicht besteht.	G G Inhalt: Warum gewinnt Anna?
Frau Zingli ist keine fürsorgliche Mutter, da sie lieber packt, anstatt mit ihrem Baby zu verschwinden. Sie denkt nur an ihren Besitz.	Bruch/Über- A (umgangs- leitung sprachlich)
Die Magd hingegen ist nicht so wohlhabend wie Frau Zingli. Aber im Gegensatz zu Frau Zingli ist sie mutig. Zwar zögert sie erst, das Kind mitzunehmen, aber dann nimmt sie es mit und rettet es so schließlich vor den Soldaten. Anna läuft Gefahr, erwischt zu werden, dennoch ging sie durch das Getümmel der feiernden Soldaten, um der Mutter des Kindes von der Rettung des Babys zu berichten. Aber vergebens, diese bleibt unauffindbar und so ist Anna mit dem Kind allein. Im Gegensatz zu Frau Zingli ist Anna eine warmherzige Frau, die viel Zuneigung zu dem Kind zeigt und bereit ist, sich für dieses zu opfern.	Zusammen- A (Wortwieder- hang holung) G
Sie gibt sich als die eigene Mutter des Kindes aus. Das verdeutlicht auch, wie sehr Anna das Kind liebt und es eben behalten will. Sie ist wirklich die Mutter des Kindes, da Frau Zingli von Anfang an nur an ihren Besitz gedacht hat.	Logik Inhalt: zu A (Füllwort) wenig
Dem Richter war dies auch klar. Er ahnte zwar, das Frau Zingli die biologische Mutter ist, aber es dieser Frau eh nur um sich selbst und ihren Ruf geht. Ihm war auch klar, dass das Kind bei der Magd mit viel Liebe aufwachsen wird. Vielleicht wird es ein Umfeld haben, das nicht so wohlhabend ist, aber eine Mutter, die ihm alles geben wird, was sie hat.	Inhalt: Wdh. G/G/R A (Füllwort) G
Es war gut, das der Richter Frau Z. und der Magd solch eine Aufgabe gegeben hat. So sieht man, wer das Beste für das Kind will. (S. 336, Z. 17–19)	R/A Z/Zitat am Ende

1 Setzen Sie sich mit dem Aufsatz und den Überarbeitungshinweisen (» S. 324 f.) auseinander.
 a) Betrachten Sie die Hinweise der 1. Überarbeitung. Verbessern Sie die fehlerhaften Textstellen.
 b) Bearbeiten Sie die Hinweise der 2. Überarbeitung. Korrigieren Sie die Fehler des Schülers.
 c) Welchen Tipp würden Sie dem Autor des Aufsatzes im Bereich der Rechtschreibung geben?

2 Schreiben Sie den Aufsatz neu. Überprüfen Sie ganz besonders die inhaltlich geänderten Stellen auf Rechtschreibung, Grammatik, Zeichensetzung und Ausdruck.

Verschiedenartige Fehler erkennen

ARBEITSTECHNIK — Einen Aufsatz überarbeiten

Während des Schreibens nehmen Sie an Ihrem Text Verbesserungen vor. Nach dem Schreiben sollten Sie ihn gezielt überarbeiten. Planen Sie Zeit ein. Überarbeiten Sie Ihren Text möglichst in einem zeitlichen Abstand, z. B. wie folgt:

1. Überarbeitung: Beachten Sie zunächst vor allem den Inhalt und den Aufbau des Aufsatzes. Folgende Fragen sollten Sie beantworten:

- ☑ Haben Sie die Anforderungen der Schreibaufgabe richtig erkannt?
- ☑ Haben Sie das Thema treffend und umfassend bearbeitet?
- ☑ Haben Sie Ihren Aufsatz gut gegliedert (Einleitung, Hauptteil, Schluss)?

Je nach Aufgabenstellung des Aufsatzes kann es sinnvoll sein, eine Checkliste zum Inhalt zu erarbeiten (siehe Checklisten in den Prüfungskapiteln).

2. Überarbeitung: Setzen Sie sich nun mit den Bereichen Rechtschreibung, Zeichensetzung und Grammatik auseinander und überprüfen Sie den Text hinsichtlich sprachlicher Richtigkeit und angemessener Wortwahl.

Bei der Überarbeitung eines Aufsatzes sind **Checklisten** hilfreich. Für die Bereiche Rechtschreibung, Grammatik, Zeichensetzung, Ausdruck/Stil und äußere Form ist die nachfolgende Checkliste geeignet:

- ☑ Haben Sie auf Umgangssprache, nicht standardisierte Abkürzungen und Füllwörter verzichtet?
- ☑ Haben Sie abwechslungsreich und präzise formuliert und Wiederholungen vermieden?
- ☑ Haben Sie Ihre Sätze sinnvoll und grammatikalisch richtig verknüpft?
- ☑ Haben Sie Ihre Arbeit auf Rechtschreibfehler überprüft, die Sie häufig machen?
- ☑ Haben Sie die Wörter nachgeschlagen, bei deren Rechtschreibung Sie unsicher waren?
- ☑ Haben Sie die Regeln der Zeichensetzung beachtet?
- ☑ Haben Sie Ihre Arbeit auf Flüchtigkeitsfehler überprüft?
- ☑ Ist die äußere Form Ihres Aufsatzes ansprechend und Ihre Schrift gut lesbar?

Je nach Aufsatzart müssen die Checklisten entsprechend erweitert werden.

3 Erstellen Sie eine Checkliste, anhand derer Sie den Inhalt eines Aufsatzes überprüfen können, wenn Sie eine Inhaltsangabe und eine Figurencharakteristik schreiben sollen.

Einen Aufsatz gezielt nach verschiedenen Kriterien überarbeiten
Einleitung, Hauptteil und Schluss überarbeiten

Bei der Überarbeitung eines Aufsatzes ist es sinnvoll, gezielt die einzelnen Bestandteile nach inhaltlichen und sprachlichen Kriterien zu betrachten. Die folgenden einleitenden Sätze sind verschiedenen Schülerarbeiten zum Thema „Der Augsburger Kreidekreis" von Bertolt Brecht (» Aufgabenstellung S. 324) entnommen.

- *Die Kalendergeschichte vom Augsburger Kreidekreis wurde 1953 geschrieben. Der Verfasser war ein berühmter Dichter.*
- *In dem Text „Augsburger Kreidekreis" von B. Brecht geht es um eine Protestantenfamilie die zur Zeit des Dreißigjährigen Krieges eine schwere Zeit durchmacht.*
- *In der Kalendergeschichte von Bertolt Brecht geht es um ein Protestantenkind, das zwischen der biologischen und der Leihmutter hin und her gerissen wird.*
- *Der Augsburger Kreidekreis spielt in Augsburg.*
- *Der Verfasser Bertolt Brecht (1898–1956) war ein berühmter Dichter. Seine Geschichte handelt vom Dreißigjährigen Krieg, der von 1618 bis 1648 andauerte. Es war ein militärischer Krieg, es gab Spannungen zwischen der katholischen und der protestantischen Kirche.*

1 Beurteilen Sie die einleitenden Sätze in Bezug auf ihre inhaltliche Richtigkeit und Aussagekraft.
a) Überarbeiten Sie die Sätze. (Es empfiehlt sich, am Computer zu arbeiten.)
b) Begründen Sie Ihre Überarbeitung. Notieren Sie Stichpunkte.
Beispiel: *Die Kalendergeschichte **vom Augsburger Kreidekreis** wurde **1953** geschrieben.* (Titel ungenau wiedergegeben, Jahreszahl falsch) – richtig: *Die Kalendergeschichte „Der Augsburger Kreidekreis" wurde 1940 geschrieben. …*

2 Formulieren Sie zusammenfassend Tipps für die Gestaltung einer Einleitung.

Die folgenden Sätze sind dem Hauptteil verschiedener Schülerarbeiten entnommen.
Sie enthalten grammatikalische und Satzverknüpfungsfehler und sind stilistisch zu überarbeiten.

Achtung, Fehler!

- *Eines Tages kommt eine Rotte Soldaten und stürmen die Häuser.*
- *In „Der Augsburger Kreidekreis" geht es um eine protestantische Familie, die verfolgt werden, ihr Baby zurücklassen und fliehen.*
- *Anna hat die Verantwortung über das Kind genommen.*
- *Als sie im Kreis dem Kind seine Hand hält, lässt sie diese los, weil sie dem Kind nicht wehtun will.*
- *Sie hat ihr Kind allein gelassen, da wo es sehr gefährlich war.*
- *Anna geht für das Kind eine ungewollte Ehe ein und heiratet mit einem alten Mann.*
- *Am Ende hat Anna bei der Aufgabe, wo man sich entscheiden soll, wer die wahre Mutter ist, das Kind der Frau Zingli überlassen.*
- *Der Richter meint, Anna ist die bessere Mutter.*
- *Frau Zingli denkt nur an sich. Sie liebt ihren Schmuck. Sie ist nicht reif, Mutter zu sein. Sie ist ehrlos, weil sie sogar ihr Kind verleugnet.*
- *Auf S. 321, Z. 14 ff.* ist deutlich erkennbar, dass Frau Zingli mehr Wert auf ihre Sachen legt als auf ihr Kind. Ebenso sieht man auf S. 322 (Z. 24/25), dass sie ihr Kind verleugnet.*

* Die Zitate beziehen sich auf die folgende Ausgabe: Bertolt Brecht. Gesammelte Werke in 20 Bänden. Gesammelte Werke 2. Prosa 1. In Zusammenarbeit mit Elisabeth Hauptmann. Frankfurt am Main: Suhrkamp Verlag 1967.

18.2 Einleitung, Hauptteil und Schluss überarbeiten

> - *Frau Zingli kümmert sich mehr um ihren Besitz anstatt um ihr Kind. Als die Protestanten ihr Haus stürmen, lässt Frau Zingli es im Stich.*
> - *Frau Zingli lässt ihr eigen Fleisch und Blut im Stich, ihr Mann ist gestorben.*
> - *Die Frau vom Bruder ist die Besitzerin vom Bauernhof.*
> - *Die Schwägerin will mehr über Annas Mann wissen. Sie heiratete einen Häusler.*

3 Setzen Sie sich mit diesen fehlerhaften Sätzen auseinander. Arbeiten Sie in Dreiergruppen in einer Schreibkonferenz.
  a) Lesen Sie sich Satz für Satz gegenseitig vor.
  b) Benennen Sie die jeweiligen Fehler in den Sätzen.
  c) Erörtern Sie, wie Sie die Sätze verbessern können.
  d) Notieren Sie Ihre Ergebnisse.

4 Präsentieren Sie die überarbeiteten Sätze im Plenum.

5 Bewerten Sie abschließend die vorgetragenen Satzvarianten und wählen Sie die aus Ihrer Sicht beste aus. Nutzen Sie dabei auch folgende Kriterien:
inhaltlich richtig • präzise • klar • enthält nichts Unwesentliches • gut verknüpft • grammatikalisch richtig • richtig zitiert • stilistisch korrekt • klare Bezüge

Sätze	beste Variante	Grund
Satz 1 *Eines Tages kommt eine **Rotte** Soldaten und stürmen die Häuser.*	**Variante 3** *Eines Tages kommen Soldaten und stürmen die Häuser.*	*grammatikalisch richtig*
Satz 8 *Frau Zingli denkt nur an sich. **Sie** liebt ihren Schmuck. **Sie** ist nicht reif, Mutter zu sein. **Sie** ist ehrlos, weil sie sogar ihr Kind verleugnet.*	...	*gut verknüpft, abwechslungsreiche Satzanfänge*
...	...	...

6 Formulieren Sie Tipps für die Gestaltung eines Hauptteils.

7 Überarbeiten Sie den Schluss der vorliegenden Schülerarbeit (» S. 325) in mehreren Schritten und dokumentieren Sie alle Ihre Überlegungen dazu in einem Portfolio (» Kapitel 20, S. 348 f.).
  a) Notieren Sie zunächst, welche Inhalte Sie in Ihrem Schlussteil vermitteln wollen.
  b) Schreiben Sie den Schlussteil neu. Arbeiten Sie am Computer.

8 Formulieren Sie Tipps für die Gestaltung eines Schlussteils.

Die Überarbeitungsschritte anwenden

Eine Schülerin hat zu der folgenden Aufgabe einen fehlerhaften Aufsatz geschrieben.

Aufgabe: Was braucht der Mensch, um glücklich zu sein? Erörtern Sie diese Frage.

Achtung, Fehler!

Muster

Glück wird als die höchste Erfüllung menschlicher Wünsche unterstellt. Wir alle streben danach. Was Glück und Glücklichsein ist, kann jeder Mensch nur sich selbst beantworten.

Spontan fallen einem aber dazu gleich eine Vielzahl von Punkten ein: Es soll einem gut gehen, man will sich wohl fühlen, Spaß haben, angenehmes erleben, erfolgreich und reich sein. Dem Chef die Arbeit hin-
5 *schmeißen und sich mehr gönnen können als andere – davon haben schon viele geträumt. Macht Demokratie zufrieden? Wächst das Glück mit steigendem Wohlstand? Erfüllen die Ehe die Menschen? Machen Kinder glücklich? Sind Menschen in Deutschland glücklicher als Menschen in anderen Ländern? Der amerikanische Ökonom Easterlin hat 1974 durch eine empirische Studie herausgefunden, dass das absolute Einkommen nicht ausschlaggebend ist für die Lebenszufriedenheit. Auch Kinder machen erst*
10 *wirklich glücklich, wenn sie aus dem Haus sind.*

Auch die Ehe macht nicht wirklich glücklich. Viele Ehepaare sind 10 Jahre nach der Eheschließung unglücklicher als 10 Jahre davor, belegen statistische Erhebungen. Das klingt nicht nach einem glücklichen Leben und spricht nicht für Kinder oder die Ehe als Glücksgaranten. Freunde? Ich persönlich bin zu dem Ergebnis gekommen das mich ein warmer Platz zum schlafen, gutes Essen und unter Freunden zu sein
15 *am glücklichsten macht. Mein Tag würde dann so ablaufen: irgendwann aufstehen, die Zeit draußen verbringen, was auch immer. Am Abend treffe ich mich mit meinen Freunden. Der Abend verläuft harmonisch, mit vielen Gesprächen usw. Vertrauen, gegenseitige Achtung sind keine Fremdwörter mehr. Wahres Glück kann man nämlich nicht kaufen. Ein weiterer wesentlicher Aspekt für ein glückliches Dasein ist das körperliche Wohlbefinden. Denn für diejenigen, die von einer Krankheit gezeichnet ist oder*
20 *sich um einen kranken Familienangehörigen sorgt, relativiert sich vieles. Wir nehmen Gesundheit meist als gegeben hin. Wir bemerken erst dann, wenn sie uns fehlt, wie wesentlich sie ist. Wir sollten uns folglich täglich bewusst machen, das wir dankbar sein können, wenn wir von Krankheiten verschont bleiben. Auch ein Leben in Sicherheit und Freiheit halten wir oft für selbstverständlich und bemerken kaum, wie wichtig es ist, um zufrieden und glücklich sein zu können. Sicherheit der politischen Verhältnisse sowie*
25 *die Garantie von Grundrechten sind wichtige Kriterien, da sie uns die Möglichkeit geben unser Leben zu gestalten und nach den persönlichen Neigungen und Stärken für sinnvolle Ziele einzutreten.*

Was der einzelne für sein Glück braucht, ändert sich im Laufe des Lebens und ist für jeden anderster. Für den älteren Menschen steht eher der Gesundheitsaspekt im Vordergrund, ein junger Mensch will fun haben.
30 *Festzuhalten bleibt, dass Glück kulturspezifisch sehr unterschiedlich gesehen wird. Der eine braucht eine Handvoll Geld, der andere einen Abend mit Freunden (siehe oben). Diese Frage wird jedenfalls oft gestellt und beantworten kann man sie nicht wirklich.*

1 Überarbeiten Sie den fehlerhaften Aufsatz. Arbeiten Sie am Computer.
  a) Analysieren Sie zunächst die Aufgabe und überlegen Sie, welche Anforderungen bei dieser Aufsatzart berücksichtigt werden müssen (» S. 191).
  b) Lesen Sie den Aufsatz einmal im Ganzen, bevor Sie mit der Überarbeitung beginnen.
  c) Legen Sie eine Tabelle an, in der Sie für jeden Überarbeitungsschritt Fehlerhaftes aus dem Aufsatz notieren.
  d) Überarbeiten Sie alle Teile des Aufsatzes entsprechend der Arbeitstechnik auf S. 326.

Den Schreibprozess reflektieren

1 Reflektieren Sie Ihren Schreibprozess. Gehen Sie dabei so vor:

a) Setzen Sie am nächsten Tag Ihre Version des Aufsatzes (» S. 329, Aufgabe 1) in eine andere Schriftart, die Sie sonst nicht benutzen. Betrachten Sie die „neue" Variante und analysieren Sie, ob und wie sich Ihre Perspektive ändert. Notieren Sie Ihre Überlegungen.

b) Überarbeiten Sie diese neue Variante. Achten Sie vor allem auf den Aufbau und den Inhalt.

c) Setzen Sie am Tag darauf diese Version wieder in eine andere Schriftart und überarbeiten Sie sie erneut mithilfe der Checklisten (» S. 326).

d) Analysieren Sie ein paar Tage später noch einmal diese Variante. Überarbeiten und optimieren Sie sie erneut. (Wenn Sie wollen, können Sie diesen Prozess noch ein paar Tage fortsetzen.)

e) Vergleichen Sie die erste mit der letzten Version. Lesen Sie Ihre schriftlich festgehaltenen Überlegungen und reflektieren Sie Ihren gesamten Schreibprozess.

f) Überlegen Sie, was Sie aus diesem Verfahren für weitere Schreibprozesse nutzen können, und legen Sie eine Checkliste an.

Die folgenden Internetlinks können außerdem hilfreich bei der Überarbeitung von Texten sein:

- Überprüfen Sie Ihren Text unter *www.leichtlesbar.ch* auf seine Lesbarkeit.
- Geben Sie Ihren Text unter *www.wordle.net/create* ein. Dort können Sie feststellen, welche Wörter in Ihrem Text am häufigsten vorkommen, und gegebenenfalls das eine oder andere Wort durch ein anderes ersetzen.

FAZIT

18.1
In zwei Schritten zur Textüberarbeitung
- 1. Überarbeitung: Inhalt und Aufbau überprüfen
- 2. Überarbeitung: Rechtschreibung, Zeichensetzung, Grammatik sowie Ausdruck und Stil überprüfen

18.2
Einen Aufsatz gezielt nach verschiedenen Kriterien überarbeiten
- Einleitung, Hauptteil und Schluss nach inhaltlichen und sprachlichen Kriterien überarbeiten

Informationen – Material – Methoden

Kapitel 19

Arbeiten in Projekten

19.1 Projektmanagement

19.2 Entscheidungen treffen

19.3 Projektergebnisse präsentieren

19.4 Projektabschlussbericht und Projektbewertung

In handlungsorientierten Lernsituationen, so z. B. bei der Projektarbeit, werden Soft Skills wie Teamfähigkeit oder Selbstständigkeit besonders geschult. Projekte sind deshalb Bestandteil des Schulalltags. Dieses Kapitel stellt Ihnen Methoden vor, die Sie an drei wesentlichen Punkten Ihrer Projektarbeit unterstützen können: beim Projektmanagement, bei der Entscheidungsfindung und bei der Präsentation Ihrer Projektarbeit.

Kompetenzen

- ✓ In unterschiedlichen Rollen situationsadäquat handeln
- ✓ Zielorientiert, respektvoll, konstruktiv handeln
- ✓ Kommunikationszusammenhänge zielorientiert planen
- ✓ Arbeitspakete definieren
- ✓ Einen Projektstrukturplan erstellen

Methoden und Arbeitstechniken

- ✓ Brainstorming
- ✓ Kartenabfrage
- ✓ Mindmap
- ✓ Moderationstechniken
- ✓ Präsentationsmedien
- ✓ Digitale Präsentationen

Projektmanagement
Ein Projekt strukturieren

Auch wenn Sie gerne sofort inhaltlich in Ihr Projekt einsteigen wollen, sind eine sorgfältige Planung und Kontrolle für den Erfolg Ihres Projekts unverzichtbar. In der Wirtschaft nennt man das Management. Das eigentliche Projektmanagement ist in der Regel Aufgabe des Projektleiters oder eines Leitungsteams. Die folgenden Arbeitsschritte haben sich in Projekten bewährt.

I Das Projekt definieren
- ein Thema finden
- die Projektrahmenbedingungen formulieren
- die Projektorganisation planen

II Das Projekt planen
- Aufgaben in Arbeitspakete bündeln
- einen Projektstrukturplan aufstellen
- einen Projektablaufplan erstellen
- Meilensteine definieren
- Zuständigkeiten regeln

III Das Projekt durchführen
- Projektcontrolling, z. B. durch Zwischenberichte der Teams
- fortlaufende Projektdokumentation

IV Das Projekt abschließen
- Projektpräsentation
- Projektabschlussbericht
- Projektevaluation

Jedes Projektmanagement hat eine inhaltliche, eine personelle und eine zeitliche Dimension. Auf der **inhaltlichen** Ebene überlegen Sie, welche Teilaufgaben oder Arbeitsschritte nötig sind, um das gesetzte Ziel zu erreichen. Dazu eignen sich Kreativitätstechniken wie **Brainstorming**, **Brainwriting**, **Kartenabfrage** oder **Mindmapping**. Aufgaben, die zusammengehören, werden zu **Arbeitspaketen** gebündelt. Zu jedem Arbeitspaket, z. B. dem Arbeitspaket „Pressearbeit", lassen sich konkrete Handlungsanweisungen oder Teilschritte formulieren, z. B. einen Presseverteiler erstellen, Kontakte zu örtlichen Presseorganen herstellen, Pressetexte entwerfen etc.

1 Strukturieren Sie Ihr Projekt inhaltlich.
a) Sammeln Sie mit einer Kreativitätstechnik Ihrer Wahl, z. B. der Kartenabfrage, alle Ideen und Überlegungen, die den Mitgliedern Ihrer Projektgruppe einfallen.
Tipp: Wichtig ist, dass zunächst kein Vorschlag kommentiert oder bewertet wird.
b) Ordnen Sie die Ergebnisse hinsichtlich ihrer Bedeutung für das Thema.
Tipp: Dazu können Sie jedem Teilnehmer drei Klebepunkte geben, mit denen er seine Wahl trifft.
c) Ordnen und bündeln Sie alle Vorschläge zu Arbeitspaketen, die Sie durchnummerieren.
d) Stellen Sie fest, welche Arbeiten aufeinander aufbauen und welche Arbeiten zeitaufwendig sind.
e) Listen Sie auf, welche organisatorischen Voraussetzungen für einzelne Arbeitspakete notwendig sind und welche Materialien Sie benötigen.

Auf der **personellen** Ebene geht es um die Bildung von Teams, die unterschiedliche Anforderungen bewältigen und möglichst viele Aufgabenbereiche abdecken können. Jedes Team ist für ein oder mehrere Arbeitspakete verantwortlich, die Zuständigkeiten sollten in einem Protokoll festgehalten werden. Jedes Team ernennt einen Teamleiter und/oder -sprecher.

Ein Projekt strukturieren

2 Bilden Sie Teams. Ordnen Sie den Teams die Arbeitspakete aus Aufgabe 1 (» S. 332) zu.

Auf der **zeitlichen** Ebene überlegen Sie, in welcher Reihenfolge die Arbeitsschritte erledigt werden sollen. Dafür erstellen Sie einen **Projektstrukturplan** nach folgendem Schema:

Muster

Projektstrukturplan		
I Vorbereitungs- und Sammelphase	II Planungsphase	III Durchführungsphase
Arbeitspaket 1: …	Arbeitspaket x: …	Arbeitspaket y: …

Die konkrete Zeitplanung wird in einem **Projektablaufplan** festgehalten.

Muster

Projektablaufplan (Auszug)									
	Termin	22. KW	23. KW	24. KW	25. KW	26. KW	27. KW	28. KW	Verantwortliches Team	erledigt
Arbeitspaket	Beginn									
1 – Zeitungen anschreiben	02.06.								Hannes	

Als **Meilensteine** trägt man Termine ein, die für alle und den weiteren Ablauf wichtig sind.

Muster

Meilensteindiagramm

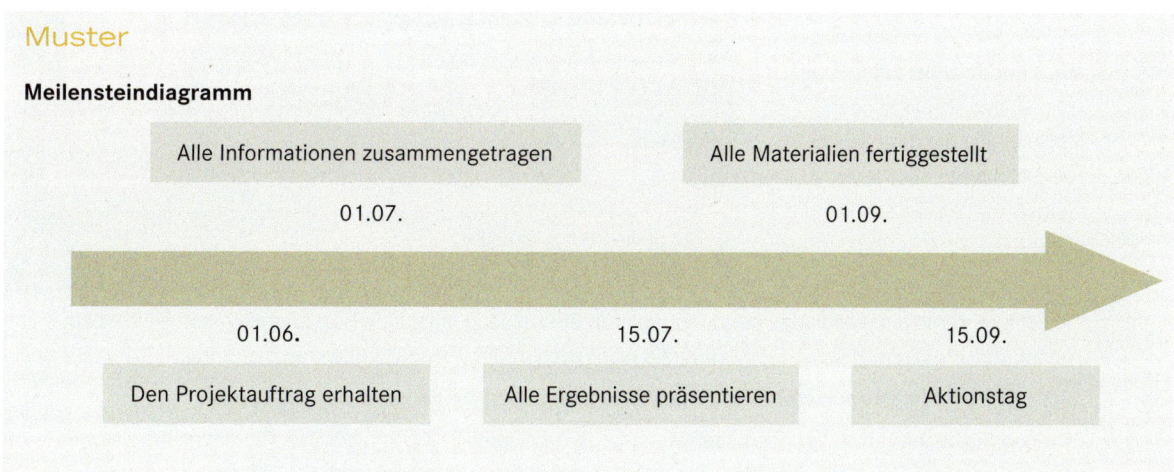

3 Planen Sie den zeitlichen Ablauf Ihres Projekts.
a) Erstellen Sie einen Projektstrukturplan.
b) Erstellen Sie am Computer einen vollständigen Ablaufplan für die Dauer des Projekts.
c) Übertragen Sie den Ablaufplan auf eine Wandzeitung.
d) Einigen Sie sich auf drei bis vier Meilensteine, die für den Erfolg Ihres Projekts wichtig sind.

Entscheidungen treffen
Arbeiten im Team: Moderationstechnik

Projektarbeit bietet auf der einen Seite ein großes Maß an Freiheiten und Entscheidungsmöglichkeiten und fördert dadurch die Entwicklung von Selbstständigkeit und Teamfähigkeit, auf der anderen Seite können langwierige Entscheidungsprozesse und Unstimmigkeiten innerhalb einer Gruppe den Abschluss und Erfolg einer Arbeit gefährden. Auf den folgenden Seiten lernen Sie Arbeitsmethoden kennen, um die Ideen und Vorschläge einer Gruppe zu ordnen und Entscheidungen zu treffen, die kriterienorientiert sind.

ARBEITSTECHNIK   Moderationstechnik

Diese Methode eignet sich, um Ideen oder Probleme zu sammeln, zu strukturieren oder zu visualisieren.

1. Eine Schülerin oder ein Schüler übernimmt die Rolle des Moderators:
   Als methodischer Helfer unterstützt der Moderator eine Gruppe dabei, selbstverantwortlich zu handeln: Er fragt nach, fasst Äußerungen einer Gruppe zusammen, bringt die Dinge auf den Punkt, ohne selber die Vorschläge Einzelner zu bewerten oder seine eigene Meinung zu äußern. Ihm sollte ein Assistent zur Seite stehen, der das Schreiben oder Visualisieren übernimmt.

2. Ablauf:
   - Besorgen Sie Stellwände, die mit Packpapier bespannt sind, Karten in verschiedenen Größen und Formen, Filzstifte in verschiedenen Farben, Nadeln, Klebestifte und Klebepunkte.
   - Der Moderator schreibt zu Beginn eine Frage oder ein Thema in die Mitte der Stellwand.
   - Die Gruppe äußert der Reihe nach Ideen, Aspekte oder Meinungen, die der Assistent als Stichworte auf Karten notiert und an die Stellwand hängt.

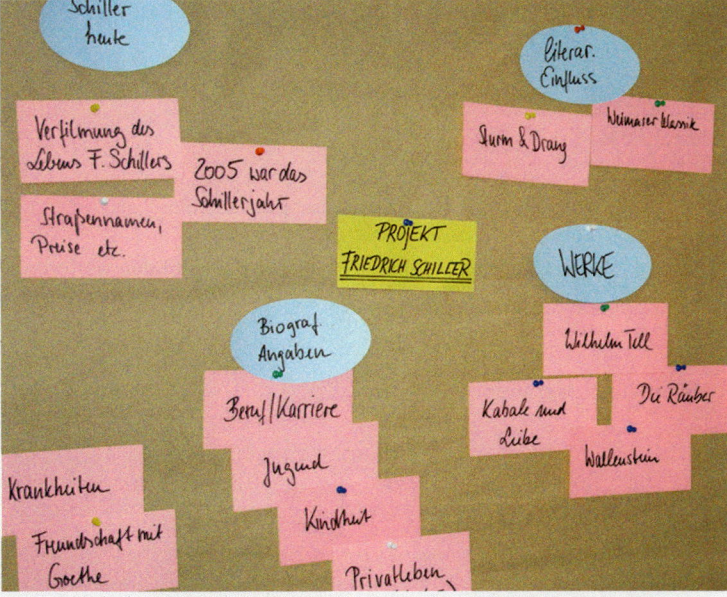

   - Lesen Sie die Karten nach Abschluss der Ideensammlung vor und gruppieren Sie sie nach inhaltlicher Zusammengehörigkeit – das nennt man **clustern**. Hängen Sie Karten, die nicht zugeordnet werden können, an die Seite.
   - Suchen Sie für jede Gruppierung Oberbegriffe und schreiben Sie sie auf z. B. ovale Karten.
   - Ordnen Sie die einzelnen Gruppen dann weiter, z. B. nach ihrer Bedeutung für das Thema, nach zeitlichen Gesichtspunkten, nach arbeitstechnischen Gesichtspunkten (aufwendig/einfach, realistisch/utopisch, mehr/weniger personalintensiv).

Das gewichtete PMI

Methoden der Entscheidungsfindung können Ihnen inhaltliche Entscheidungen nicht ersparen. Sie helfen Ihnen aber, diese transparent und damit nachvollziehbar zu machen. Das ist für die Evaluation Ihrer Arbeit am Ende des Projekts hilfreich, denn Sie können zurückverfolgen, warum Sie bestimmte Entscheidungen getroffen haben.

Wollen Sie nur eine einzelne Frage klären und eine klare Antwort erhalten, bietet sich die Methode des gewichteten PMI („Plus-Minus-Interesting") an.

ARBEITSTECHNIK — PMI – Plus-Minus-Interesting

- Sammeln Sie alleine, z. B. mithilfe der Brainstorming-Methode, oder in der Gruppe, z. B. durch Zuruf, möglichst viele negative und positive Aspekte einer anstehenden Entscheidung.
- Tragen Sie die gesammelten Aspekte in eine Tabelle ein (siehe Muster unten).
- Ordnen Sie die Aspekte, die weder eindeutig positiv noch negativ zu beurteilen sind, der Kategorie „Interessant" zu.
- Gewichten Sie die Aspekte, indem Sie jeden Aspekt nach seiner Wichtigkeit für das Gelingen des Projekts bewerten. Wählen Sie eine 6 für sehr wichtig und eine 1 für absolut unwichtig.
- Ziehen Sie die Punkte in jeder Kategorie zusammen und ermitteln Sie den Durchschnitt.
- Ziehen Sie den Durchschnittswert der Minuspunkte von dem der Pluspunkte ab. Wenn Sie ein Ergebnis größer null erhalten, lautet die Antwort „ja", ist das Ergebnis kleiner null, lautet die Antwort „nein". Ein Unentschieden ergibt sich bei dem Ergebnis null.

Im Rahmen ihrer Projektarbeit überlegen einige Schülerinnen und Schüler, ob sie als Schlusspräsentation einen Film drehen sollen. Zur Entscheidungsfindung haben sie die folgende Tabelle nach der PMI-Methode angelegt.

Muster

Pluspunkte (+)	Gew.	Minuspunkte (–)	Gew.	Interessant
lässt sich gut zeigen	4	Schüler haben das noch nie gemacht	6	
bleibt lange erhalten	5	Produktion ist sehr aufwendig	5	
Herstellung macht Spaß	3	viel Material nötig (Kameras etc.)	5	
viele können mitmachen	4			
Durchschnitt	**4**	**Durchschnitt**	**5,33**	

1. Untersuchen Sie die oben begonnene Tabelle und ergänzen Sie weitere Aspekte.
2. Überlegen Sie, welche Aspekte interessant sein könnten, aber weder eindeutig positiv noch negativ zu bewerten sind.
3. Beurteilen Sie, ob die Schülerinnen und Schüler den Film drehen sollten oder eher nicht.

Die bewertete Entscheidungsmatrix

Für eine Vielzahl von Problemen oder Aufgaben gibt es alternative Lösungswege. Entsprechend schwer ist es, sich nach eindeutigen und nachvollziehbaren Kriterien für einen Weg zu entscheiden. Mit der Methode „bewertete Entscheidungsmatrix" können Sie unterschiedliche Lösungswege miteinander vergleichen und Vor- und Nachteile der einzelnen Möglichkeiten abwägen. Am Ende erhält man ein klares Votum für einen bestimmten Weg.

ARBEITSTECHNIK — Bewertete Entscheidungsmatrix

- Notieren Sie alle Lösungswege, die Ihnen zu Ihrem Problem oder Ihrer Aufgabe einfallen.
- Listen Sie dann alle Kriterien auf, die für Ihre Entscheidung von Bedeutung sein sollen. Beachten Sie dabei, dass die Kriterien positiv formuliert werden (also: je mehr davon, desto besser, z. B. *Spaßfaktor Publikum?*).
- Erstellen Sie anschließend eine Matrix (siehe Muster):
  - Teilen Sie die Zahl 100 durch die Anzahl der Kriterien. Das Ergebnis zeigt Ihnen, zu wie viel Prozent jedes Kriterium berücksichtigt wird, wenn alle Kriterien gleich gewichtet wären.
  - Vergleichen Sie anschließend die einzelnen Kriterien hinsichtlich ihrer Bedeutsamkeit und verändern Sie bei Bedarf die Prozentzahlen. Wichtig ist, dass die Summe immer 100 Prozent ergibt.
  - Verteilen Sie Noten: eine 6, wenn das Kriterium besonders erfüllt ist, eine 1, wenn es kaum erfüllt ist.
  - Sie erhalten eine gewichtete Note, wenn Sie die Note mit der Bewertung multiplizieren und durch 100 teilen.
  - Die Summen aller gewichteten Noten zeigen, welcher Lösungsweg bevorzugt werden sollte.

Einige Schülerinnen und Schüler haben zu der Frage „Wie soll das Ergebnis des Projektes präsentiert werden?" eine bewertete Entscheidungsmatrix angefertigt.

Muster

Lösungswege		Film		Ausstellung		Broschüre	
Kriterien	Bewertung	Note	gewichtete Note	Note	gewichtete Note	Note	gewichtete Note
Zeitaufwand überschaubar?	25 %	1	0,25	5	1,25		
Öffentlichkeitswirksam?	20 %	6	1,20	3	0,60		
Kosten gering?	15 %	3	0,45	5	0,75		
Spaßfaktor Herstellung hoch?	20 %	5	1,00	3	0,60		
Spaßfaktor Publikum?	20 %	5	1,00	4	0,80		
Summe	100 %		3,9		4,0		

1 Bewerten und gewichten Sie die Kriterien für den Lösungsweg „Broschüre".

Projektergebnisse präsentieren

Projekte werden mit einer Präsentation abgeschlossen. Hier werden in der Regel Ergebnisse aus Untersuchungen oder Befragungen und vieles mehr präsentiert. Es eignet sich aber nicht jede Präsentationsform für jeden Inhalt. Es ist deshalb notwendig, mögliche Präsentationsformen auf ihre Eignung im Hinblick auf die zu erwartenden Ergebnisse zu überprüfen.

1 Ergänzen Sie weitere Präsentationsmöglichkeiten.

2 Beurteilen Sie die Vor- und Nachteile der unterschiedlichen Präsentationsformen. Erstellen Sie dafür eine Kriterienliste (Thema, Umfang, technische Anforderungen, finanzielle Anforderungen), anhand derer Sie die Eignung verschiedener Präsentationsformen untersuchen.

Muster

Kriterien / Präsentationsform	Thema	Umfang	technische Anforderungen	finanzielle Anforderungen
Referat	beliebig	bis mittlerer Umfang	gering	gering
Ausstellung	...	...	...	...

Präsentieren mit digitalen Programmen

Viele digitale Präsentationsprogramme sind seitenorientierte Programme.

Für die einzelnen Seiten (auch „Folien" genannt) bestehen umfangreiche Gestaltungsmöglichkeiten. Diese reichen von der einfachen Textfolie über Folien mit Grafiken, Tabellen und Diagrammen bis hin zu Folien mit Multimedia-Inhalten. Grafiken können dabei sowohl im Programm selbst mit verschiedenen Zeichenwerkzeugen erstellt als auch in Form von Fotos eingebettet werden. Ebenso ist es möglich, Audio- und Videodateien zu integrieren.

In den letzten Jahren haben sich Präsentationen mithilfe von Videoprojektoren (Beamern) an Schulen durchgesetzt, sodass auch Animationen möglich sind.

Wichtige Vorteile von digitalen Präsentationsprogrammen sind:
- Digitale Präsentationsprogramme eignen sich perfekt zur Visualisierung.
- Die Einbindung von Layout, Bild, Ton und Animationen spricht unterschiedliche Sinne an.
- Sie ermöglichen durch das digitale Medium ein effizientes Arbeiten an und ggf. das Ändern von Texten.
- Sie ermöglichen mit vergleichsweise geringem Aufwand einen recht professionellen Auftritt.

Doch nicht alle sehen digitale Präsentationsformen ausschließlich positiv:

Macht PowerPoint blöd?

Weltweit sind ungefähr 400 Millionen Exemplare von Microsofts Präsentations-Software *PowerPoint* im Einsatz. Der US-Computerwissenschaftler Edward Tufte ist der Meinung, dass dieses Programm seine Nutzer
5 potenziell verblödet. Er begründet das mit der komprimierten Art, in der Informationen in den .ppt-Dateien wiedergegeben werden. Diese erziehe die Menschen dazu, Texte zu überfliegen und Listen zu vertrauen, nicht mehr dem eigenen Menschenverstand.

Die *New York Times* stellt diese Kritik von Tufte nun 10 sogar in einen Zusammenhang mit der Katastrophe um die Raumfähre Columbia. [...] [D]ie Untersuchungskommission [habe] auch kritisiert, dass komplexe Informationen an die Techniker in Form von PowerPoint-Präsentationen weitergegeben worden 15 seien. Angeblich habe diese Form der Informationsweitergabe dazu führen können, dass Mitarbeiter nicht wahrgenommen hätten, dass es sich bei der Situation, in der sich die Astronauten befanden, um eine lebensbedrohliche handelte. (tol) 20

www.heise.de

1 Geben Sie die Hauptaussagen des Wissenschaftlers Edward Tufte wieder. Entspricht seine Aussage Ihren Erfahrungen mit digitalen Präsentationen?

Die Gefahr, durch digitale Folien komplexe Sachverhalte auf unzulässige Weise zu vereinfachen, wird mittlerweile gesehen. Es gibt bereits Großunternehmen, die digitale Präsentationen aus ihren Firmen verbannt haben – oder es zumindest versucht haben. Letztlich ist jedes Programm ein Werkzeug: Gut gebraucht, erzeugt es gute Resultate; schlecht gebraucht, eben schlechte.

Präsentieren mit digitalen Programmen

Kritisiert wird an Präsentationsprogrammen vor allem, dass sie als Selbstzweck genutzt werden, bei dem der Inhalt in den Hintergrund tritt. Die Präsentation eines Projekts mit digitalen Präsentationsprogrammen bedingt demnach eine Fokussierung auf wesentliche Aspekte und zwingt zu einer logisch sinnvollen Zusammenstellung der Ergebnisse. Daher müssen einige wichtige Regeln beachtet werden, um eine überzeugende Präsentation zu erstellen.

BASISWISSEN — Regeln zum Erstellen einer digitalen Präsentation

- Denken Sie zuerst über die Inhalte nach und machen Sie sich dann erst Gedanken über deren Visualisierung.
- Gestalten Sie eigene, schlichte Vorlagen für Ihre Präsentation (die vom Programm bereitgestellten Vorlagen sind für die meisten Themen unangemessen).
- Reduzieren Sie die Anzahl der Aussagen auf einer Folie, sie sollten auf einen Blick erfasst werden können. Mehr als sieben Aussagen sind zu viel.
- Achten Sie auf einen ausreichenden Rand und großzügige Zeilenabstände.
- Auf Textfolien sollten maximal zehn Zeilen, in der Zeile höchstens zehn Wörter stehen. Mehr als zehn Folien sind für die meisten Präsentationen unangemessen.
- Arbeiten Sie mit einer gut lesbaren Schriftart, wechseln Sie die Schriftgröße nicht zu häufig und setzen Sie Hervorhebungen sparsam ein.
- Wählen Sie die richtige Schriftgröße: für Bildunterschriften 20 Punkt, 24 für den Fließtext, 28 Punkt fett für Zwischenüberschriften und 32 Punkt fett für die Hauptüberschrift.
- Setzen Sie Farben bewusst ein, sie dienen der Hervorhebung, Unterscheidung und Gliederung.
- Beschränken Sie Visualisierungen auf zentrale Aussagen.

Die folgende Präsentationsfolie ist aus einem schulischen Projekt über Friedrich Schiller entstanden:

2 Beurteilen Sie die Folie.

3 Erstellen Sie eine eigene digitale Präsentation zum Thema „Wege zu einer aussagekräftigen digitalen Präsentation".

Eine Website gestalten

Projektergebnisse können auch auf einer Website präsentiert werden, die online gestellt einem größeren Publikumskreis zugänglich gemacht werden kann. Neben den technischen Voraussetzungen für eine solche Präsentation und Projektteilnehmern mit Kenntnissen auf diesem Gebiet erfordert eine Website eine besondere Herangehensweise. Die Besonderheit besteht darin, dass Begriffe auf einer Website durch eine netzartige Struktur zu einem Hypertext verknüpft werden, die Verknüpfung wird im World Wide Web mit sogenannten Hyperlinks realisiert.

1 Benennen Sie die Unterschiede zwischen herkömmlichen linearen Texten und Hypertexten.

2 Überlegen Sie, wo man außerhalb des Internets solche dem Hypertext ähnliche Strukturen findet.

3 Erörtern Sie, inwiefern Hypertexte eher dem menschlichen Denken entsprechen als lineare Texte.

Eine Website gestalten

Um die Hypertextstruktur einer Website herzustellen, muss man sich von der herkömmlichen Vorstellung einer hierarchischen Gliederung, wie sie sich typischerweise z. B. in einem Referat findet, lösen. Die Hypertextstruktur ist am ehesten mit der Struktur einer Mindmap (» Kapitel 7, S. 134) und deren Verknüpfungen zu vergleichen.

Einige Schülerinnen und Schüler haben für ihr Projekt über Friedrich Schiller die folgende Gliederung erstellt:

1. **Kindheit ohne Kindsein**
   - protestantisches Ethos des Vaters
   - Herzog Carl Eugen und seine Pflanzschule
   - Geschichte: Absolutismus

2. **Jugendlicher Rückzug ins heimliche Schreiben**
   - Freundschaftskult in der Karlsschule
   - Vertrautwerden mit der Antike
   - Literatur: Empfindsamkeit
   - Beruf: Arzt beim Militär

3. **Freiheit im Schriftsteller-Sein**
   - frühe Gedichte: Tyrannenhass und Männerwürde
   - Verfassen von „Die Räuber"
   - Flucht nach Mannheim
   - Geschichte: politische Verhältnisse in Deutschland
   - Literatur: Sturm und Drang

4. **Unstete Jahre in materieller Not, aber von großer Produktivität**
   - „Kabale und Liebe"
   - Literatur: bürgerliches Trauerspiel
   - Geschichte: Frz. Revolution
   - Geschichte: Aufstieg des Bürgertums
   - Karte mit den Wohnorten

5. **Anerkannt, aber Geschichtsschreiber**
   - Beschäftigung mit Dreißigjährigem Krieg
   - Heirat (und andere Frauen)
   - Geschichte: Adel und Mäzenatentum
   - „Wallenstein"
   - theoretische Schriften

6. **Kurze Jahre auf der Höhe des Schriftstellerruhms**
   - Verbindung mit Goethe
   - Balladen
   - „Wilhelm Tell"
   - Tod
   - Literatur: Klassik

Das Projekt soll nun auf der Schulhomepage veröffentlicht werden und deshalb eine Hypertextstruktur bekommen. Die Projektgruppe hat zur Vorbereitung eine Mindmap angefertigt.

4 Beurteilen Sie Vor- und Nachteile der Darstellungsformen.

Projektabschlussbericht und Projektbewertung

Im Zentrum eines gelungenen Projekts stehen selbstständige, kreative und selbst organisierte Teamarbeit, ein möglichst fächerübergreifendes Thema und die Schulung der Dokumentations- und Präsentationsfähigkeit. Zum Abschluss eines Projekts gehören neben der Präsentation auch eine Dokumentation des Projekts in Form eines Projektabschlussberichts und eine Bewertung.

Der **Projektabschlussbericht** belegt Umfang und Qualität der geleisteten Arbeit. Er enthält:

1. Deckblatt
2. Inhaltsverzeichnis
3. Einleitung   (Projektthema, -beschreibung und -ziel, Aufgabe des Teams)
4. Hauptteil   (Beschreibung der Aufgaben und Arbeitspakete, des Projektablaufs, Darstellung und Bewertung der Ergebnisse)
5. Schluss   (Bewertung der Arbeit, Ausblick, Ideen für zukünftige Arbeiten)
6. Anhang   (wichtige Dokumente, z. B. Protokolle, evtl. Literaturverzeichnis)

Vor der Beurteilung der Projektergebnisse durch die Unterrichtenden sollte eine zusammenfassende Selbstbeurteilung durch die Projektgruppe stattfinden. Dazu werden Teamarbeit und Ergebnisse bewertet.

Bewertungskriterien können sein:

1. Bewertung der Dokumentation:	**A** Vollständigkeit	**B** Sorgfalt	**C** Gestaltung
2. Bewertung des Produkts/der Präsentation:	**A** Inhalt	**B** Sorgfalt	**C** Gestaltung
3. Bewertung des Arbeitsverhaltens:	**A** Teamfähigkeit	**B** Arbeitseinsatz	**C** Ideen

FAZIT

19.1 Projektmanagement
- ein Projekt inhaltlich, personell und zeitlich strukturieren

19.2 Entscheidungen treffen
- Moderationstechnik: Ideen/Probleme sammeln, strukturieren, visualisieren
- gewichtete PMI: für eine einzelne Frage eine klare Antwort ermitteln
- bewertete Entscheidungsmatrix: einen Lösungsweg finden

19.3 Projektergebnisse präsentieren
- digitale Präsentation: übersichtliche Seiten/Folien erstellen
- Website: Hypertexte verfassen

19.4 Projektabschlussbericht und Projektbewertung
- Projektabschlussbericht: Dokumentation des Umfangs und der Qualität des Projekts
- Projektbewertung: Dokumentation, Präsentation und Arbeitsverhalten beurteilen

Informationen – Material – Methoden

Kapitel 20
Methoden und Arbeitstechniken

Argumentationskarten: Zu einer Ausgangsthese werden Pro- und Kontraargumente gesammelt und auf Karten notiert. Durch diese Argumentationskarten gelingt es, Diskussionsprozesse visuell abzubilden. Argumentationskarten eignen sich vor allem für kontrovers geführte Diskussionen in Gruppen, weil sie eine gute Strukturierung der Gedankenführung ermöglichen. Sie können jedoch auch für die individuelle Auseinandersetzung mit einer kritischen Fragestellung eingesetzt werden. Pro- und Kontraargumente können eine farbliche Zuordnung (z. B. Pro = grün, Kontra = rot) erfahren und nach individuell ausgewählten Mustern schematisch zugeordnet werden.

Assoziogramm » Visualisieren

Blitzlicht » Moderationstechniken

Brainstorming » Moderationstechniken

Cluster: Die Schülerin/der Schüler schreibt ein Thema in die Mitte eines Blatt Papiers und zieht einen Kreis um das Wort oder die Phrase. Anschließend werden spontane Gedanken dazu darum herumgruppiert und mit Strichen verbunden, wenn sie thematisch zusammenhängen. Ein Cluster ist weniger stark strukturiert als eine Mindmap und dient nicht dazu, eine Gliederungsstruktur festzuhalten, sondern Assoziationsketten zu notieren.

Concept-Map: Wie die Mindmap dient auch die Concept-Map dem Ordnen von Gedanken durch die Vernetzung von Begriffen oder Inhalten. Mithilfe einer Concept-Map werden längere und kompliziertere Textinhalte geordnet und Zusammenhänge hergestellt. Textbausteine und Stichwörter werden mit Pfeilen oder Verbindungslinien miteinander verknüpft, um auf diese Weise inhaltliche Beziehungen und Schlussfolgerungen abbilden zu können. Im Unterschied zur Mindmap soll die Concept-Map Wissen abbilden. Zusammenhänge in einem Wissensgebiet werden mithilfe von Begriffen oder Kurzsätzen dargestellt, die man in Ellipsen, Wolken, Rechtecken etc. platziert und durch Pfeile oder Linien verbindet.

Diagonales Lesen » Lesetechniken

Digitale Präsentationen: Mit digitalen Präsentationsprogrammen kann man eine auf Seiten (auch „Folien" genannt) basierende Präsentation erstellen. Die Gestaltungsmöglichkeiten reichen von der einfachen Textfolie über Folien mit Grafiken, Tabellen und Diagrammen bis hin zu Folien mit Multimediainhalten.
Bei der Gestaltung dieser Folien ist Folgendes zu beachten:
- möglichst eigene, schlichte Vorlagen gestalten
- die Anzahl der Aussagen auf einer Folie sollte man auf einen Blick erfassen können (nicht mehr als sieben)

343

Methoden und Arbeitstechniken

- ausreichenden Rand und Zeilenabstand lassen
- auf Textfolien sollten maximal zehn Zeilen, in der Zeile höchstens zehn Wörter stehen
- eine gut lesbare Schriftart verwenden
- Schriftgröße nicht zu häufig wechseln und Hervorhebungen sparsam einsetzen
- Schriftgröße: für Bildunterschriften 20 Punkt, 24 für den Fließtext, 28 Punkt fett für Zwischenüberschriften und 32 Punkt fett für die Hauptüberschrift
- Farben bewusst zur Hervorhebung, Unterscheidung und Gliederung einsetzen
- Visualisierungen auf zentrale Aussagen beschränken

Man sollte bei der Gestaltung der Folien beachten, dass sie den Vortrag unterstützen, aber nicht ersetzen sollen. Die vollständige Präsentation wird dann auf einem mobilen Datenträger gespeichert und mithilfe eines Computers und eines Beamers vorgeführt.
(» Kapitel 19, S. 338 f.)

Dossier anlegen: Ein Dossier (frz.: Aktendeckel) ist eine Sammlung von Dokumenten zu einem Thema oder Vorgang. Dossiers finden in der Politik Verwendung, um aus Akten Sachthemen aufzubereiten und einem festgelegten Personenkreis zugänglich zu machen. Der Begriff spielt auch in der Publizistik eine Rolle. So veröffentlichen Tageszeitungen und Wochenzeitschriften – häufig in Zusammenhang mit ihrem Online-Auftritt – Dossiers zu aktuellen Themen. Diese beinhalten Artikel, Hintergrundberichte, Interviews, Fotos und vieles mehr. Im Unterricht bietet ein Dossier eine gute Möglichkeit, viele Facetten eines Themas aufzugreifen.
Wichtig ist, dass alle gesammelten Materialien bearbeitet und verarbeitet werden, sodass etwas Eigenes daraus entsteht. Entscheidend ist also nicht die Menge des Materials, sondern inwiefern aus dem Material ein neues Produkt entsteht.

Materialrecherche: Neben allen Arten von informativen Texten, wie beispielsweise Berichten/Hintergrundberichten, Interviews, Kommentaren, chronologischen Aufstellungen oder literarischen Texten, kommen bei der Materialrecherche auch Bildmaterial (Grafiken, Diagramme, Statistiken) sowie Audio- und Videosequenzen in Betracht.

Auswahl/Relevanz des Materials: Durch die Möglichkeiten des Internets kann man heute zu jedem beliebigen Thema unendlich viele Informationen finden. War vor einigen Jahren das Auffinden von Informationen der Schwerpunkt einer solchen Recherche, so besteht heute die eigentliche Leistung eher darin, aus der Informationsfülle nach Relevanz (z. B. für ein Thema) auszuwählen und zu überprüfen. Die folgenden Leitfragen helfen bei der Beurteilung von Internetquellen:
- Was ist wichtig?
- Was ist exemplarisch?
- Wie ist die Qualität der Quellen zu beurteilen?

(» Kapitel 2, S. 56)

Blickwinkel/Facetten: In der Politik, wo unterschiedliche Interessengruppen eine Rolle spielen, ist ein Dossier inhaltlich gelungen, wenn in ihm möglichst viele Blickwinkel auf ein Thema enthalten sind. Das Prinzip gilt aber auch im Deutschunterricht, wo in einem Dossier z. B. zum Thema Schiller unterschiedliche Sichtweisen auf den Dichter enthalten sein sollten. Neben Texten des Dichters können hier auch Aussagen von Zeitgenossen und Bewertungen aus heutiger Sicht eine Rolle spielen.

Exzerpieren: Wenn man einen Text auf eine bestimmte Fragestellung hin untersucht, kann man die relevanten Textstellen exzerpieren, d. h., man gibt den Text auszugsweise in kurzen Sätzen und/oder Stichpunkten wieder. Dabei kann es sich um wörtliche oder paraphrasierende (sinngemäße) Textauszüge handeln.
Ein Exzerpt hat den Vorteil, dass nur die Textpassagen notiert werden, die für das eigene Thema von Bedeutung sind. So kann man später auf wichtige Informationen zurückgreifen, ohne den Text nochmals zu lesen. Außerdem haftet ein „abgespeckter" und selbst verfasster Text besser im Gedächtnis.
Ein Exzerpt kann in Teilen in andere Texte übernommen werden, z. B. in eine Facharbeit.
Man kann zwei Methoden anwenden:
1. Texte kürzen: Textstellen, die für das eigene Thema nicht wichtig sind, werden weggelassen.
2. Texte verdichten: Ausführlich dargelegte Informationen werden so zusammengefasst, dass der Text übersichtlicher wird.

Methoden und Arbeitstechniken

Vorgehen: Man unterteilt den zu bearbeitenden Text in Sinnabschnitte und formuliert die Kernaussage des jeweiligen Abschnitts. Definitionen, Schlüsselwörter und wichtige Thesen zitiert man wörtlich (Zitate müssen als solche kenntlich gemacht werden). Beispiele und ausführliche Argumentationen werden stichwortartig zusammengefasst. » Zitieren (sinngemäßes Zitieren)
Tipp: Man teilt den oberen Teil einer DIN-A5-Karteikarte in zwei Hälften. Auf der linken Seite werden alle Angaben zu Autor und Werk, auf der rechten Seite wird die dem Exzerpt zugrunde liegende Fragestellung notiert. Darunter wird das Exzerpt aufgeschrieben.
(» Kapitel 7, S. 133)

Fortlaufendes Lesen » **Lesetechniken**

5-Schritt-Lesetechnik » **Lesetechniken**

Intensives Lesen » **Lesetechniken**

Karteikarten anlegen: Diese Methode eignet sich gut, um Fachbegriffe oder Fremdwörter zu lernen. Die Schülerin/der Schüler schreibt den jeweiligen Begriff auf die Vorderseite einer Karteikarte und die Erklärung auf die Rückseite. Für jeden Begriff/jedes Fremdwort wird eine separate Karteikarte angelegt. In einem Karteikasten oder einer Box mit mehreren hintereinander angeordneten Fächern werden die Karten gesammelt. Alle neuen Karteikarten stehen im vordersten Fach. Je nach Wissensstand wandern die Karten weiter: Konnte man die Begriffe korrekt erklären, rücken die Karten ins hintere Fach. Die übrigen Karten bleiben so lange im ersten Fach, bis die Schülerin/der Schüler die korrekte Bedeutung benennen kann. Ziel dieser Methode ist die systematische Wiederholung und Sicherung des Lernstoffs.

Kartenabfrage » **Moderationstechniken**

Kugellager (Karussellgespräch): Die Teilnehmer sitzen oder stehen sich in einem Innen- und einem Außenkreis gegenüber. Jede Teilnehmerin/jeder Teilnehmer erklärt nun ihrem/seinem Gegenüber den gefragten Sachverhalt anhand ihrer/seiner Notizen. Zuerst hat die Person im Innenkreis das Wort und anschließend die Person im Außenkreis. Nach einer zuvor festgelegten Zeit bewegen sich Innen- und Außenkreis in gegensätzlicher Richtung um einen Platz weiter. So kommen neue Paare zustande. Wieder wird der Sachverhalt anhand von Notizen erklärt sowie anhand von Erkenntnissen aus dem vorherigen Gespräch. Das Kugellager (Karussellgespräch) wird auf diese Weise fortgeführt, bis sich jede Teilnehmerin/jeder Teilnehmer mit mehreren Personen ausgetauscht hat.

Lernplakat: Mithilfe von Lernplakaten sollen die zentralen Inhalte eines Themas für die Betrachter/-innen visualisiert und gut erfassbar gestaltet werden. Empfehlenswert ist ein ausgewogenes Verhältnis von Bild- und Textanteilen. Die Sprache muss leicht verständlich sein. Die vorgestellten Inhalte sollten durch Überschriften und markante Hervorhebungen sinnvoll gegliedert werden.
Beispiel:

Ziel	Gestaltung
Visuelle Darstellung eines Themas; schnell und gut erkennbare Zusammenhänge	Gute Raumaufteilung; Ausgewogenheit zwischen Bild- und Textanteilen; Lesbarkeit/Gliederung
Regeln	**Definition**
Konzentration auf wesentliche Inhalte; Darstellung muss inhaltlich korrekt sein	Das Lernplakat ähnelt einer Wandzeitung.

(Lernplakat)

Lerntempoduett: Diese Methode ist für die Wissenserarbeitung mit Texten und für Wiederholungen gut geeignet. Die Schülerinnen und Schüler beginnen, in Einzelarbeit ein Thema zu bearbeiten. Wer fertig ist, tut sich mit derjenigen/demjenigen zusammen, die/der die Aufgabe ebenfalls bereits bewältigt hat. In der nun folgenden Phase der Partnerarbeit vergleichen die Schülerinnen und Schüler ihre Ergebnisse aus der Einzelarbeit und ergänzen sich gegenseitig. Auf diese Weise finden Lernpartner/-innen mit ähnlichem Lerntempo zusammen und den unterschiedlichen Lerngeschwindigkeiten wird Rechnung getragen.

Methoden und Arbeitstechniken

Lesetechniken: In Beruf und Alltag muss man oft den Inhalt umfangreicher und schwieriger Texte verstehen und wiedergeben können. Es gibt verschiedene Techniken, die das Lesen erleichtern, z. B.:

A) 5-Schritt-Lesetechnik:
Wenn man sich Informationen aus einem Text für eine Klassenarbeit oder Prüfung merken oder diese in ein Referat einbauen möchte, kann man die Informationen mithilfe der 5-Schritt-Lesetechnik in eigene Worte fassen:

1. *Überfliegen:* Man überfliegt den Text zuerst grob und achtet dabei auf Titel, Untertitel, Hervorhebungen, Inhaltsverzeichnis, Autor oder Autorin. So erhält man einen Eindruck von Aufbau und Inhalt des Textes und findet heraus, welche Abschnitte für den eigenen Zweck relevant sind.
2. *Fragen:* Beim ersten Lesen entstandene Fragen werden formuliert. Dies können reine Verständnisfragen sein, sie können sich aber auch auf alle Unklarheiten des Textes beziehen. Gut geeignet sind die W-Fragen.
3. *Lesen:* Der Text wird gründlich gelesen und dabei wird versucht, auf die zuvor formulierten Fragen Antworten zu finden. Wichtige Textstellen können markiert, unbekannte Wörter können in einem Wörterbuch nachgeschlagen werden (» Wörterbuch benutzen). Schwierige Passagen sollten mehrmals gelesen werden.
4. *Schreiben:* Schlüsselbegriffe und die wichtigsten Gedanken des Textes werden notiert. Komplizierte Sätze, die wichtig für das Verständnis des Textes sind, können in eigene Worte gefasst werden (» Exzerpieren).
5. *Wiederholen:* Der Inhalt des Textes wird anhand der Notizen wiedergegeben, Fehlendes wird ergänzt.

B) Vier Arten, einen Text zu lesen:
Wenn man liest, hat man unterschiedliche Ziele, z. B. sucht man in einem Text nach Details oder man möchte sich einen Gesamtüberblick verschaffen. Je nach Leseabsicht kann man zwischen folgenden Lesetechniken wählen:

Lesetechnik	Vorgehen	Ziele
Punktuelles Lesen	Der Text wird nach speziellen Begriffen „durchsucht", dabei orientiert man sich an Überschriften und liest nur relevante Abschnitte gründlich.	Es sollen Detailinformationen gefunden werden.
Diagonales Lesen	Der Text wird überflogen, dabei werden einzelne Passagen, hervorgehobene Textstellen und Überschriften gelesen, Sprünge beim Lesen sind dabei sinnvoll.	Man möchte sich einen Überblick über einen Text verschaffen und eine Entscheidung über die weitere Beschäftigung mit dem Text treffen.
Fortlaufendes Lesen	Der Text wird gründlich gelesen, wichtige Stellen werden markiert, Notizen werden gemacht.	Man möchte sich umfassend informieren.
Intensives Lesen	Der Text wird gründlich gelesen, man konzentriert sich auf die Lösung einer vorgegebenen Aufgabe. Dazu werden Notizen gemacht, es wird markiert und unterstrichen.	Man möchte den gesamten Text vollständig erfassen und sich ein Urteil über Autor/-in und Absicht bilden können.

Meinungslinie: Auf dem Boden wird eine Linie mit Klebeband gezogen. Das eine Ende stellt z. B. die Pro-, das andere die Kontraseite dar. Ebenso kann man sich auf einer solchen Linie zu einem zeitlichen Rahmen, einer vorgegebenen Größe etc. positionieren. Die Teilnehmer/-innen stellen sich so auf die Linie, dass deutlich wird, welche Haltung sie zu einer Frage/einem Sachverhalt einnehmen (*dafür, eher dafür, unentschieden, eher dagegen, dagegen* bzw. *sehr häufig, häufig, manchmal, selten, gar nicht* etc.).

Methoden und Arbeitstechniken

Metaplantechnik: Die Metaplantechnik eignet sich besonders, wenn es darum geht, Ideen zu sammeln und zu strukturieren oder Gruppenprozesse zu visualisieren. Ein oder zwei Moderatoren leiten und begleiten den Arbeitsprozess und wenden » Moderationstechniken an.

Erforderliche Hilfsmittel:
- Stellwände mit Nadeln oder Heftzwecken, Packpapier/Tapeten zum Bespannen der Stellwände (» Präsentationsmedien – Metaplanwand)
- Karten in unterschiedlichen Farben und Formen
- Filzschreiber in unterschiedlichen Stärken und Farben
- Klebepunkte zur Bewertung durch die Teilnehmer
- Fotoapparat, mit dem die gestalteten Stellwände abgelichtet werden, z. B. für ein Protokoll

Ablauf:
- Die Moderatorin/der Moderator schreibt ein Thema, ein Problem oder eine Frage auf eine mit Packpapier bespannte Stellwand.
- Die Teilnehmer/-innen notieren ihre Ideen stichwortartig auf vorbereitete Karten, pro Karte eine Idee. Es sollte groß und gut lesbar geschrieben werden.
- Die Karten werden eingesammelt, vorgelesen und unsortiert an die Stellwand gehängt.
- Anschließend werden die Karten geclustert, d. h. zu Gruppen zusammengefasst. Karten, die nicht zugeordnet werden können, kommen an die Seite.
- Bei Bedarf wird für jede Gruppe ein Oberbegriff auf andersfarbige Karten notiert.
- Der Moderator notiert die Punkte, die die Teilnehmer gerne ergänzen würden, auf weitere Karten.
- Falls erforderlich bewerten die Teilnehmer die einzelnen Lösungen/Vorschläge mithilfe von Klebepunkten (» Themengewichtung).

Mindmap » Visualisieren

Moderationstechniken: Diese Techniken helfen, in einer Gruppe Probleme zu sammeln, zu strukturieren oder zu visualisieren. Eine Schülerin oder ein Schüler übernimmt die Rolle der Moderatorin/des Moderators, die/der die Arbeit einer Gruppe begleitet, strukturiert, organisiert und zusammenfasst. Zu den Aufgaben der Moderatorin/des Moderators gehören:
- die Organisation des Einstiegs in ein Thema oder ein Projekt,
- die Kontrolle der Einhaltung von Zeiten und Regeln,
- die Förderung der Bereitschaft der Teilnehmer/-innen zur Mitarbeit durch geeignete Anregungen,
- die Bewahrung des Überblicks über den Arbeitsfortschritt,
- das Zusammenfassen und Visualisieren der Ergebnisse durch geeignete Methoden.

Visualisierungstechniken: Auf Flipcharts können Aussagen der Teilnehmer/-innen festgehalten und Ergebnisse notiert werden. Nichts geht verloren. Auch Moderationswände bzw. Metaplanwände eignen sich. Auf ihnen arbeitet man mit unterschiedlichen Formen von Karten und mit Linien, die Zusammenhänge verdeutlichen (» Präsentationsmedien).

Es gibt verschiedene Moderationstechniken, z. B.:

Blitzlicht: In einem Blitzlicht äußert sich jeder Teilnehmer zu seiner aktuellen Stimmungslage. Es gibt keine Diskussionen während des Blitzlichts. Die Moderatorin/der Moderator kann ein Blitzlicht nutzen, um beispielsweise latent vorhandenen Unmut, der die Arbeit beeinträchtigt, ins Bewusstsein aller zu rücken.

Brainstorming: Beim Brainstorming geht es darum, in kurzer Zeit möglichst viele Ideen/Lösungsvorschläge zu einem Thema zu sammeln.

Ablauf: Die Gruppe äußert nacheinander Ideen zu einem Stichwort, ohne dass diese bewertet werden. Die Äußerungen werden von zuvor ausgewählten Mitschülerinnen und Mitschülern an der Tafel, auf Folien etc. notiert. Erst nach Abschluss des Brainstormings wird die Sammlung strukturiert und bewertet.

Kartenabfrage: Diese Methode eignet sich, um zu Beginn einer Diskussion, Unterrichtsreihe oder Projektplanung Vorkenntnisse, Erwartungen oder Lösungsansätze von den Teilnehmerinnen und Teilnehmern abzufragen.

Ablauf: Die Teilnehmer/-innen notieren ihre Ideen auf vorbereitete Karten. Es genügen Stichworte. Erste Strukturierungsmöglichkeiten ergeben sich durch unterschiedlich farbige Karten (doppelte Kartenabfrage).

Beispiel: Bei der Planung des Tagesablaufs stehen rote Karten für die Frage: „Was sollten wir heute auf jeden Fall schaffen?", gelbe Karten für Aussagen zu: „Das hat Zeit bis morgen."

Themengewichtung: Gibt es unterschiedliche Auffassungen zur Auswahl und Bewertung gesammelter Ideen, können die Teilnehmer/-innen mithilfe von

Methoden und Arbeitstechniken

Klebepunkten oder einer Entscheidungsmatrix eine Gewichtung der Lösungen/Vorschläge vornehmen.
(» Kapitel 19, S. 336)

Placemat: Placemat ist eine Methode, um gemeinschaftliche Arbeitsabläufe zu strukturieren und die Arbeitsresultate aller aus der Gruppe zusammenzuführen.
Die Methode eignet sich gut zum Einstieg in ein Thema, aber auch zur Erfassung von Arbeitszwischenergebnissen sowie zur abschließenden Diskussion.
Der Ablauf der Placemat-Methode:
Vorbereitung
Vorzugsweise Vierergruppen bilden, jede Gruppe erhält einen großen Bogen Papier (A3 oder größer) und zeichnet sich eine „Placemat".

- Jede/-r hat im Außenbereich des Blattes ein eigenes Feld.

Phase 1
- In diesem Feld notiert jedes Gruppenmitglied seine eigenen Gedanken zum Thema bzw. zur Aufgabenstellung. Jedes Gruppenmitglied unterschreibt seine eigenen Notizen.

Phase 2
- Danach tauschen alle in der Gruppe ihre individuellen Antworten/Ideen aus, indem das Blatt gedreht wird, sodass alle Gruppenmitglieder alle Notizen zur Kenntnis nehmen können.

Phase 3
- Alle Gruppenmitglieder diskutieren die Notizen und einigen sich auf Antworten und Ergebnisse, die sie als gemeinsames Ergebnis in das mittlere Feld eintragen.
- Alle Gruppenmitglieder unterzeichnen das Gruppenergebnis im Zentralfeld.

Zum Schluss präsentiert jede der Arbeitsgruppen ihre Ergebnisse im Plenum.

Portfolio: Als Portfolio bezeichnete man ursprünglich eine Brieftasche oder Dokumentenmappe. Heute wird der Begriff in der Börsenwelt verwendet, wo er eine Zusammenstellung von Wertpapieren bezeichnet. In der Kunst und in anderen kreativen Bereichen beinhaltet ein Portfolio die Auswahl besonderer Arbeiten und Leistungen eines Menschen (Arbeitsmappe). An diese Verwendung des Begriffs knüpft auch der schulische Einsatz von Portfolios an. Im Deutschunterricht ist ein Portfolio eine Sammlung von Texten einer Schülerin oder eines Schülers, die über einen längeren Zeitraum entstanden ist, an Unterrichtsinhalte anknüpft und neben den Schreibprodukten auch eine Reflexion über deren Entstehung enthält.

Unterscheidung:
Grundsätzlich unterscheidet man zwischen einem Kursportfolio oder einem Portfolio im Einzelunterricht. Bei beiden werden anhand ausgewählter Arbeiten die Entwicklung und Ergebnisse eines Unterrichtsvorhabens dargestellt, reflektiert und bewertet. Dagegen ist das Portfolio als Bildungsmappe oder Bildungsdokumentation längerfristig angelegt und fachübergreifend.
Im Deutschunterricht kann man ein Portfolio beispielsweise anlegen, um ein erweitertes Textsortenspektrum einzuüben oder um die verschiedenen Stufen der Entstehung und Überarbeitung von selbstständig verfassten Texten zu dokumentieren. Auch ein Praktikumsportfolio oder ein Portfolio in Form einer Epochenmappe, Autoren- oder Werkporträtmappe sind möglich.

Vorbedingungen:
Portfolioarbeit braucht gemeinsam erarbeitete Vorgaben. Dabei müssen die Anforderungen für alle Beteiligten transparent sein. Dies gilt vor allem für Vorgaben bezüglich Umfang, Zeit und Bewertungsmaßstäben.

Reflexion:
Portfolioarbeit wird immer durch die Schülerinnen und Schüler reflektiert. Dabei können folgende Fragestellungen im Vordergrund stehen:
- Warum habe ich diesen Leistungsnachweis für das Portfolio ausgewählt?
- Was ist an dieser Arbeit gelungen?
- Was zeigt der Leistungsnachweis von mir und meiner Arbeit?
- Was habe ich anhand dieses Leistungsnachweises gelernt?

Präsentation eines Portfolios:
Portfolioarbeiten sollen wahrgenommen werden. Deshalb

Methoden und Arbeitstechniken

ist es sinnvoll, sich über mögliche Präsentationsformen und -gelegenheiten vor Beginn des Vorhabens Gedanken zu machen.

Präsentationsmedien: Präsentieren kann man mit vielen Medien, u. a. mit:

1 Flipchart:
Vorteile: einfach zu handhaben und zu transportieren
Nachteile: Flipchartblock ist teuer/nicht geeignet für große Räume (auf hinteren Plätzen nicht zu sehen)
Tipps: dicken Filzer verwenden/Druckbuchstaben

2 Laptop mit Beamer:
Vorteile: transportierbar, Abspielen von DVDs und MP3-Musikformat, eigene Aufnahmen können gezeigt werden, professionelle und schnelle Gestaltung von Grafiken, Abbildungen, Bildern usw., Einsatz von digitalen Präsentationsprogrammen möglich
Nachteile: gute Software- und Hardwarekenntnisse sind erforderlich, häufig gerät der Präsentierende in den Hintergrund, Reizüberflutung durch zu große Bilderflut, Medienmonotonie
Tipps: andere Medien einbauen, z. B. Flipchart, maximal 15 Minuten, ausreichende Redepausen einbauen, weitere Tipps » Overheadprojektor

3 Metaplanwand und Karten:
Vorteile: flexibler Einsatz der Metaplankarten (verschieben und neu anordnen), Übersicht wird gewährleistet durch unterschiedliche Formate/Formen/Farben der Karten, Clustern (Haufenbildung nach Sinnzusammenhängen) und die Bildung von Oberbegriffen, Teilnehmer füllen die Karten aus und werden dadurch aktiv beteiligt
Nachteile: Moderationsregeln (» Moderationstechniken) müssen beherrscht werden, der Umgang mit Karten und Wand erfordert Routine
Tipps: nur ein Aspekt auf eine Karte/nur Stichworte, höchstens drei Zeilen pro Karte/Druckbuchstaben, gut formulierte Kartenfragen führen zum Ziel

4 Overheadprojektor und Folien:
Vorteile: transportierbar und verschiebbar, Folien können vorbereitet werden
Nachteile: weiße Projektionsfläche muss vorhanden sein, Sonnenlicht kann blenden, Schrift auf Folie ist zu klein oder zu dünn, zu viele Folien/zu schneller Folienwechsel, Folien häufig überladen
Tipps: nicht mit der Wand sprechen oder im Licht stehen, nicht hinter dem OHP verschanzen, bei längeren Pausen abschalten, Folien durchnummerieren, Zeigehilfen verwenden, Blickkontakt zum Publikum suchen

5 Wandtafel:
Vorteile: einfach zu handhaben/große Schreibfläche, durch Abwischen Veränderung jederzeit möglich
Nachteile: Sprechen und Schreiben gleichzeitig schwierig, Gefahr, mit der Tafel zu sprechen, Tafelbilder können nicht gesichert werden
Tipps: auf gut lesbare Schrift und auf Raumaufteilung achten, kontrastreiche Kreidefarben benutzen

Punktuelles Lesen » **Lesetechniken**

Rollenspiel: Durch den Rollentausch ermöglicht es das Rollenspiel, auf spielerische Art eine Situation nachzuempfinden und in dieser als eine fremde Person zu agieren, um Handlungsabläufe und Verhaltensweisen besser nachvollziehen zu können. Rollenspiele können folglich auch als Trainingseinheiten genutzt werden (z. B. im Falle von Bewerbungen, zur Aufarbeitung von Konflikten, zum Erlernen von Gesprächsstrategien etc.). Damit sich die Teilnehmerinnen und Teilnehmer besser in ihre Rollen einfinden, kann mit Rollenkarten gearbeitet werden. Nach Beendigung des Spiels ist es erforderlich, dass die Teilnehmerinnen und Teilnehmer aus ihren Rollen entlassen werden, um z. B. im Rollenspiel ausgetragene Konflikte nicht in die Wirklichkeit zu übertragen. Die Reflexion der Ereignisse des Rollenspiels kann im freien Gespräch der Rollenspielteilnehmer und des Auditoriums erfolgen. Die Auswertung kann jedoch auch auf der Grundlage von Beobachtungsbogen geschehen, die z. B. durch die Zuschauerinnen und Zuschauer erstellt werden.

Schreibgespräch: Eine Gruppe (zwei bis vier Schülerinnen und Schüler) bearbeitet ein Thema, ohne dabei zu sprechen. In der Mitte liegt ein Blatt mit der Themenstellung. Die Schülerinnen und Schüler notieren abwechselnd ihre Gedanken dazu und entwickeln evtl. Beiträge der anderen weiter. Ziel ist die Einbeziehung aller Schülerinnen und Schüler, auch der zurückhaltenden, sowie eine ruhige und produktive Arbeitsatmosphäre.

Schreibkonferenz: Eine Schreibkonferenz ist ein Beratungsgespräch, das sich mit einem Textentwurf

Methoden und Arbeitstechniken

beschäftigt. Die Verfasserin/der Verfasser eines Textes benötigt eine bis maximal drei Personen, die den Text lesen und ihn prüfen.

Möglicher Ablauf einer Schreibkonferenz:
1. Der Text wird vorgelesen.
2. Alle äußern sich spontan zum Inhalt, ggf. werden im Anschluss Fragen dazu gestellt.
3. Gemeinsam gehen alle den Text durch und besprechen sprachliche wie inhaltliche Aspekte. Die Verfasserin/der Verfasser markiert Stellen, die sie/er ändern will, und notiert Vorschläge.
4. Der Text wird auf Rechtschreibung durchgelesen.
5. Anschließend überarbeitet die Verfasserin/der Verfasser den Text inhaltlich, sprachlich und orthografisch.

Strukturbild » Visualisieren

Szenische Lesung: Texte werden ausdrucksvoll und mit verteilten Rollen vorgelesen. Gerade bei selbst verfassten Dialogen ermöglicht dies eine schnelle und lebendige Präsentation der Ergebnisse.

Themengewichtung » Moderationstechniken

Thesenpapier: Ein Thesenpapier (auch „Handout" oder „Paper" genannt) dient als Orientierungshilfe für die Zuhörer/-innen während eines Vortrags. Es fasst die wichtigsten Aussagen des Vortragenden zusammen und ist häufig die Grundlage für eine sich anschließende Diskussion. Da es parallel zum Vortrag gelesen wird, sollte es besonders übersichtlich gestaltet sein.

Aufbau:
- in der Regel eine DIN-A4-Seite
- Schriftgrad mindestens 11 Punkt
- Kopfzeile mit Angaben zum Vortragenden, zum Fach, Fachlehrer, Thema der Unterrichtsreihe, Thema des Vortrags, Datum
- kurze inhaltliche Erläuterung des Themas und Einordnung in einen Gesamtzusammenhang
- Thesen
- evtl. persönliches Fazit
- Literaturhinweise bzw. -angaben

Inhalt:
Die Thesen verdeutlichen den Argumentationsstrang des Vortragenden oder z. B. des Autors, über dessen Werk berichtet wird. Jede These ist Teil einer Argumentationskette. Sie übernimmt die Funktion einer Ausgangsbehauptung, die mündlich begründet und erläutert wird.

Reihenfolge der Thesen:
- Es empfiehlt sich, die Thesen in der Reihenfolge des Vortrags aufzulisten, sodass die Zuhörerin/der Zuhörer sich daran orientieren kann.
- Unter dramaturgischen Gesichtspunkten kann man die wichtigste These an den Anfang stellen (Durchbruchstrategie) und durch weitere Thesen und Argumente untermauern oder man platziert sie als Höhepunkt an das Ende des Vortrags (dramatisierende Reihe).

Sprache:
- Kurze, verständliche Sätze erleichtern das Zuhören.

Think-Pair-Share (denken, teilen, austauschen): Think-Pair-Share ermöglicht auf einfache Weise kooperatives Lernen.

Phase 1: Think
Jeder arbeitet für sich alleine: setzt sich mit der Aufgabenstellung auseinander, entwickelt Lösungswege etc.

Phase 2: Pair
Die Ergebnisse werden in Partner- oder Gruppenarbeit besprochen und vertieft.

Phase 3: Share
Die Ergebnisse aus Phase 2 werden im Plenum vorgestellt und im Austausch mit anderen Gruppen weiter vertieft.

Umfrage: Die Umfrage ist eine Methode, um Informationen über Menschen zu sammeln.

Zielgruppe bestimmen:
Bevor eine Umfrage zu einem Thema durchgeführt werden kann, muss zunächst der Personenkreis bestimmt werden, der befragt werden soll. Man kann entweder einen „repräsentativen" Personenkreis befragen oder nach dem Zufallsprinzip auswählen, wen man befragt.

1. Repräsentativumfrage: Hier wird eine überschaubare Anzahl von Personen befragt, die in ihrer Zusammensetzung (Alter, Berufsstand, Geschlecht, Interessen etc.) ein möglichst genaues Abbild der Zielgruppe darstellen. Die Ergebnisse der Befragung werden auf die Gesamtgruppe hochgerechnet.

Methoden und Arbeitstechniken

2. Auswahl nach dem Zufallsprinzip: Eine Befragung nach dem Zufallsprinzip ist wesentlich einfacher durchzuführen, die Fehlerquote ist aber auch erheblich höher als bei einer Repräsentativumfrage.

Die Erhebungsmethode bestimmen:
Die geeignete Erhebungsmethode hängt von den eigenen organisatorischen und zeitlichen Möglichkeiten ab. Man kann:
- Fragebögen verteilen oder verschicken,
- eine Telefonumfrage starten,
- geeignete Personen in einem Interview befragen,
- einen Fragebogen ins Internet stellen.

Fragen formulieren:
Grundsätzlich sollten alle Fragen standardisiert sein, d. h. in der Reihenfolge und Wortwahl immer gleich sein. Es empfiehlt sich, Fragen möglichst eindeutig, präzise und leicht verständlich zu formulieren und mit einfachen Fragen („Eisbrechern") zu starten. Je nach Zielstellung kann zwischen offenen und geschlossenen Fragen gewählt werden.

1. Geschlossene Fragen: Bei geschlossenen Fragen muss der Befragte zwischen zwei Alternativantworten auswählen (*Ja/Nein, Richtig/Falsch* oder *A/B*).
Es können auch mehrere Antworten zur Auswahl gestellt werden wie bei einer Multiple-Choice-Frage. Als Sonderform kann man die Skalenfrage verwenden, bei der die Umfrageteilnehmer/-innen durch Ankreuzen auf einer Skala eine These bewerten.

2. Offene Fragen: Bei offenen Fragen können die Teilnehmer/-innen die Antworten frei formulieren. Vermeiden sollte man Suggestivfragen (dabei werden dem Befragten die Antworten in den Mund gelegt, z. B. „Sind Sie auch der Meinung, dass …").
Geschlossene Fragen lassen sich leichter auswerten als offene Fragen, da bei offenen Fragen ein Vergleich der Antworten oft schwierig ist.

Validität und Reliabilität einer Umfrage:
Die Ergebnisse einer Umfrage sollten dem Anspruch an Validität und Reliabilität genügen. Valide oder gültig sind die Ergebnisse dann, wenn die Fragen so präzise gestellt wurden, dass Fehldeutungen unmöglich sind. Reliabel oder zuverlässig sind Forschungsergebnisse dann, wenn die Meinungen der Befragten möglichst genau die Ansichten der Zielgruppe wiedergeben, d. h., wenn die Fehlerquote sehr gering ist.

Präsentation der Umfrage:
Für die Präsentation oder Visualisierung von Ergebnissen eignen sich vielfach Schaubilder und Diagramme (» Kapitel 3).

Vier Arten, einen Text zu lesen » Lesetechniken

Visualisieren: Textinhalte können mithilfe grafischer Elemente dargestellt und zusammengefasst werden. Neben Diagrammen (» Kapitel 3) eignen sich dafür die folgenden Methoden:

a) Bei einem *Assoziogramm* ordnet man einem vorgegebenen Oberbegriff verschiedene Ideen, Begriffe etc. (Assoziationen) zu, ohne diese zu strukturieren. Diese Methode hilft, Vorwissen zu einem Thema zu aktivieren. Ein Assoziogramm eignet sich z. B. bei der Vorbereitung einer Interpretation.
(» Kapitel 14, S. 232)

b) Mithilfe einer *Mindmap* können Schlüssel- bzw. Oberbegriffen Detailinformationen in Form von Unterbegriffen zugeordnet werden. Das zentrale Thema wird in die Mitte eines Blattes geschrieben und eingekreist. Um das Thema herum werden Hauptäste angeordnet, auf denen die Hauptgedanken (Schlüsselbegriffe) stichwortartig festgehalten werden. Für jeden neuen Aspekt wird ein weiterer Ast eingerichtet. Zur weiteren Differenzierung werden Nebenäste angelegt, auf denen weitere Teilaspekte (Unterbegriffe) notiert werden. Mit Symbolen oder Bildern kann man die Begriffe ergänzen.

c) Mit einem *Strukturbild* kann man die in einem Text thematisierten Sachverhalte, Ereignisse etc. darstellen, Bildelemente können eingefügt werden.
(» Kapitel 7, S. 134–136)

Wörterbuch benutzen: Beim Erstellen eines eigenen Textes oder beim Lesen eines fremden Textes können Fragen auftauchen, die sich mithilfe eines Wörterbuchs schnell klären lassen. Voraussetzung ist, dass man mit diesem Hilfsmittel umgehen und die verwendeten Zeichen entschlüsseln kann (» Beispiel nächste Seite). Weitere Informationen zur Benutzung und zu den Abkürzungen finden sich auf den ersten Seiten eines Wörterbuchs.

Methoden und Arbeitstechniken

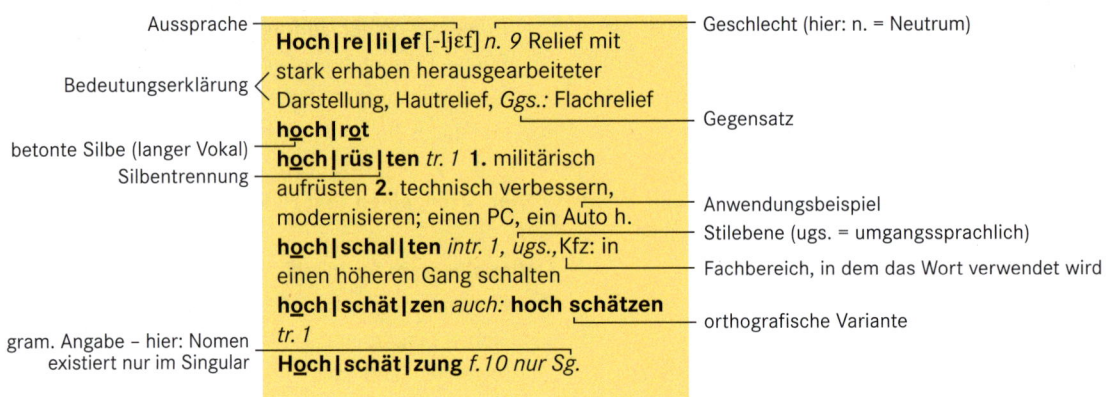

Wörterliste: Eine Wörterliste ist eine Sammlung von Worterklärungen in tabellarischer Form. Beim Lesen eines Textes oder im Gespräch können unbekannte Wörter auftauchen. Diese werden in der linken Spalte einer Tabelle festgehalten. In der rechten Spalte werden die jeweiligen Erläuterungen notiert, die in Wörterbüchern nachgeschlagen oder online recherchiert wurden.

Zitieren: Mit Zitaten belegt man z. B. in einem Aufsatz die Richtigkeit der eigenen Gedanken. Zitate müssen als solche kenntlich gemacht werden:

1 Direktes (wörtliches) Zitieren:
- Anfang und Ende des Zitats werden durch Anführungsstriche deutlich gemacht.
- Wird eine Textpassage nicht vollständig zitiert, werden die Auslassungen mit eckigen Klammern und drei Punkten gekennzeichnet: […].
- Übernimmt man ein Zitat z. B. in den eigenen Aufsatz, können die Fallendungen (z. B. *-es, -en, -er, -em*) verändert werden, Beispiel:
  Original: *„Im Laufe dieses Jahres wird sich nichts an der Einstellung der Experten ändern."* Als Zitat: *Der Autor meint, in diesem „Jahr wird sich nichts an der Einstellung der Experten ändern".*
- Ein Zitat in einem Zitat wird durch einfache Anführungsstriche hervorgehoben.

2 Sinngemäßes Zitieren (indirekte Rede):
- Längere Textpassagen werden oft in indirekter Rede wiedergegeben.
- Der Sinn darf nicht entstellt werden.
- Sinngemäße Zitate müssen ebenfalls kenntlich gemacht werden, z. B. durch eine Einleitung des Zitats (*Der Autor meint, dass …*).

3 Quellenangaben:
- Sie erscheinen im Text oder als Fuß- oder Endnoten.
- Sie enthalten den Nachnamen und den Vornamen des Autors/Herausgebers, Titel, Auflage, Verlagsort, Verlag, Erscheinungsjahr, Seitenangabe.
  Beispiel: *Berthold, Siegwart: Reden lernen, 1. Aufl., Frankfurt am Main: Cornelsen Scriptor Verlag, 1993, S. 15.*
- Beim sinngemäßen Zitieren erscheint vor der Literaturangabe die Abkürzung „vgl." für die Aufforderung „Vergleiche!".

Informationen – Material – Methoden

Kapitel 21

Operatoren kennen – Arbeitsanweisungen verstehen

Was sind Operatoren?

Operatoren sind Arbeitsanweisungen. Sie sind wesentlicher Bestandteil jeder Aufgabenstellung, denn sie benennen die Handlungsschritte (in Form von Verben), die zur Lösung von Aufgaben notwendig sind.

Die Anforderungen einer Aufgabe, die durch die Formulierung der Arbeitsanweisungen deutlich werden, verlangen von Ihnen unterschiedliche Fähigkeiten und Vorkenntnisse. Sie müssen sich bei jeder Aufgabenstellung fragen: Welche Fertigkeiten werden von mir verlangt? Welche Tätigkeiten auf welchem Anforderungsniveau werden von mir erwartet? Welche Vorkenntnisse brauche ich?

Entsprechend den unterschiedlich komplex zu erbringenden Leistungen lassen sich die Operatoren verschiedenen **Anforderungsbereichen** zuordnen.

Die wichtigsten Operatoren, die Sie im Buch, in Lernstandskontrollen und in Prüfungsaufgaben finden können, wurden in die folgenden tabellarischen Übersichten aufgenommen.

Anforderungsbereich I
z. B. beschreiben

Anforderungsbereich II
z. B. analysieren

(das bedeutet z. B.:

erklären

vergleichen

einordnen)

Anforderungsbereich III
z. B. beurteilen

(das bedeutet z. B.:

bewerten

Stellung nehmen)

Operatoren kennen – Arbeitsanweisungen verstehen

Anforderungsbereich I

Dieser Bereich umfasst das Wiedergeben, Beschreiben und Darstellen von Sachverhalten. Die von Ihnen erwarteten Tätigkeiten beziehen sich auf ein gegebenes Material (z. B. Text, Situation, Grafik) oder auf Sachverhalte in einem abgegrenzten Lernzusammenhang.

Verb	Anforderung (erwartete Tätigkeit)
aufschreiben/ herausschreiben (auf)zeigen (be)nennen bestimmen darstellen/darlegen notieren	Sie tragen die wesentlichen Informationen (Kernaussagen) eines Textes oder eines Sachverhaltes zusammen, ohne sie zu kommentieren.
beschreiben	Sie stellen vorgegebene Situationen, Texte, grafische Darstellungen, Personen, Vorgänge, Sachverhalte sachlich genau dar, ohne sie zu bewerten.
skizzieren	Sie stellen eine Person, eine Handlung oder einen Sachverhalt dar und beschränken sich dabei auf das Wesentliche.
wiedergeben (meist gekoppelt mit) zusammenfassen	Sie formulieren den Inhalt eines Textes mit eigenen Worten. Sie reduzieren Inhalte, Aussagen, Zusammenhänge auf das Wesentliche und geben sie strukturiert in wenigen Sätzen wieder.

Anforderungsbereich II

Dieser Bereich umfasst das selbstständige Anwenden und Übertragen von Kenntnissen und Fertigkeiten auf neue Materialien und Situationen. Von Ihnen werden Tätigkeiten wie das Auswählen, Bearbeiten, Ordnen, Vergleichen, Analysieren, Erklären von Sachverhalten und Zusammenhängen erwartet. Besonders kommt es darauf an, diese Kenntnisse und Fertigkeiten selbstständig auf neue Fragestellungen, unbekannte Texte oder Situationen zu übertragen.

Verb	Anforderung (erwartete Tätigkeit)
analysieren/ untersuchen	Sie erfassen den Inhalt und die Form von Texten oder anderen Materialien nach vorgegebenen oder selbst gewählten Gesichtspunkten, beschreiben und deuten diese. Sie arbeiten den Wechselbezug von Inhalt und Form (besonders bei literarischen Texten) heraus.
auswerten	Sie führen die wichtigsten Ergebnisse aus einzelnen Berichten, Recherchen etc. zu einer Gesamtaussage zusammen.
begründen	Sie stellen einen Zusammenhang zwischen Ursachen und Folgen oder Wirkungen her. Sie untermauern eine Aussage, Meinung, Position, These durch Sach- und Fachkenntnisse, d. h. mit nachvollziehbaren Argumenten.

Operatoren kennen – Arbeitsanweisungen verstehen

Verb	Anforderung (erwartete Tätigkeit)
charakterisieren	Sie erfassen die wesentlichen Merkmale, Eigenschaften, Erscheinungsformen von Personen, Sachverhalten, Vorgängen, Zuständen und beschreiben diese.
deuten	Sie entschlüsseln sprachliche Bilder (z. B. Metapher, Vergleich, Personifikation), Texte oder Textpassagen in ihrer übertragenen Bedeutung und beschreiben diese.
(ein)ordnen/ zuordnen	Sie fügen Formulierungen, Aussagen, Texte aufgrund übereinstimmender Merkmale und ggf. nach einer Rangfolge zusammen.
(er)klären	Sie stellen Sachverhalte, Aussagen, Hintergründe, Einsichten auf der Grundlage von bereits vorhandenen Kenntnissen dar.
erläutern	Eine Erläuterung gleicht der Erklärung. Sie formulieren jedoch anschaulicher durch das Hinzufügen von Beispielen und zusätzlichen Informationen.
erschließen	Unter Berücksichtigung von vorgegebenen Gesichtspunkten erarbeiten Sie sich den Sinngehalt oder die Problemstellung eines Textes.
herausarbeiten	Sie ermitteln und stellen den Sachverhalt oder die Position aus den Aussagen eines Textes dar.
vergleichen/ gegenüberstellen	Sie stellen Texte, Textaussagen, Problemstellungen, sprachliche Mittel usw. nach vorgegebenen Gesichtspunkten gegenüber und beschreiben Unterschiede oder Übereinstimmungen.

Anforderungsbereich III

Dieser Bereich umfasst das Beurteilen und Bewerten sowie selbstständige Problemlösungen auf der Grundlage des angeeigneten Wissens. Von Ihnen wird erwartet, dass Sie sich selbstständig mit einem Thema, einer Problemstellung, einem literarischen Text auseinandersetzen, verschiedene Positionen diskutieren, bewerten, dazu begründet Stellung nehmen, selbstständig Lösungswege vorschlagen und Ihr Vorgehen sowie das anderer kritisch reflektieren.

Verb	Anforderung (erwartete Tätigkeit)
beurteilen	Sie stellen Sachverhalte, Aussagen, Hintergründe, Einsichten auf der Grundlage von bereits vorhandenen Kenntnissen dar.
bewerten	Die Bewertung erfordert zunächst die Beurteilung von Sachverhalten, Problemstellungen usw. Diese Beurteilung ergänzen Sie allerdings durch Ihre persönliche Sichtweise auf der Grundlage Ihrer Wertmaßstäbe, die Sie dabei offenlegen.
erörtern	Sie betrachten oder diskutieren eine Aussage, These (Behauptung) oder eine Problemstellung von verschiedenen Seiten. Dabei wird die Stichhaltigkeit der Argumentation beurteilt, bewertet und zu einer eigenen Stellungnahme bzw. zu Lösungsvorschlägen geführt.
erstellen/gestalten/ verfassen	Sie fertigen unter Beachtung von Vorgaben einen Text oder eine Arbeitsvorlage an.

Operatoren kennen – Arbeitsanweisungen verstehen

Verb	Anforderung (erwartete Tätigkeit)
interpretieren	Auf der Basis einer umfassenden Analyse und Bewertung eines Textes oder anderer Materialien deuten Sie Sinnzusammenhänge und erläutern die Gesamtaussage eines Textes. Je nach Aufgabenstellung können Sie sich dabei auf den Text beschränken oder Informationen zum Autor und/oder zum geschichtlichen Hintergrund einbeziehen.
präsentieren	Sie tragen vorbereitete Informationen zu einem Thema strukturiert und der Zuhörerschaft angemessen vor und nutzen dafür unterschiedliche Medien.
prüfen/überprüfen	Sie untersuchen die Angemessenheit einer Textaussage, einer Argumentation, eines Analyseergebnisses, eines Sachverhalts auf der Grundlage eigener Erkenntnisse und Einsichten.
reflektieren	Sie prüfen Behauptungen im Zusammenhang und entwickeln anhand eigenständig gewählter Kriterien eine Aussage in einem schlüssigen Argumentationsgang.
sich auseinandersetzen/diskutieren	Sie befassen sich ausführlich mit einer Behauptung bzw. einer Problemstellung, bedenken unterschiedliche Aspekte des Problems, Ursachen, Folgen. Sie bauen auf dieser Grundlage eine schlüssige Argumentation auf.
Stellung nehmen/kommentieren	Sie beurteilen und bewerten eine Problemstellung oder Behauptung und positionieren sich dazu mit überzeugenden Argumenten. Anders als bei der Erörterung müssen Sie nicht auf alle gegnerischen Positionen eingehen, wenngleich das Entschärfen dieser Ihre eigene Position aber stärken kann.

Zusatzmaterial

Kapitel 22

Literaturgeschichte
Literarische Texte
Sachtexte

Mittelalterliche Literatur
um 750–1520

Reformationszeit
1520–1600

Barock
1600–1700

Aufklärung
1685–1781

Sturm und Drang
1770–1780

Weimarer Klassik
1786–1805

Romantik
1795–1835

Junges Deutschland/Vormärz
1815–1848

Bürgerlicher Realismus
1848–1890

Naturalismus
ca. 1880–1900

Literatur der Jahrhundertwende
1890–1918

Expressionismus
ca. 1910–1925

Weimarer Republik bis zum Ende des „Dritten Reiches"
1918–1945

Exilliteratur
1933–1945

Gegenwartsliteratur
seit 1945

Einblicke in Epochen der Literaturgeschichte

Auf den folgenden Seiten erfahren Sie Näheres über die größten Dichter Deutschlands, die Weltruhm erlangt haben und deren Werke in unzählige Sprachen übersetzt worden sind. Sie lernen die Zeit, in der sie geschrieben haben, und ihre größten „Klassiker" kennen. „Klassiker" sind diese Werke vor allem deshalb, weil sie die bis heute großen Themen wie Liebe, Eifersucht, Hass, Raserei und Angst ebenso gestaltet wie Epochenbegriffe definiert haben.

Literarische Texte und Sachtexte der Gegenwart

Im zweiten Teil dieses Zusatzmaterials finden Sie literarische Texte zu den Themen Lebensansichten und Erwachsenwerden sowie Beziehungen und Kommunikation. Es schließen sich Sachtexte der Gegenwart zu den Themen Bildung und Beruf, Vernetzung sowie Umwelt und Gesellschaft an.

Einblicke in Epochen der Literaturgeschichte
Barock (1600–1700)

BASISWISSEN | Barock

Der Begriff „Barock" (der oder das) lässt sich zurückführen auf den portugiesischen Begriff „barroco", was „unregelmäßige, schiefe Perle" bedeutet. Zunächst wurde die Bezeichnung „Barock" abwertend im Sinne von „absonderlich", „schwülstig" verwendet, im 20. Jahrhundert etablierte sich die Bezeichnung als Epochenbegriff.

Der Barock war die Kunst der Gegenreformation (Reaktion der katholischen Kirche auf die Reformation durch Luther) und des Absolutismus (Regierung eines Alleinherrschers), denn die wichtigsten Kunstförderer waren in dieser Zeit Kirche und Aristokratie. Sie strebten nach Selbstdarstellung, was sich in Größe und Pathos des Kunstwerks sowohl in der Malerei, der Musik, der Architektur als auch in der Literatur verwirklichte. Typisch für diese Zeit sind beispielsweise Prachtbauten (z. B. in Versailles), eine üppige Mode (z. B. Perücken) oder aufwendige Theaterinszenierungen. Dieser Lebensgier stand ein pessimistisches Weltbild gegenüber, das besonders zurückzuführen ist auf die Gräuel während des Dreißigjährigen Krieges (1618–1648). Die Barockliteratur stand daher im Spannungsfeld von Lebensfreude und Todesbangen ebenso wie von Weltgenuss und Jenseitssehnsucht.

So verwundert es nicht, dass die konträren, aus der römischen Philosophie stammenden Motive „Carpe diem" („Nutze den Tag!") und „Memento mori" („Gedenke des Todes!"), aber auch der „Vanitas-Gedanke" (alles Irdische ist eitel im Sinne von nichtig, vergeblich und vergänglich) vielfach in der barocken Literatur verarbeitet wurden.

Zu den wichtigsten Zielen der Dichter im 17. Jahrhundert gehörte die Entwicklung einer deutschen Literatursprache. Da Dichtung zur Zeit des Barock als erlernbare Kunst und nicht als kreativer Schaffensprozess galt, entstanden zahlreiche Poetiken (Poetik = Lehre von der Dichtkunst), in denen die literarischen Formen und ihre Themen und Stoffe normativ festgelegt wurden (normative Poetik). Das wichtigste theoretische Werk zur Poetik verfasste der Dichter und Literaturtheoretiker **Martin Opitz** mit seinem Werk „Buch von der Deutschen Poeterey" (1624), in dem er Regeln für die neue deutsche Kunstdichtung und Verssprache festlegte. Folglich wurde die deutsche Sprache als Kommunikationsmittel, neben Latein, immer bedeutender. Neben Opitz zählen u. a. Andreas Gryphius und Hans Jakob Christoffel von Grimmelshausen zu den wichtigsten Vertretern des Barock.

Andreas Gryphius (*1616 Glogau, Schlesien, † 1664 ebenda)

Andreas Gryphius' Kindheit war geprägt von dem frühen Tod seiner Eltern und dem Dreißigjährigen Krieg. 1631 besuchte er das Gymnasium in Görlitz, zog 1632 nach Fraustadt und zwei Jahre später nach Danzig. 1638 begann er sein Sprachenstudium im niederländischen Leiden (Gryphius beherrschte ca. zehn Sprachen).

Gryphius war ein bedeutender Lyriker und wurde besonders für seine Sonette bekannt. Sein literarisches Werk ist geprägt von tiefem Pessimismus, was vor allem in seinen geistlichen Liedern zum Ausdruck kommt.

Hans Jakob Christoffel von Grimmelshausen
(*1621 Gelnhausen, Hessen, † 1676 Renchen, Schwarzwald)

Hans Jakob Christoffel von Grimmelshausen wurde im Alter von 13 Jahren in den Wirren des Dreißigjährigen Krieges entführt und gelangte auf Umwegen in den Schwarzwald, wo er bis zu seinem Tod blieb. Er brachte sich sein Wissen selbst bei und schrieb den ersten deutschen Prosaroman von Weltgeltung: „Der abenteuerliche Simplicissimus Teutsch" (nebenstehend das Titelblatt der Erstausgabe aus dem Jahr 1669), einen abenteuerlichen, derb-drastischen und von hintergründigem Humor zeugenden Zeitroman, in den eigene Erlebnisse Einzug fanden. Grimmelshausen bediente sich einer direkten, urwüchsigen Sprache und vermittelte mit dieser Zeit- und Menschenschilderung eine auch kulturhistorisch wertvolle Darstellung.

Barock (1600–1700)

Andreas Gryphius: Es ist alles eitel

Du siehst, wohin du siehst, nur Eitelkeit auf Erden.
Was dieser heute baut, reißt jener morgen ein,
Wo itzund Städte stehn, wird eine Wiese sein,
Auf der ein Schäferskind wird spielen mit den Herden.

5 Was itzund prächtig blüht, soll bald zutreten werden.
Was itzt so pocht und trotzt, ist morgen Asch und Bein;
Nichts ist, das ewig sei, kein Erz, kein Marmorstein.
Itzt lacht das Glück uns an, bald donnern die Beschwerden.

Der hohen Taten Ruhm muss wie ein Traum vergehn.
10 Soll denn das Spiel der Zeit, der leichte Mensch bestehn?
Ach, was ist alles dies, was wir vor köstlich achten,

Als schlechte Nichtigkeit, als Schatten, Staub und Wind,
Als eine Wiesenblum, die man nicht wiederfind't.
Noch will, was ewig ist, kein einig* Mensch betrachten.

* einziger

1 Geben Sie kurz den Inhalt des Gedichts wieder und analysieren Sie den formalen Aufbau (» Kapitel 14 S. 228; Kapitel 17, S. 319).

2 Erklären Sie mithilfe des Basiswissens (» S. 358), was an diesem Gedicht typisch für den Barock ist.

3 Erläutern Sie, was Gryphius in dem Gedicht unter „eitel" versteht und was wir heute unter diesem Begriff verstehen.

Hans Jakob Christoffel von Grimmelshausen: Der abenteuerliche Simplicissimus Teutsch (Auszug)

Im Zentrum der Geschichte steht das Leben eines Jungen, des Ich-Erzählers, während des Dreißigjährigen Krieges. Als der Hof seiner Eltern von plündernden Soldaten überfallen wird, muss er mit ansehen, wie seine Angehörigen gefoltert werden. Er flüchtet und begegnet im Wald einem Eremiten, bei dem er zwei Jahre lebt. Dieser nennt ihn Simplicius, den „Einfältigen", und bringt ihm Lesen und Schreiben bei. Nach dem Tod des Eremiten möchte Simplicius bei einem Dorfpfarrer einen Rat einholen und wird erneut Zeuge von Plünderung und Mord.

[…] Zu solchem End machte ich mich seinem Dorf zu; und als ich hinkam, fande ich's in voller Flamm stehen, dann es eben eine Partei Reuter* ausgeplündert, angezündet, teils Bauren niedergemacht, viel verjagt und etliche gefangen hatten, darunter auch der Pfarrer selbst war. Ach Gott! wie ist das menschliche Leben so viel Mühe und Widerwärtigkeit! Kaum hat ein Unglück aufgehört, so
5 stecken wir schon in einem andern. Mich verwundert nicht, dass der heidnische Philosophus Timon** zu Athen viel Galgen aufrichtete, daran sich die Menschen selber aufknüpfen und so ihrem elenden Leben […] ein Ende machen sollten. Die Reuter waren eben wegfertig und führten den Pfarrer an einem Strick daher. Unterschiedliche schrieen: „Schieße den Schelmen nieder!" Andere aber wollten Geld von ihm haben. Er aber hub die Händ auf und bat um des Jüngsten
10 Gerichts willen um Verschonung und christliche Barmherzigkeit; aber umsonst; denn einer ritte ihn über den Haufen […].

* Reiter

** ein Athener aus dem 5. Jh. v. Chr., der durch seine Menschenverachtung berühmt geworden ist

4 Beschreiben Sie die Wirkung des Auszugs. Erläutern Sie, mit welchen sprachlichen Mitteln diese erreicht wird.

Aufklärung (1685–1781)

BASISWISSEN | Aufklärung

Der Begriff „Aufklärung" ist die Bezeichnung für eine geistesgeschichtliche Epoche, die sich Ende des 17. Jahrhunderts in ganz Europa und Nordamerika ausbreitete und bis weit ins 18. Jahrhundert reichte.

Es war eine Zeit des Umbruchs, in der sich das mittelalterliche Weltbild aufzulösen begann. Die bürgerlichen Gelehrten vertrauten dem Gedanken der „Vernunft" des Menschen, dem nicht das „Handeln" – der blinde Gehorsam –, sondern das „Nachdenken" vorausgehen sollte. Der Mensch sollte sein Leben selbst bestimmen. Dieses Gedankengut bewirkte, dass sich immer mehr gegen die gesellschaftlichen Abhängigkeiten von Adel und Kirche wehrten und in politischen Fragestellungen mehr Freiheiten und Mitbestimmung forderten.

Es entstanden literarische Werke, die Adel und Kirche kritisierten. Weil Kritik an der Obrigkeit zu dieser Zeit unter Strafe stand, versuchten die Autoren, sie zu verstecken. Die Fabel erwies sich dazu als sehr geeignet, denn menschliches Verhalten konnte mithilfe der Tiergeschichten maskiert und entlarvt werden. Die Fabel war auch wegen ihres lehrhaften Charakters beliebt, denn die „Aufklärer" wollten mit ihren Texten belehren. Um eine möglichst breite Leserschaft anzusprechen, verwendeten viele Autoren eine verständliche, natürliche Sprache.

Die wichtigste Gattung der Aufklärung war das Drama. Die bedeutendste literarische Neuerung dieser Zeit stellte das von Lessing begründete bürgerliche Trauerspiel dar, das die Ständeklausel (Tragödie = Personen höheren Standes; Komödie = Personen niederen Standes) aufhob. Das Bürgertum rückte ins Zentrum der Handlung und es wurden Konflikte zwischen Adel und Bürgertum thematisiert. Wichtige Vertreter der Aufklärung sind z. B. Gotthold Ephraim Lessing, Immanuel Kant, Christian Fürchtegott Gellert und Johann Christoph Gottsched.

Immanuel Kant (* 1724 Königsberg, † 1804 ebenda)

Nach diversen Hauslehrertätigkeiten und zahlreichen Veröffentlichungen zu naturwissenschaftlichen und philosophischen Themen berief die Universität Königsberg Kant im Alter von 46 Jahren zum ordentlichen Professor. Kant, der unverheiratet blieb, stets einen streng geregelten Tagesablauf einhielt, schloss sich früh den Ideen der Aufklärung an und wurde einer ihrer wichtigsten Wortführer, was sich in seinen Werken widerspiegelte.

Gotthold Ephraim Lessing (* 1729 Kamenz in Sachsen, † 1781 in Braunschweig)

Lessing versuchte sich als freischaffender Journalist, Kritiker und Dramatiker, konnte davon aber kaum leben. Seine Hochzeit mit Eva König musste warten, bis er, bereits 47 Jahre alt, eine Anstellung als Bibliothekar erhalten hatte. Ein Jahr nach der Hochzeit starb sein Kind kurz nach der Geburt und einige Tage darauf auch seine Frau. Er verstarb drei Jahre später. Sein Werk war geprägt von dem Glauben an Freiheit, Toleranz und Humanität.

Immanuel Kant: Beantwortung der Frage: Was ist Aufklärung? (Auszug)

Der folgende Auszug stammt aus Kants Aufsatz „Beantwortung der Frage: Was ist Aufklärung?".

Aufklärung ist der Ausgang des Menschen aus seiner selbst verschuldeten Unmündigkeit. Unmündigkeit ist das Unvermögen, sich seines Verstandes ohne Leitung eines anderen zu bedienen. *Selbst verschuldet* ist diese Unmündigkeit, wenn die Ursache derselben nicht am Mangel des Verstandes, sondern der Entschließung und des Mutes liegt, sich seiner ohne Leitung eines anderen zu bedienen. Sapere aude! Habe Mut, dich deines *eigenen* Verstandes zu bedienen!, ist also der Wahlspruch der Aufklärung.

Faulheit und Feigheit sind die Ursachen, warum ein so großer Teil der Menschen, nachdem sie die Natur längst von fremder Leitung freigesprochen (naturaliter maiorennes), dennoch gerne zeitlebens unmündig

Aufklärung (1685–1781)

bleiben; und warum es anderen so leicht wird, sich zu deren Vormündern aufzuwerfen. Es ist so bequem, unmündig zu sein. […] Ich habe nicht nötig zu denken, wenn ich nur bezahlen kann; andere werden das verdrießliche Geschäft schon für mich übernehmen. […].

1 Erläutern Sie, was Immanuel Kant unter „Aufklärung" versteht.

Gotthold Ephraim Lessing: Emilia Galotti (Auszug)

Der Prinz von Guastalla begehrt das bürgerliche Mädchen Emilia Galotti und will sie zu seiner Mätresse machen. Er lässt ihren Bräutigam ermorden und lockt sie in sein Lustschloss. Dort trifft sie auf ihren Vater Odoardo. Sie erfährt, dass ihr Bräutigam tot ist und sie, angeblich zum Schutz, zur Familie Grimaldi gebracht werden soll, wo sie dem Prinzen ausgeliefert wäre.

5. Aufzug, 7. Auftritt (Auszug)

ODOARDO […] Denke nur: Unter dem Vorwande einer gerichtlichen Untersuchung, – o des höllischen Gaukelspieles! – reißt er dich aus unsern Armen und bringt dich zu Grimaldi.

EMILIA Reißt mich? bringt mich? – Will mich reißen; will mich bringen: will! will! – Als ob wir, wir keinen Willen hätten, mein Vater!

ODOARDO Ich ward auch so wütend, dass ich schon nach diesem Dolche griff […].

EMILIA Um Himmels willen nicht, mein Vater! Dieses Leben ist alles, was die Lasterhaften haben. – Mir, mein Vater, mir geben Sie diesen Dolch. […]

ODOARDO Was? Dahin wäre es gekommen? Nicht doch; nicht doch! Besinne dich. – Auch du hast nur ein Leben zu verlieren.

EMILIA Und nur *eine* Unschuld!

ODOARDO Die über alle Gewalt erhaben ist. –

EMILIA Aber nicht über alle Verführung. – Gewalt! Gewalt! wer kann der Gewalt nicht trotzen? Was Gewalt heißt, ist nichts: Verführung ist die wahre Gewalt. – Ich habe Blut, mein Vater; so jugendliches, so warmes Blut als eine. Auch meine Sinne sind Sinne. Ich stehe für nichts. Ich bin für nichts gut. Ich kenne das Haus der Grimaldi. Es ist das Haus der Freude. […]. Geben Sie mir, mein Vater, geben Sie mir diesen Dolch. […]

ODOARDO Wenn ich dir ihn nun gebe – da! *(Gibt ihr ihn)*

EMILIA Und da! *(Im Begriffe, sich damit zu durchstoßen, reißt der Vater ihr ihn wieder aus der Hand)* […] Ehedem wohl gab es einen Vater, der seine Tochter von der Schande zu retten, ihr den ersten, den besten Stahl in das Herz senkte – ihr zum zweiten das Leben gab. Aber alle solche Taten sind von ehedem! Solcher Väter gibt es keinen mehr!

ODOARDO Doch, meine Tochter, doch! *(Indem er sie durchsticht)* Gott, was hab' ich getan! […]

EMILIA Eine Rose gebrochen, ehe der Sturm sie entblättert. – Lassen Sie mich sie küssen, diese väterliche Hand.

2 Fassen Sie die Szene kurz zusammen. Erklären Sie, warum Emilia sterben will, und erläutern Sie die Motive Odoardos, Emilia zu töten.

3 Erläutern Sie, welche Rückschlüsse sich auf die Gesellschaft des 18. Jahrhunderts ziehen lassen.

Sturm und Drang (1770–1780)

BASISWISSEN — Sturm und Drang

Die Bezeichnung „Sturm und Drang" ist auf das gleichnamige Drama (1776) von Friedrich Maximilian von Klinger zurückzuführen. Die literarische Jugend, von der diese Bewegung ausging, wehrte sich gegen ein Leben, das von der Vernunft bestimmt war. Anstelle des Verstandes (Aufklärung) zählte nun das Gefühl. Einen besonderen Einfluss auf die Vertreter des „Sturm und Drang" übte der französische Philosoph Jean-Jacques Rousseau (1712–1778) aus, der in seinen Schriften die Hinwendung zur und Verbundenheit des Menschen mit der Natur forderte, ein Gedanke, der nicht nur das Vernunftdenken der Aufklärung infrage stellte, sondern auch Raum für gesellschaftliche Veränderungen schuf (z. B. Ausbruch der Französischen Revolution im Jahre 1789).

Die jungen Autoren des „Sturm und Drang" verband der Wunsch, sich von der Tradition, dem Kleinbürgertum und der Bevormundung durch absolutistische Herrscher und den Adel zu lösen und die Literatur zu revolutionieren. Ihre Leitbegriffe waren Leidenschaft, Natur, Gefühl; ihr Ziel: eine sittliche, politische und künstlerische Freiheit. Sie verehrten Shakespeare und die antike Gestalt Prometheus als ideale Vertreter des Genies – das „Genie" begriffen sie als einen selbstständigen, individuellen, leidenschaftlichen Menschen, in dem sich die kreative Kraft der Natur äußert. Die Autoren plädierten für schöpferische Eigenständigkeit, auf Regeln und Konventionen basierende Dichtung lehnten sie ab. Sie provozierten, warfen Altbekanntes über Bord und probierten in der Literatur Neues aus.

Die jungen Dichter ließen dem Gefühl in ihren Werken freien Lauf. Sie experimentierten mit Sprache; so fand beispielsweise die Umgangssprache Einzug in die Literatur. Wo in der Lyrik zuvor strenge Versmaße und Reimschemata Pflicht waren, verwendeten die Dichter freie Rhythmen ohne feste Reime. Es entstanden vollkommen neue literarische Gattungen, z. B. die Erlebnislyrik, die es ermöglichte, eigene, erlebte Gefühle unmittelbar aussprechen zu können. Auch die Kunstballade, die genutzt wurde, um zeitkritische Themen zu behandeln, und der Briefroman, der in der deutschen Sprache mit Goethes „Leiden des jungen Werthers" einen vorläufigen Höhepunkt erlebte, waren Neuerungen der künstlerischen Schaffenskraft dieser Zeit. Die bevorzugte Gattung jedoch war das Drama; thematisiert wurden die Standesunterschiede zwischen Adel und Bürgertum, soziale Missstände, aber auch Familien- und Generationenprobleme. Wichtige Vertreter des „Sturm und Drang" sind neben Johann Wolfgang Goethe und Friedrich Schiller z. B. Jakob Michael Reinhold Lenz und Christian Friedrich Daniel Schubart.

Johann Wolfgang Goethe (* 1749 Frankfurt am Main, † 1832 Weimar)

Johann Wolfgang Goethe begann im Alter von 16 Jahren ein Jurastudium in Leipzig, wo er gleichzeitig poetische Vorlesungen besuchte. Mit 21 Jahren setzte Goethe nach einer kurzen Unterbrechung sein Jurastudium in Straßburg fort. Im Jahr 1775 holte ihn der junge Erbprinz Karl August von Sachsen nach Weimar. Hier nahm Goethe am kulturellen Leben teil und übte in seiner Funktion als Jurist eine Vielzahl von Ämtern aus. In diesen Funktionen war er bis zu seinem Tod im Jahr 1832 in Weimar tätig. Die bekanntesten Werke Johann Wolfgang Goethes fielen zweifellos in die Zeit, die man mit „Weimarer Klassik" bezeichnet. Der junge Goethe jedoch war auch ein herausragender Vertreter des „Sturm und Drang". Goethe gilt als der bedeutendste deutsche Schriftsteller.

Johann Wolfgang Goethe: Die Leiden des jungen Werthers (Auszug)

Werther verliebt sich in die bereits verlobte Lotte. Als er erkennt, dass es zu keiner Verbindung mit ihr kommen kann, nimmt er an einem anderen Ort eine Stelle an. Doch Standesdünkel zwingen ihn, diese Stelle aufzugeben. Er kehrt zu der nun verheirateten Lotte zurück. Doch schon bald erschießt er sich aus Verzweiflung. Der Roman setzt sich aus Briefen Werthers an seinen Freund Wilhelm zusammen. Den Brief vom 4. Mai schreibt Werther kurz nach seinem Umzug aufs Land. Den Brief vom 30. August schreibt er, kurz bevor er von Lotte wegzieht.

Sturm und Drang (1770–1780)

Am 4. Mai 1771

Wie froh bin ich, dass ich weg bin! Bester Freund, was ist das Herz des Menschen! Dich zu verlassen, den ich so liebe, von dem ich unzertrennlich war, und froh zu sein! Ich weiß, du verzeihst mir's. Waren nicht meine übrigen Verbindungen recht ausgesucht vom Schicksal, um ein Herz wie das meine zu ängstigen? […] Gewiss, du hast recht, Bester, der Schmerzen wären minder unter
5 den Menschen, wenn sie nicht – Gott weiß, warum sie so gemacht sind! – mit so viel Emsigkeit der Einbildungskraft sich beschäftigten, die Erinnerungen des vergangenen Übels zurückzurufen, eher als eine gleichgültige Gegenwart zu ertragen. […]
Übrigens befinde ich mich hier gar wohl. Die Einsamkeit ist meinem Herzen köstlicher Balsam in dieser paradiesischen Gegend, und diese Jahreszeit der Jugend wärmt mit aller Fülle mein oft
10 schauderndes Herz. Jeder Baum, jede Hecke ist ein Strauß von Blüten, und man möchte zum Maienkäfer werden, um in dem Meer von Wohlgerüchen herumschweben und alle seine Nahrung darin finden zu können.
Die Stadt selbst ist unangenehm, dagegen rings umher eine unaussprechliche Schönheit der Natur. Das bewog den verstorbenen Grafen von M., einen Garten auf einem der Hügel anzulegen, die mit
15 der schönsten Mannigfaltigkeit sich kreuzen und die lieblichsten Täler bilden. Der Garten ist einfach, und man fühlt gleich bei dem Eintritte, dass nicht ein wissenschaftlicher Gärtner, sondern ein fühlendes Herz den Plan gezeichnet, das seiner selbst hier genießen wollte. […]

Am 30. August

Unglücklicher! Bist du nicht ein Tor? Betriegst du dich nicht selbst? Was soll diese tobende, endlose Leidenschaft? Ich habe kein Gebet mehr als an sie; meiner Einbildungskraft erscheint keine andere Gestalt als die ihrige, und alles in der Welt um mich her sehe ich nur im Verhältnisse mit ihr. Und das macht mir denn so manche glückliche Stunde – bis ich mich wieder von ihr
5 losreißen muss. Ach Wilhelm! wozu mich mein Herz oft drängt! – Wenn ich so bei ihr gesessen bin, zwei, drei Stunden, und mich an ihrer Gestalt, an ihrem Betragen, an dem himmlischen Ausdruck ihrer Worte geweidet habe, und nun nach und nach alle meine Sinne aufgespannt werden, mir es düster vor den Augen wird, ich kaum noch höre, und es mich an die Gurgel fasst wie ein Meuchelmörder, dann mein Herz in wilden Schlägen den bedrängten Sinnen Luft zu machen
10 sucht und ihre Verwirrung nur vermehrt – Wilhelm, ich weiß oft nicht, ob ich auf der Welt bin! Und – wenn nicht manchmal die Wehmut das Übergewicht nimmt und Lotte mir den elenden Trost erlaubt, auf ihrer Hand meine Beklemmung auszuweinen, – so muss ich fort, muss hinaus und schweife dann weit im Felde umher; einen jähen* Berg zu klettern ist dann meine Freude, […]   * steil
durch die Hecken, die mich verletzen, durch die Dornen, die mich zerreißen! Da wird mir's etwas
15 besser! Etwas! […] O Wilhelm! die einsame Wohnung einer Zelle, das härene Gewand und der Stachelgürtel wären Labsale, nach denen meine Seele schmachtet. Adieu! Ich sehe dieses Elendes kein Ende als das Grab.

1 Beschreiben Sie, welchem Gefühl in den beiden Briefen jeweils Ausdruck verliehen wird.

2 Erläutern Sie mithilfe des Basiswissens (» S. 362), warum die Figur „Werther" exemplarisch für die Epoche des „Sturm und Drang" ist.

Weimarer Klassik (1786–1805)

BASISWISSEN — Weimarer Klassik

Als „klassisch" bezeichnet man Werke, die als mustergültig gelten. Die „Weimarer Klassik", die ihr Zentrum in Weimar hatte und deren bedeutendste Vertreter Johann Wolfgang Goethe und Friedrich Schiller waren, gilt als „vorbildliche" Epoche. Zeitlich begrenzt wurde sie durch Goethes Italienreise (1786–1788) und Schillers Tod (1805).

Die Weimarer Klassik fiel in die Zeit gesellschaftlichen Umbruchs und politischer Instabilität. Der gewaltsame Ausgang der Französischen Revolution und der europaweite Kampf des Bürgertums gegen die Ständegesellschaft veranlasste die Dichter, sich in ihren Werken in eine Idealwelt zurückzuziehen. Die gereiften Schriftsteller wandten sich von dem gefühlsbetonten „Sturm und Drang" ab, überbordende Gefühle erfuhren Mäßigung. An ihre Stelle trat eine Erhöhung von Menschheitsidealen. Die neuen Leitgedanken waren Humanität und Harmonie: Die Dichter strebten nach der Anerkennung des Einzelnen in seiner Individualität sowie nach Achtung fremder Nationen und Kulturen; ein harmonisches Miteinander konnte ihrer Ansicht nach nur durch die „ästhetische" Erziehung mittels der Kunst und der Literatur erreicht werden, welche die religiös-moralische Erziehung ablösen sollte.

Die griechische Antike diente den Dichtern als ideales Vorbild und so verarbeiteten sie – besonders Goethe – klassische antike Stoffe; aber auch andere europäische Stoffe erregten ihr Interesse und fanden Eingang in ihre Werke. Als „klassisch" wird diese Epoche aber nicht nur wegen ihrer Inhalte, sondern auch wegen ihrer vorbildhaften Sprachgestaltung bezeichnet. Die Dichter vermieden Umgangssprache und Dialekt und verwendeten z. B. in den Dramen eine gebundene Sprache. Ihnen gelang es, die deutsche Sprache auf hohem Niveau zu vereinheitlichen und damit den Sprachgebrauch breiter Bevölkerungsschichten im 19. Jahrhundert zu beeinflussen.

Friedrich Schiller (* 1759 Marbach am Neckar, † 1805 Weimar)

Friedrich Schiller musste auf Befehl des württembergischen Herzogs bereits mit 14 Jahren eine Militärschule besuchen. Mit 16 Jahren begann er ein Jurastudium, studierte dann Medizin und erwarb im Alter von 21 Jahren seinen Doktortitel. Nebenbei studierte Schiller die Werke Shakespeares und die Dramen des „Sturm und Drang". 1781 beendete er die Arbeit an seinem Theaterstück „Die Räuber", das ihm großes Ansehen, aber auch den Unmut seines Landesherrn einbrachte. 1782 floh Schiller und lebte zeitweise u. a. in Mannheim, Leipzig und Dresden. Ab 1794 standen Schiller und Goethe in einem regen Briefwechsel. Ihr Dialog begründete die deutsche Klassik. Ende des Jahres 1799 zog Schiller mit seiner Familie nach Weimar. Der schwer kranke Schiller starb 1805 in Weimar.

Johann Wolfgang Goethe: Iphigenie auf Tauris (Auszug)

In Taurien ist Iphigenie eine angesehene Priesterin und wird von König Thoas umworben. Sie hat die Menschenopfer abgeschafft, soll aber nun den gefangen genommenen Orest und dessen Freund Pylades opfern. Schließlich entdecken Iphigenie und Orest ihre Verwandtschaft und Orest weiht sie in seinen Fluchtplan ein, den Iphigenie Thoas gesteht. Dieser, ergriffen von Iphigenies Vertrauen in ihn als humanen Herrscher, lässt sie, Orest und Pylades gehen. Zu Beginn des Dramas klagt Iphigenie in einem Monolog über den Heimatverlust, ihr Leben in der Fremde und bittet die Göttin Diana, sie mit ihrer Familie zu vereinen.

1. Aufzug, 1. Auftritt

IPHIGENIE Heraus in eure Schatten, rege Wipfel
Des alten heil'gen, dichtbelaubten Haines,

Wie in der Göttin stilles Heiligtum,
Tret' ich noch jetzt mit schauderndem Gefühl,

Weimarer Klassik (1786–1805)

5 Als wenn ich sie zum ersten Mal beträte,
Und es gewöhnt sich nicht mein Geist hierher.
So manches Jahr bewahrt mich hier verborgen
Ein hoher Wille, dem ich mich ergebe;
Doch immer bin ich, wie im ersten, fremd.
10 Denn ach, mich trennt das Meer von den Geliebten,
Und an dem Ufer steh' ich lange Tage,
Das Land der Griechen mit der Seele suchend;
Und gegen meine Seufzer bringt die Welle
15 Nur dumpfe Töne brausend mir herüber.
Weh dem, der fern von Eltern und Geschwistern
Ein einsam Leben führt! Ihm zehrt der Gram
Das nächste Glück vor seinen Lippen weg.
Ihm schwärmen abwärts immer die Gedanken
20 Nach seines Vaters Hallen, wo die Sonne
Zuerst den Himmel vor ihm aufschloss, wo
Sich Mitgeborne spielend fest und fester
Mit sanften Banden aneinanderknüpften.
Ich rechte mit den Göttern nicht; allein
25 Der Frauen Zustand ist beklagenswert.
Zu Haus' und in dem Kriege herrscht der Mann
Und in der Fremde weiß er sich zu helfen.
Ihn freuet der Besitz; ihn krönt der Sieg;
Ein ehrenvoller Tod ist ihm bereitet.

30 Wie eng-gebunden ist des Weibes Glück!
Schon einem rauhen Gatten zu gehorchen
Ist Pflicht und Trost; wie elend, wenn sie gar
Ein feindlich Schicksal in die Ferne treibt!
So hält mich Thoas hier, ein edler Mann,
35 In ernsten, heil'gen Sklavenbanden fest.
O wie beschämt gesteh' ich, dass ich dir
Mit stillem Widerwillen diene, Göttin,
Dir meiner Retterin! Mein Leben sollte
Zu freiem Dienste dir gewidmet sein.
40 Auch hab' ich stets auf dich gehofft und hoffe
Noch jetzt auf dich, Diana, die du mich,
Des größten Königes verstoßne Tochter,
In deinen heil'gen, sanften Arm genommen.
Ja, Tochter Zeus', wenn du den hohen Mann,
45 Den du, die Tochter fordernd, ängstigtest;
Wenn du den göttergleichen Agamemnon,
Der dir sein Liebstes zum Altare brachte,
Von Trojas umgewandten Mauern rühmlich
Nach seinem Vaterland zurückbegleitet,
50 Die Gattin ihm, Elektren und den Sohn,
Die schönen Schätze, wohl erhalten hast;
So gib auch mich den Meinen endlich wieder,
Und rette mich, die du vom Tod' errettet,
Auch von dem Leben hier, dem zweiten Tode.

1 Untersuchen Sie mithilfe des Basiswissens (» S. 364), welche Merkmale der „Weimarer Klassik" sich in diesem Auszug finden lassen (» Kapitel 17, S. 299 ff.).

Friedrich Schiller: Das Glück und die Weisheit

Entzweit mit einem Favoriten,
Flog einst *Fortun'* der Weisheit zu:
„Und will dir meine Schätze bieten,
Sei meine Freundin du!

5 Mit meinen reichsten, schönsten Gaben
Beschenkt ich ihn so mütterlich,
Und sieh, er will noch immer haben,
Und nennt noch geizig mich.

Komm, Schwester, lass uns Freundschaft schließen,
10 Du marterst dich an deinem Pflug,
In deinen Schoß will ich sie gießen,
Hier ist für dich und mich genug."

Sophia lächelt diesen Worten,
Und wischt den Schweiß vom Angesicht;
15 „Dort eilt dein Freund, sich zu ermorden,
Versöhnet euch, ich brauch dich nicht."

2 Fassen Sie das Gedicht zusammen. Untersuchen Sie den formalen Aufbau (» Kapitel 17, S. 319).

Romantik (1795–1835)

BASISWISSEN | Romantik

Der Begriff „Romantik" ist zurückzuführen auf das Wort „Roman" (romanhaft, fantastisch, abenteuerlich). Die Romantik ist zu verstehen als Abkehr vom Vernunftdenken der Spätaufklärung, aber auch von der in sich vollendeten Formenwelt und dem Weltverständnis der Klassik.

Die Zeit der Romantik ist geprägt von den Revolutions- und den napoleonischen Kriegen, ab 1815 (Wiener Kongress) vom Wiederaufbau des Absolutismus und von der aufkommenden Industrialisierung. Die Romantiker sahen dieser Veränderung der Welt zwiespältig entgegen. Sie flohen in die „heile" Welt der Literatur, die es ihnen ermöglichte, ihre Idealwelt darzustellen. Bei der Gestaltung literarischer Werke vertraten die Romantiker die Einstellung, der Dichter habe absolute Freiheit. Mystische, fantastische und märchenhafte Themen fanden Einzug in die Literatur; es entstand die Gattung des Kunstmärchens, in dem Fantasie und Realität vereint wurden. Der Begeisterung für überliefertes Volksgut ist es zu verdanken, dass viele Sammlungen volkstümlicher Märchen, Lieder etc. entstanden (z. B. Brüder Grimm).

Die Literatur der Romantik zeichnet sich aus durch die Entdeckung der Subjektivität und durch die Vereinigung von als bislang unvereinbar geltenden Gegensätzen (Geist und Natur, Endlichkeit und Unendlichkeit, Vergangenheit und Gegenwart). Ziel des Dichters war es, im Einklang mit dem Universum zu existieren. Die Romantiker bevorzugten neben dem Roman die Lyrik, denn sie erlaubte ihnen, Gefühle auszudrücken. Zur Zeit der Romantik entstanden in einigen Städten Freundes- oder Gesprächskreise, sogenannte Salons. Diese wurden oft von Frauen geführt, wie z. B. der Salon der Rahel Varnhagen in Berlin. Wichtige Vertreter der Romantik sind neben Ernst Theodor Amadeus Hoffmann und Joseph von Eichendorff z. B. Ludwig Tieck, Novalis (eigentlich Georg Philipp Friedrich von Hardenberg), Clemens Brentano, Karoline von Günderode und Bettina von Arnim.

Ernst Theodor Amadeus Hoffmann (* 1776 Königsberg, † 1822 Berlin)

Der vielseitig begabte E. T. A. Hoffmann studierte Jura und arbeitete einige Jahre als Jurist. Als er seine Stelle verloren hatte, musste er sich mit verschiedenen Tätigkeiten durchschlagen. Er war u. a. als Komponist und Musikdirektor tätig. In dieser Zeit entstanden seine ersten bedeutenden literarischen Werke. 1816 wurde er erneut in den Staatsdienst berufen und war finanziell abgesichert; bis zu seinem Tod war dies seine literarisch produktivste Phase.

Joseph von Eichendorff (* 1788 Schloss Lubowitz bei Ratibor, † 1857 Neiße, beides Polen)

Joseph von Eichendorff entstammte einer katholischen Adelsfamilie. Er studierte Jura und veröffentlichte mit 20 Jahren seine ersten Gedichte. 1813 bis 1815 nahm er als preußischer Soldat an den Befreiungskriegen gegen Napoleon teil. Da seine Familie verschuldet war, trat er 1817 in den von ihm ungeliebten Beamtendienst ein. Er schrieb neben seinem Beruf. Viele seiner Gedichte wurden von bekannten Komponisten vertont.

Ernst Theodor Amadeus Hoffmann: Der Sandmann (Auszug)

Diese Erzählung ist die Geschichte des Studenten Nathaniel, der davon überzeugt ist, von einer dunklen Macht beeinflusst zu werden. Er verfällt der Liebe zu Olimpia, einem Automaten, und dann dem Wahnsinn. Schließlich begeht er Selbstmord. Die Erzählung beginnt mit einem Brief, in dem Nathaniel seinem Bruder Lothar von einer unheimlichen Begegnung berichtet.

> Gewiss seid Ihr alle voll Unruhe, dass ich so lange – lange nicht geschrieben. Mutter zürnt wohl, und Clara mag glauben, ich lebe hier in Saus und Braus und vergesse mein holdes Engelsbild, so tief mir in Herz und Sinn eingeprägt, ganz und gar. – Dem ist aber nicht so; täglich und stündlich

Romantik (1795–1835)

gedenke ich Eurer aller […]. – Ach wie vermochte ich denn Euch zu schreiben, in der zerrissenen Stimmung des Geistes, die mir bisher alle Gedanken verstörte! – Etwas Entsetzliches ist in mein Leben getreten! – Dunkle Ahnungen eines grässlichen mir drohenden Geschicks breiten sich wie schwarze Wolkenschatten über mich aus, undurchdringlich jedem freundlichen Sonnenstrahl. – Nun soll ich Dir sagen, was mir widerfuhr. Ich muss es, das sehe ich ein, aber nur es denkend, lacht es wie toll aus mir heraus. – Ach mein herzlieber Lothar, wie fange ich es denn an, Dich nur einigermaßen empfinden zu lassen, dass das, was mir vor einigen Tagen geschah, denn wirklich mein Leben so feindlich zerstören konnte! Wärst Du nur hier, so könntest Du selbst schauen; aber jetzt hältst Du mich gewiss für einen aberwitzigen Geisterseher. – Kurz und gut, das Entsetzliche, was mir geschah, dessen tödlichen Eindruck zu vermeiden ich mich vergebens bemühe, besteht in nichts anderm, als dass vor einigen Tagen, nämlich am 30. Oktober mittags um 12 Uhr, ein Wetterglashändler* in meine Stube trat und mir seine Ware anbot. Ich kaufte nichts und drohte, ihn die Treppe herabzuwerfen, worauf er aber von selbst fortging. –
Du ahnst, dass nur ganz eigne, tief in mein Leben eingreifende Beziehungen diesem Vorfall Bedeutung geben können, ja, dass wohl die Person jenes unglückseligen Krämers gar feindlich auf mich wirken muss. So ist es in der Tat. Mit aller Kraft fasse ich mich zusammen, um ruhig und geduldig Dir aus meiner frühern Jugendzeit so viel zu erzählen, dass Deinem regen Sinn alles klar und deutlich in leuchtenden Bildern aufgehen wird. Indem ich anfangen will, höre ich Dich lachen und Clara sagen: „Das sind ja rechte Kindereien!" – Lacht, ich bitte Euch, lacht mich recht herzlich aus! – ich bitt Euch sehr! – Aber Gott im Himmel! die Haare sträuben sich mir und es ist, als flehe ich Euch an, mich auszulachen, in wahnsinniger Verzweiflung, wie Franz Moor den Daniel**. – […]

* Person, die mit Thermometern und Barometern handelt

** Bezug zu Schillers Drama „Die Räuber"

1 Beschreiben Sie mit eigenen Worten die psychische Befindlichkeit Nathaniels. Berücksichtigen Sie dabei auch die sprachliche Gestaltung des Auszugs.

Joseph von Eichendorff: Der wandernde Student

Bei dem angenehmsten Wetter
Singen alle Vögelein,
Klatscht der Regen auf die Blätter,
Sing ich so für mich allein.

Denn mein Aug kann nichts entdecken,
Wenn der Blitz auch grausam glüht,
Was im Wandern könnt erschrecken
Ein zufriedenes Gemüt.

Frei von Mammon will ich schreiten
Auf dem Feld der Wissenschaft,
Sinne ernst und nehm zuzeiten
Einen Mund voll Rebensaft.

Bin ich müde vom Studieren,
Wann der Mond tritt sanft herfür,
Pfleg ich dann zu musizieren
Vor der Allerschönsten Tür.

2 Vergleichen Sie Eichendorffs Gedicht mit dem Gedicht „Das Glück und die Weisheit" (» S. 365).

3 Stellen Sie mithilfe des Basiswissens (» S. 366) dar, warum es sich bei Eichendorffs Gedicht und bei dem Auszug aus Hoffmanns Erzählung um „romantische" Texte handelt.

Junges Deutschland/Vormärz (1815–1848)

BASISWISSEN — Junges Deutschland/Vormärz

Nach dem politischen Niedergang Napoleons wurde auf dem Wiener Kongress (1815) eine Neuordnung Europas beschlossen, mit dem Ziel, flächendeckend die Monarchie wieder einzuführen. Anstatt den Bürgern mehr Rechte einzuräumen, wie von den Fürsten im Krieg gegen Napoleon zugesichert, verschärfte man die Pressezensur, entließ liberal eingestellte Lehrkräfte an Universitäten, verhaftete Studenten national gesinnter Studentenvereinigungen und erließ ein Schreibverbot gegen antimonarchische Schriftsteller.

Aus dieser Unterdrückung heraus entstand zwischen 1815 und der Märzrevolution 1848 eine Bewegung von oppositionellen Schriftstellern. Sie setzten sich für ein einheitliches Deutschland, die Aufhebung der Pressezensur, das Respektieren der Grundrechte aller Menschen, eine gerechte Verteilung der materiellen Güter, aber auch für die Rechte der Frauen ein. Neben essayistischen und journalistischen Texten bevorzugten die jungen Schriftsteller des „Vormärz" die Gattung Lyrik. Viele dieser Autoren mussten aus Deutschland fliehen und ins Exil gehen. Einer von diesen Autoren ist Heinrich Heine (1797–1856), der 1831 ins Exil nach Paris ging. Andere wichtige Schriftsteller in dieser Zeit sind Georg Büchner, Georg Herwegh und Hermann Ferdinand Freiligrath.

Heinrich Heine: Nachtgedanken

Denk ich an Deutschland in der Nacht,
Dann bin ich um den Schlaf gebracht,
Ich kann nicht mehr die Augen schließen,
Und meine heißen Tränen fließen.

5 Die Jahre kommen und vergehn!
Seit ich die Mutter nicht gesehn,
Zwölf Jahre sind schon hingegangen;
Es wächst mein Sehnen und Verlangen.

Mein Sehnen und Verlangen wächst.
10 Die alte Frau hat mich behext,
Ich denke immer an die alte,
Die alte Frau, die Gott erhalte!

Die alte Frau hat mich so lieb,
Und in den Briefen, die sie schrieb,
15 Seh ich, wie ihre Hand gezittert,
Wie tief das Mutterherz erschüttert.

Die Mutter liegt mir stets im Sinn.
Zwölf lange Jahre flossen hin,
Zwölf lange Jahre sind verflossen,
20 Seit ich sie nicht ans Herz geschlossen.

Deutschland hat ewigen Bestand,
Es ist ein kerngesundes Land,
Mit seinen Eichen, seinen Linden,
Werd ich es immer wiederfinden.

25 Nach Deutschland lechzt ich nicht so sehr,
Wenn nicht die Mutter dorten wär;
Das Vaterland wird nie verderben,
Jedoch die alte Frau kann sterben.

Seit ich das Land verlassen hab,
30 So viele sanken dort ins Grab,
Die ich geliebt – wenn ich sie zähle,
So will verbluten meine Seele.

Und zählen muss ich – Mit der Zahl
Schwillt immer höher meine Qual,
35 Mir ist, als wälzten sich die Leichen
Auf meine Brust – Gottlob! sie weichen!

Gottlob! durch meine Fenster bricht
Französisch heitres Tageslicht;
Es kommt mein Weib, schön wie der Morgen,
40 Und lächelt fort die deutschen Sorgen.

1 Fassen Sie die Hauptgedanken des Gedichts von Heine zusammen.

2 Erläutern Sie, was man anhand des Gedichts über das Deutschlandbild Heines erfährt.

Bürgerlicher Realismus (1848–1890)

BASISWISSEN — Bürgerlicher Realismus

Mitte des 19. Jahrhunderts strebten zahlreiche Dichter aus dem Bürgertum danach, in ihren Werken die reale Welt darzustellen, und gaben der Epoche ihren Namen. Zeitlich begrenzt wurde der Realismus von der Märzrevolution 1848 und dem Naturalismus (ab 1880), wobei beide Strömungen eine Zeit lang nebeneinander existierten.

Die Dichter des Realismus wendeten sich von den politischen Zielen des Vormärz ab. Zu enttäuschend war für sie die politische Realität nach der niedergeschlagenen Revolution 1848. Auch die Ideale der Romantik lehnten sie ab. In die Zeit des Realismus fielen tief greifende gesellschaftliche und wirtschaftliche Veränderungen. Die zunehmende Industrialisierung führte zur Verelendung der stetig wachsenden Stadtbevölkerung, aber auch zu einem Aufstieg des wirtschaftlich erfolgreichen Bürgertums. In der Mitte des 19. Jahrhunderts wuchs der Glaube an die Allmacht der Naturwissenschaften. Wichtige wissenschaftliche Entdeckungen und Theorien fielen in diese Zeit.

Im Mittelpunkt der Literatur des Realismus stand die reale Welt: das Einzelschicksal, der Mensch im Alltag, in der Arbeit und in seinen natürlichen gesellschaftlichen Bindungen und Verhältnissen. Die Aufmerksamkeit der Realisten richtete sich auf die seelischen Konflikte der meist bürgerlichen Hauptpersonen. Kennzeichnend für die Literatur des Realismus waren außerdem das Versagen der Religion beim Lösen zwischenmenschlicher Konflikte und die Bestimmung des individuellen Schicksals durch seine Lebenswelt. Die Realisten wollten jedoch nicht die Wirklichkeit naturgetreu abbilden, sie strebten vielmehr nach einer Verklärung der Wirklichkeit und stellten eine idealisierte Welt dar. Humor diente ihnen als zentrales Mittel der Verklärung. Wichtige Vertreter des Realismus sind neben Theodor Fontane z. B. Gottfried Keller, Wilhelm Raabe und Theodor Storm.

Theodor Fontane (* 1819 Neuruppin bei Berlin, † 1898 Berlin)

Im Alter von 30 Jahren gab Theodor Fontane seinen Apothekerberuf auf und schlug eine journalistische Laufbahn ein. Zwölf Jahre später wechselte er erneut seinen Beruf und wurde Theaterkritiker für die „Vossische Zeitung". Mit fast 60 Jahren entschloss er sich, Schriftsteller zu werden. Besonders seine realistischen Gesellschaftsromane zogen viel Aufmerksamkeit auf sich, denn Fontane behandelte tabuisierte Themen, z. B. in „Irrungen, Wirrungen" (unstandesgemäße Liebe) oder „Effi Briest" (Ehebruch), und stieß damit bei vielen Zeitgenossen auf Ablehnung. Meistens standen Frauen im Mittelpunkt seiner Romane. Fontane starb 1898 als angesehener Mann.

Theodor Fontane: Effi Briest (Auszug)

Die junge und lebenslustige Effi Briest wird mit dem 20 Jahre älteren Baron von Instetten verheiratet. Die Heirat mit dem gefühlskalten Landrat ermöglicht ihr den gesellschaftlichen Aufstieg, doch Effi ängstigt sich in dem neuen Zuhause, fühlt sich vernachlässigt und einsam. Sie beginnt eine Affäre mit Crampas. Einige Jahre später findet Instetten dessen Liebesbriefe und erschießt ihn im Duell. Effi, geschieden und gesellschaftlich isoliert, lebt getrennt von ihrem Kind in Berlin. Erst todkrank kehrt sie auf das Gut ihrer Eltern zurück und stirbt. Im folgenden Auszug informiert Instetten seinen Freund Wüllersdorf, dass er sich mit Crampas duellieren will.

27. Kapitel (Auszug)

„Es ist", begann er [Instetten], „um zweier Dinge willen, dass ich Sie habe bitten lassen: erst, um eine Forderung zu überbringen, und zweitens, um hinterher, in der Sache selbst, mein Sekundant zu sein; das eine ist nicht angenehm und das andere noch weniger. Und nun Ihre Antwort."

„Sie wissen, Instetten, Sie haben über mich zu verfügen. Aber eh ich die Sache kenne, verzeihen Sie mir die naive Vorfrage: Muss es sein? Wir sind doch über die Jahre weg, Sie, um die Pistole in die

Bürgerlicher Realismus (1848–1890)

Hand zu nehmen, und ich, um dabei mitzumachen. Indessen missverstehen Sie mich nicht, alles dies soll kein ‚Nein' sein. […] Aber nun sagen Sie, was ist es?"

„Es handelt sich um den Galan meiner Frau, der […] mein Freund war oder doch beinah." […]

Nach einer Weile sagte Instetten: „Es sieht fast so aus, Wüllersdorf, als ob die sechs oder sieben Jahre einen Eindruck auf Sie machten. Es gibt eine Verjährungstheorie, natürlich, aber ich weiß doch nicht, ob wir hier einen Fall haben, diese Theorie gelten zu lassen."

„Ich weiß es auch nicht", sagte Wüllersdorf. „Und ich bekenne Ihnen offen, um diese Frage scheint sich hier alles zu drehen." […]

„Es steht so, dass ich unendlich unglücklich bin; ich bin gekränkt, schändlich hintergangen, aber trotzdem, ich bin ohne jedes Gefühl von Hass oder gar Durst nach Rache. Und wenn ich mich frage ‚Warum nicht?', so kann ich zunächst nichts anderes finden als die Jahre. Man spricht immer von unsühnbarer Schuld; vor Gott ist es gewiss falsch, aber vor den Menschen auch. Ich hätte nie geglaubt, dass die Zeit, rein als Zeit, so wirken könne. Und dann als Zweites: Ich liebe meine Frau, ja, seltsam zu sagen, ich liebe sie noch, und so furchtbar ich alles finde, was geschehen, ich bin so sehr im Bann ihrer Liebenswürdigkeit, eines ihr eignen heiteren Charmes, dass ich mich, mir selbst zum Trotz, in meinem letzten Herzenswinkel zum Verzeihen geneigt fühle."

Wüllersdorf nickte. „Ich kann ganz folgen, Instetten, würde mir vielleicht ebenso gehen. Aber wenn Sie so zu der Sache stehen und mir sagen: ‚Ich liebe diese Frau so sehr, dass ich ihr alles verzeihen kann' und wenn wir dann das andere hinzunehmen, dass alles weit, weit zurückliegt, wie ein Geschehnis auf einem andern Stern, […] wozu die ganze Geschichte?"

„Weil es trotzdem sein muss. Ich habe mir's hin und her überlegt. Man ist nicht bloß ein einzelner Mensch, man gehört einem Ganzen an, und auf das Ganze haben wir beständig Rücksicht zu nehmen, wir sind durchaus abhängig von ihm. Ging' es, in Einsamkeit zu leben, so könnt ich es gehen lassen; ich trüge dann die mir aufgepackte Last, das rechte Glück wäre hin, aber es müssen so viele leben ohne dies ‚rechte Glück' und ich würde es auch müssen und – auch können. Man braucht nicht glücklich zu sein, am allerwenigsten hat man einen Anspruch darauf, und den, der einem das Glück genommen hat, den braucht man nicht notwendig aus der Welt zu schaffen. Man kann ihn, wenn man weltabgewandt weiterexistieren will, auch laufen lassen. Aber im Zusammenleben mit den Menschen hat sich ein Etwas ausgebildet, das nun mal da ist und nach dessen Paragrafen wir uns gewöhnt haben, alles zu beurteilen, die andern und uns selbst. Und dagegen zu verstoßen geht nicht; die Gesellschaft verachtet uns, und zuletzt tun wir es selbst und können es nicht aushalten und jagen uns die Kugel durch den Kopf. […] Also noch einmal, nichts von Hass oder dergleichen, und um eines Glückes willen, das mir genommen wurde, mag ich nicht Blut an meinen Händen haben; aber jenes, wenn Sie wollen, uns tyrannisierende Gesellschafts-Etwas, das fragt nicht nach Charme und nicht nach Liebe und nicht nach Verjährung. Ich habe keine Wahl. Ich muss."

1 Beschreiben Sie den Konflikt Instettens und dessen Begründung für seine Entscheidung.

2 Nennen Sie Kriterien, die die Epoche des Realismus in diesem Text widerspiegeln. Nehmen Sie das Basiswissen auf S. 369 zu Hilfe.

Naturalismus (ca. 1880–1900)

BASISWISSEN — Naturalismus

Das Leben des ausgehenden 19. Jahrhunderts war geprägt vom Wachstum der Großstädte, der Beschleunigung des Lebens und den immer mehr an Bedeutung gewinnenden Naturwissenschaften. Dem Fortschrittsoptimismus stand die Kritik am Verlust überlieferter Werte entgegen. Mittelpunkt naturalistischer Darstellungen waren die einfachen Leute: die leidenden Armen, die Geknechteten – sie repräsentierten die Schattenseiten der Industrialisierung und Technologisierung. Durch die gezielte Fokussierung auf gesellschaftliche Missstände und das soziale Elend (Mietskasernen, Elendsviertel, Ausbeutung der Fabrikarbeiter) ergriffen die Naturalisten für die armen Leute Partei. Sie bildeten schonungslos das Hässliche und Schockierende, das moralische wie materielle Elend ab.

Die Naturalisten revolutionierten nicht nur die Themen ihrer literarischen Werke, sondern auch deren Sprache. Sie verwendeten in ihren Dramen beispielsweise Jargon und Dialekt. Wichtige Vertreter des Naturalismus sind neben Gerhart Hauptmann z. B. Arno Holz, Johannes Schlaf, Wilhelm Bölsche und Hermann Sudermann.

Gerhart Hauptmann (* 1862 Obersalzbrunn, † 1946 Agnetendorf, beides Niederschlesien)

Der vielseitig interessierte Gerhart Hauptmann hatte zunächst in der Schule und beruflich (er versuchte sich z. B. als Landwirt und Bildhauer) wenig Erfolg und litt unter Geldsorgen. Die Hochzeit mit seiner ersten Frau 1885 machte ihn finanziell unabhängig und er konnte sich dem Schreiben widmen. In den folgenden Jahren schuf er jene Werke, mit denen er internationalen Ruhm erlangte, die ihn jedoch auch immer wieder in Konflikt mit der Obrigkeit brachten. Als 1933 die Nationalsozialisten an die Macht kamen, blieb Hauptmann in Deutschland. 1944 war er Zeuge des Bombenangriffs auf Dresden; von dem Schock sollte er sich nicht mehr erholen. Er starb 1946 in Agnetendorf.

Gerhart Hauptmann: Der Biberpelz (Auszug)

Ende der 1880er-Jahre in der Nähe von Berlin: Frau Wolff, eine tüchtige Waschfrau, begeht kleinere Diebstähle, um den sozialen Aufstieg ihrer Familie zu beschleunigen. Eines Tages stiehlt sie den Biberpelz von Herrn Krüger. Dieser erstattet Anzeige, die jedoch kaum Beachtung findet. Nach einer erneuten Anzeige Krügers muss sich Frau Wolff rechtfertigen, entgeht jedoch aufgrund ihrer Schlauheit dem Verdacht des Diebstahls. Zu Beginn des Stücks trifft Frau Wolff auf ihre siebzehnjährige Tochter Leontine, die als Dienstmädchen bei den Krügers arbeitet.

1. Akt (Auszug)

FRAU WOLFF *unsichtbar von außen:* Adelheid! Adelheid! *Stille; dann wird von der andern Seite ans Fenster gepocht.* Wirschte gleich uffmachen!
LEONTINE *im Schlaf:* Nein, nein, ick lass mir nich schinden!
FRAU WOLFF Mach uff, Mädel, sonste komm' ich durchs Fenster. *Sie trommelt […] ans Fenster.*
5 LEONTINE *aufwachend:* Ach, du bist's, Mama! Ick komme ja schon! *Sie schließt auf.*
FRAU WOLFF *ohne einen Sack, welchen sie auf der Schulter trägt, abzulegen:* Was willst'n du hier?
LEONTINE *verschlafen:* 'n Abend, Mama! […]
FRAU WOLFF Was willste denn nu zu Hause, Mädel?
LEONTINE *läppisch maulend:* Ich soll woll man jar nich mehr bei euch komm?
10 FRAU WOLFF Na, sei bloß so gutt und tu dich a bissel. Das hab ich zu gerne. *Sie lässt den Sack von der Schulter fallen.* Du weeßt woll noch gar nich, wie spät dass's schonn is? Mach bloß, dasste fortkommst zu deiner Herrschaft. […]
LEONTINE *weinerlich, trotzig:* Ick jeh nich mehr bei die Leute, Mama!

Naturalismus (ca. 1880–1900)

FRAU WOLFF *erstaunt:* Du gehst nich … *Ironisch:* Ach wo, das ist ja was ganz Neues.
15 LEONTINE Na brauch ick mir immer lassen schinden?
FRAU WOLFF *war bemüht, ein Stück Rehwild aus dem Sack hervorzuziehen:* I, schinden tun se dich also bei Kriegers? Nee, so a armes Kind aber ooch! Mit so was komm mer ock uffgezogen! A Frauenzimmer wie a Dragoner …! Nanu fass an, dort unten a Sack! Du kannst dich woll gar nich tälscher anstellen? Bei mir haste damit kee Glicke nich! 's Faulenzen lernste bei mir erscht
20 recht nich! *Beide hängen den Rehbock am Türpfosten auf.* Nu sag' ich dersch aber zum letzten Male …
LEONTINE Ick jeh nich mehr bei die Leute hin. Denn jeh ick lieber in't Wasser, Mama!
FRAU WOLFF Na, dasste ock bloß keen'n Schnuppen krigst. […] Da ruff mich ock, heerschte! Ich wer der an Schupps geben, dasste ooch ja und fliegst nich daneben.
25 LEONTINE *schreit heftig:* Na, brauch ick mir das woll jefallen zu lassen, det ick abens muss Holz rinräumen zwee Meter?
FRAU WOLFF *tut erstaunt:* Nee, 's is woll nich meeglich! Holz sollste reinschleppen! Nee, ieber die Leute aber ooch!
LEONTINE … un zwanzich Daler uffs ganze Jahr? […] Un nich ma satt Kartoffel und Häring?!
30 FRAU WOLFF Da red erscht nich lange, tummes Mädel. Da hast a Schlissel, geh, schneid d'r Brot ab. Un wenn de satt bist, scheer dich, verstanden?! 's Flaummus steht in der oberschten Reihe.
LEONTINE […] Die Juste von Schulzens kriejt vierzig Daler un …
FRAU WOLFF Renn du bloß mit'n Kopp durch de Wand! Du wirscht bei da Leuten nich ewig bleiben. Du bist ni vermit't fir ewige Zeiten. Meinswegen zieh du zum erschten April. So lange
35 bleibste an Ort und Stelle! 's Weihnachtsgeschenk in der Tasche, gelt, nu mechste fortloofen? […] Ich geh' bei da Leuten aus und ein. Das wer ich woll uff mir sitzen lassen!
LEONTINE Det bisschen Lumpe, det ick da anhabe?
FRAU WOLFF 's baare Geld vergisste woll ganz?
LEONTINE Jawoll doch! Janze Märker sechse!
40 FRAU WOLFF I, Geld is Geld! Das lass du gutt sein!
LEONTINE Na, wenn ick aber kann mehr verdien'n!? […] Ick jeh nach Berlin und nähe Mäntel. Stechowns Emilie jeht ooch seit'n Neujahr!
FRAU WOLFF Komm du m'r bloß mit der Schlumpe gezogen! Die soll m'r ock unter de Finger loofen! Dem Balge will ich a Talglicht uffstecken! Das wär so a Awasemang fer dich, gelt?
45 Mit a Kerl'n de Nächte verschwiemeln. Nee, Mädel, wenn ich bloß da dran denke: Ich hau dich, dasste schonn gar nich mehr uffstehst. – Nu kommt Papa, jetzt nimm dich in Obacht! […]

1 Fassen Sie den Textauszug zusammen und beschreiben Sie die Lebensumstände der Familie.

2 Übersetzen Sie die Zeilen 1 bis 21 ins Hochdeutsche und vergleichen Sie Ihre Fassung mit dem Original. Erläutern Sie, welche Funktion der Dialekt in diesem Stück hat.

3 Vergleichen Sie den Naturalismus und den Realismus mithilfe der Basiswissen (» S. 369, 371).

Expressionismus (ca. 1910–1925)

BASISWISSEN — Expressionismus

Der Begriff „Expressionismus" (lat. „ex" = aus; „premere" = drücken) bedeutet „Ausdruckskunst" und bezeichnet eine literarische Strömung in der Zeit von ca. 1910 bis 1925.

Die Expressionisten wollten neue, revolutionäre Ausdrucksformen schaffen und wandten sich gegen Normen und Konventionen. Das Leben in der Großstadt und die Verkümmerung des Menschen (körperlicher und psychischer Verfall, Verelendung) inspirierten die Expressionisten. Sie lehnten die Nachahmung der Natur, wie es noch die Naturalisten anstrebten, ab: Ihre Werke drückten innerlich gesehene Wahrheiten und Erlebnisse aus. Der Erste Weltkrieg (1914–1918), eine bis dahin noch nie erlebte Welle der Vernichtung von Menschen, wurde ebenfalls Gegenstand der expressionistischen Kunst. Neben schockierenden Inhalten zeichneten auch die freien Sprachexperimente die expressionistischen Werke aus. In rauschhaften, explosiven Sprachfantasien durchbrachen sie das Realistische, sie lösten grammatische Strukturen auf und zerstörten damit die „normale" Raum-Zeit-Vorstellung, auch Wortneuschöpfungen und eine auffällige Farbsymbolik kennzeichnen ihre Werke.

Es entstanden Werke, die heute noch Geltung haben und deren Einfluss seither spürbar ist. So sind z. B. in Werken bekannter Autoren späterer Zeit die Einwirkungen des Expressionismus deutlich erkennbar; auch heute noch entstehen expressionistische Werke. Wichtige Vertreter des literarischen Expressionismus sind neben Alfred Döblin und Gottfried Benn z. B. Franz Kafka, Georg Trakl, Jakob van Hoddis und Georg Heym.

Alfred Döblin (* 1878 in Stettin, † 1957 in Emmendingen bei Freiburg)

Alfred Döblin, promovierter Mediziner, praktizierte von 1911 an als Nervenarzt in Berlin. Er war außerdem als Schriftsteller tätig und Mitbegründer der Zeitschrift „Der Sturm". Nach der Machtergreifung Hitlers emigrierte er 1933 nach Paris und 1940 in die USA. 1945 kehrte Döblin nach Deutschland zurück und wurde Mitbegründer der Mainzer Akademie und Herausgeber einer Literaturzeitschrift. 1953 ging er, enttäuscht vom Nachkriegsdeutschland, nach Paris. 1956 kehrte er schwer krank nach Deutschland zurück und starb 1957 in der Psychiatrie in Emmendingen.

Gottfried Benn (* 1886 Mansfeld, Westprignitz, † 1956 Berlin)

Gottfried Benn studierte zunächst Theologie und Philosophie, wechselte dann zur Medizin und wurde Militärarzt, später war er als Facharzt für Haut- und Geschlechtskrankheiten tätig. Die Erfahrungen, die er als Arzt und ganz besonders als Militärarzt in beiden Weltkriegen sammelte, fanden Eingang in sein literarisches Schaffen. Benn wurde vor allem für seine frühe expressionistische Lyrik bekannt, in der er die Banalität menschlichen Daseins und den körperlichen Verfall drastisch schilderte und damit seine Leser schockierte. Er starb 1956 an Krebs.

Alfred Döblin: Berlin Alexanderplatz (Auszug)

Franz Biberkopf, der wegen Totschlags im Gefängnis Berlin-Tegel eine Haftstrafe verbüßt hat, versucht nach seiner Entlassung ein anständiges Leben zu führen. Er zieht durch Berlin, gerät jedoch immer wieder in den Strudel von Verbrechen, Gewalt und Mord, bis er schließlich nach dem Besuch einer Heilanstalt den rechten Weg findet. Der folgende Auszug schildert, wie Franz nach seiner Entlassung mit der Straßenbahn in die Stadt fährt.

Mit der 41 in die Stadt

Er stand vor dem Tor des Tegeler Gefängnisses und war frei. Gestern hatte er noch hinten auf den Ackern Kartoffeln geharkt mit den andern, in Sträflingskleidung […]. Der Aufseher am Tor spazierte einige Male an ihm vorbei, zeigte ihm seine Bahn, er ging nicht. Der schreckliche Augenblick

Expressionismus (ca. 1910–1925)

war gekommen (schrecklich, Franze, warum schrecklich?), die vier Jahre waren um. […]
Man setzte ihn wieder aus. Drin saßen die andern, tischlerten, lackierten, sortierten, klebten, hatten noch zwei Jahre, fünf Jahre. Er stand an der Haltestelle. Die Strafe beginnt.
Er schüttelte sich, schluckte. Er trat sich auf den Fuß. Dann nahm er einen Anlauf und saß in der Elektrischen. Mitten unter den Leuten. Los. Das war zuerst, als wenn man beim Zahnarzt sitzt, der eine Wurzel mit der Zange gepackt hat […]. Lebhafte Straßen tauchten auf, die Seestraße, Leute stiegen ein und aus. In ihm schrie es entsetzt: Achtung, Achtung, es geht los. Seine Nasenspitze vereiste, über seine Backe schwirrte es. „Zwölf-Uhr-Mittagszeitung", „BZ", „Die neuste Illustrierte", „Die Funkstunde neu", „Noch jemand zugestiegen?" Die Schupos haben jetzt blaue Uniformen. Er stieg unbeachtet wieder aus dem Wagen, war unter Menschen. Was war denn? Nichts. Haltung, ausgehungertes Schwein, reiß dich zusammen, kriegst meine Faust zu riechen. Gewimmel, welch Gewimmel. Wie sich das bewegte. Mein Brägen hat wohl kein Schmalz mehr, der ist wohl ganz ausgetrocknet. Was war das alles. Schuhgeschäfte, Hutgeschäfte, Glühlampen, Destillen. […]
Man mischt sich unter die andern, da vergeht alles, dann merkst du nichts, Kerl. Figuren standen in den Schaufenstern in Anzügen, Mänteln, mit Röcken, mit Strümpfen und Schuhen. Draußen bewegte sich alles, aber – dahinter – war nichts! Es – lebte – nicht! Es hatte fröhliche Gesichter, es lachte, wartete auf der Schutzinsel gegenüber Aschinger zu zweit oder zu dritt, rauchte Zigaretten, blätterte in Zeitungen. So stand das da wie die Laternen – und – wurde immer starrer.

1 Beschreiben Sie die Wirkung, die dieser Romanauszug auf Sie hat. Welche erzähltechnischen Mittel fallen Ihnen besonders auf (» Kapitel 4, S. 83, S. 94 f.; Kapitel 14, S. 222, 224)?

Gottfried Benn: Karyatide*

Entrücke dich dem Stein! Zerbirst
die Höhle, die dich knechtet! Rausche
doch in die Flur! Verhöhne die Gesimse –
sieh: durch den Bart des trunkenen Silen**
aus einem ewig überrauschten
lauten einmaligen durchdröhnten Blut
träuft Wein in seine Scham!

Bespei die Säulensucht: toderschlagene
greisige Hände bebten sie
verhangenen Himmeln zu. Stürze
die Tempel vor die Sehnsucht deines Knies,
in dem der Tanz begehrt!

Breite dich hin, zerblühe dich, oh, blute
dein weiches Beet aus großen Wunden hin:
sieh, Venus mit den Tauben gürtet
sich Rosen um der Hüften Liebestor –
sieh dieses Sommers letzten blauen Hauch
auf Astermeeren an die fernen
baumbraunen Ufer treiben; tagen
sieh diese letzte Glück-Lügenstunde
unserer Südlichkeit
hochgewölbt.

* weibliche Skulptur, die als tragende Säule dient
** rohe, wilde, halb tierische, halb menschliche Gestalt

2 Fassen Sie den Inhalt zusammen und interpretieren Sie das Gedicht (» S. 229, 319 f.).

3 Weisen Sie mithilfe des Basiswissens (» S. 373) nach, dass der Romanauszug und das Gedicht expressionistische Werke sind. Beachten Sie besonders inhaltliche und sprachliche Aspekte.

Exilliteratur (1933–1945)

BASISWISSEN | Exilliteratur

Mit der Machtergreifung Adolf Hitlers am 30. Januar 1933 veränderte sich nicht nur das politische Leben, sondern auch das Leben der Künstler und Schriftsteller in Deutschland. Am 10. Mai 1933 wurden die Bücher vieler Schriftsteller verbrannt. Betroffen hiervon waren vor allem Autoren jüdischer Herkunft, Autoren mit anderen politischen Überzeugungen, aber auch Autoren, die mit Literatur experimentierten und in den Augen der Nationalsozialisten als „entartet" galten. Da während der Zeit der Weimarer Republik (1918–1933) zahlreiche unterschiedliche schriftstellerische Richtungen entstanden waren, die durch die kreativsten und unbequemsten Köpfe der Zeit repräsentiert wurden, wurde sehr schnell deutlich, dass diese im „Dritten Reich" in Deutschland keinen Platz mehr hatten.

Die neuen Machthaber verfolgten die Künstler gnadenlos. So blieben ihnen nur zwei Möglichkeiten: Einige Autoren blieben in Deutschland, zogen sich zurück und gingen in die sogenannte innere Emigration, d. h., sie arrangierten sich mit dem System, wählten unpolitische Themen für ihre literarischen Werke oder schrieben gar nicht mehr. Für die meisten Autoren jedoch wurde die Situation von 1933 an so unerträglich, dass sie das Land verließen und somit ihre Heimat verloren. Ganz besonders intensiv wurden diese Lebensbedingungen in Form von Gedichten aufgearbeitet.

Viele Autoren litten im Exil unter Armut, Ausgrenzung und ständiger Furcht vor Abschiebung. Einige Autoren, z. B. Kurt Tucholsky oder Stefan Zweig, nahmen sich aus Verzweiflung das Leben. Ein Großteil der überlieferten Gedichte erzählt von dieser Verzweiflung der Autoren in ihrer neuen Lebenssituation. Andere Autoren betrachteten das Exil aber auch als eine Chance der inneren Weiterentwicklung und sie konnten sogar Erfolge feiern.

Die Autoren der Exilliteratur verfolgten kein einheitliches Programm, ihre politischen Ansichten waren sehr unterschiedlich. Allen gemeinsam war die Ablehnung des Nationalsozialismus. Wichtigste Vertreter der „Exilliteratur" sind neben Rose Ausländer und Hilde Domin z. B. die Brüder Thomas und Heinrich Mann, Bertolt Brecht, Anna Seghers, Erich Fried, Kurt Tucholsky und Nelly Sachs.

Rose Ausländer (* 1901 Czernowitz, Österreich-Ungarn, † 1988 Düsseldorf)

Die in Czernowitz geborene Jüdin Rose Ausländer (eigentlicher Name: Rosalie Scherzer-Ausländer) studierte Literatur und Philosophie und wanderte auf Anraten ihrer Mutter 1921 in die USA aus. Dort heiratete sie ihren Studienfreund Ignaz Ausländer und begann mit dem Schreiben. Zweimal kehrte sie aus familiären Gründen nach Czernowitz zurück. Bei ihrem zweiten Aufenthalt in der Heimatstadt 1941 besetzten deutsche Soldaten Czernowitz und Rose Ausländer wurde in das Ghetto der Stadt deportiert. Aus Angst vor Zwangsarbeit und vor der Deportation in ein KZ musste sie sich in Kellerverliesen verstecken. Nach dem Krieg ging sie in die USA zurück. Erst ab 1956 schrieb sie wieder Gedichte in deutscher Sprache. 1965 kehrte sie in den Westteil des damals geteilten Deutschland zurück. Bis zu ihrem Tod 1988 veröffentlichte sie viele erfolgreiche Gedichtbände.

Hilde Domin (* 1909 Köln, † 2006 Heidelberg)

Hilde Domin, geborene Löwenstein, war die Tochter eines jüdischen Juristen. Sie verließ Deutschland 1932. Sie hatte als politisch interessierte Frau die Machtergreifung durch die Nationalsozialisten vorausgesehen. Zunächst lebte sie in Rom, dann in Florenz und emigrierte 1939 über England in die Dominikanische Republik, wo sie sich zusammen mit ihrem Mann Erwin Walter Palm in Santo Domingo niederließ. Hier begann sie, schriftstellerisch tätig zu sein. Aus Dankbarkeit für die von der Dominikanischen Republik gewährte Gastfreundschaft nannte sie sich von nun an „Domin". Sie kehrte erst 1954 nach Westdeutschland zurück. Sie starb 2006, hochbetagt und viel verehrt.

22.1 Exilliteratur (1933–1945)

Ein auffälliger Gegensatz im Umgang mit dem Leben im Exil lässt sich bei den Gedichten der Lyrikerinnen Rose Ausländer und Hilde Domin feststellen.

Rose Ausländer: Ein Tag im Exil

Ein Tag im Exil
Haus ohne Türen und Fenster

Auf weißer Tafel
mit Kohle verzeichnet
5   die Zeit

Im Kasten
die sterblichen Masken
Adam
Abraham
10 Ahasver
Wer kennt alle Namen

Ein Tag im Exil
wo die Stunden sich bücken
um aus dem Keller
15 ins Zimmer zu kommen

Schatten versammelt
ums Öllicht im ewigen Lämpchen
erzählen ihre Geschichten
mit zehn finstern Fingern
20 die Wände entlang

Rose Ausländer

Hilde Domin

Hilde Domin: Ziehende Landschaft

Man muss weggehen können
und doch sein wie ein Baum:
als bliebe die Wurzel im Boden,
als zöge die Landschaft und wir ständen fest.

5   Man muss den Atem anhalten,
bis der Wind nachlässt
und die fremde Luft um uns zu kreisen beginnt,
bis das Spiel von Licht und Schatten,
von Grün und Blau,
10 die alten Muster zeigt
und wir zu Hause sind,
wo es auch sei,
und niedersitzen können und uns anlehnen,
als sei es an das Grab
15 unserer Mutter.

1 Vergleichen Sie die beiden Exilgedichte von Rose Ausländer und Hilde Domin.
a) Wie wirken die Gedichte auf Sie? Begründen Sie Ihre Aussagen.
b) Fassen Sie die Gedichte zusammen.
c) Analysieren Sie Sprache und Form der Gedichte.
d) Erläutern Sie anhand der Gedichte, welche Haltung zum Leben im Exil die beiden Lyrikerinnen einnahmen.

2 Erläutern Sie von diesen Gedichten ausgehend den Begriff „Exil". Nehmen Sie das Basiswissen auf S. 375 zu Hilfe.

Gegenwartsliteratur seit 1945

BASISWISSEN | **Gegenwartsliteratur seit 1945**

In dem zerstörten und in Besatzungszonen aufgeteilten Deutschland gab es nach dem Ende des Zweiten Weltkrieges in allen Bereichen des Lebens einen Neuanfang. Die Teilung Deutschlands führte dazu, dass sich in beiden Teilen Deutschlands eigenständige literarische Strömungen entwickelten.

Die westdeutsche Literatur zwischen 1945 und 1975 war eng mit der Gründung der **Gruppe 47** verknüpft. Aus der Gruppe 47 gingen Autoren wie Günter Grass, Heinrich Böll und Siegfried Lenz, aber auch die wichtigsten Vertreter der Schweiz, Max Frisch und Friedrich Dürrenmatt, sowie aus Österreich, Ingeborg Bachmann und Thomas Bernhard, hervor. Zentrales Thema der Literatur war es, das Nazi-Regime und seine Folgen in diesen drei deutschsprachigen Staaten kritisch aufzuarbeiten.

Die DDR-Literatur zwischen 1949 und 1989 thematisierte neben der Auseinandersetzung mit dem Faschismus den Aufbau des Sozialismus als Staatsform und die Teilung Deutschlands insbesondere nach dem Mauerbau im Jahr 1961. Ihre herausragenden Vertreter sind u. a. Johannes R. Becher, Christa Wolf und Anna Seghers. Viele der renommierten Autoren der DDR, z. B. Günter Kunert, Reiner Kunze und Sarah Kirsch, verließen die DDR, um in der Bundesrepublik ohne Zensur ihrem Beruf nachgehen zu können. Der Liedermacher Wolf Biermann wurde aufgrund politischer Kontroversen aus der DDR ausgebürgert.

Zwischen 1975 und der Wiedervereinigung kamen zwei literarische Strömungen auf. Zum einen setzten sich sowohl west- wie ostdeutsche Autoren zunehmend kritisch mit dem geteilten Deutschland auseinander. Zu nennen sind hier u. a. Martin Walser und Volker Braun.

Zum anderen erschien in den 1980er-Jahren der Begriff „Postmoderne". Kennzeichnend für die postmoderne Literatur ist das Spiel mit traditionellen Erzählmustern und Motiven, z. B. in dem Roman „Das Parfum" von Patrick Süskind.

Die Literatur nach der Wiedervereinigung 1990 zeichnet sich durch eine breite Vielfalt aus. Eine einheitliche literarische Strömung ist in der neuesten deutschen Literatur nicht feststellbar. Als auffälligstes Merkmal kann angeführt werden, dass die großen Verlage vermehrt auf junge schriftstellerische Nachwuchstalente setzen und in den letzten Jahren unzählige großartige junge Autoren hervorgebracht haben, z. B. Arno Orzessek, Joachim Zelter, Judith Herrmann, Annette Pehnt, Martin Gülich, Frank Goosen, Katharina Hacker, Thomas Glavinic, Daniel Kehlmann etc., die auch international große Erfolge feiern.

Exemplarisch folgen nun kurze Werkauszüge von jeweils einem Vertreter der oben angeführten vier Gruppen.

Günter Grass: Die Blechtrommel (Auszug)

Mit seinem Erstlingswerk „Die Blechtrommel" (1959) gelangte Günter Grass (geb. 1927 in Danzig, gest. 2015 in Lübeck) zu Weltruhm. 1999 erhielt er für sein Werk den Nobelpreis für Literatur. Grass selbst verstand sich als ein Mittler zwischen Ost und West: Er lebte in Westdeutschland und schrieb über seine polnische Heimatstadt Danzig. Sein unverwechselbarer Stil, der in der „Blechtrommel" seinen Ursprung findet, zeichnet sich vor allem durch drastische Detailbeschreibungen und grotesk-fantastische Handlungsabläufe aus. Oskar Matzerath, die Hauptfigur des Romans, beschließt an seinem dritten Geburtstag, das Wachstum einzustellen. Da er, bei seiner Geburt geistig bereits hoch entwickelt, seine kleinbürgerlich-frivole Welt von Anfang an durchschaut und ablehnt, begibt er sich trommelnd auf seinen eigenen Weg. Gleichzeitig wird er zum Beobachter seiner Umgebung, der manchmal boshaft detailliert die Wirklichkeit erfasst. Es folgt ein Auszug aus dem ersten Kapitel des Romans.

Gegenwartsliteratur seit 1945

Der weite Rock

Zugegeben: ich bin Insasse einer Heil- und Pflegeanstalt, mein Pfleger beobachtet mich, läßt mich kaum aus dem Auge; denn in der Tür ist ein Guckloch, und meines Pflegers Auge ist von jenem Braun, welches mich, den Blauäugigen, nicht durchschauen kann.

Mein Pfleger kann also gar nicht mein Feind sein. Liebgewonnen habe ich ihn, erzähle dem Gucker hinter der Tür, sobald er mein Zimmer betritt, Begebenheiten aus meinem Leben, damit er mich trotz des ihn hindernden Guckloches kennenlernt. Der Gute scheint meine Erzählungen zu schätzen, denn sobald ich ihm etwas vorgelogen habe, zeigt er mir, um sich erkenntlich zu geben, sein neuestes Knotengebilde. Ob er ein Künstler ist, bleibe dahingestellt. Eine Ausstellung seiner Kreationen würde jedoch von der Presse gut aufgenommen werden, auch einige Käufer herbeilocken.

Er knotet ordinäre Bindfäden, die er nach den Besuchsstunden in den Zimmern seiner Patienten sammelt und entwirrt, zu vielschichtig verknorpelten Gespenstern, taucht diese dann in Gips, läßt sie erstarren und spießt sie mit Stricknadeln, die auf Holzsöckelchen befestigt sind.

Oft spielt er mit dem Gedanken, seine Werke farbig zu gestalten. Ich rate davon ab, weise auf mein weißlackiertes Metallbett hin und bitte ihn, sich dieses vollkommenste Bett bunt bemalt vorzustellen. Entsetzt schlägt er dann seine Pflegerhände über dem Kopf zusammen, versucht in etwas zu starrem Gesicht allen Schrecken gleichzeitig Ausdruck zu geben und nimmt Abstand von seinen farbigen Plänen.

Mein weißlackiertes metallenes Anstaltsbett ist also ein Maßstab. Mir ist es sogar mehr: mein Bett ist das endlich erreichte Ziel, mein Trost ist es und könnte mein Glaube werden, wenn mir die Anstaltsleitung erlaubte, einige Änderungen vorzunehmen: das Bettgitter möchte ich erhöhen lassen, damit mir niemand mehr zu nahe tritt.

Einmal in der Woche unterbricht ein Besuchstag meine zwischen weißen Metallstäben geflochtene Stille. Dann kommen sie, die mich retten wollen, denen es Spaß macht, mich zu lieben, die sich in mir schätzen, achten und kennenlernen möchten. Wie blind, nervös, wie unerzogen sie sind. [...]

Mein Anwalt stülpt jedesmal, sobald er mit seinem Hallo das Zimmer sprengt, den Nylonhut über den linken Pfosten am Fußende meines Bettes. Solange sein Besuch währt – und Anwälte wissen viel zu erzählen –, raubt er mir durch diesen Gewaltakt das Gleichgewicht und die Heiterkeit.

Nachdem meine Besucher ihre Geschenke auf dem weißen, mit Wachstuch bezogenen Tischchen unter dem Anemonenaquarell deponiert haben, nachdem es ihnen gelungen ist, mir ihre gerade laufenden oder geplanten Rettungsversuche zu unterbreiten und mich, den sie unermüdlich retten wollen, vom hohen Standard ihrer Nächstenliebe zu überzeugen, finden sie wieder Spaß an der eigenen Existenz und verlassen mich. Dann kommt mein Pfleger, um zu lüften und die Bindfäden der Geschenkpackungen einzusammeln. [...]

Bruno Münsterberg – ich meine jetzt meinen Pfleger, lasse das Wortspiel hinter mir – kaufte auf meine Rechnung fünfhundert Blatt Schreibpapier. Bruno, der unverheiratet, kinderlos ist und aus dem Sauerland stammt, wird, sollte der Vorrat nicht reichen, die kleine Schreibwarenhandlung, in der auch Kinderspielzeug verkauft wird, noch einmal aufsuchen und mir den notwendigen unlinierten Platz für mein hoffentlich genaues Erinnerungsvermögen beschaffen. Niemals hätte ich meine Besucher; etwa den Anwalt oder Klepp, um diesen Dienst bitten können. Besorgte, mir verordnete Liebe hätte den Freunden sicher verboten, etwas so Gefährliches wie unbeschriebenes Papier mitzubringen und meinem unablässig Silben ausscheidenden Geist zum Gebrauch freizugeben.

Gegenwartsliteratur seit 1945

Als ich zu Bruno sagte: „Ach Bruno, würdest du mir fünfhundert Blatt unschuldiges Papier kaufen?", antwortete Bruno, zur Zimmerdecke blickend und seinen Zeigefinger, einen Vergleich herausfordernd, in die gleiche Richtung schickend: „Sie meinen weißes Papier […]"

1 Fassen Sie den Romanbeginn zusammen. Wie sieht Oskar seine Umwelt?

2 Untersuchen Sie die erzähltechnische und die sprachliche Gestaltung des Auszugs (» Kapitel 4, S. 83, 94 ff.).

Christa Wolf: Der geteilte Himmel (Auszug)

Christa Wolf (geb. 1929 in Landsberg, Warthe, gest. 2011 in Berlin) erlebte ihren Durchbruch als freie Schriftstellerin mit ihrer Erzählung „Der geteilte Himmel" (1963). Die Liebesgeschichte zwischen der Studentin Rita Seidel und dem Chemiker Manfred Herrfurth ist im DDR-Alltag angesiedelt. Manfred kann sich in seiner Arbeit nicht verwirklichen und geht in den Westen. Rita entscheidet sich dazu, ihm nicht zu folgen. Kurz darauf wird die Mauer gebaut. Der Text liefert einen Einblick in den DDR-Alltag der frühen 1960er-Jahre und zeigt auf, welche Folgen die deutsch-deutsche Teilung für die Menschen hatte. Erzählt wird die Geschichte auf zwei Zeitebenen: Rita befindet sich nach einem Betriebsunfall in einem Krankenhaus. Ihr Leben mit Manfred wird rückblickend geschildert.

Erstes Kapitel

In jenen letzten Augusttagen des Jahres 1961 erwacht in einem kleinen Krankenhauszimmer das Mädchen Rita Seidel. Sie hat nicht geschlafen, sie war ohnmächtig. Wie sie die Augen aufschlägt, ist es Abend, und die saubere weiße Wand, auf die sie zuerst sieht, ist nur noch wenig hell. Hier ist sie zum erstenmal, aber sie weiß gleich wieder, was mit ihr, heute und vorher, geschehen ist. Sie kommt von weit her. Sie hat undeutlich ein Gefühl von großer Weite, auch Tiefe. Aber man steigt rasend schnell aus der unendlichen Finsternis in die sehr begrenzte Helligkeit. Ach ja, die Stadt. Enger noch: das Werk, die Montagehalle. Jener Punkt auf den Schienen, wo ich umkippte. Also hat irgendeiner die beiden Waggons noch angehalten, die da von rechts und links auf mich zukamen. Die zielten genau auf mich. Das war das Letzte. […]

Aber der Arzt braucht nicht zu fragen, er weiß ja alles, es steht auf dem Unfallblatt. Diese Rita Seidel, eine Studentin, arbeitet nur während der Ferien im Betrieb. Sie ist manches nicht gewohnt, zum Beispiel die Hitze in den Waggons nicht […].

„Der Schock", sagt der Arzt und verschreibt Beruhigungsspritzen. Nach Tagen allerdings, als Rita immer noch nicht erträgt, daß man sie anspricht, wird er unsicher. Er denkt, wie gerne er den Kerl unter die Finger kriegen möchte, der dieses hübsche und empfindsame Mädchen so weit gebracht hat. Für ihn steht fest, daß nur Liebe ein junges Ding so krank machen kann.

Ritas Mutter, von ihrem Dorf herbeigerufen und hilflos vor dem fremden Zustand der Tochter, kann keine Auskunft geben. „Das Lernen", sagt sie. „Ich hab mir gleich gedacht, sie hält es nicht aus." Ein Mann? Nicht daß sie wüßte. Der frühere, ein Chemiedoktor, ist doch schon ein halbes Jahr weg. Weg? fragt der Arzt. Nun ja: Abgehauen, Sie verstehen.

Das Mädchen Rita bekommt Blumen: Astern, Dahlien, Gladiolen – bunte Tupfer im bleichen Krankenhaustag. Niemand darf zu ihr, bis sich eines Abends ein Mann mit einem Rosenstrauß nicht abweisen läßt. […] Der Arzt erfährt, daß dies der junge Betriebsleiter vom Waggonwerk war,

Gegenwartsliteratur seit 1945

und nennt sich selber einen Trottel. Er aber wird das Gefühl nicht los, daß dieser junge Mann mehr von der Patientin Rita Seidel weiß als die Mutter, als er selbst, der Arzt, und als jeder einzelne Besucher, die nun zahlreich kommen: […]. Es kann für ausgeschlossen gelten, daß die Patientin einsam gewesen ist.

Die da zur ihr kommen, haben sie alle gern. Sie sprechen behutsam mit ihr und tasten mit Blicken ihr Gesicht ab, das blaß und müde, aber nicht mehr trostlos ist. Sie weint jetzt seltener, meistens abends. Sie wird der Tränen Herr werden und, weil es ihr fernliegt, ihr Leid zu hätscheln, auch der Verzweiflung.

Sie sagt niemandem, daß sie Angst hat, die Augen zuzumachen. Sie sieht immer noch die beiden Waggons, grün und schwarz und sehr groß. Wenn die angeschoben sind, laufen sie auf den Schienen weiter, das ist ein Gesetz, dazu sind sie gemacht. Sie funktionieren. Und wo sie sich treffen werden, da liegt sie. Da liege ich.

Dann weint sie wieder.

Sanatorium, sagt der Arzt. Sie will nichts erzählen. Soll sie sich ausweinen, soll sie zur Ruhe kommen, soll Gras über alles wachsen. Sie könnte mit der Bahn fahren, so weit ist sie schon wieder, aber der Betrieb schickt ein Auto.

Ehe sie abfährt, bedankt sie sich beim Arzt und bei den Schwestern. Alle sind ihr wohlgesinnt, und wenn sie nichts erzählen will, ist das ihre Sache. Alles Gute.

Ihre Geschichte ist banal, denkt sie, in manchem auch beschämend. Übrigens liegt sie hinter ihr. Was noch zu bewältigen wäre, ist dieses aufdringliche Gefühl: Die zielen genau auf mich.

1 Fassen Sie das erste Kapitel der Erzählung zusammen. Was erfahren Sie über Rita Seidel?

2 Sammeln Sie in Gruppen Informationen über den Monat August im Jahre 1961 und werten Sie Ihre Ergebnisse in der Klasse aus.

3 Begründen Sie, warum Christa Wolf diesen Titel gewählt haben könnte.

Martin Walser: Ein fliehendes Pferd (Auszug)

Martin Walser (geb. 1927 in Wasserburg am Bodensee) beschäftigen immer wieder aktuelle und grundlegende gesellschaftliche Verhaltensweisen. Die von ihm in Szene gesetzten literarischen Figuren gehören der Mittelschicht an und werden in ihrem Streben nach sozialem Aufstieg und privatem Glück beschrieben, wobei sie sich bemühen, den gesellschaftlichen Rollen und Konventionen zu genügen. So auch in der Novelle „Ein fliehendes Pferd" (1978), Walsers größtem literarischen Erfolg. Das Wiedersehen der ehemaligen Schulfreunde und Studienkollegen Helmut und Klaus, die mit ihren Frauen am Bodensee Urlaub machen, reißt beide für einen Moment aus ihrem verbissen eingeübten Tarnverhalten und bringt sie aus ihrem mühsam erarbeiteten Gleichgewicht. Die Novelle wurde zweimal verfilmt (1986 und 2007).

Gegenwartsliteratur seit 1945

Erstes Kapitel (Auszug)

Plötzlich drängte Sabine aus dem Strom der Promenierenden hinaus und ging auf ein Tischchen zu, an dem noch niemand saß. Helmut hatte das Gefühl, die Stühle dieses Cafés seien für ihn zu klein, aber Sabine saß schon. Er hätte auch nie einen Platz in der ersten Reihe genommen. So dicht an den in beiden Richtungen Vorbeiströmenden sah man doch nichts. Er hätte sich möglichst nah an die Hauswand gesetzt. […] Sabine bestellte schon den Kaffee, legte ein Bein über das andere und schaute dem trägen Durcheinander auf der Uferpromenade mit einem Ausdruck des Vergnügens zu, der ausschließlich für Helmut bestimmt war. Er verlegte seinen Blick auch wieder auf die Leute, die zu dicht an ihm vorbeipromenierten. Man sah wenig. Von dem wenigen aber zu viel. Er verspürte eine Art hoffnungslosen Hungers nach diesen hell- und leichtbekleideten Braungebrannten. Die sahen hier schöner aus als daheim in Stuttgart. Von sich selbst hatte er dieses Gefühl nicht. Er kam sich in hellen Hosen komisch vor. Wenn er keine Jacke anhatte, sah man von ihm wahrscheinlich nichts als seinen Bauch. Nach acht Tagen würde ihm das egal sein. Am dritten Tag noch nicht. So wenig wie die grässlich gerötete Haut. Nach acht Tagen würden Sabine und er auch braun sein. Bei Sabine hatte die Sonne bis jetzt noch nichts bewirkt als eine Aufdünsung jedes Fältchens, jeder nicht ganz makellosen Hautstelle. Sabine sah grotesk aus. Besonders jetzt, wenn sie voller Vergnügen auf die Promenierenden blickte. Er legte eine Hand auf ihren Unterarm. Warum mussten sie überhaupt dieses hin- und herdrängende Dickicht aus Armen und Beinen und Brüsten anschauen? In der Ferienwohnung wäre es auch nicht mehr so heiß wie auf dieser steinigen, baumlosen Promenade. Und jede zweite Erscheinung hier führte ein Ausmaß an Abenteuer an einem vorbei, dass das Zuschauen zu einem rasch anwachsenden Unglück wurde. Alle, die hier vorbeiströmten, waren jünger. […] Drei Tage waren sie hier, und drei Abende hatte er Sabine in die Stadt folgen müssen. Jedes Mal auf diese Promenade. Leute beobachten fand sie interessant. War es auch. Aber nicht auszuhalten. Er hatte sich vorgenommen, Kierkegaards Tagebücher zu lesen. […] Er sehnte sich danach, Kierkegaard näherzukommen. Vielleicht sehnte er sich nur, um enttäuscht werden zu können. Er stellte sich diese tägliche, stundenlange Enttäuschung beim Lesen der Tagebücher Kierkegaards als etwas Genießbares vor. […] Wenn diese Tagebücher keine Nähe gestatteten, wie er fürchtete (und noch mehr hoffte), würde seine Sehnsucht, diesem Menschen näherzukommen, noch größer werden. Ein Tagebuch ohne alles Private, etwas Anziehenderes konnte es nicht geben. Er musste Sabine sagen, dass er ab morgen die Abende nur noch in der Ferienwohnung verbringen werde. Er hätte zittern können vor Empörung! Er hier auf dem zu kleinen Stuhl, Leute anstierend, während er in der Ferienwohnung … […] Sabines Vergnügen an den Vorbeiströmenden hatte inzwischen ein Lächeln erzeugt, das sich nicht mehr änderte. Er genierte sich für Sabines Lächeln. Er berührte sie am Oberarm. Wahrscheinlich sollte man reden miteinander. Ein alt werdendes Paar, das stumm auf Cafésstühlen sitzt und der lebendigsten Promenade zuschaut, sieht komisch aus. Oder trostlos. Besonders, wenn die Frau noch dieses schon seit längerem verstorbene Lächeln trägt. Helmut mochte es nicht, wenn die Umwelt sich über Sabine und ihn Gedanken machen konnte, die zutrafen. Egal, was die Umwelt über ihn und Sabine dachte, es sollte falsch sein.

1 Fassen Sie den Auszug zusammen.
2 Charakterisieren Sie beide Figuren (» Kapitel 4, S. 78–79; Kapitel 8, S. 139–140).

Gegenwartsliteratur seit 1945

Joachim Zelter: Schule der Arbeitslosen (Auszug)

Joachim Zelter (geb. 1962 in Freiburg, Breisgau) hat mit „Schule der Arbeitslosen" (2006) einen Roman vorgelegt, der sich mit einem Thema beschäftigt, das in dieser Art und Weise noch nahezu tabuisiert ist. Der Roman spielt im Jahre 2016. Zur Lösung des Problems der Langzeitarbeitslosigkeit hat die Bundesagentur für Arbeit die neue Schulungseinrichtung „Sphericon" entwickelt, die durch eine Mischung aus positivem Denken, Animation, Bewerbungstraining, Strafen und Belohnungen den idealen Bewerber schaffen will. Im nüchternen Stil eines Berichts entwirft Zelter ein Szenario, das immer bedrohlicher wird. Unter der glatten Oberfläche entwickelt sich eine brutale Perspektive auf die Arbeitslosen, die ihre physische Vernichtung nahelegt.

Erstes Kapitel (Auszug)

Eine stillgelegte Fabrik in einem niedergegangenen Industriegebiet. Zweistöckig. Das Gebäude wurde provisorisch renoviert – aufgeteilt in einzelne Räume und Zwischenräume: *coaching zones, training points, recreation sectors* … Im ersten Stock Schlafräume, Waschgelegenheiten und Duschen. Trennwände sind in aller Eile errichtet worden. Die Wände sind aus Spanplatten –
5 weißgetüncht. Im Erdgeschoss liegen die Büros: Sekretariat, Trainerzimmer, Schulleitung und weitere Räumlichkeiten. Daneben die Kantine, eine Kantine ohne Küche, aber mit Automaten für Getränke, Suppen und Fertiggerichte. Im Keller liegt der Meditationsraum und das Gym. Darin befinden sich Fahrradergometer, Rudermaschinen, ein Solarium und eine einzige Palme. Früher war das Gebäude Teil einer Fabrik für Autoradios. Innerhalb weniger Monate war ihr
10 Konkurs abgewickelt. Für den symbolischen Preis von einem Euro ging das Gebäude über in die Zuständigkeit von SPHERICON.
SPHERICON stellt keine Autoradios her. Auch keine anderen Dinge. Wenn überhaupt, dann produziert SPHERICON Möglichkeiten – letzte Möglichkeiten – für Menschen, die von sich glauben oder glauben wollen, all ihre Möglichkeiten verspielt oder aufgebraucht zu haben.
15 SPHERICON ist ein Maßnahmen-Center. Es setzt Maßnahmen um, die von den jeweiligen Job Centers der Bundesagentur für Arbeit angeordnet werden – Maßnahmen zur Schulung arbeitsloser Personen. Es bündelt alle zu ergreifenden Maßnahmen zu einer umfassenden Schulung. Weit mehr als nur eine fachliche Schulung. Vielmehr eine Lebensschulung. So steht es auf dem Briefkopf. Auf Deutsch und auf Englisch. *School of Life*. Schule des Lebens.
20 SPHERICON ist eine Wohnschule für arbeitslose Erwachsene. Die erwachsenen Schüler gehen nach dem Unterricht nicht nach Hause, sondern werden ganztägig begleitet und betreut. Schüler wie Lehrer übernachten auf dem Schulgelände. Sie stehen in ständigem Kontakt und Austausch. Die Unterrichtsfächer werden den Schülern (Trainees) nicht vorgegeben, sondern je nach Bedarf entwickelt. Dem unterliegt ein ganzheitliches Menschenbild. Nichts ist undenkbar. Und selbst
25 wenn alle denk- und undenkbaren Maßnahmen keinen unmittelbaren Erfolg haben, so die Überlegung, dann gehen die Schüler/Trainees aus der Schulung dennoch gestärkt hervor: stabilisiert, euphorisiert, flexibilisiert.
SPHERICON ist absolut freiwillig.

1 Nehmen Sie Stellung zu der in dem Text aufgeworfenen Problematik.

2 Entwerfen Sie alternative Vorschläge zur Lösung der Langzeitarbeitslosigkeit.

Literarische Texte und Sachtexte der Gegenwart
Literarische Texte zu den Themen Lebensansichten und Erwachsenwerden

Franz Hohler: Die ungleichen Regenwürmer

Tief unter einem Sauerampferfeld lebten einmal zwei Regenwürmer und ernährten sich von Sauerampferwurzeln.
Eines Tages sagte der erste Regenwurm: „Wohlan, ich bin es satt, hier unten zu leben, ich will eine Reise machen und die Welt kennenlernen." Er packte sein Köfferchen und bohrte sich nach oben,
5 und als er sah, wie die Sonne schien und der Wind über das Sauerampferfeld strich, wurde es ihm leicht ums Herz, und er schlängelte sich fröhlich zwischen den Stängeln durch. Doch er war kaum drei Fuß weit gekommen, da entdeckte ihn eine Amsel und fraß ihn auf. Der zweite Regenwurm hingegen blieb in seinem Loch unter dem Boden, fraß jeden Tag seine Sauerampferwurzeln und blieb immer in seinem Loch unter dem Boden und blieb die längste Zeit am Leben.
10 Aber sagt mir selbst – ist das ein Leben?

» Parabel, S. 141

Julia Engelmann: One Day/Reckoning Text (Auszug)

„One day, baby, we'll be old,
oh baby, we'll be old
and think of all the stories
that we could have told."

5 *Eines Tages, Baby, werden wir alt sein,*
oh Baby, werden wir alt sein
und an all die Geschichten denken,
die wir hätten erzählen können.

Wer ich bin?

10 Ich bin der Meister der Streiche,
wenn's um Selbstbetrug geht,
ein Kleinkind vom Feinsten,
wenn ich vor Aufgaben steh.
Bin ein entschleunigtes Teilchen,
15 kann auf keinsten was reißen,
lass mich begeistern für Leichtsinn –
wenn ein anderer ihn lebt.

Ich denke zu viel nach,
ich warte zu viel ab,
20 ich nehm mir zu viel vor,
und ich mach davon zu wenig.
Ich zweifle alles an,
halte mich zu oft zurück,
ich wäre gerne klug –
25 allein das ist ziemlich dämlich.

Ich würde so vieles sagen, aber bleibe meistens still,
weil – wenn ich das alles sagen würde,
wär das viel zu viel.
Es gibt zu viel zu tun, 30
meine Listen sind so lang,
ich werd das eh nie alles schaffen,
also fang ich gar nicht an.

Und eines Tages, Baby, werde ich alt sein,
oh Baby, werde ich alt sein 35
und an all die Geschichten denken,
die ich hätte erzählen können.

Stattdessen?

Stattdessen häng ich planlos vorm Smartphone,
wart bloß auf den nächsten Freitag. 40
„Ach, das mach ich später"
ist die Baseline meines Alltags.
Ich bin so furchtbar faul
wie ein Kieselstein am Meeresgrund.
Ich bin so furchtbar faul, 45
mein Patronus ist ein Schweinehund.
Mein Leben ist ein Wartezimmer,
niemand ruft mich auf.
Mein Dopamin – das spar ich immer,
falls ich's noch mal brauch. 50

Literarische Texte zu den Themen Lebensansichten und Erwachsenwerden

Und du?

Du murmelst jedes Jahr neu an Silvester
die wieder gleichen Vorsätze treu in dein Sektglas.
Und Ende Dezember stellst du fest,
dass du recht hast,
wenn du sagst, dass du sie dieses Mal
schon wieder vercheckt hast.
Dabei sollte für dich doch schon 2013
„das erste Jahr vom Rest deines Lebens" werden.
Du wolltest abnehmen, früher aufstehen, öfter rausgehn,
mal deine Träume angehn, mal die Tagesschau sehen
für dein Smalltalk-Allgemeinwissen.
Aber so wie jedes Jahr,
obwohl du nicht damit gerechnet hast,
kam dir wieder mal der Alltag dazwischen.

Unser Leben ist ein Wartezimmer,
niemand ruft uns auf.
Unser Dopamin – das sparen wir immer,
falls wir es später brauchen.
Wir sind jung und haben so viel Zeit,
warum soll'n wir was riskieren?
Wir wollen doch keine Fehler machen,
wollen auch nichts verlieren.

Und es bleibt so viel zu tun, unsere Listen bleiben lang,
und so geht Tag für Tag ganz still ins unbekannte Land.
Aus „Das mach ich später" wird „Ach, das mach ich später"
wird „AHHHH, das mach ich später!" wird jetzt.

*Und eines Tages, Baby, werden wir alt sein,
oh Baby, werden wir alt sein
und an all die Geschichten denken,
die wir hätten erzählen können.*

Und die Geschichten,
die wir dann stattdessen erzählen,
werden traurige Konjunktive sein wie –

„Einmal bin ich fast einen Marathon gelaufen
und hätte fast die Buddenbrooks gelesen,
und ich wär mal beinah
‚bis die Wolken wieder lila' waren noch wach gewesen,
fast hätten wir uns mal demaskiert
und gesehen, wir sind die Gleichen,
und dann hätten wir uns fast gesagt,
wie viel wir uns bedeuten" –

werden wir erzählen.
Und dass wir bloß faul und feige waren,
das werden wir verschweigen
und uns heimlich wünschen,
noch ein bisschen hierzubleiben.

Wenn wir dann alt sind und unsere Tage knapp
– und das wird sowieso passieren –
dann erst werden wir kapieren,
wir hatten nie was zu verlieren.
Denn das Leben, das wir führen wollen,
das können wir selber wählen.
Also los!, schreiben wir Geschichten,
die wir später gern erzählen.

Also!

*Lass uns nachts lange wach bleiben,
aufs höchste Hausdach der Stadt steigen,
lachend und vom Takt frei
die allertollsten Lieder singen!
Lass uns Feste wie Konfetti schmeißen,
sehen, wie sie zu Boden reisen,
und die gefallenen Feste feiern,
„bis die Wolken wieder lila sind"!
Lass mal an uns selber glauben,
ist mir egal, ob das verrückt ist!
Wer genau guckt, sieht,
dass Mut auch bloß ein Anagramm von Glück ist.*
[…]
Also los, schreiben wir Geschichten,
die wir später gern erzählen!
[…]

» Lyrik, S. 227–232

Literarische Texte zu den Themen Beziehungen und Kommunikation

Marlene Schulz: Kompromisse

Mitternachtsnachrichten: Regen für die Nacht. Die ersten Tropfen fielen auf die Windschutzscheibe. „Geh' doch", hatte er gesagt. Sicher war er, dass sie bleiben würde. Er hielt an sich. Das konnte sie sehen. Die auf und ab gehenden Wangenknochen verrieten ihn.
Vom Fensterbrett des frisch gestrichenen Wohnzimmers nahm sie den aus einem Holz geschnitzten
5 Babybuddha. Der beruhigte sie. In einem Urlaub hatte sie ihn gekauft. Für sie beide. Steffens Mund stand offen. Damit hatte er nicht gerechnet.
Der Buddha stand für die schöne Zeit, das Füreinanderdasein, das Wir. Wir beide.
Benita m u s s t e ihn mitnehmen. Der Gedanke, dass Steffen ihn im Kachelofen in seinem Bessunger Haus verheizen würde, schien ihr nicht unwahrscheinlich. So wütend war er. Den Freunden
10 musste er schließlich Beweise liefern. Er war einer, der alles richtete. Immer. Der Steffen, der macht das schon. Der gute, alte Steffen.
Benita ging, den Buddha unterm Arm.
Sie hatte genug des Richtens. Musste auf Höhe der Orangerie die Scheibenwischer anstellen. Die Straßen waren kaum befahren. Der Asphalt glänzte vom Regen, die Tropfen wurden dicker. Dichter.

15 Anfangs, da unternahmen sie viel. Steffen war kaum zu bremsen. Improvisationstheater im Schlosskeller. Poetry Slam in der Centralstation. Mitmachkino, sie wusste schon gar nicht mehr wo, vielleicht Freiluftbühne im Herrngarten. Oder war es auf der Mathildenhöhe gewesen? Veranstaltungen zu später Stunde machten ihm nichts aus. Selbst einer Alpenüberquerung mit dem Fahrrad konnte sie nicht entkommen. Opfer musste man bringen. Jedenfalls zu Beginn.
20 Benita ließ sich mitreißen von seiner Begeisterung. Auch wenn sie erschöpft war vom reichlich gefüllten Arbeitstag.
Eine kleine Abteilung leitete sie, korrespondierte mit Partnern im Ausland, prüfte Verträge. Peinlich war ihr, dass sie nach dem Abitur nicht studiert hatte. Dumm kam sie sich vor bisweilen, auch wenn sie jeden Tag das Gegenteil bewies. Nur zum Fußball ging sie nicht mit. „Mach' du das mal
25 mit deinen Freunden", sagte sie ohne Gram.
Sechs von sieben Abenden gehörten Steffen. Nur an Dienstagen trafen sie sich nicht. Steffen übernachtete zumeist bei ihr. In seiner Wohnung war der Kühlschrank inzwischen leer. Nie schalteten sie den Fernseher ein. Jedenfalls nicht die erste Zeit. „Das brauchen wir nicht", hatte Steffen mal zu Helene gesagt, als sie eines Abends Benita eine Jacke zurückgebracht hatte. „Wir machen unser
30 eigenes Programm." Dabei hatte er gelacht, wie er immer lachte. Laut und ein wenig zu lang.
Benita hatte auch vor Steffen ihr eigenes Programm gemacht.
Den Abend gerne mit einem Musikstück verbracht. Auch in Stille war ihr der Feierabend angenehm. Den Tag ausklingen lassen, Kräfte sammeln für den nächsten Morgen.
Gelegentlich Besuche bei Freundinnen.
35 Der Babybuddha war eine Anspielung auf Steffens wachsenden Bauch. Benita störte sich nicht daran, fühlte sich eher erleichtert, ihrer eigenen Gewichtszunahmen wegen. Die gemeinsamen Abendessen nahmen Raum ein, auch die Sicherheit, die sie füreinander spürten. „Frau Strubl, Sie müssten abnehmen", sagte der Hausarzt letzte Woche. „Das war doch mal so schön anders mit Ihnen."
40 Zu Hause betrachtete sie sich im Spiegel. Nackt.
„Sie müssen abnehmen", sagte sie zu sich selbst.

22.2 Literarische Texte zu den Themen Beziehungen und Kommunikation

Und: „Schön war einmal."
„Geh' doch." Das waren Steffens Worte. Ungewohnt hart, gewohnt kompromisslos.
Schließlich war sie gegangen, als hätte es genau diesen halben Satz gebraucht.

45 Heiraten wollte er. Sie sollte nur noch halbtags arbeiten. Eine leichte, anspruchslose Arbeit, bei der sie keine Verantwortung mehr tragen musste, die sie allerdings auch im Portemonnaie spüren würde.
„Da machen wir was mit der Steuerklasse", stellte er ihr in Aussicht. Für die Verantwortung war er zuständig.
Einen Kletterkurs hatte er gebucht. Für sie beide. Gefragt hatte er nicht. Rief sie einfach an und
50 sagte: „Schatz, wir gehen die Wände hoch." Er lachte ins Telefon. Dieses Lachen! Klettern wollte er schon immer lernen.
„Ja, ich freue mich schon, auch", sagte sie zu Helene bei einem Glas Wein, an einem der steffenfreien Abende.
„Sicher?", fragte Helene.
55 Benita hatte nur geseufzt.

Und dann war da dieses Fest. Steffen hatte Geburtstag.
Inzwischen kannten sie sich seit über einem Jahr. Er lud auch Helene ein. Der Rest bestand aus Freunden, von ihm. Viele Freunde, die ihre Frauen mitbrachten. Helene hatte sie alle gezählt. Zweiundvierzig ohne sie. Drei Tischreihen unter gelblichem Licht. Auf einem Schwenkgrill vor der
60 Hütte lag Fleisch, daneben Brotscheiben.
Helene war Vegetarierin, hatte Kuchen gebacken, und eine Gemüsequiche mitgebracht. Die Freunde tranken Bier aus der Flasche, das in mehreren Kisten neben den Brotscheiben gestapelt war.
Zum ersten Mal war Helene aufgefallen, wie laut Steffen redete und lachte. Auch die anderen. Während seiner Reden legte Steffen gelegentlich Benita den Arm um die Schultern, drückte sie
65 abrupt an sich, sodass sie aus dem Gleichgewicht geriet.
Ein altes Haus hatte er gekauft. Für sich und Benita. Das verkündete er an genau diesem Abend. In der Waldhütte, zu seinem Geburtstagsfest. Er steckte zwei Finger in den Mund, stieß einen schrillen Pfiff in die Hütte, stand auf und sagte: „Alle mal herhören!" Dabei schaute er Benita an. Fragend blickte sie zurück.
70 „Ich hab' für Benita und mich ein Häuschen gekauft. Wir werden zusammenziehen." Die Freunde trommelten mit den Bierflaschen auf die Tische. Gaben zustimmende Laute von sich. „Ich hoffe, dass ich mit eurer Hilfe rechnen kann. Da ist noch ein bisschen was zu machen." Wieder trommelten sie auf die Tische. Manche hoben den Daumen für ein Like. Benita schluckte.
„Das ist nicht dein Ernst", flüsterte sie ihm ins Ohr, als er sich wieder gesetzt hatte. „Natürlich",
75 sagte er und küsste sie.
Sie nippte an ihrem Wasserglas.
Helene war unmittelbar nach der frohen Botschaft vor die Hütte gegangen. Die Stimmen darin hatten ihr Kopfschmerzen bereitet. Eine Freundin Steffens, Christa, kam kurz danach nach draußen, stellte sich zu ihr, eine Flasche Bier in der Hand. Von außen sahen sie durch das Fenster
80 hinein in die Hütte. Ungefragt deutete Christa jeweils mit einer kurzen Kopfbewegung an, wen sie da vor sich sahen.
„Das da hinten mit dem blauen Hemd ist Bernd. Steffen und Bernd kennen sich schon seit der Schule. Die kicken jeden Dienstag zusammen. Bernd ist ein ganz Lieber."

Literarische Texte zu den Themen Beziehungen und Kommunikation

Helene drückte mit zwei Fingerspitzen auf ihre rechte Schläfe. Dort hatte sich gerade ein Stich bemerkbar gemacht.

„Und der Sigi, der war die Frau vor Benita. Die haben jeden Abend zusammengegluckt. Sogar Urlaube."

Helene trank einen großen Schluck Wasser.

„Aber jetzt ist Benita die Nummer eins. Steffen ist so glücklich, so glücklich hab' ich den noch nie gesehen. Ehrlich!" Christa lachte. Laut und ein wenig zu lang. Offenbar gehörte das zur großen Familie.

Sie hob die Bierflasche, trank. „Das ist d i e Frau für ihn. Da leg' ich meine Hand für auf den Grill." Wieder lachte sie. „Er hätte niemals ein Haus gekauft, wenn er sich da nicht sicher wäre. Der Steffen, der macht einfach Nägel mit Köpfen. Das ist ein echter Kerl."

Helene schwieg, war froh, dass Christa nicht an einem Dialog interessiert war, weiter Leute aus der Hütte ihr vorstellte. Wie lange wer wen bereits kannte. Zahlen, Jahre, zwischen zwanzig und vierzig wurden genannt.

„Und die Tine, die hat gerade keine gute Zeit mit ihrem Rudi. Die haben's schwer. Der Rudi hat eine andere. Jedenfalls hat er mal kurz eine gehabt."

Christa nahm wieder einen Schluck aus der Bierflasche, unterdrückte jetzt ein Aufstoßen.

„Der Volker und die Britta, die da hinten neben dem Bernd, die haben sich nach der Scheidung auch wieder gekriegt. Ist doch klasse. Das gönn' ich denen. Die haben schon so gute Zeiten miteinander gehabt. Die schaffen das schon."

Helene schaute durch die Hütte hindurch. Die Kopfschmerzen waren stärker geworden.

Später am Abend malte Steffen für die Freunde den Grundriss des Hauses auf ein Blatt Papier. Zeichnete ein, wo sein Eichenbüfett stehen werde, die beiden Sofas, die er gekauft hatte, bevor er Benita kennenlernte, und der große Tisch, damit die Freunde genug Platz hatten. „Mein Bett stellen wir oben unters Dach", erklärte er.

Helene fragte, wo Benitas Möbel stehen werden.

„Die passen nicht mehr rein", sagte Steffen, trank eilig einen Schluck aus der Flasche. „Da muss man eben Kompromisse machen."

Benita war schließlich rausgegangen aus der Hütte. Stand am Feuer. Drehte die Würste, die niemand mehr essen wollte. Auch das Fleisch. Starrte in die restliche Glut. Nahm aus dem Inneren der Hütte die Lacher wahr. Manchmal hörte sie Steffen heraus.

Der Regen war stärker geworden. Benita fuhr langsamer. Zu ihrer Wohnung nach Laudenbach waren es noch dreißig Kilometer. Sie tastete nach dem Babybuddha, der auf dem Beifahrersitz lag. Das Holz war ganz weich.

» Figurencharakteristik, S. 78 f., 139 f.

Literarische Texte zu den Themen Beziehungen und Kommunikation

Franz Hohler: Kosovo Ja

Die Ureinwohner unserer Bahnhöfe sind die Ausländer.
Je verlassener die Orte sind, desto sicherer triffst du auf dem Bahnhof die Ausländer, die im Geruch der Schienen und Schnellzüge eine wenn auch noch so dünne Verbindung zum Land wittern, aus dem sie kommen und in dem sie lieber wären, hätte sie nicht eine machtvolle und
5 unerbittliche Hand gepackt und ausgerechnet hier fallen gelassen, in Flüelen zum Beispiel, wo ich, nachdem ich Schulkinder im tief verschneiten Schächental besucht habe, im Wartesaal sitze, bis der Zug nach Zürich fährt.
Während ich in meiner Tasche ein Buch für die Fahrt suche, von dem ich sicher bin, dass ich es bei mir habe, meldet sich von der Tür her ein dünnes Stimmchen, mit einem Gruß in der Ursprache,
10 nicht „Hallo", nicht „Hoi" noch „Salü", sondern eine Art Präsenzvokal, der bedeutet, da bin ich, bist du auch da?
Ich will nicht hinhören, und erst nach einer Weile, als ich mein Buch nicht gefunden habe, merke ich, dass neben mir ein Bub sitzt, klein ist er, dünn ist er, bleich ist er, und als ihn mein Blick trifft, wiederholt er seinen Begrüßungsvokal.
15 Auf welchen Zug er warte, frage ich ihn auf Schweizerdeutsch, worauf er sofort ein Sätzlein hervorzieht, das er immer griffbereit in der Tasche hat: „Nicht verstehen."
Ich schaue ihn an und verstehe sofort, dass er nicht versteht.
„Bosnia?", frage ich.
Er schüttelt den Kopf.
20 „Kosovo?"
Er nickt heftig und sagt: „Kosovo ja."
„Miredita", sage ich.
Kürzlich habe ich mir aus Ratlosigkeit über die vielen Albaner in unserm Land ein Albanisch-Lehrbuch gekauft, und das ist das einzige Wort, das ich mir bisher merken konnte. Es heißt „Guten
25 Tag".
Der Kleine lächelt und fragt hoffnungsvoll: „Albanisch?"
Ich schüttle den Kopf, und unser Gespräch ist vorläufig beendet. Er blickt mich aber an wie ein Zuschauer in der ersten Reihe. Die Vorstellung hat doch eben erst begonnen.
„Ist deine Mutter auch da?", frage ich.
30 „Mutter ja", sagt er.
„Dein Vater?"
„Vater ja."
„Was heißt Mutter auf Albanisch?", will ich wissen. Vor mir sitzt schließlich ein lebendiges Lehrbuch. Aber das ist zu viel verlangt.
35 „Mutter nein", sagt er kleinlaut.
Dem jetzt drohenden Kontaktzerfall beugt der Kleine vor, indem er mich am Mantel zupft und verschmitzt sagt: „Mantel."
Ich bestätige diese Einsicht, zupfe ihn meinerseits an der Jacke und sage: „Jacke", und an der Art, wie er das Wort wiederholt, merke ich, dass er es schon kennt.
40 Ich zeige auf meine Schuhe, und er nennt sie „Schuhe", und dann mache ich nochmals einen Versuch und frage: „Schuhe – albanisch?", und diesmal hat er begriffen, was ich will, und sagt: „Kepuce." Ich spreche das Wort nach, und er ist zufrieden mit mir.

Literarische Texte zu den Themen Beziehungen und Kommunikation

Die Wand ist mit einem Fresko von Heinrich Danioth geschmückt, „Föhnwache".
Drei grimmige Männer mit Feuerwehrutensilien stehen am Seeufer und blicken auf zwei leicht
45 gewandete Frauenfiguren in tänzerischer Pose, die sich offenbar auf ihren Schutz verlassen, falls
der Föhn hereinbrechen sollte.
Wir schauen beide auf das Bild, das ich laut „Bild" nenne, worauf er es auch „Bild" nennt.
Damit ist es für uns erledigt. Ich suche ein einfacheres Gesprächsthema. Warum nicht noch etwas
Albanisch lernen, jetzt, wo ich schon weiß, wie die Schuhe heißen?
50 „Mutter – albanisch?", frage ich nochmals.
Er wehrt wieder ab. „Mutter nein." Das hat er mir doch schon erklärt.
Ich gebe nicht nach. „Vater – albanisch?"
„Vater nein."
Dann halt nicht. „Wie heißt du? Dein Name?"
55 Er strahlt. „Martin."
Dann zeigt er auf mich. „Du?"
„Franz", sage ich.
Dann stehe ich auf und sage: „Mein Zug kommt."
Er ist enttäuscht. Jetzt, wo wir unsere Namen kennen und schon fast Freunde sind, gehe ich weg
60 und lasse ihn in Flüelen sitzen, bei Mutter nein und Vater nein.
Ich hole mir eine Zeitung am Kiosk und gehe auf mein Perron*.
Als ich in den Zug steige, sehe ich den Kleinen vor dem Kiosk stehen. Er winkt mir, als der Zug
abfährt, und ich winke zurück.
Ich kenne sonst niemanden in Flüelen.
65 Niemanden – außer Martin.

* Perron: Bahnsteig auf Schweizerdeutsch

» Inhaltsangabe, S. 137 f.

Karen Köhler: Familienporträts #2

Löffeln und Schlürfen. Und wieder. Löffeln und Schlürfen. Löffeln. Und. Schlürfen. Ihre Rücken
krumm. Ihre Blicke eingesperrt in Erbsensuppe. Ich schabe im Takt mit. Die Küchenuhr ist unser
Metronom. Auf dem Grund ihrer Erbsensuppenseen werden Blumen sichtbar. Die Sonntagsteller
habe ich in meiner Kindheit auswendig gelernt. Weißes Porzellan mit grünem Blumenmuster.
5 Heute ist Freitag. Dafür ist Heiligabend. Also quasi Sonntag. Deshalb die Teller. Es ist 12.15 Uhr
mittags. Deshalb die Erbsensuppe. Im Grunde ist's völlig egal, ob ich hier sitze oder nicht, es macht
definitiv keinen Unterschied. Die sitzen hier auch sonst so und schweigen sich an. Nur mit anderen
Tellern.
„Und", sage ich, „wie geht es euch?"
10 Mutter blickt mich an. Ihre Augen durchbrechen kurz den Schleier der Routine. Vater löffelt weiter.
Sie lässt einen Takt aus. Dann steigt sie wieder ein in den Erbsensuppenkanon.
„Gut", sagt sie und Vater nickt.
Löffeln und Schlürfen. Tick. Tick. Tick.
„Wie geht es deiner Hüfte?", frage ich Mutter.

Literarische Texte zu den Themen Beziehungen und Kommunikation

15 „Geht", sagt sie, diesmal ohne aufzublicken und ohne aus dem Takt zu kommen.
Ich schaue Mutter an, und sie kommt mir auf einmal sehr alt vor. Abgearbeitet. In ihrem Gesicht suche ich vergeblich nach den Spuren eines Wunsches oder einer Lust. Pflicht und Gehorsam finde ich. Vaters Teller ist leer und Mutter füllt ihm nach. Sein massiges Wesen breitet sich unter allem aus. Wie seine Pranke den Löffel umgriffen hat. Was für Geräusche er macht. Wie er riecht.
20 Ich scheine ihn nicht zu interessieren, er schaut mich nicht einmal an. Meine Anwesenheit verändert keinen Millimeter seines Welterlebens. Ich rahme Vater und Mutter in das Küchenbild, das immer gleich geblieben ist, unverändert alle Gegenstände, immergleiches Ticktick, nur sie beide welken von Weihnachten zu Weihnachten dem Tod entgegen.
Ich habe dieses Küchenbild auswendig gelernt, ich habe die Eckbank gelernt, das gestickte
25 Sprüchlein, das kleine Radio auf dem Regal darüber, die Zierteller an der Wand. Ihr Schweigen. Die Küchenuhr. Das Ticken. Die ganze Küche, das Ess-, Wohn-, Schlaf- und das Kinderzimmer, das Haus, den Hof, das Dorf. Die Leichen in den Kellern und die darüber. Löffeln und Schlürfen. Tick. Tick. Tick.
„Na, hast du denn gar keinen Hunger, Junge?", sagt die Mutter und deutet mit ihren Augen auf
30 meinen Teller, der immer noch fast voll ist.
Ich beeile mich, in ihrem Takt mitzulöffeln. Befinde mich auf der Erbsensuppenüberholspur. Den Hausherrn hole ich nicht mehr ein. Er hebt den oberen Tellerrand an und kratzt die Suppenreste zusammen.
Zwischen zwei Suppenlöffeln sage ich es. Ganz schnell.
35 „Ich bin schwul."
Jetzt kratzt Mutter.
„Was gibt's heut Abend?", fragt Vater.
„Gans", sagt Mutter. Wie jedes Jahr.
„Aha", sagt Vater, steht auf und verlässt die Küche.

» Sprachanalyse, S. 86 f., S. 96–98

Michael Guery: Ich habe keine Vorurteile, aber …

Noch eine Stunde Zugfahrt, wie fülle ich bloß die Zeit. Unglaublich, wie der Mitreisende gegenüber gekleidet ist: schwarzer Ledermantel, zerrissenes Netzhemd, spiritistischer Schmuck. Gewiss bezahlt er ein Vermögen für seine verschlissenen Kleider. Dazu sein bleich geschminktes Gesicht mit schwarzer Augenpartie und Irokesenschnitt. Wo findet man mit solch einem Aussehen bloß
5 eine Stelle? Ich habe gewiss keine Vorurteile, aber vielleicht will der gar keine Arbeit finden, sondern von Sozialgeld leben. In einem gewöhnlichen Beruf wie Lehrer sehe ich den jedenfalls nicht, auch wenn er nachmittags schon Feierabend und Zeit für eine Zugfahrt hat. Lehrer tragen doch Cord-Jacketts und wissen immer ganz genau, wie alles funktioniert; das passt nicht zu meinem Gegenüber. Der hat sicher einen unüblichen Beruf wie Musiker mit Hang zu Drogen oder
10 Friseur für ausgefallene Haarschnitte. Allerdings, männliche Friseure gelten doch als homosexuell und meinem Gegenüber fehlt die feminine Gestik. Oder ist das ein Klischee? Aber abgemagert wirkt er; ob er wohl Veganer ist und nur biologische Körner und Blumen knabbert? Vielleicht ist er dafür sensibel und kann zuhören, verbringt die Wochenenden nicht in Baumärkten und hinter-

Literarische Texte zu den Themen Beziehungen und Kommunikation

lässt keine Haare in der Dusche. Ein wahrer Traummann! Gewiss ist er so sensibel, weil sich seine
Eltern früh trennten und nun studiert er Psychologie, um seine Probleme zu bewältigen. Als
Student kann er sich nämlich sein auffälliges Äußeres erlauben. Und nun hat er nach einem Fest
ausgeschlafen und fährt nachmittags zur Uni. Indes könnte er auch Informatik-Student sein, die
sind doch bleich und schmächtig, weil sie immer in dunklen Räumen sitzen und kalte Pizza vom
Lieferservice essen. Allerdings tragen Informatiker schon auf dem ersten Ultraschallbild eine dicke
Brille und die fehlt meinem Gegenüber. Aber die Tätowierung auf seinem Hals finde ich beängstigend. Ob man mit dem ein normales Gespräch führen kann? Nun ist sein Buchzeichen herabgefallen. Soll ich es aufheben?
„Hier, Ihr Buchzeichen. Das ist doch gerne geschehen. Was meinen Sie? Sie werden oft nicht so
nett behandelt, weil sich manche Menschen vor Ihrem Äußeren fürchten? Gewisse denken sogar,
man könne nicht normal mit Ihnen sprechen? Unglaublich, dass Menschen zu solchem Schubladendenken neigen! Was lesen Sie gerade, wenn die Frage erlaubt ist? Ah, das ist nur ein Baumarkt-Katalog. Sie stehen immer früh auf und waren heute bei Ihren Eltern, um gemeinsam ein neues
Grillrestaurant zu besuchen. Und jetzt gehen Sie noch in einen Baumarkt einkaufen, weil Sie Ihre
Ferien zum Schreinern nutzen wollen; ich verstehe. Was sind Sie denn von Beruf, wenn ich fragen
darf? Sie arbeiten als Lehrer in einem Jugendheim, wie engagiert! Ihnen ist wichtig, Heranwachsende von Drogen fernhalten zu können, damit diese später ihren Weg finden und nicht arbeitslos
werden. Dank Ihrem Äußeren finden Sie oft leichteren Zugang zu Jugendlichen aus einem
schwierigen Umfeld. Interessant! Da kommt die Zugdurchsage, an der nächsten Station muss ich
leider aussteigen. Ich habe das nette Gespräch mit Ihnen sehr geschätzt. Wenn es nicht indiskret
ist, möchten Sie noch fragen, was ich von Beruf bin? Ich bin Juristin. Wieso können Sie das kaum
glauben? Doch, Sie können sich ungeniert äußern. Sie haben immer gedacht, Juristinnen trügen in
der Freizeit Segelschuhe, Polohemden und Rauten-Pullover um die Schultern? Aber das ist doch
ein Klischee, denken Sie nicht?"

» Figurencharakteristik, S. 78 f., S. 139 f.

Ernest Hemingway: Ein Tag Warten

Er kam ins Zimmer, um die Fenster zu schließen, während wir im Bett lagen, und ich fand, dass er
krank aussah. Er fröstelte; sein Gesicht war weiß, und er ging langsam, als ob jede Bewegung wehtäte.
„Was ist los, Schatz?"
„Ich habe Kopfschmerzen."
„Dann geh lieber wieder ins Bett."
„Nein, ich bin ganz in Ordnung."
„Du gehst ins Bett. Ich komme zu dir, sobald ich angezogen bin."
Aber als ich herunterkam, war er angezogen und saß am Feuer und sah wie ein kranker, jämmerlicher, neunjähriger Junge aus. Als ich ihm die Hand auf die Stirn legte, wusste ich, dass er Fieber
hatte.
„Du gehst rauf ins Bett", sagte ich. „Du bist krank."
„Ich bin ganz in Ordnung", sagte er.
Als der Doktor kam, nahm er die Temperatur des Jungen.

Literarische Texte zu den Themen Beziehungen und Kommunikation

„Wie viel hat er?", fragte ich ihn.

15 „Hundertundzwei."

Unten ließ der Doktor drei verschiedene Medikamente in verschiedenfarbigen Kapseln zurück, mit Anweisungen, wie sie zu nehmen waren. Das eine sollte das Fieber herunterbringen, das zweite war ein Abführmittel, und das dritte war gegen Übersäure im Magen. Die Grippebazillen können nur bei Übersäure existieren, hatte der Arzt erklärt. Er schien alles über Grippe zu wissen und

20 sagte, es wäre nicht weiter besorgniserregend, falls die Temperatur nicht auf hundertundvier stiege. Es herrsche eine leichte Grippeepidemie, und es bestände keinerlei Gefahr, wenn keine Lungenentzündung hinzukäme.

Als ich wieder ins Zimmer kam, schrieb ich die Temperatur des Jungen auf und notierte, wann man ihm die verschiedenen Medikamente geben sollte.

25 „Möchtest du, dass ich dir vorlese?"

„Schön. Wenn du willst", sagte der Junge. Sein Gesicht war sehr weiß, und er hatte dunkle Schatten unter den Augen. Er lag reglos im Bett und schien gleichgültig gegen alles, was vorging.

Ich las ihm aus Howard Pyles Piratenbuch vor, aber ich sah, dass er nicht bei der Sache war.

„Wie fühlst du dich, Schatz", fragte ich ihn. „Genauso wie vorhin", sagte er.

30 Ich saß am Fußende des Bettes und las für mich, während ich darauf wartete, dass es Zeit war, ihm wieder ein Pulver zu geben. Normalerweise hätte er einschlafen müssen, aber als ich aufblickte, blickte er das Fußende des Bettes an und hatte einen sehr seltsamen Ausdruck im Gesicht.

„Warum versuchst du nicht einzuschlafen? Ich werde dich wecken, wenn es Zeit für die Medizin ist."

„Ich möchte lieber wach bleiben."

35 Nach einer Weile sagte er zu mir: „Papa, du brauchst nicht hier bei mir zu bleiben, wenn es dir unangenehm ist."

„Es ist mir nicht unangenehm."

„Nein, ich meine, du brauchst nicht zu bleiben, wenn es dir unangenehm wird."

Ich dachte, dass er vielleicht ein bisschen wirr wäre, und nachdem ich ihm um elf das verschriebene

40 Pulver gegeben hatte, ging ich eine Weile hinaus.

Es war ein klarer, kalter Tag. Den Boden bedeckte eine Graupelschicht, die gefroren war, sodass es aussah, als ob all die kahlen Bäume, die Büsche, das Reisig und all das Gras und der kahle Boden mit Eis glasiert wären. Ich nahm den jungen irischen Hühnerhund zu einem kleinen Spaziergang mit, die Landstraße hinauf und dann einen zugefrorenen Bach entlang, aber es war schwierig, auf

45 der glasigen Oberfläche zu stehen oder zu gehen, und der rotbraune Hund rutschte aus und schlidderte, und ich fiel zweimal heftig hin, und das eine Mal ließ ich meine Flinte dabei fallen, die ein ganzes Stück über das Eis wegglitt.

Wir jagten ein Volk Wachteln unter einer hohen Lehmbank mit überhängendem Gestrüpp auf und ich tötete zwei, als sie über die Anhöhe hinweg außer Sicht gingen. Einige stießen in die Bäume

50 nieder, aber die meisten schwärmten in die Reisighaufen, und man musste mehrmals auf den eisüberzogenen Reisighügeln hin- und herspringen, bis sie hochgingen. Es war schwierig, sie zu treffen, als sie aufflogen, während man unsicher auf dem eisglatten, federnden Reisig stand, und ich tötete zwei und verfehlte fünf und machte mich auf den Heimweg, vergnügt, weil ich so dicht von zu Haus ein Wachtelvolk aufgetrieben hatte, und war froh, dass für einen andern Tag noch so

55 viele übrig waren.

Literarische Texte zu den Themen Beziehungen und Kommunikation

Im Haus sagte man mir, dass der Junge keinem erlaubt habe, in sein Zimmer zu kommen.
„Du kannst nicht reinkommen", hatte er gesagt.
„Du darfst das nicht bekommen, was ich habe."
Ich ging zu ihm hinauf und fand ihn in genau derselben Lage, wie ich ihn verlassen hatte,
60 weißgesichtig, aber mit roten Fieberflecken auf den Backen. Er starrte immer noch, wie er vorher gestarrt hatte, auf das Fußende des Bettes. Ich nahm seine Temperatur.
„Wie viel habe ich?"
„Ungefähr hundert", sagte ich. Es waren hundertundzwei und vier Zehntel.
„Es waren hundertundzwei", sagte er.
65 „Wer hat das gesagt?"
„Der Doktor."
„Deine Temperatur ist ganz in Ordnung", sagte ich. „Kein Grund, sich aufzuregen."
„Ich rege mich nicht auf", sagte er, „aber ich muss immer denken."
„Nicht denken", sagte ich. „Nimm's doch nicht so tragisch."
70 „Ich nehme es nicht tragisch", sagte er und sah starr vor sich hin.
Er nahm sich offensichtlich wegen irgendetwas schrecklich zusammen.
„Schluck dies mit etwas Wasser."
„Glaubst du, dass es helfen wird?"
„Natürlich wird es."
75 Ich setzte mich hin und schlug das Piratenbuch auf und begann zu lesen, aber ich konnte sehen, dass er nicht folgte, darum hörte ich auf.
„Um wie viel Uhr glaubst du, dass ich sterben werde?", fragte er.
„Was?"
„Wie lange dauert es noch ungefähr, bis ich sterbe?"
80 „Aber du stirbst doch nicht. Was ist denn los mit dir?"
„Ich werde. Ich habe gehört, wie er hundertundzwei gesagt hat."
„Aber man stirbt doch nicht bei einer Temperatur von hundertundzwei. Es ist albern, so zu reden."
Er hatte den ganzen Tag auf seinen Tod gewartet, die ganze Zeit über, seit neun Uhr morgens.
„Mein armer Schatz", sagte ich. „Mein armer alter Schatz. Es ist wie mit Meilen und Kilometern.
85 Du wirst nicht sterben. Es ist ein anderes Thermometer. Auf dem Thermometer ist siebenunddreißig normal, auf dieser Sorte ist es achtundneunzig."
„Bist du sicher?"
„Völlig", sagte ich. „Es ist wie mit Meilen und Kilometern. Weißt du, so wie: ‚Wie viel Kilometer machen wir, wenn wir siebzig Meilen im Auto fahren?'"
90 „Ach", sagte er.
Aber die Starre schwand langsam aus seinem auf das Fußende seines Bettes gerichteten Blick; auch seine Verkrampftheit ließ schließlich nach und war am nächsten Tag fast ganz weg, und er weinte wegen Kleinigkeiten los, die ganz unwichtig waren.

» Erzähltechnik, S. 82–85

Grüßen statt Mathe

Gute Kopfnoten sind Betrieben wichtiger als fachliche Leistungen
von Roland Preuß

Manchmal muss man ganz von vorne anfangen. „Kannst du dir vorstellen, warum sich Leute die Hand geben?", heißt es im „Knigge heute", einem Büchlein für baden-württembergische Schüler. Ursprünglich habe man so zeigen wollen, dass man ohne Waffe in der Hand unterwegs sei, lernen die Jugendlichen, heute grüße man „immer, wenn man jemanden trifft, den man kennt", und nehme in geschlossenen Räumen sogar die Baseballkappe ab. Und: „Vorgesetzte, Lehrer oder ältere Menschen hören gerne ‚guten Tag' oder ‚auf Wiedersehen'." Grundlagenarbeit, würden Pädagogen sagen.

Der Gebrauch der Knigge-Tugenden ist bei vielen Schülern noch ausbaufähig, wie Lehrer bestätigen können. Nun bekommen sie neue Argumente an die Hand, um Flegeln und Faulenzern ins Gewissen zu reden: Betriebe achten bei der Auswahl ihrer Bewerber besonders auf Aussagen und Noten zum Arbeits- und Sozialverhalten im Zeugnis. Die sogenannten Kopfnoten sind ihnen sogar wichtiger als gute Zensuren in den Fächern. Dies ist das Ergebnis einer Untersuchung des Wissenschaftszentrums Berlin (WZB), die soeben in der Zeitschrift *European Sociological Review* erschienen ist.

Die Forscherinnen Paula Protsch und Heike Solga haben gut 320 fiktive Bewerbungen von Absolventen mit mittlerem Schulabschluss an Betriebe verschickt. Einmal hatten die Kandidaten durchgehend gute Bewertungen für ihr Verhalten, aber unterschiedliche Notenschnitte zu bieten. In einer zweiten Gruppe hatten alle den Notenschnitt 3,0, aber unterschiedliche Urteile zum Verhalten. Wer würde eher zu einem Vorstellungsgespräch eingeladen? Die Antwort war eindeutig: Den Chefs waren Sekundärtugenden wichtiger als gute Kenntnisse in Deutsch oder Mathematik. Die Bewerber mit dem bescheidenen Schnitt von 3,4, aber guten Kopfnoten hatten eine doppelt so hohe Wahrscheinlichkeit, zum Vorstellungsgespräch eingeladen zu werden, als diejenigen mit 3,0, aber mit Verhaltenszensuren, die einen neuen Grobian oder Bummelanten im Betrieb befürchten ließen.

Fast alle Bundesländer dokumentieren das Verhalten der Schüler im Zeugnis. Manche wie Brandenburg vergeben Kopfnoten in sieben Kategorien, etwa für „Lern- und Leistungsbereitschaft", Mecklenburg-Vorpommern bewertet die „Umgangsformen", andere wie Bayern und Nordrhein-Westfalen erlauben zumindest bis zu den mittleren Klassenstufen schriftliche Kommentare, die aber in Bayern laut Kultusministerium nicht offensichtlich negativ sein dürfen, um niemandem die Zukunft zu verbauen.

Heike Solga kann die Haltung der Betriebe zwar nachvollziehen. „Persönlichkeitsmerkmale zu verändern, ist schwieriger, als Wissenslücken in Deutsch oder Mathematik zu füllen", sagt die Soziologie-Professorin, „andererseits können die Betriebe gar nicht einschätzen, wie Kopfnoten zustande kommen."

Das klingt nach einer neuen Ausrede für Schüler, die lausige Noten heimbringen. Doch das gibt die Studie nicht wirklich her: Bewerber mit schlechten Kopfnoten hatten zwar schlechte Chancen, aber auch die mit einem Schnitt von 3,4 sortierten die Betriebe viel häufiger aus als die mit 3,0. Jedem fleißig die Hand zu geben, reicht dann doch nicht.

(Süddeutsche Zeitung, 27.04.2015)

» Textgebundene Erörterung, S. 269–294

Sachtexte zu den Themen Bildung und Beruf

Kulturagenten
Kleine Gangster

Kulturelle Bildung kommt an vielen Schulen zu kurz. Stiftungen fördern daher Kulturagenten. Einer von ihnen drehte mit Schülern einen Actionfilm.
von Malte Buhse

Es war eine Premiere wie in Hollywood. Ein ausverkauftes Kino, stolze Hauptdarsteller und auf der Leinwand ein rasanter Actionfilm. Anfang Februar lief *Das Millionengrab* das erste Mal vor Publikum, ein Film über den Kampf der Polizei gegen ein rücksichtsloses Verbrechersyndikat. In den Hauptrollen: 16 Schüler der Stadtteilschule Winterhude in Hamburg. Regie führte unter anderem Matthias Vogel. Der 35-jährige Filmemacher hat seit zwei Jahren einen neuen Job: Er ist Kulturagent.

Und damit Teil eines der größten Projekte für kulturelle Bildung an Schulen in den vergangenen Jahren. 20 Millionen Euro haben die Stiftung Mercator und die Kulturstiftung des Bundes 2011 für die Initiative „Kulturagenten für kreative Schulen" bereitgestellt. Mit dem Geld sollen Schulen vier Jahre lang künstlerische Projekte umsetzen können. Im thüringischen Dingelstädt machen 40 Schüler zum Beispiel mit einem Archäologen Ausgrabungen. In Erfurt hat eine Gesamtschule ein Zirkuszelt angemietet, die Schüler üben den Auftritt in der Manege. Und Matthias Vogel konnte zwei renommierte Kurzfilmregisseure an die Stadtteilschule Winterhude holen und eine professionelle technische Ausstattung für seinen Film zusammenstellen.

Drei Wochen lang drehte er mit den Regisseuren und Schülern auf einem alten Fabrikgelände, in einem Kongresszentrum und in Hochhaussiedlungen. Das Ergebnis kann sich sehen lassen: Es gibt Verfolgungsjagden, kaltblütige Auftragskiller, Angriffe mit Panzerfäusten und riesige Explosionen – Hollywood in Hamburg eben. „Wir haben alle klassischen Elemente eines Actionfilms eingebaut", sagt Vogel. Das Geld der Stiftungen hat es möglich gemacht.

Sie wollen, dass Schulen wieder mehr Kultur auf den Stundenplan setzen und dabei auch mal andere Formen ausprobieren als im klassischen Kunst- und Musikunterricht. „Nach den ersten Pisa-Tests gab es an vielen Schulen eine Konzentration auf die harten Kernfächer", sagt Winfried Kneip, der das Kompetenzzentrum Bildung der Stiftung Mercator leitet. Dabei sei kulturelle Bildung ebenso wichtig. So hat er zusammen mit der Kulturstiftung vor zwei Jahren 46 Kulturagenten eingestellt, meistens Künstler oder Kulturpädagogen, die bereits Erfahrung in der Arbeit mit Kindern und Jugendlichen haben. Anschließend wählten die Stiftungen 138 Schulen in fünf Bundesländern aus.

Jede Schule bekommt in den vier Jahren insgesamt rund 53 000 Euro und einen Kulturagenten zugeteilt. Der entscheidet, wofür das Geld ausgegeben wird, und muss dabei für jedes Projekt einen Antrag stellen. Nicht jedes ist dabei so spektakulär wie der Actionfilm von Matthias Vogel. Auch klassische Theaterkurse oder eine Malerei-AG werden durch das Kulturagenten-Programm gefördert. Denn an vielen Schulen fehlt sogar dafür das Geld.

So wie an der Gesamtschule Weierheide in Oberhausen. [...] Erst mit dem Geld aus dem Kulturagenten-Projekt konnte Schulleiter Dietsch unter anderem einen Theaterkurs und Tanzunterricht mit einem Profitänzer anbieten. Beides sogar über mehrere Jahre. „Über so einen langen Zeitraum kann ich ganz anders mit den Kindern arbeiten, als wenn ich nur ein paar Wochen komme", sagt Niemeier. Diese Arbeit zahlt sich aus. Ein 14-jähriger Schüler erzählt, dass der Theaterkurs sein absolutes Lieblingsfach sei. Hier habe er gelernt, wie man Körpersprache und Mimik einsetzen könne, um sich in Diskussionen durchzusetzen.

Den Kontakt zu Niemeier hat Anke Troschke hergestellt. Sie ist eine von drei Kulturagentinnen im Ruhrgebiet und für drei Schulen in Oberhausen zuständig. Troschke vermittelt den Schulen Künstler für die einzelnen Projekte, sie stellt Förderanträge und initiiert dann Kooperationen zwischen den Schulen und Kultureinrichtungen. „Am Anfang bin ich mit jedem, der hier etwas mit Kultur zu tun hatte, Kaffee trinken gegangen und habe besprochen, wie man Schulen und Kulturbetriebe zusammenbringen kann", sagt Troschke.

Die Künstler sollen aber nicht nur die Schüler für

Sachtexte zu den Themen Bildung und Beruf

Kultur begeistern, sondern auch den Lehrern neue Ansätze zeigen. „Sie haben eine ganz andere Perspektive auf das Lehren, weil sie nicht so im Schulalltag stecken", sagt Michael Poetz, Musiklehrer und stellvertretender Schulleiter der Gesamtschule Weierheide. „Wir haben in der Ausbildung ja eher die klassischen Methoden gelernt."

Viele Schulministerien unterstützen daher das Projekt. „Die Künstlerinnen und Künstler tun den Schulen sehr gut und können den ganzen Lernprozess verändern", sagt etwa Sylvia Löhrmann, Schulministerin in Nordrhein-Westfalen. Ihr Ministerium hat den Schulen erlaubt, einen Lehrer für zwei Stunden pro Woche für das Projekt freizustellen. Außerdem zahlt das Land die Hälfte der Gehälter der Kulturagenten.

Manchmal kommt es durch die Ideen der Künstler allerdings auch zu Konflikten. In Hamburg beschweren sich einige besorgte Eltern bei Matthias Vogel, nachdem sie den Trailer zu seinem Schüler-Actionfilm gesehen hatten. „Dass dort Kinder mit Waffen aufeinander schießen, fanden einige problematisch", sagt er. „Genau diese Debatten will ich aber mit solchen Projekten anstoßen." Actionfilme gehörten genauso zu Kultur wie die *Zauberflöte*, sagt Vogel. „Die Schüler können durch die Auseinandersetzung mit diesen Filmen viel lernen."

Und Alexander Farenholtz, Verwaltungsdirektor der Kulturstiftung des Bundes, sagt: „Wir wollen mit dem Projekt auch dafür sorgen, dass sich die Kulturinstitutionen neuen Formen öffnen." So sollen Museen und Theater wieder interessanter für Jugendliche werden. Denn den Stiftungen geht es bei dem Kulturagenten-Projekt auch darum, das Publikum von morgen zu gewinnen.

Deshalb soll die Zusammenarbeit zwischen Schulen und Kulturinstitutionen auch nach dem Ende des Projekts 2015 weitergehen. In Oberhausen hat Anke Troschke für ihre drei Schulen zahlreiche Kooperationsverträge mit Museen und Schauspielhäusern geschlossen. „Kultur soll ein fester Bestandteil des Schulunterrichts werden", sagt Winfried Kneip von der Stiftung Mercator.

Ob das klappt, ist allerdings noch fraglich. Wenn die Kulturagenten wieder weg sind und das Geld aufgebraucht ist, müssten Schulleiter die aufwendigen Kulturprojekte wieder selber organisieren und vor allem bezahlen. Das werde äußerst schwierig, sagt Hermann Dietsch von der Gesamtschule Weierheide. „Wir haben leider überhaupt kein Geld dafür."

www.zeit.de © ZEIT ONLINE

» Inhaltsangabe, S. 131 f.; dialektische Erörterung, S. 192 f.

Und, was machen Sie so?

Wir tun gerne so, als seien wir höflich und der Beruf des Gegenübers interessiere uns tatsächlich. Dabei wollen wir mit der perfiden Frage in Wahrheit doch etwas ganz anderes erreichen.

von Morten Freidel

Dieser Text muss mit einer Floskel beginnen: Wer kennt das nicht? Man sitzt an einer Bar, das Feierabendbier spült den Alltag runter, man kommt mit dem Nachbarn ins Gespräch, über das Wetter und über Fußball, jedenfalls nicht über das, was man vor wenigen Minuten noch im Büro getan hat. Wenn die Dinge gut laufen, rastet das Gespräch irgendwo ein. Man selbst ist zum Beispiel der Meinung, das Wetter könnte besser sein, der Barnachbar, das Wetter könnte besser nicht sein, und schon hat man eine Diskussion, die umso leidenschaftlicher geführt wird, je nichtiger ihr Anlass ist.

Dann kommt der katastrophale Wendepunkt: „Und, was machen Sie so?" Leider ist diese Frage nie so harmlos gemeint, wie sie daherkommt. Also wäre auch eine Antwort dahin gehend, dass man gerade ein Bier trinke oder im Begriff war, sich zu unterhalten, keine gute Verteidigungsstrategie.

Sachtexte zu den Themen Bildung und Beruf

„Und, was machen Sie so?" Diese unsäglichste aller Floskeln zielt direkt ins Herz des ungebrochenen bürgerlichen Selbstverständnisses: des Berufs. Es ist eine sublimierte Aufforderung zum Duell. Wenn man im Wilden Westen jemanden herausfordern wollte, knurrte man: zieh! Heute fragt man: „Und, was machen Sie so?"

Die Frage nach dem gesellschaftlichen Status folgt einem wie ein streunender Hund durch alle Lebenslagen. Auf Studentenpartys soll man sagen, wofür man eingeschrieben ist, begleitet von wohlwollenden oder abschätzigen Blicken, im Berufsleben, womit man seine Brötchen verdient, und im Rentenalter, mit welchen Hobbys man die verbleibende Lebenszeit totschlägt. Hinter jedem unverbindlichen Gespräch lauert der Vergleich. Es scheint, als könnten sich manche Menschen gar nicht unterhalten, ohne zu wissen, mit wem sie es zu tun haben. Dahinter steckt aber nur selten echte Neugier. Es geht auch nur scheinbar darum, das, was andere von sich geben, in eine Schublade einzusortieren. […] Tatsächlich zielt die Frage gar nicht auf den Gesprächspartner. Sie ist ein Versuch, sich selbst zu verorten. Viele wissen offenbar erst, wer sie sind, wenn sie wissen, wer der andere ist. Ihr Wert bemisst sich in der Gegenüberstellung.

Was aber soll man antworten, wenn einem der eigene Beruf nichts bedeutet? Dass man Familienmensch sei? Heavy-Metal-Fan? Gelegenheitsraucher? Die Frage „Und, was machen Sie so?" suggeriert, dass man ist, was man macht – weder die Summe der eigenen Erfahrungen noch eine Ansammlung verschiedener Rollen. Natürlich könnte man versuchen, sie zu boykottieren. Man könnte antworten: Nachts träume ich davon, berühmt zu sein, morgens versuche ich, den Kaffee nicht zu verschütten, und wenn ich nach der Arbeit noch Zeit habe, widme ich mich meinen Tarot-Karten. Nur wird die nächste Frage dann lauten: „Und, was arbeiten Sie so?" Der Statusfrage entkommt niemand.

Das ist aber nicht ihr einziges Problem. Denn was auch immer man antwortet: Es wird gegen einen verwendet. […]

Das schlimmste Szenario tritt allerdings erst ein, wenn man zu hören bekommt: „Interessant." Das ist der Schuss durch die Lunge, die vollständige Vernichtung. Wem das passiert, der kann nur noch mit zittrigen Fingern seinen Drink runterspülen und als Geschlagener den Heimweg antreten.

Es hilft übrigens auch nichts, auf seine Privatsphäre zu pochen. Wer das tut, hat schon verloren, bevor es zur Sache geht. Das ist so, wie im Saloon das Hosenbein hochzukrempeln und aufs Holzbein zu klopfen. Man gibt schon vorher auf. Man verdeutlicht, dass man kein ebenbürtiger Gegner ist. Der Barnachbar wird glauben, man sei arbeitslos oder anderweitig statusgefährdet, und milde triumphierend in sein Bierglas lächeln.

Eins ist klar: Die Frage „Und, was machen Sie so?" fällt unter den Tatbestand der Folter. Sie gehört auf den gesellschaftlichen Index. Künftig sollten sich Menschen wieder ganz ohne Ansehen der Person unterhalten, Themen gäbe es ja genug, und notfalls bleibt immer noch das Wetter, das ändert sich ja auch täglich. […]

(Frankfurter Allgemeine Zeitung, 07./08.03.2015)

» Sprachverhalten reflektieren, S. 176

Was der Chef wert ist

von Alexandra Borchardt

Wenn unzufriedene Mitarbeiter kündigen, verlassen sie nicht Unternehmen, sondern ihren direkten Vorgesetzten. Diese Erkenntnis aus dem Formelbuch der Personaler ist alt, wird aber in Firmen noch immer gerne ignoriert. Schließlich richtet sich der Scheinwerfer in vielen Häusern eher auf eine starke Marke, ein großartiges Produkt oder einen charismatischen Chef als dorthin, wo es täglich zur Sache geht: auf die einzelnen Abteilungen, in denen jeder Mitarbeiter immer wieder entscheidet, ob er seine Energie und seine Ideen für das Wohl seines Unternehmens einsetzt oder doch lieber nur Dienst nach Vorschrift macht.

Sachtexte zu den Themen Bildung und Beruf

Hauptsache, die Zahlen stimmen: Das reicht nicht mehr. Wichtiger noch ist die Stimmung im Team

Das kann sich eine Firma leisten, solange es für ihr Wohlergehen reicht, wenn alle Beschäftigten ihre Pflicht erfüllen. Und solange für einen frei werdenden Job zehn qualifizierte Bewerber auf der Reservebank warten. Aber beides kommt immer seltener vor. Die digitale Revolution zwingt praktisch jede Branche und jedes Unternehmen dazu, Geschäftsmodelle infrage zu stellen und zügig auf Wandel zu reagieren. Wohl dem, der dann wache, kluge und loyale Mitarbeiter hat, die ständig mitdenken.

Insofern ist es eine richtige Idee, wenn immer mehr Firmen […] ihre Führungskräfte auch danach bezahlen wollen, wie zufrieden ihre Mitarbeiter sind. Die Logik dahinter ist einfach: Zufriedene Mitarbeiter gedeihen nur unter guten Chefs. Schlechte Führungskräfte wiederum verprellen gute Mitarbeiter. Und unter den Talenten spricht es sich schnell herum, wenn Druck und Kontrolle statt Freiheit und Entfaltungsmöglichkeiten eine Unternehmens- oder Abteilungskultur prägen.

Bei der Vorstandsvergütung zu beginnen, ist allerdings vor allem Symbolpolitik und darf nur am Anfang stehen. Denn Ziel sollte es ja sein, auf allen Ebenen in gute Führung zu investieren. Dazu muss zunächst eine Diskussion darüber in Gang kommen, wie wichtig das ist. Das funktioniert am besten, wenn es die Verantwortlichen persönlich am Kontostand spüren. Soll Wandel glaubwürdig sein, müssen ihn diejenigen an der Spitze vorleben.

Dieses Umdenken bei den Bezahlungssystemen bedeutet aber viel mehr als nur ein längst notwendiger Blick aufs Talentmanagement. Viel zu lange wurde die Leistungskraft von Managern alleine an Quartals- oder Jahreszahlen und am Verlauf von Aktienkursen gemessen. Shareholder-Value nannte man diesen Ansatz, der mancherorts noch immer gilt. Er belohnt kurzfristiges Denken und einen Fokus auf mehr Effizienz. So manch ein Sparprogramm wurde daraus geboren, das sich später rächt. Hauptsache, am Ende der Berichtsperiode stimmen die Zahlen.

Spätestens seit dem Ausbruch der Wirtschafts- und Finanzkrise weiß man, dass diese Art Bonus-Kultur zerstörerisch wirken kann. Statt in die Zukunft wurde in die Gegenwart investiert. In vielen Firmen ging das an die Substanz. Wie bei einem Kettenbrief sackten die Ersten die großen Gewinne ein, die Nachzügler kämpften damit, was übrig blieb. Nachhaltig ist anders.

Chefinnen und Chefs müssen heute ganz anderes anstreben als den schnellen (Kurs-)Gewinn. Früher war Kapital entscheidend, um Maschinen zu kaufen, Fabriken zu bauen oder ins Ausland zu expandieren. Das gibt es heute im Überfluss. Woran es mangeln könnte, sind Mitarbeiter, die gute Ideen haben. Denn welches Unternehmen weiß schon so genau, womit es in 20 Jahren sein Geld verdienen wird? Das Geschäftsmodell von heute kann morgen schon von gestern sein. Was heute noch als Hochtechnologie gilt, das könnte morgen nur noch fürs Industriemuseum taugen.

Manager müssen deshalb beides nebeneinander pflegen: eine Kultur der Effizienz und eine der Experimente. So müssen Autokonzerne einerseits präzise und in großer Zahl Fahrzeuge produzieren, andererseits Mobilitätskonzepte ausprobieren und Antriebsformen der Zukunft testen. Was die Energiekonzerne derzeit schmerzlich erleben, kann bald dem Bankensektor oder der Telekommunikationsbranche drohen: Niemand ist sicher.

Mitarbeiter sind deshalb das wirkliche Kapital. Unternehmen sind gut beraten, auf Talente zu setzen – in all ihrer Vielfalt. Sie müssen Raum schaffen für den kauzigen Kreativen, die Ideenschleuder, den zuverlässigen Macher und die detailverliebte Mahnerin, den IT-Freak und die Philosophin. Es gilt, all diese Talente zusammenzubringen und zu führen, oft über Zeitzonen und räumliche Grenzen hinweg. Das ist eine Aufgabe für Fortgeschrittene. Aber wer in seine Mitarbeiter investiert, investiert in die Zukunft.

(Süddeutsche Zeitung, 25.03.2015)

» Grundlagen der Motivation im Beruf, S. 259–261

Sachtexte zu den Themen Bildung und Beruf

Kritik am Arbeitsplatz
„In Deutschland fehlt eine Kultur der Kritik"

In deutschen Büros wird nicht zu viel kritisiert, sondern zu wenig. Die Psychotherapeutin Bärbel Wardetzki weiß, wann konstruktive Kritik angebracht ist und positiv wirken kann.

von Anna Sabina Sommer, wiwo.de

Welche Rolle spielt Kritik in unserem Alltag?
Kritik ist in unserem Alltag gegenwärtig. Wir sind also ständig damit beschäftigt, unser Selbstwertgefühl auszubalancieren.

Werden wir im Berufsalltag häufiger gelobt oder kritisiert?
Eine konstruktive Kritik kommt im Berufsalltag genauso selten vor wie Lob. In Deutschland fehlt eine gute Kritikkultur, die dafür sorgt, dass wir uns im Berufsalltag auf eine wohlwollende Art auf Schwächen hinweisen. Ich kann aber Vorgesetzte auch nicht verstehen, warum sie nicht das Lob mehr nutzen, um die Arbeitsmotivation der Mitarbeiter zu stärken.

Warum?
Wenn kritisiert wird, dann erfolgt das Urteil meist in sogenannten Mitarbeitergesprächen in geballter Ladung und macht dann nicht unbedingt Mut. Arbeitnehmer müssen sich wieder sicher fühlen, Fehler zeigen zu dürfen.

Was passiert mit uns, wenn wir kritisiert werden?
Wenn Kritik wahrhaftig ist, sticht sie immer ins Herz und tut im ersten Moment weh. Das ist ganz normal.

Wie gehe ich damit um?
Es ist immer abhängig von der emotionalen Verfassung, wie nah wir eine Kränkung an uns heranlassen. Aber in der Regel sollte man erst einmal tief durchatmen und sich nicht zu Dingen hinreißen lassen, die man möglicherweise mit ein bisschen Abstand und gutem Rat im Nachhinein nicht mehr unterschreiben würde.

Wann wird aus Kritik eine Kränkung?
Kritik, die ich nicht selbst erwünscht habe, wirkt meist wie eine Kränkung. Sie sollte aber nicht unbedingt derart das Selbstwertgefühl angreifen, dass man danach gleich meint, den Beruf verfehlt zu haben. Oder noch viel schlimmer: glaubt, keine Berechtigung mehr im Leben zu haben.

Kann auch mangelnde Resonanz kränken?
Es gibt Menschen, die vieles als Kritik und Kränkung interpretieren, das aber gar nicht so gemeint ist. Wenn Sie aber das Gefühl haben sollten, dass Ihr Vorgesetzter Ihnen bestimmte Arbeiten vorenthält oder sogar entzieht, sollten Sie ihn einfach darauf ansprechen. Manchmal steckt ein ganz einfacher Grund dahinter, der gar nichts mit Ihrer Arbeit zu tun hat. Man sollte immer aufpassen, dass nicht irgendwelche paranoiden Gedanken die Oberhand übernehmen.

Kann aus einer Reihe von Kränkungen Mobbing entstehen?
In der Regel haben Kränkungen im Alltag nichts mit Mobbing zu tun. Da muss man sehr vorsichtig sein. Denn von Mobbing lässt sich erst sprechen, wenn der Konflikt verhärtet ist und kaum ein Ausweg möglich ist. Mobbing kann aber aus einer Reihe von ungelösten Kränkungskonflikten entstehen. Beispielsweise, wenn wir unfähig sind, uns Angriffen zu stellen.

Mobbing ist also immer eine Konsequenz unserer Unfähigkeit, mit Kränkung umzugehen?
Statt sich einem Konflikt zu stellen, reagiert man wütend, sauer und passiv. Mit diesem Verhalten unterstützt man das Gefühl des Ausgeschlossenseins zusätzlich. Hält dieser Zustand über einen längeren Zeitraum an, kann sich daraus sogar Mobbing entwickeln.

Warum kritisieren narzisstische Menschen besonders scharf?
Narzisstische Menschen haben sich einen idealen Aufbau als Schutz ihres Selbstwertgefühls aufgebaut. Sie reagieren daher aggressiv und abwehrend. Sie dürfen

Sachtexte zu den Themen Bildung und Beruf

nicht zulassen, etwas falsch gemacht zu haben, sonst würde ihr Gebäude wanken. Sie retten sich daher in
70 Überheblichkeit, die ihnen ermöglicht, die Fassade zu wahren. Dies dient ihnen als Ersatz für die fehlende innere Sicherheit – obwohl sie so selbstsicher wirken.

Wie können wir uns nach vermehrter Kritik wieder selbst motivieren?
75 Selbstfürsorge üben, indem wir uns auf unsere Fähigkeiten und Kompetenzen besinnen und uns nicht entwerten. Wir stärken unser Selbstwertgefühl, indem wir uns positive Rückmeldungen holen und durch andere unser Können bestätigen lassen.

www.karriere.de

» Textgebundene Erörterung, S. 269–294

Sachtexte zum Thema Vernetzung

Über das verlogene Ideal der Meinungsfreiheit im Netz

Wer im Internet Opfer von Sexismus oder Rassismus wird, bekommt oft ein Schlagwort serviert: Meinungsfreiheit. Ein verlogenes Ideal.
von Hakan Tanriverdi

Das Internet ist weiß, männlich und tut alles, damit das so bleibt. Nach einem Jahrzehnt mit Facebook, Reddit und Twitter ist mein persönliches Zwischenfazit, dass die Dienste daran nichts ändern wollen. Sie sind nicht bereit, die Konsequenzen aus dem zu ziehen, was sie selbst predigen.

Gepredigt wird zu Recht, dass es keine Grenze mehr gibt zwischen on- und offline. Wer will, kann das Netz anonym nutzen, klar. Aber wenn Gerüchte und Behauptungen mit Klarnamen verbunden werden und für alle lesbar sind, werden sie Teil der persönlichen Identität, können Menschen massiv schaden. Wir tragen das Internet immer bei uns, behandeln es wie ein ausgelagertes Gedächtnis, lernen darüber neue Menschen kennen, beurteilen sie. Wörter liegen uns nicht mehr nur auf der Zunge, sondern auch in den Fingerspitzen. Wir führen ein Nonstop-Gespräch, bei dem der Übergang vom Digitalen zum Analogen seamless ist. […]

Es ist diese Dauerkonversation, die Facebook, Reddit und Twitter groß gemacht hat. Doch es sind auch gerade diese Netzwerke, auf denen der Ausstoß an Hass am größten ist. Wer will, kann Frauen mit Vergewaltigung drohen, Menschen rassistisch beleidigen und hat auch ansonsten jede Menge Platz für Ausbrüche. Denn gelöscht wird nichts: Facebook, Twitter und Reddit weigern sich, dagegen vorzugehen. Sie legitimieren den Hass, indem sie ihn aktiv zulassen und das mit free speech, also der Meinungsfreiheit, begründen.

Es ist eine Argumentation, die nur von Unternehmen kommen kann, die entweder nicht begreifen wollen, dass es zwischen on- und offline keine Grenze mehr gibt. Was unwahrscheinlich ist. Oder aber, und das wäre die These: Sie kriegen keine dieser Drohungen ab, weil sie weiße Männer sind.

Denn von den Einschüchterungen sind vor allem Frauen betroffen. Danielle Citron, Professorin an der Universität in Maryland und Affiliate Scholar am Center for Internet and Society der Stanford-Universität, zitiert in ihrem kürzlich erschienenen Buch „Hate Crimes In Cyberspace" mehrere Studien, in denen ausnahmslos festgestellt wurde, wie heftig Frauen den Hass abbekommen. „Es ist unstrittig, dass der Umstand, eine Frau zu sein, das Risiko erhöht, schikaniert zu werden." Wenn man dann noch lesbisch, bisxuell, schwarz oder transgender ist, kann man sich die Konsequenzen ausrechnen.

[…]

Das Silicon Valley will nicht einsehen, dass sein Gründungsmythos eine Lüge ist. Das Internet hat uns nicht alle zu gleichberechtigten Menschen gemacht. Soziale Unterschiede bestehen weiter, unabhängig davon, ob meine Sätze mit „https://" beginnen. Um das in aller Klarheit zu wiederholen: Wenn es keinen Unterschied zwischen on- und offline gibt, heißt das, dass solche Schmähungen vergleichbar sind mit einer U-Bahnfahrt, bei der man von wildfremden Menschen mit dem Tod bedroht wird. Auch das zeigen Studien, aus denen Citron zitiert. Es ist höchste Zeit, das zu verstehen und sich für die bisher an den Tag gelegte Ignoranz zu entschuldigen.

Was ist also zu tun? Als erster Schritt ist es notwendig, dass soziale Netzwerke für ein ordentliches Community-Management sorgen und die Vorsitzenden das einfordern. Wenn Beiträge als rassistisch oder frauenfeindlich gemeldet werden, muss es möglich sein, dass die Personen, die darüber entscheiden, ein informiertes Urteil fällen. Das wird nur klappen, wenn die Vielfalt nicht als Bonus begriffen wird, sondern als zentrales Grundprinzip einer funktionierenden Gesellschaft.

Wie nötig dieser Schritt ist, zeigt allein schon ein Blick in die Berichte, in denen aufgelistet wird, wer genau bei den Unternehmen arbeitet. Bei Facebook und Twitter sind es je 30 Prozent Frauen und zwei Prozent Schwarze.

www.wired.de

» Analyse informativer und expressiver Sachtexte, S. 34–43; textgebundene Erörterung, S. 269–294

Sachtexte zum Thema Vernetzung

Das Beste aus aller Welt
von Axel Hacke

Dem Fortschritt sei Dank, ist Einkaufen heute sehr bequem. Man schnappt sich einen Computer, bettet sich aufs Sofa, surft im Internet, klickt hier, wartet in Seelenruhe auf den Seitenaufbau, klickt dort, füllt Formulare einmal aus und dann gemächlich noch einmal (falls man was falsch gemacht hat), lässt sich Geld von der Kreditkarte abbuchen, worauf schon Tage später ein Bote beim Nachbarn ein Paket abgibt, das man, sobald der Nachbar von einem Kurzurlaub zurück ist und man selbst auch eine Dienstreise beendet hat, bereits wiederum mehrere Tage später abholen kann. Meistens stellt man dann fest, dass einem das Übersandte nicht gefällt, das macht aber nichts. Man verpackt einfach alles wieder, geht zur Post, reiht sich in eine Schlange froh gestimmter Menschen ein und schickt es zurück, ein Vorgang, der in absehbarer Zeit durch Rücküberweisung gezahlten Geldes belohnt wird, jedenfalls meistens.

Das mag dem Laien langwierig erscheinen, aber so ist der Fortschritt bisweilen, er hat anfangs Nachteile, doch wird das in der Regel rasch ausgebügelt. In der Zeitung stand nun, dass etliche Online-Händler deshalb „reale Läden" eröffneten. Was ist ein realer Laden? Meine lieben jungen Freunde, das ist ein Geschäft, das sich oft ganz in eurer Nähe befindet. Man betritt es durch eine Tür, betrachtet die Waren, schlüpft in ein Kleid, schlüpft wieder hinaus, entdeckt etwas, was man nie gesehen hat, lässt sich von einem Verkäufer beraten, kauft oder kauft nicht – und nimmt Gekauftes sogleich mit heim. Früher soll es, wie ältere Mitbürger versichern, mehr solcher Niederlassungen gegeben haben. Sie sind dann verschwunden. Warum? Tja.

Der Müsliversender Mymuesli, heißt es, werde bald 25 solcher Filialen eröffnet haben, auch ein Internet-Trachtenhändler namens Almliebe habe einen Laden eingeweiht, andere würden folgen. Amazon plane ein Kaufhaus in Manhattan, was unschätzbare Vorteile habe: Man lerne Kunden besser kennen, diese könnten die Ware sehen und anfassen, und die Firma sei präsent im Stadtbild.

Natürlich muss man begeistert sein über diese Innovationen der Internet-Händler. Ich war immer ein Anhänger des Fortschritts, weil er dieses ganz Frische, das gestern noch Ungedachte möglich macht.

Beispielsweise habe ich gehört, die Firma Facebook arbeite an der Entwicklung kleiner Lokale, in denen man Freunde treffen kann. Man hat in langer Forschungsarbeit herausgefunden, dass viele Menschen ihre Freunde nicht mehr kennen, ja, sie wissen nicht einmal, dass diese ebenfalls aus Fleisch und Blut bestehen! Viele Facebook-Nutzer sagten, sie hätten gar nicht geahnt, dass diese Leute Menschen seien, sie hätten gedacht, es gebe sie „halt so".

Diese neue Erfahrung des Kennenlernens aber wird in der Facebook-Kneipe, die sich Chef Zuckerberg persönlich ausgedacht hat, möglich sein. Man könne sich dort, teilte er mit, gegenseitig zum Beispiel Katzenbilder zeigen und, wenn man diese Bilder mag, dem Freund einen Zettel geben, auf dem „Gefällt mir" steht. Diese Zettel könne man in speziellen Facebook-Boxen sammeln, sie ab und zu zählen und die Zahlen vergleichen, ein Höllenspaß, wie man hört, zumal dazu kühle Getränke serviert werden.

Gerüchten zufolge soll es in einigen Städten mittlerweile kleine Buchläden geben, in denen man in Büchern stöbern und diese sofort erwerben kann, ja, es heißt, Amazon-Chef Bezos habe diesen Einfall in einer Art Trancezustand nach drei durchgearbeiteten Nächten gehabt. Auch sollen einige Internet-Nachrichtenseiten an einem Pilotprojekt arbeiten, bei dem Informationen, Reportagen, Kommentare, ja, alles, was das Hirn begehrt, auf sogenanntem „Papier" lesbar sind, also tatsächlich ohne jede Art von Computer. Ohne Akku! Ich hatte so etwas selbst zufällig gerade in der Hand, faszinierend, sage ich.

Wo sie nur immer die Ideen herhaben, diese Online-Leute?!

(Süddeutsche Zeitung Magazin, Heft 17, 24.04.2015)

» Sprachliche Mittel, S. 96 f.

Sachtexte zu den Themen Umwelt und Gesellschaft

Der Kampf ums Wasser
von Carsten Knop

Es ist Zeit, trotz aller politischen und wirtschaftlichen Krisen, welche die Welt in Atem halten, intensiver über das Thema Wasser nachzudenken. In Brasilien droht nach einer Dürre in Teilen des Landes eine Rationierung der Wasser- und Stromversorgung. Die Reservoirs der Stauseen sind auf Tiefstände gesunken; in São Paulo kommt wegen des abgesenkten Wasserdrucks seit Monaten in vielen Haushalten kein Wasser an. Noch ist unklar, ob die Regenzeit nachhaltige Abhilfe schaffen wird. In Teilen Kaliforniens wiederum hält die Dürre schon seit Jahren an – inzwischen häufen sich von dort die Meldungen über Versuche, Wasser illegal von Leitungen oder Hydranten abzuzapfen. Der Kampf um das Wasser hat begonnen.

Das Problem ist, dass vor Veranstaltungen, auf denen sich die globale Elite trifft, seit Jahren über das Thema gesprochen, zur Lösung der Schwierigkeiten aber wenig Substanzielles beigetragen wird. Im aktuellen Tagesgeschäft sind stets andere Dinge wichtiger. Zum einen wird viel zu wenig Geld für den Ersatz und die Wartung der Infrastruktur investiert. Die OECD schätzt, dass hierfür kurzfristig eine sehr hohe dreistellige Milliardensumme ausgegeben werden müsste. Zum anderen haben noch immer fast 800 Millionen Menschen überhaupt keinen Zugang zu sauberem Wasser, und fast 2,5 Milliarden finden in ihrer Umgebung keine angemessenen sanitären Einrichtungen vor. Wassersicherheit ist damit eine der am schnellsten an Bedeutung gewinnenden Herausforderungen unserer Zeit. Hinzu kommt, dass die Nachfrage nach sauberem Wasser stetig zunimmt: Im Jahr 2030 könnte es zwischen der dann erwarteten Nachfrage und der verfügbaren Versorgung eine Lücke von 40 Prozent geben. Verbessert sich die Versorgungslage mit Wasser nicht, droht allein aus diesem Grund eine weitere Verschlechterung der Sicherheitslage und eine Nahrungsmittelkrise.

Die Wasserknappheit ist stets lokal. Die Lösungen aber erfordern eine Zusammenarbeit von Staaten auf der ganzen Welt, was die Dinge kompliziert macht. Ein Blick auf die Bemühungen zum Klimaschutz zeigt, dass man die Interessen arrivierter Industriestaaten und von Schwellenländern kaum unter einen Hut bringen kann. Das ist beim Wasser nicht anders. Während man sich aber noch darüber streiten kann, welche Maßnahmen zum Klimaschutz geboten sind, kann es keinen Zweifel daran geben, dass sich sauberes Wasser schneller erschöpft als erneuert.

(Frankfurter Allgemeine Zeitung, 28.02.2015)

» Freie Erörterung, S. 183–200

Behinderungen
Taub. Blind. Alt
von Ulrike Heidenreich

Es gibt ein gängiges Bild von Behinderung; aber dieses Bild stimmt nicht mehr: Man denkt an den Rollstuhlfahrer von nebenan oder an das Kind mit Trisomie 21, das immer so nett grüßt. Künftig wird man beim Wort „Behinderung" an alte Menschen denken: Es werden Hunderttausende, es werden Millionen alte Menschen sein, die der Hilfe bedürfen. In Zukunft wird man beim Stichwort Behinderung an Demenz denken.

Die Gesellschaft muss sich grundlegend verändern, um diese Herausforderung zu meistern. Der Umgang mit den Behinderten der Zukunft muss offener, respektvoller und selbstverständlicher werden. Man wird neue Modelle des Zusammenlebens mit Behinderten finden müssen. Dann wird die Gesellschaft entspannter damit umgehen, dass Menschen irgendwann im Alter nicht mehr alles können und nicht mehr alles verstehen.

Man kann blind, man kann taub, man kann schwer von Begriff sein – den Text der Behindertenrechtskonvention der Vereinten Nationen versteht fast jeder,

Sachtexte zu den Themen Umwelt und Gesellschaft

der das wirklich will; es sei denn, er ist dement. Den völkerrechtlichen Vertrag über die Rechte von Menschen mit Behinderungen gibt es in allen nur erdenklichen Ausfertigungen: in Gebärdensprache, als Film im Internet, mühelos vor- und zurückspulbar. Es gibt ihn in Blindenschrift, als Audiodatei und sogar in extrem leichter, verständlicher Ausführung. Im Kern geht es in diesem Übereinkommen zwischen 152 Staaten darum, dass sämtliche Menschenrechte uneingeschränkt für Behinderte gelten müssen. Deutschland hat die Konvention 2009 ratifiziert; seitdem ist das Grundrecht nach Artikel 3 Absatz 3 Satz 2 des Grundgesetzes, das seit 1994 gilt, spezifiziert und konkretisiert: „Niemand darf wegen seiner Behinderung benachteiligt werden."

Obwohl der gute Wille da ist, fehlt es da noch hinten und vorne. […] Mit der Umsetzung der Rechte von Behinderten geht es hierzulande nur stolpernd voran. Zuvorderst, heißt es, wird die Kommission erneut große Versäumnisse bei der Inklusion an Schulen auflisten. Dieser sensible Lernprozess fällt schwer, das kann man verstehen: Wie sollen nicht behinderte und behinderte Kinder, Lehrer und Eltern an einer Regelschule plötzlich problemlos miteinander auskommen, wenn sie vorher kaum Berührungspunkte hatten? Wenn also nur gemeinsame Räume da sind, aber keine Einzelfallpädagogik und keine gezielte Förderung? Dieses Scheitern der Schulen bei der Inklusion mag man in Deutschland noch erklären mit der Kulturhoheit der Länder. Es geht kreuz und quer, ohne gemeinsame Linie.

Was aber ist mit anderen Bereichen, in denen behinderte Menschen benachteiligt und ausgeschlossen sind? Warum müssen Experten wie der Sozialverband VdK immer wieder vergeblich anmahnen, dass es gerecht zugeht: im Betreuungsrecht oder im Wahlrecht, überall dort, wo es um Selbstbestimmung geht und um die Teilhabe an der Gesellschaft. Warum laborieren Verbände und Politik seit Jahren an nationalen Aktionsplänen zur Umsetzung der UN-Behindertenrechtskonvention herum? Warum fällt das so schwer?

Auch wer es nicht mehr hören kann, dieses aufgesetzte Soziologen-Wort von der Teilhabe: Es geht hier um ein Menschenrecht; es verpflichtet zum Beispiel Kommunen, ihre Infrastruktur barrierefrei zu gestalten. Das funktioniert schon ganz gut hierzulande. Anstrengender aber ist es zu verinnerlichen, dass Teilhabe ein neues Miteinander voraussetzt. Es geht um die Barrierefreiheit in den Köpfen, nicht um den Bau neuer Rampen, sodass Behinderte leichter ins Einwohnermeldeamt kommen. Es geht um Zugänglichkeit nicht von Gebäuden, sondern von Köpfen und Herzen.

Inklusion heißt Wertschätzung und Respekt. Das bedeutet nicht nur, einem Blinden im Supermarkt zu zeigen, wo der Joghurt steht, psychisch Kranken unermüdlich Zuspruch zu geben und einem Rollstuhlfahrer über eine der wenigen Stolperschwellen zu helfen, die noch verblieben sind. Bautechnisch tut sich ja viel. Aber noch viel notwendiger ist eine neue Kultur des Helfens, ein Sinneswandel. Nicht die Behinderten müssen sich bewegen, sondern die Gesellschaft muss es tun. Soziale Anerkennung sollen sich Menschen nicht durch Konkurrenzfähigkeit und Leistung verdienen müssen. Auch wer nicht mehr viel auf die Reihe bekommt, weil er pflegebedürftig ist, darf nicht an den Rand gedrängt, senile Senioren dürfen nicht stillschweigend in medizinisch-pflegerische Ghettos abgeschoben werden.

Die große Auseinandersetzung darüber, wie mit hilflosen Menschen umzugehen ist, steht der Gesellschaft noch bevor. Die Behindertenrechtskonvention stellt ausdrücklich auch Menschen mit Demenz unter ihren Schutz. Der Begriff der Behinderung hat sich geändert. Denn wer pflegebedürftig ist, gilt als behindert, das regeln inzwischen die Pflegestufen. Die Demenz ist das Gespenst des Alters; wer ihm begegnet, begegnet der eigenen Angst. Vielleicht kann dies die Antriebsfeder sein, um die Ziele der Konvention voranzubringen und das Gemeinwesen neu zu erfinden.

Nur vier bis fünf Prozent der Menschen sind von Geburt an körperlich oder geistig eingeschränkt. Die Zukunftsprognose der Alzheimergesellschaft ist einprägsam: Gegenwärtig leben in Deutschland etwa 1,5 Millionen Demenzkranke. Jahr für Jahr treten mehr als 300 000 Neuerkrankungen auf. Sofern kein

Sachtexte zu den Themen Umwelt und Gesellschaft

Durchbruch in der medizinischen Therapie gelingt, werden im Jahr 2050 etwa drei Millionen Menschen mit Demenz in Deutschland leben.

Gedächtnisverlust und Hilfsbedürftigkeit dürfen nicht als Symptome einer Störung gesehen werden; es sind Zustände an den Rändern des Lebens; sie gehören zum Menschsein dazu. Die Nichtbehinderten können sich viel abschauen: zum Beispiel, wie das geht mit der Entschleunigung; wie es sich anfühlt, wenn man nicht mehr alles auf einmal schafft. Wenn das Leben langsamer wird, kann es reicher werden. Die Achtung des vermeintlich Schwachen ist notwendiges Korrektiv für die Leistungsgesellschaft.

(*Süddeutsche Zeitung*, 21./22.03.2015)

» Textgebundene Erörterung, S. 269–294

Textquellenverzeichnis

Andersch, Alfred: *Der Vater eines Mörders* (Auszüge), *S. 19, 220.* © 1980, 2006 Diogenes Verlag AG Zürich, S. 129 ff.

Ausländer, Rose: *Ein Tag im Exil, S. 376.* Aus: Gesammelte Gedichte. Köln: Literarischer Verlag Braun 1977, S. 114.

Ayckbourn, Alan: *Schöne Bescherungen* (Auszug), *S. 31 f.* Übersetzt v. Max Faber. Weinheim: Deutscher Theaterverlag o. J., S. 35 f.

Beckett, Samuel: *Warten auf Godot* (Auszug), *S. 240.* Aus: S. M., Warten auf Godot. Deutsch v. Elmar Tophoven. Frankfurt a. M.: Suhrkamp 1963, S. 7.

Behrens, Christoph: *Evolution der Hendl, S. 270 f.* Aus: Süddeutsche Zeitung, 14.10.2014, http://www.sueddeutsche.de/wissen/gefluegel-produktion-evolution-der-hendl-1.2171502 [01.12.2015].

Benn, Gottfried: *Karyatide, S. 374.* Aus: G. B., Sämtliche Werke. Bd. 1. Gedichte. Stuttgarter Ausgabe in Verbindung mit Ilse Benn. Hrsg. v. Gerhard Schuster. Stuttgart: Klett-Cotta 1986, S. 38.

Berg, Sibylle: *RUTH langweilt sich* (Auszug), *S. 80.* Aus: S. B., Ein paar Leute suchen das Glück und lachen sich tot. Leipzig: Reclam 1997, S. 13.

Berlinghof, Harald: *Die Welt im Wohnzimmer, S. 133–135.* Aus: Rhein-Neckar-Zeitung, 25.04.2006.

Bernard, Andreas; Haberl, Tobias: *Aus Liebe zum Wort* (gekürzt), *S. 180.* Aus: Süddeutsche Zeitung Magazin 30/2009, http://sz-magazin.sueddeutsche.de/texte/anzeigen/29981 [01.12.2015].

Biringer, Eva: *Warum liegt denn hier Stroh?* (gekürzt), *S. 121.* Aus: Zeit online, 02.08.2015, http://www.zeit.de/reisen/2015-07/land-reise-essay-abwesenheitsnotizen [01.12.2015].

Boie, Johannes: *Masse und Macht* (gekürzt), *S. 131 f.* Aus: Süddeutsche Zeitung, 14./15.02.2015.

Böll, Heinrich: *Anekdote zur Senkung der Arbeitsmoral* (Auszug), *S. 82.* Aus: Aufsätze, Kritiken, Reden II. Köln: Deutscher Taschenbuch Verlag 1967, S. 182; *Mein teures Bein* (Auszug), *S. 83.* Aus: H. B., Wanderer, kommst du nach Spa… Erzählungen. München: Deutscher TB-Verlag 1985.

Borchardt, Alexandra: *Was der Chef wert ist, S. 392 f.* Aus: Süddeutsche Zeitung, 25.03.2015.

Brecht, Bertolt: *Wer kennt wen?, S. 100.* Aus: B. B., Gesammelte Werke in 20 Bänden. Prosa 2. In Zusammenarbeit mit Elisabeth Hauptmann. Werkausgabe Edition Suhrkamp. Frankfurt a. M.: Suhrkamp 1967, S. 407–408; *Was ist mit dem epischen Theater geworden?, S. 246.* Aus: Schriften zum Theater 3. 1933–1947. Frankfurt a. M.: Suhrkamp 1963; Kann die heutige Welt durch Theater wiedergegeben werden? (Auszug), S. 233. Aus: B. B., Werke. Große kommentierte Berliner u. Frankfurter Ausgabe. Hrsg. v. W. Hecht u. a., Bd. 23. Frankfurt a. M.: Suhrkamp 1993, Seite 340 f.; *Leben des Galilei* (Auszug), *S. 237 f.* Aus: B. B., Gesammelte Werke 3. Stücke 3. Werkausgabe Edition Suhrkamp. Frankfurt a. M.: Suhrkamp 1967; *Das Leben des Galilei: Auszug aus dem 4. Bild, S. 297.* Aus: ebd., S. 1265–1266. *Auszug aus dem 6. Bild, S. 299 f.* Aus: ebd., S. 1281–1283. *Auszug aus dem 14. Bild. Erste Fassung, S. 302.* Aus: Leben des Galilei. Edition Suhrkamp. 44. Aufl. Berlin: Suhrkamp 1990; *Auszug aus dem 14. Bild. Dritte Fassung (1953–55), S. 302 f.* Aus: B. B., Gesammelte Werke 3. Stücke 3. Werkausgabe Edition Suhrkamp. Frankfurt a. M.: Suhrkamp 1967, S. 1340–1341. *Auszug aus dem 13. Bild, S. 306 f.* Aus: ebd., S. 1325, 1328–1329.

Büchner, Georg: *Lenz* (Auszug), *S. 147.* Aus: Deutsche Erzählungen. Von Droste-Hülshoff bis Raabe. Hrsg. v. Helmut Winter. München: Piper Verlag 1999, S. 417.

Buhse, Malte: *Kulturagenten. Kleine Gangster, S. 395 f.* Aus: Zeit online, 13.02.2014, http://www.zeit.de/2014/08/schule-kulturelle-bildung-kulturagenten [01.12.2015].

Chamisso, Adelbert von: *Seit ich ihn gesehen, S. 318.* Aus: Deutsche Liebesgedichte von Walther von der Vogelweide bis zur Gegenwart. Ausgewählt v. Walter Lewerenz u. Helmut Preißler. Berlin: Verlag Neues Leben 1964, S. 124.

Cill, Hanni; Meyn, Hermann: *Die Informationsgesellschaft von morgen* (gekürzt), *S. 102.* Aus: Die Informationsgesellschaft von morgen. Hrsg. v. der Bundeszentrale für politische Bildung, Heft 260.

Demm, Sabine: *Wenn es im Getriebe knirscht, S. 257.* Aus: Frankfurter Rundschau, 17.02.2007.

Döblin, Alfred: *Berlin, Alexanderplatz* (Auszüge), *S. 82, 373 f.* Berlin: Rütten & Loening 1978, S. 9 f.

Doering, Sabine: *Eiswinde in Chicago* (gekürzt), *S. 314.* Aus: Frankfurter Allgemeine Zeitung, 23.04.1999, http://www.faz.net/aktuell/feuilleton/buecher/rezensionen/belletristik/rezension-belletristik-eiswinde-in-chicago-11317704.html [02.12.2015].

Domin, Hilde: *Ziehende Landschaft, S. 376.* Aus: Gesammelte Gedichte. Frankfurt a. M.: Fischer 1987, S. 13.

Dörhöfer, Pamela: *Das letzte Geheimnis* (gekürzt), *S. 178.* Aus: Frankfurter Rundschau, 22./23.05.2015, http://www.fr-online.de/liebe/liebe-im-kopf-das-letzte-geheimnis,30735670,30764366.html [01.12 2015].

Dürrenmatt, Friedrich: *Der Richter und sein Henker* (Auszug), *S. 222.* Zürich: Diogenes 2004; *Uns kommt nur noch die Komödie bei, S. 246 f.* Aus: Theaterprobleme. In: Theater-Schriften und Reden. Zürich: © Diogenes Verlag 1985; *Die Physiker* (Auszug), *S. 239.* Aus: Werkausgabe in 37 Bänden. Bd. 7. Zürich: Diogenes 1998; *Modell Scott, S. 242.* Aus: F. D., Die Wiedertäufer. Werke X. Zürich: Verlag der Arche 1980, S. 127 f.

Eichendorff, Joseph von: *Der wandernde Student, S. 367.* Aus: Frühling mit Nachtigallen und anderem Zubehör. Eichendorff zum Vergnügen. Hrsg. v. Martin u. Ulrike Hollender. Stuttgart: Philipp Reclam jun. GmbH & Co. 1998, S. 26 ff.

Engelmann, Julia: *One Day/Reckoning Text* (Auszug), *S. 383 f.* Aus: J. E., Eines Tages, Baby. Poetry-Slam-Texte. München: Wilhelm Goldmann Verlag 2014, S. 24–29.

Erbe, Barbara: *Erst mal raus: Nach Schule oder Ausbildung ins Ausland* (Reihenfolge der Textabschnitte geändert), *S. 36 f.* Aus: Rhein-Neckar-Zeitung, 22.05.2015.

Fontane, Theodor: *Effi Briest* (Auszug), *S. 369 f.* Aus: Fontanes Werke in fünf Bänden. 4. Bd. Ausgew. u. eingeleitet v. Hans-Heinrich Reuter. Hrsg. v. d. Nationalen Forschungs- und Gedenkstätten der klassischen deutschen Literatur in Weimar. Berlin/Weimar: Aufbau-Verlag 1964, S. 249–252.

Freidel, Morten: *Und, was machen Sie so?, S. 396 f.* Aus: Frankfurter Allgemeine Zeitung, 07./08.03.2015.

Fried, Erich: *Was es ist, S. 178, 232.* Aus: Gedichte. Ausgew. u. hrsg. v. Klaus Wagenbach. München: Deutscher Taschenbuch-Verlag 1995.

Gauck, Joachim: *Rede zur Einbürgerungsfeier anlässlich 65 Jahre Grundgesetz, 22.05.2014* (Auszüge), *S. 210–213.* Aus: http://www.bundespraesident.de/SharedDocs/Reden/DE/Joachim-Gauck/Reden/2014/05/140522-Einbuergerung-Integration.html [01.12.2015].

Goethe, Johann Wolfgang: *Maifest, S. 227.* Aus: Sämtliche Werke. Bd. 2. Die Gedichte 1800–1832. Hrsg. v. Karl Eibl. Frankfurt a. M.: Deutscher Klassiker Verlag, S. 47 f.; *Die Leiden des jungen Werthers* (Auszüge), *S. 227, 363.* Aus: Goethes Werke.

Textquellenverzeichnis

Hamburger Ausgabe in 14 Bänden. Bd. 6, Romane und Novellen 1. Hrsg. v. Erich Trunz. München: Verlag: C. H. Beck 1993; *Iphigenie auf Tauris* (Auszug), *S. 364 f.* Aus: Sämtliche Werke. Briefe, Tagebücher und Gespräche. Bd. 5: Dramen 1776–1790. Unter Mitarbeit von Peter Huber hrsg. v. Dieter Borchmeyer. Frankfurt a. M.: Deutscher Klassiker Verlag 1988, S. 555 f.

Goitein, Rahel: *Abiturrede von 1899* (Auszug), *S. 206.* Aus: Stadt Karlsruhe (Hrsg.), 100 Jahre Mädchen-Gymnasium in Deutschland. Karlsruhe: Braun 1993, S. 46–48.

Grass, Günter: *Der Butt* (Auszug), *S. 219.* Darmstadt u. a.: Luchterhand 1977; *Die Blechtrommel* (Auszug), *S. 378 f.* Hamburg/Zürich: Luchterhand Literaturverlag 1974, S. 6–8.

Grimmelshausen, Hans Jakob Christoffel von: *Der abenteuerliche Simplicissimus Teutsch* (Auszug), *S. 359.* Nachw. v. Günther Deicke. 5. Aufl. Berlin/Weimar: Aufbau 1988, S. 37 f.

Grosz, Peter: *Unerlaubter Weitschuss* (Auszug), *S. 94.* Aus: Tatort Klassenzimmer. Texte gegen Gewalt in der Schule. 3. Aufl. Hrsg. v. Reiner Engelmann. Würzburg: Arena Verlag 1995, S. 144 f.

Gryphius, Andreas: *Es ist alles eitel, S. 359.* Aus: Werke in einem Band. Berlin/Weimar: Aufbau 1980, S. 5; *An Eugenien, S. 318.* Aus: Deutsche Liebesgedichte von Walther von der Vogelweide bis zur Gegenwart. Ausgewählt v. Walter Lewerenz und Helmut Preißler. Berlin: Verlag Neues Leben 1964, S. 42.

Guery, Michael: *Ich habe keine Vorurteile, aber ..., S. 390 f.* Aus: Landstrich. Eine Kulturzeitschrift, Nr. 31: Andersartig. Brunnenthal: Kulturverein Landstrich 2015, S. 93.

Guldner, Jan: *„Wer arrogant wirkt, macht sich unbeliebt"* (gekürzt), *S. 107.* Aus: Zeit online, 26.07.2015 [Erstveröffentlichung: ZEIT Campus, 04.11.2014], http://www.zeit.de/campus/2015/s1/arbeitsmarkt-ingenieur-branche [01.12.2015].

Hacke, Axel: *Das Beste aus aller Welt, S. 402.* Aus: Süddeutsche Zeitung Magazin, Nr. 17, 24.04.2015.

Hahn, Ulla: *Bildlich gesprochen, S. 318.* Aus: U. H., Liebesgedichte. Stuttgart: DVA 1993, S. 22; *Mit Haut und Haar, S. 322.* Aus: U. H., Herz über Kopf. Stuttgart: Deutsche Verlagsanstalt 1981.

Hauptmann, Gerhart: *Der Biberpelz* (Auszug), *S. 371 f.* Aus: Ausgewählte Werke. Berlin: Aufbau 1962, S. 7–9.

Heidenreich, Ulrike: *Behinderungen. Taub. Blind. Alt, S. 403–405.* Aus: Süddeutsche Zeitung, 21./22.03.2015.

Heimann, Klaus: *Duales Studium. Drei Monate Uni, drei Monate Büro, S. 34 f.* Aus: Zeit online, 29.11.2013, http://www.zeit.de/studium/hochschule/2013-11/duales-studium-ueberblick [01.12.2015].

Hein, Christoph: *Drachenblut* (Auszug), *S. 197.* Frankfurt a. M.: Büchergilde Gutenberg 1985, S. 175.

Heine, Heinrich: *Nachtgedanken, S. 368.* Aus: Werke, Bd. 1: Gedichte. Hrsg. v. C. Siegrist. Frankfurt a. M.: Insel 1968.

Hemingway, Ernest: *Ein Tag Warten, S. 391–393.* Aus: E. H., Die Stories. Gesammelte Erzählungen. Deutsche Übersetzung v. Annemarie Horschitz-Horst. Reinbek: Rowohlt 1966, 1977.

Herodot: *Historien, S. 187.* Aus: Historien. 1. Buch, Kap. 21, 33. Hrsg. v. Hans W. Haussig. Übersetzt v. August Horneffer. Stuttgart: Kröner 1971, S. 14 ff.

Herrmann, Dörte: *Urteilslos* (Auszug), *S. 80.* Aus: D. H., Ich dich nicht. 44 bemerkenswerte Kurzgeschichten. Jena u. a.: Verlag Neue Literatur, S. 24.

Herrmann, Sebastian: *Viel ist nicht genug, S. 185 f.* Aus: Süddeutsche Zeitung, 28.02./01.03.2015.

Hesse, Hermann: *Wanderer im Schnee* (Auszug), *S. 228.* Aus: H. H., Sämtliche Werke. Hrsg. v. Volker Michels, Bd. 10, Die Gedichte. Bearbeitet v. Peter Huber, Berlin: Suhrkamp 2002.

Hilbig, Wolfgang: *Grünes grünes Grab* (Auszug), *S. 98.* Aus: W. H., Erzählungen. Frankfurt a. M.: Fischer TB Verlag 2002, S. 307 ff.

Hildesheimer, Wolfgang: *Eine größere Anschaffung, S. 137 f.* Aus: W. H., Lieblose Legenden. Frankfurt a. M.: Suhrkamp 1962, S. 88–91.

Hoddis, Jakob van: *Weltende, S. 228 f.* Aus: Dichtungen und Briefe. Hrsg. v. Regina Nörtemann. Zürich: Arche-Verlag 1987, S. 15.

Hoffmann, Ernst Theodor Amadeus: *Der Sandmann* (Auszug), *S. 366 f.* Aus: Märchen und Erzählungen. Nachwort v. Gerhard Seidel. Berlin/Weimar: Aufbau 1980, S. 131 f.

Hohler, Franz: *Die ungleichen Regenwürmer, S. 383.* Aus: Weiter heiter! Kurze Geschichten. Zusammengestellt v. Alexander Reck. Stuttgart: Reclam 2005, S. 149; *Kosovo Ja, S. 388 f.* Aus: F. H., Zur Mündung. 37 Geschichten von Leben und Tod, München: Luchterhand Literaturverlag, 2000/2003, S. 104–107.

Hürlimann, Thomas: *Der letzte Auftritt, S. 89 f., 94.* Aus: T. H., Die Satellitenstadt. Geschichten. Zürich: Ammann-Verlag 1992, S. 142 ff.; *Der Liebhaber der Mutter* (Auszug), *S. 95.* Aus: ebd.

Ideler, Helga: *Wie Sie Missverständnisse vermeiden, S. 251.* Aus: Frankfurter Rundschau, 28.04.2007.

Joyce, James: *Ulysses* (Auszug), *S. 223.* Aus: J. J., Ulysses. Bd. 2. Übersetzt v. Hans Wollschläger. Berlin: Verlag Volk und Welt 1980, S. 498.

Kafka, Franz: *Oxforder Oktavheft 2* (Auszug), *S. 82.* Hrsg. v. Roland Reuss und Peter Staengle. Frankfurt a. M. u. a.: Stroemfeld 2006; *Kleine Fabel, S. 99.* Aus: Gesammelte Werke. Hrsg. v. Max Brod. Frankfurt a. M.: Fischer TB Verlag 1983, S. 91; *Gibs auf!, S. 225.* Aus: F. K., Sämtliche Erzählungen. Hrsg. v. Paul Raabe. Frankfurt a. M.: Fischer TB Verlag 1970, S. 320 f.; *Der Nachbar, S. 244 f.* Aus: Gesammelte Werke. Hrsg. v. Max Brod. Frankfurt a. M.: Fischer TB Verlag 1983.

Kant, Immanuel: *Beantwortung der Frage: Was ist Aufklärung?* (Auszug), *S. 360 f.* Aus: Was ist Aufklärung? Thesen und Definitionen. Hrsg. v. Erhard Bahr. Stuttgart: Reclam 1974, S. 9 f.

Kästner, Erich: *Sachliche Romanze* (Auszug), *S. 228.* Aus: Zeitgenossen, haufenweise. Gedichte. München u. a.: Hanser 1998, S. 65.

Kehlmann, Daniel: *Die Vermessung der Welt* (Auszug), *S. 104.* Reinbek: Rowohlt TB Verlag 2008, S. 45.

Knop, Carsten: *Der Kampf ums Wasser, S. 403.* Aus: Frankfurter Allgemeine Zeitung, 28.02.2015.

Köhler, Karen: *Familienporträts #2, S. 389 f.* Aus: K. K., Wir haben Raketen geangelt. Erzählungen. München: Carl Hanser Verlag 2014, S. 141–143.

Korbik, Julia: *Zwanghaftes Training ist das Gleiche wie Esssucht. Interview mit Susie Orbach* (gekürzt), *S. 275 f.* Aus: The European 3/2014, 29.07.2014, http://www.theeuropean.de/susie-orbach/8618-schoenheitswahn-und-koerperkult [01.12.2015].

Kühn, Alexander: *Die Schweinehundversteher* (gekürzt), *S. 260 f.* Aus: Spiegel online, 14.05.2014, http://www.spiegel.de/karriere/berufsleben/motivationstrainer-show-programm-mit-schlichten-botschaften-a-968003.html [01.12.2015].

Kunze, Reiner: *Die Liebe, S. 231.* Aus: R. K., Gedichte. Frankfurt a. M.: Fischer 2001.

Kutter, Inge: *E-Mails von Studenten: Hallöchen, Herr Professor, S. 174.* Aus: DIE ZEIT, Nr. 47, 15.11.2012, http://www.zeit.de/2012/47/Professoren-Studenten-Korrespondenz [01.12.2015].

Lessing, Gotthold Ephraim: *Emilia Galotti* (Auszug), *S. 361.* Aus: Werke und Briefe in

Textquellenverzeichnis

zwölf Bänden. Bd. 7, Werke 1770–1773. Hrsg. v. Klaus Bohnen. Frankfurt a. M.: Deutscher Klassiker Verlag 2000, S. 368–370.

Lingenhöhl, Daniel: *Wohlbefinden: Lesen macht glücklicher, S. 218.* Aus: spektrum.de, 13.02.2015, http://www.spektrum.de/news/lesen-macht-gluecklicher/1332186 [01.12.2015].

Loriot: *Feierabend, S. 28 f.* Aus: L., Szenen einer Ehe in Wort und Bild. Zürich: Diogenes 1986, S. 29–32.

Lutz, Juliane: *Hölle Büro* (gekürzt), *S. 254.* Aus: Focus Money, Nr. 32 (205), www.focus.de/finanzen/karriere/management/konfliktmanagement/konfliktmanagement-hoelle-buero_aid_255752.html [01.12.2015].

Maier, Andreas: *Wäldchestag* (Auszug), *S. 105.* Frankfurt a. M.: Suhrkamp 2002, S. 11.

Malerba, Luigi: *Seelenfrieden* (Auszug), *S. 81.* Aus: L. M., Taschenabenteuer: 53 Geschichten. Aus dem Italienischen von Iris Schnebel-Kaschnitz. Berlin: Wagenbach 1986.

Mann, Thomas: *Mario und der Zauberer* (Auszug), *S. 94.* Aus: T. M., Tonio Kröger und Mario und der Zauberer. Ein tragisches Reiseerlebnis. Frankfurt a. M.: Fischer 2005; *Bekenntnisse des Hochstaplers Felix Krull* (Auszug), *S. 221.* Aus: T. M., Bekenntnisse des Hochstaplers Felix Krull. Der Memoiren erster Teil. Frankfurt a. M.: S. Fischer 1985; *Buddenbrooks* (Auszüge), *S. 224.* Frankfurt a. M.: Fischer TB Verlag 1960; *Der Zauberberg* (Auszug), *S. 223.* Frankfurt a. M.: Fischer TB Verlag 1991.

Martenstein, Harald: „*Es ist, als ob jemand den Stecker herausgezogen hätte". Über Jungs mit Abitur, aber ohne Energie, S. 38 f.* Aus: Zeit online, 27.09.2012, http://www.zeit.de/2012/40/Martenstein [01.12.2015].

Möckl, Sybille: *Krank durch Fleischverzicht? Wie gefährlich Vegetarier wirklich leben, S. 290 f.* Aus: Focus, 28.02.2014, http://www.focus.de/gesundheit/ernaehrung/gesundessen/diskussion-um-vegetarische-ernaehrung-fleisch-essen-ist-gesund-verzicht-aber-auch_id_3649003.html [01.12.2015].

Mühl, Melanie: *Tue Buße und trink einen Smoothie, S. 282 f.* Aus: Frankfurter Allgemeine Zeitung, 19.05.2015, http://www.faz.net/suche/?query=Tue+Bu%C3%9Fe+und+trink+einen+Smoothie&suchbegriffImage.x=0&suchbegriffImage.y=0&resultsPerPage=20 [01.12.2015].

Oettinger, Renate: *Die wichtigsten Soft Skills guter Mitarbeiter* (gekürzt), *S. 173.* Aus: Die Computerwoche, 03.09.2015, http://www.computerwoche.de/a/die-wichtigsten-soft-skills-guter-mitarbeiter,2502679 [01.12.2015].

Orths, Markus: *Kruft und Schill* (Auszüge), *S. 85, 95.* Aus: M. O., Fluchtversuche. Frankfurt a. M.: Schöffling & Co. 2006.

Osel, Johann: *Generation lässig* (gekürzt). Aus: http://www.sueddeutsche.de/bildung/zehn-jahre-rechtschreibreform-generation-laessig-1.2590762 [01.12.2015].

Pörksen, Bernhard; Schulz von Thun, Friedemann: *Kommunikation als Lebenskunst* (Auszug), *S. 21, 23.* Heidelberg: Carl-Auer-Systeme Verlag 2014, S. 19 f., S. 21 f.

Posé, Ulf D.: *Weg mit den Worthülsen!* (gekürzt), *S. 176.* Aus: business-wissen.de, 29.11.2012, http://www.business-wissen.de/artikel/business-sprech-weg-mit-den-worthuelsen [01.12.2015].

Preuß, Roland: *Abschied und Willkommen* (gekürzt), *S. 192 f.* Aus: Süddeutsche Zeitung, 11.03.2015; *Grüßen statt Mathe.* Aus: Süddeutsche Zeitung, 27.04.2015.

Przybilla, Steve: *„Mach das mal speditiv"* (gekürzt), *S. 181.* Aus: Spiegel online, 01.05.2015, www.spiegel.de/karriere/ausland/kulturschock-schweiz-sprache-als-ueberraschende-barriere-a-1031608.html [01.12.2015].

Radisch, Iris: *Mein Leben im intellektuellen Vorruhestand* (Auszug), *S. 198.* Aus: DIE ZEIT, Nr. 32, 02.08.2007, www.zeit.de/2007/32/L-Maron?page=all [01.12.2015].

Regener, Sven: *Herr Lehmann* (Auszug), *S. 221.* Frankfurt a. M.: Eichborn-Berlin 2001, S. 124.

Reich-Ranicki, Marcel: *Nichts als Literatur* (Auszug), *S. 198.* Aus: M. R.-R., Nichts als Literatur. Aufsätze und Anmerkungen. Stuttgart: Reclam 1985, S. 73.

Ringelnatz, Joachim: *Es fällt den Matrosen nicht schwer, S. 76 f.* Aus: J. R., Vermischte Prosa. Zürich: Diogenes 1994.

Rohwetter, Marcus: *Genussvoll genießen, S. 51.* Aus: DIE ZEIT, Nr. 33, 13.08.2015.

Satir, Virginia: *Die meisten von uns sprechen in Kurzschrift, S. 127.* Aus: V. S., Mein Weg zu dir. Kontakt finden und Vertrauen gewinnen. Übersetzt v. Reinhild Rillig. München: Kösel-Verlag in der Verlagsgruppe Random House 1989/2007, © 1976 by Virginia Satir, S. 94 ff.

Schädlich, Hans Joachim: *Ostwestberlin* (Auszug), *S. 84.* Reinbek: Rowohlt 1987, S. 72–74.

Schaschek, Sarah: *Behördisch – Deutsch, Deutsch – Behördisch* (gekürzt), *S. 169.* Aus: Der Tagesspiegel, 08.04.2014, http://www.tagesspiegel.de/wissen/sprachwissenschaft-behoerdisch-deutsch-deutsch-behoerdisch/9729130.html [01.12.2015].

Schiller, Friedrich: *Die Schaubühne als moralische Anstalt betrachtet, S. 245.* Aus: Was kann eine gute stehende Bühne eigentlich bewirken? In: Sämtliche Werke. Bd. 5. Hrsg. v. Gerhard Fricke u. Herbert G. Göpfert. München: Carl Hanser Verlag 1960; *Die Jungfrau von Orleans* (Auszug), *S. 234 f.* Aus: F. S., Die Jungfrau von Orleans. Hrsg. v. Wolfgang Freese und Ulrich Karthaus unter Mitarbeit v. Renate Fischetti. Stuttgart: Reclam 1984; *Das Glück und die Weisheit, S. 365.* Aus: F. S., Sämtliche Werke. Gedichte. Bearbeiter: Jochen Golz. Berlin: Aufbau 2005, S. 89.

Schlink, Bernhard: *Der Vorleser* (Auszug), *S. 20.* Zürich: Diogenes 1997, S. 36 f.

Schneider, Robert: *Schlafes Bruder* (Auszug), *S. 221.* Leipzig: Reclam 1998, S. 9.

Schulz, Marlene: *Kompromisse, S. 385–387.* Aus: Schlussakkord, die Siegerbeiträge 2015. Hrsg. v. der Gemeinde Stockstadt am Rhein, Gernsheim: Bornhofen Verlag 2015, S. 63–66.

Schulz von Thun, Friedemann: *Miteinander reden* (Auszug), *S. 24.* Aus: F. S. v. T., Miteinander reden 3, Das „Innere Team" und situationsgerechte Kommunikation, Reinbek: Rowohlt, Sonderausgabe April 2011, S. 26–28.

Seethaler, Robert: *Der Trafikant* (Auszug), *S. 15.* Berlin: Kein & Aber, 5. Auflage, Juli 2014, Zürich, S. 40 f.

Simon, Walter: *Jeder Erfolg reizt, es neu zu versuchen, S. 264.* Aus: DIE WELT, 08.01.2000.

Skármeta, Antonio: *Mit brennender Geduld* (Auszüge), *S. 147.* Übersetzt v. Willi Zurbrüggen. München/Zürich: Piper 2005.

Sommer, Anna Sabina: *Kritik am Arbeitsplatz. „In Deutschland fehlt eine Kultur der Kritik", S. 399 f.* Aus: karriere.de, 01.04.2015, http://www.karriere.de/karriere/in-deutschland-fehlt-eine-kultur-der-kritik-167666/ [01.12.2015].

Stamm, Peter: *Agnes* (Auszüge), *S. 309 f., 316 f.* München: btb-Verlag 2001.

Stifter, Adalbert: *Brigitta* (Auszug), *S. 147.* Aus: Deutsche Erzählungen. Von Droste-Hülshoff bis Raabe. Hrsg. v. Helmut Winter. München: Piper 1999, S. 337.

Storm, Theodor: *Pole Poppenspäler* (Auszug), *S. 147.* Aus: Deutsche Erzählungen. Von Droste-Hülshoff bis Raabe. Hrsg. v. Helmut Winter. München: Piper 1999, S. 512.

Süskind, Patrick: *Das Parfum* (Auszug), *S. 94.* Zürich: Diogenes 1985, S. 35.

Suter, Martin: *Operation Picknick* (Auszug), *S. 78.* Aus: M. S., Alles im Griff. © 2014 Diogenes Verlag AG Zürich, S. 46–48;

Textquellenverzeichnis

Weidmanns Nachtgespräche S. 26 f. Aus: M. S., Business Class. Geschichten aus der Welt des Managements. © 2000, 2002 Diogenes Verlag AG Zürich, S. 124–126.
Tanriverdi, Hakan: *Über das verlogene Ideal der Meinungsfreiheit im Netz, S. 401.* Aus: Wired, 21.10.2014, https://www.wired.de/collection/latest/shitstorms-weiss-hakan-tanriverdi-uber-das-verlogene-ideal-der-meinungsfreiheit-im-netz [01.12.2015].
Tödtmann, Claudia: *Wenn aus qualifizierten Experten mittelmäßige Führungskräfte werden* (gekürzt), *S. 259.* Aus: Wirtschafts Woche, 12.03.2015, http://www.wiwo.de/erfolg/beruf/mitarbeitermotivation-wenn-aus-qualifizierten-experten-mittelmaessige-fuehrungskraefte-werden/11491938.html [01.12.2015].
Torberg, Friedrich: *Der Schüler Gerber* (Auszug), *S. 250 f.* München: Deutscher TB Verlag 1980, S. 168.
Trakl, Georg: *Ein Frühlingsabend, S. 247.* Aus: G. T., Gesammelte Werke. Hrsg. v. Wolfgang Schneditz. Salzburg: Müller 1949.
Walser, Martin: *Ein fliehendes Pferd* (Auszug), *S. 381.* Aus: M. W., Ein fliehendes Pferd. Kommentar v. Helmuth Kiesel. Suhrkamp BasisBibliothek 35. Frankfurt a. M.: Suhrkamp 2002, S. 11–13.
Watzlawick, Paul: *Geschichte mit dem Hammer* (Auszug), *S. 16.* Aus: P. W., Anleitung zum Unglücklichsein, München: Piper 2007 (Taschenbuchsonderausgabe), S. 37 f.
Wecker, Konstantin: *„Zwischendrin war ich ..."* (gekürzt), *S. 166.* Aus: Süddeutsche Zeitung: Philipp Crone, „Die Vier ist die Zwei des kleinen Mannes", 29.07.2014, http://www.sueddeutsche.de/muenchen/zeugnisse-der-prominenten-die-vier-ist-die-zwei-des-kleinen-mannes-1.2067745-3 [01.12.2015].
Weizsäcker, Richard von: *Rede bei der Gedenkveranstaltung im Plenarsaal des Deutschen Bundestages zum 40. Jahrestag des Endes des Zweiten Weltkrieges in Europa* (Auszug), *S. 202.* Aus: http://www.bundespraesident.de/SharedDocs/Reden/DE/Richard-von-Weizsaecker/Reden/1985/05/19850508_Rede.html [02.12.2015]
Wells, Benedict: *Becks letzter Sommer* (Auszug), *S. 14.* Zürich: Diogenes 2009, S. 16 f.; Spinner (Auszug), S. 164. Diogenes: Zürich 2009, S. 164.
Widmer, Urs: *Top Dogs – Nachteile eines engen Berufs* (Auszüge), *S. 108.* Aus: Tintenfaß Nr. 21 Das Magazin für den überforderten Intellektuellen. © 1997 Diogenes Verlag AG Zürich.
Wiese, Benno von: *Durch Leid, Gehorsam und Buße ..., S. 236.* Aus: B. v. W., Die deutsche Tragödie von Lessing bis Hebbel. Hamburg: Hoffmann & Campe 1967, S. 254.
Wohmann, Gabriele: *Flitterwochen, dritter Tag, S. 86, 95.* Aus: G. W., Ausgewählte Erzählungen aus zwanzig Jahren. Bd. 2. Darmstadt: Luchterhand 1979, S. 50 f.
Wolf, Christa: *Der geteilte Himmel* (Auszug), *S. 379.* Berlin/Weimar: Aufbau 1975, S. 8–10.
Yousafzai, Malala: *Ein Kind, ein Lehrer, ein Buch, ein Stift können die Welt verändern* (gekürzt), *S. 215 f.* Aus: Mitschrift der Rede von Malala Yousafzai am 12.07.2013, Vereinte Nationen in New York (deutsche Übersetzung), http://www.kindernetz.de/infonetz/thema/frauenrechte/-/id=286214/property=download/nid=271614/6djvc8/SWRKindernetz-Rede-Malala.pdf [01.12.2015].
Zander, Henning: *Auch Chefs können unter Mobbing leiden* (gekürzt), *S. 256.* Aus: DIE WELT, 28.05.2008, http://www.welt.de/wirtschaft/karriere/article2042074/Auch-Chefs-koennen-unter-Mobbing-leiden.html [01.12.2015].
Zehentmeier, Stefan: *Neue Farben in der Sprache* (gekürzt), *S. 179.* Aus: jetzt.de, 23.12.2012, http://jetzt.sueddeutsche.de/texte/anzeigen/562990/Neue-Farben-in-der-Sprache [01.12.2015].
Zelter, Joachim: *Schule der Arbeitslosen* (Auszug), *S. 382.* Tübingen: Klöpfer & Meyer 2006, S. 5–6.
Zickgraf, Arnd; Mocikat, Ralph; Kekulé, Alexander: *Pro und Kontra: Soll Deutsch als Wissenschaftssprache überleben?* (gekürzt), *S. 171 f.* Aus: Zeit online, 28.04.2010, http://www.zeit.de/wissen/2010-04/deutsch-forschungssprache [01.12.2015].
Zippert, Hans: *Würden Sie an einer Tortengrafik teilnehmen?, S. 61.* Aus: H. Z., So funktioniert Deutschland. München/Wien: Sanssouci im Carl Hanser Verlag 2004, S. 123.
Zittlau, Jörg: *Die Mär vom Entschlacken* (gekürzt), *S. 291.* Aus: Spiegel online, 06.06.2012, http://www.spiegel.de/gesundheit/ernaehrung/diaet-zum-entschlacken-kann-der-gesundheit-schaden-a-836023.html [01.12.2015].
Zwerenz, Gerhard: *Nicht alles gefallen lassen ..., S. 266 f.* Aus: G. Z., Nicht alles gefallen lassen. Schulbuchgeschichten. Frankfurt a. M.: Fischer TB Verlag 1972, S. 55–56.

Unbekannte und ungenannte Verfasser
Alles, was Sie über ein zufriedenes Leben wissen müssen (gekürzt), *S. 188.* Aus: FAS, 06.03.2005.
Biomüll von anderem Müll zu trennen, das ..., S. 113 (Originalbeitrag).
„Der Schweizer Hörspielautor Peter Stamm ...", S. 314. Aus: Der Spiegel 43/1998, 19.10.1998, http://www.spiegel.de/spiegel/print/d-8002534.html [02.12.2015]
Die Bedürfnispyramide von Maslow (gekürzt), *S. 262.* Aus: http://www.intrinsische-mitarbeitermotivation.de/seite-8.html [01.12.2015].
Die Entsorgung von Müll erfolgt in Tonnen ..., S. 113 (Originalbeitrag).
Die Lammkeule waschen und ..., S. 219. Aus: http://www.kochmeister.com/r/33749-lammkeule-mit-ofenkartoffeln.html [02.12.2015].
Die neun Stufen der Konflikteskalation, S. 253. Aus: Friedrich Glasl, Konfliktmanagement. Ein Handbuch für Führungskräfte, Beraterinnen und Berater. Bern/Stuttgart: Haupt u. a. 1999.
Die Zwei-Faktoren-Theorie von Herzberg, S. 263. Aus: http://www.intrinsische-mitarbeitermotivation.de/seite-9.html [01.12.2015].
Extrinsische Motivation, S. 260. Aus: http://www.intrinsische-mitarbeitermotivation.de/seite-5.html [01.12.2015].
Fast alle Schüler nehmen ihr Handy mit in die Schule, S. 60. Aus: https://www.bitkom.org/Presse/Presseinformation/Fast-alle-Schueler-nehmen-ihr-Handy-mit-in-die-Schule.html [01.12.2015].
Film ab: Kinojahr ohne Happy End, S. 71. Filmförderungsanstalt, GfK; © Globus.
Formulierungen des Alltags, S. 255. Aus: Verhandlungstechniken. Vorbereitung, Strategie und erfolgreicher Abschluss. Hrsg. v. Astrid Heeper und Michael Schmidt. Berlin: Cornelsen 2008.
Gestern Nacht war ich zum Zwecke der ..., S. 113 (Originalbeitrag).
Glückspilz, S. 74. Aus: Rhein-Neckar-Zeitung, 07.02.2007.
Hausordnung (gekürzt u. verändert), *S. 153.* Aus: http://www.mieterbund.de/fileadmin/user_upload/hausordnung.pdf [02.12.2015].
Hochrelief bis Hochschätzung (gekürzt), *S. 352.* Aus: WAHRIG. Die deutsche Rechtschreibung. Hrsg. v. der WAHRIG-Redaktion unter der Leitung von Dr. Sabine Krome. Gütersloh und München: Wissen Media Verlag GmbH 2006, S. 511.
Ich denke, dass Nachhilfe ... (Auszug, verändert), *S. 166.* Kommentar von anne zu: Nachhilfe – Karrierehilfe oder Geldverschwendung?, 09.01.2008, https://www.spiesser.de/artikel/nachhilfe-karrierehilfe-oder-geldverschwendung [01.12.2015].
In den Tropen beziehen die Stürme ..., S. 117 (Originalbeitrag).
In der Psychologie ... (Auszug), *S. 252.* Aus: Karl Berkel: Konflikttraining: Konflikte verstehen,

Textquellenverzeichnis

analysieren, bewältigen. 10. Aufl. Hamburg: Windmühle 2010.
„In der schwebend leichten Erzählweise …", S. 314. Aus: http://www.christa-tamara-kaul.de/buch-stamm-peter-agnes.htm [02.12.2015].
In Deutschland gibt es …, S. 165. Aus: Was erwartet die Wirtschaft von den Schulabgängerinnen und Schulabgängern? Ausgabe 1, 07/2011, hrsg. v. IHK NRW, S. 2.
INTERPANDEMISCHE PERIODE/PANDEMISCHE WARNPERIODE, S. 116. Nach WHO-Pandemieplan 2005.
Intrinsische Motivation, S. 260. Aus: http://www.intrinsische-mitarbeitermotivation.de/seite-4.html [01.12.2015].
JIM-Studie 2014 (Auszug), S. 73. Aus: Medienpädagogischer Forschungsverbund Südwest (Hrsg.), JIM-Studie 2014. Jugend, Information, (Multi-)Media, Stuttgart 2014, S. 35 f., S. 39 f. und S. 60.
Konflikte sind so alt wie die Menschheit …, S. 252. Aus: Friedrich Glasl, Konfliktmanagement. Ein Handbuch für Führungskräfte, Beraterinnen und Berater. Bern und Stuttgart: Haupt u. a. 1999.
Konnotation und Denotation, S. 177 (Originalbeitrag).
Kundenwünsche, Werbetrends und Werbesprache, S. 46 (Originalbeitrag).
Macht PowerPoint blöd? (gekürzt), S. 338. Aus: heise online, 14.12.2003, http://www.heise.de/newsticker/meldung/Macht-PowerPoint-bloed-90285.html [01.12.2015], von Torge Löding.
Nichts kapiert: Infos über Finanzprodukte überfordern Kunden (gekürzt), S. 170. Aus: Frankfurter Rundschau, 06.09.2012, http://www.fr-online.de/newsticker/nichts-kapiert–infos-ueber-finanzprodukte-ueberfordern-kunden,26577320,17185638.html [01.12.2015].
Online-Lexika nutzen, S. 57 (Originalbeitrag).
Recherchieren in Online-Ausgaben von Printmedien, S. 57 (Originalbeitrag).
Rede eines Abiturienten der heutigen Zeit (2015), S. 206 (Originalbeitrag).
Sprache als Visitenkarte, S. 175 (Originalbeitrag).
Studienfinanzierung. Auf mehrere Geldquellen setzen, S. 40 f. Aus: abi>>, 22.06.2015, http://www.abi.de/studium/finanzen/wie-finanziere-ich-mein-studiu012836.htm?zg=schueler [01.12.2015].
Von Liebe und Kälte, eine Rezension zu Peter Stamms Roman „Agnes", S. 312 f. Aus: http://www.datenstrand.de/leuchtturm/rezension/rezens013.html [01.12.2015]
Wir definieren Konflikt als eine … (Auszug), S. 252. Aus: Johan Galtung: Theorien zum Frieden. In: Kritische Friedensforschung. Hrsg. v. Dieter Senghaas. Frankfurt a. M.: Suhrkamp 1972, S. 235.

Bildquellenverzeichnis

Titelfoto: image source RF/Fstop; **S. 11** Fotolia/pathdoc; **S. 12/1** Fotolia/flairimages; **S. 12/2** Shutterstock/g-stockstudio; **S. 12/3** Shutterstock/Deymos.HR; **S. 12/4** Picture Alliance/Wavebreak Med; **S. 12/5** F1online; **S. 14** Picture Alliance/dpa/Oliver Vaccaro/Senator Film/dpa; **S. 19** INTERFOTO/Felicitas; **S. 22** © Prof. Schulz von Thun; **S. 23** Glow Images/CulturaRF; **S. 25** © Prof. Schulz von Thun; **S. 26.1** © Dithard von Rabenau, Winterthur/Schweiz; **S. 26.2** Picture Alliance/ZB; **S. 33** Image Source/Petra Weitz; **S. 37** Fotolia/nito; **S. 38** Fotolia/aleutie; **S. 40** Fotolia/AlexOakenman; **S. 46** Shutterstock/Danang Setiawan; **S. 49** Bundesverband der Deutschen Binnenschifffahrt e.V., Duisburg, vertreten durch RA Jörg Rusche; **S. 53** Google Germany GmbH, Hamburg; **S. 58** Universitätsbibliothek der Eberhard Karls Universität Tübingen; **S. 59** Fotolia/hofred; **S. 60** BITKOM e.V.; **S. 63.1** Picture Alliance/Globus/dpa 021517; **S. 63.2** Media Analyse 2015 Radio I, Mediendaten Südwest; **S. 66** Picture Alliance/Globus dpa Infografik; **S. 69** Picture Alliance/Globus dpa Infografik; **S. 72** Statista GmbH, Hamburg; **S. 75** Shutterstock/Pressmaster; **S. 101** Picture Alliance/dpa/Themendie; **S. 102** Fotolia/guuka; **S. 103** akg-images/Carl-W. Roehrig; **S. 104** Rowohlt Verlag GmbH, Reinbek; **S. 105** Suhrkamp Verlag AG, Berlin; **S. 108** Picture Alliance/dpa; **S. 109** Fotolia/digitalstock; **S. 111** Shutterstock/wavebreakmedia; **S. 119** Agentur Bridgeman/Bridgemanimages.com; **S. 125** Colourbox/Colourbox; **S. 126** Fotolia/sebra; **S. 128** lpeters.wordpress.com; **S. 129** Fotolia/Photographee.eu; **S. 158** Fotolia/goodluz; **S. 163** Vario Images/foto-bergsteiger; **S. 164** Diogenes Verlag AG, Zürich; **S. 166** Shutterstock/Alexander Raths; **S. 172** Fotolia/AlexanderNovikov; **S. 175** Corbis RF/68/Ocean/Corbis; **S. 177** Shutterstock/Eric Isselee; **S. 178** ClipDealer/Christa Eder; **S. 181** Shutterstock/shockfaktor.de; **S. 183** Fotolia/hriana; **S. 184.1** Picture Alliance/dpa; **S. 184/2** Corbis RM/Corbis; **S. 186** mauritius images/United Archives; **S. 187** akg-images/akg-images; **S. 189** Shutterstock/Nejc Vesel; **S. 190** Fotolia/normankrauss; **S. 201** action press/Kyodo Newsaction press; **S. 204** SZ Photo/ap/dpa/picture alliance/Süddeutsche Zeitung; **S. 211** action press/Zick, Jochenaction press; **S. 217** Allstar Picture-Alliance/Allstar Touchstone; **S. 223** dpa/Picture Alliance; **S. 225** dpa/Picture Alliance/picture-alliance/dpa; **S. 233** bpk-images/bpk/Gerda Goedhart; **S. 234.1** bpk-images/adoc-photos; **S. 234.2** Picture Alliance/ZB; **S. 235.1** Picture Alliance/dpa; **S. 235.2** Imago Sportfotodienst; **S. 240** Picture Alliance/dpa; **S. 242** Vario Images/Susanne Baumgarten; **S. 243.1** Imago Sportfotodienst/imago/imago/Leemage; **S. 243.2** bpk-images/Willi Saeger; **S. 243.3** laif/Keystone Schweiz/laif; **S. 243.4** mauritius images/United Archives; **S. 244** Interfoto/Granger, NYC; **S. 245** Allstar Picture Library; **S. 246.1** bpk-images/Münchner Stadtmuseum, Sammlung Fotografie/Konrad Reßler; **S. 246.2** bpk-images/Ingrid von Kruse; **S. 249** Image Source/Jonathan Gibson; **S. 250** dtv-Verlag/Karl Hubbuch; **S. 252** Picture Alliance/Bildagentur-o; **S. 261** Fotolia/kobbecomics.de; **S. 264** Imago Sportfotodienst/imago; **S. 269** Fotolia/lassedesignen; **S. 270** Shutterstock/Alf Ribeiro; **S. 274** Shutterstock/Martin Nemec; **S. 281** Imago Sportfotodienst/imago; **S. 290** Colourbox/Colourbox; **S. 292** Shutterstock/Pixelbliss; **S. 293** Shutterstock/Brian A. Jackson; **S. 295** Corbis RF/Whisson/Jordan/Corbis; **S. 296** akg-images/Bildarchiv Pisarek/akg-images; **S. 298** akg-images/Bildarchiv Pisarek/akg-images; **S. 308** S. Fischer Verlag GmbH, Frankfurt/M.; **S. 323** Shutterstock/angkrit; **S. 331** TOPICMedia Service/imagebroker.net; **S. 337** Image Source/Gilles Taquet; **S. 340** Projekt Gutenberg-DE Hille & Partner, Hamburg; **S. 343** Fotolia/photofranz56; **S. 353** Shutterstock/EQRoy; **S. 357** Fotolia/KorayErsin; **S. 358** mauritius images/imageBROKER/H.-D. Falkenstein; **S. 364** Corbis RM/Corbis; **S. 376/1** Picture Alliance/dpa; **S. 376.2** SZ Photo/Jürgen Bauer/Süddeutsche Zeitung

Textsortenverzeichnis

Analysen
- einer Kommunikationssituation 17
- zu einem Zeitschriftenbericht 43
- eines Werbebriefes 47

Schaubildanalyse 67
Sprachanalyse 87, 300
Redeanalyse 208
Formanalyse (Gedicht) 319

Anzeigen
Anzeige des Bundesverbandes der Deutschen Binnenschifffahrt 49

Berichte/Reportagen
Klaus Heimann: Drei Monate Uni, drei Monate Büro 34
Barbara Erbe: Erst mal raus: Nach Schule oder Ausbildung ins Ausland 36
Auf mehrere Geldquellen setzen 40
Fast alle Schüler nehmen ihr Handy mit in die Schule 60
Hanni Cill/Hermann Meyn: Die Informationsgesellschaft von morgen 102
Johann Osel: Generation lässig 106
Johannes Boie: Masse und Macht 131
Harald Berlinghof: Die Welt im Wohnzimmer 133, 134, 135
Sarah Schaschek: Behördisch – Deutsch, Deutsch – Behördisch 169
Nichts kapiert: Infos über Finanzprodukte überfordern Kunden 170
Arnd Zickgraf/Ralph Mocikat/Alexander Kekulé: Pro und Kontra: Soll Deutsch als Wissenschaftssprache überleben 171
Renate Oettinger: Die wichtigsten Soft Skills guter Mitarbeiter 173
Inge Kutter: E-Mails von Studenten: Hallöchen, Herr Professor 174
Ulf D. Posé: Weg mit den Worthülsen! 176
Pamela Dörhöfer: Das letzte Geheimnis 178
Stefan Zehentmeier: Neue Farben in der Sprache 179
Steve Przybilla: „Mach das mal speditiv" 181
Sebastian Herrmann: Viel ist nicht genug 185
Alles, was Sie über ein zufriedenes Leben wissen müssen 188
Roland Preuß: Abschied und Willkommen 192
Daniel Lingenhöhl: Wohlbefinden: Lesen macht glücklicher 218
Helga Ideler: Wie Sie Missverständnisse vermeiden 251
Juliane Lutz: Hölle Büro 254
Henning Zander: Auch Chefs können unter Mobbing leiden 256
Sabine Demm: Wenn es im Getriebe knirscht 257
Alexander Kühn: Die Schweinehundversteher 260
Walter Simon: Jeder Erfolg reizt, es neu zu versuchen 264
Christoph Behrens: Evolution der Hendl 270
Melanie Mühl: Tue Buße und trink einen Smoothie 282
Sybille Möckl: Krank durch Fleischverzicht? Wie gefährlich Vegetarier wirklich leben 290
Jörg Zittlau: Die Mär vom Entschlacken 291
Macht PowerPoint blöd? 338
Roland Preuß: Grüßen statt Mathe 394
Malte Buhse: Kleine Gangster 395
Alexandra Borchardt: Was der Chef wert ist 397
Hakan Tanriverdi: Über das verlogene Ideal der Meinungsfreiheit im Netz 401
Carsten Knop: Der Kampf ums Wasser 403
Ulrike Heidenreich: Taub. Blind. Alt 403

Briefe/E-Mails/Geschäftsbriefe/Werbebriefe
Werbebrief 44
Bewerbungsanschreiben 112
Hallo Timm 154
Bewerbungsschreiben in Anlehnung an DIN 5008 157
Online-Bewerbung 159

Cartoons/Comics
Rabenaus wundersame Erlebnisse 26
Schatz, das Auto ist wirklich sehr schmutzig 128
Innerer Schweinehund 261

Diagramme/Schaubilder
Jeder Zweite sucht online Infos zum Unterricht 60
Tortengrafik 61
Medienbeschäftigung in der Freizeit 2014 61
Smartphone-Besitzer 2012–2014 62
Würde bei widersprüchlicher Berichterstattung am ehesten vertrauen auf ... 62
Internetkriminalität 63
Die Nutzung des Radios 63
Zentrum für Kunst und Medientechnologie Karlsruhe 64
Deutschland online 66
Von der Rolle 69
Digitales Musik-Geschäft basiert auf Downloads 72

Dramenauszüge
Alan Ayckbourn: Schöne Bescherungen 31
Urs Widmer: Top Dogs 108
Friedrich Schiller: Die Jungfrau von Orleans 234
Bertolt Brecht: Leben des Galilei 237, 297, 299, 302, 306
Friedrich Dürrenmatt: Die Physiker 239
Samuel Beckett: Warten auf Godot 240
Gotthold Ephraim Lessing: Emilia Galotti 361
Johann Wolfgang Goethe: Iphigenie auf Tauris 364
Gerhart Hauptmann: Der Biberpelz 371

Erörterungen
- ohne Textgrundlage 190, 329
- mit Textgrundlage 279, 286

Textsortenverzeichnis

Fachtexte
  Paul Watzlawick: Geschichte mit dem Hammer 16
  Friedemann Schulz von Thun: Das Innere Team 24
  Interpandemische Periode 116
  In den Tropen … 117
  Virginia Satir: Die meisten von uns sprechen in Kurzschrift 127
  Hausordnung 153
  Herodot: Historien 187
  Johan Galtung: Wir definieren Konflikt … 252
  Karl Berkel: In der Psychologie … 252
  Friedrich Glasl: Konflikte … 252
  Friedrich Glasl: Die neun Stufen der Konflikteskalation 253
  Astrid Heeper/Michael Schmidt: Aussagen mit Angriff auf der Beziehungsebene 255
  Intrinsische Motivation/Extrinsische Motivation 260
  Die Bedürfnispyramide von Maslow 262
  Die Zwei-Faktoren-Theorie von Herzberg 263

Figurencharakteristiken
  – zu einer Parabel 140
  – zu einer Geschichte 324

Gedichte
  Erich Fried: Was es ist 178, 232
  Johann Wolfgang Goethe: Maifest 227
  Erich Kästner: Sachliche Romanze 228
  Hermann Hesse: Wanderer im Schnee 228
  Jakob van Hoddis: Weltende 228, 229
  Rainer Kunze: Die Liebe 231
  Georg Trakl: Ein Frühlingsabend 247
  Ulla Hahn: Bildlich gesprochen 318
  Adelbert von Chamisso: Seit ich ihn gesehen 318
  Andreas Gryphius: An Eugenien 318
  Ulla Hahn: Mit Haut und Haar 322
  Andreas Gryphius: Es ist alles eitel 359
  Friedrich Schiller: Das Glück und die Weisheit 365
  Joseph von Eichendorff: Der wandernde Student 367
  Heinrich Heine: Nachtgedanken 368
  Gottfried Benn: Karyatide 374
  Rose Ausländer: Ein Tag im Exil 376
  Hilde Domin: Ziehende Landschaft 376
  Julia Engelmann: One Day/Reckoning Text 383

Inhaltsangaben/Zusammenfassungen
  – zu einem Sachtext 132
  – zu einer Parabel 138
  Inhaltliche Zusammenfassung des Romans „Agnes" von Peter Stamm 308
  Zusammenfassung der Kalendergeschichte „Der Augsburger Kreidekreis" von Bertolt Brecht 324

Interpretationen
  – einer Kurzgeschichte 91
  – eines Dramenauszugs 303
  – eines Gedichts 320

Interviews
  Bernhard Pörksen/Friedemann Schulz von Thun: Das Kommunikationsquadrat 21, 23
  Jan Guldner: „Wer arrogant wirkt, macht sich unbeliebt" 107
  Andreas Bernard/Tobias Haberl: Aus Liebe zum Wort 180
  Claudia Tödtmann: Wenn aus qualifizierten Experten mittelmäßige Führungskräfte werden 259
  Julia Korbik: „Zwanghaftes Training ist das Gleiche wie Esssucht" 275
  Anna Sabina Sommer: Kritik am Arbeitsplatz. „In Deutschland fehlt eine Kultur der Kritik" 399

Kommentare/Kolumnen/Glossen
  Harald Martenstein: „Es ist, als ob jemand den Stecker herausgezogen hätte" 38
  Marcus Rohwetter: Genussvoll genießen 51
  Hans Zippert: Würden Sie an einer Tortengrafik teilnehmen? 61
  Glückspilz 74
  Morten Freidel: Und, was machen Sie so? 396
  Axel Hacke: Das Beste aus aller Welt 402

Kurzgeschichten/Erzählungen/Sketche
  Martin Suter: Weidmanns Nachtgespräche 26
  Loriot: Feierabend 28
  Joachim Ringelnatz: Es fällt den Matrosen nicht schwer 76
  Martin Suter: Operation Picknick 78
  Dörte Herrmann: Urteilslos 80
  Luigi Malerba: Seelenfrieden 81
  Heinrich Böll: Anekdote zur Senkung der Arbeitsmoral 82
  Heinrich Böll: Mein teures Bein 83
  Joachim Schädlich: Ostwestberlin 84
  Markus Orths: Kruft und Schill 85
  Gabriele Wohmann: Flitterwochen, dritter Tag 86
  Thomas Hürlimann: Der letzte Auftritt 89
  Wolfgang Hilbig: Grünes grünes Grab 98
  Franz Kafka: Kleine Fabel 99
  Bertolt Brecht: Wer kennt wen? 100
  Franz Kafka: Gibs auf! 225
  Franz Kafka: Der Nachbar 244
  Gerhard Zwerenz: Nicht alles gefallen lassen … 266, 388
  Ernst Theodor Amadeus Hoffmann: Der Sandmann 366
  Marlene Schulz: Kompromisse 385
  Franz Hohler: Kosovo Ja 388
  Karen Köhler: Familienporträts #2 389
  Michael Guery: Ich habe keine Vorurteile, aber … 390
  Ernest Hemingway: Ein Tag Warten 391

Textsortenverzeichnis

Literaturtheoretische Texte/Aufsätze
Bertolt Brecht: Kann die heutige Welt durch Theater wiedergegeben werden? 233
Benno von Wiese: Die deutsche Tragödie von Lessing bis Hebbel 236
Friedrich Dürrenmatt: Modell Scott 242
Bertolt Brecht: Was ist mit dem epischen Theater gewonnen? 246
Friedrich Dürrenmatt: Uns kommt nur noch die Komödie bei 246
Immanuel Kant: Beantwortung der Frage: Was ist Aufklärung? 360

Nachrichten/Meldungen
Frankfurt. – Am Donnerstag brach auf den Straßen … 109
Obwohl die Wirtschaftsdaten … 114

Novellenauszüge
Adalbert Stifter: Brigitta 147
Georg Büchner: Lenz 147
Theodor Storm: Pole Poppenspäler 147
Christoph Hein: Drachenblut 197
Martin Walser: Ein fliehendes Pferd 381

Parabeln
Wolfgang Hildesheimer: Eine größere Anschaffung 137
Franz Hohler: Die ungleichen Regenwürmer 383

Reden/Redenauszüge
Richard von Weizsäcker: Rede zum 40. Jahrestag des Endes des Zweiten Weltkrieges 202
Rahel Goitein: Abiturrede von 1899 206
Rede eines Abiturienten der heutigen Zeit 206
Joachim Gauck: Rede zur Einbürgerungsfeier anlässlich 65 Jahre Grundgesetz 210
Malala Yousafzai: Ein Kind, ein Lehrer, ein Buch, ein Stift können die Welt verändern 215
Friedrich Schiller: Die Schaubühne als moralische Anstalt betrachtet 245

Rezensionen/Buchbesprechungen
Von Liebe und Kälte – Buchbesprechung zu Peter Stamms Roman „Agnes" 312, 313
Sabine Doering: Eiswinde in Chicago 314
Christa Tamara Kaul: In der schwebend leichten … 314
Nahaufnahme 314

Rezepte
American Pancake 148
Lammkeule 219

Romanauszüge
Benedict Wells: Becks letzter Sommer 14
Robert Seethaler: Der Trafikant 15
Alfred Andersch: Der Vater eines Mörders 19, 220
Bernhard Schlink: Der Vorleser 20
Sibylle Berg: Ein paar Leute suchen das Glück und lachen sich tot 80
Alfred Döblin: Berlin Alexanderplatz 82, 373
Daniel Kehlmann: Die Vermessung der Welt 104
Andreas Maier: Wäldchestag 105
Benedict Wells: Spinner 164
Günter Grass: Der Butt 219
Robert Schneider: Schlafes Bruder 221
Sven Regener: Herr Lehmann 221
Thomas Mann: Bekenntnisse des Hochstaplers Felix Krull 221
Friedrich Dürrenmatt: Der Richter und sein Henker 222
Thomas Mann: Der Zauberberg 223
James Joyce: Ulysses 223
Thomas Mann: Buddenbrooks 224
Johann Wolfgang Goethe: Die Leiden des jungen Werthers 227, 363
Friedrich Torberg: Der Schüler Gerber 250
Peter Stamm: Agnes 309, 316
Hans Jakob Christoffel von Grimmelshausen: Der abenteuerliche Simplicissimus Teutsch 359
Theodor Fontane: Effi Briest 369
Günter Grass: Die Blechtrommel 378
Christa Wolf: Der geteilte Himmel 379
Joachim Zelter: Schule der Arbeitslosen 382

Stellungnahmen
– ohne Textgrundlage 196

Strukturierte Textwiedergaben
– zu einem Zeitungsartikel 274

Sachwortverzeichnis

Absurdes Theater 240, 241
Adjektive 143, 145
Adverbiale Bestimmung 100, 149
Adverbialsätze 114–118
Adverbien 143, 146, 150
AIDA-Formel 45
Aktiv 148
Alliteration 96, 180, 213, 229
Alltagsprache 165, 167–168, 171
Analoge Kommunikation 301
Anapher 38, 48, 96, 180, 203, 208–209, 299–300, 311
Anglizismen 170–171, 31
Antithese 96, 288
Appell 21–23, 47, 127, 191, 195, 208–209, 213
Appellativ 21, 39, 71, 127, 195, 202–203, 209
Appellative Texte 33, 44–52
Appellebene 21–22, 27
Argument 42, 172, 183–184, 188–191, 193–195, 197, 203, 205, 209, 212–213, 272–273, 275–281, 284, 287–289, 343
Argumentation 183, 188, 269–270, 272, 275–278, 280–281, 284, 286–287, 289
Argumentationskarten 163, 172, 343
Argumentationsstrategien 287, 289
Argumentationsstruktur 201, 214, 216, 272–274, 280, 283–284, 287
Argumentieren 188–189, 192–193
Artikel 143
Assoziogramm 217, 229, 232, 343, 351
Attribut 110, 112, 150
Aufbau (Text) 33, 36–37, 42, 44–45, 75–77, 91–93, 288
Aufklärung 360–361

Balkendiagramm 61, 65
Ballade 142
Barock 358–359
Bedürfnispyramide (Maslow) 262
Beurteilung (Text) 88–89, 313–315
Bewerbungsschreiben 155, 157–159
Bewerbungstraining 155–162
Bewerbungsunterlagen 159
Bewertete Entscheidungsmatrix 336
Bewusstseinsstrom 222

Beziehungsebene 22, 27, 30, 255
Bibliothek 58
Blockprinzip 194, 284, 287
Buchbesprechung 312–314
Bürgerlicher Realismus 369–370

Charakterisieren
– eine literarische Figur 78–79, 91, 93, 139–140
– sich selbst 155
Chiasmus 96
Cluster 343
Concept-Map 343
Correctio 96

Darbietungsformen des Erzählens 84–85, 93
Das/dass (Kommasetzung) 119
Denotation 177
Diagramme 60–74
Dialektisches Erörtern 184, 192–194
Digitale Präsentation 338–339, 343–344
Direkte Rede/indirekte Rede 104–108
Dossier 200, 344
Dramatik 142, 233–243, 296–307
Dramentechnische Mittel 301
Du-Botschaften 130
Dürrenmatt'sche Tragikomödie 239–241

Einordnen (Textstelle) 296–298, 309
Einstellungstest 162
Eisbergtheorie 16
Ellipse 87, 96, 167
Empfänger 13, 20, 22–23, 26, 30, 127, 203
Entfaltung (Argument) 188–189
Epik 141, 218–226, 308–317
Epipher 96
Episches Theater 237–238, 241
Erlebte Rede 79, 84, 95, 139, 222
Erörterung
– dialektische 184, 192–194
– freie 183–200
– literarische 197–198
– textgebundene 269–294
Erörterungsaufsatz 284
Erregendes Moment (Drama) 236
Erzählbericht 84–85, 95, 222

Erzähler 82–85, 94–95, 219–220, 222
Erzählhaltung 83–84, 94–95, 221–222
Erzähltechniken 82–85, 94–95, 221–222, 224, 311, 317
Erzählte Zeit 224
Erzählzeit 224
Euphemismus 96
Exilliteratur 375–376
Exposition 236
Expressionismus 373–374
Expressiv (Ausdruck) 39
Expressiver Sachtext 34
Extrinsische Motivation 260–261
Exzerpieren 34–35, 133, 187, 193, 344–345

Fabel 141, 360
Fachsprache 165, 170–172, 203
Fallende Handlung (Drama) 236
Figur (literarische) 79
Figurencharakteristik 78–79, 139–140
Figurenrede 79, 95, 139, 222
Fiktionale Texte 218–219
Formanalyse (Gedicht) 319
Fremdwörter 121–124
Füllwörter 167, 326
Fünf-Schritt-Lesetechnik 35–36, 41, 132, 346
Futur I und II 103, 147–148

Gedanken-/Gefühlsbericht 222
Gedicht 142, 227–232, 247, 318–322, 359, 365, 367–368, 374, 376
Gedichtvergleich 321
Gegenwartsliteratur seit 1945 377–382
Genus 144–145
Gestik 126, 128, 301
Getrennt- und Zusammenschreibung 152
Gliederung 77, 190–191, 194, 282–284
Grafische Darstellungsform 64
Grammatik 102–118, 143–150
Großschreibung 153–154

Historischer Kontext 206–207
Humankompetenz 173
Hyperbel 87, 97, 205
Hypertext 340–341

Sachwortverzeichnis

Ich-Botschaften 130
If-Then-So-Technik 45, 49
Indirekte Rede 104–108
Informationsrecherche 53–58
Informativ (Darstellung) 39
Inhaltsangabe
– zu einem literarischen Text 137–138
– zu einem Sachtext 34–35, 131–132
Innerer Monolog 84, 95, 222
Inneres Team (Schulz von Thun) 24–25
Interjektionen 143
Internet 53–58, 340
Interpretation (Text) 81, 90–93, 295–322
Interpretationshypothese 231–232, 300–301, 304–305, 309, 311, 319
Interpretationsmethoden 225–226, 302–303
Intrinsische Motivation 260–261
Inversion 97, 209
Ironie 79, 97, 130, 139, 230, 300

Jargon 165, 371
Jugendsprache 96, 165, 167–168, 179
Junges Deutschland 368

Kadenz 228–232, 319–322
Kasus 144–145
Katastrophe (Drama) 142, 236, 238, 240–241
Katharsis 236–237, 241
Klassisches Drama 234–236, 241–243
Klimax 97, 203
Kommasetzung 119–120
Kommunikationsanalyse (Watzlawick) 16–20
Kommunikationsfähigkeit 173
Kommunikationskette 30
Kommunikationsmodell (Schulz von Thun) 21–25
Kommunikationsquadrat 21–23
Kommunikationssituationen 11–13, 16–19, 126–128, 163–165, 174, 177, 251
Komödie/Lustspiel 142, 236, 360
Komplementäre Kommunikation 18–20
Konflikte 17–20, 26–32, 77, 127, 129, 142, 173, 235–236, 249–258, 266–268, 296, 304–305, 311–312, 349, 360, 369–371

Konflikteskalation 253
Konfliktgespräche 250–251
Konfliktmanagement 254–257
Konjunktion 114, 117, 119–120, 143, 146
Konnotation 176–182, 261, 313
Kreisdiagramm 62, 65, 67
Kritik 129–130
Kugellager (Karussellgespräch) 345
Kurven-/Liniendiagramm 63, 65, 67
Kurzgeschichte 141

Leichte Sprache 169
Lernplakat 345
Lerntempoduett 345
Leser 219
Lesetechniken 346
Lineare Erörterung 184, 188–191
Literarische Gattungen 141–142
Literaturgeschichte 357–382
Litotes 97
Lyrik 142, 227–232, 318–322
Lyrisches Ich 229–230

Manipulation (Werbung) 52
Märchen 141, 366
Mediation 257–258
Meilensteindiagramm 333
Meinungslinie 346
Metapher 81, 97, 300
Metaplantechnik 347
Methoden 343–352
Methodenkompetenz 173
Metrum 228–231, 319, 321
Mindmap 134, 185–186, 287, 341, 351
Mischformen (Gattungen) 142
Moderationstechniken 334, 347
Monolog 236
Motivation 259–265
Motivationstheorien 262–265

Naturalismus 371–372
Nomen 143–144
Nonverbale Kommunikation 13, 15, 17, 20, 27, 126, 129
Novelle 141
Numerale 143, 150
Numerus 144–145

Objekt 110, 149
Online-Bewerbung 158–159

Operatoren 353–356
Organigramm 64–65
Oxymoron 97

Parabel 141
Parallelismus 97
Parenthese 97
Passiv 148
Perfekt 103, 147
Peripetie 236
Personale Erzählhaltung 83, 94, 222
Personifikation 97
Persönlichkeitsprofil 155–156
Placemat 348
Pleonasmus 97
Plus-Minus-Interesting 335
Plusquamperfekt 103, 147
Portfolio 347–348
Prädikat 110, 149
Präposition 143, 146
Präsens 103, 147
Präsentationsmedien 349
Präsentieren (Projektergebnisse) 337–341
Präteritum 103, 147
Projektabschlussbericht/Projektbewertung 342
Projekte 331–342
Projektmanagement 332–333
Pronomen 143, 150

Rechtschreibung 121–124, 151–154
Rede 201–216
Redeanalyse 202–216
Regieanweisung (Drama) 301
Reimschema 228
Reißverschlussprinzip 194, 284, 287
Retardierendes Moment 236
Rhetorische Figuren 96–97
Rhetorische Frage 97
Rhetorische Strategien 195, 204–205
Rollenspiel 161, 349
Roman 141, 308–317
Romantik 366–367
Rückblende 224

Sachebene 22–23
Sachtextanalyse 33–52
Sachurteil 213
Satzgefüge 114–118

Sachwortverzeichnis

Satzglieder 109–113, 149–150
Säulendiagramm 62, 65
Schaubildanalyse 59–72
Schreibgespräch 349
Schreibkonferenz 349–350
Selbstkundgabe 21–23
Slogan 49–51
Sozialkompetenz 173
Sprachanalyse 38–39, 86–87, 300, 304–305, 311, 319–320
Sprachliche Mitteilung 127
Sprachliche Mittel 38–39, 96–98, 167, 203, 300
Sprachvarietäten 96, 164–172, 181–182, 203, 207
Sprachverhalten 176
S-Schreibung 151
Standardsprache 164–165, 167–168
Steigende Handlung (Drama) 236
Stellungnahme 195–196, 285
Stoffsammlung (Erörterung) 184–187
Strukturbild 135–136, 351
Sturm und Drang 362–363
Subjekt 110, 149
Suchmaschine 53–54
Symmetrische Kommunikation 18–20, 251

Synekdoche 97
Szenische Lesung 350
Szenisches Erzählen 85, 95

Tempusformen 102–103, 147
Textbeurteilung 88–89
Textfunktion 39, 202
Textposition 280–281
These 188, 192–194, 212–213, 271–274, 280–281
Thesenpapier 350
Think-Pair-Share 350
Tragödie/Trauerspiel 142, 236, 360
Transfer (Interpretation) 80–81
Trias 97

Überarbeiten (Texte) 323–330
Umfrage 61, 350–351
Umgangssprache 165, 167, 203, 207, 241

V-Effekte (Drama) 238, 241
Verben 143, 147–148
Vergleich (sprachliches Mittel) 81, 97
Visualisieren 73–74, 134–136, 351
Vorausdeutung 224
Vormärz 368
Vorstellungsgespräch 160

Wahrnehmung 16–17
Website 340–341
Weimarer Klassik 364–365
(Werbe-)Anzeige analysieren 49–51
Werbebotschaft 50
Werbebrief analysieren 44–48
Werkübergreifende Interpretationsmethoden 225–226
Werturteil 213
Wiederholung (sprachliches Mittel) 97
Wortarten 143–148
Wortbedeutungen 177–178
Wörterbuch benutzen 351–352
Wörterliste 352
Worthülsen 176
Wortwahl 96, 203, 207

Zeichensetzung 119–120
Zeitgestaltung (epische Texte) 224
Zielgruppe 45, 50, 206–207, 212–214
Zitieren 99–100, 352
Zuschauer (Drama) 233, 241
„Zwei-Faktoren-Theorie" (Herzberg) 263